BULLETIN

ANNOTÉ

DES LOIS.

ABRÉVIATIONS.

Arr. du cons........	Arrêt du conseil d'état.
Art..............	Article.
Avis du cons.......	Avis du conseil d'état.
B., V, 79.........	Collection Baudoin, tome 5, page 79.
Bull civ., III, 27....	Bulletin civil de la cour de cassation, tome 3, page 27.
Bull. crim., X, 509.	Bulletin criminel de la cour de cassation, tome 10, page 509
Cass.............	Arrêt de la cour de cassation.
Cod. civ..........	Code civil.
Cod. comm........	Code de commerce.
Cod. inst. crim......	Code d'instruction criminelle.
Cod. pén..........	Code pénal.
Cod. proc. civ.......	Code de procédure civile.
Dall.............	Dalloz.
Dup., X, 50.......	Collection de Duport, tome 10, page 50.
Jur. du cons.......	Jurisprudence du conseil d'état.
L., III, 85........	Collection du Louvre, tome 3, page 85.
Mac.............	Macarel.
Sén.-cons	Sénatus-consulte.
Sir., IV, 1, 27.....	Sirey, tome 4, 1ʳᵉ partie, page 27.
Sir. et Devill.....	Sirey et Devilleneuve.
S. M.............	Sa Majesté.
Suiv.............	Suivans.
Tit..............	Titre.
vⁱˢ.............	Verbis.
v°.............	Verbo.

Paris, Imprimerie de Paul Dupont, rue de Grenelle-St-Honoré, n. 55.

BULLETIN

ANNOTÉ

DES LOIS,

DÉCRETS ET ORDONNANCES,

DEPUIS LE MOIS DE JUIN 1789 JUSQU'AU MOIS D'AOUT 1830;

16 VOLUMES IN-8°,

ENRICHI DE NOTICES, PAR MM. ODILON BARROT, VATIMESNIL, YMBERT;

mis en ordre et annoté

PAR M. LEPEC, AVOCAT A LA COUR ROYALE DE PARIS;

PUBLIÉ AVEC L'APPROBATION ET SOUS LE PATRONAGE

De MM. *Pairs de France:* Boyer, Cousin, Portalis, de Ségur, Siméon, de Tascher, Trippier, Villemain, Zangiacomi, etc., etc., etc. — *Députés:* président de la Chambre, Dupin; *membres,* Bavoux, Bellaigue, Bérard, Bernard (de Rennes), Bessière, Bignon, Bodin (Félix), Boissy-d'Anglas, Bugeaud, Chastellux, Cormenin, Coulmann, Cunin-Gridaine, Debelleyme, Didot (Firmin), Dubois (de Nantes), Dubois (Abraham), Etienne, Eschassériaux, Foy (Alphonse), Gillon, Gouin, Gravier, Havin, Jouffroy, Madier-de-Montjau, Martineau, Mauguin, Mercier, Odilon Barrot, Passy, Perrin, Portalis, Prévôt-Leygonie, Réalier-Dumas, Rihouet, Rivière de l'Arque, Salverte, Sapey, de Schonen, Simmer, Taillandier, Vatimesnil, Verrollot, Viennet, etc., etc., etc.

TOME TROISIÈME.

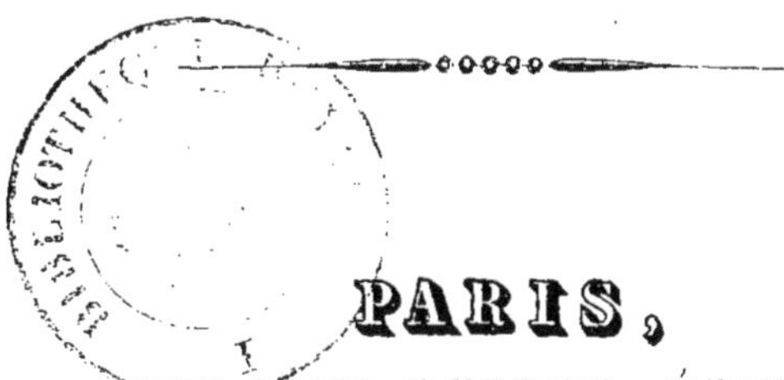

PARIS,

CHEZ PAUL DUPONT, ÉDITEUR,

DIRECTEUR DE LA LIBRAIRIE NORMALE D'ÉDUCATION,

Rue de Grenelle-St-Honoré, N° 55, Hôtel des Fermes.

1834.

NOTICE

SUR

L'ASSEMBLÉE LÉGISLATIVE.

Cette assemblée, nommée en exécution de la constitution de 1791, était appelée à exercer concurremment avec le roi le pouvoir législatif. Sa mission légitime et prévue était d'achever les travaux purement législatifs dont l'assemblée constituante n'avait pu que poser les bases, et d'exécuter cette codification générale de nos lois civiles dont le principe avait été décrété. Mais cette mission supposait entre les pouvoirs de l'état des rapports arrêtés et franchement acceptés, une situation régulière et légale qui était loin d'exister lors de la réunion de cette assemblée.

Au lieu d'une constitution à exécuter paisiblement, le corps législatif avait hérité d'un combat acharné à soutenir au dedans, d'une guerre étrangère et européenne à commencer au dehors.

Une révolution ne s'arrête qu'autant qu'elle n'est pas combattue ; dès qu'elle l'est, il n'y a d'autre alternative pour elle que d'avancer ou d'être étouffée.

La révolution était ouvertement combattue par les nobles et par le clergé ; elle l'était par les souverains de l'Europe qui en redoutaient la contagion ; la couronne elle-même la subissait comme un acte de violence, plutôt qu'elle ne l'acceptait comme un contrat libre : il y eut donc nécessité de pousser plus avant cette révolution pour l'assurer.

Si Louis XVI, se faisant l'instrument de la révolution, s'identifiant avec elle, épousant ses intérêts et même ses colères, l'eût servie avec énergie, sans réserve ni arrière-pensée contre ses ennemis du dedans et du dehors, peut-être eût-il ressaisi par les passions une partie de ce que les passions lui avaient enlevé ; car alors, comme depuis, les masses étaient plus passionnées que théoriciennes, plus révolutionnaires que libérales.

Dans le terrible conflit qui se préparait, un seul parti était impossible et ne pouvait conduire qu'à une catastrophe, c'était celui de la neutralité : c'est ce que Vergnaud avait si énergiquement précisé par ces paroles, *il faut opter entre la France et l'étranger.*

Le roi crut pouvoir s'interposer entre les combattans : il voulut protéger par son véto les prêtres qui poussaient les populations à l'insurrection, les émigrés qui s'organisaient sur nos frontières et s'apprêtaient à diriger les armées étrangères sur notre territoire. La révolution, menacée dans ses foyers, éprouvait le besoin de s'entourer de forces; à son tour, elle voulait agglomérer des troupes sous Paris, et à son tour aussi la couronne eut l'imprudence d'y résister. Les rôles étaient changés depuis le 14 juillet 1790.

C'est ainsi que trouvant la royauté entre elle et ses ennemis, menacée par eux et ne pouvant de son côté les atteindre; empêchée de satisfaire ses vengeances et d'assurer sa sécurité, la révolution fut poussée à détruire l'obstacle qui la gênait dans ce combat à mort.

Henri III, pour avoir hésité entre la ligue et la réforme, avait perdu la vie; Louis XVI, pour avoir flotté incertain entre la révolution et la contre-révolution, a perdu la couronne et la vie.

Les journées des 20 juin et 10 août portèrent les derniers coups à ce fantôme de royauté qui n'était plus entre les partis, impatiens d'en venir aux mains, qu'une barrière importune.

La suspension ou plutôt l'abolition de la royauté, car une royauté ne se suspend pas, fut prononcée par l'assemblée législative, à la suite de l'insurrection du 10 août.

Le manifeste insolent de Brunswick, l'entrée des armées étrangères en France, leurs premiers succès, les menaces de subversion totale et de réaction sanglante de la part des émigrés, précipitèrent cette catastrophe, qui fut bientôt suivie des massacres des prisons des 2 et 3 septembre, événement atroce que peut à peine expliquer le délire d'une populace poussée par la colère et la peur au dernier paroxisme d'une rage forcenée; cruelle combinaison de quelques hommes qui avaient froidement calculé l'effet de la terreur sur les esprits dans ce moment de crise.

L'assemblée législative ne fut pas coupable des massacres de septembre, mais elle les laissa se consommer; et c'est beaucoup trop pour sa mémoire. De vaines et impuissantes protestations s'élevèrent de son sein, qui vinrent expirer devant les récriminations et les menaces du club des jacobins et de la commune de Paris.

Ce ne fut même pas librement et spontanément qu'elle suspendit la royauté, elle céda aux violences des clubs et des pétitions armées. Elle permit que son enceinte fût violée le 20 juin par la force brutale, et dès ce moment elle cessa de s'appartenir.

Comme gouvernement révolutionnaire, l'assemblée législative n'eut pas même le triste avantage de l'initiative et de la direction; elle laissa faire. Le pouvoir était hors d'elle, il était dans les clubs et les sections.

C'est ce qui explique comment, après avoir solennellement et à une imposante majorité absous Lafayette de l'accusation dirigée contre ce général pour être venu protester à la barre contre les violences du 20 juin, elle se laissa aller plus tard à sanctionner non seulement le 20 juin, mais le 10 août.

Cette contradiction s'explique aussi par la progression des événemens qui, rendant le danger tous les jours plus imminent, donnait de nouveaux alimens à la colère et à la peur, ces deux sentimens qui en révolution finissent toujours par dominer les corps politiques et par les entraîner bien au delà de leur but.

Il y avait sans doute dans l'assemblée législative un parti républicain par théorie et par conviction ; mais ce parti, en très faible minorité dès le principe, ne reçut sa force et son influence que des tentatives de contre-révolution du clergé et de la noblesse, et de la complicité cachée de la couronne. Les Girondins eux-mêmes, qui, dans les derniers temps de l'assemblée législative, vinrent prêter à ce parti républicain la puissance de leurs talens et de leur énergie, ne se décidèrent à cette résolution extrême qu'après avoir vainement tenté d'entraîner la couronne à s'identifier avec la révolution.

Pour qui examine avec quelque attention la série d'incidens par lesquels les choses furent à cette époque amenées en France jusqu'à l'abolition de la royauté, reste la conviction que cette abolition fut plutôt une réaction de colère et de peur que l'œuvre du calcul et de la préméditation, plutôt un moyen désespéré de salut, une espèce de défi jeté à des ennemis, que le résultat d'une révolution consommée dans les opinions et dans les mœurs.

Il y a peu de choses à dire des travaux purement législatifs de l'assemblée législative, et on jugerait très mal cette assemblée si on l'appréciait d'après son titre.

En parcourant la partie du *Bulletin* qui renferme ses actes, ou rencontre un grand nombre de mesures de circonstance contre les prêtres, contre les émigrés, sur les assignats, sur les passeports, le service de la gendarmerie, mais très peu de ces monumens de législation durables et permanens.

« L'assemblée nationale (porte le décret du 28 mars 1792 sur les
« passeports), obligée de multiplier temporairement les mesures de
« sûreté publique, déclare qu'elle s'empressera d'abroger le présent
« décret aussitôt que les circonstances qui l'ont provoqué auront
« cessé et que la sûreté publique sera suffisamment assurée. »

Presque tous les décrets publiés par l'assemblée législative ont ce caractère circonstantiel et accidentel, quoique tous ne le proclament pas aussi explicitement.

Si cette révision tant désirée du *Bulletin des Lois*, révision qu'un gouvernement loyal regardera comme un devoir d'accomplir, est un jour opérée, il ne restera que bien peu de lois appartenant à l'assemblée si improprement appelée législative.

Dans ce peu de lois, il faut cependant citer celle du 2 septembre 1792, qui abolit les substitutions ; la loi du 22 septembre 1792, qui établit le divorce ; celle du 30 mai 1792, qui fixe l'âge de la majorité à vingt-un ans et modifie la puissance paternelle ; enfin, celle du 25 septembre 1792, qui pose quelques règles pour la tenue des registres de l'état civil, règles qui ont passé en grande partie dans le Code civil, et qui déterminent les conditions du mariage civil.

Ces lois, sauf celle de l'abolition des substitutions, qui a eu une immense portée politique et sociale, en rendant au commerce une si grande masse de propriétés foncières qui en étaient retranchées depuis des siècles, exagéraient encore l'esprit logique et philosophique de l'assemblée constituante : on en peut juger par cette assimilation du mariage à une simple convention privée, résoluble à volonté, par le consentement des parties, qui sert de base à la loi du divorce ; assimilation de tous points fausse, puisque dans le mariage il y a d'au-

tres parties intéressées que les deux parties directement contractantes,
d'abord le société entière , puis les enfans, et enfin les deux familles.

L'expérience a fait justice de ces exagérations ; sans se laisser
entraîner par une réaction qui l'aurait emporté dans un excès contraire, le conseil d'état ramena plus tard l'institution du divorce aux
termes de la raison, de la justice et de l'utilité sociale.

Quelques mesures de l'assemblée constituante , quoique empreintes
aussi de ce caractère outré qui signale une époque de combat et de
passions , ont eu, on ne peut se le dissimuler, une immense influence
sur l'économie sociale de notre pays et sur sa prospérité actuelle.

L'assemblée constituante avait simplement ordonné le séquestre
des biens des émigrés ; l'assemblée législative en ordonna la confiscation et la vente, *la vente par petits lots*.

« L'assemblée, porte le décret, dans la vue de multiplier les pe-
« tites propriétés , ordonne la division des grandes propriétés par
« petits lots. »

C'est dans la même vue, si féconde en résultats immenses, que
cette même assemblée ordonna , par la loi du 24 août 1792, le partage de tous les biens communaux ; que par celle du 18 août 1792 ,
elle ordonna également la vente des biens de tous les établissemens
de main morte, des fabriques, de toutes les congrégations , même
laïques.

L'assemblée constituante s'était contentée de proclamer en principe la franchise de toutes les propriétés : elle avait aboli les droits féodaux qui constituaient ou rappelaient la servitude personnelle, mais elle
avait maintenu les droits sur les choses, et n'avait autorisé que le rachat
de certains de ces droits. L'assemblée législative ne s'arrêta pas devant
ces limites que le respect du droit de la propriété avait imposées à l'assemblée précédente ; elle les franchit , et, par une mesure générale ,
elle abolit sans indemnité tous les droits seigneuriaux quelconques ,
n'exceptant que ceux que le seigneur justifiait par le titre primordial
avoir été le prix d'une concession de fonds.

La convention devait aller encore plus loin, elle abolit sans indemnité toutes les prestations *mélangées de féodalité ;* ce qui pour
des temps où la vanité et l'empire des habitudes avaient étendu les
qualifications féodales à tous les actes de la vie civile et aux transactions même les plus roturières , embrassait presque toutes les prestations ou redevances quelconques. Cette assemblée donna quittance
par la force de la loi, à presque tous les acquéreurs de biens-fonds.

L'assemblée législative ordonna aussi la réintégration des communes dans tous ceux de leurs biens dont à une époque quelconque elles
avaient été privées par l'abus de la puissance féodale. Prenant l'inverse
de la maxime fondamentale de la féodalité, *nulle terre sans seigneur,*
elle proclama la maxime beaucoup plus juste que *ce qui n'appartient
à aucun , appartient à tous,* elle déclara les communes propriétaires
de plein droit des terres vaines et vagues.

Par cette série de mesures, qui ne sont pas toutes justifiables sous
le rapport du respect des droits acquis et de la stricte justice, l'assemblée législative consomma matériellement la révolution. Les
théories, les grands principes de l'assemblée constituante, ont été souvent contestés, abandonnés pour être repris, mais l'immense division

de la propriété, mais cette masse de petits propriétaires, créés par l'assemblée législative, sont restées et resteront comme les garanties matérielles et indestructibles de la révolution politique opérée dans nos institutions.

C'est là surtout le point par lequel l'assemblée législative appartient à l'histoire de notre législation; et bien que cette assemblée n'ait rien commencé, rien achevé; que, placée entre le commencement et la péripétie du grand drame de notre révolution, elle ne représente qu'une transition, et, comme toute transition, elle n'ait aucun caractère arrêté, aucune couleur qui lui soit propre; bien qu'elle s'évanouisse pour ainsi dire entre les derniers reflets de l'assemblée constituante et les premières lueurs de la convention, elle n'en doit pas moins occuper une place importante parmi les fondateurs de la révolution: si d'autres, avant elle, avaient moralement et politiquement consommé cette révolution, et si d'autres après elle l'ont sanctionnée par la victoire, on peut dire que c'est elle qui lui a donné dans le sol même des racines profondes, et qui l'a mise ainsi à l'abri de la versatilité des convictions humaines.

ODILON-BARROT.

ASSEMBLÉE NATIONALE

LÉGISLATIVE.

N° 1er,=1er octobre 1791.=**ARRÊTÉ** *qui fixe le mode de la vérification des pouvoirs.* (B., XIX, 1.)

2 octobre 1791 : *Grains, Contributions et Patentes,* voyez 26 septembre précédent; *Bureaux de la justice et autres ministères,* voyez 29 septembre.

6 octobre 1791 : *Prince de Monaco,* voyez 21 septembre 1791; *Code pénal,* voyez 25 septembre; *Police rurale,* voyez 28 septembre; *Organisation du notariat,* voyez 29 du même mois.

N° 2.= 7 octobre 1791. = **DÉCRET** *qui adopte provisoirement le réglement de l'assemblée nationale constituante.* (B., XIX, 14.)

9 octobre 1791 : *Fabrication d'assignats,* voyez 23 août 1791; *Rachat des droits féodaux,* voyez 15 septembre de la même année; *Garde nationale soldée,* voyez 18 septembre; *Patentes,* voyez 20 septembre; *Ferme générale,* voyez 22 septembre; *Timbre et enregistrement,* voyez 29 septembre; *Sociétés populaires,* voyez 30 du même mois.

12 octobre 1791 : *Concession de domaines nationaux en Corse,* voyez 5 septembre 1791; *Cour martiale maritime,* voyez 20 septembre; *Administration des ports,* voyez 21 septembre; *Payeurs généraux,* voyez 24 septembre; *Éducation publique,* voyez 26 septembre; *Masse des soldats,* voyez 27 septembre; *Aveugles-nés et Sourds-muets,* voyez 28 septembre; *Tribunaux criminels, Champarts, Chambre des comptes, Cérémonial,* voyez 29 du même mois.

14 octobre 1791 : *Écoles de marine, Commissaires des guerres,* voyez 20 septembre 1791; *Dettes des communautés,* voyez 21 septembre; *Organisation de la garde nationale, Contributions de 1792,* voyez 29 du même mois.

N° 3. = 15 octobre 1791. = **DÉCRET** *qui supprime l'expression d'*honorable membre. (B., XIX, 34.)

16 octobre 1791 : *Ingénieurs géographes,* voyez 17 août 1791; *Rentes sur le clergé,* voyez 21 août; *Rentes viagères des religieux et religieuses,* voyez 24 août; *J.-J. Rousseau,* voyez 27 août; *Déclarations de command,* voyez 13 septembre même année; *Baux emphytéotiques,* voyez 15 septembre; *Lieutenances-générales, Propriétaires d'offices de judicature,* voyez 21 septembre; *Dettes des communautés,* voyez 22 septembre; *Protestations contre la constitution,* voyez 23 septembre; *Rentes au profit des religieux,* voyez 24 septembre; *Décoration militaire, Erreurs de noms, Fondations,* voyez 26 septembre; *Titres supprimés, Chambres de commerce, Réunion du pays de Dombes, Officiers du point d'honneur, Bureau des arts et métiers,* voyez 27 septembre; *Assemblées primaires, Pensions, Paiement de domaines nationaux, Liberté générale en France,* voyez 28 septembre; *Régimens des colonies, Signature des décrets, Pensions sur les décimes, Officiers de ligne,* voyez 29 septembre; *Protection des douanes, Garde du roi,* voyez 30 du même mois.

III,

N° 4. = 18 octobre 1791. = RÉGLEMENT *à l'usage de l'assemblée natio-nale* (1). (B., XIX, 45.)

CHAPITRE Ier.—Des président, vice-président et secrétaires.

Art. 1er. Il y aura un président, un vice-président et six secrétaires.

2. Le président et le vice-président ne pourront être nommés que pour quinze jours ; ils ne seront point continués, mais ils seront éligibles de nouveau dans une autre quinzaine.

3. Le président et le vice-président seront nommés au scrutin individuel, et à la majorité absolue en la forme suivante : — Les bureaux seront convoqués pour l'après-midi ; on y recevra les billets des votans ; le recensement et le dépouillement des billets se feront dans les bureaux mêmes, sur une liste particulière, qui sera signée par le président et le secrétaire du bureau. —Chaque bureau chargera ensuite un de ses membres de porter sa liste dans la salle commune, et de s'y réunir avec deux secrétaires de l'assemblée, pour y faire le relevé des listes, et en composer une générale.

4. Les fonctions du président seront de maintenir l'ordre dans l'assemblée, d'y faire observer les réglemens, d'y accorder la parole, d'énoncer les questions sur lesquelles l'assemblée aura à délibérer, d'annoncer le résultat des suffrages, de prononcer les décisions de l'assemblée, et d'y porter la parole en son nom. — Les lettres et paquets destinés à l'assemblée nationale, et qui seront adressés au président, seront ouverts dans l'assemblée. — Le président annoncera les jours et les heures des séances ; il en fera l'ouverture et la clôture, et, dans tous les cas, il sera soumis à la volonté de l'assemblée nationale.

5. En l'absence du président, le vice-président le remplacera dans les mêmes fonctions.

6. Le président annoncera, à la fin de chaque séance, les objets dont on devra s'occuper dans la séance suivante, conformément à l'ordre du jour.

7. L'ordre du jour sera consigné sur un registre, dont le président sera dépositaire. — Il sera tenu un registre des ajournemens indéfinis prononcés par l'assemblée ; ce registre restera sur le bureau ; l'ordre du jour sera affiché dans la salle.

8. On procédera dans les bureaux à l'élection des secrétaires par un seul scrutin de liste simple, à la pluralité relative, et le recensement des scrutins des bureaux se fera, comme il est dit ci-dessus, pour l'élection des président et vice-président.

9. Les secrétaires répartiront entre eux le travail des notes, la rédaction du procès-verbal, lequel sera fait en doubles minutes collationnées entre elles : celles des délibérations, la réception et l'expédition des actes et des extraits, et généralement tout ce qui est du ressort du secrétariat.

10. La moitié des secrétaires sera changée et remplacée tous les quinze jours ; on décidera au sort quels seront les premiers remplacés, et ensuite ce sera les plus anciens de fonctions.

11. Les secrétaires ne pourront être nommés à aucune députation pendant leur exercice.

CHAPITRE II.—Ordre de la salle.

Art. 1er. L'ouverture de la séance demeure fixée à neuf heures du matin.

____

(1) Voyez le réglement du 29 juillet 1789, à l'usage de l'assemblée constituante, et les notes ; celui du 28 septembre 1792, à l'usage de la convention nationale ; celui du 27 nivose an 8 (17 janvier 1800), à l'usage du tribunat ; le réglement intérieur de la chambre des députés, du 25 juin 1814 ; et celui du 2 juillet suivant, à l'usage de la chambre des pairs.

2. La séance commencera par la lecture du procès-verbal de la veille.

3. Le séance ouverte, chacun restera assis.

4. Le silence sera constamment observé.

5. La sonnette sera le signal du silence; et celui qui continuerait de parler malgré ce signal, sera repris par le président au nom de l'assemblée.

6. Tout membre peut réclamer le silence et l'ordre, mais en s'adressant au président.

7. Tous signes d'approbation ou d'improbation sont absolument défendus.

8. Nul n'approchera du bureau pour parler au président ou aux secrétaires, excepté les membres qui désireront se faire inscrire pour la parole.

9. Dorénavant, aucun membre ne se placera ni derrière le président, ni sur les marches du bureau, ni sur les tabourets destinés aux huissiers. Les députés n'occuperont que les places qui leur sont destinées.

10. Messieurs les suppléans qui voudront assister aux séances de l'assemblée nationale, auront une place distincte, et qui leur sera exclusivement affectée dans une tribune.

11. La barre de la salle sera réservée pour les personnes étrangères qui auront des pétitions à faire, ou pour celles qui seront appelées ou admises devant l'assemblée nationale.

12. Les députés à l'assemblée nationale peuvent seuls se placer dans l'intérieur de la salle : tout étranger qui s'y serait introduit, sera tenu de se retirer aux premiers ordres qui lui en seront intimés; dans le cas d'une résistance et de la nécessité de requérir main-forte, l'étranger sera conduit en prison pour vingt-quatre heures, ou pour un temps plus long, suivant la gravité des circonstances.

13. Il sera prononcé par l'assemblée contre les étrangers placés aux galeries ou ailleurs, qui troubleraient la séance, ou qui manqueraient à l'assemblée, des peines proportionnées à leurs délits. La prison pour un temps plus ou moins long, mais déterminé, sera la peine la plus grave.

CHAPITRE III. — Ordre de la parole.

Art. 1er. Aucun membre ne pourra parler qu'après avoir demandé la parole au président, et, quand il l'aura obtenue, il ne pourra parler que debout.

2. Le président usera avec autant de fermeté que de sagesse de toute l'étendue du pouvoir qui lui est confié par le réglement et par les articles qui suivent.

3. La tribune ne sera occupée que par l'opinant. Aucun des membres de l'assemblée, et surtout ceux placés sur les bancs voisins de la tribune, ne pourront lui adresser la parole : les opinions de quelque étendue y seront toujours prononcées. Les membres ne pourront proposer, de leurs places, que de très simples et courtes observations, et ils passeront à la tribune lorsqu'ils ne seront pas suffisamment entendus, et que le président les y invitera.

4. Le président est expressément chargé de veiller à ce que personne ne parle sans avoir obtenu de lui la parole, et à ce que jamais plusieurs membres ne la prennent à-la-fois.

5. Lorsque plusieurs membres demanderont la parole, le président l'accordera à celui qui la lui aura demandée le premier ; il fera faire une liste des autres par un secrétaire, qui les appellera ensuite suivant l'ordre de leur inscription : la liste n'aura d'effet que pour une seule séance, et les opinans parleront alternativement pour et contre.

6. Si une réclamation s'élève sur la décision du président concernant l'ordre de la parole, ou sur la liste, l'assemblée prononcera.

7. Nul ne doit être interrompu quand il parle, si ce n'est dans les cas suivans : 1° si l'opinant s'écarte de la question, le président l'y rappellera ; 2° si quelque membre juge faux les faits exposés par l'opinant, il pourra seulement se lever pour demander à prouver l'inexactitude des faits. Lorsque l'opinion sera finie, s'il se permet une plus longue interruption, il sera rappelé à l'ordre ; 3° si l'opinant s'écarte du respect dû à l'assemblée, ou s'il se livre à des personnalités, le président le rappellera à l'ordre.

8. La sonnette du président sera toujours le signal du silence pour toute l'assemblée, même pour l'opinant, qui ne reprendra la parole que lorsque le président la lui aura rendue. Tout membre qui n'aura point obéi à ce signal, sera rappelé à l'ordre par le président au nom de l'assemblée.

9. Le président observera dans le rappel à l'ordre la gradation qui va être expliquée. Il rappellera à l'ordre tous ceux qui par inattention, ou de quelque manière que ce soit, troubleraient la séance. Ce simple rappel à l'ordre ne sera pas regardé comme une peine.

10. Si le premier avertissement ne suffit pas pour faire rentrer dans l'ordre le membre auquel il aura été fait, le président, en le désignant par son nom, lui dira : M...., au nom de l'assemblée, et pour la seconde fois, je vous rappelle à l'ordre.

11. Si les deux premières interpellations ne suffisent pas pour rappeler à l'ordre le membre qui s'en sera écarté, le président lui dira : M...., je vous rappelle pour la troisième fois à l'ordre, et j'ordonne, au nom de l'assemblée, que votre nom soit inscrit au procès-verbal.

12. S'il arrivait qu'un membre ne cédât point aux trois premières interpellations, le président ordonnera que son nom soit inscrit au procès-verbal *avec censure*.

13. Si, après cette inscription au procès-verbal, et la *censure prononcée*, le même membre persiste à ne pas rentrer dans l'ordre, l'assemblée pourra lui ordonner de se retirer, et lui défendre de rentrer pendant le reste de la séance : cette motion étant faite et appuyée par dix membres, le président sera tenu de la mettre aux voix ; si elle est adoptée, le membre obéira sur-le-champ au décret.

14. Si le même membre oppose, soit ce jour, soit un autre, une nouvelle résistance au décret de l'assemblée, la peine de la prison pour vingt-quatre heures, ou pour un temps plus long, pourra être prononcée contre lui. Si la motion en est faite et appuyée par vingt membres, elle sera nécessairement mise aux voix, et le président sera tenu de prendre les moyens qui sont en son pouvoir pour faire exécuter le décret.

15. Tout membre qui, ayant été rappelé à l'ordre, s'y sera mis aussitôt, pourra demander et obtenir la parole pour se justifier avec décence.

16. Aucun membre ne pourra en rappeler personnellement un autre à l'ordre, mais seulement requérir le président de le faire. Le président sera tenu de mettre aux voix toute motion tendant à un rappel à l'ordre, lorsqu'elle sera appuyée par quatre membres de l'assemblée.

17. S'il s'élève dans l'assemblée un tumulte, que la voix ni la sonnette du président n'aient pu calmer, le président *se couvrira* ; ce signal sera pour tous les membres de l'assemblée un avertissement solennel qu'il n'est plus permis à aucun d'eux de parler ; que la chose publique souffre ; et que tout membre qui continuerait de parler ou d'entretenir le tumulte, manque essentiellement aux devoirs d'un bon citoyen. —Le président ne se découvrira que lorsque le calme sera rétabli : alors il interpellera un ou plusieurs des membres, auteurs du trouble, de déclarer leurs motifs. La parole sera accordée à celui qui en aura été le moteur ou l'occasion. Aussitôt qu'il aura

été entendu pour sa justification, le président consultera l'assemblée, soit sur les prétentions des réclamans, soit sur la justification du membre inculpé, soit sur les peines à infliger.

18. Le président n'aura pas le droit de parler sur un débat, si ce n'est pour expliquer l'ordre ou le mode de procéder dans l'affaire en délibération, ou pour ramener à la question ceux qui s'en écarteraient.

19. Le président pourra, en quittant le fauteuil, et en se faisant remplacer suivant les règles prescrites, avoir la parole comme les autres membres de l'assemblée, sur les objets relativement auxquels il aurait fait un travail particulier.

20. Lorsque les ministres seront dans l'assemblée, aucun autre membre que le président ne pourra leur faire, en aucun cas, d'interpellation directe; mais les éclaircissemens désirés par les différens membres seront proposés au président, qui consultera d'abord l'assemblée, pour savoir si elle veut que le ministre réponde.

CHAPITRE IV. — Des motions.

Art. 1er. Tout membre a droit de proposer une motion.

2. Tout membre qui aura une motion à présenter, se fera inscrire au bureau.

3. Toute motion sera écrite, pour être déposée sur le bureau, après qu'elle aura été admise à la discussion.

4. Toute motion présentée doit être appuyée par deux personnes, sans quoi elle ne pourra être discutée.

5. Nulle motion ne pourra être discutée le jour même de la séance dans laquelle elle sera proposée, si ce n'est pour une chose urgente, et quand l'assemblée aura décidé que la motion doit être discutée sur-le-champ.

6. Une motion admise à la discussion, ne pourra plus recevoir de correction ni d'altération, si ce n'est en vertu d'amendemens délibérés par l'assemblée.

7. Lorsque plusieurs membres demanderont à parler sur une motion, le président fera inscrire leurs noms, autant qu'il se pourra, dans l'ordre où ils l'auront demandé.

8. La motion sera discutée selon la forme prescrite pour l'ordre de la parole, au chapitre III.

9. Aucun membre, sans excepter l'auteur de la motion, ne parlera plus de deux fois sur une motion, sans une permission expresse de l'assemblée, et nul ne demandera la parole pour la seconde fois, qu'après que ceux qui l'auraient demandée avant lui, auront parlé.

10. Pendant qu'une question sera débattue, on ne recevra point d'autre motion, si ce n'est par un amendement, ou pour faire renvoyer à un comité, ou pour demander un ajournement.

11. Tout amendement sera mis en délibération avant la motion; il en sera de même des sous-amendemens par rapport aux amendemens.

12. La discussion étant épuisée, l'auteur, joint aux secrétaires, réduira sa motion sous la forme de question, pour en être délibéré par *oui* ou par *non*.

13. Tout membre aura le droit de demander qu'une question soit divisée, lorsque le sens l'exigera.

14. Tout membre aura le droit de parler pour dire que la question lui paraît mal posée, en expliquant comment il juge qu'elle doit l'être.

15. Sur toutes les motions, les voix seront recueillies par assis et levé; et, en cas de doute, on ira aux voix par l'appel nominal, sur une liste alphabétique de tous les membres, complète, vérifiée et signée par les secrétaires de l'assemblée.

[CHAPITRE V. — Des pétitions.]

« Art. 1er. Les pétitions, demandes, lettres ou adresses seront ordinairement présentées à l'assemblée par ceux de ses membres qui en seront chargés.

2. Si les personnes étrangères qui ont des pétitions à présenter, veulent parvenir immédiatement à l'assemblée, elles s'adresseront à un des huissiers, qui les introduira à la barre, où l'un des secrétaires, averti par l'huissier, ira recevoir directement leurs pétitions.

Des députations.

Les députations seront composées sur la liste alphabétique, afin que les membres députés le soient par tour : les députés conviendront entre eux de celui qui devra porter la parole.

Des comités.

Art. 1er. Le comité de division, qui sera en même temps chargé des détails relatifs à la circonscription des paroisses, aux assemblées électorales, primaires et des communes, et à l'organisation des corps administratifs et municipaux, sera composé de vingt-quatre membres, élus pour trois mois, qui seront après ce temps renouvelés par moitié, le sort déterminant, pour la première fois, ceux qui devront sortir. — Les membres sortant pourront être réélus.

2. Le comité de législation civile et criminelle sera composé de quarante-huit membres. — La question de savoir dans quel temps et dans quelle proportion se fera le renouvellement de ce comité est ajournée à six mois.

3. Le comité de liquidation sera composé de vingt-quatre membres, élus pour trois mois, qui seront renouvelés par moitié, ainsi qu'il est dit pour le comité de division.

§ 4. Le comité pour l'examen des comptes sera composé de vingt-quatre membres, élus pour trois mois, qui seront renouvelés comme il est dit pour le précédent.—Ce comité rendra compte à l'assemblée, au moins à la fin de chaque mois, de son travail.

5. Le comité des dépenses publiques sera composé de vingt-quatre membres, élus pour trois mois, et qui seront renouvelés ainsi qu'il a été dit précédemment.

6. Le comité des assignats et monnaies sera composé de vingt-quatre membres, élus pour trois mois, dont le renouvellement se fera de la même manière.

7. Le comité des contributions publiques sera composé de vingt-quatre membres, élus pour trois mois, et qui seront renouvelés aussi par moitié.

8. Le comité de la trésorerie nationale sera composé de douze membres, élus pour un mois, après lequel le renouvellement se fera de même par moitié.

9. Le comité de la dette publique, chargé d'établir la balance entre les charges et les ressources, sera composé de vingt-quatre membres, élus pour trois mois, après lesquels ils seront renouvelés de la même manière.

10. Le comité d'agriculture sera composé de vingt-quatre membres, élus pour trois mois, qui seront de même renouvelés par moitié.

11. Le comité de commerce, manufactures et arts, sera composé de vingt-quatre membres, élus pour trois mois, dont le renouvellement se fera dans la même forme et dans la même proportion.

12. Le comité des matières féodales sera composé de douze membres, élus pour trois mois, qui seront renouvelés de la même manière et dans la même proportion.

13. Le comité des lois et réglemens militaires sera composé de vingt-quatre membres, élus pour trois mois, qui seront renouvelés de même par moitié.

14. Le comité des lois et réglemens pour la marine sera composé de vingt-quatre membres, élus pour trois mois, qui seront renouvelés par moitié.

15. Le comité des domaines sera composé de vingt-quatre membres, élus pour trois mois, et renouvelés par moitié et de la même manière.

16. Le comité des matières diplomatiques sera composé de douze membres, élus pour trois mois, à renouveler de la même manière et dans la même proportion.

17. Le comité des colonies sera composé de douze membres; l'époque et la proportion de son renouvellement sont ajournées à six mois.

18. Le comité des secours publics sera composé de vingt-quatre membres, élus pour six mois, dont le renouvellement sera fait, après cet intervalle, par moitié, et ainsi qu'il a été dit précédemment.

19. Le comité d'instruction publique sera composé de vingt-quatre membres; l'assemblée ajourne à six mois la fixation de l'époque et de la proportion de son renouvellement.

20. Le comité des pétitions sera composé de vingt-quatre membres, élus pour trois mois, dont le renouvellement se fera par moitié et de la manière précédemment indiquée.

21. Le comité des décrets sera composé de douze membres, élus pour trois mois, à renouveler de même par moitié.

22. Les commissaires pour l'inspection de la salle seront au nombre de six, élus pour trois mois, à renouveler par moitié ainsi qu'il a été dit pour les membres des comités.

23. Les commissaires inspecteurs du secrétariat et de l'imprimerie seront au nombre de douze, élus pour trois mois, dont le renouvellement se fera de même par moitié.

24. Nul ne pourra être à-la-fois membre de deux comités.

25. Les comités ne pourront recevoir directement ni mémoires, ni adresses, ni pétitions; mais ils seront présentés à l'assemblée, qui les renverra, s'il y a lieu, aux comités.

26. Les comités ne pourront, en aucun cas, répondre à des demandes ou questions, ni former des décisions, soit provisoires soit définitives.

27. Il sera fait un tableau divisé en autant de colonnes qu'il doit y avoir de comités, et chacun des membres de l'assemblée sera tenu d'inscrire son nom dans les diverses colonnes des travaux auxquels il voudra se destiner, sans que ladite inscription puisse borner le choix aux membres inscrits. Celui qui aurait été nommé en même temps membre de plusieurs comités, déclarera celui dans lequel il optera de rester.

28. Les membres des divers comités seront élus dans les bureaux, au scrutin de liste simple, et à la pluralité relative.

29. Les travaux des comités seront publics pour tous les membres de l'assemblée.

CHAPITRE VI. — Des bureaux.

Art. 1er. L'assemblée se divisera en bureaux pour procéder aux élections.

2. Ces bureaux seront au nombre de vingt-quatre, chacun composé de trente-un membres, et un seul de trente-deux alternativement, à commencer par le premier.

3. Ces bureaux seront composés, selon l'ordre alphabétique, de la liste des départemens et des noms des députés, dans l'ordre que les procès-verbaux les indiquent, en numérotant de suite les noms de tous les membres

de l'assemblée, et prenant pour le premier bureau, le premier nom, le vingt-cinquième, le quarante-neuvième, le soixante-treizième, et ainsi de suite; pour le second bureau, le deuxième, le vingt-sixième, le cinquantième, le soixante-quatorzième, et ainsi de suite; de manière que plusieurs députés d'un même département ne se trouvent pas dans le même bureau.

4. Ces bureaux seront renouvelés tous les trois mois, et de manière que les mêmes députés ne se retrouvent plus ensemble; à cet effet, le premier de la liste sera pour la seconde formation avec le vingt-sixième, le cinquante-unième, le soixante-seizième, etc.; la différence entre chaque nombre devant être, pour la première formation de vingt-quatre, pour la seconde de vingt-cinq, pour la troisième de vingt-six, et ainsi successivement.

5. Ce travail sera fait par les secrétaires qui le tiendront toujours prêt pour le jour du renouvellement des bureaux.

CHAPITRE VII. — De la distribution des procès-verbaux.

Art. 1er. L'imprimeur de l'assemblée nationale communiquera directement avec le président, les secrétaires et les commissaires de l'imprimerie; il ne recevra d'ordre que d'eux.

2. Le procès-verbal de chaque séance sera livré à l'impression le jour qu'il aura été approuvé, et envoyé incessamment au domicile des députés. La copie remise à l'imprimeur sera signée du président et d'un secrétaire : les épreuves continueront à être corrigées par le secrétaire-commis au bureau des procès-verbaux, qui en a été chargé nominativement par le décret du 7 septembre 1790.

3. Si l'assemblée nationale ordonne l'impression de pièces autres que les procès-verbaux, il sera suivi pour leur impression et leur distribution les mêmes règles que ci-dessus.

4. Les commissaires aux archives déjà nommés par l'assemblée, feront le relevé de toutes les affaires et projets de décret ajournés par l'assemblée constituante. Ces divers objets seront classés par ordre de matières, et l'état en sera imprimé et distribué à tous les membres.

CHAPITRE VIII. — Du secrétariat.

Art. 1er. Toute pièce originale qui sera remise à l'assemblée, sera d'abord copiée par l'un des commis du bureau, et la copie collationnée par l'un des secrétaires, et signée de lui, demeurera au secrétariat. L'original sera, aussitôt après, déposé aux archives et enregistré sur un registre destiné à cet effet.

2. Une des deux minutes originales du procès-verbal sera pareillement déposée aux archives; l'autre minute demeurera entre les mains des secrétaires, pour leur usage et celui de l'assemblée.

3. Les expéditions de pièces et autres actes qui seront déposés au secrétariat, y seront rangés par ordre de matières et de dates en liasses et cartons; un des commis du bureau sera chargé spécialement de leur garde, et ne les communiquera qu'au président et aux secrétaires, ou sur leurs ordres donnés par écrit.

4. Tous les mois, lors du changement des secrétaires, et avant que ceux qui seront nouvellement nommés entrent en fonction, il sera fait entre eux et les anciens secrétaires un récolement des pièces qui doivent se trouver au secrétariat.

19 octobre 1791 : *Sceau du corps législatif*, voyez 15 septembre précédent; *Principauté de Sedan*, voyez 21 septembre; *Poudres et salpêtres*, voyez 23 septembre; *Code militaire*, *Receveurs des consignations*, voyez 30 du même mois.

N° 5. = 20 octobre 1791. = **DÉCRET** *portant qu'on ne pourra s'inscrire pour la parole qu'à l'ouverture de la séance.* (B., XIX, 62.)

---

21 octobre 1791 : Composition de l'armée, voyez 23 septembre précédent; Procédure criminelle, voyez 29 septembre.

N° 6. = 23 octobre—13 novembre 1791. = **DÉCRET** *relatif au paiement des états du roi, des finances et des gages arriérés de l'année 1790.* (B., XIX, 66.)

N° 7. = 26 octobre 1791. = **DÉCRET** *portant que la collection des lois sera toujours déposée sur le bureau de l'assemblée.* (B., XIX, 73.)

N° 8. = 26 octobre 1791. = **DÉCRET** *relatif à l'inscription pour l'ordre de la parole.* (B., XIX, 74.)

N° 9. = 26 octobre 1791. = **DÉCRET** *relatif à l'admission à la barre des députés extraordinaires.* (B., XIX, 74.)

N° 10. = 28 octobre 1791. = **DÉCRET** *qui autorise les comités de l'assemblée à prendre dans les bureaux des ministres et aux archives de l'assemblée nationale, les renseignemens qui leur sont nécessaires.* (B., XIX, 76.)

N° 11. = 29 octobre 1791. = **DÉCRET** *relatif à la nomination du commissaire du roi près le tribunal de cassation et à ses substituts.* (B., XIX, 80.)

N° 12. = 31 octobre (30 et)—6 novembre 1791. = **DÉCRET** *qui fixe le délai d'après lequel Louis-Stanislas-Xavier, prince français, sera censé avoir abdiqué son droit à la régence, s'il n'est pas rentré dans le royaume.* (B., XIX, 81.)

L'assemblée nationale, considérant que l'héritier présomptif de la couronne est mineur, et que *Louis-Stanislas-Xavier*, prince français, parent majeur, premier appelé à la régence, est absent du royaume : — En exécution de l'article 2 de la section III de la constitution française, décrète que *Louis-Stanislas-Xavier*, prince français, est requis de rentrer dans le royaume sous le délai de deux mois, à compter du jour où la proclamation du corps législatif aura été publiée dans la ville de Paris, lieu actuel de ses séances. — Dans le cas où *Louis-Stanislas-Xavier*, prince français, ne serait pas rentré dans le royaume à l'expiration du délai ci-dessus fixé, il sera censé avoir abdiqué son droit à la régence, conformément à l'article 2 de l'acte constitutionnel.

N° 13. = 31 octobre (30 et)—6 novembre 1791. = **DÉCRET** *suivi d'une proclamation de l'assemblée nationale, relative à Louis-Stanislas-Xavier, prince français.* (B., XIX, 81.)

L'assemblée nationale décrète qu'en exécution du décret du 30 de ce mois, la proclamation dont la teneur suit, sera imprimée, affichée et publiée sous trois jours dans la ville de Paris, et que le pouvoir exécutif rendra compte à l'assemblée nationale, dans les trois jours suivans, des mesures qu'il aura prises pour l'exécution du présent décret.

Proclamation.

Louis-Stanislas-Xavier, prince français, l'assemblée nationale vous requiert, en vertu de la constitution française, titre III, chapitre II, section III, article 2, de rentrer dans le royaume dans le délai de deux mois, à compter de ce jour : faute de quoi, et après l'expiration dudit délai, vous serez censé avoir abdiqué votre droit éventuel à la régence.

2 novembre 1791 : *Force publique*, voyez 29 septembre précédent.

N° 14. = 3 novembre—7 décembre 1791. = DÉCRET *relatif aux erreurs qui se trouvent dans les décrets de vente de biens nationaux, et aux moyens de les rectifier.* (B., XIX, 86.)

L'assemblée nationale, considérant que, dans plusieurs décrets rendus par l'assemblée constituante, sur la soumission faite par différentes municipalités du royaume pour l'acquisition de certains biens nationaux, il s'est glissé plusieurs erreurs, ainsi que dans les expéditions des états envoyés par lesdites municipalités ; — Que ces circonstances ont empêché que jusqu'à présent ces décrets aient pu être portés à la sanction, ou bien envoyés aux municipalités intéressées, et qu'il est absolument nécessaire de faire cesser cet obstacle, afin d'accélérer la vente des biens nationaux, et de ne pas priver les municipalités de ce qui doit leur revenir du produit de ces ventes, — Décrète que son comité des décrets reverra incessamment tant les minutes et expéditions desdits décrets que des états y joints ; qu'il chargera deux commis nommés à cet effet de collationner toutes ces pièces, en présence de l'archiviste, et sous la surveillance d'un commissaire dudit comité, lequel commissaire est autorisé à signer et parapher les renvois nécessaires pour rectifier lesdites pièces.

N° 15. = 3 novembre 1791. = DÉCRET *relatif au mode de promulgation et d'exécution des décrets non sujets à sanction.* (B., XIX, 87.)

4 novembre 1791 : *Réunion du pays d'Enrichemont*, voyez 27 septembre précédent.

N° 16. = 5 novembre 1791. = DÉCRET *relatif à la vérification des pouvoirs des hauts-jurés, et à la publication de la liste.* (B., XIX, 91.)

6 novembre 1791 : *Abdication de la régence*, voyez 30 et 31 octobre précédent.

N° 17. = 9 novembre 1791. = DÉCRET *relatif aux émigrans* (1). (B., XIX, 97.)

L'assemblée nationale, considérant que la tranquillité et la sûreté du royaume lui commandent de prendre des mesures promptes et efficaces contre les Français qui, malgré l'amnistie, ne cessent de tramer au dehors contre la constitution française, et qu'il est temps, enfin, de réprimer sévèrement ceux que l'indulgence n'a pu ramener aux devoirs et aux sentimens de citoyens libres, a déclaré qu'il y a urgence pour le décret suivant, et, le décret d'urgence préalablement rendu, a décrété ce qui suit :

Art. 1er. Les Français rassemblés au-delà des frontières du royaume sont, dès ce moment, déclarés suspects de conjuration contre la patrie.

____

(1) Le roi usant du droit que lui donnait la constitution, chap. III, sect. III, art. 3, a refusé sa sanction par la formule : *le roi examinera.*

Voyez ci-après le décret du 29 novembre 1791, sur les rassemblemens des émigrés ; et surtout le décret du 9 janvier—12 février 1792, et les notes qui l'accompagnent ; elles résument toute la législation de la matière.

2. Si, au 1er janvier prochain, ils sont encore en état de rassemblement, ils seront déclarés coupables de conjuration ; ils seront poursuivis comme tels et punis de mort.

3. Quant aux princes français et aux fonctionnaires publics, civils et militaires, qui l'étaient à l'époque de leur sortie du royaume, leur absence, à l'époque ci-dessus citée du 1er janvier 1792, les constituera coupables du même crime de conjuration contre la patrie ; ils seront punis de la peine portée dans le précédent article.

4. Dans les quinze premiers jours du même mois, la haute cour nationale sera convoquée, s'il y a lieu.

5. Les revenus des conjurés, condamnés par contumace, seront, pendant leur vie, perçus au profit de la nation, sans préjudice des droits des femmes, enfans et créanciers légitimes.

6. Dès à-présent, tous les revenus des princes français, absens du royaume, seront séquestrés. Nul paiement de traitement, pension ou revenu quelconque, ne pourra être fait directement ni indirectement auxdits princes, leurs mandataires ou délégués, jusqu'à ce qu'il en ait été autrement décrété par l'assemblée nationale, sous peine de responsabilité et de deux années de gêne contre les ordonnateurs et payeurs. — Aucun paiement de leurs traitemens et pensions ne pourra pareillement, et sous les peines ci-dessus portées, être fait aux fonctionnaires publics, civils et militaires, et pensionnaires de l'état, émigrés, sans préjudice de l'exécution du décret du 4 janvier 1790.

7. Toutes les diligences nécessaires pour la perception et séquestre décrétés par les deux articles précédens, seront faites à la requête des procureurs-généraux-syndics des départemens, sur la poursuite des procureurs-syndics de chaque district où seront lesdits revenus ; et les deniers en provenant seront versés dans les caisses des receveurs de district, qui en demeureront comptables. — Les procureurs-généraux-syndics feront parvenir tous les mois au ministre de l'intérieur, qui en rendra compte aussi chaque mois à l'assemblée nationale, l'état des diligences qui auront été faites pour l'exécution de l'article ci-dessus.

8. Tous fonctionnaires publics absens du royaume, sans cause légitime, avant l'amnistie prononcée par la loi du 15 septembre 1791, seront déchus pour toujours de leurs places et de tout traitement, sans déroger au décret du 18 décembre 1790.

9. Tous fonctionnaires publics absens du royaume, sans cause légitime, depuis l'amnistie, sont aussi déchus de leurs places et traitemens, et, en outre, des droits de citoyen actif.

10. Aucun fonctionnaire public ne pourra sortir du royaume, sans un congé du ministre dans le département duquel il sera, sous la peine portée dans l'article ci-dessus. Les ministres seront tenus de donner, tous les mois, à l'assemblée nationale, la liste des congés qu'ils auront délivrés. — Et, quant aux officiers généraux, officiers, sous-officiers et soldats, soit de ligne, soit de gardes nationales, en garnison sur les frontières, ils ne pourront les dépasser, même momentanément, sous quelque prétexte que ce puisse être, sans encourir la peine portée par le précédent article.

11. Tout officier militaire, de quelque grade qu'il soit, qui abandonnera ses fonctions, sans congé ou démission acceptée, sera réputé coupable de désertion, et puni comme soldat déserteur.

12. Conformément à la loi du 29 octobre 1790, il sera formé une cour martiale dans chaque division militaire, pour juger les délits militaires commis depuis l'amnistie. Les accusateurs publics poursuivront comme coupables de vol les personnes qui ont enlevé des effets ou des deniers apparte-

nant à des régimens français; le ministre sera tenu d'envoyer aux cours martiales la liste des officiers qui, depuis l'amnistie, ont quitté leurs drapeaux, sans avoir obtenu une permission ou congé préalable.

13. Tout Français qui, hors du royaume, embauchera et enrôlera des individus pour qu'ils se rendent aux rassemblemens énoncés dans les articles 1er et 2 du présent décret, sera puni de mort, conformément à la loi du 6 octobre 1790. La même peine aura lieu contre toute personne qui commettra le même crime en France.

14. L'assemblée nationale charge son comité diplomatique de lui proposer les mesures que le roi sera prié de prendre, au nom de la nation, à l'égard des puissances étrangères limitrophes, qui souffrent sur leur territoire des rassemblemens de Français fugitifs.

15. L'assemblée nationale déroge expressément aux lois contraires au présent décret.

16. Le présent décret sera porté dans le jour à la sanction du roi.

N° 18. = 12 novembre 1791. = **PROCLAMATION** *du roi concernant les émigrans.* (L., VI, 640.)

N° 19. = 12—21 novembre 1791. = **DÉCRET** *relatif à la formation de la haute cour nationale* (1). (B., XIX, 110.)

N° 20. = 12—25 novembre 1791. = **DÉCRET** *relatif aux écoles de mathématiques et d'hydrographie, et aux examens pour l'admission au grade d'enseigne non entretenu* (2). (B., XIX, 107.)

N° 21. = 12 novembre—3 décembre 1791. = **DÉCRET** *relatif aux fonctions du comité des décrets.* (B., XIX, 105.)

13 novembre 1791 : *Organisation de la trésorerie nationale*, voyez 16 août 1791; *Gardes suisses*, voyez 15 septembre suivant; *Bureaux de conciliation*, voyez 21 septembre; *Emplois de sous-lieutenans*, *Officiers-généraux dans les possessions d'Asie*, *Créanciers des Juifs*, voyez 28 septembre; *États du roi*, etc., de 1790, voyez 23 octobre même année.

N° 22. = 20—25 novembre 1791. = **DÉCRET** *relatif aux estampilles destinées pour l'annulation des assignats.* (B., XIX, 126.)

N° 23. = 21—23 novembre 1791. = **DÉCRET** *pour mettre la haute cour nationale en activité.* (B., XIX, 130.)

21 novembre 1791 : *Formation de la haute cour nationale*, voyez 12 du même mois.

N° 24. = 22 novembre—18 décembre 1791. = **PROCÈS-VERBAL** *de la nomination des quatre grands-juges de la haute cour nationale.* (B., XIX, 133.)

L'an troisième de la liberté et le vingt-deux novembre, à une heure après midi, — M. le président de l'assemblée nationale a annoncé que MM. *Duveyrier*, secrétaire général du département de la justice, et *Bertolio*,

---

(1) Voyez le décret d'organisation de cette haute cour, du 10—15 mai 1791, et les notes.
(2) Ce décret ne porte que des dispositions temporaires. — Voyez, sur les écoles d'hydrographie, l'art. 14 du décret du 29 avril (28 et)—25 mai 1791, qui en ordonne l'établissement dans les principaux ports de France; et l'art. 4 du tit. 1er du décret du 30 juillet (21 et)—10 août suivant, qui détermine l'emplacement de ces écoles.
Voyez aussi, sur les enseignes non entretenus, le tit. IV de ce dernier décret.

substitut du commissaire du roi près le tribunal de cassation, tous deux commissaires nommés par le roi pour assister au choix des quatre juges du tribunal de cassation qui doivent remplir les fonctions de grands-juges dans la haute cour nationale, demandaient l'entrée de la salle ; ils ont été introduits ; leurs commissions ont été vérifiées, et ils se sont assis sur les siéges où se placent les ministres. —Un huissier a apporté sur le bureau une boîte de carton percée au dessus et disposée en forme de tronc. Un secrétaire a observé que l'assemblée n'ayant pas les noms des quarante-deux juges qui doivent former le tribunal de cassation, on allait mettre les noms des quarante-deux départemens qui ont fourni chacun un juge pour ledit tribunal de cassation, et que les juges des quatre départemens que le sort ferait sortir de la boîte, seraient proclamés grands-juges de la haute cour nationale. Il a été préalablement décidé et convenu que, si le sort appelait à la place de grand-juge un juge du tribunal de cassation, qui se trouvât membre de l'assemblée nationale, il serait remplacé dans les fonctions de grand-juge par son suppléant à la place de juge du tribunal de cassation. — Il a été déposé dans la boîte, par un secrétaire, quarante-deux billets, dont chacun contenait le nom d'un des quarante-deux départemens désignés par la loi, savoir : — 1. Deux-Sèvres. — 2. Lot. — 3. Cantal. — 4. Gironde. —5. Eure-et-Loir.—6. Aude.—7. Finistère.—8. Doubs.—9. Eure.—10. Ardennes. — 11. Gard. — 12. Saône-et-Loire. — 13. Creuse. — 14. Aisne. — 15. Bouches-du-Rhône.—16. Vienne. — 17. Bas-Rhin. — 18. Seine-et-Marne. —19. Seine-Inférieure.—20. Isère.—21. Aveyron.—22. Morbihan.—23. Oise. —24. Côte-d'Or.—25. Aube.— 26. Calvados.— 27. Pas-de-Calais.— 28. Dordogne. — 29. Hautes-Pyrénées. — 30. Seine-et-Oise. — 31. Hautes-Alpes.— 32. Ain. — 33. Meurthe. — 34. Meuse. — 35. Basses-Alpes. — 36. Drôme.— 37. Rhône-et-Loire.— 38. Manche.— 39. Allier.— 40. Moselle. — 41. Haute-Saône. — 42. Marne. — On a vérifié le nombre des billets, qui ont été ensuite remués à plusieurs reprises dans cette boîte ; après quoi, un des secrétaires a tiré, par l'ouverture du dessus de la boîte, quatre billets qui portaient, le premier, le département de *la Vienne ;* le second, le département de *la Meuse ;* le troisième, le département de *l'Aude ;* le quatrième, le département de *la Manche.* En conséquence, M. le président a proclamé pour grands-juges de la haute cour nationale *MM. Creuzé de la Touche,* pour le département de la Vienne ; *Marquis,* pour celui de la Meuse ; *Albaret,* pour celui de l'Aude ; *Caillemer,* pour celui de la Manche.

---

23 novembre 1791 : *Mise en activité de la haute cour nationale,* voyez 21 du même mois.

---

25 novembre 1791 : *Ecoles de mathématiques,* voyez 12 du même mois ; *Annulation d'assignats,* voyez 20 novembre.

N° 25. = 28 novembre — 2 décembre 1791. = DÉCRET *relatif aux masses de boulangerie et de fourrages de l'armée.* (B., XIX, 149.)

N° 26. = 29 novembre 1791. = DÉCRET *relatif aux troubles excités sous prétexte de religion, et aux ecclésiastiques qui ont prêté ou refusé le serment* (1). (B., XIX, 155.)

L'assemblée nationale, après avoir entendu le rapport des commissaires civils envoyés dans le département de la Vendée, les pétitions d'un grand nombre de citoyens, et le rapport du comité de législation civile et crimi-

---

(1) Le roi a refusé sa sanction à ce décret comme à celui du 9 novembre, sur les émigrans.

nelle, sur les troubles excités dans plusieurs départemens du royaume, par les ennemis du bien public, sous prétexte de la religion : — Considérant que le contrat social doit lier, comme il doit également protéger tous les membres de l'état ;—Qu'il importe de définir, sans équivoque, les termes de cet engagement, afin qu'une confusion dans les mots n'en puisse opérer une dans les idées ; que le serment, purement civique, est la caution que tout citoyen doit donner de sa fidélité à la loi, et de son attachement à la société, et que la différence des opinions religieuses ne peut être un empêchement de prêter ce serment, puisque la constitution assure à tout citoyen la liberté entière de ses opinions en matière de religion, pourvu que *leur manifestation ne trouble pas l'ordre*, ou ne porte pas *à des actes nuisibles à la sûreté publique* ; — Que le ministre d'un culte, en refusant de reconnaître l'acte constitutionnel qui l'autorise à professer ses opinions religieuses, sans lui imposer d'autre obligation que le respect pour *l'ordre établi par la loi*, et pour *la sûreté publique*, annoncerait, par ce refus-là même, que son intention n'est pas de les respecter ;—Qu'en ne voulant pas reconnaître la loi, il abdique volontairement les avantages que cette loi seule peut lui garantir ; —Que l'assemblée nationale, pressée de se livrer aux grands objets qui appellent son attention, pour l'affermissement du crédit et du système des finances, s'est vue, avec regret, obligée de tourner ses premiers regards sur des désordres qui tendent à compromettre toutes les parties du service public, en empêchant l'assiette prompte et le recouvrement paisible des contributions ; — Qu'en remontant à la source de ces désordres, elle a entendu la voix de tous les citoyens éclairés proclamer l'empire de cette grande vérité, que la religion n'est pour les ennemis de la constitution qu'un prétexte dont ils abusent, et un instrument dont ils osent se servir pour troubler la terre au nom du ciel ; — Que leurs délits mystérieux échappent aisément aux mesures ordinaires, qui n'ont point de prise sur les cérémonies clandestines, dans lesquelles leurs trames sont enveloppées, et par lesquelles ils exercent sur les consciences un empire invisible ; —Qu'il est temps, enfin, de percer ces ténèbres, afin que l'on puisse discerner le citoyen paisible et de bonne foi du prêtre turbulent et machinateur qui regrette les anciens abus, et ne peut pardonner à la révolution de les avoir détruits ; — Que ces motifs exigent impérieusement que le corps législatif prenne de grandes mesures politiques pour réprimer les factieux qui couvrent leurs complots d'un voile sacré ; — Que l'efficacité de ces nouvelles mesures dépend, en grande partie, du patriotisme, de la prudence et de la fermeté des corps municipaux et administratifs, et de l'énergie que leur impulsion peut communiquer à toutes les autres autorités constituées ;—Que les administrations de département, surtout, peuvent dans ces circonstances, rendre le plus grand service à la nation, et se couvrir de gloire en s'empressant de répondre à la confiance de l'assemblée nationale, qui se plaira toujours à distinguer leur zèle, mais qui, en même temps, réprimera sévèrement les fonctionnaires publics dont la tiédeur, dans l'exécution de la loi, ressemblerait à une connivence tacite avec les ennemis de la constitution ; — Qu'enfin, c'est surtout aux progrès de la saine raison, et à l'opinion publique bien dirigée, qu'il est réservé d'achever le triomphe de la loi, d'ouvrir les yeux des habitans des campagnes sur la perfidie intéressée de ceux qui veulent leur faire croire que les législateurs constituans ont touché à la religion de leurs pères, et de prévenir, pour l'honneur français, dans ce siècle de lumières, le renouvellement des scènes horribles dont la superstition n'a malheureusement que trop souillé leur histoire, dans les siècles où l'ignorance des peuples était un des ressorts du gouvernement ; — L'assemblée nationale, ayant décrété préalablement l'urgence, décrète ce qui suit :

Art. 1er. Dans la huitaine, à compter de la publication du présent décret, tous les ecclésiastiques, autres que ceux qui se sont conformés au décret du 27 novembre dernier, seront tenus de se représenter par-devant la municipalité du lieu de leur domicile, d'y prêter le serment civique, dans les termes de l'article 5 du titre II de la constitution, et de signer le procès-verbal qui en sera dressé sans frais.

2. A l'expiration du délai ci-dessus, chaque municipalité fera parvenir au directoire de département, par la voie du district, un tableau des ecclésiastiques domiciliés dans son territoire, en distinguant ceux qui auront prêté le serment civique, et ceux qui l'auront refusé. Ces tableaux serviront à former les listes dont il sera parlé ci-après.

3. Ceux des ministres du culte catholique qui ont donné l'exemple de la soumission aux lois, et de l'attachement à leur patrie, en prêtant le serment civique, suivant la formule prescrite par le décret du 27 novembre 1790, et qui ne l'ont pas rétracté, sont dispensés de toute formalité nouvelle; ils sont invariablement maintenus dans tous les droits qui leur ont été attribués par les décrets précédens.

4. Quant aux autres ecclésiastiques, aucun d'eux ne pourra désormais toucher, réclamer ni obtenir de pension ou de traitement sur le trésor public, qu'en représentant la preuve de la prestation du serment civique, conformément à l'article 1er ci-dessus. Les trésoriers, receveurs ou payeurs qui auront fait des paiemens contre la teneur du présent décret, seront condamnés à en restituer le montant, et privés de leur état.

5. Il sera composé, tous les ans, une masse des pensions dont les ecclésiastiques auront été privés par leur refus ou leur rétractation du serment. Cette masse sera répartie entre les quatre-vingt-trois départemens, pour être employée par les conseils généraux des communes, soit en travaux de charité pour les indigens valides, soit en secours pour les indigens invalides.

6. Outre la déchéance de tout traitement et pension, les ecclésiastiques qui auront refusé de prêter le serment civique, ou qui le rétracteront après l'avoir prêté, seront, par ce refus ou cette rétractation même, réputés suspects de révolte contre la loi, et de mauvaise intention contre la patrie, et, comme tels, plus particulièrement soumis et recommandés à la surveillance de toutes les autorités constituées.

7. En conséquence, tout ecclésiastique ayant refusé de prêter le serment civique (ou qui le rétractera après l'avoir prêté), qui se trouvera dans une commune où il surviendra des troubles dont les opinions religieuses seront la cause ou le prétexte, pourra, en vertu d'un arrêté du directoire du département, sur l'avis de celui du district, être éloigné provisoirement du lieu de son domicile ordinaire, sans préjudice de la dénonciation aux tribunaux, suivant la gravité des circonstances.

8. En cas de désobéissance à l'arrêté du directoire de département, les contrevenans seront poursuivis dans les tribunaux, et punis de l'emprisonnement dans le chef-lieu du département. Le terme de cet emprisonnement ne pourra excéder une année.

9. Tout ecclésiastique qui sera convaincu d'avoir provoqué la désobéissance à la loi et aux autorités constituées, sera puni de deux années de détention.

10. Si, à l'occasion des troubles religieux, il s'élève dans une commune des séditions qui nécessitent le déplacement de la force armée, les frais avancés par le trésor public, pour cet objet, seront supportés par les citoyens domiciliés dans la commune, sauf leur recours contre les chefs, instigateurs et complices des émeutes.

11. Si des corps ou des individus, chargés de fonctions publiques, négligent ou refusent d'employer les moyens que la loi leur confie pour prévenir ou pour réprimer une émeute, ils en seront personnellement responsables ; ils seront poursuivis, jugés et punis conformément à la loi du 3 août 1791.

12. Les églises et édifices employés au culte dont les frais sont payés par l'état, ne pourront servir à aucun autre culte. — Les églises et oratoires nationaux, que les corps administratifs auront déclarés n'être pas nécessaires pour l'exercice du culte dont les frais sont payés par la nation, pourront être achetés ou affermés par les citoyens attachés à un autre culte quelconque, pour y exercer publiquement ce culte sous la surveillance de la police et de l'administration ; mais cette faculté ne pourra s'étendre aux ecclésiastiques qui se seront refusés au serment civique exigé par l'article 1er du présent décret (ou qui l'auront rétracté), et qui, par ce refus ou cette rétractation, sont déclarés, suivant l'article 6, suspects de révolte contre la loi, et de mauvaise intention contre la patrie.

13. La vente ou la location des églises ou oratoires dont il est parlé dans l'article précédent, ne peuvent s'appliquer aux églises dont sont en possession soit privée, soit simultanée avec les catholiques, les citoyens qui suivent les confessions d'Ausbourg et helvétique, lesquels sont conservés en leurs droits respectifs dans les départemens du Haut et du Bas-Rhin, du Doubs et de la Haute-Saône, conformément aux décrets des 17 août, 9 septembre et 1er décembre 1790.

14. Le directoire de chaque département fera dresser deux listes ; la première comprenant les noms et demeures des ecclésiastiques sermentés, avec la note de ceux qui seront sans emploi, et qui voudront se rendre utiles ; la seconde comprenant les noms et demeures de ceux qui auront refusé de prêter le serment civique, avec les plaintes et les procès-verbaux qui auront été dressés contre eux. Ces deux listes seront arrêtées incessamment, de manière à être présentées, s'il est possible, aux conseils généraux de département, avant la fin de leur session actuelle.

15. A la suite de ces listes, les procureurs-généraux-syndics rendront compte aux conseils de département (ou aux directoires, si les conseils sont séparés), des diligences qui ont été faites dans leur ressort, pour l'exécution des décrets de l'assemblée nationale constituante, des 12, 24 juillet et 27 novembre 1790, concernant l'exercice du culte catholique salarié par la nation ; ce compte rendu présentera le détail des obstacles qu'a pu éprouver l'exécution de ces lois, et la dénonciation de ceux qui, depuis l'amnistie, ont fait naître de nouveaux obstacles, ou les ont favorisés par prévarication ou par négligence.

16. Le conseil général de chaque département (ou le directoire, si le conseil est séparé) prendra, sur ce sujet, un arrêté motivé, qui sera adressé sur-le-champ à l'assemblée nationale, avec les listes des ecclésiastiques sermentés ou non assermentés (ou qui se seront rétractés), et les observations du département sur la conduite individuelle de ces derniers, ou sur leur coalition séditieuse, soit entre eux, soit avec les Français transfuges et déserteurs.

17. A mesure que ces procès-verbaux, listes et arrêtés seront adressés à l'assemblée nationale, ils seront remis au comité de législation, pour en faire un rapport général, et mettre le corps législatif à portée de prendre un dernier parti, afin d'extirper la rébellion qui se déguise sous le prétexte d'une prétendue dissidence dans l'exercice du culte catholique ; dans un mois, le comité présentera l'état des administrations qui auront satisfait aux articles précédens, et proposera les mesures à prendre contre celles qui seront en retard de s'y conformer.

18. Comme il importe surtout d'éclairer le peuple sur les piéges qu'on ne cesse de lui tendre au sujet d'opinions prétendues religieuses, l'assemblée nationale exhorte tous les bons esprits à renouveler leurs efforts et à multiplier leurs instructions contre le fanatisme; elle déclare qu'elle regardera comme un bienfait public les bons ouvrages à la portée des citoyens des campagnes, qui lui seront adressés sur cette matière importante; et, d'après le rapport qui lui en sera fait, elle fera imprimer ces ouvrages aux frais de l'état, et récompensera leurs auteurs.

N° 27. = 29 novembre 1791. = DÉCRET *relatif aux rassemblemens des émigrés* (1). (B., XIX, 162.)

L'assemblée nationale, ayant entendu le rapport de son comité diplomatique, décrète qu'une députation de vingt-quatre de ses membres se rendra auprès du roi pour lui communiquer, au nom de l'assemblée, sa sollicitude sur les dangers dont menacent la patrie les combinaisons perfides des Français armés et attroupés hors du royaume, et de ceux qui trament des complots au dedans, ou excitent les citoyens à la révolte contre la loi; et pour déclarer au roi que l'assemblée regarde comme essentiellement convenables aux intérêts et à la dignité de la nation toutes les mesures que le roi pourra prendre, afin de requérir les électeurs de Trèves, Mayence, et autres princes de l'Empire qui accueillent les Français fugitifs, de mettre fin aux attroupemens et aux enrôlemens qu'ils tolèrent sur la frontière, et d'accorder réparation à tous les citoyens français, et notamment à ceux de Strasbourg, des outrages qui leur ont été faits dans leurs territoires respectifs; que ce sera avec la même confiance dans la sagesse de ces mesures, que les représentans de la nation verront rassembler les forces nécessaires pour contraindre, par la voie des armes, ces princes à respecter le droit des gens, au cas qu'ils persistent à protéger ces attroupemens et assurer la justice qu'on réclame; — Et, enfin, que l'assemblée nationale a cru devoir faire cette déclaration solennelle, pour que le roi fût à même de prouver, tant à la cour impériale qu'à la diète de Ratisbonne, et à toutes les cours de l'Europe, que ses intentions et celles de la nation française ne font qu'une. — Décrète, en outre, que la même députation exprimera au roi que l'assemblée nationale regarde comme une des mesures les plus propres à concilier ce qu'exige la dignité de la nation, et ce que commande sa justice, la prompte terminaison des négociations d'indemnités entamées avec les princes allemands possessionnés en France, en vertu de décrets de l'assemblée nationale constituante, et que les représentans de la nation, convaincus que les retards apportés aux négociations qui doivent assurer le repos de l'empire, pourraient être attribués en grande partie aux intentions douteuses d'agens peu disposés à seconder les intentions loyales du roi, lui dénoncent le besoin urgent de faire, dans le corps diplomatique, les changemens propres à assurer l'exécution fidèle et prompte de ses ordres. — L'assemblée nationale a décrété aussi l'impression et l'envoi aux quatre-vingt-trois départemens du discours de M. Viennot-Vaublanc, après qu'il aura été prononcé au roi. Ce discours est ainsi conçu: — Sire, à peine l'assemblée nationale a-t-elle porté ses regards sur la situation du royaume, qu'elle s'est aperçue que les troubles qui l'agitent encore ont leur source dans les préparatifs criminels des Français émigrés. — Leur audace est soutenue par des princes allemands, qui méconnaissent les traités signés entre eux et la France, et qui affectent d'oublier qu'ils doivent à cet

____

1) Voyez, ci-dessus, le décret du 9 novembre 1791, et la note.

empire le traité de Westphalie, qui garantit leurs droits et leur sûreté. — Ces préparatifs hostiles, ces menaces d'invasion commandent des armemens qui absorbent des sommes immenses, que la nation aurait versées avec joie dans les mains de ses créanciers. — C'est à vous, Sire, de les faire cesser; c'est à vous de tenir aux puissances étrangères le langage qui convient au roi des Français. Dites-leur que partout où l'on souffre des préparatifs contre la France, la France ne peut voir que des ennemis; que nous garderons religieusement le serment de ne faire aucune conquête; que nous leur offrons le bon voisinage, l'amitié inviolable d'un peuple libre et puissant; que nous respecterons leurs lois, leurs usages, leurs constitutions, mais que nous voulons que la nôtre soit respectée; dites-leur enfin, que si des princes d'Allemagne continuent de favoriser des préparatifs dirigés contre les Français, les Français porteront chez eux, non pas le fer et la flamme, mais la liberté. C'est à eux de calculer quelles peuvent être les suites du réveil des nations. —Depuis deux ans que les Français patriotes sont persécutés près des frontières, et que les rebelles y trouvent des secours, quel ambassadeur a parlé comme il le devait en votre nom?.... aucun. — Si les Français chassés de leur patrie, par la révocation de l'édit de Nantes, s'étaient rassemblés en armes sur les frontières, s'ils avaient été protégés par des princes d'Allemagne, Sire, nous vous le demandons, quelle eût été la conduite de Louis XIV? Eût-il souffert ces rassemblemens? eût-il souffert les secours donnés par des princes, qui, sous le nom d'alliés, se conduisent en ennemis? Ce qu'il eût fait pour son autorité, que Votre Majesté le fasse pour le salut de l'empire, pour le maintien de la constitution. — Sire, votre intérêt, votre dignité, la grandeur de la nation outragée, tout vous prescrit un langage différent de celui de la diplomatie. La nation attend de vous des déclarations énergiques auprès des cercles du Haut et du Bas-Rhin, des électeurs de Trèves, Mayence et autres princes d'Allemagne. — Qu'elles soient telles que les hordes des émigrés soient à l'instant dissipées; prescrivez un terme prochain au-delà duquel nulle réponse dilatoire ne sera reçue; que votre déclaration soit appuyée par les mouvemens des forces qui vous sont confiées, et que la nation sache quels sont ses amis et ses ennemis. Nous reconnaîtrons à cette éclatante démarche le défenseur de la constitution. —Vous assurerez ainsi la tranquillité de l'empire, inséparable de la vôtre, et vous hâterez ces jours de la prospérité nationale, où la paix fera renaître l'ordre et le règne des lois, où votre bonheur se confondra dans celui de tous les Français.

N° 28. = 29 novembre — 11 décembre 1791. = DÉCRET *relatif au remplacement des officiers de l'armée dont les places se trouvent vacantes.* (B., XIX, 151.)

N° 29. = 29 novembre 1791 — 8 janvier 1792. = DÉCRET *concernant l'admission aux emplois de l'armée, en faveur de Français qui ont servi dans les armées des puissances étrangères* (1). (B., XIX, 168.)

N° 30. = 1ᵉʳ—4 décembre 1791. = DÉCRET *relatif aux lois, proclamations et réglemens à fournir au sieur* Baudouin, *imprimeur de l'assemblée nationale, par le directeur de l'imprimerie royale.* (B., XIX, 173.)

---

(1) Voyez la loi du 4—20 mars 1791.

N° 31. = 1er — 11 décembre 1791. = **DÉCRET** *qui accorde des secours aux pères de famille détenus pour mois de nourrice* (1). (B., XIX, 176.)

N° 32. = 1er — 15 décembre 1791. = **DÉCRET** *relatif à l'avancement des officiers et sous-officiers des troupes de ligne, et de ceux de la ci-devant maréchaussée, qui sont entrés dans la gendarmerie nationale.* (B., XIX, 177.)

2 décembre 1791 : *Masse de boulangerie et Fourrages de l'armée*, voyez 28 novembre précédent.

N° 33. = 3 — 7 décembre 1791. = **DÉCRET** *relatif à la répartition des travaux d'encouragement des artistes* (2). (B., XIX, 180.)

3 décembre 1791 : *Comité des décrets*, voyez 12 novembre précédent.

4 décembre 1791 : *Baudouin, imprimeur*, voyez 1er du même mois.

N° 34. = 5 — 11 décembre 1791. = **DÉCRET** *relatif à la police de la navigation des ports de commerce* (3). (B., XIX, 188.)

L'assemblée nationale, considérant que le moment des élections aux places de capitaines et lieutenans de port est arrivé, ainsi que celui du concours pour la nomination aux places de jaugeurs, et que l'intérêt commun exige qu'il soit fait quelques changemens à la loi qui fixe le mode de ces élections, décrète qu'il y a urgence. — L'assemblée nationale, ouï le rapport de son comité de la marine, ayant reconnu qu'il n'est ni juste, ni conforme aux intérêts de la navigation d'exclure du concours aux places de capitaines et lieutenans de port dans les villes maritimes, les maîtres de quai, qui en remplissaient précédemment les fonctions, et que les jaugeurs, actuellement en place, ont subi un premier examen d'après les anciennes ordonnances, après avoir rendu le décret d'urgence, décrète ce qui suit :

Art. 1er. Les conseils généraux des communes qui, conformément à l'article 5 du titre III du décret du 9 août 1791, concernant la police de la navigation et des ports de commerce, doivent nommer les capitaines et lieutenans de port, et qui, suivant l'article 11 dudit titre de la même loi, sont obligés de les prendre exclusivement parmi les navigateurs âgés de plus de trente ans et pourvus du brevet d'enseigne dans la marine française, pourront, pour la première fois seulement, admettre en concurrence et comme éligibles, aussi bien que les enseignes de la marine, les maîtres de quai, ci-devant attachés aux ports de leur arrondissement, s'ils sont âgés au moins de trente ans, et s'ils ont cinq ans de service en cette qualité.

2. Les jaugeurs actuellement en exercice seront maintenus dans leurs places, si, après avoir été examinés par les professeurs d'hydrographie, en particulier, ils sont reconnus capables de suivre la méthode uniforme de jauger, qui doit être déterminée pour tous les bâtimens, en vertu de l'article 7 du titre III du décret du 9 août 1791.

---

(1) Voyez le décret du 25—25 août 1792, qui abolit la contrainte par corps pour mois de nourrice, et celui du 2 septembre suivant, qui ordonne la mise en liberté des détenus.

(2) Voyez le décret du 9—12 septembre 1791, et les notes.

(3) Voyez, *supra*, le décret du 9—13 août 1791, qui contient, sur la police des ports de commerce, des dispositions très étendues, et les notes.

7 décembre 1791 : *Biens nationaux*, voyez 3 novembre précédent; *Encouragement des artistes*, voyez 4 décembre.

N° 35. = 8 (3 et)—15 décembre 1791. = **DÉCRET** *relatif aux acquéreurs de domaines nationaux.* (B. ,' XIX , 195.)

L'assemblée nationale, voulant favoriser l'aliénation des domaines nationaux, afin d'accélérer la liquidation de la dette publique; convaincue que l'une des dispositions les plus efficaces à cet effet, est la faculté accordée pour les paiemens aux acquéreurs de ces domaines, par l'article 5 du titre III du décret du 14 mai 1790 ; considérant que cette faculté expire au 1ᵉʳ janvier 1792, décrète qu'il y a urgence. — L'assemblée nationale, ouï son comité des domaines, et vu le décret d'urgence du 3 de ce mois , décrète que le terme du 1ᵉʳ janvier 1792, fixé par le décret du 27 avril 1791, aux acquéreurs de domaines nationaux, pour jouir des facultés accordées pour leurs paiemens par l'article 5 du titre III du décret du 14 mai 1790 , sera prorogé jusqu'au 1ᵉʳ mai 1792, mais seulement pour les biens ruraux, bâtimens et emplacemens vacans dans les villes, maisons d'habitation et bâtimens en dépendant, quelque part qu'ils soient situés, les bois et usines demeurant formellement exceptés de cette faveur.

11 décembre 1791 : *Remplacement d'officiers*, voyez 29 novembre précédent; *Pères détenus pour mois de nourrice*, voyez 1ᵉʳ décembre même mois; *Police de navigation*, voyez 5 décembre.

N° 36. = 13—17 décembre 1791. = **DÉCRET** *relatif aux formalités à observer pour les paiemens dans les différentes caisses nationales.* (B. , XIX , 199.)

15 décembre 1791 : *Avancement d'officiers et sous-officiers*, voyez 1ᵉʳ décembre; *Domaines nationaux*, voyez 8 du même mois.

17 décembre 1791 : *Paiement dans les caisses nationales*, voyez 13 du même mois.

18 décembre 1791 : *Juges à la haute cour nationale*, voyez 22 novembre précédent.

N° 37. = 21 (19, 20 et)—25 décembre 1791. = **DÉCRET** *relatif à l'échange des petits assignats.* (B., XIX , 214.)

N° 38. = 24 — 28 décembre 1791. = **DÉCRET** *qui accorde une somme de cinquante mille livres pour les travaux du Panthéon français.* (B., XIX , 228.)

25 décembre 1791 : *Echange de petits assignats*, voyez 21 du même mois.

N° 39. = 27—28 décembre 1791. = **DÉCRET** *relatif aux généraux* Rochambeau *et* Luckner. (B., XIX , 244.)

L'assemblée nationale, voulant faciliter au roi les moyens de donner aux généraux *Rochambeau* et *Luckner* une preuve authentique de la confiance de la nation, dans un moment où une grande partie des forces nationales leur est confiée, décrète ce qui suit :

Art. 1ᵉʳ. Deux officiers généraux, commandans d'armée, pourront être élevés au grade de maréchal de France, sans que les places qu'ils occuperont puissent être considérées comme une augmentation permanente au nombre de six, auquel a été borné, par le décret du 4 mars dernier, celui des maréchaux de France en activité.

2. Lorsque, par la suite, il viendra à vaquer une place de maréchal de France, il ne pourra être pourvu au remplacement que conformément à la

loi du 4 mars 1791, et sans que le nombre des maréchaux de France puisse excéder celui de six.

N° 40.=27 (24 et) décembre 1791—1er janvier 1792.=**Décret** *relatif aux intérêts des capitaux liquidés et à liquider, appartenant aux ci-devant communautés ecclésiastiques et laïques* (1), *corporations judiciaires, pays d'états et autres.* (B., XIX, 239.)

Art. 1er. L'intérêt de tous les capitaux liquidés et à liquider, et des sommes dues aux créanciers des corps et communautés ecclésiastiques pour dettes exigibles, à compter du jour où cet intérêt est dû suivant les lois antérieures, continuera d'être calculé à cinq pour cent, mais sera sujet à la retenue des deux vingtièmes et quatre sous pour livre du premier vingtième, jusqu'au 1er janvier 1791 ; et depuis cette époque, à la retenue du cinquième, conformément au décret du 7—10 juin dernier.

2. L'intérêt moratoire des sommes adjugées judiciellement, soit aux créanciers de l'état, soit à ceux des corps et communautés ecclésiastiques ou laïques, sera calculé sur le même pied, et sujet à la même retenue.

3. Cette retenue sera pareillement faite sur les intérêts dus pour raison des contrats souscrits par les communautés religieuses, les corporations judiciaires, les communautés d'arts et métiers, les pays d'états, et généralement sur tous intérêts dus par la nation comme succédant aux débiteurs originaires, dans tous les cas où les débiteurs n'auraient pas été autorisés par lettres-patentes dûment enregistrées à stipuler la non retenue d'impôts, ainsi que sur tous intérêts moratoires.

4. Les rentes à quatre pour cent et au dessous seront exemptes de la retenue, lorsque les parties l'auront ainsi stipulé.

N° 41. = 28 décembre 1791—4 janvier 1792. = **Décret** *relatif aux Français émigrés, créanciers de l'état* (2). (L., VIII, 23.)

Art. 1er. Tout citoyen français, porteur de reconnaissances de liquidation, soit provisoires, soit définitives, ne pourra être admis à les faire recevoir en paiement de biens nationaux, qu'autant qu'il y joindra les certificats exigés des créanciers de l'état par les décrets des 24 juin, 29 juillet et 13 décembre 1791.

2. En cas de cession ou transport de reconnaissances de liquidation, les porteurs seront tenus de faire, pour les premiers propriétaires en faveur desquels lesdites reconnaissances auraient été délivrées, les justifications prescrites par l'article précédent.

3. A l'égard des cessions ayant une date authentique, antérieure au présent décret, elles ne seront assujéties qu'aux justifications ordonnées par les décrets des 24 juin et 29 juillet derniers.

4. Les receveurs de district seront responsables du montant de toutes les reconnaissances de liquidation qu'ils admettraient, sans que ces formalités eussent été exactement remplies.

5. Les dispositions portées aux articles 2 et 3 seront applicables aux reconnaissances définitives dont le montant doit être acquitté par la caisse de l'extraordinaire.

6. Le roi, les membres du corps législatif, les ministres et autres ordonnateurs en chef, ainsi que les personnes attachées au service de leurs bureaux, sont et demeurent exceptés des dispositions du décret du 13 de ce mois,

---

(1) Voyez le décret du 21 septembre—14 octobre 1791, et les notes.
(2) Voyez, ci-après, le décret du 9—12 février 1792, qui séquestre les biens des émigrés, et les notes qui résument toute la législation.

sous la responsabilité de ceux qui délivrent les mandats ou ordonnances.

7. Sont pareillement exceptés des dispositions du même décret, les habitans des colonies françaises, et les Français qui ont transféré leur résidence ou leur domicile dans les pays étrangers, avant l'année 1789.

N° 42. = 28 décembre 1791—3 février 1792. = DÉCRET *concernant la formation, l'organisation et la solde des gardes nationaux volontaires.* (B., XIX, 245.)

28 décembre 1791 : *Panthéon français*, voyez 24 du même mois; *Rochambeau et Luckner*, voyez 27 décembre.

N° 43. = 29 décembre 1791 — 16 janvier 1792. = DÉCRET *relatif à la forme de congé indiquée par l'article 2 du titre II du décret du 9 août 1791, sur la police de la navigation et des ports de commerce.* (B., XIX, 293.)

Art. 1er. La nouvelle forme des congés, adoptée et désignée par l'article 2 du titre II du décret du 9 août dernier, sera annexée au présent décret.

2. Le délai prescrit par l'article 6 du décret du 22 avril et 1er mai derniers, qui devait prendre fin au 1er janvier 1792, est prorogé jusqu'au 1er juillet de la même année; en conséquence, les dispositions de cet article continueront d'avoir lieu jusqu'à cette époque.

3. Les nouveaux congés seront alors substitués aux anciens, et le roi, dans le plus court délai à compter de cejourd'hui, en donnera la communication officielle à toutes les puissances maritimes. (*Suit le modèle du congé.*)

N° 44. = 31 décembre 1791. = DÉCRET *portant que l'assemblée ne recevra et ne fera aucun compliment à l'occasion du jour de l'an.* (B., XIX, 281.)

N° 45. = 31 décembre 1791 — 14 janvier 1792. = DÉCRET *qui défend d'exporter à l'étranger les orges, avoines, grenailles, légumes et fourrages de toute espèce.* (B., XIX, 284.)

1er janvier 1792 : *Retenue sur les intérêts de certains capitaux*, voyez 27 décembre précédent.

N° 46. = 2 janvier 1792. = DÉCRET *portant que l'ère de la liberté sera au 1er janvier 1789.* (B., XX, 6.)

N° 47. = 2 janvier 1792. = DÉCRET *qui autorise le ministre de la justice à continuer la collection des lois.* (B., XX, 8.)

N° 48. = 2—4 janvier 1792. = DÉCRET *qui ordonne la continuation des catalogues des bibliothèques des maisons religieuses et autres établissemens supprimés.* (B., XX, 1.)

N° 49. = 2—4 janvier 1792. = DÉCRET *portant qu'il y a lieu à accusation contre Louis-Stanislas-Xavier, Charles-Philippe, Louis-Joseph, princes français, N. Calonne, N. Laqueuille et Grégoire Riquetti.* (B., XX, 6.)

N° 50. = 2—6 janvier 1792. = DÉCRET *relatif aux créances dues au trésor public par les acquéreurs de l'ancien enclos des Quinze-Vingts.* (B., XX, 3.)

N° 51. = 4—8 janvier 1792. = DÉCRET *relatif à la fabrication des assignats de petite valeur.* (B., XX, 22.)

4 janvier 1792 : *Émigrés créanciers de l'état*, voyez 28 décembre 1791; *Bibliothèques des maisons religieuses, Accusation contre les frères du roi*, voyez 2 janvier 1792.

N° 52. = 5—8 janvier 1792. = DÉCRET *relatif aux cures vacantes dans le département du Haut-Rhin, et a celles qui viendraient à vaquer dans les divers départemens pendant l'année* 1792. (B., XX, 26.)

N° 53. = 5—8 janvier 1792. = DÉCRET *relatif à l'organisation de la gendarmerie nationale* (1). (B., XX, 28.)

6 janvier 1792 : *Enclos des Quinze-Vingts*, voyez 2 du même mois.

8 janvier 1792 : *Français qui ont servi à l'étranger*, voyez 29 novembre 1791 ; *Cures du Haut-Rhin, Gendarmerie nationale*, voyez 5 du même mois.

N° 54. = 9 janvier 1792. = DÉCRET *qui ajourne la discussion sur la sanction ou non-sanction des décrets relatifs à l'organisation de la haute cour nationale, et enjoint au ministre de la justice de rendre compte des mesures prises pour la mettre en activité.* (B., XX, 34.)

N° 55. = 13 (10, 12 et)—18 janvier 1792. = DÉCRET *relatif à l'installation des tribunaux criminels* (2). (B., XX, 68.)

Art. 1er. Les tribunaux criminels qui, à l'époque de la publication du présent décret, n'auront point été installés, le seront, sans délai, par les conseils généraux des communes des lieux où ils doivent siéger ; et ils commenceront leur service immédiatement après leur installation.

2. L'installation se fera dans la forme qui a été prescrite par le décret du 16—24 août 1790, pour les tribunaux de district.

3. Le président, l'accusateur public et le greffier prêteront, devant le conseil général de la commune, le serment civique prescrit par la constitution ; et ils jureront, en outre, de remplir avec exactitude et impartialité les fonctions qui leur sont confiées.

4. Le président et les trois juges composant le tribunal, procéderont à la nomination de deux huissiers, conformément au décret du 2—3 juin 1791, et le traitement de ces huissiers sera incessamment fixé par l'assemblée nationale.

5. Dans les départemens où le président du tribunal criminel ou l'accusateur public, ou l'un et l'autre à-la-fois sont absens, soit parce qu'ils ont été députés à l'assemblée nationale, soit pour toute autre cause légitime, il sera pourvu à leur remplacement provisoire de la manière qui suit.

6. Dans le cas où le président et l'accusateur public manqueraient à la fois dans le même département, il sera pris, dans les tribunaux de district, suivant le mode indiqué par la loi du mois de janvier dernier, pour la formation du tribunal, cinq juges au lieu de trois, lesquels nommeront au scrutin celui d'entre eux qui devra remplacer provisoirement le président du tribunal, et celui qui devra être chargé aussi provisoirement des fonctions de l'accusateur public.

7. Toutes les plaintes ou accusations suivies d'informations, antérieures à l'époque de l'installation des tribunaux criminels, seront jugées par les tribunaux qui s'en trouveront saisis, soit en première instance, soit par appel ; et l'instruction de la procédure sera continuée suivant les lois qui ont précédé l'institution des jurés. — Les accusateurs publics ne pourront, en aucun cas, attaquer, par la voie de l'appel, les jugemens des tribunaux criminels, sauf les droits des accusés et des parties civiles. — Les juges de district ne pourront prononcer d'autres peines que celles portées par le Code pénal.

8. Ces mêmes tribunaux seront tenus de renvoyer devant les juges de

____

(1) Voyez la loi du 28 germinal an 6 (17 avril 1798), et les notes.
(2) Voyez la loi de création de ces tribunaux, du 20 janvier—25 février 1791, et les notes.

police correctionnelle toutes les affaires qui, d'après la loi, seront de la compétence de ces juges.

9. Les six tribunaux criminels établis à Paris, par le décret du 13—14 mars 1791, auxquels ont été renvoyés, par le décret du 17—29 septembre suivant, les procès criminels alors existant dans les tribunaux d'arrondissement de Paris, et ceux à naître jusqu'au 1er janvier présent mois, continueront de juger, suivant les mêmes formes, les procès criminels nés depuis ledit jour 1er janvier, et ceux à naître jusqu'au jour de l'installation du tribunal criminel du département de Paris (1).

N° 56. = 14—14 janvier 1792. = DÉCRET *contre les Français qui prendraient part à quelque congrès ou médiation tendant à modifier la constitution française* (2). (B., XX, 72.)

L'assemblée nationale, considérant que, dans un moment où la liberté du peuple français est menacée de toutes parts, il importe que les représentans du peuple écartent, par tous les moyens qui sont en leur pouvoir, les efforts dirigés contre la constitution française, décrète qu'il y a urgence. — L'assemblée nationale, après avoir décrété l'urgence, décrète ce qui suit :— L'assemblée nationale déclare infame, traître à la patrie et coupable du crime de lèse-nation, tout agent du pouvoir exécutif, tout Français qui pourrait prendre part directement ou indirectement, soit à un congrès dont l'objet serait d'obtenir la modification de la constitution française, soit à une médiation entre la nation française et les rebelles conjurés contre elle, soit enfin à une composition avec les puissances possessionnées dans la ci-devant province d'Alsace, qui tendrait à leur rendre sur notre territoire quelqu'un des droits supprimés par l'assemblée nationale constituante, sauf une indemnité conforme aux principes de la constitution. — L'assemblée nationale décrète que cette déclaration sera portée au roi par une députation, et qu'il sera invité à la faire connaître aux puissances de l'Europe, en leur annonçant, au nom de la nation française, que, résolue à maintenir sa constitution tout entière ou à périr tout entière avec elle, elle regardera comme ennemi tout prince qui voudrait y porter atteinte.

N° 57. = 14 janvier—11 mars 1792. = DÉCRET *qui sursoit à la nomination aux places de la nouvelle organisation forestière.* (B., XX, 74.)

L'assemblée nationale, considérant qu'aux termes de l'article 1er du titre XV du décret du 15—29 septembre 1791, sur l'administration forestière, les anciens officiers de maîtrises ou grueries, titulaires ou par commission, chargés de l'administration des forêts du royaume, doivent continuer leurs fonctions, jusqu'à ce que les nouveaux préposés, en exécution de ladite loi, entrent en activité ; considérant, en outre, qu'elle a chargé ses comités de finances, d'agriculture, de commerce, de marine et des domaines, de lui présenter, dans le délai d'un mois, un rapport sur la question de savoir s'il est utile et avantageux à la nation d'aliéner ou non aliéner ses forêts, en tout ou en partie ; que, jusqu'à ce qu'il ait été définitivement statué sur ce

---

(1) Ces six tribunaux ont été supprimés par la loi du 8—13 septembre 1792.

(2) Voyez la section 1re du tit. 1er de la 2e partie du Cod. pén. du 25 septembre—6 octobre 1791, qui punit les attentats contre la constitution ; le décret du 16—16 décembre 1792, qui porte des peines contre ceux qui proposeraient ou tenteraient de rompre l'unité de la république ; les art. 616 et suiv. du Code du 3 brumaire an 4 (25 octobre 1795), qui détermine les peines applicables aux crimes commis contre la constitution ; et les art. 109 et suiv. du Cod. pén. de 1810, sur le même objet.

rapport, il serait aussi imprudent que dispendieux de laisser achever l'organisation de l'administration forestière, décrète qu'il y a urgence. — L'assemblée nationale, après avoir décrété l'urgence, décrète ce qui suit : — Jusqu'à l'instant où l'assemblée nationale aura prononcé sur la vente ou conservation des forêts, il sera sursis à la nomination aux places de la nouvelle organisation forestière, et l'activité des préposés déjà nommés sera suspendue.

14 janvier 1792 : *Orges, avoines*, etc., voyez 31 décembre précédent.

15 janvier 1792 : *Police de navigation*, voyez 29 décembre précédent.

N° 58. — 17—20 janvier 1792. — DÉCRET *relatif aux certificats de résidence à fournir par les porteurs de brevets de pensions* (1). (B., XX, 80.)

L'assemblée nationale, après avoir décrété l'urgence, décrète qu'à l'avenir les formalités prescrites par le décret du 13 décembre dernier, pour les certificats de résidence pendant six mois, auxquels sont assujétis différens créanciers de l'état, seront observées pour l'expédition des brevets de pensions, et par les porteurs de ces brevets.

N° 59. — 18 janvier 1792. — DÉCRET *relatif aux lois concernant l'adoption* (2). (B., XX, 83.)

L'assemblée nationale décrète que son comité de législation comprendra dans son plan général des lois civiles celles relatives à l'adoption.

18 janvier 1792 : *Galériens pour révolte*, voyez 30 septembre 1791 ; *Installation des tribunaux criminels*, voyez 13 janvier même mois.

N° 60. — 19 (18 et) janvier 1792. — DÉCRET *portant que* Louis-Stanislas-Xavier, *prince français, est censé avoir abdiqué son droit à la régence* (3). (B., XX, 85.)

L'assemblée nationale, considérant que *Louis-Stanislas-Xavier*, prince français, premier appelé à la régence, n'est pas rentré dans le royaume, sur la réquisition du corps législatif, prononcée le 7 novembre, et que le délai de deux mois fixé par la proclamation est expiré, déclare, aux termes de l'article 2 de la IIIe section du chapitre II du titre III de la constitution, que *Louis-Stanislas-Xavier*, prince français, est censé avoir abdiqué son droit à la régence, et qu'en conséquence il en est déchu. — Le pouvoir exécutif fera proclamer le présent acte du corps législatif, dans les trois jours de la présentation qui lui en aura été faite, et il rendra compte à l'assemblée nationale des mesures qui auront été prises à cet effet.

---

(1) Voyez, sur la nécessité et la forme des certificats de résidence exigés des pensionnaires de l'état, le décret du 4—10 février 1792 ; celui du 31 mars (30 et)—4 avril suivant ; celui du 30 juin—6 juillet même année ; celui du 9—21 août même année ; celui du 29 novembre—1er décembre suivant ; l'art. 2 de la loi du 12 brumaire an 3 (2 novembre 1794) ; l'art. 3 de celle du 7 frimaire an 3 (27 novembre 1794), et celle du 3 floréal an 5 (22 avril 1797).

(2) Voyez la loi du 16 frimaire an 3 (6 décembre 1794), qui règle provisoirement les effets des adoptions antérieures au Cod. civ.; l'arrêté du 19 floréal an 8 (9 mai 1800), qui contient le modèle des actes d'adoption; les art. 343 et suiv. du Cod. civ.; et la loi du 25 germinal—5 floréal an 11 (15—25 avril 1803), qui contient des dispositions relatives aux adoptions faites depuis le 18 janvier 1792, jusqu'à la promulgation de ce Code. Voyez aussi les notes étendues qui accompagnent cette dernière loi.

(3) Voyez ci-après le décret du 6—8 février 1792, contenant l'acte d'accusation contre ce prince.

N° 61.= 19 (17 et)—22 janvier 1792.= **DÉCRET** *relatif aux hôpitaux, maisons et établissemens de secours.* (B., XX, 86.)

Art. 1ᵉʳ. Conformément au décret du 8 — 25 juillet dernier, la caisse de l'extraordinaire tiendra à la disposition du ministre de l'intérieur, et sous sa responsabilité, les sommes ci-après détaillées : — 1° Cent mille livres, pour servir de supplément, jusqu'au 1ᵉʳ avril prochain, aux dépenses ordinaires pour l'administration des enfans trouvés, outre les sommes décrétées pour 1791, et qui seront provisoirement payées en 1792, conformément au décret du 31 décembre dernier ; — 2° Deux millions cinq cent mille livres, pour donner provisoirement, jusqu'au 1ᵉʳ juillet, des secours, ou faciliter des travaux utiles dans les départemens qui, par des cas particuliers, peuvent en exiger. La répartition en sera arrêtée par l'assemblée nationale, sur le résultat qui lui sera présenté par le ministre de l'intérieur des demandes et mémoires adressés par les directoires des départemens, auxquels il joindra son avis et ses observations ; — 3° Un million cinq cent mille livres, pour fournir aux secours provisoires accordés par l'assemblée constituante, tant aux hôpitaux de Paris qu'aux autres hôpitaux du royaume, dans la même proportion et suivant les dispositions des décrets des 8—25 juillet, 4—12 septembre, et autres antérieurs.

2. Les rentes sur les biens nationaux, dont jouissaient les hôpitaux, maisons de charité et fondations pour les pauvres, en vertu de titres authentiques et constatés, continueront à être payées à ces divers établissemens, aux époques ordinaires où ils les touchaient, dans les formes et d'après les conditions du décret du 5—10 avril 1791, et ce provisoirement jusqu'au 1ᵉʳ janvier 1793.

3. Les secours qui seront donnés aux départemens, pour être employés en travaux utiles, ne pourront leur être accordés que lorsqu'ils auront rempli toutes les conditions prescrites par le décret du 25 septembre—9 octobre dernier, et autres antérieurs.—Le ministre de l'intérieur rendra compte nominativement des directoires de département qui n'auront pas rempli ces formalités indispensables.

4. Sont et demeurent révoquées toutes dispositions arrêtées par les conseils ou directoires de département et de district, qui ont pour objet de distribuer les fonds accordés pour ateliers de secours et de charité, au marc la livre, ou en moins imposé sur les contributions des municipalités ; cette distribution devant être faite en raison des besoins des cantons et de l'utilité des travaux, d'après l'avis des conseils de district et de département.

20 janvier 1792 : *Offices de judicature,* voyez 29 septembre 1791 ; *Loteries,* voyez 30 septembre ; *Certificats de résidence,* voyez 17 du même mois de janvier.

N° 62. = 21 — 27 janvier 1792.= **DÉCRET** *qui prescrit l'exécution des sous-baux des domaines et droits dépendant des ci-devant principautés de Sedan, Raucourt, etc.* (B., XX, 97.)

22 janvier 1792 : *Hôpitaux,* voyez 19 du même mois.

N° 63. = 24—25 janvier 1792. = **DÉCRET** *relatif au mode de recrutement et d'engagement des troupes de ligne* (1). (B., XX, 101.)

(1) Voyez le décret du 9 (7 et) —25 mars 1791, et les notes qui résument la législation de la matière.

N° 64. = 24 — 27 janvier 1792. = **DÉCRET** *relatif au traitement provisoire des officiers et élèves des mines.* (B., XX, 106.)

N° 65. = 25—25 janvier 1792. = **DÉCRET** *relatif aux dispositions hostiles de l'Autriche* (1). (B., XX, 107.)

L'assemblée nationale, considérant que l'Empereur, par sa circulaire du 25 novembre 1791, par la conclusion d'un nouveau traité arrêté entre lui et le roi de Prusse, le 25 juillet 1791, et notifié à la diète de Ratisbonne le 6 décembre; par sa réponse au roi des Français, sur la notification à lui faite de l'acceptation de l'acte constitutionnel, et par l'office de son chancelier de cour et d'état, en date du 21 décembre 1791, a enfreint le traité du 1ᵉʳ mai 1756, et cherché à exciter entre diverses puissances un concert attentatoire à la souveraineté et à la sûreté de la nation; — Considérant que la nation française, après avoir manifesté sa résolution de ne s'immiscer dans le gouvernement d'aucune nation étrangère, a le droit d'attendre pour elle-même une juste réciprocité, à laquelle elle ne souffrira jamais qu'il soit porté la moindre atteinte; —Applaudissant à la fermeté avec laquelle le roi des Français a répondu à l'office de l'Empereur; — Après avoir entendu le rapport de son comité diplomatique, décrète ce qui suit :

Art. 1ᵉʳ. Le roi sera invité, par une députation, à déclarer à l'Empereur qu'il ne peut traiter avec aucune puissance qu'au nom de la nation française, et en vertu des pouvoirs qui lui sont délégués par la constitution.

2. Le roi sera invité à demander à l'Empereur si, comme chef de la maison d'Autriche, il entend vivre en paix et bonne intelligence avec la nation française, et s'il renonce à tous traités et conventions dirigés contre la souveraineté, l'indépendance et la sûreté de la nation.

3. Le roi sera invité à déclarer à l'Empereur qu'à défaut par lui de donner à la nation, avant le 1ᵉʳ mars prochain, pleine et entière satisfaction sur tous les points ci-dessus rapportés, son silence, ainsi que toutes réponses évasives ou dilatoires, seront regardés comme une déclaration de guerre.

4. Le roi sera invité à continuer de prendre les mesures les plus promptes, pour que les troupes françaises soient en état d'entrer en campagne au premier ordre qui leur en sera donné.

25 janvier 1792 : *Troupes de ligne*, voyez 24 du même mois.

N° 66. = 26—29 janvier 1792. = **DÉCRET** *relatif à la fabrication de la monnaie de cuivre.* (B., XX, 109.)

N° 67. = 27—29 janvier 1792. = **DÉCRET** *relatif à l'augmentation du nombre des officiers généraux de l'armée.* (B., XX, 112.)

27 janvier 1792 : *Sous-baux de la principauté de Sedan*, voyez 21 du même mois; *Traitement des officiers et élèves des mines*, voyez 24 janvier.

N° 68. = 28—29 janvier 1792. = **DÉCRET** *contre les fabricateurs de faux assignats.* (B., XX, 115.)

N° 69. = 28 janvier (6 et)—3 février 1792. = **DÉCRET** *relatif à la libre circu-*

---

(1) Voyez ci-après le décret du 20—20 avril 1792, portant déclaration de guerre à l'Autriche; et celui du 25 du même mois, qui renouvelle cette déclaration.

lation des grains dans l'intérieur, et aux moyens d'en empêcher l'exportation à l'étranger (1). (B., XX, 119.)

29 janvier 1792 : *Monnaie de cuivre*, voyez 26 du même mois; *Officiers-généraux*, voyez 27 janvier; *Faux assignats*, voyez 28 janvier.

N° 70. = 30 janvier—3 février 1792. = DÉCRET *relatif aux coupons d'assignats.* (B., XX, 121.)

N° 71. = 1er février—28 mars 1792. = DÉCRET *relatif aux passe-ports* (2). (B., XX, 135.)

Art. 1er. Toute personne qui voudra voyager dans le royaume, sera tenue, jusqu'à ce qu'il en ait été autrement ordonné, de se munir d'un passe-port.

2. Les passe-ports seront donnés exclusivement par les officiers municipaux, et contiendront le nom des personnes auxquelles ils seront délivrés, leur âge, leur profession, leur signalement, le lieu de leur domicile et leur qualité de Français ou d'étranger.

3. Les passe-ports seront donnés individuellement, et seront signés par le maire ou autre officier municipal, par le secrétaire-greffier, et par celui qui l'aura obtenu : dans le cas où ce dernier déclarera ne savoir signer, il en sera fait mention, et sur le passe-port et sur le registre de la municipalité.

4. Les passe-ports seront expédiés sur papier timbré, conformément au décret du 12 décembre 1790—18 février 1791 Les voyageurs qui les obtiendront seront seulement assujétis aux frais du timbre.

5. Les Français ou étrangers qui voudront sortir du royaume, le déclareront à la municipalité du lieu de leur résidence, et il sera fait mention de leur déclaration dans le passe-port.

6. Les personnes qui entreront dans le royaume, prendront, à la première municipalité frontière, un passe-port.

7. L'ordre signé par un commandant militaire tiendra lieu de passe-port, entre les mains de tout agent militaire actuellement employé dans l'étendue du commandement de l'officier qui aura signé ledit ordre.

8. Les gendarmes nationaux, les gardes nationales et les troupes de ligne de service, exigeront des voyageurs la représentation de leurs passe-ports (3).

9. Le voyageur qui n'en présentera pas, sera conduit devant les officiers municipaux, pour y être interrogé et être mis en état d'arrestation, à moins qu'il n'ait pour répondant un citoyen domicilié.

(1) Il est intervenu, sur l'exportation des grains, une foule de réglemens contraires, selon les années d'abondance ou de disette. — Il serait inutile de les rapporter parce qu'ils sont purement circonstanciels. — Il suffit de dire que la loi du 15—17 avril 1832 régit aujourd'hui la matière.

(2) Déjà, par son décret du 28—29 juin 1791, art. 2 et suiv., l'assemblée nationale avait imposé aux étrangers et négocians français, qui voulaient sortir du royaume, l'obligation de prendre des passe-ports.

Voyez le décret du 3—4 juillet 1791, interprétatif du précédent; ceux des 28 — 29 juillet 1792; 7—7 décembre suivant; 26 février 1793; 10 vendémiaire an 4 (2 octobre 1795), tit. III; 14 ventose an 4 (4 mars 1796); les arrêtés des 16 prairial an 4 (4 juin 1796), 19 thermidor suivant (6 août 1796), et 21 vendémiaire an 5 (12 octobre 1796); la loi du 28 vendémiaire an 6 (19 octobre 1797); l'arrêté du 19 vendémiaire an 8 (11 octobre 1799); celui du 25 thermidor suivant (13 août 1800); les décrets des 18 septembre 1807 et 11 juillet 1810, qui ont successivement renouvelé l'injonction de prendre des passe-ports, et déterminé le mode de leur délivrance; et, enfin, l'ordonnance du 20 avril—4 juin 1814, qui maintient tous les réglemens antérieurs.

(3) Confirmé par l'art. 4 du décret du 28—29 juillet 1792; par la loi du 28 germinal an 6 (17 avril 1798), sur la gendarmerie, art. 125, nos 21 et 24, et art. 127; et par l'ordonnance du 29 octobre—29 novembre 1820, art. 179.

10. Les officiers municipaux, suivant les réponses du voyageur arrêté, ou les renseignemens qu'ils en recevront, seront autorisés à le retenir en état d'arrestation ou à lui laisser continuer sa route; dans ce dernier cas, ils lui délivreront un passe-port.

11. Le temps de l'arrestation ne pourra excéder un mois, à moins qu'il ne soit survenu quelques charges contre le voyageur arrêté.

12. S'il n'y a point de maison d'arrêt dans l'endroit où le voyageur aura été arrêté, il sera conduit dans la maison d'arrêt la plus voisine du lieu de l'arrestation.

13. Il sera néanmoins accordé au voyageur, pour maison d'arrêt, l'étendue de la municipalité dans laquelle il aura été arrêté ou transféré, au moyen d'une caution pécuniaire, qu'il fournira lui-même, ou qui sera donnée pour lui, à la charge de se représenter pendant le temps déterminé.

14. Si, le temps de l'arrestation expiré, il n'est parvenu aucun renseignement satisfaisant sur le compte du voyageur arrêté, les officiers municipaux l'interpelleront de déclarer le lieu où il voudra se rendre; et, d'après sa déclaration, il lui sera délivré un passe-port, contenant les motifs de son arrestation et l'indication de la route qu'il voudra suivre, dont il ne pourra s'écarter.

15. Si le voyageur s'écarte de la route qui lui aura été tracée, il sera arrêté et conduit devant les officiers municipaux du lieu de l'arrestation.

16. Les officiers municipaux, après l'avoir interrogé, pourront, suivant les circonstances, ou le renvoyer avec un nouveau passe-port et une nouvelle indication de route, ou le faire mettre de nouveau dans une maison d'arrêt pour le temps et suivant les formes exprimées dans les articles précédens.

17. Tout Français qui prendra un nom supposé dans un passe-port, sera renvoyé à la police correctionnelle, qui le condamnera à un emprisonnement qui ne pourra être moindre de trois mois, ni excéder une année.

18. Il sera dressé pour tout le royaume une formule de passe-port qui sera annexée au présent décret.

19. L'assemblée nationale, obligée de multiplier temporairement les mesures de sûreté publique, déclare qu'elle s'empressera d'abroger le présent décret aussitôt que les circonstances qui l'ont provoqué auront cessé, et que la sûreté publique sera suffisamment assurée.

20. Le présent décret sera porté dans le jour à la sanction du roi. (*Suit un modèle de passe-port.*)

---

3 février 1792 : *Gardes nationales volontaires*, voyez 28 décembre 1791; *Grains*, voyez 28 janvier; *Coupons d'assignats*, voyez 30 du même mois.

N° 72. = 4—8 février 1792. = **DÉCRET** *relatif à la fabrication des assignats de vingt-cinq livres.* (B., XX, 144.)

N° 73 = 4 — 10 février 1792. = **DÉCRET** *relatif aux certificats de résidence.* (B., XX, 143.)

N° 74. = 6—8 février 1792. = **DÉCRET** *contenant l'acte d'accusation contre* Louis-Stanislas-Xavier, Charles-Philippe *et* Louis-Joseph, *princes français, et les sieurs* Laqueuille, Riquetti et Calonne. (B., XX, 150.)

Acte d'accusation contre *Louis-Stanislas-Xavier, Charles-Philippe,* et *Louis-Joseph,* princes français;.... *Calonne,* ci-devant contrôleur-général des finances, *Jean-Baptiste Laqueuille* l'aîné, et *Grégoire Riquetti;* ces deux derniers, députés à l'assemblée constituante. — Une conspiration a été formée contre la constitution et la liberté de la nation française, par des Français émigrés. *Louis-Stanislas-Xavier, Charles-Philippe,* et *Louis-Joseph*

Bourbon, princes français, sont prévenus de s'en être montrés publiquement les chefs ;.... *Calonne,* ci-devant contrôleur-général des finances de France; *Jean-Baptiste Laqueuille* l'aîné, et *Grégoire Riquetti,* l'un et l'autre députés à l'assemblée nationale constituante, sont également prévenus de s'être montrés les principaux agens de cette conspiration; d'avoir répandu des doutes sur la volonté du peuple français et sur son adhésion à la constitution, sur la pureté des intentions de ses représentans, et sur la sincérité de l'acceptation de la constitution par le roi ; d'avoir provoqué l'émigration, fait des armemens, réclamé des secours auprès des puissances étrangères pour soutenir cette ligue contre la France ; excité dans l'intérieur de l'empire des troubles et la rébellion contre la loi et les pouvoirs constitués; tenté de séduire les différens agens de la force publique, et fait faire des enrôlemens au nom du roi jusque dans le sein de la France. L'assemblée nationale, dans sa séance du 2 janvier dernier, a décrété qu'il y avait lieu à accusation contre ces conspirateurs, et, en conséquence, elle accuse, par le présent acte, devant la haute cour nationale, *Louis-Stanislas-Xavier,* *Charles-Philippe,* et *Louis-Joseph Bourbon,* princes français ; *Calonne,* ci-devant contrôleur-général des finances de France ; *Jean-Baptiste Laqueuille* l'aîné, et *Grégoire Riquetti,* l'un et l'autre anciens députés à l'assemblée nationale constituante, et tous prévenus de complot et de conspiration contre la sûreté générale de l'état et la constitution.

N° 75. = 6 — 10 février 1792. = DÉCRET *relatif au remboursement d'une partie de l'emprunt de cent millions ouvert à Gênes.* (B., XX, 159.)

N° 76.=6 février (4, 5 janvier et)—12 février 1792.=DÉCRET *relatif aux propriétaires d'offices, charges, cautionnemens et autres créances exigibles sur l'état.* (B., XX, 154.)

Art. 1ᵉʳ. Les propriétaires d'offices, de cautionnemens d'emplois et dîmes inféodées, supprimés par les différens décrets rendus sur ces objets par l'assemblée nationale constituante; ceux qui ont à réclamer des droits ci-devant seigneuriaux et autres rachetables par la nation, et enfin tous autres propriétaires de créances déclarées exigibles, à la charge de la nation, pour quelque cause que ce soit, qui n'ont pas fait connaître leurs titres, sont tenus de les produire dans le délai porté à l'article 3.

2. Les propriétaires de créances sur l'arriéré, ceux des offices, charges et cautionnemens supprimés, fourniront leurs titres au commissaire du roi directeur-général de la liquidation.—Les propriétaires de créances exigibles sur les ci-devant biens, corps et communautés ecclésiastiques, et de dîmes inféodées; ceux des différens droits féodaux ou fonciers, dus sur les domaines nationaux vendus ou à vendre, ou supprimés avec indemnité, les produiront au directoire du district où lesdits biens sont situés, suivant qu'il a été prescrit par les précédens décrets ; et il sera, à cet effet, ouvert et tenu un journal d'enregistrement, paraphé par les procureurs-syndics des districts, lequel sera clos et arrêté par eux à l'expiration du délai ci-après.

3. Le terme prescrit pour la production desdits titres est fixé, pour ceux qui résident en France, au 1ᵉʳ mai prochain : ceux qui habitent les colonies en-deçà du cap de Bonne-Espérance, sont tenus de les produire d'ici au 1ᵉʳ mai 1793; et ceux qui demeurent au-delà du cap de Bonne-Espérance, les produiront d'ici au 1ᵉʳ mai 1794.—Les directoires des départemens seront tenus d'adresser, avant le 15 du mois de mai prochain, audit commissaire du roi directeur-général de la liquidation, un état sommaire, d'eux certifié, du capital des sommes réclamées aux termes des titres qui auront été portés sur les journaux d'enregistrement des districts, lesquels

journaux seront remis aux archives des départemens, et y resteront déposés.

4. Le terme de rigueur fixé par l'article 7 du décret du 1er juillet 1790, pour la présentation des titres des créanciers prétendant à être portés dans l'arriéré des départemens, est prorogé jusqu'audit jour 1er mai prochain.

5. Tous ceux qui, dans ce délai, n'auront pas effectué lesdites productions de titres, seront irrévocablement déchus de toutes répétitions sur le trésor public, et ils ne pourront être admis, sous aucun prétexte et dans aucun temps, dans aucune classe ni état de remboursement.

6. L'intendant de la liste civile, en exécution de l'article 8 du décret du 26 mai dernier, fournira d'ici au 1er mars prochain, au commissaire du roi directeur-général de la liquidation, les états mentionnés dans ledit article; et les titulaires desdites charges ou offices et brevets de retenue, sont également tenus de produire leurs titres de créances en original, au commissaire du roi directeur-général de la liquidation, d'ici au 1er mai prochain, au plus tard, sous les peines portées dans l'article 5 du présent décret.

7. Les villes et communes remettront d'ici au 1er mai prochain, aux directoires de leurs districts, un état détaillé contenant l'énonciation de leurs dettes, tant en capital qu'en intérêts, avec l'époque à compter de laquelle les intérêts sont dus aux créanciers, ensemble celui de leurs biens, propriétés foncières, créances actives de toute espèce, même celles qui pourraient être contestées, et enfin de toutes leurs ressources, y compris leur bénéfice du seizième sur le prix des biens nationaux. Elles y joindront un extrait des actes qui les auraient autorisées à contracter lesdites dettes, avec indication des fonds qui auraient été destinés pour y pourvoir.—Les directoires de district les enverront, avec leurs avis, dans la quinzaine suivante, au directoire de leurs départemens, à qui il est enjoint également de les faire passer, avec leurs observations, avant la fin du même mois, audit commissaire du roi directeur-général de la liquidation (1).

8. Faute par les villes et communes d'avoir satisfait aux dispositions de l'article précédent, elles seront déchues du bénéfice de la loi du 5 août dernier, et, dans ledit cas de déchéance, les maires et officiers municipaux, et les membres des directoires desdits corps administratifs qui ne justifieraient pas avoir fait en temps les diligences nécessaires, en demeureront responsables, chacun en ce qui le concerne.

9. L'assemblée nationale se réserve de statuer sur la demande des créanciers qui prouveraient d'une manière authentique, l'impossibilité où ils ont été de présenter leurs titres dans le délai prescrit, par des obstacles qu'il n'aurait pas été en leur pouvoir de surmonter; à la charge toutefois, par ces derniers, de remettre dans le délai prescrit par l'article 3, au commissaire du roi directeur-général de la liquidation, un mémoire signé d'eux, contenant le détail de leurs réclamations, et les raisons qui les empêcheraient de produire leurs titres.

10. Le commissaire directeur-général de la liquidation est spécialement chargé d'accélérer les opérations qui lui sont confiées, et de rendre compte tous les quinze jours à l'assemblée nationale de l'état de son travail.

11. Le commissaire directeur-général de la liquidation présentera, le 15 juin prochain, à l'assemblée nationale, sous peine de responsabilité, un relevé sommaire de tous les titres et mémoires qui auront été liquidés ou présentés; il y joindra l'aperçu des états de situation des villes et communes qu'il aura reçus, afin de constater d'une manière certaine et précise le

_____

(1) Voyez le décret du 15 août 1793, qui met les dettes des communes à la charge de l'état, et les notes.

montant de toutes les dettes de l'état, de toute espèce, déclarées exigibles.

12. Le 1er mai prochain, l'assemblée nationale nommera des commissaires pour arrêter l'enregistrement des titres de créances qui auront été présentés au commissaire du roi directeur-général de la liquidation, et faire la clôture des registres employés auxdits enregistremens.

N° 77.=7—12 février 1792. = DÉCRET *relatif au paiement des rentes dues aux fabriques, collèges, maisons de charité et autres établissemens.* (B., XX, 166.)

N° 78.=8—12 février 1792. — DÉCRET *en faveur des sous-officiers et soldats qui ont déserté leurs drapeaux avant le 1er juin 1789.* (B., XX, 169.)

N° 79.=8 février (13 janvier, 3 et)—12 février 1792.= DÉCRET *relatif à l'organisation du bureau de comptabilité* (1). (B., XX, 171.)

TITRE Ier. — Des commissaires du bureau de comptabilité, et de leurs fonctions en général.

Art. 1er. Les commissaires de la comptabilité se réuniront provisoirement, et jusqu'à ce qu'il en ait été autrement ordonné, dans le local de la ci-devant chambre des comptes de Paris; mais il ne pourra y être fait aucune dépense ni changement de distribution.

2. L'ordre et la distribution du travail des cinq sections établies par le décret du 17—29 septembre 1791, demeurent, quant à présent, fixés suivant les différentes natures de comptabilités, tant anciennes que nouvelles, conformément au tableau qui sera annexé au présent décret : il ne pourra y être, par la suite, apporté de changemens qu'en vertu d'une loi nouvelle.

3. La division des quinze commissaires dans les cinq sections, et leur répartition au nombre de trois dans chacune de ces sections, se feront entre eux par la voie du scrutin individuel. Leur renouvellement aura lieu tous les ans de la même manière.

4. Les sections ainsi formées seront désignées par ordre numérique.

5. L'alternat prescrit par l'article 2 du titre II du décret du 17—29 septembre 1791, se fera toujours de manière que les mêmes commissaires ne puissent se trouver ensemble, ni rentrer dans une section où ils auraient déjà été placés, qu'après un intervalle de deux années.

6. Autant que faire se pourra, et sans déroger aux dispositions de l'article ci-dessus, ils s'attacheront à passer successivement dans les cinq sections, et à parcourir ainsi le cercle entier de la comptabilité dans l'espace de cinq ans.

7. Les commissaires de la comptabilité s'assembleront et se formeront en comité général au moins une fois par semaine, et lorsqu'ils en seront requis par l'assemblée nationale, ou que le bien du service l'exigera.

8. Le comité général sera présidé par un des commissaires choisis au scrutin pour deux mois, à la majorité absolue des suffrages : le président ne pourra être réélu qu'après un intervalle de deux mois.

9. Les délibérations seront prises à la majorité des voix : il en sera tenu registre, et elles seront signées par tous les membres présens. Dans le cas de partage, la voix du président départagera.

10. La nomination à toutes les places du bureau de comptabilité appartiendra aux commissaires. Elle sera toujours faite en comité général ; pour la première fois au scrutin, après discussion, et sur l'indication des fonc-

---

(1) Voyez le décret du 17—29 septembre 1791, sur la comptabilité ; et surtout la loi du 16—26 septembre 1807, qui institue la cour des comptes, et les notes sur cette loi, qui résument toute la législation sur la comptabilité.

tions et emplois précédemment exercés par les sujets qui se présenteront.—
A l'égard des remplacemens, la nomination sera faite à la majorité des voix,
sur le rapport d'un des commissaires de la section où la place se trouvera vacante. En cas de partage d'opinions, le président aura voix prépon-
dérante.

11. Le comité général aura seul le droit de destituer les commis et employés du bureau qui ne rempliraient pas leurs devoirs ; mais les deux tiers
des voix seront nécessaires pour effectuer la révocation.

12. Le comité général aura la surveillance sur tous les commis et employés
du bureau. Lui seul ordonnera les changemens d'une section à une autre
dans les cas nécessaires, et prendra pour la police intérieure telles délibérations que le bien du service et les circonstances exigeront, pourvu qu'elles
ne soient pas contraires aux dispositions du présent décret.

13. Les commissaires du bureau de comptabilité correspondront, tant avec
les directoires des départemens qu'avec les commissaires de la trésorerie nationale et de la caisse de l'extraordinaire, et généralement avec tous les administrateurs, les comptables et les préposés tenus de compter au bureau de
comptabilité, pour accélérer la présentation et la remise des comptes, et, en
outre, pour se procurer tous les renseignemens, pièces et instructions dont
ils auront besoin dans le cours de la vérification des comptabilités tant anciennes que nouvelles.

14. Dans le cas où ils éprouveraient des refus ou retards de la part des ordonnateurs ou des comptables, ils en informeront l'assemblée nationale, et
lui proposeront les moyens d'y remédier et de les prévenir.

15. Conformément à l'article 7 du titre Ier du décret du 17—29 septembre
1791, ils presseront, vis-à-vis des directoires des départemens, la remise des
registres, comptes et pièces à l'appui, retirés des greffes des anciennes
chambres des comptes, ou rapportés depuis aux directoires.

16. Ils presseront également, vis-à-vis des comptables, la remise des états,
mémoires et soumissions mentionnés aux articles 1er et 2 du titre III du même
décret, ainsi que la remise des comptes qui seront déclarés être prêts et en
état d'examen.

17. Le délai d'un mois accordé aux comptables par l'article 1er du titre III
du décret du 17—29 septembre dernier, ne commencera à courir que du 1er
mars prochain, sans préjudice des amendes dont les condamnations sont encourues par les comptables en retard de présenter leurs comptes au 31 décembre 1790, ainsi que des intérêts qui doivent être prononcés, aux termes
des réglemens, contre ceux qui, par l'apurement de leurs comptes, sont déclarés en débet.

18. Il ne pourra être présenté au bureau de comptabilité aucun compte
qui ne soit en état d'examen, et accompagné de pièces justificatives.

19. Tous les comptes seront présentés au bureau central par les comptables en personne, ou par leurs fondés de procuration spéciale. Il y sera joint
un bordereau sommaire contenant l'intitulé et la somme en masse de chaque
chapitre de recette, dépense, reprise, et le résultat du compte. Le bordereau, ainsi que le compte, seront certifiés véritables par les comptables ou
leurs fondés de pouvoirs, aux peines prononcées par l'article 3 du titre III du
décret du 17—29 septembre.—Il sera tenu registre de la présentation des
comptes et de leur distribution aux sections.

20. Les commissaires de la comptabilité seront tenus de délivrer, dans la
quinzaine de la remise des pièces, aux différens comptables, une reconnaissance du jour auquel ils auront présenté leur compte ; ils certifieront, dans le
même délai, que le compte a été remis dans les formes prescrites par les ar-

ticles 15 et 16 du titre Ier du présent décret, et il sera joint un état sommaire des pièces justificatives, coté et paraphé par le comptable.

21. Les commissaires ne pourront recevoir aucun compte qu'il ne soit paraphé sur chaque feuillet par le comptable : les renvois et ratures seront approuvés et signés de lui ; il n'y aura point d'interligne, et il ne pourra y être fait aucun changement après la présentation.

22. Pour conserver l'unité de principes, et instruire également tous les commissaires de l'état des différentes comptabilités, il sera donné connaissance au comité général des rapports arrêtés dans les sections, des principales difficultés qui y auront été traitées, et des causes de responsabilité encourues par les ordonnateurs.

23. Dans le cas où l'assemblée nationale décréterait une cause de responsabilité qui n'aurait pas été dénoncée par les commissaires de la comptabilité, les trois commissaires composant la section qui aurait vérifié le compte, seront déchus de plein droit de leurs places.

24. Le bureau de comptabilité fera parvenir, de quinzaine en quinzaine, à l'assemblée nationale, un état de tous les comptes qui lui seront remis par les directoires des départemens, ou par les comptables, et un état de la distribution de ces comptes aux différentes sections, ainsi que du travail qui aura été fait dans chaque section.

25. Le bureau de comptabilité fera un tableau des comptes de toutes natures, tant anciens que nouveaux, qui doivent lui être présentés conformément au décret du 17—29 septembre. Ce tableau sera imprimé et adressé aux quatre-vingt-trois départemens, qui seront tenus, à peine de responsabilité, d'indiquer, dans le mois, les noms des comptables et la nature des comptes à rendre dans leur arrondissement, qui auraient pu être omis dans ce tableau.

26. Après l'envoi, au bureau de comptabilité, des décrets rendus sur les comptes, le comité général en prendra d'abord connaissance, en fera mention sur le registre, en marge des extraits des rapports, et les enverra ensuite, pour l'exécution, à la section où les comptes auront été vérifiés.

27. Après l'arrêté des comptes avec charges ou sans charges, les commissaires du bureau de comptabilité feront donner copie entière des résultats et décrets d'apurement des comptes, à l'agent du trésor public, qui en tiendra registre ; ils lui feront aussi délivrer les certificats, copies et pièces nécessaires, dans tous les cas où il y aura lieu à contestation sur les comptes.

28. Toutes les fois que l'assemblée nationale chargera le bureau de comptabilité de lui présenter un plan de travail sur la comptabilité en général, ou sur quelques unes de ses parties, ces plans seront discutés et arrêtés en comité général, quoiqu'ils puissent avoir un rapport direct avec les travaux de quelques unes des sections. — Il en sera de même lorsque les commissaires, par suite de leur vérification, croiront devoir proposer à l'assemblée nationale des vues d'accélération, réforme ou amélioration dans les différentes parties de la comptabilité.

29. Indépendamment de leurs fonctions collectives, les commissaires de la comptabilité suivront journellement et individuellement, chacun dans leur section, toutes les opérations relatives à la vérification et au rapport des comptes qui y seront distribués.

TITRE II. — Du bureau central.

Art. 1er. Il y aura un bureau central dont les opérations seront surveillées par un commissaire nommé à cet effet, et renouvelé chaque mois.

2. Il sera tenu dans ce bureau un registre des délibérations, un de présentation et de distribution des comptes, et tous autres registres nécessaires.

— Les lettres et mémoires adressés aux commissaires de la comptabilité, seront reçus à ce bureau, pour être remis au président ; on y distribuera sans délai, aux différentes sections, les comptes présentés.

3. Il ne pourra être délivré aucun certificat de présentation ni récépissé de comptes et autres pièces, qu'ils n'aient été visés par le commissaire de service au bureau central. Le même commissaire collationnera et signera les doubles des comptes, et toutes expéditions, extraits et copies de pièces émanés du bureau de comptabilité.

TITRE III. — Des sections.

Art. 1er. Il sera tenu dans chaque section deux registres : l'un, à colonnes, servira à constater, jour par jour, l'arrivée des comptes à la section, la remise des rapports, la date des récépissés, la réception des décrets rendus sur les comptes, et la remise des comptes et pièces au bureau central ; l'autre registre, à mi-marge, contiendra littéralement les rapports et décrets y relatifs. — Il y aura de plus un répertoire, par ordre alphabétique, des comptes en vérification dans chaque section.

2. Lorsque les commissaires, après avoir pris connaissance des pièces, auront quelques éclaircissemens à demander aux comptables, ils pourront appeler ces comptables ou leurs fondés de pouvoirs au bureau de leur section. Ces sortes de communications seront toujours faites en présence de trois commissaires, et dans le lieu d'assemblée de la section. Dans aucun cas et sous aucun prétexte, les commis ne pourront communiquer avec les comptables ou leurs fondés de pouvoirs, ni entretenir avec eux, relativement à leurs comptes, aucune correspondance directe ou indirecte, sous peine d'être renvoyés.

3. Si, dans le cours de la vérification, les commissaires d'une section sont indécis sur quelque difficulté, ils pourront en référer au comité général, et se conformeront au résultat de la délibération dans la rédaction du rapport.

4. Dans le cas prévu par l'article précédent, tous les commissaires seront responsables, s'il y a lieu, du résultat de la délibération ; cependant, ceux qui auront été d'un avis contraire, seront déchargés de la responsabilité, pourvu qu'ils fassent mention motivée de leur avis dans la délibération.

5. Pour constater les rapports des diverses comptabilités entre elles, et assurer l'exactitude des recettes, les commissaires de sections, après la vérification de chaque compte, feront un relevé des versemens d'une caisse à une autre, et le remettront au bureau central, où il en sera tenu registre pour y recourir lors de l'examen des comptes.

6. Aussitôt que les décrets d'apurement seront parvenus aux sections, les trois commissaires procéderont ensemble à leur exécution sur les comptes ; ils mettront les apostilles, sommeront chaque chapitre et dresseront l'arrêté définitif, en conformité des décrets. — Ces apostilles, sommés de chapitre et arrêtés définitifs, écrits de la main d'un des commissaires, sans interligne et en toutes lettres, seront signés des trois commissaires, qui parapheront les renvois et ratures.

7. Les décrets d'apurement seront transcrits en entier à la suite des arrêtés des comptes, et par extrait à la fin des bordereaux ; après leur transcription sur le registre, ils seront déposés, ainsi que les bordereaux, aux archives, et les comptes et pièces seront remis au dépôt.

TITRE IV. — Des dispositions de discipline générale.

Art. 1er. Les comptes et pièces pourront être communiqués, sans déplacement, à l'agent du trésor public ou aux comptables, lorsqu'ils en requerront les commissaires; mais, dans aucun cas et sous aucun prétexte, les comptes et pièces ne pourront être transportés hors du bureau et du dépôt, si ce n'est par ordre de l'assemblée nationale. Il n'en sera délivré aucunes expéditions ou extraits, qu'ils ne soient collationnés et signés par le commissaire de service au bureau central.

2. Dans le cas prévu par l'article 15 du titre II du décret du 17 — 29 septembre 1791, et autres cas où les commissaires, en vertu d'un décret du corps législatif, seront obligés de se transporter hors de leur résidence pour des vérifications ou autres missions, il leur sera alloué, outre leur traitement, une somme pour indemnité et frais de voyage, d'après un état certifié d'eux, arrêté au comité général, et définitivement réglé par l'assemblée nationale.

3. En cas de décès, absence ou empêchement d'un des trois commissaires d'une section, il sera remplacé pendant l'*interim*, pour le travail de cette section, par un autre commissaire désigné par le comité général, en observant toutefois, à l'égard du substitué, les règles prescrites pour l'alternat, par l'article 7 du titre Ier.

4. Si, lors du renouvellement des sections, la vérification d'un compte n'est pas achevée dans une section, le comité général le constatera, et les trois commissaires séparés par l'effet de l'alternat se réuniront pour terminer la vérification commencée et les autres opérations y relatives.

5. Aucun commis ou employé ne pourra s'absenter sans un congé par écrit des commissaires : il n'en sera délivré qu'au comité général, sur le rapport des commissaires de chaque section. La durée du congé ne sera jamais de plus de quinze jours; et le commis absent qui excédera ce délai, ne pourra prétendre d'appointemens ni même reprendre ses fonctions, sans être réintégré en vertu d'une décision du comité général.

TITRE V. — Des traitemens et des dépenses.

Art. 1er. Les traitemens des commissaires, appointemens des commis, gages des concierges, garçons de bureau, et autres personnes attachées au bureau de comptabilité, sont fixés pour l'année 1792, à raison de deux cent quatre mille neuf cents livres par an, conformément à l'état annexé au présent décret.

2. L'entretien et les frais de bureau en papiers, bois, lumières et autres menus frais, non compris ceux d'impression, postes et messageries, sont fixés pour la même année à raison de dix-huit mille livres, de laquelle somme les commissaires rendront compte.

3. Les traitemens, appointemens et gages fixés par les articles précédens, compteront du jour auquel le bureau de comptabilité sera mis en activité; et ils seront payés chaque mois par la trésorerie nationale, sur un état dressé par le comité général, et ordonnancé par le ministre de l'intérieur.

État du traitement des commissaires, du nombre et du traitement des commis du bureau de comptabilité.

Art. 1er. Chaque commissaire recevra pour son traitement annuel une somme de six mille livres, ce qui fait pour les quinze commissaires quatre-vingt-dix mille livres.

2. Il y aura au bureau central un commis principal, aux appointemens de deux mille quatre cents livres; un second commis, à deux mille livres; deux commis aux écritures, à quinze cents livres. —Total, sept mille quatre cents livres.

3. Il y aura à chaque section un commis principal, aux appointemens de deux mille quatre cents livres; un second commis, à deux mille livres; six commis vérificateurs, à deux mille livres; trois commis aux écritures, à

quinze cents livres. — Total, vingt mille neuf cents livres; et pour les cinq sections, cent quatre mille cinq cents livres.

4. Pour gages d'un portier et de trois garçons de bureau, la somme de trois mille livres. — Total général du présent état, deux cent quatre mille neuf cents livres.

---

8 février 1792 : *Assignats de vingt-cinq livres*, voyez 4 du même mois; *Acte d'accusation contre les frères du roi et autres*, voyez 6 février.

N° 80.= 9—12 février 1792.=**DÉCRET** *qui autorise le ministre de la justice à continuer la collection des lois*. (B., XX, 184.)

N° 81. = 9—12 février 1792. == **DÉCRET** *qui répudie le legs fait en faveur de la nation par la demoiselle* Picard. (B., XX, 185.)

N° 82. = 9—12 février 1792. = **DÉCRET** *concernant la remise des pièces relatives aux opérations des commissaires de la comptabilité*. (B., XX, 188.)

Art. 1er. Les directoires de département dans l'arrondissement desquels il existait des chambres des comptes, bureaux des finances et domaines, qui ne se seraient pas conformés aux articles 4, 5, 6, 7 et 8 du titre Ier du décret du 17—29 septembre 1791, et n'auraient pas eu la précaution, avant d'apposer les scellés sur les greffes de ces chambres, de retirer, soit de ces greffes, soit des mains des rapporteurs, les pièces des comptes non encore jugés, apurés ou corrigés, pour être remises au bureau de comptabilité, seront tenus, dans le plus bref délai, de retirer ces pièces, et de les faire parvenir au bureau de comptabilité.

2. A cet effet, les directoires feront lever les scellés apposés sur les greffes desdites chambres et bureaux, en présence du procureur-général-syndic, et en observant toutes les formalités prescrites par ledit décret.

3. Ils en retireront toutes les pièces des comptes non encore jugés, apurés ou corrigés; et immédiatement après les avoir retirées, ils feront réapposer les scellés sur ces greffes, pour y rester ainsi qu'il est prescrit par le décret du 17—29 septembre.

4. Le ministre de l'intérieur rendra compte, dans le mois, de l'exécution du présent décret, ainsi que de l'exécution du décret du 17— 29 septembre 1791.

N° 83. = 9—12 février 1792. = **DÉCRET** *relatif au séquestre des biens des émigrés* (1). (B., XX, 189.)

L'assemblée nationale, considérant qu'il est instant d'assurer à la nation

---

(1) Avant cette loi, qui ouvre la longue série des mesures pénales portées contre l'émigration, depuis 1792 jusqu'à la restauration, l'assemblée constituante avait déjà, par son décret du 1er— 6 août 1791, ordonné aux émigrés de rentrer en France dans le délai d'un mois, à peine de payer une triple contribution foncière et mobilière pendant tout le temps de leur absence; par celui du 14—15 septembre 1791, elle avait révoqué ces dispositions; par celui du 9 novembre suivant, non sanctionné par le roi, elle avait déclaré les Français en état de rassemblement au-delà des frontières, suspects de conjuration, et porté des peines contre eux; et par le même décret elle avait déclaré également les princes français, ainsi que les fonctionnaires publics absens du royaume sans cause légitime, déchus de leurs traitemens, etc. Le 29 du même mois, elle avait voté une adresse au roi, concernant les rassemblemens d'émigrés; et enfin, par son décret du 28 décembre 1791— 4 janvier 1792, elle avait prescrit certaines dispositions relatives aux Français émigrés, créanciers de l'état.

Pour mettre plus de clarté dans notre analyse de la législation sur les émigrés, et faciliter les recherches, nous la diviserons ainsi qu'il suit : 1° lois concernant l'émigration en général; 2° lois

l'indemnité qui lui est due pour les frais extraordinaires occasionés par la

pénales contre les personnes des émigrés; 3° lois concernant leurs biens de toute nature; 4° lois relatives à leurs créanciers; 5° et lois pénales contre leurs parens.

§ 1er. — *Lois générales, caractères de l'émigration, inscriptions sur les listes, radiation, amnistie, etc., etc.*—Voyez le décret du 28—29 juillet 1792, qui répute émigrés les Français qui sont sortis du royaume sans passe-ports, ou à l'aide de passe-ports pris sous des noms supposés; celui du 13—18 septembre suivant, qui désigne les Français auxquels les lois sur le séquestre et la confiscation des biens des émigrés sont applicables; celui du 14—15 février 1793, qui accorde une récompense pécuniaire à quiconque découvre et dénonce un émigré; l'art. 2 du décret du 12 (11 et) mars 1793, concernant le mode de confection des listes des émigrés; le décret du 28 mars—5 avril 1793 (sections 3, 4, 5 et 6), qui définit l'émigration, détermine le mode de formation des listes, pose les exceptions, fixe le mode de réclamation contre ces listes, etc., etc.; les art. 1er et suiv. du § II du décret du 25 juillet 1793 (31 octobre, 1er, 3, 10 et 25 novembre 1792, 3 juin et), qui ordonnent la confection d'une liste générale des émigrés; le décret du 27 —28 brumaire an 2 (17—18 novembre 1793), qui prescrit de nouvelles mesures sur cet objet; le décret du 25 brumaire an 3 (15 novembre 1794), qui détermine les caractères de l'émigration, de la complicité, le mode de formation des listes des émigrés de district, et de la liste générale, le mode de réclamation contre ces listes, etc., etc.; les lois additionnelles et rectificatives des 12 frimaire an 3 (2 décembre 1794), 14 du même mois (4 décembre 1794) et 25 messidor suivant (13 juillet 1795; le décret du 22 nivose an 3 (11 janvier 1795), qui permet aux ouvriers et laboureurs sortis de France depuis le 1er mai 1793, d'y rentrer sans être considérés comme émigrés; la loi du 26 floréal même année (15 mai 1795), portant de nouvelles dispositions sur les réclamations à faire contre les listes d'émigrés; la loi additionnelle du 4e jour complémentaire an 3 (20 septembre 1795); celle du 28 pluviose an 4 (17 février 1796), qui charge le directoire exécutif de statuer définitivement sur les demandes en radiation de la liste des émigrés; celle du 30 du même mois (19 février 1796), qui détermine les formalités qui doivent précéder la radiation; celle du 5 ventose suivant (24 février 1796), qui fixe le mode d'après lequel il sera statué sur les demandes en radiation de la liste des émigrés, formées par ceux qui ont été exclus du corps législatif; celle du 17 prairial an 4 (5 juin 1796), concernant le mode de publication et de dépôt des listes des émigrés; celle du 4 fructidor suivant (21 août 1796), qui relève de la déchéance, faute de réclamation en temps utile, les défenseurs de la patrie, inscrits sur les listes; et l'arrêté du 1er ventose an 5 (19 février 1797), qui ordonne la clôture des registres contenant les demandes en radiation de la liste des émigrés.

Voyez aussi le rapport, approuvé, du 7 ventose an 5 (25 février 1797), sur la faculté d'exercer les droits de citoyen, considérée relativement aux Français inscrits sur les listes d'émigrés; la loi du 21 du même mois (11 mars 1797), qui ordonne la radiation des Français portés sur la liste des émigrés après leur mort; l'arrêté du 20 vendémiaire an 6 (11 octobre 1797), et celui du 8 brumaire an 6 (29 octobre 1797), qui prescrivent des formalités nouvelles pour obtenir les radiations de la liste; l'arrêté du 27 messidor même année (15 juillet 1798), et celui du 18 thermidor suivant (5 août 1798), qui déterminent les formalités des certificats de non inscription sur la liste; celui du 27 vendémiaire an 7 (18 octobre 1798), qui ordonne l'inscription sur la liste des conscrits retirés en pays étranger; la loi du 17 messidor même année (5 juillet 1799), qui détermine l'ordre à suivre pour la radiation; celle du 9 fructidor suivant (26 août 1799), additionnelle à la précédente; l'arrêté du 7 ventose an 8 (26 février 1800), qui fixe un nouveau mode de procéder sur les demandes en radiation; celui du 11 ventose même année (2 mars 1800), qui contient des dispositions analogues, à l'égard des membres de l'assemblée constituante, inscrits sur les listes d'émigrés; la loi du 12 du même mois (3 mars 1800), qui détermine le mode d'application des lois relatives à l'émigration, ses caractères, les exceptions, etc.; l'arrêté du 29 messidor suivant (18 juillet 1800), qui maintient définitivement sur la liste ceux qui, inscrits sur cette liste, n'ont pas réclamé, ou dont les réclamations n'étaient pas enregistrées au 25 messidor; celui du 9 thermidor même année (28 juillet 1800), qui proroge jusqu'au 1er vendémiaire an 9, la commission établie pour le travail de radiation; et surtout l'arrêté du 28 vendémiaire an 9 (20 octobre 1800), qui fixe le mode d'élimination des noms inscrits sur la liste, la garantie à exiger des émigrés rayés, etc., etc.

Voyez encore le sénatus-consulte du 6 floréal an 10 (26 avril 1802), portant amnistie générale pour fait d'émigration, l'ordre aux émigrés encore absens de rentrer en France dans un délai fixé, à peine d'être définitivement maintenus sur les listes, plusieurs exceptions à l'amnistie, et la confirmation de tous les arrangemens faits entre l'état et les tiers, relativement aux biens des émigrés; l'avis du cons. d'état du 9 thermidor même année (28 juillet 1802), contenant solution de diverses questions sur l'exécution de ce sénatus-consulte; l'arrêté du 28 germinal an 11 (18 avril 1803), relatif aux marins portés sur la liste des émigrés; l'avis du cons. d'état du 11 prairial an 12 (31 mai 1804), portant que les émigrés ne peuvent attaquer les divorces prononcés pendant leur absence; le décret du 30 thermidor an 12 (18 août 1804), qui attribue aux tribunaux ordinaires la connaissance des contestations, sur l'exercice des droits dans lesquels les émigrés rayés, éliminés ou am-

conduite des émigrés, et de prendre les mesures nécessaires pour leur ôter

nistiés ont été restitués; et l'avis du cons. d'état du 26 fructidor an 13 (13 septembre 1805), sur la question de savoir à compter de quelle époque les émigrés amnistiés par le sénatus-consulte du 6 floréal an 10, ont été réintégrés dans leurs droits civils.

Voyez enfin l'ordonnance du 21—24 août 1814, qui abolit toutes les inscriptions sur la liste des émigrés, et rend l'exercice des droits civils et politiques à tous ceux qui y étaient compris.

§ II. — *Lois pénales contre la personne des émigrés.* — Voyez le décret du 9—9 octobre 1792, concernant l'exécution de l'art. 2 de celui du 9 novembre 1791, qui prononce la peine de mort contre les émigrés pris les armes à la main; celui du 23—25 du même mois, qui bannit à perpétuité les émigrés, et prononce contre eux la peine de mort, en cas d'infraction de leur ban; celui du 8—9 novembre suivant, qui étend la peine de mort aux émigrés qui rentreraient dans les colonies françaises; celui du 26 du même mois, qui ordonne aux émigrés rentrés en France d'en sortir dans un délai déterminé, sous peine de mort; celui du 27 novembre, qui déclare que la France ne reconnaîtra pour ministre des puissances étrangères aucun émigré; celui du 25—27 février 1793, qui défend aux tribunaux de district de connaître des faits d'émigration; celui du 18—22 mars suivant, qui prescrit la dénonciation, l'arrestation, le jugement et la prompte exécution à mort des émigrés rentrés; l'art. 6 du décret du 19—20 mars même mois, qui prononce la peine de mort contre tout émigré saisi dans une émeute; et celui du 23—25 mars 1793, interprétatif de celui du 9—9 octobre 1792, relatif aux émigrés pris les armes à la main.

Voyez aussi les art. 1er, 2, 3, 4, 5 et 6 du décret du 28 mars—5 avril 1793, qui prononcent contre les émigrés le bannissement à perpétuité du territoire français, la peine de mort en cas d'infraction de leur ban, la mort civile, et qui en détermine les effets; qui porte des peines contre les complices des émigrés, et fixe le mode de jugement et de condamnation des émigrés; celui du 26—26 avril, portant que les émigrés ne doivent pas être jugés par des jurés; l'ordre du jour du 1er août 1793, interprétatif du décret du 28 mars—5 avril précédent; le décret du 13—16 septembre suivant, concernant le mode de jugement des émigrés rentrés; celui du 29 vendémiaire an 2 (20 octobre 1793), sur le même objet; celui du 30—30 frimaire an 2 (20—20 décembre 1793), art. 1er et suiv., relatifs au mode de procéder sur les délits de complicité d'émigration; celui du 8—10 pluviose an 2 (27—29 janvier 1794), sur le même objet; celui du 14—19 germinal an 2 (3—8 avril 1794), concernant les mandats d'amener à décerner contre les prévenus de complicité d'émigration; le décret du 25 brumaire an 3 (15 novembre 1794), tit. 1er et IV, contenant de nouvelles dispositions pénales contre l'émigration; ceux additionnels des 12 frimaire et 25 messidor an 3 (2 décembre 1794 et 13 juillet 1795); celui du 12 floréal an 3 (1er mai 1795), ordonnant l'arrestation et le prompt jugement de tout émigré trouvé sur le territoire de la république; celui du 1er fructidor suivant (18 août 1795), contenant des dispositions pénales contre les individus qui, portés sur la liste des émigrés, n'auraient point encore obtenu leur radiation définitive; les art. 373 de la constitution du 5 fructidor an 3 (22 août 1795), et 93 de celle du 22 frimaire an 8 (13 décembre 1799), qui interdisent à jamais aux émigrés le retour en France; la loi du 20 vendémiaire an 4 (12 octobre 1795), qui enjoint aux prévenus d'émigration, non rayés définitivement, de cesser toutes fonctions publiques; les art. 15 et suiv. de celle du 19 fructidor an 5 (5 septembre 1797), qui ordonne à tous les individus inscrits sur la liste des émigrés et non rayés définitivement, de sortir du territoire de la république dans un délai fixé, à peine d'être traduits devant une commission militaire, et qui prononce la déportation des émigrés détenus; la délibération du conseil d'état, du 5 pluviose an 8 (25 janvier 1800), concernant le mode de procéder contre les émigrés rentrés; la loi du 12 ventose suivant (3 mars 1800), qui détermine le mode d'application des lois sur les émigrés; et le décret du 13—21 mars 1815, qui prononce l'expulsion des émigrés du territoire de l'empire, et le séquestre de leurs biens.

§ III. — *Lois concernant les biens des émigrés; séquestre, confiscation, vente, partages de présuccession, restitution, indemnité.* — Voyez le décret du 30 mars—8 avril 1792, qui prononce la confiscation des biens des émigrés, au profit de l'état, et prescrit des mesures pour l'exécution de cette disposition; celui du 27 juillet suivant, sur le même objet; celui du 14—14 août même année, qui ordonne l'aliénation par bail à rente des terres, vignes et prés appartenant aux émigrés; celui du 15—15 du même mois, qui affecte au service des armées les chevaux et mulets appartenant aux émigrés; celui du 23—28 du même mois, qui ordonne à tous les officiers publics et aux dépositaires de déclarer tous les objets qui sont entre leurs mains, appartenant à des Français émigrés, et porte des peines contre les fausses déclarations; celui du 25—28 du même mois, qui ordonne la vente des biens possédés par les émigrés dans les colonies; celui du 2—6 septembre suivant, qui pose de nouveau le principe de la confiscation des biens des émigrés au profit de l'état, ordonne la vente de ces biens, et le prélèvement d'une indemnité pour leurs femmes et enfans; celui du 3—3 du même mois, qui prescrit aux départemens de faire remettre aux hôtels des monnaies l'or et l'argenterie qui se trouvent dans les maisons des émigrés; celui du 12—12 du même mois, concernant la disposition des pensions ou rentes sur l'état des émigrés; le décret du 13—18 septembre même mois, interprétatif de celui du 30 mars—8 avril précédent;

les moyens de nuire à la patrie, décrète qu'il y a urgence. — L'assemblée

celui du 14—14 du même mois, portant résiliation des baux de biens nationaux, passés au profit des émigrés; celui du 27—28 du même mois, qui ordonne l'inventaire des meubles et effets des émigrés; celui du 10—13 octobre 1792, concernant les bibliothèques, les objets scientifiques et monumens des arts, appartenant aux émigrés; celui du 24 (22 et)—24 du même mois, qui prescrit la vente de leur mobilier; celui du 30—31 du même mois, qui détermine les formalités à observer par les corps administratifs, pour mettre sous la main de la nation les titres et biens, tant meubles qu'immeubles, appartenant aux émigrés; celui du 4—4 décembre suivant, portant confiscation de tous les deniers et objets mobiliers appartenant aux émigrés, et saisis en pays étranger par les armées françaises; celui du 2—3 janvier 1793, concernant le mode de vente du mobilier des émigrés; celui du 11—13 du même mois, concernant le mode de libération de leurs fermiers, des rentiers de leurs biens et de leurs débiteurs; celui du 26—29 du même mois, concernant le versement, dans les caisses de l'état, du produit du mobilier des émigrés, trouvé et vendu en pays étranger; l'art. 5 du décret du 1er—4 février 1793; qui ordonne la vente des biens confisqués sur les émigrés; celui du 2—5 mars suivant, qui ordonne la location de tous les terrains incultes provenant des émigrés; celui du 12 (11 et) mars 1793, relatif à l'administration des biens des émigrés, et à la vente de leur mobilier, et le décret rectificatif du 26—30 du même mois; celui du 18 du même mois, qui ordonne la démolition des châteaux d'émigrés, non susceptibles de servir à des établissemens publics ou industriels, et la distribution des matériaux aux citoyens pauvres; celui du 20—25 du même mois, qui défend à tous dépositaires de payer aucune somme de deniers, sur des jugemens rendus par défaut contre des émigrés; et celui du 8—10 avril suivant, qui ordonne la vente des moulins et usines provenant des émigrés.

Voyez aussi les décrets des 24 avril—2 mai, 3—6 et 13—14 juin 1793, concernant le mode de vente des biens des émigrés; ceux du 10—14 juillet, et du 25 juillet même année (31 octobre, 1er, 3, 10 et 25 novembre 1792, 3 juin et), concernant l'administration de ces biens; celui du 8 septembre même année, qui réduit et annule les baux de forêts appartenant aux émigrés; le décret interprétatif du 15 fructidor an 4 (1er septembre 1796); celui du 13 du même mois, qui prescrit des mesures pour accélérer la vente des biens des émigrés; celui du 13 floréal an 2 (2 mai 1794), portant surséance à la vente des biens des émigrés qui prétendent avoir été compris à tort dans les listes; celui du 21 prairial suivant (9 juin 1794), qui détermine la compétence des tribunaux, pour connaître de la revendication, faite par les tiers, de fonds ci-devant possédés par les émigrés; la loi du 21 messidor même année (9 juillet 1794), qui ordonne le versement, dans les caisses de district, des fonds appartenant aux négocians émigrés; les art. 5 et suiv. de la loi du 28 du même mois (16 juillet 1794), qui ordonne le versement, dans le trésor public, des sommes existant dans les dépôts publics et provenant des émigrés; la loi du 5 brumaire an 3 (26 octobre 1794), qui réintègre provisoirement dans la jouissance de leurs propriétés les prévenus d'émigration qui ont obtenu des arrêtés favorables des corps administratifs; l'art. 1er de la loi du 25 du même mois (15 novembre 1794), qui prononce de nouveau la confiscation des biens des émigrés; les art. 93 et suiv., de la loi du 1er floréal an 3 (20 avril 1795), qui ordonnent le séquestre et le partage des biens et droits indivis entre les émigrés et les tiers, et la vente de la portion revenant à l'état; le décret du 28 du même mois (17 mai 1795), relatif aux déclarations à faire par les débiteurs des émigrés; et la loi du 8 prairial suivant (27 mai 1795), concernant le mode de distribution des lots de la loterie des meubles et immeubles provenant des émigrés.

Voyez encore les art. 373 de la constitution du 5 fructidor an 3 (22 août 1795), et 93 de celle du 22 frimaire an 8 (13 décembre 1799), qui déclarent que les biens des émigrés sont irrévocablement acquis à la nation; la loi du 6e jour complémentaire an 3 (22 septembre 1795), portant admission des bons au porteur en paiement des biens d'émigrés; la loi du 20 floréal an 4 (9 mai 1796), qui admet les pères et mères des émigrés au partage des biens indivis entre eux et la nation représentant les émigrés; celle du 29 du même mois (18 mai 1796), qui ordonne le remboursement aux personnes rayées de la liste des émigrés, du prix des objets mobiliers non existant en nature; celle du 30 thermidor an 4 (17 août 1796), concernant le partage en nature des biens indivis avec des émigrés; celles du 13 ventose an 5 (3 mars 1797), et 9 frimaire an 7 (29 novembre 1798), sur le même objet; celle du 8 messidor an 7 (26 juin 1799), touchant le réglement des droits à exercer par la nation sur les successions échues ou à échoir aux émigrés; l'arrêté additionnel du 11 messidor même mois (29 juin 1799); celui du 29 messidor an 8 (18 juillet 1800), qui déclare non admissible toute demande en restitution ou en indemnité des fruits ou revenus échus des biens séquestrés jusqu'au jour de la radiation définitive des inscrits; celui du 27 fructidor an 9 (14 septembre 1801), qui attribue à l'autorité administrative la connaissance des difficultés sur le paiement des fermages des biens séquestrés, et l'avis du cons. d'état du 5 germinal an 10 (26 mars 1802), sur la question de savoir si les biens définitivement réunis au domaine de l'état, par suite de partages de présuccession, doivent être rendus aux ascendans, lorsque le prévenu d'émigration, après la consommation du partage, parvient à se faire rayer définitivement.

Voyez enfin l'art. 16 du sénatus-consulte du 6 floréal an 10 (26 avril 1802), qui défend aux émi-

nationale, après avoir décrété l'urgence, décrète que les biens des émigrés

---

grés amnistiés d'attaquer les partages de présuccession, succession, ou autres actes et arrangemens faits entre l'état et les tiers; et l'art. 17, qui leur restitue tous leurs biens invendus ; l'avis du cons. d'état du 25 thermidor suivant (13 août 1802), relatif aux biens advenus à l'état par les partages de présuccession, et rendus aux ascendans des émigrés ; l'arrêté du 3 floréal an 11 (23 avril 1803), relatif aux successions à échoir aux émigrés (art. 1er); celui du 15 prairial suivant (4 juin 1803), concernant le mode de liquidation des rentes viagères possédées par des individus non prévenus d'émigration, sur la tête et pendant la vie d'un individu maintenu sur la liste des émigrés; l'avis du cons. d'état du 28 du même mois (17 juin 1803), portant que les biens d'émigrés, désignés pour remplacer les biens aliénés des hospices, doivent être regardés comme affectés à un service public, et ne sont pas susceptibles d'être rendus aux émigrés; celui du 26 fructidor an 13 (13 septembre 1805), sur la question de savoir si les contestations entre les émigrés et leurs parens républicoles, sur les successions ouvertes pendant l'intervalle de l'amnistie à la délivrance du certificat d'amnistie, sont de la compétence de l'autorité administrative; le décret du 29 décembre 1810, portant que la présomption de la durée de la vie des émigrés, pendant cinquante années, ne peut plus être opposée à ceux qui rapportent la preuve de leur décès; la loi du 5—6 décembre 1814, qui ordonne la restitution aux émigrés de tous les biens immeubles séquestrés ou confisqués sur eux, et non vendus; de ceux cédés à la caisse d'amortissement, réunis au domaine, reçus en échange par l'état, etc., etc., avec certaines exceptions, et qui maintient tous les actes passés entre l'état et les tiers, ainsi que tous droits acquis avant la publication de la charte; le décret du 13 —21 mars 1815, qui met de nouveau le séquestre sur les biens qui ont été détachés du domaine de la Légion-d'Honneur, des hospices, des communes, de la caisse d'amortissement, ou enfin du domaine, pour être rendus aux émigrés; celui du même jour, qui séquestre tous les biens des émigrés; celui du 26—28 mars 1815, rendu pour l'interprétation du précédent; celui du 28 mars—1er avril 1815, qui ordonne la réintégration aux archives des plans, titres et papiers, concernant les biens des émigrés; l'art. 116 de la loi de finances du 28 avril—4 mai 1816, qui restitue définitivement aux émigrés ceux de leurs biens qui avaient été cédés à la caisse d'amortissement; l'ordonnance du 11—24 juin 1816, rendue pour l'exécution de la loi du 5—6 décembre 1814; l'art. 5 de l'ordonnance du 11 juin—5 juillet 1817, qui ordonne la restitution aux émigrés de ceux de leurs biens rentrés dans les mains du domaine par suite de déchéance; l'art. 8 de la loi du 12—17 mars 1820, qui fixe le mode de restitution aux anciens propriétaires, des domaines provenant de l'état, à titre d'engagement ou d'échange; et enfin la loi du 27—28 avril 1825, qui accorde une indemnité aux émigrés, et les notes.

§ IV. — *Créanciers des émigrés.* — Voyez les art. 19 et 20 du décret du 30 mars—8 avril 1792, qui réservent aux créanciers des émigrés, porteurs de titres authentiques antérieurs au 9 février précédent, leurs droits sur les revenus des biens confisqués, et sur les immeubles eux-mêmes; les art. 4 et suiv. du décret du 2—6 septembre même année, concernant le paiement des dettes des émigrés, et le dépôt des titres des créanciers dans un délai fixé; celui du 13—14 janvier 1793, qui proroge le délai pour le dépôt de ces titres; celui du 7—11 mars suivant, qui accorde aux créanciers des émigrés la faculté d'acquérir le mobilier des débiteurs, et de donner leurs créances en paiement; les art. 13 et suiv. du décret du 12 (11 et) du même mois, concernant le paiement des dettes des émigrés; le § 11 de la sect. V du décret du 25 juillet 1793 (31 octobre, 1er, 3, 10 et 25 novembre 1792, 3 juin et), contenant des règles sur la liquidation du passif des émigrés, la déclaration et le dépôt des titres de créance, l'union, la liquidation, la collocation et le paiement de leurs créanciers; l'art. 95 du décret du 24 (15, 16, 17 et) août—13 septembre 1793, sur la formation du grand-livre de la dette publique, qui autorise les créanciers des émigrés à faire inscrire leurs créances sur ce grand-livre; les décrets des 26 nivose an 2 (15 janvier 1794), et 6—10 pluviose suivant, qui prorogent les délais accordés aux créanciers des émigrés pour faire leurs déclarations et le dépôt de leurs titres; celui du 9—14 ventose suivant (27 février—4 mars 1794), art. 6, sur le même objet; celui du 23 floréal—1er prairial même année (12—20 mai 1794), qui fixe les bases de liquidation des rentes viagères dues par les émigrés; les art. 1er et 2 du décret du 3—11 prairial an 2 (22—30 mai 1794), qui ordonne le paiement de certaines dettes des émigrés, et des rentes perpétuelles et viagères à leur charge.

Voyez aussi la loi générale du 1er floréal an 3 (20 avril 1795), qui statue sur l'admissibilité et le dépôt des titres de créances sur les émigrés, la liquidation de ces créances et leur paiement; celle du 22 thermidor suivant (9 août 1795), qui proroge le délai accordé par la précédente, pour le dépôt des titres de créances; celle du 1er fructidor même année (18 août 1795), qui déclare la loi du 1er floréal applicable aux créanciers viagers et pensionnaires d'émigrés; celle du 28 du même mois (14 septembre 1795), rendue pour l'exécution de l'art. 70 de celle du 1er floréal, concernant les déclarations à faire par les propriétaires de créances sur les émigrés d'un même département; celle du même jour, concernant les créances sur les parens des émigrés dont les successions sont ouvertes au profit de la nation; celle du 4e jour complémentaire même année (20 septembre 1795), qui détermine les cas dans lesquels les créanciers des émigrés qui

sont mis sous la main de la nation et sous la surveillance des corps administratifs.

---

ont formé des actes d'union, sont admis à la liquidation; celle du même jour, qui accorde aux créanciers un nouveau délai pour produire leurs titres; celle du 23 vendémiaire an 4 (15 octobre 1795), concernant le paiement des arrérages des pensions dues aux créanciers des parens des émigrés dont la succession est ouverte au profit de l'état; celle du même jour, qui détermine les cas dans lesquels on peut liquider, sur un héritier émigré, les créances d'une succession acceptée par cet héritier avant son émigration; le décret du 3 brumaire an 4 (25 octobre 1795), portant que la liquidation de la dette des émigrés formera une administration séparée; la loi du 25 floréal suivant (14 mai 1796), concernant la liquidation des créances sur les émigrés comptables; celle du 9 prairial an 5 (28 mai 1797), art. 7, concernant la liquidation et l'inscription des créances des hôpitaux sur les émigrés; celle du 17 frimaire an 6 (7 décembre 1797), qui autorise la reprise des procédures existant contre les émigrés, et éteintes par l'art. 32 de la loi du 1er floréal an 3; celle du même jour, qui détermine le mode de suppléer à la perte des titres de créance sur les émigrés; celle du même jour, concernant le paiement des arrérages de rentes ou pensions dues sur les biens des émigrés; et celle du même jour, concernant la liquidation des créances sur les émigrés en faillite, ou déclarés insolvables.

Voyez encore la loi du 18 pluviose an 6 (6 février 1798), qui détermine le mode de liquidation des créances sur les émigrés; celle du 26 du même mois (14 février 1798), concernant les certificats à produire pour l'admissibilité des titres de créances; celle du 11 frimaire an 7 (1er décembre 1798), concernant la liquidation des créanciers des individus portés sur la liste des émigrés, et non rayés définitivement; celle du 19 nivose suivant (8 janvier 1799), qui prescrit des mesures pour accélérer l'apurement du bureau de liquidation du passif des émigrés du département de la Seine; celle du 16 thermidor même année (3 août 1799), relative au paiement des créanciers des successions échues à la république, comme représentant les émigrés, depuis le 9 floréal an 3; celle du 16 ventose an 9 (7 mars 1801), qui proroge, en faveur des créanciers des émigrés, le délai accordé pour l'inscription des hypothèques et privilèges; l'arrêté du 19 thermidor an 9 (7 août 1801), qui attribue à l'autorité administrative la liquidation des avantages matrimoniaux des femmes d'émigrés; et celui du 23 pluviose an 11 (12 février 1803), portant que la dette de l'émigré est éteinte, lorsque son créancier a reçu son titre de liquidation.

Voyez, en outre, les art. 4 et suiv. de l'arrêté du 3 floréal an 11 (23 avril 1803), concernant les droits des créanciers des émigrés, le mode de liquidation des créances, etc., etc.; le décret du 2e jour complémentaire an 12 (19 septembre 1804), portant que les créanciers de l'émigré, qui se sont fait liquider, mais qui n'ont pas obtenu leur inscription et leur paiement, peuvent exercer leur recours contre l'émigré; et celui du 12 août 1806, qui détermine le mode de liquidation des dettes des émigrés susceptibles d'être inscrites au grand-livre.

Voyez enfin l'art. 14 de la loi du 5—6 décembre 1814, qui impose aux créanciers des émigrés un sursis à l'exercice de leurs actions sur les biens restitués par cette loi à leurs débiteurs; l'art. 1er de la loi du 16—23 janvier 1816, et la loi du 12—16 avril 1818, qui renouvellent ce sursis, en permettant aux créanciers de faire des actes conservatoires; et enfin les tit. V et VI de la loi du 27—28 avril 1825, concernant les droits des créanciers des émigrés sur l'indemnité accordée à leur débiteurs; et les notes.

§ V. — *Lois pénales contre les parens des émigrés.* — Voyez le décret du 15—15 août 1792, qui ordonne que les pères, mères, femmes et enfans des émigrés demeureront consignés dans leurs municipalités respectives, et ne pourront en sortir sous peine d'arrestation; celui du 30 du même mois, qui prononce la destitution de tous les fonctionnaires publics qui ont leurs pères ou fils émigrés; celui du 30 août—3 septembre 1792, qui destitue et déclare incapables de remplir aucune place les fonctionnaires publics qui ont conduit en pays étranger leurs enfans mineurs, ou qui ont favorisé leur émigration; celui du 9 septembre 1792, qui assujétit les pères et mères des enfans absens, réputés émigrés, à fournir un soldat à la patrie pour chaque enfant absent; celui du 12—12 du même mois, qui porte cette contribution à deux soldats, pour chaque enfant absent; la sect. IX du décret du 28 mars—5 avril 1793, qui porte des dispositions additionnelles aux deux précédens décrets; le décret du 10—14 juillet suivant, qui défend aux parens des émigrés de faire des coupes dans les bois qui leur appartiennent; celui du 17—20 frimaire an 2 (7—10 décembre 1793), qui prononce le séquestre des biens des pères et mères d'émigrés; celui du 4 germinal suivant (24 mars 1794), portant que nulle femme ou fille d'émigré ne peut épouser un étranger, ni sortir du territoire de la république, ni vendre ses biens, sous peine d'être traitée comme émigrée; celui du 1er nivose an 3 (21 décembre 1794), portant surséance à la vente des biens des pères et mères des émigrés; celui du 23 du même mois qui, en attendant la levée du séquestre, leur accorde un secours sur le revenu de ces biens; celui du 9 floréal suivant (28 avril 1795), qui ordonne la levée du séquestre; la loi du 18 prairial an 3 (6 juin 1795), portant que les lois concernant les pères et mères d'émigrés, ne s'appliquent pas aux pères et mères d'enfans nés hors le mariage; celle du 25 du même

N°. 84. = 9 — 12 février 1792. = **Décret** *relatif à la formation du jury d'accusation pour la ville de Paris.* (B., XX, 190.)

10 février 1792 : *Certificats de résidence,* voyez 4 du même mois; *Emprunt de Gènes,* voyez 6 févr.er.

N° 85. = 11—15 février 1792. = **Décret** *relatif au mode d'impression des décrets de liquidation.* (L., VIII, 191.)

12 février 1792 : *Créances diverses sur l'état,* voyez 6 du même mois; *Rentes dues aux fabriques,* voyez 7 février, *Officiers et soldats qui ont déserté; Organisation du bureau de comptabilité,* voyez 8 février; *Séquestre des biens des émigrés, Commissaire de comptabilité, Répudiation d'un legs fait à l'état, Jury d'accusation de la ville de Paris,* voyez 9 du même mois.

N° 86. = 13 — 15 février 1792. = **Décret** *relatif à la formule du serment de la garde soldée du roi.* (B., XX, 224.)

N°. 87. = 14—19 février 1792. = **Décret** *relatif à la conservation des saisies et oppositions formées sur les sommes qui s'acquittent directement au trésor public* (1). (B., XX, 226.)

Art. 1er. Les commissaires de la trésorerie nationale seront chargés de

---

mois (13 juin 1795), qui rapporte celle du 4 germinal an 2; celle du 11 messidor an 3 (29 juin 1795), qui suspend l'exécution de celle du 9 floréal an 3; celle du 6 thermidor an 3 (24 juillet 1795), qui accorde de nouveaux secours aux parens des émigrés, en attendant le rapport qui doit avoir lieu sur la loi du 9 floréal; celle du 5e jour complémentaire an 3 (21 septembre 1795), portant que les pères, fils, oncles, neveux et époux des émigrés, ou leurs alliés au même degré, ne pourront continuer d'exercer des fonctions publiques; l'art. 2 du décret du 3 brumaire an 4 (25 octobre 1795), qui renouvelle contre les pères, fils, petits-fils, frères, beaux-frères, oncles et neveux d'émigrés, et alliés au même degré, l'exclusion de toutes fonctions législatives, administratives et judiciaires, à peine de bannissement contre ceux qui accepteraient de telles fonctions, ou qui, en étant revêtus, ne donneraient pas leur démission, et qui assigne un domicile aux femmes d'émigrés; la loi du 9 messidor an 5 (27 juin 1797), qui rapporte celle du 3 brumaire an 4; l'art. 8 de celle du 19 fructidor an 5 (5 septembre 1797), qui la rétablit, et le § 11 du chap. III de la loi en forme d'instruction du 6 germinal an 6 (26 mars 1798), qui déclare les parens des émigrés inéligibles aux fonctions de la législature.

(1) Voyez, sur le même objet, le décret du 30 mai—8 juin 1793, qui ordonne l'exécution de celui du 14—19 février 1792; celui des 15, 16, 17 et 24 août—13 septembre 1793, § XLIV, relatif aux oppositions formées et à former sur les objets compris dans le grand-livre de la dette publique; la loi du 19 pluviose an 3 (7 février 1795), concernant les oppositions que les créanciers des fonctionnaires publics, civils ou militaires, peuvent faire sur les appointemens de leurs débiteurs; celle du 26 floréal an 5 (15 mai 1797), concernant les oppositions formées par l'agent du trésor public, sur les sommes pour lesquelles les comptables sont inscrits au grand-livre; celle du 21 messidor suivant (9 juillet 1797), qui détermine les cas d'admissibilité d'oppositions à la charge des vendeurs d'inscriptions sur le grand-livre; l'art. 4 de celle du 8 nivose an 6 (28 décembre 1797), contenant des dispositions relatives aux oppositions à former sur les inscriptions; l'arrêté du 1er pluviose an 11 (21 janvier 1803), relatif aux saisies et oppositions formées entre les mains des payeurs divisionnaires et autres préposés des payeurs du trésor public; la loi du 25 nivose—5 pluviose an 13 (15—25 janvier 1805), relative aux oppositions sur les cautionnemens des avoués, agens de change, greffiers, huissiers, etc.; le décret du 13 pluviose même année (2 février 1805), qui détermine les formalités à suivre pour les oppositions et saisies-arrêts entre les mains des préposés de l'enregistrement et des domaines; et le décret du 28 floréal suivant (18 mai 1805), concernant la forme des notifications de ces oppositions dans le département de la Seine.

Voyez encore l'art. 561 du Cod. proc. civ., qui prescrit les formalités des saisies-arrêts ou oppositions formées entre les mains des caissiers publics; le décret du 18 août 1807, sur le même objet; et l'avis du cons. d'état du 12 du même mois, relatif à l'effet des oppositions sur les cautionnemens des fonctionnaires publics.

l'enregistrement et de la conservation des saisies et oppositions formées sur les sommes dues par l'état aux absens, conformément au décret du 29 juillet dernier, ainsi que sur les arrérages des pensions et secours, pour la partie qui est déclarée saisissable par le décret du 18 août dernier.

2. Les propriétaires des offices supprimés avant le 1er mai 1789, seront tenus de fournir leurs quittances de finance, contrats d'acquisition, provisions et autres titres de propriété, auxdits commissaires de la trésorerie nationale, d'ici au 1er mai prochain, sous les peines portées par l'article 5 du décret des 5 janvier dernier, 4 et 6 février présent mois ; et, sur le vu de ces pièces, les commissaires de la trésorerie procéderont auxdites liquidations, conformément au décret du 21 septembre 1791, et les remettront au comité de liquidation, qui en fera rapport à l'assemblée nationale.

3. Lorsqu'un office devra être remboursé en quittances de finance, elles seront expédiées dans la même forme que celles précédemment délivrées, et le paiement des intérêts sera fait par les payeurs des rentes. Les offices payables comptant seront remboursés par la caisse de l'extraordinaire, à la charge par les propriétaires de remplir, dans l'un et l'autre cas, les formalités prescrites.

4. Les créanciers, autorisés par le décret du 29 juillet dernier à poursuivre leur paiement sur les sommes dues par l'état aux absens hors du royaume, pourront saisir, entre les mains du préposé à la conservation des oppositions et saisies, et établi près la trésorerie nationale, ce qui est à payer à leurs débiteurs directement par le trésor public : mais leur paiement ne pourra être effectué qu'après qu'ils auront rempli les conditions portées audit décret, qu'ils auront fait constater l'absence et prononcer la validité de la saisie.

5. Toute personne pourra s'opposer et saisir entre les mains des commissaires de la trésorerie nationale les sommes qui doivent être acquittées directement au trésor public, soit pour intérêts de finances, de cautionnement et de prix d'acquisition, soit pour fournitures, entreprises et travaux autres que ceux de charité.

6. Il pourra de même être formé opposition et saisie entre les mains des commissaires de la trésorerie nationale, de la moitié des arrérages, pensions, secours, dons et gratifications, autres néanmoins que les primes et encouragemens pour le commerce, par les créanciers desdits pensionnaires, fondés en titres, pour entretien, nourriture et logement, conformément au décret du 18 août dernier.

7. A la mort d'un créancier de l'état, tout ce qui sera dû à sa succession par la trésorerie nationale sera saisissable par ses créanciers, quel que soit le titre dudit créancier.

8. Les saisies et oppositions ne pourront porter que sur les objets mentionnés aux articles précédens : elles seront datées du jour et de l'heure ; elles exprimeront clairement, outre les noms des saisissans et opposans, les noms et qualités des parties prenantes, et l'objet saisi ou grevé d'opposition ; faute de quoi elles seront regardées comme non avenues.

9. L'huissier chargé des saisies et oppositions sera tenu de déposer son exploit, pendant vingt-quatre heures, à la trésorerie nationale, pour y être enregistré et visé sans frais : toutes saisies et oppositions non visées seront nulles.

10. Les commissaires de la trésorerie nationale seront tenus, en inscrivant le *visa*, d'exprimer le montant des sommes dues par le trésor public au débiteur saisi ; au moyen de quoi le *visa* tiendra lieu d'affirmation, et les saisissans pourront, sans qu'il soit besoin de nouvelle déclaration ni de mise en

cause de l'agent du trésor public, poursuivre la validité des saisies et jugemens de distribution. Les sommes saisies resteront, par forme de dépôt, au trésor public, jusqu'audit jugement de distribution ou de main-levée, si mieux n'aiment lesdites parties saisissantes convenir d'un autre séquestre, ou le faire nommer par justice ; auxquels cas la trésorerie nationale en viderait ses mains en celles du séquestre agréé ou nommé à l'effet d'en fournir quittance comptable.

11. Les commissaires de la trésorerie nationale feront faire annotation de celles des saisies et oppositions qui frapperont, soit sur les pensions et secours annuels, soit sur des objets que l'on comprend dans les états ordonnancés, sur les registres d'immatricule des payeurs de la trésorerie, et sur lesdits états. A l'égard des autres objets énoncés aux articles 5 et 6, ils ne seront acquittés par lesdits payeurs, qu'après que les commissaires de la trésorerie auront mis sur lesdites ordonnances qu'il n'existe point d'opposition.

12. Les oppositions qui pourraient avoir été formées entre les mains des conservateurs des finances et hypothèques, sur les objets ci-dessus mentionnés, et qui s'acquittent directement au trésor public, tiendront pendant trois mois, à compter du jour de la publication du présent décret ; et, pendant ledit temps, les parties prenantes ne pourront toucher qu'en rapportant desdits conservateurs un certificat de non-opposition, dans les cas où elles étaient précédemment tenues d'en justifier. Lesdits trois mois expirés, les oppositions ne vaudront qu'autant qu'elles seront formées à la trésorerie nationale et dans les formes ci-dessus prescrites.

13. Les saisies et oppositions dont il s'agit, n'auront d'effet que pendant trois années, à compter de leurs dates.

14. Il sera délivré aussi sans frais, par les commissaires de la trésorerie nationale, des extraits d'opposition, à la charge par les requérans de fournir le papier timbré nécessaire.

15. Au moyen de ce que les pensions et secours annuels sont déclarés saisissables pour moitié par les créanciers porteurs de titres de la nature de ceux indiqués par le décret du 18 août, le paiement desdits pensionnaires ne pourra être suspendu par aucun ordre particulier : les ordres qui auraient pu être donnés précédemment par les ministres, en vertu de la déclaration du 7 janvier 1779, demeurent révoqués, sauf aux créanciers desdits pensionnaires à se pourvoir conformément au décret du 18 août dernier et aux dispositions ci-dessus.

N° 88. = 14 février—10 mars 1792. = DÉCRET *relatif aux ci-devant gardes françaises qui ont été renvoyés sans avoir demandé leur congé.* (B., XX, 231.)

---

15 février 1792 : *Décrets de liquidation*, voyez 11 du même mois ; *Garde du roi*, voyez 13 février.

N° 89. = 18—24 février 1792. = DÉCRET *relatif à l'achèvement du Panthéon français.* (B., XX, 264.)

L'assemblée nationale, ayant entendu le rapport de son comité de l'ordinaire des finances, voulant assurer l'achèvement du Panthéon français, consacré par l'assemblée constituante à la mémoire des grands hommes qui auront servi la patrie et la liberté, décrète :

Art. 1er. Que la somme de un million quatre cent soixante-neuf mille quatre cent soixante dix-huit livres onze sous dix deniers, formant, avec celle de cinquante mille livres, décrétée le 24 décembre dernier, pour les travaux de cet édifice pendant le mois de janvier, celle de un million cinq cent dix-neuf mille quatre cent soixante dix-huit livres onze sous dix deniers, montant du devis estimatif des travaux d'achèvement présenté par le directoire du département de Paris, sera versée aux époques ci-après indiquées par la trésorerie nationale, dans la caisse du receveur que désignera le département de Paris.

2. Cette somme de un million quatre cent soixante-neuf mille quatre cent soixante dix-huit livres onze sous dix deniers, sera payée par la trésorerie nationale, à raison de cinquante mille livres par mois, pendant vingt-neuf mois consécutifs, et de dix-neuf mille quatre cent soixante dix-huit livres onze sous dix deniers, le trentième mois, sur les ordonnances du ministre de l'intérieur, qui en rendra compte à l'assemblée nationale.

3. Cette somme sera employée à l'achèvement du Panthéon français, sous la surveillance et la responsabilité du directoire du département de Paris, qui rendra compte chaque mois au ministre de l'intérieur des progrès des travaux et des dépenses qui auront été faites.

---

19 février 1792 : *Trésor public*, voyez 14 du même mois.

N° 90. = 21 — 24 février 1792. = **DÉCRET** *relatif à la viande à délivrer aux troupes dans leurs garnisons.* (B., XX, 271.)

N° 91. = 21 février—7 mars 1792. = **DÉCRET** *relatif aux cavaliers surnuméraires de la compagnie de la ci-devant prévôté des monnaies, gendarmerie et maréchaussée de France.* (B., XX, 273.)

N° 92. = 24—26 février 1792. = **DÉCRET** *qui prohibe provisoirement l'exportation à l'étranger des laines, chanvres, peaux, cuirs et cotons.* (B., XX, 277.)

---

24 février 1792 : *Panthéon français*, voyez 18 du même mois; *Viande des troupes*, voyez 21 février.

N° 93. = 25 (24 et)—27 février 1792. = **DÉCRET** *relatif aux fabricateurs et distributeurs de faux assignats et de fausse monnaie* (1). (B., XX, 281.)

Art. 1er. Toutes plaintes ou dénonciations de fabrication ou distribution de faux assignats ou fausse monnaie, seront portées devant le directeur du jury du lieu du délit, ou de la résidence de l'accusé.

2. Il n'y aura pour le département de Paris, relativement à cette espèce de crime, qu'un seul tableau de jury d'accusation, dressé par les procureurs-syndics des districts de Saint-Denis et du Bourg-la-Reine, et par le procureur de la commune de Paris, réunis : il sera composé de seize jurés spéciaux, pris parmi les citoyens éligibles, et ayant des connaissances relatives.

3. Le directeur de ce jury sera pris à tour de rôle, tous les trois mois, parmi les membres composant le tribunal du premier arrondissement.

---

(1) Voyez la sect. VI du tit. 1er du Cod. pén. du 25 septembre—6 octobre 1791, et les notes. — Voyez aussi la loi du 1er brumaire an 2 (22 octobre 1793), relative au mode de jugement du crime de fausse monnaie; les art. 542 et suiv. du Cod. des délits et des peines du 3 brumaire an 4 (22 octobre 1795), et la loi du 23 floréal an 10 (13 mai 1802), qui attribue la connaissance de ce crime aux cours spéciales.

4. Les directeurs de jury, juges de paix, officiers municipaux, et tous officiers de police de sûreté, sont autorisés à faire, en présence de deux notables ou fonctionnaires publics, ou après les avoir requis de les assister, les ouvertures de portes et perquisitions nécessaires, chez les personnes suspectées de fabrication ou distribution de faux assignats ou fausse monnaie, et leurs complices, sur les dénonciations revêtues des caractères exigés par la loi, et d'après les renseignemens que ces officiers auront pris ; ils sont également autorisés à saisir toutes pièces de conviction, et à délivrer des mandats d'arrêt. L'agent du trésor public à Paris, les procureurs-généraux-syndics des départemens, procureurs-syndics des districts et procureurs des communes, sont spécialement chargés de requérir ces recherches et perquisitions.

5. Les directeurs de jury et autres officiers désignés en l'article précédent, qui auront commencé la recherche d'un délit de fabrication ou distribution de faux assignats ou fausse monnaie, pourront la continuer et faire les visites nécessaires hors de leur ressort.

6. Dans la huitaine de la publication du présent décret, les municipalités feront connaître aux directoires de leurs départemens, par la voie des districts, les différentes papeteries qui existent dans l'étendue de leurs communes. Les juges de paix sont autorisés à faire, quand ils le jugeront à propos, des visites dans ces papeteries, pour y saisir les papiers qui seraient destinés à fabriquer de faux assignats ; et ils seront tenus, ainsi que les autres officiers désignés en l'article 4, de procéder à ces visites à toute réquisition de procureurs-généraux-syndics des départemens ou procureurs-syndics des districts.

7. Il sera accordé au dénonciateur d'un délit de fabrication ou distribution de faux assignats ou fausse monnaie, dont les auteurs auront été déclarés convaincus, une récompense qui sera fixée par un décret du corps législatif, pour service important rendu à la patrie.

8. Le dénonciateur ne pourra jamais être entendu comme témoin dans la procédure.

9. Si un particulier complice d'une fabrication de faux assignats ou fausse monnaie, vient le premier la dénoncer, il sera exempt de la peine qu'il a encourue.

10. Si le même particulier procure l'arrestation des faussaires et la saisie des matières et instrumens de faux, il recevra en outre une somme d'argent.

11. Si, après qu'une fabrication de faux assignats ou de fausse monnaie aura été dénoncée, l'un des complices procure de son propre mouvement l'arrestation des faussaires et la saisie des matières et instrumens de faux, il sera exempt de la peine qu'il a encourue.

12. Les dispositions des trois articles précédens auront lieu à l'égard des complices de fabrication de faux assignats ou de fausse monnaie, entreprise hors du royaume, qui la dénonceraient, soit aux autorités constituées en France, soit à ses agens politiques dans les cours étrangères, ou qui procureraient l'arrestation des faussaires et la saisie des matières et instrumens de faux.

13. Le commissaire du roi administrateur de la caisse de l'extraordinaire, est autorisé à adresser à tous les corps administratifs, tribunaux, juges de paix et autres officiers de police de sûreté, des exemplaires des procès-verbaux qui constatent ou constateraient à l'avenir le faux des assignats.

N° 94. = 25 février — 10 mars 1792. = Décret *concernant l'élection aux cures vacantes.* (B., XX, 279.)

N° 95. = 25 février—16 mars 1792. = Décret *relatif aux violences commises par des Espagnols de Roncevaux sur le territoire français.* (B., XX, 280.)

26 février 1792 : *Exportation des laines, chanvres, etc.,* voyez 24 du même mois.

N° 96. = 27 (17 et) — 29 février 1792. = Décret *relatif à une augmentation à accorder aux gens de guerre qui entreront en campagne.* (B., XX, 286.)

N° 97. = 27 février—16 mars 1792. = Décret *qui déclare incompatibles les fonctions de député à l'assemblée nationale et celles de juré* (1). (B., XX, 292.)

L'assemblée nationale, considérant qu'il est nécessaire de statuer promptement sur la question de savoir si les membres de l'assemblée nationale, qui ont pu être employés dans des listes de jurés de jugement, dans les divers départemens du royaume, peuvent en remplir les fonctions, décrète qu'il y a urgence. — L'assemblée nationale, après avoir décrété l'urgence, décrète qu'il y a incompatibilité de fait entre les fonctions de député à l'assemblée nationale et celles de juré.

27 février 1792 : *Faux assignats et fausse monnaie,* voyez 25 du même mois.

N° 98. = 28—29 février 1792. = Décret *relatif aux examens à subir par les aspirans au corps du génie.* (B., XX, 299.)

N° 99. = 28 février—7 mars 1792.=Décret *relatif aux erreurs qui se trouvent dans le décret du 21 septembre 1791, concernant l'administration de la marine.* (B., XX, 300.)

N° 100. = 29 février—4 mars 1792. = Décret *relatif à l'emplacement des bureaux de la comptabilité.* (B., XX, 304.)

L'assemblée nationale, ouï le rapport de ses comités de l'examen des comptes et d'inspection, réunis, concernant le local propre au rétablissement des bureaux de la comptabilité, décrète qu'il y a urgence. — L'assemblée nationale, considérant que le local de la ci-devant chambre des comptes, destiné provisoirement au placement des bureaux de la comptabilité, est le plus propre à cet établissement ; que les papiers et volumes conservés dans ce local seraient d'un transport difficile et dispendieux dans l'église des Feuillans, reconnue insuffisante pour les contenir ; que, d'ailleurs, ce nouvel établissement occasionerait une dépense considérable qu'il importe d'éviter, après avoir décrété l'urgence, décrète que les bureaux de la comptabilité demeureront établis à la ci-devant chambre des comptes ; en conséquence, autorise les commissaires de la comptabilité à faire faire les dispositions

---

(1) Voyez l'art. 484 du Code du 3 brumaire an 4 (25 octobre 1795), et l'art. 384 du Cod. inst. crim. de 1808.

nécessaires pour ses bureaux et leur ameublement, conformément aux devis remis et réunis à ce sujet à son comité de l'examen des comptes, sous la surveillance des commissaires de la salle de l'assemblée nationale ; à l'effet de quoi, le ministre de l'intérieur sera tenu de faire délivrer les sommes à verser, jusqu'à la concurrence de la somme portée audit devis, de laquelle il rendra compte en la forme ordinaire, après néanmoins avoir été soumis à l'examen des deux susdits comités.

N° 101. = 29 février—7 mars 1792. = DÉCRET *relatif aux secours à accorder aux officiers d'état-major des places de guerre supprimés.* (B., XX, 305.)

29 février 1792 : *Gens de guerre,* voyez 27 du même mois ; *Aspirans au corps du génie,* voyez 28 février.

N° 102. = 3—11 mars 1792. = DÉCRET *relatif aux ci-devant gardes françaises et soldats du centre.* (B., XXI, 5.)

4 mars 1792 : *Emplacement des bureaux de comptabilité,* voyez 29 février précédent.

N° 103. = 6—16 mars 1792. = DÉCRET *relatif à* M. d'Estaing, *amiral de France.* (B., XXI, 11.)

7 mars 1792 : *Prévôté des monnaies,* voyez 21 février précédent ; *Administration de la marine,* voyez 28 février ; *Secours aux officiers supprimés,* voyez 29 février.

N° 104. = 9—14 mars 1792. = DÉCRET *relatif aux secours en grains et farines à procurer aux départemens.* (B., XXI, 28.)

N° 105. = 9—18 mars 1792. = DÉCRET *relatif à l'augmentation des officiers généraux de l'armée.* (B., XXI, 26.)

N° 106. = 10—14 mars 1792. = DÉCRET *relatif à la manière de compléter les administrations de département.* (B., XXI, 31.)

Art. 1er. Les places qui sont actuellement ou qui deviendront vacantes par mort, démission ou autrement, dans les directoires de département et de district, seront remplies, à défaut de suppléans, par ceux des membres des conseils respectifs qui seront nommés à cet effet par les membres restans desdits directoires.

2. Les membres ainsi nommés exerceront leurs fonctions dans le directoire jusqu'à l'époque légale de la réunion du conseil, qui élira définitivement aux places qu'ils auront remplies.

3. Dans les cas où des procureurs-syndics et membres de directoire de district, dont les places sont ou deviendront vacantes jusqu'aux prochaines élections, par mort ou démission, ne pourraient pas être remplacés parmi les membres de la même administration, soit par le refus d'accepter de la part des suppléans, soit à raison de l'incompatibilité des fonctions d'administrateur du conseil avec celles de membre de directoire ou par tout autre empêchement, les directoires des départemens dans l'étendue desquels se trouveront les districts qui auront des sujets à remplacer, sont et demeurent autorisés à pourvoir aux remplacemens nécessaires, par des membres qui seront pris dans les conseils desdits départemens.

10 mars 1792 : *Gardes françaises,* voyez 14 février précédent ; *Cures vacantes,* voyez 25 février.

N° 107. = 11—18 mars 1792. = **Décret** *relatif au paiement des appointe-*
mens, solde et masses des troupes, intérêts de finance et gages d'offices
assignés sur les fonds de la guerre, indemnités, etc. (B., XXI, 33.)

L'assemblée nationale, considérant que la disposition du décret du 29 septembre dernier, qui renvoie à la liquidation générale toutes les créances de
l'arriéré de 1790, ne peut regarder celles qui, par leur nature, ne doivent
souffrir aucun retard dans leur paiement, et qui, par les décrets des 22
janvier et 25 mars et 7 avril 1790, ont été formellement exceptées de l'arriéré
de 1789, assujéti à la liquidation générale; après avoir entendu le rapport de
ses comités militaire et de l'ordinaire des finances, réunis, sur les demandes
réitérées du ministre de la guerre, faites par ses lettres en date des 30 octobre, 18 novembre, 20 décembre 1791 et 15 janvier 1792, converties en
motions, décrète définitivement ce qui suit : — Les appointemens, solde et
masses des troupes, ceux des officiers et employés dans les différens services
de la guerre, les intérêts des finances et gages d'offices qui sont assignés sur
les fonds de la guerre, conformément au décret du 29 mai—3 juin 1791, relatif
au remboursement des charges et offices militaires; les travaux, approvisionnemens et dépenses particulières de l'artillerie et du génie; les indemnités accordées sur les fonds de la guerre par l'article 14 du titre V du décret
du 8—10 juillet 1791, aux officiers de tout grade qui n'ont point été payés,
pendant les années antérieures à 1791, des logemens en argent qui leur
étaient affectés par les ordonnances; ensemble toutes les sommes résultant
de ces différens objets et qui étaient dues à l'époque du 1er janvier 1791,
seront acquittées par le trésor public dans les formes accoutumées, sans que
lesdites créances puissent être regardées comme assujéties à la liquidation
générale, les exceptant, à cet égard, des dispositions du décret du 29 septembre 1791.

11 mars 1792. *Organisation forestière*, voyez 14 janvier précédent; *Gardes françaises*, voyez
3 mars même mois.

N° 108. = 13—18 mars 1792. = **Décret** *relatif aux canonniers et sapeurs*
attachés aux bataillons de gardes nationales, et portant que chaque
bataillon de gardes nationales pourra avoir deux pièces d'artillerie.
(B., XXI, 41.)

N° 109. = 13—21 mars 1792. = **Décret** *relatif au service des transports mi-*
litaires(1). (B., XXI, 45.)

Art. 1er. Le ministre de la guerre rendra compte, au 1er mai prochain, à
l'assemblée nationale, de l'exécution du décret du 24 septembre dernier,

---

(1) Voyez, sur le même objet, le décret du 26—29 avril 1792; celui du 18—24 juin suivant;
celui du 29 juin—1er juillet même année qui place le service des transports militaires dans les
attributions du ministre de la guerre, et porte des dispositions sur le mode de passation des marchés; celui du 16 mai 1793, relatif au service de ces transports; celui du 25—28 juillet suivant,
qui confie le service des transports militaires à une régie intéressée; celui du 19 août même année, concernant l'organisation de l'administration de ces transports; celui du 25 vendémiaire an 2
(16 octobre 1793), qui détermine les fonctions des inspecteurs des charrois militaires; le décret en forme d'instruction du 18—23 nivose an 2 (7—12 janvier 1794), sur le service de
ces charrois; l'arrêté du 22 germinal an 4 (11 avril 1796), sur le même objet; le décret du 3
août 1808, qui punit le refus de voitures et de chevaux destinés aux transports militaires; et celui du 9 avril 1811, qui détermine le mode de paiement des voitures de réquisition.

Voyez encore l'ordonnance du 12—22 septembre 1814, qui organise les transports militaires
pour le pied de paix.

relativement à la résiliation du marché passé au sieur *Guillaume–Augustin Baudouin,* pour les transports militaires.

2. Ledit service des transports militaires ne pourra, dans aucun cas, être fait en régie; mais il sera donné en entreprise et au rabais, par une adjudication publique, faite suivant les dispositions des articles 6, 7, 8 et 9 du décret du 20 septembre dernier, concernant les commissaires des guerres.

N° 110. = 14—21 mars 1792. = **DÉCRET** *relatif aux emprunts contractés par les ci-devant pays d'états, avec la stipulation de non retenue d'impositions.* (B., XXI, 51.)

Les intérêts dus par la nation pour emprunts contractés par les ci-devant pays d'états, avec la stipulation de non retenue des impositions, continueront d'être payés comme par le passé, pourvu toutefois que ladite stipulation de non retenue ait été autorisée dans les formes ci-devant prescrites et usitées pour les différens pays d'états : ladite autorisation équivalant aux lettres-patentes dûment enregistrées, exigées par l'article 3 du décret des 24 et 27 décembre dernier.

14 mars 1792 : *Grains et farines,* voyez 9 du même mois; *Administration des départemens,* voyez 10 mars.

16 mars 1792 : *Violences des Espagnols,* voyez 25 février précédent; *Incompatibilité des fonctions de député et de juré,* voyez 27 février; *Amiral d'Estaing,* voyez 6 mars même mois.

N° 111. = 17 mars 1792. = **DÉCRET** *qui ordonne la censure des députés présens qui ne répondront pas à l'appel nominal.* (B., XXI, 59.)

N° 112. = 17—28 mars 1792. = **DÉCRET** *relatif à l'emploi des biens des ordres de Saint-Lazare, de Notre-Dame du Mont-Carmel, et autres y réunis* (1). (B., XXI, 60.)

Art. 1er. A dater du jour de la publication du présent décret, les domaines qui faisaient partie de la dotation des ordres religieux et militaires de Saint-Lazare et de Notre-Dame du Mont-Carmel, et autres y réunis, supprimés par le décret du 30 juillet 1791, seront aliénés suivant les formes décrétées pour les autres biens nationaux, et leurs revenus administrés de même.

2. A compter de la même époque, il ne sera fait aucun paiement sur lesdits revenus aux commandeurs, chevaliers ou pensionnaires desdits ordres.

3. Toutes les nominations de commanderies ou pensions sur les ordres ci-dessus énoncés, postérieures à la promulgation du décret du 30 juillet 1791, seront regardées comme non avenues, et leur produit acquis au profit de la nation : en conséquence, tous trésoriers, receveurs, et autres demeurent personnellement responsables des paiemens qu'ils pourraient avoir faits.

4. Les ci-devant chancelier et trésorier des ordres de Saint-Lazare, Notre-Dame du Mont-Carmel, et autres y réunis, seront tenus de rendre leurs comptes à la municipalité de Paris, quinze jours après la promulgation du présent décret, et de faire dans le même délai la déclaration des biens desdits ordres, tant à la municipalité de Paris qu'aux directoires des districts de la situation desdits biens, conformément aux dispositions des lois sur la déclaration des biens ci-devant ecclésiastiques.

(1) Voyez le décret du 5—8 mai 1793, qui détermine le mode de liquidation des créances de ces ordres.

5. Les pourvus de commanderies et de pensions militaires dans les susdits, ordres supprimés, présenteront leurs mémoires au commissaire du roi directeur général de la liquidation, à l'effet d'être établi des pensions en leur faveur, s'il y a lieu, aux termes de la loi du 23 août 1790. Lesdits commandeurs et pensionnaires seront considérés, à cet effet, comme les personnes qui étaient pensionnées à l'époque du 1er janvier 1790, et ils seront traités en tout de la même manière qui a été réglée par l'article 6 du décret du 20 février 1791 sur les gouvernemens militaires supprimés.

6. Le traitement des pourvus de commanderies et de pensions ecclésiastiques, celui des chapelains, aumôniers et sacristains desdits ordres, sera fait suivant les dispositions du décret du 24 juillet 1790, sur le traitement du clergé, et leurs commanderies et autres revenus ecclésiastiques seront regardés comme pensions sur bénéfices. En conséquence, lesdits commandeurs, pensionnaires ecclésiastiques, chapelains, aumôniers et sacristains, se présenteront à la municipalité de Paris, pour, sur son avis et celui du directoire du département, faire fixer ce traitement à raison des commanderies dont ils étaient titulaires.

7. Ceux des susdits commandeurs ecclésiastiques, pensionnaires, chapelains, aumôniers et sacristains, qui jouissaient en même temps d'autres bénéfices ou d'autres pensions sur bénéfices, s'adresseront aux directoires qui ont réglé leur premier traitement; et, en tout ce qui regarde lesdits traitemens et ceux mentionnés en l'article précédent, la municipalité de Paris et les directoires de district se conformeront aux dispositions du décret du 11 août 1790, sur le traitement du clergé.

8. Le nouveau traitement des commandeurs ou pensionnaires ecclésiastiques de Saint-Lazare et de Notre-Dame du Mont-Carmel, à raison de leurs commanderies et pensions sur lesdits ordres, commencera à courir du 1er janvier 1792; mais ils tiendront compte de ce qu'ils pourront avoir touché depuis l'époque de la promulgation du décret du 30 juillet 1791.

9. La municipalité de Paris, sous la surveillance du département, pourvoira à la sûreté et à la conservation des archives des ordres de Saint-Lazare, et de ceux supprimés par le décret du 30 juillet 1791; elle fera procéder en outre à l'inventaire des titres de propriétés nationales qui peuvent se trouver dans lesdites archives.

10. Il sera créé, suivant les formes prescrites par le décret du 3 août 1790, en faveur des sieurs *Landrieux*, concierge, *Guerber*, suisse, *Philippe Tartara*, frotteur de l'hôtel de l'ordre de Saint-Lazare, des pensions égales à la moitié des gages dont ils jouissaient pour leurs services dans ledit ordre, à la charge par eux d'en justifier.

11. Les sommes que le sieur *Duprat*, régisseur et agent desdits ordres, leur a payées en entrant à l'agence, à la décharge de son prédécesseur, lui seront remboursées par le trésor public, conformément aux règles établies pour les créances des corps supprimés; à cet effet, il se pourvoira par-devant le commissaire du roi directeur général de la liquidation.

12. Les pensionnaires et titulaires de gratifications annuelles sur les ordres de Saint-Lazare et du Mont-Carmel, établies par titres authentiques, se pourvoiront également par-devant le même commissaire, pour faire recréer en leur faveur de nouvelles pensions, en conformité du décret du 3 août 1790.

Nº 443. = 18—21 mars 1792. = **DÉCRET** *relatif aux officiers des troupes de ligne qui occupent les emplois d'adjudant-major ou d'adjudant-sous-officier dans les bataillons de gardes nationales.* (B., XXI, 66.)

N° 114. = 19—21 mars 1792. = **DÉCRET** *concernant les enrólemens.* (B., XXI, 67.)

N° 115. = 19—21 mars 1792. = **DÉCRET** *relatif aux dépenses à faire pour découvrir les fabricateurs de faux assignats.* (B., XXI, 69.)

N° 116. = 19—25 mars 1792. = **DÉCRET** *relatif aux pensions accordées sur la caisse des invalides de la marine* (1). (B., XXI, 70.)

N° 117. = 20—25 mars 1792. = **DÉCRET** *relatif au mode d'exécution de la peine de mort.* (B., XXI, 76.)

L'assemblée nationale, considérant que l'incertitude sur le mode d'exécution de l'article 3 du titre Ier du Code pénal, suspend la punition de plusieurs criminels qui sont condamnés à mort; qu'il est très instant de faire cesser des inconvéniens qui pourraient avoir des suites fâcheuses; que l'humanité exige que la peine de mort soit la moins douloureuse possible dans son exécution, décrète que l'article 3 du titre Ier du Code pénal sera exécuté suivant la manière indiquée et le mode adopté par la consultation signée du secrétaire perpétuel de l'académie de chirurgie, laquelle demeure annexée au présent décret; en conséquence, autorise le pouvoir exécutif à faire les dépenses nécessaires pour parvenir à ce mode d'exécution, de manière qu'il soit uniforme dans tout le royaume.

Avis motivé sur le mode de la décolation, du 7 mars 1792.

« Le comité de législation m'a fait l'honneur de me consulter sur deux lettres écrites à l'assemblée nationale, concernant l'exécution de l'article 3 du titre Ier du Code pénal, qui porte que *tout condamné* à la peine de mort *aura la tête tranchée.* Par ces lettres, M. le ministre de la justice et le directoire du département de Paris, d'après les représentations qui leur ont été faites, jugent qu'il est de nécessité instante de déterminer avec précision la manière de procéder à l'exécution de la loi, dans la crainte que si, par la défectuosité du moyen, ou faute d'expérience et par maladresse, le supplice devenait horrible pour le patient et pour les spectateurs, le peuple par humanité n'eût occasion d'être injuste et cruel envers l'exécuteur, ce qu'il est important de prévenir. — J'estime que les représentations sont justes et les craintes bien fondées. L'expérience et la raison démontrent également que le mode en usage par le passé pour trancher la tête à un criminel, l'expose à un supplice plus affreux que la simple privation de la vie, qui est le vœu formel de la loi : pour le remplir, il faut que l'exécution soit faite en un instant et d'un seul coup; les exemples prouvent combien il est difficile d'y parvenir. — On doit rappeler ici ce qui a été observé à la décapitation de M. *de Lally.* Il était à genoux, les yeux bandés : l'exécuteur l'a frappé à la nuque; le coup n'a point séparé la tête et ne pouvait le faire; le corps, à la chute duquel rien ne s'opposait, a été renversé en devant; et c'est par trois ou quatre coups de sabre que la tête a été enfin séparée du tronc : on a vu avec horreur cette *hacherie*, s'il est permis de créer ce terme. — En Alle-

---

(1) Voyez le décret du 30 avril (28 et)—13 mai 1791, et les notes.

magne, les exécuteurs sont plus expérimentés par la fréquence de ces sortes d'expéditions, principalement parce que les personnes du sexe féminin, de quelque condition qu'elles soient, ne subissent point d'autres supplices; cependant, la parfaite exécution manque souvent, malgré la précaution, en certains lieux, de fixer le patient assis dans un fauteuil.— En Danemarck, il y a deux positions et deux instrumens pour décapiter. L'exécution qu'on pourrait appeler *honorifique*, se fait avec un sabre; le criminel, à genoux, a un bandeau sur les yeux, et ses mains sont libres. Si le supplice doit être infamant, le patient lié est couché sur le ventre, et on lui coupe la tête avec une hache. — Personne n'ignore que les instrumens tranchans n'ont que peu ou point d'effet lorsqu'ils frappent perpendiculairement; en les examinant au microscope, on voit qu'ils ne sont que des scies plus ou moins fines qu'il faut faire agir en glissant sur le corps à diviser. On ne réussirait pas à décapiter d'un seul coup, avec une hache ou couperet dont le tranchant serait en ligne droite; mais avec un tranchant convexe, comme aux anciennes haches d'armes, le coup assené n'agit perpendiculairement qu'au milieu de la portion du cercle; mais l'instrument, en pénétrant dans la continuité des parties qu'il divise, a sur les côtés une action oblique en glissant, et atteint sûrement au but. — En considérant la structure du cou, dont la colonne vertébrale est le centre, composé de plusieurs os dont la connexion forme des enchevauchures, de manière qu'il n'y a pas de joint à chercher, il n'est pas possible d'être assuré d'une prompte et parfaite séparation, en la confiant à un agent susceptible de varier en adresse par des causes morales et physiques; il faut nécessairement, pour la certitude du procédé, qu'il dépende de moyens mécaniques invariables, dont on puisse également déterminer la force et l'effet. C'est le parti qu'on a pris en Angleterre : le corps du criminel est couché sur le ventre entre deux poteaux barrés par le haut par une traverse, d'où l'on fait tomber sur le cou la hache convexe au moyen d'une déclique. Le dos de l'instrument doit être assez fort et assez lourd pour agir efficacement comme le mouton qui sert à enfoncer des pilotis; on sait que sa force augmente en raison de la hauteur d'où il tombe. — Il est aisé de faire construire une pareille machine, dont l'effet est immanquable. La décapitation sera faite en un instant, suivant l'esprit et le vœu de la nouvelle loi; il sera facile d'en faire l'épreuve sur des cadavres, et même sur un mouton vivant. On verra s'il ne serait pas nécessaire de fixer la tête du patient par un croissant qui embrasserait le cou au niveau de la base du crâne; les cornes ou prolongemens de ce croissant pourraient être arrêtés par des clavettes sous l'échafaud : cet appareil, s'il paraît nécessaire, ne ferait aucune sensation et serait à peine aperçu. » *Signé* Louis, *secrétaire perpétuel de l'académie de chirurgie.*

N° 118. = 20—26 mars 1792. =Décret *concernant les contributions foncière et mobilière de 1791 et 1792.* (B., XXI, 72.)

21 mars 1792 : *Transports militaires,* voyez 13 du même mois; *Emprunts des pays d'états,* voyez 14 mars; *Officiers de ligne dans la garde nationale,* voyez 18 mars; *Faux assignats, Enrôlemens,* voyez 19 mars.

N° 119. = 22—25 mars 1792. = Décret *relatif à la vente des sels et tabacs nationaux.* (B., XXI, 83.)

23 mars 1792 : *Mines,* voyez 20 septembre 1791.

N° 120. = 25 mars 1792. = **Décret** *portant que les ministres quittant le ministère sont tenus de rendre leur compte de gestion dans la quinzaine de leur sortie.* (B., XXI, 92.)

25 mars 1792 : *Invalides de la marine*, voyez 19 du même mois; *Peine de mort*, voyez 20 mars; *Sels et tabacs nationaux*, voyez 22 mars.

26 mars 1792 : *Contributions de* 1791 *et* 1792, voyez 20 mars.

N° 121. = 28 mars—4 avril 1792. = **Décret** *relatif aux moyens d'apaiser les troubles des colonies.* (B., XXI, 99.)

L'assemblée nationale, considérant que les ennemis de la chose publique ont profité des germes de discorde qui se sont développés dans les colonies, pour les livrer au danger d'une subversion totale, en soulevant les ateliers, en désorganisant la force publique et en divisant les citoyens, dont les efforts réunis pouvaient seuls préserver leurs propriétés des horreurs du pillage et de l'incendie; — Que cet odieux complot paraît lié aux projets de conspiration qu'on a formés contre la nation française, et qui devaient éclater à-la-fois dans les deux hémisphères; — Considérant qu'elle a lieu d'espérer de l'amour de tous les colons pour leur patrie, qu'oubliant les causes de leur désunion et les torts respectifs qui en ont été la suite, ils se livreront sans réserve à la douceur d'une réunion franche et sincère, qui peut seule arrêter les troubles dont ils ont tous été également victimes, et les faire jouir des avantages d'une paix solide et durable, décrète qu'il y a urgence. — L'assemblée nationale reconnaît et déclare que les hommes de couleur et nègres libres doivent jouir, ainsi que les colons blancs, de l'égalité des droits politiques, et décrète ce qui suit :

Art. 1er. Immédiatement après la publication du présent décret, il sera procédé dans chacune des colonies françaises des Iles-du-Vent et sous-le-Vent, à la réélection des assemblées coloniales et des municipalités, dans les formes prescrites par le décret du 8 mars 1790, et l'instruction de l'assemblée nationale du 28 du même mois.

2. Les hommes de couleur et nègres libres seront admis à voter dans toutes les assemblées paroissiales, et seront éligibles à toutes les places, lorsqu'ils réuniront d'ailleurs les conditions prescrites par l'article 4 de l'instruction du 28 mars.

3. Il sera nommé, par le roi, des commissaires civils, au nombre de trois pour la colonie de Saint-Domingue, et de quatre pour les îles de la Martinique, de la Guadeloupe, de Sainte-Lucie, de Tabago et de Cayenne.

4. Ces commissaires sont autorisés à prononcer la suspension et même la dissolution des assemblées coloniales actuellement existantes, à prendre toutes les mesures nécessaires pour accélérer la convocation des assemblées paroissiales, et y entretenir l'union, l'ordre et la paix ; comme aussi à prononcer provisoirement, sauf le recours à l'assemblée nationale, sur toutes les questions qui pourront s'élever sur la régularité des convocations, la tenue des assemblées, la forme des élections et l'éligibilité des citoyens.

5. Ils sont également autorisés à prendre toutes les informations qu'ils pourront se procurer sur les auteurs des troubles de Saint-Domingue et leur continuation, si elle avait lieu; à s'assurer de la personne des coupables, à les mettre en état d'arrestation, et à les faire traduire en France pour y être mis en état d'accusation, en vertu d'un décret du corps législatif, s'il y a lieu.

6. Les commissaires civils seront tenus, à cet effet, d'adresser à l'assemblée nationale une expédition en forme des procès-verbaux qu'ils auront dressés et des déclarations qu'ils ayront reçues concernant lesdits prévenus.

7. L'assemblée nationale autorise les commissaires civils à requérir la force publique, toutes les fois qu'ils le jugeront convenable, soit pour leur propre sûreté, soit pour l'exécution des ordres qu'ils auront donnés, en vertu des précédens articles.

8. Le pouvoir exécutif est chargé de faire passer dans les colonies une force armée suffisante, composée en grande partie de gardes nationales.

9. Immédiatement après leur formation et leur installation, les assemblées coloniales émettront, au nom de chaque colonie, leur vœu particulier sur la constitution, la législation et l'administration qui conviennent à sa prospérité et au bonheur de ses habitans ; à la charge de se conformer aux principes généraux qui lient les colonies à la métropole, et qui assurent la conservation de leurs intérêts respectifs, conformément à ce qui est prescrit par le décret du 8 mars 1790, et l'instruction du 28 du même mois.

10. Aussitôt que les colonies auront émis leur vœu, elles le feront parvenir sans délai au corps législatif. Elles nommeront aussi des représentans qui se réuniront à l'assemblée nationale, suivant le nombre proportionnel qui sera incessamment déterminé par l'assemblée nationale, d'après les bases que son comité colonial est chargé de lui présenter.

11. Le comité colonial est également chargé de présenter incessamment à l'assemblée nationale un projet de loi, pour assurer l'exécution des dispositions du présent décret dans les colonies asiatiques.

12. L'assemblée nationale, désirant venir au secours de la colonie de Saint-Domingue, met à la disposition du ministre de la marine une somme de six millions, pour y faire parvenir des subsistances, des matériaux de construction, des animaux et des instrumens aratoires.

13. Le ministre indiquera incessamment les moyens qu'il jugera les plus convenables pour l'emploi et le recouvrement de ces fonds, afin d'en assurer le remboursement à la métropole.

14. Les comités de législation, de commerce et des colonies, réunis, s'occuperont incessamment de la rédaction d'un projet de loi, pour assurer aux créanciers l'exercice de l'hypothèque sur les biens de leurs débiteurs dans toutes nos colonies.

15. Les officiers généraux, administrateurs ou ordonnateurs, et les commissaires civils qui ont été ou seront nommés, pour cette fois seulement, pour le rétablissement de l'ordre dans les colonies des Iles-du-Vent ou sous-le-Vent, particulièrement pour l'exécution du présent décret, ne pourront être choisis parmi les citoyens ayant des propriétés dans les colonies de l'Amérique.

16. Les décrets antérieurs concernant les colonies seront exécutés en tout ce qui n'est pas contraire aux dispositions du présent décret.

***

28 mars 1792 : *Passe-ports,* voyez 1ᵉʳ février 1792; *Biens de Saint-Lazare et autres ordres,* voyez 17 mars même mois.

***

N° 122. = 29 mars — 4 avril 1792. = **DÉCRET** *relatif à l'habillement des gardes nationales volontaires.* (B., XXI, 109.)

N° 123. ═ 30 mars—8 avril 1792. ═ DÉCRET *relatif aux biens des émigrés* (1).
(B., XXI, 114.)

Art. 1er. Les biens des Français émigrés et les revenus de ces biens sont affectés à l'indemnité due à la nation.

2. Toutes dispositions de propriété, d'usufruit et de revenus de ces biens, postérieures à la promulgation du décret du 9 février dernier, ainsi que toutes celles qui pourraient être faites par la suite, tant que lesdits biens demeureront sous la main de la nation, sont déclarées nulles.

3. Ces biens, tant meubles qu'immeubles, seront administrés, de même que les domaines nationaux, par les régisseurs de l'enregistrement, domaines et droits réunis, leurs commis et préposés, sous la surveillance des corps administratifs, d'après les règles prescrites par les décrets des 9 mars, 16 et 18 mai et 19 août 1791.

4. L'administration des meubles, effets mobiliers et actions, se bornera aux dispositions nécessaires pour leur conservation ; il en sera dressé des états ou inventaires sommaires par des commissaires nommés par les directoires de district, en présence de deux membres de la municipalité du lieu ; un double de ces inventaires sera déposé aux archives du chef-lieu du département.

5. Les personnes qui sont en possession actuelle de ces meubles, pourront y être conservées en se chargeant, au bas de l'inventaire, de les représenter à toute réquisition, et en donnant caution de la valeur. Dans le cas où personne ne se trouverait en possession des meubles ou préposé à leur garde par le propriétaire, comme aussi dans le cas où les possesseurs ou préposés refuseraient de s'en charger et de donner caution, les commissaires qui procéderont à l'inventaire pourront y établir des gardiens, ou pourvoir de toute autre manière à leur conservation, régie et mise en valeur.

6. Ne sont point sujets aux dispositions du présent décret, les biens des Français établis en pays étrangers avant le 1er juillet 1789 ; ceux dont l'absence est antérieure à la même époque, ceux qui ont une mission du gouvernement, leurs épouses, pères et mères domiciliés avec eux, les gens de mer, les négocians et leurs facteurs notoirement connus pour être dans l'usage de faire, à raison de leur commerce, des voyages chez l'étranger, ainsi que ceux qui justifieront par brevets, inscriptions, lettres d'apprentissage, qu'ils sont livrés à l'étude des sciences, arts ou métiers, et ceux qui ont été notoirement connus, avant leur départ, pour s'être consacrés à ces études, et ne s'être absentés que pour acquérir de nouvelles connaissances dans leur état.

7. Dans un mois, à compter de la promulgation du présent décret, chaque municipalité enverra au directoire de son district l'état des biens situés dans son territoire, appartenant à des personnes qu'elle ne connaîtra pas pour être actuellement domiciliées dans le département, ainsi que des rentes, prestations et autres redevances qui leur sont dues. Le directoire du district fera passer sur-le-champ ces états au département, avec son avis.

8. Le directoire du département, sur ces états, et d'après ses connaissances particulières, arrêtera définitivement, dans le mois suivant, la liste des biens qui devront être administrés conformément aux articles 3 et 4 ; il fera publier et afficher cette liste, dont il enverra une copie au ministre des

____

(1) Voyez le § III des notes sur le décret du 9—12 février 1792, qui prononce le séquestre des biens des émigrés : ce paragraphe résume toute la législation.

contributions, et une autre au commissaire régisseur des domaines natio-naux, qui seront tenus, aussitôt après la réception de cette liste, de prendre l'administration des biens y contenus.

9. Pour éviter, dans la confection de ces listes, toute erreur préjudiciable à des citoyens qui ne seraient pas sortis du royaume, les personnes qui ont des biens hors le département où elles font leur résidence actuelle, enverront au directoire du département de la situation de leurs biens, un certificat de la municipalité du lieu qu'elles habitent, visé par le directoire du district, qui constatera qu'elles résident actuellement et habituellement depuis six mois dans le royaume. Ce certificat, qui sera affiché dans la municipalité qui l'aura délivré, sera donné gratuitement par les municipalités ; mais le secrétaire desdites municipalités sera payé de son salaire par l'administration des domaines séquestrés, à raison de dix sous pour chaque certificat, compris le papier et le timbre.

10. Les officiers municipaux ou autres officiers préposés à cet effet, qui auraient délivré des certificats de résidence, sans s'être procuré l'attestation de deux citoyens actifs domiciliés, seront personnellement responsables des sommes qui auraient été touchées indûment en vertu desdits certificats.

11. Les citoyens qui auraient faussement attesté, devant les officiers préposés, la résidence d'un citoyen, seront assujétis à la même responsabilité, et, en outre, renvoyés aux tribunaux pour y être poursuivis, jugés et punis de la manière prescrite par les lois criminelles.

12. Les difficultés qui pourront s'élever sur le fait de l'absence ou sur l'administration des biens séquestrés, seront terminées par les directoires de département.

13. Les fermiers, locataires ou autres débiteurs des émigrés qui, à raison du séquestre, auront été forcés à des déplacemens, soit pour fournir des renseignemens, ou pour payer en des lieux où ils n'étaient pas tenus de se transporter, pourront retenir sur les sommes qu'ils verseront à la caisse du séquestre, leurs frais de voyage, et autres indemnités qui leur auront été allouées par un arrêté du directoire du district, homologué par celui du département.

14. Les débiteurs des émigrés, à quelque titre que ce puisse être, ne pourront se libérer valablement qu'en payant à la caisse du séquestre.

15. Les paiemens faits aux émigrés ou à leurs représentans depuis la promulgation du décret du 9 février, sont déclarés nuls, ainsi que les paiemens faits par anticipation avant l'échéance des termes portés aux titres de créance, à moins que la preuve de ces paiemens anticipés ne soit consignée dans le titre même, ou dans un autre acte dont la date soit légalement certaine.

16. Tous propriétaires de droits ou de biens indivis avec un émigré, pourront, s'ils sont eux-mêmes résidans en France, présenter leurs titres au directoire du district de la situation des biens ; et, sur son avis, le directoire du département réglera la portion qui leur appartiendra dans les revenus ; et, si les biens ne sont pas affermés, il sera procédé au bail de ces biens, suivant le mode prescrit pour la location des domaines nationaux.

17. Dans tous les cas, on laissera aux femmes, enfans, pères et mères des émigrés, la jouissance provisoire du logement où ils ont leur domicile habituel, et des meubles et effets mobiliers à leur usage qui s'y trouveront ; il sera néanmoins procédé à l'inventaire desdits meubles, lesquels, ainsi que la maison, demeureront affectés à l'indemnité.

18. Si lesdites femmes ou enfans, pères ou mères des émigrés sont dans le besoin, ils pourront en outre demander, sur les biens personnels de ces

émigrés, la distraction à leur profit d'une somme annuelle qui sera fixée par le directoire du département, sur l'avis du directoire du district du lieu du dernier domicile de l'émigré, et dont le *maximum* ne pourra excéder le quart du revenu net, toutes charges et contributions acquittées, de l'émigré, s'il n'y a qu'un réclamant, soit femme, enfant, père ou mère; le tiers s'ils sont plusieurs, jusqu'au nombre de quatre; la moitié, s'ils sont en plus grand nombre.

19. Les créanciers porteurs de titres authentiques antérieurs au 9 février dernier, les ouvriers et fournisseurs qui justifieront de travaux et fournitures faits pour les émigrés, avant la même époque, seront payés de leurs créances sur les revenus des biens des émigrés, échus avant ladite époque, en affirmant leur créance sincère et véritable devant le directoire du district du lieu où ils se trouveront; et, à l'égard des ouvriers et fournisseurs, après vérification et réglement par experts de leurs travaux et fournitures, sans préjudice du droit que conserveront ces créanciers de faire vendre les biens pour l'acquit de leurs créances, dans la forme ordinaire pour les meubles, et dans celle prescrite par l'article suivant pour les immeubles.

20. Lorsqu'un créancier résidant en France sera fondé, en vertu d'un titre authentique antérieur à la promulgation du décret du 9 février dernier, à faire vendre un immeuble appartenant à son débiteur émigré, il pourra, un mois après le commandement fait au dernier domicile connu du débiteur émigré, et dénoncé au procureur-général-syndic du département, provoquer d'abord l'estimation, et ensuite la vente de l'immeuble, dans la forme prescrite pour l'aliénation des domaines nationaux, en observant toutefois de faire publier chacune des affiches dans le lieu de la situation de l'immeuble, et dans celui du dernier domicile connu de l'émigré.

21. Le prix entier de l'immeuble, à la déduction des frais de vente qui seront réglés par le directoire de district, sera versé dans la caisse du séquestre avec les intérêts, à compter du jour de l'adjudication, dans quatre mois de la date de ladite adjudication.

22. Les ventes faites suivant les formes prescrites par l'article 20, purgeront toutes les hypothèques autres que l'hypothèque nationale; les droits des créanciers seront conservés par des oppositions formées entre les mains du conservateur des hypothèques, ou en celles des receveurs du droit d'enregistrement, antérieurement à l'adjudication définitive.

23. Les actes relatifs à ces ventes, non plus que ceux qui les précéderont et les suivront, ne jouiront d'aucune exemption de droit d'enregistrement, lods et ventes, ou autres exemptions attribuées aux actes qui ont pour objet l'aliénation des domaines nationaux, auxquels les biens des émigrés ne sont assimilés qu'en ce qui concerne seulement le mode d'aliénation.

24. Les émigrés qui sont rentrés en France depuis le 9 février dernier, et ceux qui rentreront dans le délai d'un mois après la promulgation du présent décret, seront réintégrés par les directoires de département dans la jouissance de leurs biens, sans qu'ils soient obligés de fournir le certificat exigé par l'article 9 ci-dessus, en payant les frais d'administration, l'année courante de leurs contributions foncière et mobilière, et toutes leurs contributions arriérées; et de plus, à titre d'indemnité, une somme double de leurs contributions foncière et mobilière pour la présente année. — La même indemnité sera due à la nation, et par elle exercée sur les droits successifs échus ou à échoir aux enfans de famille en état de porter les armes, qui ont émigré.

25. Ils seront en outre tenus de donner caution de la valeur d'une année de leur revenu; et, s'ils abandonnent de nouveau leur patrie avant que

le corps législatif ait proclamé que les dangers qui la menacent sont passés, l'année du revenu sera exigée de la caution, et les biens seront de nouveau mis en séquestre, nonobstant toutes ventes ou dispositions qu'ils en auraient pu faire avant de sortir du royaume, lesquelles sont dès à-présent déclarées nulles.

26. Les émigrés rentrés en France depuis le 9 février dernier, et ceux qui y rentreront dans le mois de la publication du présent décret, seront privés pendant deux ans de l'exercice du droit de citoyen actif : ceux qui y rentreront après ledit délai, seront privés pendant dix ans, à compter du jour de leur rentrée qui sera constatée par leur inscription dans les municipalités, de l'exercice du droit de citoyen actif et de toutes fonctions publiques.

27. Ceux desdits émigrés qui ne rentreront pas dans le délai fixé par l'article précédent, ne pourront obtenir la jouissance de leurs biens qu'après que l'indemnité nationale aura été arrêtée, répartie et payée.

28. Les autorités constituées et la force publique sont chargées de continuer de veiller à la conservation de toutes les propriétés qui forment le gage de l'indemnité due par les émigrés à la nation.

29. Le présent décret sera porté dans le jour à la sanction du roi.

————————

Nᵒ 124. == 31 mars (30 et)—4 avril 1792. == **DÉCRET** *relatif aux pensions, dons, traitemens, gratifications et secours, et aux formalités à observer pour s'en procurer le paiement.* (B., XXI, 124.)

Art. 1ᵉʳ. A l'avenir, il ne sera fait aucun paiement pour raison de dons, pensions, traitemens, gratifications ou secours, à quelque titre et pour quelque cause que ce soit, à aucun Français, à moins qu'il ne justifie d'un certificat expédié dans les formes prescrites, et constatant sa résidence sur le territoire français, pendant tout le temps qui se sera écoulé depuis l'époque du dernier paiement qui lui aura été fait, jusqu'à celle où il se représentera pour recevoir (1).

2. Tous les ci-devant pensionnaires, à quelque titre, pour quelque cause et sur quelques fonds que ce soit, qui prétendront à la conservation, rétablissement ou concession d'une pension, gratification ou secours, seront tenus d'adresser, d'ici au 1ᵉʳ juillet prochain exclusivement, au commissaire du roi directeur général de la liquidation, ou au ministre du département qui serait dans le cas de présenter les propositions du roi sur les pensions nouvelles à accorder, un certificat délivré par les officiers municipaux, visé par le directoire du district, constatant leur résidence depuis six mois sur le territoire français. Ce certificat contiendra les noms de baptême et de famille de celui qui le requerra, la date de sa naissance, et une énonciation sommaire de la pension dont il jouissait, ou des motifs qui lui en font demander une. — La présente disposition aura lieu également à l'égard de ceux dont les pensions ou secours ont été ou seront, d'ici au 1ᵉʳ juillet prochain, liquidés et décrétés.

3. Conformément au principe énoncé dans l'article précédent, il ne pourra être à l'avenir demandé ou accordé aucune pension ou secours, à quelque époque que ce soit, s'il n'est justifié, de la manière ci-dessus prescrite, de la résidence du pétitionnaire sur le territoire français, pendant les six premiers mois de l'année 1792.

————————

(1) Voyez, sur les certificats de résidence, les notes qui accompagnent le décret du 17—20 janvier 1792.

4. Seront éteintes et supprimées de fait, sans qu'il y ait lieu à les rétablir, recréer ni liquider, toutes les pensions, dons, gratifications, secours ou appointemens conservés, dont jouissaient ou pouvaient jouir ceux qui, à l'époque dudit jour 1er juillet prochain, n'auront pas adressé leur certificat de résidence dans la forme ci-dessus prescrite. — A cette époque, le commissaire du roi directeur général de la liquidation adressera à l'assemblée nationale, dans le plus court délai possible, le tableau des pensions ainsi éteintes et supprimées, en formant un relevé comparé des certificats de résidence à lui adressés, et des listes et registres des ci-devant pensionnaires, qu'il peut avoir entre les mains.

5. Seront applicables au présent décret les exceptions contenues au décret concernant le séquestre des biens des émigrés.

N° 125. = 1er avril 1792. = DÉCRET *relatif au remplacement des députés qui viendraient à décéder.* (B., XXI, 130.)

N° 126. = 1er—4 avril 1792. = DÉCRET *qui assujétit au timbre et à l'enregistrement les certificats d'emploi des expéditions et extraits délivrés par le bureau de comptabilité.* (B., XXI, 131.)

N° 127. = 3—4 avril 1792. = DÉCRET *relatif aux assignats de petite valeur.* (B., XXI, 138.)

N° 128. = 4 avril 1792. = DÉCRET *relatif à la démission des députés.* (B., XXI, 150.)

N° 129. = 4—4 avril 1792. = DÉCRET *qui augmente de cinquante millions la masse des assignats en circulation.* (B., XXI, 146.)

4 avril 1792 : *Troubles des colonies*, voyez 28 mars précédent; *Habillement des gardes nationales volontaires*, voyez 29 mars; *Pensions, traitemens, etc.*, voyez 31 mars; *Bureau de comptabilité*, voyez 1er avril même mois; *Assignats de petite valeur*, voyez 3 avril.

N° 130. = 5—11 avril 1792. = DÉCRET *relatif au paiement des sommes exigibles dues par les communautés ecclésiastiques ou laïques* (1). (B., XXI, 153.)

Art. 1er. Les directoires des départemens sont autorisés à liquider définitivement, sur l'avis de ceux des districts, et après vérification, les créances exigibles sur les corps et communautés religieuses séculiers et réguliers, même sur les corps et compagnies laïques supprimés, dont la nation doit acquitter les dettes qui auront pour cause les salaires d'ouvriers, fournitures de marchandises, ouvrages et autres objets également urgens, qui n'excéderaient pas la somme de trois cents livres.

2. Ils sont aussi autorisés à faire payer par les receveurs de district les sommes ainsi liquidées, au moyen des reconnaissances qu'ils délivreront, en, par les créanciers ou leurs fondés de pouvoirs, donnant quittance entre les mains du directoire du département, par acte sous signature privée ou devant notaire, et remettant les originaux de leurs titres et pièces, les certificats nécessaires pour constater qu'il n'y a pas d'opposition, et remplissant toutes les autres formalités auxquelles il n'est pas dérogé par le présent décret.

(1) Voyez le décret du 21 septembre—14 octobre 1791, relatif à la liquidation des dettes actives et passives de ces communautés, et les notes.

3. Les directoires de département sont chargés de faire parvenir tous les mois au commissaire-liquidateur les pièces sur lesquelles ils auront fait les liquidations définitives, dont il leur sera fourni un reçu, ainsi que les bordereaux des sommes qui auront été payées, pour qu'il fasse opérer incessamment le remboursement.

N° 131. = 7—13 avril 1792. = **Décret** *relatif aux deux compagnies de gendarmerie nationale destinées pour le service des tribunaux et la garde des prisons.* (B., XXI, 176.)

N° 132. = 7—18 avril 1792. = **Décret** *relatif aux employés comptables supprimés.* (B., XXI, 165.)

8 avril 1792 : *Biens des émigrés*, voyez 30 mars 1792.

N° 133. = 9—15 avril 1792. = **Décret** *relatif aux vivres et fourrages de l'armée.* (B., XXI, 181.)

Les vivres et fourrages de l'armée seront mis en régie au compte de la nation, pendant tout le temps que pourront durer les approvisionnemens de campagne : le ministre de la guerre est autorisé à en régler les conditions, qu'il fera connaître au corps législatif quand elles seront arrêtées ; et, dans la quinzaine suivante, elles seront rendues publiques par la voie de l'impression.

N° 134. = 10 (7 et)—15 avril 1792. = **Décret** *relatif au jugement des procédures criminelles portées au tribunal de cassation.* (B., XXI, 187.)

Art. 1er. Tous actes de procédures criminelles, de quelque nature qu'ils soient, et tous jugemens et ordonnances dans les procès criminels, seront faits et expédiés sur papier libre, et l'enregistrement, dans le cas où il y aura lieu à la formalité, en sera fait sans frais.

2. Lorsqu'un accusé condamné par le tribunal criminel aura déclaré, dans le délai prescrit par la loi (1), qu'il entend se pourvoir en cassation, il sera tenu de remettre sa requête en la forme indiquée par la loi et par l'instruction sur les jurés, dans le délai de huit jours.—Le commissaire du roi, aussitôt qu'il aura reçu cette requête, l'adressera au ministre de la justice ; il lui enverra en même temps une copie du jugement, en papier libre, signée du greffier du tribunal criminel, et les procédures sur lesquelles ce jugement sera intervenu. Le ministre de la justice transmettra ces pièces au tribunal de cassation, au plus tard dans les vingt-quatre heures de leur réception.

3. Il en sera de même pour les demandes en cassation des jugemens qui seront rendus par les tribunaux de district, dans les cas où ils jugent suivant les anciennes formes ; les commissaires du roi seront tenus, en ce cas, de dresser les expéditions des procédures criminelles qui auront été envoyées des tribunaux de première instance, sans que les greffiers des tribunaux d'appel puissent faire de secondes expéditions à l'occasion des demandes en cassation.

4. Les requêtes en cassation pourront être signées par le conseil de l'accusé, s'il ne sait signer ; et à défaut de conseil, en ce cas le greffier attestera au bas de la requête que l'accusé a déclaré ne savoir signer (2).

---

(1) Trois jours.—Voyez la loi du 16—29 septembre 1791, art. 15 du tit. VIII, 2e partie ; et le Code du 3 brumaire an 4 (25 octobre 1795), art. 440.

(2) Voyez sur la procédure devant la cour de cassation, en matière criminelle, la loi du 16—29 septembre 1791, art. 15 précité et suiv.; le Cod. du 3 brumaire an 4, art. 447 et suiv., et les notes ; et le Cod. inst. crim. de 1808, art. 417 et suiv.

5. La section de cassation statuera sur les requêtes en cassation dans les affaires criminelles, et prononcera de suite la cassation, s'il y a lieu, des procédures et jugemens, sans qu'il soit besoin de jugement préalable pour admettre les requêtes.

6. Le décret du 27 novembre—1er décembre 1790 sur l'institution du tribunal de cassation, et le décret et l'instruction sur les jurés (1), seront au surplus exécutés, en ce qui n'est pas contraire au présent décret.

7. Les jugemens rendus par le tribunal de cassation, lorsqu'ils rejetteront les requêtes en cassation en matière criminelle, seront délivrés dans les trois jours au commissaire du roi, par simple extrait signé du greffier et sur papier libre ; cet extrait sera adressé au ministre de la justice, qui l'enverra aussitôt au commissaire du roi près le tribunal criminel, chargé de faire exécuter les jugemens de condamnation.

8. Le greffier du tribunal de cassation délivrera, sans frais et sur papier libre, au commissaire du roi du tribunal de cassation, tous les jugemens rendus sur ses réquisitoires, ou dont il est chargé de poursuivre l'exécution.

9. Les frais de service du tribunal de cassation pour concierge, feu, lumière et autres, sont fixés à cinq mille livres annuellement.

10. Les huit huissiers du tribunal de cassation auront chacun quinze cents livres de traitement.

11. Il sera payé cette année au greffier du même tribunal, pour indemnité des commis qu'il a dû employer, le double de son traitement fixe.

12. Les six concierges des tribunaux criminels provisoires de Paris auront chacun pour traitement huit cents livres par an.

13. Les traitemens et frais de service ci-dessus décrétés auront lieu du jour de l'installation des tribunaux.

N° 135.= 10—15 avril 1792.= **DÉCRET** *relatif aux commissaires ordonnateurs des guerres* (2). (B., XXI, 191.)

Art. 1er. Le roi nommera, parmi les commissaires ordonnateurs des guerres, ceux qu'il jugera les plus propres à remplir ces fonctions, sans égard à leur ancienneté ; et dans le cas où l'on emploierait dans l'armée des commissaires des guerres plus anciens que le commissaire ordonnateur en chef, ils lui seront subordonnés tant qu'ils y seront employés.

2. Les commissaires ordonnateurs chargés en chef des détails de l'administration de l'armée en campagne, ne recevront d'autre traitement extraordinaire que celui qui se trouve leur être fixé, relativement à leur rang dans l'armée, par le décret des 17 et 27 février derniers, concernant le traitement de l'armée en campagne ; mais il leur sera tenu compte, sur les dépenses extraordinaires de la guerre, des frais de leurs bureaux, d'après les états certifiés qu'ils en fourniront, et auxquels ils joindront toutes les pièces à l'appui.

N° 136.= 10—15 avril 1792. = **DÉCRET** *relatif au mode de nomination et de remplacement des emplois militaires.* (B., XXI, 193.)

Art. 1er. La nomination à tous les emplois de sous-lieutenans dans les régimens d'infanterie de ligne et de troupes à cheval, ainsi que dans les bataillons d'infanterie de troupes légères, sera faite jusqu'au 1er octobre pro-

---

(1) C'est celui du 16—29 septembre 1791.
(2) Voyez, sur la nomination et sur les fonctions des commissaires ordonnateurs des guerres, le tit. II du décret du 20 septembre—14 octobre 1791, et les notes.

chain exclusivement, conformément aux dispositions des articles, 3, 4, 5, 6 et 7 du décret du 29 novembre 1791.

2. Tous les emplois de lieutenans vacans et qui viendront à vaquer, seront à l'avenir remplis, dans chaque régiment d'infanterie et de troupes à cheval, ainsi que dans les bataillons d'infanterie légère, par les premiers sous-lieutenans desdits régimens ou bataillons.

3. Les emplois de capitaines vacans et qui viendront à vaquer dans chaque régiment d'infanterie de ligne et dans chaque bataillon d'infanterie légère, seront à l'avenir remplis par les premiers lieutenans desdits régimens ou bataillons.

4. Dans les troupes à cheval, sur trois compagnies vacantes deux seront remplies par les plus anciens lieutenans du régiment dans lequel elles vaqueront; la troisieme sera déférée ou à un capitaine réformé par les décrets de l'assemblée nationale, ou à un capitaine de remplacement, ou à un capitaine dit de réforme.

5. Les capitaines de remplacement ne concourront pour la troisième compagnie, que lorsque les capitaines réformés par les décrets de l'assemblée nationale seront tous en activité; et les capitaines dits de réforme, que lorsque les capitaines dits de remplacement auront tous été employés. On suivra, pour les nominations, le rang d'ancienneté de commission de capitaine.

6. A compter du jour de la publication du présent décret, l'avancement au grade de colonel et de lieutenant-colonel pour les places destinées à l'ancienneté aura lieu, en temps de paix, sur toute l'arme, par rang de date du premier brevet ou première lettre d'officier; cependant nul ne pourra y être promu, s'il n'a deux ans révolus de service actif dans la même arme, en qualité de lieutenant-colonel pour devenir colonel, et de capitaine pour devenir lieutenant-colonel.

7. Si, au moment de la promulgation du présent décret, les lieutenans d'un régiment ne suffisaient pas à remplir le nombre des compagnies vacantes dans ledit régiment, ou si les sous-lieutenans ne suffisaient pas au remplacement des lieutenans, l'excédant des compagnies et des lieutenances serait rempli par des officiers réformés ou de remplacement, qui jouiraient d'une pension ou d'un traitement de réforme, et qui auraient produit les certificats de civisme et de service dans la garde nationale, exigés par les articles 5, 6 et 7 du décret du 29 novembre 1791.

8. Le ministre de la guerre mettra, le 1er de chaque mois, sous les yeux de l'assemblée nationale, l'état nominatif de tous les officiers qui ont abandonné leurs régimens sans congé ou démission, avec désignation du corps où ils servaient, du grade qu'ils occupaient et de l'époque de leur désertion. — Le ministre joindra à ce premier tableau l'état nominatif de tous les citoyens qui auront été promus par le pouvoir exécutif au grade de sous-lieutenant ainsi qu'à ceux de lieutenant ou de capitaine, qui n'y seront point parvenus par rang d'ancienneté. — Le ministre de la guerre adressera au corps législatif, immédiatement après la promulgation du présent décret, tous les certificats qu'en vertu de l'article 7 du décret du 29 novembre 1791, ont dû produire les citoyens qui, depuis le 1er octobre, ont été promus au grade de sous-lieutenant : il adressera de même, dans les huit premiers jours de chaque mois, à l'assemblée nationale, les certificats qu'auront produits les citoyens qui auront été, pendant le mois précédent, élevés au grade de sous-lieutenant.

9. L'armée ne devant être composée que d'officiers et de soldats, il ne sera admis à la suite des régimens aucun citoyen qui ne soit compris dans l'une ou l'autre de ces deux classes de militaires; et nul ne pourra porter l'un des uniformes des régimens de l'armée, s'il n'y est employé en l'une ou l'autre desdites qualités.

10. Sont exceptés des dispositions du présent décret les remplacemens à faire dans le corps de l'artillerie et du génie.

11 avril 1792 : Sommes dues par les communautés, voyez 5 du même mois.

13 avril 1792 : Gendarmerie pour le service des tribunaux, voyez 7 du même mois.

N° 137. = 14 avril (29 décembre 1791 et) — 20 avril 1792. = **Décret** *contenant la déclaration des motifs qui déterminent les résolutions de la France, et l'exposition des principes qui dirigeront sa conduite dans l'exercice du droit de la guerre.* (B., XXI, 206.)

N° 138. = 14—22 avril 1792. = **Décret** *relatif à la fabrication de la monnaie provenant du métal des cloches.* (B., XXI, 208.)

N° 139. = 14— 29 avril 1792. = **Décret** *relatif à l'organisation de la gendarmerie nationale* (1). (B., XXI, 214.)

N° 140. = 15 — 20 avril 1792. = **Décret** *relatif au traitement des employés des eaux et forêts.* (B., XXI, 229.)

15 avril 1792 : Avocats aux conseils, voyez 21 septembre 1791; *Vivres et fourrages de l'armée*, voyez 9 avril même mois; *Tribunal de cassation, Emplois militaires, Commissaires ordonnateurs des guerres*, voyez 10 avril.

N° 141. = 17—29 avril 1792. = **Décret** *qui augmente le corps de l'artillerie.* (B., XXI, 232.)

N° 142. = 18—20 avril 1792. = **Décret** *relatif à l'exportation des cotons en laine et en graine.* (B., XXI, 241.)

N° 143. = 18—22 avril 1792. = **Décret** *relatif au brûlement des anciens drapeaux, étendards et guidons.* (B., XXI, 240.)

18 avril 1792 : Employés comptables supprimés, voyez 7 avril.

N° 144. = 20 — 20 avril 1792. = **Décret** *portant déclaration de guerre contre le roi de Hongrie et de Bohême.* (B., XXI, 250.)

L'assemblée nationale, délibérant sur la proposition formelle du roi; considérant que la cour de Vienne, au mépris des traités, n'a cessé d'accorder une protection ouverte aux Français rebelles; qu'elle a provoqué et formé un concert avec plusieurs puissances de l'Europe, contre l'indépendance et la sûreté de la nation française; — Que *François Ier*, roi de Hongrie et de Bohême, a, par ses notes des 18 mars et 7 avril derniers, refusé de renoncer à ce concert; — Que, malgré la proposition qui lui a été faite par la note du 11 mars 1792, de réduire de part et d'autre à l'état de paix les

---

(1) Abrogé par la loi du 28 germinal an 6 (17 avril 1798), art. 235.—Voyez cette loi et les notes.

Voyez aussi la note qui accompagne le titre de la loi du 16 janvier (22, 23, 24 décembre 1790 et)—16 février 1791.

troupes sur les frontières, il a continué et augmenté des préparatifs hostiles; —Qu'il a formellement attenté à la souveraineté de la nation française, en déclarant vouloir soutenir les prétentions des princes allemands possessionnés en France, auxquels la nation française n'a cessé d'offrir des indemnités; — Qu'il a cherché à diviser les citoyens français, et à les armer les uns contre les autres, en offrant aux mécontens un appui dans le concert des puissances; — Considérant, enfin, que le refus de répondre aux dernières dépêches du roi des Français, ne laisse plus d'espoir d'obtenir, par la voie d'une négociation amicale, le redressement de ces différens griefs, et équivaut à une déclaration de guerre, — Décrète qu'il y a urgence. — L'assemblée nationale déclare que la nation française, fidèle aux principes consacrés par sa constitution, *de n'entreprendre aucune guerre dans la vue de faire des conquêtes, et de n'employer jamais ses forces contre la liberté d'aucun peuple*, ne prend les armes que pour le maintien de sa liberté et de son indépendance; — Que la guerre qu'elle est forcée de soutenir, n'est point une guerre de nation à nation, mais la juste défense d'un peuple libre, contre l'injuste agression d'un roi; — Que les Français ne confondront jamais leurs frères avec leurs véritables ennemis; qu'ils ne négligeront rien pour adoucir le fléau de la guerre, pour ménager et conserver les propriétés, et pour faire retomber sur ceux-là seuls qui se ligueront contre sa liberté, tous les malheurs inséparables de la guerre; — Qu'elle adopte d'avance tous les étrangers qui, abjurant la cause de ses ennemis, viendront se ranger sous ses drapeaux et consacrer leurs efforts à la défense de sa liberté; qu'elle favorisera même, par tous les moyens qui sont en son pouvoir, leur établissement en France. — Délibérant sur la proposition formelle du roi, et après avoir décrété l'urgence, décrète la guerre contre le roi de Hongrie et de Bohême.

---

20 avril 1792 : *Déclaration sur le droit de guerre*, voyez 14 du même mois; *Employés des eaux et forêts*, voyez 15 avril; *Exportation des cotons*, voyez 18 avril.

---

22 avril 1792 : *Monnaie provenant des cloches*, voyez 14 du même mois; *Anciens drapeaux*, voyez 18 avr.l.

N° 145. = 23—27 avril 1792. — **DÉCRET** *qui accorde une augmentation de fourrages aux officiers qui entreront en campagne.* (B., XXI, 258.)

N° 146. = 24 — 29 avril 1792. = **DÉCRET** *relatif à la solde des gens de guerre.* (B., XXI, 258.)

N° 147. = 25 avril 1792 (an 4 de la liberté). = **DÉCLARATION** *de guerre.* (L., VIII, 466.)

De la part du roi des Français, au nom de la nation, — La guerre est déclarée au roi de Hongrie et de Bohême.

N° 148. = 25—27 avril 1792. = **DÉCRET** *relatif à la formation d'une compagnie de guides pour chacune des armées.* (B., XXI, 263.)

N° 149. = 25—29 avril 1792. = **DÉCRET** *qui proroge le délai accordé aux acquéreurs de biens nationaux par le décret du 14 mai 1790.* (B., XXI, 262.)

L'assemblée nationale, voulant donner aux acquéreurs des biens nationaux qui restent encore à vendre, les mêmes facilités pour le paiement qu'aux précédens acquéreurs, et considérant que le terme pour user de la faculté accordée par le décret du 14 mai 1790, expire au 1er mai 1792, décrète que le terme du 1er mai 1792, fixé par le décret des 3 et 8—15 décembre dernier aux acquéreurs de biens nationaux, pour jouir de la faculté accordée pour leur paiement par l'article 5 du titre III du décret du 14 mai 1790, sera prorogé jusqu'au 1er janvier 1793, mais seulement pour les biens ruraux, bâtimens et emplacemens vacans dans les villes, maisons d'habitation et bâtimens en dépendant, quelque part qu'ils soient situés ; les bois et usines demeurant formellement exceptés de cette faveur. — Passé le 1er janvier 1793, les paiemens seront faits dans les termes et de la manière prescrits par les articles 3, 4 et 5 du décret du 3 novembre 1790.

N° 150. = 26—29 avril 1792. = **DÉCRET** *relatif au transport des convois militaires* (1). (B., XXI, 266.)

N° 151. = 26—29 avril 1792. = **DÉCRET** *relatif à l'acceptation des offres faites de remettre au trésor public du numéraire pour des assignats.* (B., XXI, 270.)

N° 152. = 26 avril—1er mai 1792. = **DÉCRET** *relatif aux secours provisoires à accorder à des maisons religieuses.* (B., XXI, 269.)

N° 153. = 27—29 avril 1792. = **DÉCRET** *relatif à la formation des légions.* (B., XXI, 281.)

N° 154. = 27 avril—1er mai 1792. = **DÉCRET** *portant qu'il y aura un payeur général et un contrôleur des dépenses attachés à chacune des armées du Nord.* (B., XXI, 274.)

N° 155. = 27 avril—1er mai 1792. = **DÉCRET** *relatif aux officiers-généraux et aides-de-camp de l'armée.* (B., XXI, 276.)

N° 156. = 27 avril—1er mai 1792. = **DÉCRET** *relatif à la remise des titres de créances sur l'état.* (B., XXI, 287.)

N° 157. = 27 avril (21 et)—5 mai 1792. = **DÉCRET** *relatif aux hôpitaux sédentaires et ambulans, pour le service des armées* (2). (B., XXI, 277.)

Art. 1er. Lors des rassemblemens de troupes, il sera établi à leur suite des hôpitaux sédentaires et des hôpitaux ambulans, où les militaires de tous les grades, et, en général, tous les citoyens attachés auxdites troupes pour leur service et leur utilité, seront admis et traités aux frais de l'état, lorsqu'ils se-

---

(1) Voyez, *supra*, le décret du 13—21 mars 1792, sur le même objet, et les notes.

(2) Voyez le décret du 19— 21 septembre même année, relatif au service des hôpitaux militaires ; celui du 11—13 novembre suivant, sur le service des hôpitaux ambulans ; celui du 13—17 pluviose an 2 (1er—5 février 1794), qui détermine les formalités à remplir par les militaires avant leur entrée dans les hôpitaux ; celui du 3—16 ventose an 2 (21 février—6 mars 1794), qui règle le service de santé des armées et des hôpitaux militaires ; la loi du 19 ventose an 3 (9 mars 1795), qui organise des comités de surveillance des hôpitaux militaires fixes et ambulans; l'arrêté du 4 frimaire an 9 (25 novembre 1800), concernant les fonctions des membres des conseils d'administration des hôpitaux militaires ; celui du 16 frimaire an 11 (7 décembre 1802), qui supprime les hôpitaux militaires de l'intérieur ; l'ordonnance du 21 octobre — 3 novembre 1814, qui supprime le directoire central des hôpitaux militaires ; celle du 20 décembre 1815,

ront malades ou blessés, sous la seule déduction d'une retenue qui sera réglée ci-après.

2. Le service desdits hôpitaux ne pourra être donné en entreprise, et sera
mis en régie au compte de la nation.

3. Le pouvoir exécutif fera les dispositions convenables pour que ces établissemens ne laissent rien à désirer pour les secours à donner aux malades,
la sûreté du service, et l'ordre à établir dans les dépenses ; il rendra compte
au corps législatif des mesures qu'il aura prises en conséquence.

4. Les retenues à exercer, pour chaque journée de malade, demeureront
fixées ainsi qu'il suit (1) ; savoir : — Pour les commandans en chef et les
lieutenans-généraux, 6 livres ; — Les maréchaux-de-camp, 5 livres.

*Infanterie des troupes de ligne, troupes à cheval, corps de l'artillerie et du génie, et état-ma-
jor de l'armée.*

Pour les colonels, 4 livres ; les lieutenans-colonels, 3 livres ; les capitaines,
2 livres ; les lieutenans et sous-lieutenans 1 livre, 5 sous. — Pour les sous-
officiers et soldats des troupes de ligne, de quelque arme qu'ils soient, leur
solde ; à la réserve des deniers de poche, et de ce qui leur est retenu habituellement pour le linge et chaussure.

Bataillons de gardes nationaux volontaires.

Pour les lieutenans-colonels, 2 livres 5 sous ; capitaines, 1 livre 10 sous ;
lieutenans et sous-lieutenans, 1 livre 5 sous ; sergens, 10 sous ; caporaux, 8
sous ; soldats 6 sous.

Employés et autres personnes à la suite de l'armée.

Pour les employés qui jouiront de 2,000 livres d'appointemens et au-delà,
3 livres ; pour ceux qui auront 1,200 livres et moins de 2,000 livres, 2 livres
10 sous ; pour ceux qui auront 800 livres d'appointemens et moins de 1,200
livres, 1 livre 10 sous ; pour les employés ayant moins de 800 livres d'appointemens, ainsi que pour les vivandiers et les domestiques, 1 livre.

27 avril 1792 : *Fourrages accordés aux officiers*, voyez 23 du même mois ; *Compagnie des
guides*, voyez 25 avril.

N° 158. = 28 avril—1er mai 1792.= **DÉCRET** *relatif à la suspension provisoire
de l'organisation de la garde nationale.* (B., XXI, 289.)

29 avril 1792 : *Gendarmerie nationale*, voyez 14 du même mois ; *Artillerie*, voyez 17 avril ;
Prorogation du délai accordé aux acquéreurs de biens nationaux, voyez 25 avril ; *Echange
au trésor public de numéraire et d'assignats*, *Transports des convois militaires*, voyez 26
avril ; *Formation des légions*, voyez 27 avril.

N° 159. = 30 avril—1er mai 1792. = **DÉCRET** *relatif au paiement des dépenses publiques de 1792.* (B., XXI, 291.)

---

qui supprime les inspecteurs des hôpitaux militaires de l'intérieur ; et celle du 10—23 janvier 1816,
qui crée un conseil de santé militaire.

Le mode de nomination, l'avancement, les fonctions et le traitement des officiers de santé
forment une matière à part.

(1) Voyez le décret du 27 mai—20 juin 1793, portant qu'il ne peut être exercé aucune retenue sur le décompte des militaires convalescens ; celui du 22—24 juin même année qui ordonne
le paiement de la solde des militaires blessés ; l'arrêté du 7 messidor an 9 (26 juin 1801), relatif
aux dépenses, aux décomptes et aux retenues des militaires malades, admis dans les hospices civils ;
et celui du 13 nivose an 10 (3 janvier 1802), sur le même objet.

N° 160. = 30 avril—1er mai 1792. = DÉCRET *relatif à une nouvelle fabrication d'assignats.* (B., XXI, 294.)

N° 161. = 30 avril—6 mai 1792. = DÉCRET *relatif à la formation d'un canal de navigation depuis Sommevoire jusqu'à la rivière d'Aube.* (B., XXI, 292.)

L'assemblée nationale, après avoir entendu le rapport qui lui a été fait, au nom de son comité d'agriculture, de la demande de *Jacques-Antoine Mourgue*, citoyen français, demeurant à Paris, tant en son nom qu'en celui de sa compagnie, de construire à leurs frais et aux conditions consignées dans leur soumission du 12 avril 1790, un canal de navigation qui prendra sa naissance au lieu de Sommevoire, dans le département de la Haute-Marne, et viendra aboutir dans la rivière d'Aube, au confluent de la rivière de Voire dans celle de l'Aube, un peu au dessus du lieu de Magnicourt, district d'Arcis, département de l'Aube; de faire les travaux nécessaires pour faciliter la navigation de l'Aube, de Magnicourt à Arcis; de construire des écluses à Arcis, Plancy et Anglure, pour éviter les passages dangereux des pertuis placés à ces trois endroits, décrète ce qui suit : — Il sera ouvert un canal de navigation qui prendra sa naissance au lieu de Sommevoire, dans les départemens de l'Aube et de la Haute-Marne, et viendra aboutir dans la rivière d'Aube, au confluent de la rivière de Voire dans celle de l'Aube, un peu au dessus du lieu de Magnicourt, district d'Arcis, département de l'Aube; et il sera construit des écluses à Arcis, Plancy et Anglure, pour éviter les passages dangereux des pertuis placés à ces trois endroits. Les berges, levées, contre-fossés, écluses, ponts et bacs nécessaires, seront construits conformément aux plans qui seront déposés au comité d'agriculture.—L'assemblée statuera définitivement sur les diverses dispositions du projet de décret de son comité d'agriculture, d'après les devis ultérieurs des déblaiemens à faire et chaussées à établir, qui seront constatés par les ingénieurs des départemens de la Haute-Marne et de l'Aube, en présence des commissaires des corps administratifs, et approuvés par le comité central des ponts et chaussées.

N° 162. = 30 avril—16 mai 1792. = DÉCRET *relatif à la conservation de l'Hôtel des Invalides, à son organisation et administration* (1). (B., XXI, 297.)

TITRE Ier.

Art. 1er. L'établissement connu sous le nom d'*Hôtel des Invalides*, es

—————

(1) Avant ce décret, l'assemblée constituante s'était déjà occupée des invalides : parmi les différentes mesures qu'elle avait prises à ce sujet, il n'y a d'intéressant à citer que le décret du 28 mars—17 avril 1791, par lequel elle avait fixé les conditions d'admission à l'Hôtel des Invalides, la pension de retraite des officiers et soldats qui voudraient le quitter, et supprimé l'état-major de l'Hôtel; et celui du 30 avril (28 et) — 13 mai suivant, qui ouvrait cet asile aux marins blessés, ou âgés et indigens.

Voyez le décret du 12 janvier 1793, qui admet provisoirement à l'Hôtel des Invalides, les gardes nationaux et soldats des troupes de ligne qui reviennent des armées avec des blessures ou des infirmités; celui du 6—12 février suivant, qui fixe les secours à accorder aux invalides que leur santé oblige de quitter l'Hôtel; celui du 15—19 mars même année, qui fixe le traitement auquel ont droit les invalides admis provisoirement; ceux des 30 mai—8 juin et 27—29 juin même année, qui déterminent le nombre des places disponibles dans l'Hôtel; celui du 18—24 juillet suivant, relatif aux brevets de l'Hôtel des Invalides, ou de la pension qui les représente, accordés aux troupes de la marine; celui du 4 fructidor an 2 (21 août 1794), qui augmente la pension des invalides qui se retireront de l'Hôtel; la loi du 16 frimaire an 3 (6 décembre 1794), qui permet

conservé sous la dénomination d'*Hôtel national des militaires invalides.*
— 2. Il ne sera désormais reçu à l'hôtel national des militaires invalides, que des officiers, sous-officiers et soldats qui auront été estropiés, ou qui auront atteint l'âge de caducité étant sous les armes, au service tant de terre que de mer.

3. Les officiers, sous-officiers et soldats, tant de terre que de mer, qui, ayant été jugés admissibles à l'hôtel national des militaires invalides, aimeront mieux se retirer dans leurs familles ou dans quelque autre partie de l'empire, obtiendront des pensions destinées à représenter le traitement de l'hôtel; lesdites pensions seront proportionnées aux grades qu'ils occuperont, et leur seront payées ainsi qu'il sera dit article 14 et suivans du présent décret.

4. Sont dès à-présent admissibles à l'hôtel ou aux pensions destinées à le représenter, — 1° Les invalides actuellement retirés à l'hôtel; — 2° Les gendarmes retirés dans l'hospice militaire de Lunéville; — 3° Les invalides formant les compagnies détachées; —4° les invalides retirés dans les départemens; — 5° Les sous-officiers ou soldats qui ont obtenu la récompense militaire; — 6° Ceux qui ont obtenu le brevet de vétéran de l'armée; — 7° Ceux qui ont obtenu la pension de retraite désignée par le mot *solde*; — 8° Enfin, ceux qui ont obtenu la pension de retraite connue sous le nom de *demi-solde.*

. 5. Il sera annuellement, en vertu d'un décret du corps législatif, versé par la trésorerie nationale, dans la caisse de l'hôtel national des militaires invalides, la somme qui sera jugée nécessaire à l'entretien des édifices de l'hôtel, à la subsistance, à l'habillement et à l'équipement des invalides qui y seront

---

aux sous-officiers et volontaires invalides, qui ont été ou qui seront employés à la défense des frontières, de cumuler pension et traitement ; celle du 28 ventôse an 6 (18 mars 1798), qui fixe les dépenses de l'Hôtel des Invalides et le mode de leur paiement ; l'arrêté du 9 frimaire an 7 (29 novembre 1798), sur le paiement des pensions représentatives de l'Hôtel des Invalides; celui du 3 fructidor an 8 (21 août 1800), qui porte des peines contre les invalides qui disposent des effets que l'état leur distribue pour leur usage; et celui du 7 du même mois (25 août 1800), qui établit quatre succursales de l'Hôtel des Invalides, dans les départemens.

Voyez aussi l'arrêté du 19 frimaire an 9 (10 décembre 1800), qui fixe les règles d'admission à l'Hôtel des Invalides; celui du 8 germinal suivant (29 mars 1801), qui détermine la police et l'administration des succursales; celui du 13 floréal même année (3 mai 1801), concernant l'emploi et la remise à qui de droit du mobilier des invalides décédés; celui du 10 germinal an 11 (31 mars 1803), qui détermine le mode de paiement des créances sur les militaires invalides; le décret du 25 mars 1811, concernant la dotation et l'administration de l'Hôtel des Invalides; celui du 10 avril suivant, qui fixe les retenues à faire sur les soldes de retraite en faveur de cet hôtel; et celui du 22 décembre 1812, qui détermine le mode d'exécution de celui du 25 mars 1811.

Voyez encore l'ordonnance du 12—22 septembre 1814, qui détermine le mode d'administration de l'Hôtel des Invalides, et qui supprime les succursales; celle du 12—17 décembre même année, qui rétablit les dotations spéciales de cet Hôtel ; celle du 16—22 décembre même mois, qui maintient la succursale d'Avignon; celles des 13—20 mai, et 23—26 septembre 1815, relatives à l'administration de la caisse des invalides; celle du 10—27 janvier 1816, concernant la dotation et l'administration de l'Hôtel ; celle du 4—27 mai 1820, qui met cette administration en rapport avec l'institution du corps des intendans militaires; celle du 24 novembre—13 décembre 1824, qui soumet, pour l'avenir, les budgets annuels des recettes et dépenses de l'Hôtel des Invalides à la vérification du ministre de la guerre.

Voyez enfin l'ordonnance du 16 octobre—4 décembre 1830, qui réduit les dépenses de l'Hôtel; celle du 10 mars—17 mai 1832, qui organise le conseil d'administration, gérant de l'Hôtel des Invalides; celle du 1er—17 mai suivant, qui supprime la dotation des invalides; celle du même jour, concernant le mode de nomination à certains emplois dans l'Hôtel, et dans la succursale d'Avignon; celle du 16 mai—11 juin même année, qui attribue aux officiers en retraite, exclusivement, les emplois militaires à l'Hôtel des Invalides, celui de gouverneur excepté; celle du 25 mai—25 juin même année, concernant les successions des militaires décédés à l'Hôtel, et celle du 23 janvier—1er février 1833, sur le même objet.

Quant *aux invalides de la marine*, voyez le décret du 30 avril (28 et)—13 mai 1791, et les notes.

retirés, aux frais de l'administration générale de cet établissement, et à l'acquittement des pensions destinées à le représenter.

6. La somme qui, en vertu de l'article 5, aura été fixée par le corps législatif pour l'hôtel national des militaires invalides, ne sera susceptible d'aucune espèce de retenue; elle sera payée d'avance, mois par mois, en douze paiemens égaux.

7. Le nombre des militaires qui seront admis à l'hôtel, sera annuellement fixé par le corps législatif : il sera, pour l'année 1792, porté à trois cents places d'officiers, et à dix-sept cents pour les sous-officiers ou soldats.

8. Le nombre des pensions destinées à représenter le traitement de l'hôtel, sera fixé chaque année par le corps législatif, d'après les besoins de l'armée et le compte que lui rendra le ministre chargé de cet établissement. — Dans aucune circonstance, les militaires qui les auront obtenues ne pourront en être privés, les réductions ne devant jamais être exercées que dans le cas de vacance. — Pour l'année 1792, le nombre des pensions sera fixé à deux mille. — En exécution de l'article 5 du présent décret, il sera versé par la trésorerie nationale, pour l'année 1792, une somme de deux millions dans la caisse de l'hôtel national des militaires invalides.

9. Il sera, pendant la paix, constamment réservé cent places et cent pensions destinées aux officiers, sous-officiers ou soldats que des événemens imprévus forceraient à quitter le service.

10. Les officiers, sous-officiers ou soldats qui auront été admis à l'hôtel national des militaires invalides, auront toujours la liberté d'en sortir; ils jouiront alors des pensions fixées par l'article 14 du présent décret.

11. Les officiers, sous-officiers ou soldats qui, ayant été jugés admissibles à l'hôtel, auront opté pour la pension destinée à le représenter, auront toujours la faculté d'y rentrer; mais ils concourront pour cet objet avec le reste des officiers, sous-officiers et soldats.

12. Les officiers, sous-officiers et soldats qui auront été jugés admissibles à l'hôtel ou à la pension qui le représente, seront conduits à l'hôtel ou dans le lieu qu'ils auront choisi pour leur retraite, aux dépens de la caisse des invalides. Il en sera de même de ceux qui, après être entrés à l'hôtel, demanderont à jouir de la pension, et enfin de ceux qui, ayant opté pour la pension, obtiendront d'entrer à l'hôtel.

13. Les officiers, sous-officiers et soldats qui, après avoir été admis à l'hôtel national des militaires invalides, et en être sortis pour jouir de la pension, demanderont à y rentrer, pourront en obtenir l'agrément; mais ils s'y rendront à leurs frais. Ceux qui, après avoir opté pour la pension, auront obtenu d'entrer à l'hôtel, et demanderont néanmoins de nouveau à jouir de la pension qui le représente, voyageront de même à leurs frais.

14. Les pensions destinées à représenter l'hôtel seront, pour les colonels, dix-huit cents livres; pour les lieutenans-colonels, douze cents livres; pour les commandans de bataillon, mille livres; pour les capitaines, huit cents livres; pour les lieutenans, sous-lieutenans et porte-drapeau, six cents livres; pour les maréchaux-des-logis en chef et sergens-majors, quatre cent vingt-deux livres trois sous quatre deniers; pour les sous-officiers, trois cents livres dix sous; pour les soldats, deux cent quarante livres.

15. Les invalides admis à l'hôtel ou à la pension, n'obtiendront, dans aucun cas, après leur admission, une pension ou un traitement plus fort que celui du grade auquel ils étaient élevés au moment de leur admission.

16. Les pensions destinées à représenter l'hôtel seront payées mois par mois, toujours d'avance, sans aucune espèce de retenue, aux dépens dudit

établissement, et à la diligence de ses administrateurs, par le receveur du district dans lequel le pensionnaire fera sa résidence. — L'administration de l'hôtel présentera au corps législatif les moyens d'exécution du présent article, pour en obtenir l'approbation.

17. Tout paiement fait par anticipation à un invalide pensionné, sera regardé comme non avenu.

18. Les trois quarts des pensions, destinées à représenter l'hôtel, seront insaisissables, même pour fourniture d'alimens.

19. L'assemblée nationale confie les invalides pensionnés aux soins paternels de tous les fonctionnaires publics, et particulièrement à ceux des officiers municipaux et des procureurs des communes.

20. Immédiatement après la réception du présent décret, le directoire du département de Paris, s'occupera de la formation du tableau général des officiers, sous-officiers et soldats qui devront être admis à l'hôtel national des militaires invalides, ou à la pension destinée à le représenter. Il se conformera, dans la composition de ce tableau, aux dispositions des articles suivans.

21. Seront d'abord admis à l'hôtel ou à la pension qui le représente, — 1° Tous les invalides qui étaient retirés à l'hôtel à l'époque du 28 mars 1791 ; — 2° Les gendarmes retirés dans l'hospice militaire de Lunéville ; — 3° Les invalides formant les compagnies détachées qui seront réformés ; — 4° Les invalides formant les compagnies détachées qui seront dans le cas prévu par l'article 2 du présent décret ; — 5° Les officiers, sous-officiers et soldats, tant dans les troupes de ligne et gardes nationales volontaires, que dans les troupes et gens de mer, qui se trouveront dans le cas prévu par ledit article 2 ; — 6° Les invalides retirés dans les départemens ; — 7° Les sous-officiers et soldats qui se sont retirés avec la récompense militaire ou le brevet de vétéran ; — 8° Les sous-officiers et soldats qui se sont retirés avec la solde ; — 9° Les sous-officiers et soldats qui se sont retirés avec la demi-solde, lesquels se trouveront dans le cas prévu par l'article 2 du présent décret. — On observera d'accorder la préférence aux plus âgés de ceux qui auront été mutilés à la guerre, jusqu'au dernier ; ensuite par rang d'ancienneté de service, en préférant, à égalité de service, ceux qui seront les plus âgés. — Les invalides qui ont été admis à l'hôtel depuis l'époque du 28 mars 1791, n'y seront conservés que s'ils réunissent les conditions prescrites par le décret dudit jour ; dans le cas contraire, ils rentreront dans la classe dont ils faisaient partie à ladite époque du 28 mars, et ils ne concourront, pour être de nouveau admis à l'hôtel, qu'avec les militaires de la classe dans laquelle ils se trouvaient.

22. Pour mettre le directoire du département de Paris à portée de composer ce tableau, les ministres de la guerre et de la marine adresseront à ce corps administratif, quinze jours après la proclamation du présent décret, l'état de tous les officiers, sous-officiers et soldats actuellement en activité de service, et celui de tous les autres militaires qui, conformément au présent décret, seront dans le cas d'être admis à l'hôtel, ou à la pension qui le représente.

23. Les états que les ministres de la guerre et de la marine adresseront au directoire du département de Paris, seront conformes aux modèles annexés au présent décret, et appuyés sur les pièces justificatives mentionnées dans l'article 34. — Pour accélérer et assurer encore davantage la confection du tableau des invalides, l'administration de l'hôtel remettra, immédiatement après la publication du présent décret, les contrôles de l'hôtel au directoire du département.

24. Le directoire du département de Paris ne portera, ainsi qu'il est prescrit articles 7 et 8, le tableau général de l'année 1792, qu'à quatre mille places, y compris les pensions représentant l'hôtel; mais il y joindra un état, rédigé dans le même ordre, de cinq cents militaires destinés à occuper les places qui vaqueront dans le cours de l'année. Les suppléans entreront en jouissance, au plus tard, un mois après la vacance de la place ou de la pension.

25. Avant de former l'état particulier des invalides qui devront être admis à l'hôtel, et de ceux qui jouiront de la pension, le directoire du département s'assurera du vœu de chacun d'eux; et pour cela, il leur adressera une invitation d'opter entre l'hôtel et la pension.

26. Tout invalide qui n'aura pas fait connaître son vœu dans l'espace d'un mois, à dater du jour de l'invitation, sera censé avoir préféré la pension.

27. Six semaines après le départ des invitations d'opter, le directoire du département dressera l'état définitif des invalides qui devront habiter l'hôtel, et de ceux qui jouiront de la pension.

28. Si le nombre des invalides qui désireront habiter l'hôtel, est plus grand que celui des places à donner, le directoire choisira parmi eux, et donnera la préférence à ceux qui, par leur âge, leurs infirmités, leurs blessures et leur isolement social, mériteront le plus d'obtenir les places de l'hôtel.

29. Si le nombre des invalides qui désireront habiter l'hôtel est moins grand que celui des places à donner, lesdites places resteront vacantes, et il leur sera de suite substitué un nombre au moins égal de pensions.—Il en sera usé de même toutes les fois qu'un invalide habitant à l'hôtel aura demandé par écrit, et huit jours d'avance, l'agrément, qui jamais ne pourra lui être refusé, d'aller jouir de sa pension.

30. Dès que la liste que le directoire du département de Paris aura dressée en vertu du présent décret, aura été approuvée par le corps législatif, elle sera rendue publique par la voie de l'impression, et trois exemplaires en seront adressés, par les soins du ministre de l'intérieur, à chaque district du royaume, par l'intermédiaire de leurs départemens respectifs. Cette liste contiendra tous les détails qui auront été fournis au directoire par les ministres de la guerre et de la marine, et par l'administration de l'hôtel, et sera rédigée conformément au modèle prescrit par l'article 23.—L'impression de ladite liste sera faite aux dépens de l'administration de l'hôtel.

31. Le directoire du département de Paris formera de même chaque année, dans le cours du mois de décembre, sur la présentation de l'administration de l'hôtel, une liste semblable qui sera mise sous les yeux du corps législatif par le ministre chargé de l'hôtel des invalides.

32. Une des listes que le directoire du département de Paris aura fait passer à chaque district de l'empire, sera, à la diligence du procureur-syndic du district, successivement adressée à chaque municipalité de son territoire, et y restera déposée pendant un mois, afin que tous les citoyens, et surtout tous les militaires qui pourraient avoir des prétentions à l'hôtel ou à la pension, puissent juger de la validité de leurs droits. — Ceux qui se croiront lésés, ou qui penseront avoir des réclamations à faire, les adresseront à leurs municipalités, qui, après avoir délibéré sur les faits exposés, les feront passer au directoire du département par l'intermédiaire du district. Le directoire du département les adressera, avec son avis, à l'administration générale de l'hôtel.

33. Les officiers, sous-officiers et soldats invalides, actuellement retirés dans les départemens, les sous-officiers et soldats qui, ayant obtenu la récompense militaire, la solde, la demi-solde ou la vétérance, se croiront fon-

dés à être admis à l'hôtel ou à la pension destinée à le représenter, adresseront leurs demandes à leurs municipalités respectives, qui les feront parvenir, ainsi qu'il est dit article 32, au directoire de leurs départemens, par l'intermédiaire des directoires de district. — Les directoires de département rédigeront la demande des militaires, dans la forme prescrite par l'article 23, et joindront à l'appui toutes les pièces justificatives qu'on leur aura fournies. — Lesdits états et pièces justificatives seront à l'avenir adressés à l'administration de l'hôtel, avant l'époque du 1ᵉʳ décembre de chaque année.

34. Le ministre de la guerre et celui de la marine adresseront chaque année, et le 1ᵉʳ décembre au plus tard, à l'administration de l'hôtel, un état visé et signé par eux, des officiers, sous-officiers et soldats qu'ils jugeront devoir être admis à l'hôtel. Cet état sera rédigé de la même manière que celui qui est prescrit article 23 du présent décret. — A cet état seront jointes les pièces suivantes : — 1° Le mémoire de l'officier, sous-officier ou soldat, dans lequel il fera connaître son âge, le nombre de ses années de service, le grade dans lequel il sert, les campagnes qu'il a faites, les blessures qu'il a reçues, les infirmités dont il est affecté. Il y exposera encore l'objet de sa demande, et les motifs sur lesquels elle est fondée ; — 2° L'avis des officiers de la compagnie sur cette demande ; — 3° L'avis des officiers de santé du régiment et de l'hôpital militaire ; — 4° L'avis du conseil d'administration ; — 5° Le vu du commissaire des guerres ; — 6° L'approbation de l'officier-général chargé de l'inspection. — Ces différens avis ou certificats seront mis au bas du mémoire, et dans l'ordre ci-dessus indiqué.

35. Si les faits énoncés dans les pièces mentionnées article 34, sont reconnus et constatés ou faux ou exagérés, les personnes qui auront signé lesdits certificats en seront personnellement et solidairement responsables. En conséquence, outre la punition de discipline qui leur sera infligée en vertu des ordres du ministre de la guerre, ils seront condamnés, à la diligence de l'administration de l'hôtel, à verser dans la caisse dudit hôtel, et pendant la vie entière du militaire pensionné, une somme égale à la pension qui lui aura été indûment attribuée. Les signataires desdits certificats contribueront au paiement de cette pension, au prorata de leurs appointemens.

36. L'état s'étant, par l'article 5 du présent décret, chargé de pourvoir à l'entretien et à la subsistance des invalides, ainsi qu'au paiement des pensions, les indemnités dont jouissait l'hôtel des invalides sur les fermes générales sont supprimées ; il en est de même des pensions d'oblat. Les deux millions placés sur l'état sont censés acquittés ; les terrains ci-devant en location au profit de l'hôtel sont déclarés nationaux, et seront vendus ou loués comme tels, en observant néanmoins de conserver tous ceux qui pourront contribuer à l'agrément ou à la salubrité de l'hôtel.

37. Toutes les pensions qui étaient ci-devant payées par la caisse des invalides, le seront à l'avenir sur les fonds destinés aux pensions. Il en sera de même de toutes les retraites accordées à l'état-major des invalides, et aux agens de l'administration qui ne seront point conservés dans leurs fonctions. — Il ne pourra à l'avenir, et sous aucun prétexte, être accordé aux agens de l'administration aucune espèce de pension de retraite sur les fonds de l'hôtel, et nul ne pourra en tirer un traitement plus fort que celui qui aura été fixé par les décrets du corps législatif.

38. L'état-major de l'hôtel des invalides, supprimé par le décret du 28 mars 1791, et qui a continué ses fonctions jusqu'à ce jour, continuera d'être payé du traitement dont il jouissait, jusqu'au jour où le conseil d'administration tiendra sa première session.

39. Il sera accordé auxdits officiers des retraites dont la valeur sera déterminée, tant en conséquence du traitement dont ils jouissent, que de l'ancienneté de leurs services. On prendra pour base le décret du 3 août 1790, relatif aux pensions, et celui du 1er juillet, relatif à la conservation et au classement des places de guerre. — L'hôtel des invalides sera considéré comme ayant fait partie des places de première ligne.

40. Les officiers de santé actuellement en activité de service, et qui seront conservés par l'administration de l'hôtel, jouiront du même traitement dont ils jouissent actuellement ; quant à ceux qui les remplaceront, leur traitement sera fixé par le conseil.

41. Les officiers de santé de l'hôtel qui demanderont ou obtiendront leur retraite, recevront une pension proportionnée au traitement dont ils jouissent et à l'ancienneté de leurs services : on prendra pour base les ordonnances relatives aux pensions de retraite des officiers de santé des hôpitaux militaires.

42. Si d'anciens officiers de l'état-major de l'hôtel, ou des officiers de santé dudit hôtel, ou des agens de son administration, ou enfin des citoyens employés dans les armées, avaient légalement obtenu pour retraite ou supplément de retraite, un logement dans l'hôtel des invalides, ils obtiendront une indemnité en argent. Cette indemnité sera fixée par l'assemblée nationale, d'après le rapport du commissaire du roi liquidateur général.

43. Tous les agens actuels de l'administration de l'hôtel videront, dans le délai d'un mois après la promulgation du présent décret, les logemens qu'ils occupent dans ledit hôtel. — Nul des citoyens employés à l'avenir à l'administration de l'hôtel, ne logera dans son intérieur ou dans les bâtimens qui en dépendront, qu'en vertu des décrets du corps législatif. — Les citoyens employés à l'administration de l'hôtel, et qui y seront logés en vertu des décrets du corps législatif, n'occuperont que le nombre de pièces qui sera fixé par les administrateurs de l'hôtel, et ce nombre sera réduit au pur et absolu nécessaire. — Le directoire du département de Paris s'occupera sans délai à faire dresser un état et un plan général des logemens, et à faire, dans l'intérieur de l'hôtel, les réparations et distributions, qui pourront contribuer à rendre les logemens des soldats plus commodes, plus sains et plus agréables.

44. Aucun des citoyens employés à l'administration de l'hôtel ne pourra, sous aucun prétexte, s'attribuer ni obtenir un jardin ou portion des jardins appartenant à l'hôtel. — Les jardins actuellement cultivés seront, ainsi que les cours et les terrains vacans, susceptibles d'être mis en culture, divisés en petits carreaux, et distribués par le sort entre les officiers, sous-officiers et soldats résidant à l'hôtel. — Les officiers, sous-officiers et soldats qui jouissent actuellement de jardins ou portions de jardins, seront maintenus en possession, pendant tout le temps qu'ils résideront à l'hôtel. — Les invalides pourront, dans tous les temps, disposer de leurs jardins en faveur de ceux de leurs camarades retirés à l'hôtel qu'ils voudront choisir ; mais, dans aucun cas, nul individu ne pourra en conserver deux. — L'administration de l'hôtel rédigera les réglemens qu'elle jugera nécessaires pour l'exécution du présent article.

45. Les invalides demeurant à l'hôtel recevront, pour leurs menus besoins, indépendamment des fournitures ordinaires, les pensions suivantes : — Les colonels, cinquante livres par mois ; les lieutenans-colonels, trente livres ; les commandans de bataillon, vingt-quatre livres ; les capitaines, seize livres ; les lieutenans, douze livres ; les maréchaux-des-logis en chef, huit livres ; les sous-officiers, six livres ; les soldats, cinq livres. — Ces pen-

sions seront payées chaque mois, en paiemens égaux, qui seront faits le
1er, le 8, le 15 et le 22 de chaque mois.

TITRE II. — De l'administration intérieure de l'hôtel.

SECTION Ire. — Du conseil d'administration.

Art. 1er. Les citoyens admis à l'hôtel des invalides ne seront tenus à aucune espèce d'exercice ni de service militaire ; chacun d'eux conservera
néanmoins, à l'instar des vétérans nationaux, un esponton pour arme.

2. A dater du jour de la publication du présent décret, l'hôtel des invalides fera partie du département du ministre de l'intérieur.

3. L'administration générale de l'hôtel sera confiée, sous la surveillance
du département de Paris, à un conseil électif qui sera composé ainsi qu'il
sera dit ci-après.

4. Les membres de l'administration générale de l'hôtel seront divisés en
deux sections; l'une connue sous le nom de *conseil général d'administration*,
et l'autre sous celui de *bureau administratif*.

5. Le conseil général d'administration sera composé de trente-six membres ; savoir, six notables de la commune de la ville de Paris, et trente militaires retirés à l'hôtel.

6. Il y aura de plus, dans l'administration de l'hôtel national des militaires invalides, un syndic d'administration ; il sera nommé ainsi qu'il sera
dit article 13.

7. Les notables de la commune de Paris seront élus par le conseil général
de ladite commune, au scrutin individuel et à la pluralité absolue des suffrages. Il en sera renouvelé trois chaque année, la première fois au sort, et
ensuite à tour d'ancienneté.

8. Les militaires résidant dans l'hôtel, qui devront, avec les membres de
la commune de Paris, former le conseil général de l'hôtel, seront élus par
tous les invalides, au scrutin individuel et à la pluralité absolue des suffrages.

9. Les assemblées que les invalides devront tenir pour élire leurs administrateurs, se formeront le premier lundi de chaque année ; tous les invalides résidant à l'hôtel auront le droit d'y voter. On suivra, pour les élections,
les formes prescrites pour les assemblées primaires.

10. Les conditions nécessaires pour être éligible, seront de résider dans
l'hôtel depuis un an, et de savoir lire et écrire.

11. Les administrateurs élus seront renouvelés par moitié tous les ans, la
première fois au sort, et ensuite à tour d'ancienneté.

12. Les administrateurs pourront être continués par une nouvelle élection ; mais ensuite ils ne pourront être réélus qu'après un intervalle de
deux ans.

13. Le syndic d'administration sera aussi nommé par les invalides, au
scrutin et à la pluralité absolue des suffrages. Il sera élu pour deux ans ; il
pourra être continué par une nouvelle élection ; mais ensuite il ne pourra
être réélu qu'après un intervalle de deux ans. — Le syndic d'administration
ne pourra être choisi que parmi les citoyens étrangers à l'hôtel ; il devra
réunir les conditions nécessaires pour être élu membre des corps administratifs.

14. Le conseil d'administration nommera, dès sa première séance, un
président et un vice-président : ils seront choisis au scrutin individuel et à la
pluralité absolue des suffrages, parmi les membres du conseil.

15. Le conseil nommera ensuite, au scrutin individuel et à la pluralité
absolue des suffrages, un économe de l'hôtel, un trésorier et un secrétaire. — Le premier sera élu pour quatre ans, les deux autres pour six :

les uns et les autres pourront être continués par de nouvelles élections. — L'économe, le trésorier et le secrétaire ne pourront être choisis que parmi les citoyens étrangers à l'hôtel : ils devront réunir les conditions nécessaires pour être élus membres des corps administratifs.

16. L'économe de l'hôtel fournira un cautionnement en immeubles, qui s'élèvera à la somme de quarante mille livres. — Le trésorier fournira un cautionnement aussi en immeubles, qui s'élèvera à la somme de deux cent cinquante mille livres. — Ces différens cautionnemens seront soumis aux mêmes formalités que les cautionnemens des receveurs de district ; ils seront vérifiés à la diligence du syndic d'administration.

17. Le traitement de l'économe sera de cinq mille livres, celui du trésorier de six mille livres, celui du secrétaire de deux mille livres : les uns et les autres seront logés dans l'hôtel.

18. Le conseil d'administration tiendra une séance le premier lundi de chaque mois, et plus souvent, s'il le juge convenable, ou s'il en est requis, soit par le bureau, soit par le syndic d'administration.

19. Le conseil fixera les règles de l'administration, ordonnera les dépenses, et prescrira les règles générales de police ; il recevra tous les mois les comptes du bureau, et vérifiera l'état des différentes caisses.

20. Le syndic d'administration assistera à toutes les séances du conseil et du bureau, mais sans voix délibérative ; il ne pourra être pris aucune délibération sans qu'il ait été entendu ; il fera toutes les réquisitions qu'il croira utiles. Ces réquisitions, sur lesquelles le conseil délibérera toujours, seront, si le syndic d'administration le demande, inscrites sur le registre des délibérations.

21. Le syndic d'administration sera chargé de suivre l'exécution de tous les arrêtés du conseil, de défendre les intérêts et de poursuivre les affaires de l'hôtel.

22. Le traitement du syndic d'administration sera de trois mille livres ; il sera logé à l'hôtel.

23. Le conseil nommera un de ses membres pour remplacer momentanément le syndic d'administration, en cas d'absence, de maladie ou autre empêchement.

24. Les délibérations du conseil ne pourront être mises à exécution, qu'autant qu'elles auront été revêtues de l'approbation du directoire du département de Paris, 1° quand il s'agira de faire des changemens au régime de l'administration générale de l'hôtel, ou aux réglemens de la police intérieure ; 2° de faire des achats autres que ceux nécessaires à la subsistance journalière des personnes qui doivent vivre à l'hôtel ; 3° d'augmenter ou de diminuer la quantité des alimens ; 4° d'augmenter ou de diminuer le nombre des agens salariés de l'administration ; 5° de faire faire des augmentations, des changemens ou des réparations aux édifices de l'hôtel ; 6° enfin, de statuer sur des objets étrangers à l'hôtel, tels que l'habillement et la solde des invalides et autres militaires qui, aux termes du présent décret, doivent être soldés par les soins de l'administration de l'hôtel.

25. Dans tous les cas prévus par l'article précédent, le syndic de l'administration sera tenu d'adresser, dans vingt-quatre heures, au directoire du département de Paris, une copie en forme de la délibération du conseil ; le directoire du département statuera, sous huitaine au plus tard, sur les objets contenus dans ladite délibération.

26. Toutes les fois que le directoire du département de Paris devra statuer sur les délibérations du conseil d'administration de l'hôtel, il préviendra ledit conseil du jour et de l'heure où il s'en occupera : le conseil pourra

charger deux de ses membres de se rendre au directoire, pour y faire connaître les motifs de sa détermination; ils y auront voix consultative.

27. Le syndic d'administration sera appelé au directoire du département, toutes les fois qu'il devra y être traité des objets relatifs à l'hôtel; il y sera entendu sur lesdits objets toutes les fois qu'il le demandera, ou lorsqu'il sera requis de donner des renseignemens.

28. Le syndic d'administration sera tenu de dénoncer au conseil général de l'hôtel tous les arrêtés que le bureau aura pris, et qui lui paraîtront outrepasser les pouvoirs délégués audit bureau, ou être contraires, soit aux lois, soit aux intérêts des administrés ou de la nation, soit aux arrêtés du conseil, soit à ceux du directoire du département.

29. Le syndic d'administration sera tenu de même de dénoncer au directoire du département de Paris, tous les arrêtés que le conseil de l'hôtel aura pris, et tous les ordres qu'il aura donnés, lorsqu'ils lui paraîtront outrepasser les pouvoirs délégués audit conseil, ou être contraires, soit aux lois, soit aux intérêts des administrés ou de la nation, soit aux arrêtés du département de Paris, ou aux ordres qu'il lui aura transmis.

30. Si le syndic d'administration négligeait de dénoncer au conseil de l'hôtel les arrêtés du bureau administratif, ou au directoire du département les arrêtés du conseil qui seront contraires, soit aux lois, soit aux intérêts des administrés ou de la nation, soit aux ordres ou arrêtés du directoire, le directoire pourra, sous sa responsabilité, après avoir entendu ledit syndic, le suspendre provisoirement de ses fonctions, mais à la charge d'en instruire aussitôt le pouvoir exécutif, lequel lèvera ou laissera subsister ladite suspension.

31. Lorsque le pouvoir exécutif laissera subsister la suspension prononcée par le directoire du département de Paris contre le syndic de l'administration, ledit directoire nommera, pour le remplacer, un commissaire pris parmi les membres du conseil de l'administration de l'hôtel

32. Lorsque le pouvoir exécutif laissera subsister la suspension prononcée par le directoire du département, il en instruira sur-le-champ le corps législatif, qui lèvera ou approuvera la suspension, ou renverra le syndic au tribunal criminel du département.

33. Le bureau et le conseil d'administration de l'hôtel seront d'ailleurs assujétis, envers le directoire du département de Paris, aux dispositions prescrites pour la subordination des districts envers les départemens, par l'article 25 et suivans du décret du 15 –27 mars 1791.

34. La fourniture des denrées nécessaires à la subsistance des invalides retirés à l'hôtel, telles que le pain, vin, viande, beurre, œufs, fromages, légumes secs, bois, charbon, chandelle, et de tous les autres objets qui en seront susceptibles, sera donnée à l'entreprise.—Il en sera de même de la fourniture des étoffes, toiles et autres objets nécessaires à l'habillement, à l'équipement et à l'entretien des invalides.—Ces adjudications seront faites au rabais par-devant le directoire du département de Paris, en présence du syndic de l'administration de l'hôtel, et de deux membres de l'administration : on suivra, pour ces adjudications, les dispositions des articles 7, 8 et 9 du titre II du décret du 20 septembre—14 octobre 1791.

35. Le secrétaire sera chargé de tenir registre de toutes les délibérations du conseil et du bureau administratif : il sera chargé, de plus, de tout ce qui est relatif aux archives.

36. Le trésorier ne fera aucun achat ni marché; il ne pourra, dans aucun cas, faire un paiement au dessus de cent livres, si le mandat de l'économe n'est visé par le président ou le vice-président du bureau adminis-

tratif. Tout mandat au dessus de trois cents livres devra être ordonnancé par le bureau administratif.

37. Le trésorier recevra de la trésorerie nationale, tous les fonds qui seront confiés par les décrets à l'administration de l'hôtel; il fera tous les paiemens d'après les mandats de l'économe de l'hôtel, visés ainsi qu'il est dit ci-dessus.

38. L'économe de l'hôtel sera chargé de tous les achats ; mais, dans aucun cas, il ne fera aucun paiement : ses comptes seront vérifiés sur pièces et registres, le lundi de chaque semaine, par le bureau administratif; ils seront visés par le conseil, le premier lundi de chaque mois, et définitivement arrêtés chaque année par le directoire du département de Paris.—Les marchés faits par l'économe, qui s'élèveront au dessus de trois cents livres, ne seront obligatoires que lorsqu'ils auront été approuvés par le bureau administratif.

39. L'économe et le trésorier seront entendus dans le conseil et dans le bureau, toutes les fois qu'ils le demanderont, sur les objets de leur administration, ou lorsqu'ils seront requis de donner des renseignemens : ils pourront, lorsque le conseil ou le bureau le jugeront convenable, être entendus sur des objets étrangers à ceux qui leur seront confiés.

40. Les séances du conseil et du bureau seront publiques. Toute délibération prise à huis clos sera nulle ; et les dépenses qui en auront résulté, seront à la charge du syndic de l'administration, s'il ne s'y est pas formellement opposé. Dans le cas d'opposition de la part du syndic de l'administration, elles seront à la charge des membres du conseil qui ne se seront point inscrits contre la délibération en refusant de la signer.

41. Le directoire du département de Paris vérifiera et arrêtera, chaque année, les comptes de recette et de dépense de l'hôtel, sur registres, journaux et pièces, et il prescrira les règles d'administration : nulle dépense extraordinaire ne pourra être faite sans son autorisation préalable.—Les comptes de recette et dépense de l'hôtel, seront, chaque année, rendus publics par la voie de l'impression, après qu'ils auront été définitivement arrêtés par le corps législatif.

SECTION II. — Du bureau administratif.

Art. 1er. Le bureau administratif de l'hôtel sera composé de trois des notables de la commune de Paris, membres du conseil d'administration, et de six militaires pris dans l'hôtel.—Le bureau nommera dans son sein un président et un vice-président.

2. Les membres du bureau seront élus, au scrutin individuel et à la pluralité absolue des suffrages, par le conseil d'administration et parmi ses membres.

3. Les fonctions du bureau seront : 1° De faire jouir les invalides des avantages attachés à la salubrité de l'air et à la propreté des édifices, cours, etc.; 2° De veiller sur la quantité, la qualité, la préparation et la distribution des alimens et des remèdes; 3° De faire donner aux malades, aux estropiés et aux infirmes, tous les soins que leur état exige et que l'humanité commande; 4° De surveiller les achats et toutes les consommations ; 5° De porter une attention particulière à l'achat des toiles et étoffes, et à la fabrication des habits et du linge; 6° D'empêcher les petites dégradations des édifices, et de prévenir les grandes par une continuelle surveillance; en un mot, de faire exécuter avec exactitude et ponctualité les lois et les réglemens, ainsi que les ordres donnés, soit par le directoire du département, soit par le conseil d'administration.

4. Le bureau distribuera entre ceux de ses membres pris dans l'hôtel, les différens détails d'administration, afin que chacun d'eux soit plus particu-

lièrement chargé d'une ou plusieurs parties, dont il sera personnellement responsable au bureau.

5. Le bureau s'assemblera les lundi et jeudi de chaque semaine; il s'assemblera plus souvent, s'il le juge convenable, s'il en est requis par le syndic de l'administration, ou si l'ordre lui en est donné par le conseil.

SECTION III.—Tribunal de conciliation.

Art. 1er. Toutes les contestations qui s'élèveront, dans l'hôtel des invalides, entre les militaires qui y sont retirés, seront portées en première instance par-devant un tribunal qui sera désigné par le nom de *tribunal de conciliation*.

2. Le tribunal de conciliation sera composé de trois notables de la commune de Paris, qui ne seront point membres du bureau administratif, et de six militaires qui habiteront dans l'hôtel.

3. Les six militaires qui devront composer le tribunal de conciliation, seront élus après les membres du conseil d'administration, par les mêmes électeurs, pour le même temps et de la même manière.

4. Le tribunal de conciliation nommera, au scrutin et parmi ses membres, un président et un vice-président.

5. Le tribunal de conciliation s'assemblera deux fois par semaine, les lundi et jeudi. — Le tribunal s'assemblera extraordinairement toutes les fois qu'il en sera requis par un des habitans de l'hôtel, ou par le syndic de l'administration.

6. Le tribunal de conciliation prononcera dans les affaires contentieuses, après avoir entendu les parties, pris les connaissances qu'il croira nécessaires, et entendu le syndic d'administration.

7. Toutes les fois qu'un habitant de l'hôtel aura contrevenu aux réglemens de police ou de discipline intérieure, il sera traduit devant le tribunal de conciliation, qui, après avoir entendu les témoins, fait vérifier les faits, et ouï le syndic d'administration, prononcera, 1° si la faute a été commise; 2d si le citoyen accusé en est coupable; 3° quelle est la peine que le coupable a encourue.

8. Les jugemens portés par le tribunal de conciliation seront exécutoires par provision, sauf l'appel, dans l'ordre prescrit ci-après.

9. L'appel de toutes les affaires contentieuses sera porté devant le tribunal de district dans l'arrondissement duquel l'hôtel des invalides est situé.—L'appel de toutes les contestations relatives à l'administration, sera porté devant le conseil administratif; il en sera de même des appels des jugemens contre les habitans de l'hôtel accusés d'avoir manqué aux réglemens de l'hôtel.

10. Le tribunal de conciliation renverra aux tribunaux compétens tous les coupables accusés d'actions placées par les lois du royaume au rang des délits ou crimes.

11. Le tribunal de conciliation ne pourra, sous aucun prétexte, connaître que comme arbitre, des affaires dans lesquelles un citoyen étranger à l'hôtel serait impliqué ou intéressé.

12. Toutes les fois qu'un habitant de l'hôtel aura des plaintes à porter contre l'un des membres du bureau, ou contre le bureau lui-même, en matière d'administration et de police, il se pourvoira par-devant le conseil d'administration.

13. Toutes les fois qu'un habitant de l'hôtel aura des plaintes à porter contre les membres du conseil, ou contre le conseil lui-même, en matière d'administration et de police, il se pourvoira par-devant le directoire

du département de Paris, qui prononcera définitivement et en dernier ressort.

SECTION IV. — De la formation des réglemens de police et d'administration intérieures, et de la réception des comptes des précédens administrateurs.

Art. 1er. L'assemblée nationale adressera au conseil d'administration de l'hôtel des invalides, immédiatement après sa formation, toutes les plaintes, pétitions et mémoires qui lui ont été envoyés, soit par les citoyens qui ont voulu concourir à la perfection de cet établissement, soit par les invalides qui ont porté des plaintes ou dénoncé des abus, soit par le ministre de la guerre.—Les précédens administrateurs de l'hôtel remettront de même au conseil, lors de la première session, tous les papiers, cartons, livres et registres relatifs à l'administration : les créanciers de l'hôtel lui feront parvenir, sous quinzaine, la note des sommes qu'ils ont à répéter.

2. Immédiatement après son organisation, le conseil procédera, par des commissaires pris dans son sein, à l'inventaire général des meubles, effets et denrées existant dans l'hôtel. Ces commissaires en fourniront leur récépissé aux anciens administrateurs, qui dès lors cesseront toutes les fonctions dont ils sont actuellement chargés.

3. L'une des premières fonctions du conseil sera de rédiger les réglemens qu'il jugera nécessaires. Il s'occupera principalement de la police intérieure, de l'ordre à établir dans la comptabilité, des détails de l'administration, de tous les objets, en un mot, qui pourront assurer aux citoyens retirés dans cet asile, la tranquillité et le sort agréable que la patrie leur doit et dont elle veut les faire jouir.—A mesure que le conseil statuera sur chacun des différens objets qui lui sont délégués, il adressera une copie en forme de sa délibération au département de Paris.

4. Le directoire du département de Paris, après avoir délibéré ainsi qu'il est prescrit par les articles 26 et 27 de la section Ire du titre II du présent décret, sur les projets de réglemens qui lui auront été présentés par le conseil d'administration de l'hôtel, les adressera au corps législatif avec son avis, aux fins d'être décrétés et présentés à la sanction du roi.

5. Dès que le conseil d'administration aura rédigé tous les réglemens nécessaires à l'hôtel, il s'occupera de la réception des comptes des précédens administrateurs. Ces comptes, lorsqu'ils auront été visés par le conseil, seront vérifiés par le directoire du département de Paris, et par lui adressés au corps législatif, pour être définitivement arrêtés.

6. Le conseil présentera de même chaque année au corps législatif, par l'intermédiaire du directoire du département de Paris, la note des changemens qu'il croira utiles, afin de conduire avec promptitude cet établissement au degré de perfection qu'il est susceptible d'atteindre.

TITRE III. — Compagnies de vétérans (1).

Art. 1er. Il sera formé un corps composé de cinq mille hommes, destiné à remplacer les compagnies d'invalides détachées.

2. Nul ne devant être admis dans ce corps avant d'avoir servi vingt-quatre

(1) Voyez, sur l'organisation, la composition, la solde et les récompenses de ces compagnies de vétérans, les décrets des 20—22 juillet, tit. II, 29 août—1er septembre 1792, 12—13 juillet 1793, 3 septembre suivant, 19 frimaire an 5 (9 décembre 1796), 16 fructidor an 5 (2 septembre 1797), 23 fructidor an 7 (9 septembre 1799), 4 germinal an 8 (25 mars 1800), 1er—11 floréal an 11 (21 avril—1er mai 1803), 26 prairial suivant (15 juin 1803), 30 nivose an 12 (21 janvier 1804), etc., etc.

ans et obtenu la vétérance militaire, les membres qui le composeront seront nommés *Vétérans nationaux*.

3. Le corps des vétérans sera divisé en cent compagnies de cinquante hommes chacune, y compris les officiers, sous-officiers et tambours.

4. Douze de ces compagnies seront uniquement formées d'officiers, sous-officiers et soldats qui auront servi dans l'artillerie; et les quatre-vingt-huit restantes, d'officiers, sous-officiers et soldats qui auront servi dans les autres corps de l'armée, sans que les militaires actuellement décorés du titre d'invalides ou qui auront obtenu la récompense militaire, solde ou demi-solde, soient tenus d'être décorés du signe de la vétérance.

5. Chacune de ces compagnies sera composée d'un capitaine, un lieutenant, un sergent-major, deux sergens, un caporal-fourrier, quatre caporaux, un tambour, trente-neuf fusiliers.—Total cinquante hommes.

6. Lors de la prochaine formation des compagnies de vétérans, on n'y admettra que des officiers, des sous-officiers et soldats actuellement employés dans les compagnies d'invalides détachées.—Dans le cas où les compagnies détachées ne pourraient fournir un nombre assez grand d'officiers, sous-officiers ou soldats, pour compléter le corps de vétérans, on y admettra des invalides retirés dans les départemens.

7. Pour compléter les compagnies de vétérans, on donnera la préférence aux officiers, sous-officiers et soldats les plus en état de servir. Le choix des hommes qui devront les composer, est confié au pouvoir exécutif, qui le fera d'après les états formés par les municipalités, et qui lui seront adressés avec les avis des districts, par l'intermédiaire des directoires de département.

8. Les places de capitaines seront données à des capitaines; celles de lieutenans à des lieutenans; celles de sergens-majors à des sous-officiers désignés par le nom de maréchaux-des-logis en chef, ou sergens-majors; celles de sergens à des sergens ou maréchaux-des-logis; et celles de caporaux à des caporaux ou brigadiers.

9. Les militaires qui seront compris dans les compagnies de vétérans, seront considérés comme en activité de service, et, en cette qualité, ils seront susceptibles d'obtenir les décorations militaires et les autres récompenses que la nation accorde aux défenseurs de la patrie.

10. Les vétérans, lorsqu'ils ne pourront plus continuer leur service, obtiendront, ou l'hôtel, s'ils doivent y être admis, ou leur pension de retraite sur le pied fixé par la loi du 3 août 1790. Tout militaire qui sera admis dans les compagnies de vétérans nationaux, aura l'hôtel ou sa retraite, du moment où il aura atteint sa soixantième année.

11. Les officiers, sous-officiers et soldats formant actuellement les compagnies d'invalides, se trouvant dans le cas prévu par l'article 11 du titre Ier du présent décret, et qui ne seront point compris dans la nouvelle formation de vétérans, seront, à leur choix, admis ou à l'hôtel des invalides, ou à la pension qui le représente.

12. Jusqu'au moment où tous les invalides retirés dans les départemens auront été appelés à l'hôtel ou à la pension qui le représente, ils concourront pour moitié dans les remplacemens à faire dans les compagnies de vétérans. Les sous-officiers et soldats qui ont obtenu la vétérance, la récompense militaire, la solde ou la demi-solde, concourront dans le même remplacement pour un quart, et l'armée pour l'autre quart. Du moment où les différentes classes de militaires seront épuisées, la totalité des remplacemens appartiendra à l'armée.

13. On n'occupera jamais, en entrant dans les compagnies de vétérans,

que le grade que l'on remplissait dans l'armée depuis deux ans au moins. Celui qui n'aura pas deux ans de service dans ce grade, ne sera employé que dans le grade inférieur. — Seront exceptés de la présente disposition les officiers ci-devant dits de fortune, lesquels pourront être employés dans un grade égal à celui qu'ils occupaient au moment de leur admission aux compagnies de vétérans.

14. La moitié des places d'officiers et sous-officiers qui, à l'avenir, deviendront vacantes, sera donnée dans chaque compagnie aux plus anciens officiers ou sous-officiers du grade inférieur; l'autre moitié sera donnée par le pouvoir exécutif, en suivant les formes prescrites par les articles 2 et 8 du présent titre, aux plus anciens des officiers et sous-officiers de l'armée qui auront été jugés devoir y être admis.

15. Nul militaire en activité ne sera admis dans les compagnies de vétérans, qu'il n'ait vingt-quatre ans de service révolus, et qu'il n'ait été reconnu dans l'impossibilité de continuer son service dans l'armée de ligne. Cette impossibilité sera constatée dans les formes et certifiée de la manière prescrite par les articles 34 et 35 du titre Ier du présent décret.

16. La solde des compagnies de canonniers sera réglée sur le pied du corps de l'artillerie; celle des compagnies de fusiliers le sera sur le pied de celle de l'infanterie; il en sera de même des masses d'habillement, de réparations, de boulangerie, de bois et lumière, et d'hôpitaux. Les appointemens des capitaines seront les mêmes que ceux des capitaines de la cinquième classe, et ceux des lieutenans, les mêmes que ceux des lieutenans de la seconde classe.

17. La totalité de la solde et des masses destinées aux compagnies de vétérans nationaux, sera versée chaque année par la trésorerie nationale, en douze paiemens égaux, entre les mains du ministre de la guerre; la totalité de cette somme sera répartie entre les différentes compagnies, et versée par le ministre de la guerre entre les mains des receveurs des districts dans lesquels ces compagnies seront en garnison.

18. Chaque compagnie sera administrée par un conseil composé de deux officiers, deux sous-officiers et deux soldats vétérans. Ce conseil sera présidé par un des membres du directoire du district; le procureur-syndic y assistera, et sera entendu sur toutes les affaires qui s'y traiteront. — Le secrétaire du district servira auprès de ce conseil, et en tiendra les registres. — Les deux sous-officiers et les deux soldats vétérans, membres du conseil, seront choisis chaque année par la compagnie entière, au scrutin individuel et à la pluralité absolue des suffrages. — Lorsque les sous-officiers ou vétérans élus seront absens ou malades, ils seront remplacés par ceux qui auront obtenu le plus de suffrages. — Lorsque les officiers membres du conseil seront absens ou malades, ils seront remplacés par les premiers des sous-officiers.

19. Ce conseil sera chargé de tout ce qui concerne la nourriture, l'habillement, l'équipement et le logement de la compagnie; il sera chargé encore de tout ce qui sera relatif à l'habillement, solde, demi-solde et récompense militaire, des invalides retirés dans le département. — Les réglemens de discipline et de police des vétérans nationaux seront proposés au corps législatif par le ministre de la guerre.

20. Les directoires des départemens vérifieront chaque année les comptes de l'administration des compagnies, et les adresseront au corps législatif pour être définitivement arrêtés.

21. Les compagnies de vétérans nationaux ne changeront de garnison, et ne sortiront de l'étendue du département dans lequel elles seront fixées, qu'en vertu d'un décret du corps législatif. Les commandans militaires pourront néanmoins, sur la réquisition des directoires des départemens voi-

sins, les transporter momentanément où la tranquillité publique l'exigera.

22. Les commandans militaires inspecteront les compagnies de vétérans au moins deux fois chaque année ; les commissaires des guerres les passeront en revue quatre fois par an ; et aux mêmes époques que les troupes de ligne.

23. Le commandant militaire fixera, de concert avec les corps administratifs, le service ordinaire des vétérans nationaux ; il l'établira de telle manière qu'ils ne montent jamais la garde plus d'une fois par semaine, et qu'ils ne fassent de patrouilles que lorsqu'ils seront de garde.

24. Cet ordre ne se a interverti que lorsque la tranquillité publique l'exigera, et d'après les réquisitions formelles du directoire de département.

25. Le logement sera fourni aux compagnies de vétérans, par les départemens dans lesquels elles seront en garnison.

26. Les invalides seront reçus dans les hôpitaux du lieu de leur résidence, au moyen de leur paie journalière.

27. Il sera placé une compagnie de vétérans nationaux dans chacun des chefs-lieux de département. — Les douze compagnies de canonniers seront répandues sur les côtes, et les cinq compagnies restantes seront placées là où le pouvoir exécutif le jugera convenable, en se conformant néanmoins aux dispositions des articles suivans.

28. Les compagnies détachées seront remplacées dans les villes et châteaux qu'elles gardent actuellement, et où il sera jugé nécessaire de tenir une garnison, par des détachemens de troupes de ligne fournis par les garnisons les plus voisines.

29. Les compagnies de canonniers seront placées sur les côtes et répandues dans les différens ports, de préférence dans les lieux où il n'y a point de troupes de ligne en garnison ; elles ne pourront néanmoins, hors le temps de guerre, être placées dans les forts ou châteaux bâtis dans la mer, tels que le château du Taureau, le Mont-Saint-Michel, Porquerolle, etc.

30. Les compagnies de canonniers vétérans nationaux seront administrées et régies de la même manière que les compagnies de fusiliers vétérans nationaux.

31. Chaque compagnie de vétérans nationaux sera désignée par un numéro différent, à commencer par le n° 1 : leur rang sera tiré au sort.

32. Les vétérans nationaux porteront l'habit national, veste et culotte bleues, boutons blancs, sur lesquels on lira ces mots : *Vétéran national.*

33. On placera, autant que faire se pourra, les vétérans nationaux dans les départemens pour lesquels ils opteront, ou dans lesquels ils auront pris naissance.

34. Conformément à l'article 58 du décret des 24 mai, 25, 27 et 30 juin, 2, 4, 5 et 8 juillet 1791, les officiers, sous-officiers et soldats formant les compagnies de vétérans, ne seront imposés aux rôles des contributions directes et personnelles dans leurs garnisons, qu'autant qu'elles seront en même temps le lieu de leur domicile ou de leurs propriétés, ou qu'ils y exerceront un métier, ou qu'ils y feront quelque commerce ou négoce.

35. Les vétérans nationaux jouiront, dans tout le royaume, des avantages accordés par l'article 34 de la section II du décret du 28 juillet 1791 ; mais ils ne pourront prétendre à être placés et appelés qu'immédiatement après les vétérans des gardes nationales du lieu.

36. Il sera donné par forme d'indemnité, lors du prochain changement de garnison, un demi-mois de solde à chacun des invalides formant les compagnies détachées ; un mois entier à ceux qui seront mariés et auront leur femme avec eux ; un mois et demi à ceux qui auront des enfans avec eux, et deux mois entiers à ceux qui auront plus de trois enfans avec eux.

37. Les officiers formant l'état-major de la compagnie d'invalides détachée à Versailles, obtiendront une pension de retraite proportionnée à leur grade et à leurs services ; on prendra pour base le décret du 3 août 1790. Les officiers de santé attachés à ladite compagnie, obtiendront une retraite proportionnée à leurs services ; on prendra pour base le traitement accordé par les ordonnances militaires aux officiers de santé attachés aux régimens.

38. Les officiers, sous-officiers ou soldats invalides, actuellement employés dans les compagnies détachées, qui, en passant dans les vétérans nationaux, éprouveraient une diminution d'appointemens ou de solde, conserveront celle dont ils jouissent aujourd'hui ; il leur sera fait, tous les trois mois, un décompte particulier dudit supplément de paie. Ledit supplément cessera du moment où les officiers, sous-officiers ou soldats invalides jouiront d'appointemens d'une somme égale à celle dont ils jouissent aujourd'hui.

TITRE IV. — Invalides retirés dans les départemens.

Art. 1er. Les militaires qui se sont retirés dans les départemens, après avoir été admis à l'hôtel des invalides ou en avoir obtenu le brevet, seront appelés à l'hôtel ou à la pension qui le représente, à mesure qu'il y aura des places ou des pensions vacantes, pourvu toutefois que, par leur âge, leurs infirmités, leurs blessures et leurs services, ils se trouvent dans le cas prévu par les articles 2 et 21 du titre Ier du présent décret. Ils pourront de même, aux termes des articles 12 et 14 du titre III du présent décret, être admis dans les compagnies de vétérans.

2. Les officiers des invalides actuellement retirés dans les départemens, jouiront d'une pension de six cents livres. — Les sous-officiers désignés par le nom de maréchaux-des-logis en chef, jouiront d'une pension de deux cent cinquante livres ; le reste des sous-officiers, d'une pension de deux cents livres ; et tous les soldats invalides, d'une pension de cent cinquante livres.

3. Les officiers, sous-officiers et soldats invalides, retirés dans les départemens, qui avaient obtenu, soit à titre de pension, soit à titre de gratification annuelle, un traitement plus considérable que celui qui est fixé par l'article précédent, continueront à jouir desdites gratifications ou pensions ; mais, dans aucun cas, la totalité de leur traitement ne pourra s'élever au dessus de la somme attribuée par l'article 14 du titre Ier du présent décret, aux différens pensionnaires de l'hôtel.

4. Les pensions des invalides actuellement retirés dans les départemens, leur seront payées de la même manière et aux mêmes époques qu'aux invalides faisant partie de l'hôtel.

5. Les invalides retirés dans les départemens continueront à recevoir, aux mêmes époques et de la même manière que par le passé, l'habillement qui leur a été accordé par les ordonnances militaires. — Les conseils d'administration des compagnies de vétérans seront chargés de l'achat des étoffes, de la fabrication et de l'envoi des habits. — Pour subvenir à l'achat des étoffes, aux frais de la confection, et à l'envoi des habits des invalides retirés dans les départemens, il sera, par la trésorerie nationale, en vertu d'une ordonnance du ministre de la guerre, versé chaque année, dans la caisse de chacune des quatre-vingt-trois compagnies de vétérans nationaux, dont la résidence est fixée dans les chefs-lieux de département, une somme de neuf livres pour chacun des invalides retirés dans l'étendue du département auquel ladite compagnie sera affectée.

6. Les officiers, sous-officiers et soldats formant actuellement les compagnies d'invalides détachées, pourront, au lieu de continuer leurs services

dans le corps des vétérans nationaux, se retirer dans les départemens ; ils conserveront leurs droits à l'hôtel et à la pension qui le représente ; mais ils ne jouiront, jusqu'au moment où ils seront admis à l'hôtel ou à la pension, que du traitement fixé par l'article 2 du titre IV du présent décret, pour les invalides retirés dans les départemens.

7. Le ministre de la guerre donnera des ordres, afin que les officiers, sous-officiers et soldats invalides soient payés sans délai des appointemens et soldes qui peuvent leur être dus, et il rendra compte, dans la huitaine, de l'exécution des ordres qu'il aura donnés pour l'exécution du présent article.

TITRE V. — Des soldes et demi-soldes des vétérans.

Art. 1er. Les militaires qui ont obtenu la solde, la demi-solde ou le brevet de vétéran, seront appelés à l'hôtel ou à la pension qui le représente, lorsque, par leur âge, leurs blessures, leurs infirmités et leurs services, ils se trouveront dans le cas prévu par les articles 2 et 21 du titre Ier du présent décret : ils pourront de même, aux termes des articles 12 et 14 du titre III du présent décret, être admis dans les compagnies de vétérans.

2. Il sera versé, chaque année, dans la caisse des invalides, une somme de un million trois cent vingt-deux mille vingt-huit livres pour servir au paiement des soldes, demi-soldes, pensions et récompenses militaires accordées avant le 1er août 1792.

3. Avec cette somme, on paiera d'abord à chacun des militaires retirés, la solde, demi-solde, pension ou récompense qu'il a précédemment obtenue : l'excédant sera réparti ainsi qu'il suit.

4. La récompense militaire des citoyens retirés avec quarante-cinq livres de pension, ne sera augmentée que lorsque ceux qui ne jouissent actuellement que de quarante livres, jouiront de quarante-cinq livres ; ceux qui ont quarante-six livres dix sous, que lorsque ceux des classes inférieures jouiront du même traitement ; ainsi de suite, toujours en remontant, jusqu'au moment où ils jouiront tous de la pension attribuée aux invalides par l'article 14 du titre Ier du présent décret.

5. Du moment où tous les militaires dénommés ci-dessus jouiront de la pension fixée par l'article 14 du titre Ier, l'excédant sera divisé par égale portion entre tous les vétérans de l'armée qui se sont retirés sans aucune pension. — Lorsque ces vétérans jouiront tous d'une pension égale à celle des invalides, la somme qui excédera tournera au bénéfice de l'état.

6. Les soldes, demi-soldes et récompenses militaires continueront à recevoir, aux mêmes époques et de la même manière que par le passé, l'habillement qui leur a été accordé par les ordonnances militaires. — Les conseils d'administration des compagnies de vétérans, seront chargés de l'achat des étoffes, de la fabrication et de l'envoi desdits habits. — Pour subvenir à l'achat des étoffes, aux frais de la confection et à l'envoi des habits, des soldes, des demi-soldes et récompenses militaires, il sera, par la trésorerie nationale, en vertu d'une ordonnance du ministre de la guerre, versé chaque année, dans la caisse de chacune des quatre-vingt-trois compagnies de vétérans nationaux dont la résidence est fixée dans les chefs-lieux de département, une somme de sept livres pour chacune des soldes, demi-soldes et récompenses militaires, dans l'étendue du département auquel ladite compagnie sera affectée.

7. L'administration de la caisse des soldes, demi-soldes, etc., sera confiée à l'administration générale de l'hôtel des invalides.

8. Les articles 16, 17, 18 et 19 du titre Ier du présent décret, relatifs au paiement des pensions des invalides, sont et demeureront communs au paiement des soldes et demi-soldes, etc.

TITRE VI. — Des Suisses et des autres étrangers retirés hors de la France avec une pension militaire.

Art. 1er. Les officiers, sous-officiers et soldats étrangers retirés hors du royaume avec une pension, continueront à en jouir ; elle leur sera payée de la même manière qu'elle l'a été jusqu'à ce jour.

2. Les officiers, sous-officiers et soldats étrangers qui, après avoir obtenu une pension de retraite, s'établiront en France, obtiendront une augmentation de pension égale au tiers de celle dont ils jouissent.

3. Les officiers, sous-officiers et soldats étrangers pensionnés par l'état, qui s'établiront en France avec leurs femmes et enfans, obtiendront une augmentation égale à la moitié de celle dont ils jouissent.

4. Du moment où les officiers, sous-officiers ou soldats étrangers habiteront hors du royaume, ils seront réduits à leur pension primitive.

5. Les retraites des officiers, sous-officiers et soldats étrangers, seront dorénavant payées par la caisse des pensions, et par les soins des agens de la nation auprès du corps helvétique et des autres puissances ; en conséquence, les sommes accordées jusqu'à ce jour à la personne chargée de faire payer lesdites pensions, et les faux frais que leur paiement occasione, seront rayés des états de dépense.

TITRE VII. — Des gendarmes retirés dans l'hospice militaire de Lunéville.

Art. 1er. L'hospice militaire de Lunéville, destiné aux invalides de la gendarmerie, est réformé ; les terrains, édifices, meubles et effets qui lui appartiennent, sont déclarés nationaux.

2. Les gendarmes du ci-devant corps de la gendarmerie, retirés dans ledit hospice, seront considérés comme habitant l'hôtel des invalides avant l'époque du 8 mars ; lesdits gendarmes seront, en conséquence, placés par le directoire du département de Paris dans le tableau qu'il dressera en vertu de l'article 24 et suivans du titre Ier du présent décret. Les maréchaux-des-logis seront traités comme les lieutenans-colonels, les brigadiers comme les capitaines, et les gendarmes comme lieutenans ; le chirurgien-major de l'hospice sera traité comme capitaine, et le portier invalide comme maréchal-des-logis en chef.

TITRE VIII. — Des gendarmes retirés dans les départemens.

Art. 1er. Il sera versé, chaque année, dans la caisse des invalides, une somme de cinquante-quatre mille trois cents livres pour servir au paiement des retraites des gendarmes de la ci-devant gendarmerie française : avec cette somme, on paiera d'abord les pensions de retraite sur le pied actuel, et l'excédant sera réparti de la manière suivante.

2. Les gendarmes qui ont obtenu une pension de quatre-vingt-une livres, n'auront part à la répartition que lorsque ceux qui n'ont obtenu que soixante-dix-huit livres, jouiront de quatre-vingt-une livres ; ceux qui jouissent de cent livres, que lorsque les classes inférieures jouiront de cent livres, ainsi de suite.

3. Ne pourront plus prétendre à la répartition et augmentation annuelle, prescrites par l'article précédent, les gendarmes qui jouiront d'une pension de six cents livres.

4. Au moment où tous les gendarmes jouiront de la pension de six cents livres fixée par l'article précédent, il ne sera plus versé chaque année, pour

dans la caisse des invalides, que la somme nécessaire à l'acquittement desdites pensions; l'excédant tournera au profit de l'état.

5. Les gendarmes seront payés de la manière prescrite dans les articles 16, 17, 18 et 19 du titre Ier du présent décret.

6. Il sera versé, chaque année, dans la caisse des invalides, une somme de dix-huit cent soixante-douze livres pour servir au paiement des valets de la ci-devant gendarmerie. Avec cette somme, on paiera d'abord leurs pensions de retraite sur le pied actuel, et l'excédant sera réparti ainsi qu'il suit:

7. Les valets des gendarmes, qui ont obtenu une pension de cent huit livres, n'auront part à la répartition, que lorsque les classes inférieures jouiront de cette somme.

8. Au moment où tous les valets des gendarmes jouiront d'une pension de cent huit livres, l'excédant sera également réparti entre eux, et ce, jusqu'au moment où ils jouiront, chacun d'une pension, de deux cents livres; et alors il ne sera fait à la caisse des invalides que les fonds nécessaires pour l'acquittement desdites pensions de deux cents livres.

9. Les valets des gendarmes seront payés ainsi qu'il est dit dans les articles 16, 17, 18 et 19 du titre Ier du présent décret.

TITRE IX. — Des grenadiers à cheval.

Art. 1er. Il sera versé, chaque année, dans la caisse des invalides, une somme de dix-huit mille trois cents livres, pour servir au paiement des pensions de retraite des ci-devant grenadiers à cheval. Avec cette somme, on paiera d'abord les pensions de retraite sur le pied actuel, et l'excédant sera réparti ainsi qu'il suit.

2. Les grenadiers à cheval qui ont obtenu une pension de retraite qui s'élève au dessus de cent dix-sept livres, n'auront part à la répartition que lorsque les grenadiers qui n'ont que cent dix livres jouiront de cent dix-sept livres; ceux qui ont cent trente-quatre livres huit sous, que lorsque les classes inférieures jouiront de cette somme, ainsi de suite.

3. Ne pourront plus prétendre à la répartition et augmentation annuelle, les grenadiers à cheval qui jouiront d'une pension de six cents livres.

4. Du moment où tous les grenadiers à cheval jouiront d'une pension de six cents livres, il ne sera plus versé dans la caisse des invalides que la somme nécessaire à l'acquittement desdites pensions; l'excédant tournera au profit de l'état.

5. Les grenadiers à cheval seront payés de la manière prescrite par les articles 16, 17, 18 et 19 du titre Ier du présent décret.

TITRE X. — Des officiers retirés à la suite des places.

Art. 1er. Il sera versé, chaque année, dans la caisse des invalides, une somme de cent soixante-dix-huit mille cinq cent vingt-trois livres, destinée au paiement des pensions de retraite des officiers, guides et infirmiers retirés à la suite des places.

2. Avec la somme de cent soixante-dix-huit mille cinq cent vingt-trois livres, destinée aux officiers retirés à la suite des places, on paiera d'abord les pensions de retraite sur le pied actuel; l'excédant sera réparti ainsi qu'il sera dit ci-après.

3. Ce qui excédera le paiement des pensions actuelles, sera destiné à ajouter auxdites pensions, dans l'ordre suivant: — 1° A porter les pensions des infirmiers à deux cents livres; 2° les pensions des guides à trois cents livres; 3° les pensions des sous-lieutenans et porte-drapeau à quatre cents livres; 4° les pensions des lieutenans à cinq cents livres; 5° les pen-

sions des capitaines à six cents livres; 6° les pensions des commandans de bataillon à mille livres; 7° les pensions des majors à douze cents livres; 8° les pensions des lieutenans-colonels à quinze cents livres; 9° les pensions des colonels à dix-huit cents livres; 10° les pensions des officiers-généraux à trois mille livres.

4. Les classes supérieures ne pourront prétendre à une augmentation, que lorsque les classes inférieures jouiront du *minimum* fixe par l'article précédent.

5. Si l'excédant ne suffit point à porter une classe entière au *minimum* fixe par l'article 3, la somme à répartir sera divisée par égales portions entre tous les membres de ladite classe qui n'auront point atteint ce *minimum*.

6. Le *maximum* pour les différentes classes des militaires retirés à la suite des places, sera, pour les officiers-généraux, quatre mille livres; pour les colonels, trois mille livres; pour les lieutenans-colonels, deux mille quatre cents livres; pour les majors, deux mille livres; pour les commandans de bataillon, quinze cents livres; pour les capitaines, douze cents livres; pour les lieutenans, huit cents livres; pour les sous-lieutenans et porte-drapeau, six cents livres; pour les caporaux des guides, quatre cent cinquante livres; pour les guides, trois cent cinquante livres; pour les infirmiers, deux cent cinquante livres.

7. Du moment où les différens militaires retirés à la suite des places, jouiront des pensions fixées par l'article précédent, l'état ne versera plus pour eux dans la caisse des invalides que la somme nécessaire à l'acquittement desdites pensions.

8. Les pensions des militaires retirés à la suite des places, seront payées de la manière prescrite articles 16, 17, 18 et 19 du titre Ier du présent décret.

TITRE XI. — Des veuves et des enfans des mortes-paies.

Art. 1er. Du moment où les invalides retirés dans les départemens jouiront du *maximum* du traitement qui leur est accordé par le présent décret, et où l'état commencerait à bénéficier par la diminution du nombre des individus, il sera accordé des pensions aux veuves des invalides de toutes les classes, ainsi qu'à celles des militaires qui ont obtenu des soldes, demi-soldes et récompenses militaires ou la vétérance; il sera accordé de même des supplémens de solde aux invalides, ou autres mortes-paies qui, privés des moyens de subsister, auront des enfans à élever.

2. Les fonds destinés aux pensions des veuves s'élèveront provisoirement à cent mille livres.

3. Les fonds destinés aux supplémens de solde pour les invalides, qui auront des enfans, s'élèveront provisoirement à cent mille livres.

4. Les premiers bénéfices que l'état fera par la diminution du nombre des militaires retirés dans les départemens, seront également répartis entre la classe des veuves et celle des enfans.

5. La pension destinée à une veuve d'invalide ne s'élevera jamais au-dessus de cent livres, et ne pourra être moindre de cinquante livres.

6. Le supplément de solde pour un enfant d'invalide ne s'élevera jamais au dessus de trente-six livres, et ne pourra être moindre de vingt-quatre livres.

7. Les veuves des invalides ne pourront obtenir des supplémens de solde pour les enfans qu'elles auront eus de leur mariage avec des mortes-paies.

8. Les enfans des invalides, orphelins de père et mère, pourront obtenir de même des supplémens de solde; ils leur seront accordés de préférence.

9. Les supplémens de solde pour les enfans des invalides, cesseront du moment où lesdits enfans auront atteint leur seizième année.

10. Les supplémens de solde seront accordés de préférence aux invalides qui auront un plus grand nombre d'enfans; à nombre égal, à ceux qui auront le moins de moyens de subsister.

11. L'administration générale de l'hôtel des invalides est chargée de distribuer et de faire payer les pensions des veuves et les supplémens de solde pour les enfans des invalides; lesdites pensions et lesdits supplémens seront payés ainsi qu'il est prescrit articles 16, 17, 18 et 19 du titre Ier du présent décret.

TITRE XII.— De l'administration des pensions de retraite.

Art. 1er. Le conseil général de l'hôtel des invalides fera dresser, dès ses premières séances, un contrôle général de chacune des classes des militaires pensionnés. Ce contrôle, qui contiendra, 1° le nom du pensionnaire; 2° son grade, 3° son âge, 4° le lieu de sa résidence, 5° la pension dont il jouit, sera conforme au modèle annexé au présent décret. — Ces différens états seront imprimés aux frais des différentes classes de pensionnaires; un exemplaire en sera envoyé à chacun d'eux, et un à chaque district du royaume.

2. Chaque année, l'administration de l'hôtel fera imprimer le nom des pensionnaires de chaque classe qui seront morts, ou qui n'auront plus droit à la pension de cette classe. Dans une seconde colonne, on placera le montant de la pension dont chacun d'eux jouissait. Au bas de chaque état, on imprimera le résultat de l'augmentation qu'aura produite, pour les autres individus de cette classe, l'extinction de pensions pendant l'année.—L'administration générale de l'hôtel fera connaître enfin, dans ces états annuels, les dépenses auxquelles l'administration de chaque classe aura donné lieu.

3. Il sera passé, le 1er juillet prochain, une revue générale des invalides, soldes, demi-soldes, récompenses militaires et vétérans. — Tout invalide, solde, demi-solde, récompense militaire, et vétéran, qui ne passera pas cette revue, et qui ne produira pas un certificat de résidence sans interruption dans le royaume depuis six mois au moins, sera irrévocablement privé de sa pension ou de son traitement, et de tout espoir aux récompenses nationales. — Seront exceptés des dispositions du présent décret, les invalides, soldes, demi-soldes, récompenses militaires et vétérans qui auront obtenu, avant le 1er janvier 1792, une permission légale de passer ou de s'établir en pays étrangers, et qui seront compris comme tels dans les états fournis par le ministre de la guerre.—Seront encore exceptés les officiers, sous-officiers et soldats qui constateront, par des extraits de revue, qu'ils servent actuellement dans les troupes de ligne ou dans les gardes nationales.

4. La revue de rigueur sera passée, dans le chef-lieu du district, par un commissaire des guerres, en présence de deux commissaires de la municipalité chef-lieu du district. — Le commissaire des guerres pourra, d'après la demande du ministre de la guerre, être suppléé par un commissaire de l'administration du district, désigné à cet effet par le directoire, d'après l'avis que le ministre lui en donnera.

5. Le commissaire des guerres ou son suppléant inscriront sur un registre à ce destiné, et dont le modèle est annexé au présent décret, les nom, surnom, âge, taille, service, campagnes, blessures, infirmités, domicile et traitement actuel des mortes-paies. — Il sera, dans le registre, ouvert un tableau particulier pour chacune des différentes classes de mortes-paies. Un double de ce registre sera adressé à l'administration de l'hôtel.

6. Les mortes-paies qui, par leur âge ou leurs blessures, seront dans l'impossibilité de se rendre au chef-lieu du district, se présenteront à leur municipalité : ils se feront délivrer un certificat de vie et de résidence, qui constatera leurs nom, surnom, âge, taille, service, campagnes, blessures, infirmités, domicile et traitement actuel; ils adresseront ce certificat au directoire de leur district.

N° 163. — 1er—5 mai 1792. = DÉCRET *relatif aux appointemens des officiers et à la formation de leurs équipages*. (B., XXII, 5.)

N° 164. — 1er mai (14 mars et)—6 mai 1792. = DÉCRET *relatif à l'organisation de la marine* (1). (B., XXII, 3.)

Art. 1er. Les officiers militaires de la marine, mentionnés en l'article 25 du décret du 31 décembre 1790—7 janvier 1791, sur les classes des gens de mer, qui avaient quitté le service de la mer avant d'entrer dans celui des classes, et qui seront susceptibles de rentrer au service, pourront concourir avec les autres officiers militaires des classes, mentionnés en l'article 24 du susdit décret, pour la nouvelle organisation du corps de la marine, ou pour les remplacemens qui seraient à faire après ladite organisation, dans le cas où ils n'auraient pu y être compris.

2. Les sous-lieutenans supprimés qui ont servi sur les vaisseaux de l'état pendant la dernière guerre, et qui ont navigué sur les navires du commerce, depuis qu'ils ont été faits sous-lieutenans, sont dispensés du service exigé par l'article 15 du décret du 1er—15 mai 1791, relatif au corps de la marine, et pourront concourir, suivant l'article 14 du même décret, avec les autres sous-lieutenans, pour le grade de lieutenant de vaisseau et d'enseigne entretenu, en exécution du susdit décret du 1er—15 mai 1791.

3. L'assemblée nationale, voulant traiter les lieutenans, sous-lieutenans de la marine, capitaines de brûlot et lieutenans de frégate supprimés par les décrets des 31 décembre 1790, 22 avril et 1er mai 1791, sanctionnés les 7 janvier et 15 mai 1791, avec la même faveur que les capitaines et majors de vaisseau, décrète que l'article 21 du décret du 29 avril—15 mai 1791, relatif au corps de la marine, sera applicable auxdits lieutenans, sous-lieutenans de la marine, capitaines de brûlot et lieutenans de frégate, pour obtenir en retraite, dans ce moment-ci seulement, les deux tiers des appointemens du grade dont ils jouissaient ci-devant dans la marine, dans le cas où la durée de leurs services ne leur donnerait pas droit à une pension égale ou plus forte que les deux tiers de leursdits appointemens, et pour jouir aussi en retraite du grade supérieur, lorsqu'ils auront dix ans de service dans leur grade; le tout d'après les bases fixées pour les capitaines et majors de vaisseau, sans que, dans aucun cas, ce grade supérieur puisse donner ouverture à aucune augmentation de pension, ni pour les capitaines de vaisseau, ni pour les autres officiers.

4. Le décret du 5—12 septembre 1791, concernant les officiers des troupes de ligne destitués arbitrairement et sans jugement, sera applicable aux officiers de la marine.

_____

1er mai 1792 : *Secours à des maisons religieuses*, voyez 26 avril précédent; *Officiers généraux*, *Armées du Nord*, *Créances sur l'état*, voyez 27 avril; *Garde nationale*, voyez 28 avril; *Dépenses de* 1792, *Assignats*, voyez 30 avril.

_____

(1) Voyez le décret du 29 avril—15 mai 1791, sur le même objet, et les notes qui résument toute la législation.

N° 165. = 2 mai 1792. = DÉCRET *qui supprime les maisons militaires des princes français, frères du roi.* (B., XXII, 9.)

N° 166. = 4—5 mai 1792. = DÉCRET *relatif aux prisonniers de guerre.* (B., XXII, 19.)

L'assemblée nationale, voulant, au commencement d'une guerre entreprise pour la défense de la liberté, régler, d'après les principes de la justice et de l'humanité, le traitement des militaires ennemis que le sort des combats mettrait au pouvoir de la nation française; — Considérant qu'aux termes de la déclaration des droits, lorsque la société est forcée de priver un homme de sa liberté, toute rigueur qui ne serait pas nécessaire pour s'assurer de sa personne, doit être sévèrement réprimée par la loi; — Reconnaissant que ce principe s'applique plus particulièrement encore aux prisonniers de guerre, qui, ne s'étant pas rangés volontairement sous la puissance civile de la nation, demeurent sous la sauvegarde plus spéciale du droit naturel des hommes et des peuples, décrète ce qui suit :

Art. 1er. Les prisonniers de guerre sont sous la sauvegarde de la nation et la protection spéciale de la loi.

2. Toute rigueur, violence ou insultes commises envers un prisonnier de guerre, seront punies comme si ces excès avaient été commis contre un citoyen français.

3. Les prisonniers de guerre seront transportés sur les derrières des armées, dans les dépôts que les généraux auront désignés.

4. Ils seront ensuite répartis dans l'intérieur du royaume, à la distance de vingt lieues au moins des frontières, et placés principalement dans les chefs-lieux de district et les villes fermées.

5. Il leur sera alloué provisoirement pour leur entretien, sur les fonds extraordinaires de la guerre, la totalité de la solde et des appointemens de paix dont jouissent les grades correspondans de l'infanterie française.

6. Les prisonniers de guerre seront admis à prendre, en présence des officiers municipaux, l'engagement d'honneur de ne point s'écarter du lieu qui leur aura été désigné pour demeure; et, dans ce cas, ils auront la ville pour prison, et ne seront soumis qu'aux appels qui seront fixés par un réglement particulier.

7. Ceux qui, outre l'engagement d'honneur, fourniront une caution, ne seront tenus de se représenter qu'à un appel par jour, sans pouvoir néanmoins s'écarter de la ville de plus de deux lieues.

8. Les uns et les autres seront tenus d'être vêtus de leur uniforme, et ne pourront, en aucun cas, avoir ni porter des armes.

9. Ceux qui ne fourniront point de caution et refuseraient l'engagement d'honneur mentionné en l'article 6, seront détenus dans les édifices nationaux fermés.

10. Ceux qui, ayant pris l'engagement d'honneur ou fourni caution, manqueraient aux obligations qui leur sont imposées par les articles 6, 7 et 8, seront traduits devant le tribunal de police correctionnelle, et condamnés à garder prison pendant un temps plus ou moins long, selon la gravité des circonstances, et qui pourra être indéfini si le projet d'évasion est prouvé.

11. Les prisonniers de guerre jouiront, au surplus, du droit commun des Français. Ils pourront se livrer à toute espèce de profession, en remplissant les conditions prescrites par les lois. Ils seront traduits devant

les tribunaux ordinaires en cas de délit, y seront poursuivis pour révolte, et y recevront la réparation des injures ou dommages dont ils auraient à se plaindre.

12. Le pouvoir exécutif présentera, dans le plus court délai, un projet de réglement sur les lieux où les prisonniers de guerre seront transférés, sur le mode de leur translation, sur le nombre qui en pourra être réuni dans le même lieu, sur la manière dont ils y seront surveillés et gardés, sur les appels auxquels seront soumis ceux qui jouiront de la faveur des articles 6 et 7, sur la police des maisons où seront renfermés ceux qui ne jouiront pas de cette faveur, sur la correspondance des uns et des autres avec l'étranger, et en un mot, sur tous les moyens d'exécution du présent décret.

13. Le présent décret sera porté dans le jour à la sanction.

N° 167. = 4—9 mai 1792. = DÉCRET *relatif à la solde des Acadiens et Canadiens.* (B., XXII, 21.)

N° 168. = 4—9 mai 1792. = DÉCRET *portant dérogation à celui des 14 et 15 septembre 1790, et suppression de différentes peines correctionnelles ci-devant appliquées aux soldats* (1). (B., XXII, 22.)

L'assemblée nationale, après avoir entendu le rapport de son comité militaire sur le réglement du 1er janvier 1792, concernant le service intérieur, la police et la discipline de l'infanterie; considérant, 1° que le titre de ce réglement, ne rappelant point la loi qui y a donné lieu, a pu laisser quelques doutes à l'armée française; 2° que le second membre de l'article 13 du titre VI n'est point conforme aux principes de la justice; 3° que ce réglement laisse aux officiers supérieurs et autres commandans militaires trop de latitude dans l'application des moyens correctionnels; 4° que la loi ne doit établir que des peines strictement et évidemment nécessaires; considérant enfin que l'armée française ne peut exister sans discipline, mais qu'il faut qu'elle soit juste, modérément sévère, et toujours paternelle, décrète ce qui suit:

Art. 1er. L'assemblée nationale, dérogeant au décret des 14 et 15 septembre 1790, supprime la peine prononcée contre les soldats de l'armée française qui, pour fait d'ivrognerie, étaient obligés de boire une chopine d'eau pendant trois jours de la semaine, à l'heure de la garde montante, quoiqu'ils eussent en outre mérité de garder prison.

2. La peine du piquet est pareillement supprimée dans les garnisons, quartiers et cantonnemens.

3. Toutes les lois militaires rendues par l'assemblée constituante, et toutes les lois faites antérieurement et postérieurement, comme aussi tous réglemens en vertu des mêmes lois auxquels il n'aura point été dérogé, continueront d'être exécutés provisoirement.

4. A dater du jour de la publication du présent décret, l'intitulé de tous les réglemens à faire par le roi, sera dans la forme suivante :

AU NOM DE LA LOI.

DE PAR LE ROI.

Réglement concernant (*mettre le texte de la loi, sa date et celle de la sanction*).

____

(1) Voyez le décret du 15 (14 et) septembre—29 octobre 1790, sur la discipline militaire, et les notes.

N° 169. = 5—6 mai 1792. = **Décret** *relatif à la formation de trente-un bataillons de gardes nationaux volontaires.* (B., XXII, 26.)

N° 170. = 5—11 mai 1792. = **Décret** *relatif au jais brut et au jais travaillé.* (B., XXII, 26.)

L'assemblée nationale, après voir entendu le rapport de son comité de commerce, décrète ce qui suit : — L'assemblée nationale, interprétant le tarif des douanes, décrété par l'assemblée constituante le 2 mars 1791, décrète que le jais brut est exempt de tout droit à l'entrée du royaume ; que le jais travaillé continuera d'être passible d'un droit d'entrée de dix livres du quintal, et que ledit droit de dix livres, perçu à l'entrée sur le jais brut, depuis et en exécution dudit tarif, sera restitué par les receveurs des douanes à tous les propriétaires, voituriers et marchands, qui l'ont acquitté.

N° 171. = 5—16 mai 1792. = **Décret** *relatif aux canonniers matelots formant les cinq divisions du port de Brest.* (B., XXII, 29.)

5 mai 1792 : *Hôpitaux des armées*, voyez 27 avril précédent ; *Appointemens et équipages des officiers*, voyez 1er mai même mois ; *Prisonniers de guerre*, voyez 4 mai.

6 mai 1792 : *Canal de Sommevoire*, voyez 30 avril précédent ; *Organisation de la marine*, voyez 1er mai même mois ; *Gardes nationales volontaires*, voyez 5 mai.

N° 172. = 8 mai 1792. = **Décret** *portant qu'il n'y a pas lieu à délibérer sur la demande faite par les ministres de la guerre et des affaires étrangères, d'une loi qui réprime les attentats contre l'honneur et l'autorité des généraux et autres agens publics.* (B., XXII, 38.)

N° 173. = 8—11 mai 1792. = **Décret** *relatif aux employés, exprès et courriers dépêchés pour les besoins du service de l'armée.* (B., XXII, 35.)

L'assemblée nationale, voulant assurer l'activité et la ponctualité du service de l'armée, et interprétant en tant que de besoin l'article 7 du décret du 1er février—28 mars dernier, décrète que les commissions ou ordres particuliers dont seront porteurs les employés servans, exprès et courriers dépêchés pour les besoins du service, leur tiendront lieu de passe-ports, même lorsqu'ils passeront d'un département à l'autre.

N° 174. = 8—13 mai 1792. = **Décret** *qui autorise le pouvoir exécutif à résilier ou renouveler les marchés à faire pour le service du département de la marine.* (B., XXII, 40.)

N° 175. = 9—13 mai 1792. = **Décret** *relatif aux diminutions à faire sur les secours accordés aux employés des administrations supprimées.* (B., XXII, 42.)

N° 176. = 9—13 mai 1792. = **Décret** *relatif à une erreur existant dans le décret du 2 décembre 1790, concernant l'organisation de l'artillerie.* (B., XXII, 43.)

N° 177. = 9 mai—6 juin 1792. = **Décret** *relatif aux vétérans de la garde nationale.* (L., IX, 260.)

Art. 1er. L'assemblée nationale dérogeant à l'article 30 du décret du 29 septembre 1791, relatif à l'organisation de la garde nationale, décrète que les citoyens qui sont au dessus de cinquante ans, pourront continuer à servir dans les bataillons de vétérans, en justifiant toutefois de leur inscription dans ces bataillons, avant la loi relative à l'organisation de la garde nationale.

2. L'assemblée nationale, applaudissant au zèle des vétérans qui demandent à marcher à leurs frais aux frontières, renvoie leur demande au pouvoir exécutif.

9 mai 1792. *Solde des Acadiens et Canadiens, Peines correctionnelles appliquées aux soldats,* voyez 4 du même mois.

11 mai 1792. *Fais brut ou travaillé,* voyez 5 du même mois; *Courriers de l'armée,* voyez 8 mai.

Nº 178. = 12 (11 et)—16 mai 1792. = DÉCRET *relatif à la tenue des cours martiales, et à la forme des jugemens militaires en campagne* (1). (B., XXII, 53.)

TITRE Iᵉʳ. — Des tribunaux militaires à l'armée.

Art. 1ᵉʳ. Tout délit militaire ou commun, commis à l'armée pendant la guerre par les individus qui la composent, sans distinction de grade, de métier ou de profession, seront jugés par des cours martiales, ou par la police correctionnelle militaire, suivant la gravité du délit, conformément aux dispositions suivantes.

2. Tout prévenu d'un délit militaire ou d'un délit commun dont la peine, s'il est trouvé coupable par le jury, doit être la privation de la vie ou de son état, sera traduit devant la cour martiale.

3. Tout prévenu d'un délit ou d'une faute excédant celles de pure discipline, dont la connaissance est réservée par les lois militaires au conseil de discipline, et dont la punition ne devra être ni la privation de la vie ni celle de son état, sera traduit devant le tribunal de police correctionnelle militaire.

4. À l'armée, les cours martiales et les tribunaux de police correctionnelle militaire appliqueront aux délits militaires les peines énoncées dans le Code pénal militaire, ainsi que dans les réglemens que les généraux et commandans en chef sont autorisés à faire par l'article 11 du décret du 30 septembre—19 octobre 1791. Les cours martiales et les tribunaux de police correctionnelle militaire appliqueront aux délits civils les peines énoncées dans les lois pénales ordinaires.

TITRE II. — Des cours martiales (2).

Art. 1ᵉʳ. Conformément à ce qui est prescrit par l'article 7 du décret du 22 septembre—29 octobre 1790, il sera établi dans chaque armée le nombre de cours martiales que le général d'armée aura jugé nécessaire.

2. La juridiction de chacune des cours martiales dans la même armée, s'étendra, dans le royaume et hors du royaume, sur tous les militaires attachés à cette armée, et sur toutes les personnes attachées à son service ou qui la suivent.

3. Le siége habituel de chacune de ces cours sera déterminé par le général, en sorte que, de chacun des points qu'occupera l'armée, on puisse

____

(1) Voyez le décret du 18—23 mai 1792, relatif à l'exécution des jugemens des cours martiales, et celui du 16—21 août 1793, art. 4, qui supprime ces cours.

(2) Voyez la loi du 22 septembre—29 octobre 1790, et les notes.

promptement recourir à l'une d'elles. Cependant il sera libre au grand-juge d'ordonner le transport de la cour martiale hors du lieu où elle siège habituellement, toutes les fois que cette mesure pourra contribuer à la sûreté des prisonniers, à la prompte expédition des affaires, ou pour toute autre considération importante. — Les cours martiales à l'armée pourront tenir leurs séances partout, et même en plein air.

4. Les prévenus de délits qui devront être jugés par les cours martiales, seront traduits devant la plus prochaine, sur la plainte du commissaire-auditeur qui en aura le plus tôt été averti, soit par une dénonciation expresse ou par la clameur publique, ou de toute autre manière.

5. La formation du tableau des jurys établis par le décret du 22 septembre—29 octobre 1790, ne sera pas obligatoire à l'armée. — Le service de ces deux jurys sera rempli alternativement par tous les individus qui composent ou suivent les armées, sans qu'aucune raison puisse les en dispenser, de quelque arme, de quelque grade, de quelque profession qu'ils soient, soit qu'ils servent en corps ou par détachement, ou même hors de ligne. — On sera appelé, pour le service des jurys, par le commandant militaire de la division. Lorsqu'il n'y aura qu'un seul régiment dans le lieu où les deux jurys devront être convoqués, le régiment fournira les jurés nécessaires, en prenant les plus anciens officiers, sous-officiers et soldats, qui seront soumis à cet égard à un tour de service, et en suivant l'ordre des colonnes. — Lorsqu'il y aura deux régimens dans le lieu de la convocation, il sera nommé des jurés sur la totalité des deux régimens. Lorsqu'il y en aura trois, il en sera de même, jusques et compris le nombre de quatre régimens, nombre auquel on s'arrêtera, quel que soit celui des troupes comprises dans la même division ; mais quand les quatre premiers régimens auront satisfait à cette obligation, on recommencera à nommer des jurés dans les régimens qui suivront. — Les officiers des états-majors des armées, les officiers et sous-officiers pris dans les détachemens envoyés aux armées, quelle que soit leur arme, seront, dans toute circonstance, nommés par l'officier qui se trouvera commander, en les prenant chacun à leur tour dans la colonne de leur grade. — Nul ne sera appelé pour les jurys, s'il n'a les qualités requises par l'article 19 du décret du 22 septembre—29 octobre 1790.

6. Lorsque les prévenus seront militaires, quels que soient leur nombre et leur grade, le jury d'accusation sera formé par des militaires, à raison d'un par chacune des sept premières colonnes et de deux du grade du prévenu. Lorsque les prévenus seront des personnes attachées au service de l'armée ou étant à sa suite, quel que soit leur nombre, le jury d'accusation sera composé de neuf personnes, à raison d'une par chacune des sept colonnes militaires, et de deux, prises à tour de rôle, parmi les personnes du même état que l'accusé. Il en sera de même lorsque, dans le nombre des prévenus, il y aura des militaires et des personnes non militaires. Dans tous les cas, la majorité absolue entre les jurés d'accusation fixera leur détermination, ainsi qu'il est prescrit par l'article 41 du décret du 22 septembre—29 octobre 1790.

7. Lorsque les accusés seront militaires, quels que soient leur nombre et leur grade, le jury de jugement sera formé d'après l'article 23 du décret du 22 septembre—29 octobre. Lorsque les accusés seront des personnes attachées au service de l'armée ou étant à sa suite, quel que soit leur nombre, il sera présenté pour le jury du jugement vingt-huit militaires, à raison de quatre par colonne, et huit personnes prises à tour de rôle parmi celles attachées au service de l'armée ou étant à sa suite ; ce qui donne le nombre

de trente-six, qui, au moyen des récusations, se réduit à neuf, dont deux de l'état de l'accusé attaché à l'armée. Il en sera de même lorsque, dans le nombre des accusés, quel qu'il soit, il y aura des militaires et des personnes non militaires. Dans tous les cas, les récusations seront proposées sur chacune des sept colonnes, pour les réduire successivement au quart, conformément à ce qui est prescrit par l'article 24 du décret du 22 septembre—29 octobre 1790; et s'il y a plusieurs accusés, les récusations seront proposées alternativement par chacun d'eux, à commencer par le plus jeune, ainsi qu'il est prescrit par la deuxième partie de l'article 26 du décret du 22 septembre—29 octobre 1790.

TITRE III. — Des juges de paix et de la police correctionnelle militaire.

Art. 1er. Les commissaires-auditeurs qui, dans les cours martiales, resteront toujours chargés de la poursuite de tous les délits militaires, rempliront encore, dans les camps et armées, les fonctions de juge de paix envers les gens de guerre et autres attachés à leur service, ou qui sont à leur suite.

2. Ils jugeront toutes les contestations qui pourront naître, d'après les principes de la police correctionnelle civile; ils jugeront aussi tous les délits qui n'emporteront pas la peine de la privation de la vie et de l'état des personnes : ils seront en conséquence assistés, dans leurs jugemens, par deux commissaires ordinaires des guerres, et, à leur défaut, par les deux capitaines qui, sur l'état de service, se trouveront être rentrés les derniers au camp.

3. Les jugemens des tribunaux de police correctionnelle militaire, non plus que ceux des cours martiales, ne seront sujets ni à l'appel ni à la cassation (1).

4. Les généraux d'armée, dans les réglemens que la loi les autorise à proclamer pendant la durée de la guerre, y classeront tous les objets qui doivent être soumis à la police correctionnelle, et jugés par les commissaires-auditeurs.

5. Le pouvoir exécutif fera publier une instruction détaillée, tant sur le service des cours martiales que sur le tribunal de police correctionnelle militaire, dans les armées. Ce réglement, uniquement relatif au service en campagne, devra être conforme aux bases établies par le présent décret, et aux lois antérieures, tant sur la compétence des tribunaux militaires, que dans le Code pénal, pour tout ce qui ne se trouve pas expressément abrogé.

N° 179. = 12—16 mai 1792. = DÉCRET *relatif à l'établissement d'une cour martiale pour juger les crimes commis à l'affaire de Mons par les 5e et 6e régimens.* (B., XXII, 49.)

N° 180. = 12—16 mai 1792. = DÉCRET *relatif au brûlement des papiers déposés aux Augustins, concernant les ci-devant ordres de chevalerie et la noblesse* (2). (B., XXII, 58.)

L'assemblée nationale, considérant qu'il s'agit de déterminer un local où seront déposés les titres qui l'ont été jusqu'à présent dans les bâtimens du couvent des ci-devant Grands-Augustins, et qu'il importe de réduire le dé-

---

(1) Il en est différemment des jugemens rendus par les tribunaux militaires, en temps de paix.
(2) Voyez le décret du 17 juillet 1793, art. 6, qui ordonne le brûlement des titres féodaux, et les notes; et celui du 2 octobre suivant, sur le même objet.

pôt de ces titres à ce qu'il doit être de nos jours, et à l'espace qu'un tel dépôt doit occuper, décrète ce qui suit : — Les papiers déposés aux Augustins, appartenant ci-devant aux ordres de chevalerie et à la noblesse, seront brûlés sous les ordres du département de Paris, après qu'il aura été distrait, sous sa surveillance, par la municipalité et la commission des savans, les titres de propriétés tant nationales que particulières, et les pièces qui pourraient intéresser les sciences et les arts.

Nº 181. = 12—16 mai 1792. = DÉCRET *qui autorise les généraux d'armée, à nommer provisoirement les commandans amovibles.* (B., XXII, 58.)

Nº 182. = 13 mai 1792. = DÉCRET *d'ordre du jour portant que toute espèce de retraits est abolie.* (B., XXII, 60.)

L'assemblée constituante, en supprimant les retraits lignagers, demi-denier féodal, censuel et autres, a entendu abolir toutes les autres espèces de retraits ; en conséquence, l'assemblée passe à l'ordre du jour.

13 mai 1792 : *Marchés de la marine*, voyez 8 du même mois ; *Organisation de la marine, Employés des administrations supprimées*, voyez 9 mai.

Nº 183. = 14—18 mai 1792. = DÉCRET *qui accorde des secours aux enfans des habitans de Saint-Domingue qui se trouvent en France.* (B., XXII, 62.)

Nº 184. = 14—18 mai 1792. = DÉCRET *relatif aux nouveaux bataillons de gardes nationales fournis par les départemens de l'Ain, des Ardennes et autres.* (B., XXII, 64.)

Nº 185. = 14—18 mai 1792. = DÉCRET *qui prescrit des mesures pour le paiement des arrérages dus aux rentiers sur la ville de Paris.* (B., XXII, 65.)

Nº 186. = 14—18 mai 1792. = DÉCRET *relatif à l'augmentation des commissaires ordonnateurs et ordinaires des guerres* (1), *et à leurs appointemens.* (B., XXII, 66.)

Nº 187. = 14—23 mai 1792. = DÉCRET *relatif à la fabrication des poudres et salpêtres* (2). (B., XXII, 68.)

Art. 1er. La fabrication des poudres et salpêtres continuera d'être exploitée, conformément au décret du 23 septembre 1791.

2. Le prix du salpêtre pour 1792 sera réglé par la régie, conformément au tarif annexé au présent décret.

3. L'indemnité que l'assemblée nationale accorde aux salpêtriers pour leurs fournitures de 1790 et 1791, sera payée conformément au même tarif, en déduisant, sur le compte particulier de chaque salpêtrier, les augmentations particulières que la régie lui aurait déjà accordées pour les mêmes années 1790 et 1791.

4. Cette indemnité sera payée par la régie, et le trésor public lui en tiendra compte sur ses produits : il sera tenu un compte particulier pour chacun des exercices de 1790 et 1791, et le ministre des contributions publiques est

____

(1) Voyez le décret d'établissement de ces fonctionnaires, du 20 septembre — 14 octobre 1791, et les notes, qui résument toute la législation de la matière.

(2) Voyez le décret du 23 septembre — 19 octobre 1791, sur la fabrication et la vente des poudres et salpêtres, et les notes étendues qui l'accompagnent.

chargé de remettre ces comptes à l'assemblée nationale, avant la fin du mois de juillet prochain.

5. Afin de ne pas diminuer les produits de la régie, compris dans les moyens ordinaires de 1792, la caisse de l'extraordinaire remplacera au trésor public le montant de cette indemnité, d'après un décret qui sera rendu pour cet objet, lorsque ces comptes d'indemnités auront été vérifiés et approuvés.

6. Les salpêtres seront provisoirement reçus dans les formes usitées jusqu'à ce jour; mais le ministre des contributions publiques est chargé, de concert avec la régie des poudres et salpêtres et l'académie des sciences, de présenter un projet de réglement pour les formes de réception et la fixation du degré de force du salpêtre, ainsi que de la qualité de la potasse ou du salin qui seront délivrés par la régie aux salpêtriers; l'assemblée se réservant de statuer définitivement sur ce réglement.

7. La régie continuera à fournir la potasse au prix actuel de trente-sept livres dix sous par quintal à Paris, et de quarante-deux livres dans les départemens d'Indre-et-Loire, Maine-et-Loire, et dans les départemens du Midi ou dans ceux qui la reçoivent de Paris ou de Lyon.

8. Avant la fin du mois d'octobre prochain, le ministre des contributions publiques présentera à l'assemblée nationale le projet de tarif à décréter pour 1793.

9. Le ministre des contributions publiques rendra compte à l'assemblée nationale du succès des nitrières artificielles qui ont été ou qui seront établies en France, des nouvelles découvertes qui pourraient être faites pour les fabriques de poudre et de salpêtre, et des encouragemens qu'il pourrait être nécessaire de donner aux entrepreneurs ou inventeurs.

———

N° 188. = 16—23 mai 1792. = **DÉCRET** *relatif à la convention faite avec les princes* de Salm-Salm et de Lœveinstein-Wertheim. (B., XXII, 73.)

L'assemblée nationale, considérant qu'en exécution des décrets des 28 octobre 1790 et 19 juin 1791, il est de la loyauté française d'accélérer, autant qu'il est possible, les mesures qui tendent à indemniser les princes allemands possessionnés en France, de leurs droits seigneuriaux et féodaux supprimés, ratifie la convention passée le 29 du mois dernier, entre le sieur *Bonnecarrère*, au nom du roi, et les fondés de pouvoirs des princes *de Salm-Salm* et *de Lœveinstein-Wertheim;* décrète, en conséquence, que ladite convention sera exécutée selon sa forme et teneur, et que copie en restera annexée au présent décret, sauf la confirmation du corps législatif, lorsque l'indemnité sera définitivement fixée et arrêtée.

Copie de la convention entre le roi et le prince *de Salm-Salm*, concernant l'indemnité qui lui est accordée pour la suppression de ses droits féodaux et seigneuriaux.

En conformité des décrets de l'assemblée nationale constituante, des 28 octobre 1790 et 19 juin 1791, sanctionnés par le roi, il a été convenu entre les sieurs *Guillaume de Bonnecarrère*, directeur général du département politique, au nom du roi, et *Claude-Ambroise Reignier*, citoyen de Nancy, et fondé de pouvoirs de M. le prince *de Salm-Salm*, sauf ratification:

Art. 1er. Que l'indemnité due à M. le prince *de Salm-Salm*, à raison des droits seigneuriaux et féodaux, ainsi que des dîmes inféodées dont il jouissait dans la ci-devant province de Lorraine, et dans la ci-devant principauté d'Arches et de Charleville, qui lui appartient pour un neuvième, lui sera payée d'après l'évaluation qui sera faite de leur produit au denier *trente;*

ledit prince renonçant à toute indemnité pour les droits seigneuriaux et féodaux purement honorifiques.

2. Pour parvenir à ladite évaluation, il sera nommé deux experts, l'un par le commissaire du roi qu'il plaira à Sa Majesté de nommer, l'autre par le prince *de Salm-Salm*, avec la faculté auxdits experts de convenir entre eux d'un tiers, au cas qu'ils se trouvassent partagés d'opinions, auxquels experts M. le prince *de Salm-Salm* fera remettre les titres, renseignemens et documens propres à les diriger dans leur opération. — L'indemnité sera définitivement fixée et arrêtée d'après le rapport desdits experts, et le montant en sera acquitté immédiatement après le décret de confirmation du corps législatif.

3. Lesdits experts détermineront pareillement l'indemnité due à M. le prince *de Salm-Salm*, à raison du défaut de perception des droits supprimés depuis l'abolition du régime féodal, laquelle indemnité sera payée comme ci-dessus.

Copie de la convention entre le roi et le prince de *Lœveinstein-Wertheim*, concernant l'indemnité qui lui est accordée pour la suppression de ses droits seigneuriaux et féodaux.

En conformité des décrets de l'assemblée nationale constituante, dès 28 octobre 1790 et 19 juin 1791, sanctionnés par le roi, il a été convenu entre les sieurs *Guillaume de Bonnecarrère*, directeur général du département politique, au nom du roi, et *de Hinkeldey*, conseiller intime de son altésse M. le prince de *Lœveinstein-Wertheim*, et son fondé de pouvoirs, sauf ratification :

Art. 1er. Que l'indemnité due à M. le prince *de Lœveinstein-Wertheim*, à raison des droits seigneuriaux et féodaux supprimés dans ses terres situées dans les départemens de la Meurthe et de la Moselle, ainsi qu'à raison des dîmes inféodées qui lui appartenaient, tant dans lesdits départemens que dans celui du Bas-Rhin, lui sera payée d'après l'évaluation qui sera faite de leur produit annuel et au taux du denier *trente ;* ledit prince renonçant à toute indemnité pour les droits seigneuriaux et féodaux purement honorifiques.

2. Pour parvenir à ladite évaluation, il sera nommé deux experts, l'un par le commissaire du roi qu'il plaira à Sa Majesté d'en charger, l'autre par M. le prince *de Lœveinstein-Wertheim*, avec faculté auxdits experts de convenir entre eux d'un tiers, au cas qu'ils se trouvassent partagés d'opinions; auxquels experts M. le prince *de Lœveinstein-Wertheim* fera remettre les titres, renseignemens et documens propres à les diriger dans leur opération. — L'indemnité sera définitivement fixée et arrêtée d'après le rapport desdits experts, et le montant en sera acquitté immédiatement après le décret de confirmation du corps législatif.

3. Lesdits experts détermineront pareillement l'indemnité due à M. le prince *de Lœveinstein-Wertheim*, à raison du défaut de perception des droits supprimés depuis l'abolition du régime féodal, laquelle indemnité sera payée comme ci-dessus.

4. M. le prince *de Lœveinstein-Wertheim* se désiste de l'indemnité qu'il avait réclamée par rapport à la suppression de quatre bénéfices fondés en 1726 dans la cathédrale de Strasbourg, par un prince de sa maison, alors évêque de Tournai. — Les articles ci-dessus énoncés ont été convenus et arrêtés par les soussignés fondés de pouvoirs, sauf ratification.

N° 189. = 16—23 mai 1792. = DÉCRET *qui supprime la distribution de la viande en nature dans les garnisons du royaume.* (B., XXII, 73.)

16 mai 1792 : *Hôtel des invalides*, voyez 30 avril précédent; *Affaire de Mons, Cours martiales en campagne, Papiers relatifs aux ordres, Commandans amovibles*, voyez 12 mai même mois.

N° 190.=17 mai 1792.= **DÉCRET** *portant réconstitution des rentes dues par les ci-devant pays d'états.* (B., XXII, 75.)

N° 191.= 17—23 mai 1792.=**DÉCRET** *relatif au paiement de rentes constituées par la ci-devant compagnie des secrétaires du roi du grand collége et par les communautés d'arts et métiers* (1). (B., XXII, 77.)

Art. 1er. Les rentes provenant d'emprunts faits par les ci-devant secrétaires du roi du grand collége, dont le capital a été versé au trésor public, et celles dues par les communautés et corps d'arts et métiers supprimés en 1776, montent, suivant l'état actuel des registres et sommiers fournis et certifiés par les payeurs, visés par le commissaire du roi directeur-général de la l.quidation, et vérifiés par le comité de liquidation de l'assemblée nationale, en conformité du décret du 9--17 juin 1791 ; savoir : — Les rentes provenant des emprunts des ci-devant secrétaires du roi, à la somme de vingt-trois millions six cent quatre-vingt-six mille livres, dont,—douze millions résultant de l'emprunt fait en vertu de l'édit de septembre 1755, au denier vingt, avec retenue d'impositions, en mille treize parties, dont les capitaux montent à onze millions neuf cent quatre-vingt-dix-neuf mille neuf cent quatre-vingt-sept livres neuf sous neuf deniers, lesquelles, jointes aux douze livres neuf sous neuf deniers versés par lesdits secrétaires, forment le total de douze millions ; — trois millions six mille livres proviennent de l'emprunt fait en vertu de l'édit d'août 1758, dont les capitaux, au denier vingt, sans retenue d'impositions, mais soumis au dixième d'amortissement, montent, en quatre cent vingt-quatre parties, à ladite somme de trois millions six mille livres, au lieu de trois millions seulement, dont l'emprunt avait été autorisé par l'édit ; dans lequel emprunt se trouvent néanmoins cinq parties de rentes réconstituées au denier vingt-cinq sans retenue, en vertu de l'édit de 1766, et montant par année à huit cent soixante-quatre livres, ainsi qu'il est énoncé à chacun des numéros de leur constitution originaire ; — Et huit millions six cent quatre-vingt mille livres restant de l'emprunt fait, en six cent cinquante-une parties, au denier vingt, avec retenue d'impositions, en vertu de l'édit de février 1770, déduction faite du remboursement de quatre parties, qui montaient a trois cent vingt mille livres ;—Et les rentes dues par les communautés et corps d'arts et métiers supprimés en 1776, telles qu'elles ont été liquidées par les commissaires du conseil, et d'après lesdits registres, états et sommiers certifiés, visés et vérifiés, montent à la somme de neuf millions trente-cinq mille cent soixante-quatre livres onze sous huit deniers en principal, et a celle de quatre cent treize mille trois cent soixante-treize livres un sou neuf deniers en arrérages sujets à la retenue du cinquième.

2. Lesdites rentes jouiront dès à présent de la faculté de la réconstitution, comme toutes les autres rentes dues par la nation, en exécution de l'article 3 du décret dudit jour 9 juin 1791.— Ne pourront néanmoins être réconstituées les rentes appartenant aux communautés religieuses et autres corporations des établissemens publics supprimés, lesquelles, aux termes des décrets qui les concernent, ne peuvent plus être acquittées par les payeurs, et doivent être rayées des états de la dette publique.

---

(1) Voyez la loi du 2—17 mars 1791, qui supprime les maîtrises et jurandes, et les notes

3. Les commissaires de la trésorerie nationale sont tenus de fournir, dans le plus bref délai possible, les états définitifs des montans nets desdites rentes en capitaux et intérêts, déduction faite de toutes celles qui auraient été rejetées et distraites, comme appartenant à des corps et communautés supprimés par les précédens décrets. — L'agent du trésor public est pareillement chargé de faire les vérifications nécessaires dans les comptes du trésorier des parties casuelles, à raison du versement au trésor public des six mille livres et de l'excédant de l'emprunt de trois millions, fait par la ci-devant compagnie des secrétaires du grand collége, ensuite de l'édit d'août 1758, à l'effet de se pourvoir contre ledit trésorier ou tous autres qu'il appartiendra, pour faire verser ladite somme au trésor public, s'il y a lieu.

N° 192.=17—23 mai 1792.=**DÉCRET** *qui prescrit des mesures pour la discipline de l'armée.* (B., XXII, 84.)

N° 193.=17—23 mai 1792.= **DÉCRET** *relatif aux dépenses de la marine et des colonies.* (B., XXII, 87.)

N° 194.=18—23 mai 1792.= **DÉCRET** *relatif à l'établissement d'une douane nationale pour les marchandises venant par mer à la foire de Beaucaire* (1). (B., XXII, 91.)

N° 195.=18—23 mai 1792.=**DÉCRET** *qui établit la force publique nécessaire pour l'exécution des jugemens des cours martiales, et pour veiller au maintien de l'ordre dans les camps.* (B., XXII, 93.)

18 mai 1792 : *Gardes nationales, Commissaires des guerres, Rentiers sur la ville de Paris, Secours aux enfans des habitans de Saint-Domingue,* voyez 14 du même mois.

N° 196. = 19 — 23 mai 1792. = **DÉCRET** *relatif au paiement du traitement et à la rente apanagère accordée aux deux princes français, frères du roi* (2). (B., XXII, 94.)

Art. 1er. Le traitement d'un million accordé à chacun des frères du roi par les décrets des 20 et 21 décembre 1790, pour l'entretien de leurs maisons réunies à celles de leurs épouses, est et demeure supprimé à compter du 12 février dernier.

2. Il sera remis, dans quinzaine à compter de la promulgation du présent décret, par les ci-devant trésoriers des princes français, au commissaire du roi directeur-général de la liquidation, des états nominatifs et détaillés des officiers et titulaires tant civils que militaires de leurs maisons. Ces états, qui seront certifiés par le ministre de l'intérieur, indiqueront les gages, émolumens et finances des charges, et ne comprendront que les officiers qui étaient titulaires avant le 1er juin 1789.

3. Le commissaire du roi liquidera, par ordre de numéros, dans les proportions déterminées par l'article 4 ci-après, ce qui devra être payé annuellement pour tenir lieu de gages ou traitemens fixes, dont ont joui

---

(1) Voyez le décret du 31 mai — 8 juin 1792, sur le même objet.
(2) Voyez, sur les apanages, la note qui accompagne le § 3 de la loi du 22 novembre—1er décembre 1790; elle résume la législation de la matière.

jusqu'à ce jour les titulaires d'offices, lesquels seront tenus de lui remettre leurs titres au 1er juillet prochain, sous peine de déchéance, ensemble les quittances du garde du trésor royal ou les preuves que leurs charges sont employées dans les édits de création des maisons des princes.

4. Les sommes seront fixées par le commissaire liquidateur, à titre de rente viagère sur la tête des titulaires, dans les proportions suivantes; savoir : pour les titulaires qui sont âgés depuis vingt-cinq jusqu'à quarante ans, à raison de sept pour cent ; — Depuis quarante jusqu'à cinquante, à raison de huit pour cent; — Depuis cinquante jusqu'à soixante, à raison de neuf pour cent ; — Et depuis soixante ans et au-delà, jusqu'à la mort desdits titulaires, à raison de dix pour cent du montant de la liquidation de la finance de leurs offices, lorsqu'il aura été prouvé qu'elle aura été versée dans le trésor public, et sans que, pour chacune des classes ci-dessus fixées, chacune des rentes puisse s'accroître à raison de l'âge des rentiers.

5. Lesdits titulaires et officiers qui justifieront d'une résidence habituelle et continue en France depuis le 14 juillet dernier, seront payés, chacun individuellement, dans les proportions fixées par l'article 4 ci-dessus, des arrérages qui leur seront dus, à compter du 12 février dernier, jusqu'à l'époque de sa liquidation, sauf à exercer leurs droits pour les arrérages, s'il en était dû antérieurement au 12 février, soit contre les trésoriers des princes, soit sur les biens patrimoniaux des frères du roi.

6. L'assemblée nationale déclare saisissable par les créanciers légitimes des princes français, la rente apanagère qui leur est affectée par le décret du 29 juillet 1791 ; en conséquence, renvoie lesdits créanciers à se pourvoir dans les formes déterminées par les lois, sans que main-levée puisse être prononcée au profit desdits créanciers, que conformément aux règles prescrites par le décret du 30 mars—8 avril 1792.

7. Les fonctions des trésoriers et administrateurs des maisons des deux frères du roi sont supprimées, ainsi que les appointemens, gages et rétributions attribués à leurs charges, à compter du 12 février dernier, conformément à l'article 1er du présent décret, sauf à statuer sur les indemnités qu'ils pourraient réclamer à raison de la continuation de leurs services jusqu'à ce jour, et de la reddition de leurs comptes qu'ils seront tenus de présenter aux commissaires de la trésorerie nationale, dans le délai d'un mois.

8. Les ci-devant gardes suisses de *Louis-Stanislas-Xavier* et de *Charles-Philippe*, qui, par les dispositions du présent décret, sont compris dans la masse des créanciers desdits princes, et qui sont supprimés à dater du 1er de ce mois, toucheront, sur la rente apanagère, à titre de secours provisoire, les sept mois de paie et solde qui leur sont dus depuis le 1er octobre dernier, époque où ils ont cessé d'être payés par les trésoriers des princes, jusqu'au 1er de ce mois, époque de leur suppression légale.

N° 197. = 20 (18, 19 et)—23 mai 1792. = DÉCRET *relatif à la police de Paris, et aux moyens de constater les noms, qualités et demeures des individus qui y arrivent journellement.* (B., XXII, 96.)

N° 198. = 22—27 mai 1792. = DÉCRET *qui ordonne la reddition des comptes des préposés à la police des ports, à la perception des droits de navigation, et relatif à la nouvelle forme des passe-ports qui doivent être délivrés aux capitaines de navires étrangers* (1). (B., XXII, 104.)

---

(1) Voyez le tit. II du décret du 9—13 août 1791, sur la police de la navigation et des ports de commerce, et les notes.

N° 199. = 22—30 mai 1792. = DÉCRET *relatif à la confection et à l'entretien des routes, et aux appointemens des ingénieurs des ponts et chaussées.* (B., XXII, 106.)

N° 200. = 23—27 mai 1792.= DÉCRET *qui accorde aux armateurs français qui se livreront à la pêche de la baleine et du cachalot dans les mers du Nord et du Sud, la prime accordée aux Nantukois établis en France.* (B., XXII, 127.)

N° 201. = 23 mai — 27 juin 1792. = DÉCRET *relatif aux dépenses des écoles vétérinaires, et particulièrement à celles d'Alfort et de Lyon.* (B., XXII, 124.)

N° 202. = 23 mai 1792—18 janvier 1793. = DÉCRET *relatif au logement et casernement des troupes et des fonctionnaires militaires* (1). (B., XXII, 109.)

L'assemblée nationale, après avoir entendu le rapport de son comité militaire, et vu le projet de réglement sur le logement et casernement des troupes et fonctionnaires militaires, proposé par le ministre de la guerre, en vertu de l'article 5 du décret du 27 septembre—12 octobre 1791 ;—Conformément à l'article 11 du titre V du décret du 8—10 juillet 1791, l'assemblée nationale, statuant sur la somme à attribuer à chaque officier ou employé de l'armée, pour lui tenir lieu du logement qui ne pourra lui être fourni en nature dans les établissemens militaires ; — Considérant que cette partie du service public est en souffrance depuis le 1er janvier 1791, et qu'un plus long retard deviendrait préjudiciable aux intérêts des habitans comme à celui des officiers et fonctionnaires militaires, décrète ce qui suit :

Art. 1er. Tous les articles du réglement présenté par le ministre de la guerre, et annexés au présent décret, sont approuvés.

2. Le prix représentatif du logement sera payé aux différens officiers et fonctionnaires militaires, conformément à l'article 47 du réglement.

3. Le ministre de la guerre prendra les moyens convenables pour faire meubler les logemens destinés aux officiers et fonctionnaires militaires, sur le montant des masses affectées au logement et casernement des troupes, et

----

(1) Voyez, sur les logemens militaires, le décret réglementaire du 8—10 juillet 1791, tit. V ; celui du 11 août 1793, concernant le mode de paiement de l'indemnité de logement due aux officiers en temps de guerre ; la loi du 23 floréal an 5 (12 mai 1797), art. 7 ; l'art. 20 de la loi du 26 fructidor an 7 (12 septembre 1799) ; l'arrêté du 23 vendémiaire an 10 (15 octobre 1801), sur le même objet ; et l'avis du cons. d'état du 29 mars 1811, relatif au loyer d'occupation des lits fournis par l'habitant aux troupes en garnison.

Voyez aussi le décret du 27 septembre — 12 octobre 1791, et l'art. 20 précité de la loi du 26 fructidor an 7, qui établissent une masse de casernement ; l'arrêté du 13 messidor an 10 (2 juillet 1802), qui ordonne la confection d'un état des bâtimens propres au casernement ; le décret du 23 avril 1810, portant donation aux villes de casernes et bâtimens militaires, à la charge de les entretenir, et le § 4 de celui du 16 septembre 1811, relatif à son exécution ; celui du 7 août 1810, relatif à l'entretien des lits militaires dans les places fortes et citadelles ; l'art. 7 de l'ordonnance du 28 janvier—25 février 1815, qui continue de mettre à la charge des communes les dépenses d'entretien des bâtimens et lits militaires ; le § 2 de l'art. 46 de la loi de finances du 15—16 mai 1818, qui, au moyen d'un prélèvement sur les centimes ordinaires, extraordinaires et facultatifs des communes, met l'entretien des casernes à la charge de l'état ; et, enfin, l'ordonnance du 5—27 août 1818, rendue pour l'exécution de cette loi.

par économie desdites masses, conformément au décret du 27 septembre — 12 octobre 1791.

4. Les maisons particulières placées dans l'intérieur des villes, et qui ne seront point comprises dans l'enceinte des établissemens militaires, comme ouvrages de fortifications, arsenaux, fonderies, etc., ne pourront être conservées pour servir de logement aux officiers du génie et d'artillerie, ainsi qu'aux autres officiers détachés; elles seront vendues comme tous autres biens nationaux, ou rendues aux villes si elles leur appartiennent, à moins que, sur la proposition du roi, le corps législatif n'en détermine un autre emploi pour l'avenir. — Aucun nouveau logement ne pourra être établi à l'avenir pour les mêmes officiers, à moins que ce ne soit dans des bâtimens servant actuellement et habituellement de casernes et pavillons.

5. La masse de casernement établie par le décret du 27 septembre — 12 octobre 1791, pour les troupes de ligne, s'étendra, à compter du jour de leur formation, aux bataillons des gardes nationales volontaires; au moyen de quoi l'article 12, section IV, du décret du 28 décembre 1791 — 3 février dernier, n'aura point son exécution en ce qui concerne les fonds mis à la disposition du ministre de la guerre pour le logement des officiers de ces bataillons, parce qu'ils le recevront sur la masse de casernement.

6. La masse de chauffage établie par le décret du 1er — 11 février 1791, s'étendra aussi, mais seulement à dater du 1er janvier 1792, aux bataillons des gardes nationales, lesquelles recevront le chauffage à l'instar des troupes de ligne, soit qu'elles aient leur logement dans les casernes, soit chez l'habitant, les cas de passage exceptés, conformément à l'article 19 du projet de réglement. — La dépense du chauffage de ces bataillons, pendant le temps qu'ils auront été casernés, depuis leur formation jusqu'au 1er janvier 1792, sera supportée par la masse du chauffage affectée aux troupes de ligne pour 1791.

7. Le logement qui sera dû aux officiers qui n'auront point été logés en nature, sera avancé par la trésorerie nationale, à l'instar des appointemens, et le décompte en sera fait et soldé dans les premiers jours du mois qui suivra chaque trimestre, sur des revues et états ordonnancés par les commissaires ordonnateurs. — Le chauffage en argent sera avancé aux troupes avec le prêt; et le décompte s'en fera également à la fin de chaque trimestre, d'après les revues.

8. Les commissaires des guerres supprimés et recréés en exécution du décret du 20 septembre — 14 octobre 1791, seront payés de leur logement, ainsi qu'il était d'usage par le passé, jusques et y compris le 30 septembre de ladite année 1791, pour ceux d'entre eux qui, employés au service des troupes dans des résidences actives depuis le 1er janvier 1791, n'auraient point joui du logement en nature, et auxquels l'indemnité serait due; ce qui sera dûment certifié par les municipalités des lieux où ils ont exercé leurs fonctions, lesdites municipalités en demeurant responsables.

9. Les commissaires des guerres seront personnellement responsables de toute extension au logement fixé par le présent réglement pour les différens grades. — Ils seront de même responsables de tout logement accordé ou concédé à des personnes à qui le présent réglement n'en accorde point. — Ils demeurent enfin responsables de tout logement en argent dont ils auraient attesté ou ordonnancé le paiement, lorsqu'il y aura, dans la place, des bâtimens vacans destinés au logement des officiers et fonctionnaires militaires.

Réglement sur le logement et casernement des troupes, présenté à l'assemblée nationale, en exécution du décret du 12 octobre 1791.

DISPOSITIONS GÉNÉRALES.

Art. 1ᵉʳ. Tous les officiers de l'armée et les fonctionnaires militaires seront logés dans les bâtimens qui leur auront été affectés dans les villes de leur résidence ou garnison; et, à défaut de bâtimens à ce destinés, ou en cas d'insuffisance, il leur sera payé une somme par mois pour leur tenir lieu du logement qui n'aura pu leur être fourni, et qu'ils se procureront de gré à gré chez l'habitant.

2. Les officiers et les fonctionnaires militaires recevront aussi le logement en argent, lorsqu'ils seront en détachement ou en cantonnement, sauf à indemniser, ainsi qu'il sera dit ci-après, les habitans chez qui ils auront été logés par billets des officiers municipaux.

3. Les sous-officiers, les soldats, les charretiers des équipages attachés au service de l'armée, et les autres employés dont le logement devra être établi comme celui du soldat, seront, dans les villes de garnison, logés aux bâtimens militaires, ou bien dans les maisons propres à ces usages, qui pourront être louées par les commissaires des guerres, avec l'intervention des officiers municipaux, s'il en était besoin.—A défaut et en cas d'insuffisance des bâtimens militaires ou des maisons qui y suppléeront, les sous-officiers, soldats et autres seront logés chez l'habitant. — Leur logement sera également établi chez l'habitant, lorsqu'ils seront en détachement ou cantonnement dans les villes, bourgs ou villages; mais, dans tous les cas, l'habitant recevra une indemnité pour chacun des sous-officiers, soldats et autres qu'il aura logés.

4. Lorsqu'il ne se trouvera pas dans les villes de garnison une suffisante quantité de lits pour le casernement des sous-officiers et soldats, dans les bâtimens militaires, ou maisons vides qui seront louées pour y suppléer, les lits qui y deviendront nécessaires seront fournis par les habitans, à qui il sera payé une indemnité pour chaque lit et l'ustensile qui en dépend.

5. Lorsqu'il aura été nécessaire de faire fournir par les habitans des écuries pour les chevaux des officiers et de la troupe, les habitans en seront indemnisés par le département de la guerre, en ce qui concernera les chevaux des officiers et soldats des régimens et ceux des équipages. — Quant aux chevaux des autres officiers et des fonctionnaires militaires, l'indemnité sera payée directement par ces officiers et fonctionnaires, au moyen du logement qu'ils recevront en argent.

6. Les magasins, dont les troupes détachées et cantonnées pourront avoir besoin, seront fournis par les habitans, à qui le loyer en sera payé pour le temps qu'ils auront été occupés.

7. Les dispositions ci-dessus ne concernent point les officiers et soldats des troupes de passage, non plus que les charretiers des équipages et autres employés qui marcheront sur les revues des routes; en conséquence, les habitans continueront à leur fournir, sans indemnité, le logement et les écuries dont ils auront besoin.

8. Pour mettre les municipalités à portée de toujours connaître si les logemens, magasins, lits et ustensiles qui pourront leur être demandés dans les villes de garnison, sont proportionnés aux besoins réels du service, il sera remis par les commissaires des guerres aux officiers municipaux, un état détaillé des logemens et magasins que les bâtimens renferment, et des lits qui y seront destinés.

9. Aucune personne ne pourra jouir d'un logement quelconque, que pendant le temps de sa présence dans le lieu destiné à l'exercice de ses fonctions, et personne ne pourra en avoir plusieurs à la fois. Cependant les officiers en résidence dans les places, et les fonctionnaires militaires, conserveront, lorsqu'ils marcheront momentanément avec les troupes, ou qu'ils seront employés pour des cantonnemens de rassemblèmens et reconnaissances, le logement dont ils jouissaient dans les bâtimens militaires.

Du logement chez l'habitant (1).

10. Dans tous les cas où les troupes devront être logées chez l'habitant, les commissaires des guerres donneront avis aux municipalités du jour de leur arrivée et du temps de leur séjour, lorsqu'il sera fixé. Le commandant de la troupe préviendra d'ailleurs les commissaires des guerres, et informera les officiers municipaux du moment de leur arrivée, ainsi que de celui de leur départ.—Ces officiers municipaux délivreront ensuite, sur la représentation de la revue de route, les billets de logement, en observant de réunir, autant qu'il sera possible, dans le même quartier, tous les hommes d'une même compagnie, afin d'en faciliter le rassemblement. — Les chevaux des troupes à cheval devront être également établis, autant que faire se pourra, dans des écuries à portée du logement de chaque compagnie.— Les officiers municipaux donneront connaissance au commandant de la place et aux commissaires des guerres, de l'assiette du logement.

11. Dans l'établissement du logement chez l'habitant, les officiers municipaux ne feront distinction de personne, quelles que soient leurs fonctions et leurs qualités, à l'exception des dépositaires des caisses pour le service public, lesquels ne seront point obligés de fournir de logement dans les maisons qui renferment lesdites caisses, mais seront tenus d'y suppléer en fournissant des logemens en nature chez d'autres habitans, avec lesquels ils s'arrangeront pour cet effet. La même exception aura lieu, avec pareille condition, en faveur des veuves et des filles; et les municipalités veilleront à ce que la charge du logement ne tombe pas toujours sur les mêmes individus, et que chacun y soit soumis à son tour.

12. Les officiers et autres fonctionnaires militaires, dans leur garnison ou résidence, ne logeront point les gens de guerre dans le logement militaire qui leur sera fourni en nature; et lorsqu'ils recevront leur logement en argent, ils ne seront tenus de fournir le logement aux troupes, qu'autant que celui qu'ils occuperont excédera la proportion affectée à leur grade et à leur emploi.—Quant aux officiers en garnison dans le lieu de leur habitation ordinaire, ils seront tenus de fournir le logement dans leur domicile propre, comme tous les autres habitans.

13. Le logement des troupes ne pourra être établi chez l'habitant, qu'à raison de l'effectif présent.

14. Les logemens qui seront fournis par les habitans, seront composés à raison des différens grades, ainsi qu'il suit : — 1° Le logement d'un général d'armée sera du nombre de chambres garnies dont il aura besoin, tant pour lui, ses secrétaires, que pour ses domestiques, d'une cuisine, et des écuries nécessaires à ses chevaux; — 2° Celui d'un lieutenant-général sera de quatre chambres et un cabinet garnis, tant pour lui que pour ses secrétaires; d'une cuisine, des chambres et lits suffisans pour coucher de deux en deux six domestiques; — 3° Celui d'un maréchal-de-camp, de trois

---

(1) L'obligation, pour les habitans, de loger les gens de guerre, a été posée en principe par le décret du 23 janvier—7 avril 1790, aujourd'hui en pleine vigueur.

chambres et un cabinet garnis, tant pour lui que pour son secrétaire; d'une cuisine, des chambres et lits suffisans pour coucher de deux en deux quatre domestiques ; — 4° Celui d'un colonel, de trois chambres garnies; d'une cuisine; des chambres et lits suffisans pour coucher trois domestiques ; — 5° Celui d'un lieutenant-colonel, de deux chambres garnies, d'une cuisine, d'une chambre garnie d'un lit pour deux domestiques ; — 6° Celui d'un quartier-maître-trésorier sera de deux chambres garnies, dont une sans lit, et d'une autre chambre avec un lit pour son domestique; — 7° Celui d'un capitaine, adjudant-major, chirurgien-major et aumônier, sera d'une chambre avec un lit, et d'une autre chambre avec un lit pour son domestique; — 8° Les lieutenans et sous-lieutenans seront logés deux à deux dans des chambres à deux lits, en leur donnant une chambre avec un lit pour leurs domestiques ; — 9° Les adjudans-généraux et leurs aides-de-camp seront logés suivant leurs grades; — 10° Les lieutenans-colonels et capitaines du corps du génie, et les officiers de l'artillerie non attachés au régiment, auront, en sus du logement affecté à leur grade, une chambre claire garnie, sans lit ; quant aux lieutenans du corps du génie, ils auront le logement de capitaine; — 11° Le logement du commissaire-ordonnateur employé en chef, sera composé du nombre de chambres garnies dont il aura besoin, tant pour lui et ses secrétaires, que pour ses domestiques et sa cuisine. — Celui de chaque commissaire-ordonnateur sera de trois chambres et un cabinet garnis, tant pour lui que pour son secrétaire ; d'une cuisine, de chambres et lits suffisans pour coucher de deux en deux quatre domestiques. — Celui de chaque commissaire-auditeur sera de trois chambres garnies, d'une cuisine, de chambres et lits suffisans pour trois domestiques. — Celui de chaque commissaire des guerres sera de deux chambres garnies, d'une cuisine, et d'une chambre à un lit pour ses domestiques. — Celui de chaque aide-commissaire sera d'une chambre garnie, et d'une autre chambre avec un lit de domestique ; — 12° Les habitans fourniront aux sous-officiers et soldats un lit pour deux hommes effectifs, excepté les adjudans, tambours et trompettes-majors, les sergens-majors et les maréchaux-des-logis en chef, qui seront couchés seuls, ainsi que les conducteurs principaux des charrois; quant aux ouvriers et charretiers des équipages et autres employés, ils coucheront deux à deux; — 13° Les écuries seront fournies à raison de trois pieds et demi par cheval effectif. Le nombre des chevaux n'excédera pas celui qui sera prescrit par les réglemens.

15. En cas de guerre ou de rassemblement, il sera fourni aux officiers de tous grades et de toutes armes, les logemens nécessaires pour le nombre de domestiques et de chevaux qui leur sera particulièrement attribué, par le réglement du service de campagne.

16. Les personnes employées aux différens services des troupes, qui, en cas de guerre, de rassemblement ou de marche, devront avoir un logement différent de celui des sous-officiers et soldats, seront fournies du nombre de chambres, de cuisines et écuries dont elles pourront avoir respectivement besoin, selon leurs fonctions, ainsi qu'il sera réglé par les commissaires-ordonnateurs.

17. Les lits qui seront fournis par les habitans, dans les logemens des officiers, seront garnis d'une housse, d'une paillasse, de deux matelas, ou d'un seul avec un lit de plume; d'un traversin, de deux couvertures, d'une paire de draps, changés tous les quinze jours pendant l'été, et de trois en trois semaines pendant l'hiver. — Chaque chambre à lit sera meublée d'une table, de chaises, d'une armoire ou commode fermant à clef, d'un porte-manteau, d'un pot à l'eau avec sa cuvette, et de deux serviettes par se-

maine.—Quant aux autres chambres qui sont accordées aux officiers et qui ne doivent point être garnies de lits, elles seront meublées de tables, chaises, chandeliers et autres ustensiles nécessaires. Chaque lit de domestique sera composé comme celui du soldat.

18. Les lits qui seront fournis par les habitans aux sous-officiers, soldats et autres, seront garnis d'une paillasse, d'un matelas ou bien d'un lit de plume, suivant les facultés; d'une couverture de laine, d'un traversin, d'une paire de draps, changés tous les mois pendant l'hiver, et de trois en trois semaines pendant l'été; il y aura dans la chambre deux chaises ou un banc.

19. Les ustensiles de cuisine ne seront fournis par l'habitant aux officiers généraux, à ceux de l'état-major et aux commissaires des guerres, que lorsqu'ils seront en marche avec les troupes; ils s'en pourvoiront à leurs dépens dans les lieux de cantonnement et de rassemblement; dans aucun cas, les hôtes ne seront tenus de leur fournir le bois et le linge de table.—A l'égard des officiers, sous-officiers et soldats des régimens qui ne feront que passer, leurs hôtes leur donneront, indépendamment des autres ustensiles dont ils auraient besoin, pour leur cuisine, place au feu et à la lumière. Les troupes en cantonnement, détachement ou garnison, ne pourront prétendre de place au feu et à la chandelle, attendu qu'elles recevront, dans ce cas, du département de la guerre, le chauffage en nature ou en argent.

20. Les hôtes ne seront jamais délogés de la chambre ou du lit où ils auront coutume de coucher; ils ne pourront néanmoins, sous ce prétexte, se soustraire à la charge du logement, selon leurs facultés.

21. Les officiers municipaux ne pourront, dans tous les cas où les habitans doivent loger les troupes et les employés à leurs différens services, refuser d'établir leurs logemens ainsi qu'il est prescrit, et de faire fournir dans les casernes les lits qui y seraient nécessaires, en cas d'insuffisance de ceux à la disposition du département de la guerre.

22. Les troupes seront responsables des dégâts et dommages qu'elles auraient faits dans leurs logemens; en conséquence, lors de leur départ, elles seront tenues de faire réparer à leurs dépens ou de payer les dégradations faites à leurs logemens et aux fournitures.

23. Les habitans qui auront à se plaindre de quelques dommages ou dégâts occasionés par les troupes, devront faire leur réclamation avant leur départ, soit au commandant du régiment ou des détachemens, soit aux commissaires des guerres ou aux officiers municipaux, afin qu'il y soit fait droit; et à défaut de se présenter avant le départ de la troupe, ou une heure au plus tard après, ils ne seront plus reçus dans leurs demandes; en conséquence, le commandant du corps chargera un officier de rester après le départ du régiment, pour recevoir les plaintes, s'il y en a, et y faire droit, si elles sont fondées.

24. Les officiers municipaux donneront aux régimens ou détachemens qui auront logé chez l'habitant, un certificat qui constatera qu'il n'est parvenu aucune plainte de la part des personnes qui auront fourni le logement, ou bien que le corps a satisfait aux réclamations qui ont été faites. La municipalité ne pourra refuser ce certificat de bien vivre, si, une heure après le départ, il n'est parvenu aucune plainte de la part des habitans.

25. Dans les places de guerre, postes militaires, villes de garnison habituelle, et dans tous les lieux où passent les troupes, il sera fait par les officiers municipaux un recensement de tous les logemens et établissemens qu'ils peuvent fournir sans fouler les habitans, à l'effet d'y avoir recours au besoin et momentanément, soit dans les cas de passage de troupes et de

mouvemens imprévus, soit dans les circonstances extraordinaires, lorsque les établissemens militaires ne suffiront pas, ou qu'il sera nécessaire d'y faire établir des lits.

26. Lorsqu'il y aura nécessité, dans les villes de garnison ordinaire, de loger chez les habitans les troupes, si leur séjour doit s'étendre à la durée d'un mois, les officiers ne pourront prétendre a des billets de logement pour plus de trois nuits ; ce terme expiré, ils se logeront de gré à gré ; mais ils indemniseront leur hôte pour le temps qu'il les aura logés, nul officier ne devant être logé sans donner d'indemnité, que lorsqu'il marchera avec les troupes. — Les municipalités veilleront à ce que les habitans n'abusent point, dans le prix des loyers, du besoin de logement où se trouveront les officiers.

Du logement dans les casernes.

27. Il sera fourni dans les casernes un lit pour chacun des adjudans, tambours et trompettes-majors, chefs musiciens, maîtres ouvriers, sergens-majors et sergens, maréchaux-des-logis en chef, et un pareil lit pour deux caporaux, brigadiers et soldats.

28. Les adjudans, jouissant en gratification des appointemens de sous-lieutenans, ne pourront prétendre qu'au logement fixé à leur emploi.

29. Il sera de plus fourni à chaque régiment un supplément de lits pour les hommes mariés, les infirmeries destinées au traitement des maladies légères, et les chambres de police. — Les lits seront en tout semblables à ceux des soldats ; ceux des chambres de police ne seront point garnis de draps.

30. Chaque lit de-caserne sera composé d'une couchette, d'une paillasse, d'un matelas, d'un traversin, d'une paire de draps et d'une couverture.

31. Il ne sera donné dans l'île de Corse que des demi-fournitures pour le service des casernes : chaque demi-fourniture sera composée d'une couchette ou châlit sur tréteaux, d'une paillasse, d'une couverture, d'une paire de draps et d'un sac à paille ou traversin.

32. Les lits ne seront fournis dans les casernes qu'à raison de l'effectif présent, y compris les hommes aux hôpitaux.

33. Les troupes ne pourront occuper dans les casernes que le nombre de chambres qui leur sera indispensable ; elles paieront les dégâts et dommages qu'elles feront aux lits, effets et ustensiles qui leur seront délivrés.

34. Il sera fourni aux troupes des emplacemens convenables pour y établir leurs magasins et ouvriers.

35. Les chambres des casernes seront garnies de bancs, tables, planches à pain, râteliers d'armes et porte-havre-sacs : et les écuries, de mangeoires, râteliers, bacs, baquets et coffres.

36. L'entretien des lits militaires continuera d'être soumis aux marchés qui sont ou seront passés à cet effet, et dont les bases tendront à assurer le service dans toutes les places, et principalement dans tous les cas d'augmentation de garnison. — Les lits pourront être transportés, d'après les ordres du ministre, dans les différentes places où des supplémens seraient nécessaires ; il ne pourra, dans aucun cas, être opposé d'empêchement à ces transports.

Du logement des officiers dans les bâtimens militaires.

37. Les généraux d'armée seront logés dans les maisons qui leur seront destinées. — Le logement d'un lieutenant-général sera de cinq chambres, dont une pour un secrétaire, d'une cuisine, de trois chambres de domestiques, et des écuries nécessaires pour ses chevaux ; — Celui d'un maréchal-de-camp, de quatre chambres, dont une pour son secrétaire, d'une cuisine, de trois

chambres de domestiques, et des écuries nécessaires pour ses chevaux ; — Celui d'un colonel sera de trois chambres, dont une pour son domestique, une cuisine et une écurie pour trois chevaux ; — Celui d'un lieutenant-colonel, de deux chambres, une cuisine, une chambre de domestique, et une écurie pour deux chevaux. — Ces logemens ne seront point meublés ; les meubles qui s'y trouvent, et qui ont dû être mis à la disposition du ministre de la guerre par les municipalités, seront vendus, et le produit de la vente sera ajouté au fonds de la masse du logement.

38. Le logement du capitaine sera d'une chambre meublée d'un lit de maître, avec les ustensiles nécessaires, et d'un cabinet avec un lit pour son domestique.—Les lieutenans et sous-lieutenans seront logés dans des chambres meublées de deux lits et des effets accessoires; à chacune de ces chambres sera affecté un cabinet avec un lit pour leurs domestiques. — Le logement des quartiers-maîtres-trésoriers sera d'une chambre meublée d'un lit de maître, et des ustensiles accessoires, d'une autre chambre non garnie de lit, mais seulement d'ustensiles, et d'un cabinet avec un lit de domestique.—Les adjudans-majors, chirurgiens-majors et aumôniers, seront logés comme les capitaines. — Seront également logés comme capitaines, les lieutenans du corps du génie, les adjudans, lieutenans et secrétaires-écrivains de place.

39. Les colonels, lieutenans-colonels et capitaines du corps du génie, et les lieutenans de ce corps employés en chef dans les places, les officiers d'artillerie attachés au service des places, les adjudans-généraux et les adjudans des places, auront, en sus du logement fixé pour leurs grades, une chambre claire non garnie de lit, mais des autres ustensiles. — Les aides-de-camp seront logés selon leur grade respectif, et il leur sera donné des écuries pour leurs chevaux. Les officiers des compagnies d'invalides, détachés dans les places, seront logés suivant leur grade, et les officiers retirés à la suite des places, qui auront obtenu le logement en nature, en conserveront un dans les bâtimens militaires, ou bien il leur sera payé en argent.

40. Il sera désigné, dans les bâtimens militaires de chaque place, un local suffisant pour le secrétariat, à portée duquel sera établi le logement du secrétaire-écrivain.

41. Les lits des capitaines, lieutenans et autres officiers, seront garnis d'une housse, d'une paillasse, de deux matelas, d'un traversin, d'une paire de draps et de deux couvertures l'hiver, et d'une seule l'été. — Les chambres des officiers seront meublées de tables, chaises, fauteuils, chenets et autres ustensiles qu'il est d'usage de leur fournir. — Les lits de domestiques seront en tout conformes aux lits des soldats. — Il en sera distribué un pour chaque capitaine, et un pareil pour deux lieutenans, sous-lieutenans et autres officiers ; mais ils n'en pourront exiger qu'autant qu'ils auront des domestiques à leur suite.

42. Les régimens seront responsables des lits et ustensiles qui auront été fournis aux officiers, ainsi qu'à leurs domestiques, sauf leur recours contre ces officiers.

43. Dans tous les cas où les pavillons ne seraient point meublés, les capitaines et autres officiers qui seront dans le cas d'en habiter les logemens, recevront, pour leur donner les moyens de s'y procurer les meubles nécessaires, savoir, les officiers supérieurs, le tiers du prix du logement réglé pour leur grade respectif, et moitié pour les capitaines inclusivement, jusques et y compris les sous-lieutenans.

44. Les logemens qui, à l'époque du départ des sémestriers, deviendront vacans dans les pavillons, seront remplis sur-le-champ par les officiers à qui il n'aurait pu en être fourni à cause de leur insuffisance.

45. Les officiers de l'artillerie attachés au service des places, ceux du corps du génie et les adjudans de place, conserveront seuls, pendant leur absence par congé, les logemens en nature qui leur auront été affectés dans le lieu de leur résidence.

46. Il ne sera point affecté de logement en nature aux inspecteurs généraux de l'artillerie et du génie, non plus qu'à leurs aides-de-camp, et aux commissaires des guerres.

Du logement payé en argent.

47. Dans les garnisons et quartiers où il ne se trouvera point de bâtimens militaires affectés au logement des officiers et autres fonctionnaires militaires, et dans ceux où les bâtimens seront insuffisans pour compléter les logemens nécessaires, il sera payé, par mois de présence, à tous les officiers qui n'auront pu être logés en nature, les sommes ci-après, pour leur tenir lieu de logement; savoir : — A un général d'armée, cinq cents livres; à un lieutenant-général, cent-cinquante livres; à un maréchal-de-camp employé, cent livres; à un adjudant-général colonel, cinquante livres; à un adjudant-général lieutenant-colonel, quarante livres; aux capitaines et aux lieutenans adjoints aux adjudans-généraux, attendu qu'il n'y a point de loi de création pour ces grades, *néant*; à un aide-de-camp colonel, cinquante livres; à un aide-de-camp lieutenant-colonel, quarante livres; à un aide-de-camp capitaine, dix-huit livres; à un aide-de-camp lieutenant, douze livres; à un adjudant de place capitaine, dix-huit livres; à un adjudant de place lieutenant, douze livres; à un secrétaire-écrivain de place, douze livres.

Régimens d'infanterie, de troupes à cheval et d'artillerie.

Au colonel, cinquante livres; au lieutenant-colonel en chef d'infanterie légère, et autres lieutenans-colonels de la ligne, quarante livres; au quartier-maître-trésorier, comme capitaine, dix-huit livres; à l'adjudant-major de régiment, s'il est capitaine, dix-huit livres; et s'il n'est point capitaine, douze livres; au capitaine, dix-huit livres; au lieutenant, douze livres; au sous-lieutenant, douze livres; au chirurgien-major, dix-huit livres; à l'aumônier, douze livres.

Officiers d'artillerie attachés au service des places, et employés de ce corps en résidence.

Au commandant de l'école, s'il est colonel, cinquante livres; au colonel-directeur, cinquante livres; au lieutenant-colonel, quarante livres; au capitaine, dix-huit livres; aux professeurs des écoles, dix-huit livres; aux répétiteurs, dix livres; aux gardes-magasins, dix livres; aux gardiens et artificiers, six livres; aux chefs d'ouvriers d'état, dix livres; aux ouvriers d'état et bateliers, six livres; aux contrôleurs, douze livres; aux conducteurs, dix livres; aux réviseurs, dix livres.

Officiers du génie et employés de ce corps en résidence.

Au colonel-directeur, cinquante livres; au lieutenant-colonel, quarante livres; au capitaine employé en chef, dix-huit livres; au capitaine non employé en chef, dix-huit livres; au lieutenant, dix-huit livres. — Il sera accordé cent vingt livres à l'officier du génie chargé en chef de la place, pour lui tenir lieu de l'augmentation du logement nécessaire à l'emplacement de ses bureaux, et au dépôt des plans, mémoires et papiers de la place, sans que ladite augmentation puisse, dans aucun cas, être attribuée au colonel-directeur. — Au garde des fortifications de première classe, dix livres; de deuxième, neuf livres; de troisième, huit livres; de quatrième, six livres; — A l'éclusier des fortifications de première classe, dix livres; de deuxième, neuf livres; de troisième, huit livres; de quatrième, six livres; au conservateur des casernes, neuf livres.

Compagnie des invalides.

Les officiers de ces compagnies seront en tout point assimilés, pour le logement en argent, aux officiers des régimens.

Officiers retirés à la suite des places.

Ceux des officiers qui ont obtenu le logement en argent, en seront payés conformément à leurs grades.

Commissaires des guerres (1).

Conformément au réglement du 1er novembre 1791, en exécution du décret du 20 septembre—14 octobre de la même année, concernant la suppression, la recréation et les appointemens du corps desdits commissaires des guerres, et d'après l'article 4 de ce réglement, ils ne pourront prétendre à être payés du logement en argent, puisqu'il fait partie de leurs appointemens. — Mais lorsqu'ils marcheront avec les troupes, ils auront le logement suivant leurs grades, et dans les lieux de rassemblement.

48. Le tiers des sommes fixées par l'article 47 du présent décret, sera payé aux officiers supérieurs, et la moitié sera pareillement payée aux capitaines inclusivement, jusques et y compris les sous-lieutenans, pour ceux d'entre eux qui auront des logemens non meublés dans les bâtimens militaires.

49. Le logement en argent ne sera payé aux officiers que pour le temps de leur présence; en conséquence, nul ne devra en jouir pendant les absences par congé ou autrement. — Les officiers de l'artillerie attachés au service des places, ceux du corps du génie et les adjudans des places, recevront seuls, pendant leurs congés, le logement, absens comme présens, dans le lieu de leur résidence. — Les inspecteurs généraux de l'artillerie et du génie, ainsi que leurs aides-de-camp, recevront toujours leur logement en argent, et il leur sera payé pendant toute l'année.

50. Les officiers et fonctionnaires militaires qui rempliront par *interim* les fonctions du grade supérieur à celui dans lequel ils sont employés, ne pourront point s'en prévaloir pour demander à jouir du logement fixé à ce grade.

51. Les logemens des officiers et fonctionnaires militaires employés à Paris, et ceux des officiers de la garnison de cette ville, seront payés sur le pied de la moitié en sus des sommes déterminées pour leurs grades respectifs.

52. Les officiers et fonctionnaires militaires employés dans les cantonnemens et rassemblemens, paieront eux-mêmes, au moyen du logement en argent qu'ils recevront, l'indemnité due aux habitans qui leur auront fourni, par billet des officiers municipaux, le logement en nature et les écuries nécessaires à leurs chevaux. Les officiers des régimens paieront également cette indemnité, mais seulement pour leur logement. Les officiers municipaux prononceront sur les contestations auxquelles ces indemnités pourront donner lieu.

53. Les habitans qui, dans les mêmes cas de rassemblement, de cantonnement, de détachement, ou d'insuffisance des bâtimens militaires, auront logé les troupes, seront indemnisés, sur le pied ci-après, du logement qu'ils leur auront donné, et des écuries qu'ils auront fournies aux chevaux des régimens et des équipages; savoir : — Logement d'un adjudant, tambour et trompette-major, sergent-major, maréchal-des-logis en chef, conducteurs et principaux employés des équipages, qui doivent coucher seuls, trois sous

---

(1) Voyez l'art. 26 de l'arrêté du 9 pluviose an 8 (29 janvier 1800).

par nuit. — Logement des autres sous-officiers, des soldats et employés logés comme soldats, un sou six deniers par nuit et par homme. — Place dans les écuries pour les chevaux des troupes à cheval, et pour ceux des équipages, un sou par nuit et par cheval. — Et lorsqu'il manquera de lits pour le casernement des troupes dans les bâtimens militaires, les habitans seront indemnisés de ceux qu'ils y fourniront avec les ustensiles, à raison de deux sous par lit et par nuit. — Quant aux magasins dont les troupes détachées ou cantonnées pourront avoir besoin momentanément, le loyer en sera réglé par les officiers municipaux pour le temps de leur occupation.

54. Les indemnités fixées par l'article ci-dessus, seront payées aux habitans par l'intermédiaire des officiers municipaux, qui en dresseront un état tous les trois mois : cet état sera appuyé de certificats délivrés par les commandans des troupes ; il sera ensuite arrêté par le commissaire des guerres, et ordonnancé par le commissaire ordonnateur, pour être payé sur la masse du casernement.

55. Le logement et les écuries nécessaires aux troupes de passage devant leur être fournis sans indemnité, les officiers de ces troupes ne recevront point le logement en argent pendant qu'ils seront en marche ; ils ne le recevront point aussi lorsqu'ils seront campés.

---

23 mai 1792 : *Poudres et salpêtres*, voyez 14 du même mois ; *Convention avec le prince de Salm-Salm, Viande dans les garnisons*, voyez 16 mai ; *Dépenses de la marine et des colonies, Rentes diverses, Discipline de l'armée*, voyez 17 mai ; *Foire de Beaucaire, Jugemens des cours martiales*, voyez 18 mai ; *Rentes des frères du roi, Police de Paris*, voyez 19 mai.

Nº 203. = 25—27 mai 1792. = DÉCRET *qui règle l'avancement des adjudans-généraux pendant la guerre.* (B., XXII, 132.)

Nº 204. = 25—30 mai 1792. = DÉCRET *relatif aux moyens de porter au complet les régimens d'artillerie.* (B., XXII, 131.)

Nº 205. = 26—31 mai 1792. = DÉCRET *relatif aux places et postes militaires à mettre en état de guerre.* (B., XXII, 136.)

Art. 1er. Les places de guerre et postes militaires dont l'état est ci-après, seront, jusqu'à ce qu'il ait été autrement statué, comme étant en état de guerre, sauf les cas où ils seraient déclarés par les généraux d'armée être en état de siège, conformément aux articles 10, 11 et 12 du titre Ier du décret du 8—10 juillet 1791.

2. Indépendamment des places et postes militaires portés au tableau annexé au décret du 8—10 juillet 1791, le roi proposera au corps législatif les postes que, par leur position, il croira devoir être considérés comme étant en état de guerre.

3. Les généraux d'armée sont autorisés à déclarer et à faire proclamer que tels ou tels postes qu'ils occuperont, sont en état de guerre, toutes les fois qu'ils le jugeront nécessaire à la sûreté et à la police de l'armée ; ils feront également proclamer lorsque cet état devra cesser. Le pouvoir exécutif demeure chargé d'en rendre compte sur-le-champ au corps législatif.

État des places de guerre et des postes militaires qui paraissent dans le cas d'être mis en état de guerre.

Seizième division. Saint-Omer, Aire, Saint-Venant, Béthune. — *Première division.* Gravelines, Dunkerque, Bergues, Lille, Douai, Bouchain,

Valenciennes, Condé, Le Quesnoy, Bavay, Maubeuge, Landrecies, Avesnes. — *Deuxième division.* Philippeville, Marienbourg, Rocroy, Charlemont et Dos, Givet, Mézières, Sedan, Bouillon, Carignan. — *Troisième division.* Montmédi, Stenay, Verdun, Longwy, Metz, Thionville, Rodemack, Sierk, Sarrelouis, Bitche. — *Quatrième division.* Marsal, Phalsbourg. — *Cinquième division.* Landau, Weissembourg, Lauterbourg, Fort-Louis du Rhin, Haguenau, La Petite-Pierre, Strasbourg, Schelestat, Neuf-Brisach, Huningue, Landscroon, Béfort. — *Sixième division.* Château de Blamont, Besançon, Fort-l'Écluse, Pierre-Châtel. — *Septième division.* Fort-Barreaux, Grenoble, Briançon, Queyras, Mont-Dauphin, Embrun, Saint-Vincent, Seyne, Colmar, Entrevaux. — *Huitième division.* Antibes, Toulon, îles d'Hières, île Sainte-Marguerite.

Postes non compris dans le tableau annexé au décret du 8—10 juillet 1791.

Villes de Blamont, Drusenheim, les postes sur les côtes et îles voisines du département du Var.

N. 206. = 27 mai 1792. = DÉCRET *sur la déportation des prêtres insermentés* (1). (B., XXII, 146.)

L'assemblée nationale, après avoir entendu le rapport de son comité des douze, considérant que les troubles excités dans le royaume par les ecclésiastiques non sermentés, exigent qu'elle s'occupe sans délai des moyens de les réprimer, décrète qu'il y a urgence; — L'assemblée nationale, considérant que les efforts auxquels se livrent constamment les ecclésiastiques non ser-

(1) Le roi refusa sa sanction par la formule, *le roi examinera.*

Mais, dès le 26 août suivant, l'assemblée législative, par un second décret que le roi sanctionna le jour-même, ordonna la déportation à la Guyane des ecclésiastiques qui, n'ayant pas prêté le serment prescrit, ou l'ayant rétracté, ne seraient pas sortis de France, dans le délai de quinze jours.

Voyez encore l'art. 1er du décret du 23 (21 et)—24 avril 1793, qui ordonne la déportation des ecclésiastiques qui n'ont pas prêté le serment de maintenir la liberté et l'égalité; celui du 7—9 juin suivant, qui défend de demander la déportation des prêtres soumis à la loi; celui du 19—29 juillet même année, qui ordonne la déportation des évêques qui apportent quelque obstacle au mariage des prêtres; celui du 17 septembre suivant, qui déclare applicables aux déportés les dispositions des décrets concernant les émigrés; celui du 30 (29 et) vendémiaire an 2 (20 et 21 octobre 1793), qui désigne les ecclésiastiques sujets à la déportation pour défaut ou rétractation de serment, et qui punit les recéleurs; et celui du 25—30 brumaire an 2 (15—20 novembre 1793), qui exempte de la déportation les prêtres mariés, ou dont les bans ont été publiés.

Voyez aussi le décret du 22 ventôse an 2 (12 mars 1794), relatif à l'exécution de celui du 17 septembre 1793, et l'article additionnel à ce décret, qui autorise les débiteurs de pensions dues aux ecclésiastiques déportés, à ne plus les payer, et à se remettre en possession des biens qu'ils auraient cédés à ces derniers; celui du 22 germinal—1er floréal an 2 (11—20 avril 1794), qui punit les recéleurs d'ecclésiastiques sujets à la déportation; la loi du 13 messidor an 3 (1er juillet 1795), portant suspension de la vente des biens des ecclésiastiques déportés ou sujets à la déportation; celle du 20 fructidor an 3 (6 septembre 1795), art. 1er et suiv., qui prononce le bannissement à perpétuité des prêtres déportés, rentrés sur le territoire français; celle du 22 du même mois (8 septembre 1795), qui rapporte, en ce qui concerne la confiscation des biens, les décrets qui ont assimilé les déportés aux émigrés; les art. 10 et 11 de la loi du 3 brumaire an 4 (25 octobre 1795), qui prescrivent l'exécution immédiate des lois rendues contre les prêtres sujets à la déportation ou à la réclusion; celle du 19 fructidor an 4 (5 septembre 1796), qui autorise les prêtres, dont la réclusion a été ordonnée par la loi du 3 brumaire, à reprendre la jouissance de leurs biens; celle du 7 fructidor an 5 (24 août 1797), qui rapporte toutes celles précédentes, relatives à la déportation des prêtres insermentés; et les art. 6 et 7 de la loi sur l'organisation des cultes, du 18 germinal an 10 (8 avril 1802), qui soumet les ecclésiastiques au serment de fidélité.

Voyez enfin la loi du 27—28 avril 1825, qui indemnise les héritiers et représentans des prêtres déportés, dont les biens ont été confisqués et vendus par l'état.

mentés pour renverser la constitution, ne permettent pas de supposer à ces ecclésiastiques la volonté de s'unir au pacte social, et que ce serait compromettre le salut public que de regarder plus long-temps comme membres de la société, des hommes qui cherchent évidemment à la dissoudre; considérant que les lois sont sans force contre ces hommes qui, agissant sur les consciences pour les égarer, dérobent presque toujours leurs manœuvres criminelles aux regards de ceux qui pourraient les faire réprimer et punir; après avoir décrété l'urgence, décrète ce qui suit :

Art. 1er. La déportation des ecclésiastiques insermentés aura lieu comme mesure de sûreté publique et de police générale, dans le cas et suivant les formes énoncées ci-après.

2. Seront considérés comme ecclésiastiques insermentés, tous ceux qui, assujétis au serment prescrit par la loi du 26 décembre 1790, ne l'auraient pas prêté; ceux aussi qui, n'étant pas soumis à cette loi, n'ont pas prêté le serment civique postérieurement au 3 septembre dernier, jour où la constitution française fut déclarée achevée; ceux enfin qui auront rétracté l'un ou l'autre serment.

3. Lorsque vingt citoyens actifs du même canton se réuniront pour demander la déportation d'un ecclésiastique non sermenté, le directoire de département sera tenu de prononcer la déportation, si l'avis du directoire du district est conforme à la pétition.

4. Lorsque l'avis du directoire de district ne sera pas conforme à la pétition, le directoire de département sera tenu de faire vérifier par des commissaires, si la présence de l'ecclésiastique ou des ecclésiastiques dénoncés nuit à la tranquillité publique; et, sur l'avis de ces commissaires, s'il est conforme à la pétition, le directoire du département sera tenu de prononcer la déportation.

5. Dans le cas où un ecclésiastique non sermenté aurait, par des actes extérieurs, excité des troubles, les faits pourront être dénoncés au directoire du département, par un ou plusieurs citoyens actifs; et, après la vérification des faits, la déportation sera pareillement prononcée.

6. La demande ou pétition dont il est parlé dans les précédens articles, devant être signée de ceux qui la formeront, sera remise par eux au directoire du district; ils en affirmeront la vérité devant le même directoire, qui leur fera délivrer par son secrétaire, sur papier libre et sans frais, un certificat du dépôt de cette pétition.

7. Le directoire du district vérifiera sur les tableaux qui doivent être déposés dans son secrétariat, ou par tout autre moyen, si les signataires de la pétition sont véritablement citoyens actifs; d'après cette vérification, il donnera son avis et le fera passer à l'administration du département, dans les trois jours qui suivront celui de la date du dépôt.

8. Dans le cas où les citoyens actifs qui auront à former la pétition prescrite ne sauraient écrire, elle sera reçue en présence du procureur-syndic, par le secrétaire du district, qui, après l'avoir rédigée, en donnera lecture aux pétitionnaires, et relatera leur déclaration de ne savoir signer.

9. Lorsque les préalables prescrits par les articles précédens auront été remplis, tant de la part des pétitionnaires que de la part du directoire de district, le directoire de département sera tenu de statuer, dans les trois jours, si l'avis du directoire de district est conforme à la pétition.

10. Lorsque l'avis du directoire de district ne sera pas conforme à la pétition, le directoire de département aura quinze jours pour faire procéder aux vérifications prescrites en pareil cas, et pourra statuer définitivement.

11. L'avis du directoire de district ou celui des commissaires vérifica-

teurs étant conforme à la pétition, il sera enjoint par l'arrêté du directoire de département, aux ecclésiastiques sujets à la déportation, de sortir et se retirer dans vingt-quatre heures hors des limites du district de leur résidence, dans trois jours hors des limites du département, et dans le mois hors du royaume. Ces différens délais courront du jour de la sommation qui leur en sera faite à la requête du procureur-général-syndic du département, poursuites et diligences du procureur-syndic du district.

12. Copie de l'arrêté du département sera notifiée à chacun des ecclésiastiques sujets à la déportation, ou à leur dernier domicile connu, avec sommation d'y obéir et de s'y conformer. Cette notification se fera sur papier libre, sans autres frais que les vacations de l'huissier, modérées aux deux tiers des vacations ordinaires, et sera soumis à l'enregistrement gratuit.

13. Sitôt après cette notification, l'ecclésiastique sera tenu de déclarer devant la municipalité du lieu de sa résidence, ou devant le directoire de district, le pays étranger dans lequel il entend se retirer; et il lui sera délivré sur-le-champ, par la municipalité ou le directoire du district, un passe-port qui contiendra son signalement, sa déclaration, la route qu'il doit tenir, et le délai dans lequel il doit être sorti du royaume.

14. Dans le cas où l'ecclésiastique n'obéirait pas à la sommation à lui faite, le procureur-syndic du district sera tenu de requérir la gendarmerie nationale pour le faire transférer, de brigade en brigade, au delà des frontières les plus voisines du lieu de son départ; et les frais de cette translation, dont il sera dressé procès-verbal, seront retenus sur sa pension ou ses revenus.

15. Lorsque l'ecclésiastique, contre lequel la déportation sera prononcée, n'aura ni pension ni revenus, il recevra trois livres par journée de dix lieues, jusqu'aux frontières, pour le faire subsister pendant la route; ces frais seront supportés par le trésor public, et avancés par la caisse du district dans lequel résidait cet ecclésiastique.

16. Ceux des ecclésiastiques contre lesquels la déportation aura été prononcée, qui resteraient dans le royaume après avoir déclaré leur retraite, ou qui rentreraient après leur sortie, seront condamnés à la peine de la détention pendant dix ans.

17. Le directoire de département sera tenu d'envoyer chaque mois, au pouvoir exécutif, qui en rendra compte à l'assemblée nationale, l'état nominatif des ecclésiastiques dont il aura prononcé la déportation.

18. L'assemblée nationale n'entend, par les précédentes dispositions, soustraire aux peines établies par le Code pénal les ecclésiastiques non sermentés qui les auraient encourues ou pourraient les encourir par la suite.

19. Le présent décret sera porté dans le jour à la sanction.

---

27 mai 1792: *Police des ports*, voyez 22 du même mois; *Pêche de la baleine*, voyez 23 mai; *Avancement des adjudans-généraux pendant la guerre*, voyez 25 mai.

N° 207. = 28 mai 1792. = **DÉCRET** *par lequel l'assemblée déclare ses séances permanentes.* (B., XXII, 150.)

N° 208. = 28—31 mai 1792. = **DÉCRET** *relatif au voyage du sieur* du Petit-Thouars, *pour la recherche de M.* de la Peyrouse. (B., XXII, 149.)

L'assemblée nationale, ouï le rapport de son comité de la marine, s'étant fait représenter le décret rendu le 22 décembre dernier, par lequel il a été accordé un encouragement de dix mille livres à l'expédition que le sieur *du Petit-Thouars* va faire autour du monde pour la recherche de M. *de la Pey-*

rouse et de ses compagnons d'infortune ; et sur le compte qui lui a été rendu des retards et contrariétés que le sieur *du Petit-Thouars* a éprouvés dans la Manche à la première sortie ; voulant lui donner une nouvelle marque de bienveillance nationale, attendu que son entreprise a un double objet d'intérêt général, et le mettre en état de réparer au plus tôt les avaries qu'il a souffertes ; décrète que le pouvoir exécutif est autorisé à faire au sieur *du Petit-Thouars*, et aux officiers militaires qui doivent s'embarquer pour son expédition, avec l'agrément du roi, une avance équivalente à deux années de leurs appointemens dans leurs grades respectifs, sur le pied d'activité de service ; laquelle avance sera prise sur l'exercice de la présente année 1792.

N° 209. = 28—31 mai 1792. = DÉCRET *relatif à la création de cinquante-quatre compagnies franches.* (B. XXII, 152.)

N° 210. = 29—31 mai 1792. = DÉCRET *relatif au licenciement de la garde soldée du roi.* (B., XXII, 194.)

L'assemblée nationale, considérant que l'admission dans la garde soldée actuelle du roi, d'un grand nombre d'individus qui ne réunissent point les conditions exigées pour ce service par l'acte constitutionnel ; que l'esprit d'incivisme dont ce corps est généralement animé, et la conduite de ses officiers supérieurs, excitent de justes alarmes, et pourraient compromettre la sûreté personnelle du roi et la tranquillité publique, décrète ce qui suit :

Art. 1ᵉʳ. La garde soldée actuelle du roi est licenciée, et elle sera renouvelée sans délai, conformément aux lois.

2. Jusqu'à ce renouvellement de la garde soldée du roi, la garde nationale parisienne fera le service auprès de sa personne, ainsi et de la même manière qu'elle l'a fait avant l'établissement de la garde soldée.

N° 211. = 29 mai — 6 juin 1792. = DÉCRET *qui accorde des secours provisoires aux différens colléges qui ont perdu leurs revenus par la suppression des dîmes et des droits féodaux.* (B., XXII, 158.)

N° 212. = 29 mai—6 juin 1792.=DÉCRET *relatif aux récusations que peuvent faire les accusés en matière criminelle* (1). (B., XXII, 191.)

L'assemblée nationale, considérant qu'il importe de faire cesser promptement la difficulté qui s'est élevée sur l'exécution de l'article 12 du titre XI du décret du 16—29 septembre 1791, concernant la procédure par jurés ; considérant que, suivant le principe établi dans cette loi, sur le nombre des récusations que peuvent faire les accusés sans en déclarer les motifs, les récusations ne peuvent pas s'étendre au delà de vingt jurés, en quelque quantité que soient les accusés, et que l'article 12 du titre XI dudit décret doit être interprété conformément à ce principe, décrète ce qui suit :

Art. 1ᵉʳ. La faculté de récuser sans en déclarer les motifs, ne peut s'étendre au delà du nombre de vingt jurés, quel que soit celui des accusés, et soit qu'ils se concertent pour exercer ensemble leurs récusations, soit qu'ils le fassent séparément.

---

(1) Voyez les art. 10 et suiv. du tit. XI de la loi du 16—29 septembre 1791 ; la loi du 29 mai—6 juin 1792, qui détermine la faculté de récusation péremptoire des jurés ; l'art. 504 et suiv. du Code du 3 brumaire an 4 (25 octobre 1795), sur le même objet ; celle du 6 germinal an 8 (27 mars 1800), concernant les récusations permises au commissaire du gouvernement, et enfin les art. 399 et suiv. du Cod. inst. crim. de 1808, relatifs aux récusations qui peuvent être faites, soit par l'accusé, soit par le ministère public.

2. Si les accusés ne se concertent pas pour récuser, le sort réglera entre eux le rang dans lequel se feront les récusations.

3. Il sera libre aux accusés de se concerter pour récuser une partie des vingt jurés, sauf à exercer ensuite séparément le reste des récusations, suivant le rang fixé entre eux par le sort.

N° 213. == 29 mai—6 juin 1792.==DÉCRET *relatif aux moyens d'accélérer les fonctions de la haute-cour nationale.* (B., XXII, 192.)

N° 214. == 29 mai—8 juin 1792. == DÉCRET *qui règle la manière de former les actions relatives à la caisse de l'extraordinaire.* (B., XXII, 188.)

Art. 1er. Toutes les actions concernant la caisse de l'extraordinaire, qui seront de nature à être portées dans les tribunaux, seront intentées et suivies au nom de l'agent du trésor public : il défendra pareillement aux demandes qui pourraient être formées contre cette caisse, et les parties qui voudront les exercer ne pourront se pourvoir que contre lui.

2. Lorsque les affaires lui paraîtront susceptibles de difficulté, soit avant l'instance, soit pendant la durée de l'instruction, il prendra, sur le compte qu'il en rendra au commissaire du roi administrateur de la caisse de l'extraordinaire, l'avis par écrit des hommes de loi qu'il lui indiquera ; il présentera ensuite cet avis au commissaire du roi administrateur, qui l'autorisera à agir de la manière la plus convenable aux intérêts de la nation.

3. S'il s'agit de transiger, l'agent du trésor public pourra y être autorisé par le commissaire du roi administrateur de la caisse de l'extraordinaire ; mais la transaction n'aura d'effet vis-à-vis de la nation, que d'après l'approbation du corps législatif.

4. Toutes les actions énoncées au présent décret, seront portées au tribunal du premier arrondissement de la ville de Paris, et instruites en la même forme que les matières sommaires.

5. L'appel des jugemens rendus par le tribunal du premier arrondissement, ne pourra être porté que dans l'un des autres tribunaux d'arrondissement de Paris ; et, en cas d'appel, les jugemens seront exécutés par provision, soit qu'ils aient été prononcés en faveur de la caisse de l'extraordinaire ou contre cette caisse ; mais, en ce dernier cas, l'exécution provisoire n'aura lieu qu'en donnant caution par les parties qui poursuivront cette exécution.

6. Les assignations et significations qui seront dans le cas d'être faites au domicile de l'agent du trésor public, ne seront valables que quand il les aura visées.

7. Chaque année le commissaire du roi administrateur de la caisse de l'extraordinaire comprendra dans un état général les frais de procédure qui auront été faits pendant l'année pour la suite des affaires : cet état, visé par le commissaire-administrateur, sera présenté au roi par le ministre de l'intérieur, pour être ordonnancé.

N° 215. == 29 mai—8 juin 1792. ==DÉCRET *qui accorde aux officiers de santé de la marine, embarqués sur les vaisseaux de l'état, un supplément de solde.* (B., XXII, 190.)

N° 216. == 30 mai—8 juin 1792. ==DÉCRET *relatif aux pensions accordées sur la caisse des invalides de la marine* (1). (B., XXII, 196.)

Art. 1er. Les pensions accordées sur la caisse des invalides de la marine,

____

(1) Voyez les décret et réglement du 30 avril (28 et)—13 mai 1791, sur la caisse des invalides de la marine, et les notes qui résument toute la matière.

continueront, en conformité du décret du 19 mars dernier, d'être acquittées depuis l'époque où le paiement a cessé d'en être fait, et pendant l'année 1792, à titre de secours provisoire, et jusqu'à la concurrence de six cents livres, à tous les pensionnaires qui, conformément à l'article 3 du titre III du décret du 30 avril—13 mai. n'auront aucun autre traitement ou pension sur l'état, sans qu'il soit besoin d'autre formalité ni d'autre dépôt que de celui ordonné par l'article suivant.

2. Le ministre de la marine sera tenu, d'ici au 1ᵉʳ juillet prochain, de se conformer à l'article 5 du titre IV du décret du 30 avril—13 mai 1791; ce faisant, de remettre au bureau du commissaire-liquidateur les titres ou décisions, avec les motifs ou informations prises dans les ports respectifs, sur les pensions des invalides de la marine suspendues; à l'effet, par le commissaire-liquidateur, d'en faire l'examen et vérification, et de remettre le tout au comité de marine pour en faire le rapport à l'assemblée nationale.

3. Le secours de trois livres par mois accordé aux ouvriers des ports domiciliés à Brest, à Toulon, à Rochefort et à Lorient, c'est-à-dire, attachés au service des ports et arsenaux, par eux ou par leurs familles, depuis plus de quarante ans, et qui leur a été payé à compter du 1ᵉʳ février, pour chacun de leurs enfans au dessous de huit ans, s'appliquera à tous leurs enfans, quels qu'en soient le sexe et le nombre.

4. Le ministre de la marine tiendra la main à ce que la liste générale des soldes, demi-soldes et pensions, qui a dû être dressée ensuite de l'article 6 du titre II du décret du 30 avril—13 mai 1791, et d'après les demandes certifiées par les municipalités et envoyées par les syndics des gens de mer, soit très incessamment terminée, et adressée dans les divers ports du royaume où les paiemens seront faits.

5. Les soldes, demi-soldes ci-devant accordées aux sous-officiers et soldats des troupes de la marine et des colonies, continueront à être payées par la caisse particulière des invalides de la marine.

6. Celles qui leur seront accordées à l'avenir seront réglées conformément aux décrets rendus pour l'armée de ligne.

7. Les pensions des invalides de la marine, mutilés, estropiés ou caducs, et qui ne seraient point admis à l'hôtel, seront, pour les sergens-majors et fourriers, de quatre cent vingt-deux livres trois sous quatre deniers; pour les sous-officiers, de trois cents livres dix sous; pour les soldats, de deux cent quarante livres.

8. Les sous-officiers et soldats qui auront obtenu la solde ou la demi-solde sur la caisse des invalides de la marine, seront appelés aux pensions déterminées par l'article précédent, chacun dans leur grade, lorsque, par leur âge, leurs blessures, leurs infirmités et leurs services, ils se trouveront dans le cas de les obtenir; mais ils ne parviendront que successivement d'une paie inférieure à la paie supérieure et immédiate, conformément au décret du 19—25 mars 1792.

9. L'article 7 du titre II du décret du 30 avril—13 mai 1791, ayant fixé à quatre-vingt-seize livres le *minimum* des pensions sur la caisse des invalides de la marine, cette disposition sera suivie à l'égard des sous-officiers et soldats dont la demi-solde est inférieure à huit livres par mois; mais il ne leur sera rien payé pour leur tenir lieu d'habillement.

10. Les veuves des sous-officiers et soldats invalides de la marine qui seront parvenus au *maximum* du traitement fixé par l'article 7, auront droit à une pension, laquelle ne s'élèvera jamais au dessus de cent livres, et ne pourra être moindre de cinquante livres.

11. Les dispositions du décret du 30 avril—13 mai 1791, concernant les enfans des marins invalides et les orphelins de père et de mère, seront com-

munes aux enfans et orphelins des sous-officiers et soldats invalides de la marine ; mais ces derniers jouiront du secours qui leur est attribué, jusqu'à ce qu'ils aient atteint l'âge de seize ans.

12. Les soldes, demi-soldes et pensions accordées sur la caisse des invalides de la marine, ne seront sujettes à aucune imposition particulière, et les invalides de la marine ne pourront être assujétis qu'aux contributions foncière et mobilière, ainsi que les autres citoyens.

13. Les dispositions du titre V du décret du 30 avril — 13 mai 1791, relatives à la comptabilité de la caisse des invalides de la marine, seront exécutées nonobstant toutes lois postérieures, inapplicables à ladite caisse.

14. Pour l'entière exécution du décret, le chef du bureau des invalides à Paris, chargé, par l'article 11 du même titre, des poursuites à faire pour la rentrée des sommes dues à ladite caisse, continuera à remplir, à l'égard des invalides de la marine résidant à Paris, ou qui y sont payés, les mêmes fonctions attribuées aux chefs d'administration, ordonnateurs dans les ports, avec lesquels il sera assimilé, à compter de la date de sa commission.

15. Il certifiera en outre le bordereau de la situation des différentes caisses, ainsi que le compte général contenant le tableau ou résumé des différentes natures de recettes et dépenses des divers trésoriers des invalides, tant en France que dans les colonies.

16. Les parts des prises, les soldes des déserteurs, les salaires des marins morts en mer, ainsi que le produit de leurs inventaires vendus pendant la campagne, et tous autres objets non réclamés, compris dans l'article 4 du titre Ier du décret du 30 avril — 13 mai 1791, continueront à être versés par les armateurs, et sans frais, dans les caisses des invalides de la marine.

17. Seront mis en dépôt ès mains des receveurs des droits de navigation, aux termes de l'article 1er du décret du 9 — 13 août 1791, seulement les marchandises et effets provenant des bris et naufrages ou épaves, les hardes des marins décédés en mer, et autres objets dont la vente et la liquidation devront être ordonnées par les tribunaux de commerce maritime, pour être lesdits dépôts restitués aux parties intéressées, ou leur produit versé dans la caisse des invalides, dans le délai d'une année, à compter de la date du dépôt.

N° 217. = 30 mai — 29 juin 1792. = **DÉCRET** *relatif aux troupes coloniales* (1). (B. , XXII, 200.)

Art. 1er. En exécution du décret rendu par l'assemblée constituante le 11 juillet 1791, tous les régimens et bataillons de l'île de France, de Bourbon, Pondichéry, Port-au-Prince, du Cap, de la Martinique, la Guadeloupe, la Guyane, d'Afrique, Saint-Pierre de Miquelon, le bataillon auxiliaire, et le corps des volontaires de Bourbon, qui n'a pas été compris dans ce décret, les compagnies de Cipayes de Pondichéry, et toutes autres troupes soldées et employées à la défense des colonies et des possessions d'outre-mer, seront à l'avenir sous la direction du département de la guerre.

---

(1) Déjà, par son décret du 11 — 20 juillet 1791, l'assemblée constituante avait ordonné que toutes les troupes coloniales seraient placées sous la direction du ministre de la guerre (art. 1er); par celui du 28 septembre — 13 novembre suivant, elle avait réglé l'avancement des officiers-généraux employés aux colonies; par celui du 29 septembre — 16 octobre même année, elle avait licencié les anciens régimens coloniaux, et pourvu au mode de leur remplacement. Voyez le décret du 27 — 28 août 1792, art. 1er et suiv., contenant des règles pour l'organisation des troupes coloniales en régimens de ligne, sur le pied de guerre; l'arrêté du 9 vendémiaire an 6 (30 septembre 1797), qui ordonne la réorganisation de ces troupes; celui du 27

2. Tous lesdits régimens, corps de volontaires et compagnies détachées, portés en l'article 1er, à l'exception de six compagnies de Cipayes et des volontaires de Bourbon, sans avoir égard à leurs ordonnances de création ni à la date d'icelles, demeureront réformés ; les officiers comme les soldats seront incorporés de la manière prescrite ci-après.

3. Il sera formé de tous ces régimens, bataillons et compagnies, six régimens d'infanterie de deux bataillons chacun, dont la composition sera la même que celle des régimens de ligne, au nombre desquels ils seront compris, et tireront au sort entre eux pour prendre rang après le cent cinquième.

4. Indépendamment de ces six régimens, et conformément à l'article 6 du décret du 29 septembre 1791, il sera particulièrement affecté à la garde de Pondichéry et comptoirs dépendans, deux bataillons de Cipayes, dont l'avancement roulera sur eux-mêmes.

5. L'assemblée nationale, dérogeant au décret rendu le 29 septembre dernier par l'assemblée constituante, lequel licencie lesdits régimens, décrète que lesdits régimens seront réformés, tiercés et incorporés : le pouvoir exécutif prendra le mode de tiercement qui pourra le plus promptement opérer la nouvelle formation des six régimens.

6. Tous les officiers desdits régimens et les officiers du régiment de Bourbon, précédemment réformés, comme tous les autres incorporés dans les susdits régimens, prendront rang entre eux à la date de leur commission.

7. Lesdits six régimens prendront les nos 106, 107, 108, 109, 110 et 111 ; il leur sera envoyé les drapeaux décrétés pour les régimens de ligne.

8. Les officiers qui, par cette formation, ne seront pas placés, obtiendront des retraites, conformément à la disposition du décret du 14 décembre 1790, et seront susceptibles d'être replacés aux emplois réservés au choix du roi par le décret du....avril 1792.

9. Le pouvoir exécutif pourra porter, même en temps de paix, au complet de guerre, les troupes qui passeront aux colonies : dans ce moment, les six nouveaux régimens créés en remplacement des régimens coloniaux, seront portés au complet de guerre, ainsi que tous les régimens de ligne.

3o mai 1792 : *Confection et entretien des routes*, voyez 22 du même mois ; *Régimens d'artillerie*, voyez 25 mai.

Nᵒ 218. = 31 mai — 8 juin 1792. = DÉCRET *qui nomme des commissaires*

---

thermidor an 7 (14 août 1799), concernant les officiers militaires des colonies qui repassent en France ; l'ordonnance du 8—17 août 1814, qui ordonne la formation de bataillons supplémentaires pour les colonies, et règle leur composition ; celle du 28 septembre—7 octobre même année, qui règle le nombre et la force des bataillons coloniaux ; celle du 16—22 décembre suivant, portant formation d'un régiment colonial étranger ; celle du 1er — 16 avril 1818, art. 3, qui réduit l'effectif de ces bataillons, et celle du 5—23 janvier 1820, qui la modifie ; celle du 15—3o août 1821, qui règle le mode d'avancement des officiers employés aux colonies ; celle du 3o décembre 1823—23 janvier 1824, relative à la formation des garnisons des colonies ; celle du 26 janvier — 1er novembre 1825, sur le même objet ; celle du 17 août—1er septembre 1828, qui affecte trois régimens d'infanterie au service ordinaire des colonies, et qui règle l'organisation de ces régimens, et celle du 21 décembre 1828—7 janvier 1829, qui place la direction, l'administration et la comptabilité de tous les services militaires coloniaux dans les attributions exclusives du ministre de la marine et des colonies.

pour l'examen de divers projets concernant la construction d'un port de marine nationale près Saint-Malo et Saint-Servan. (B., XXII, 202.)

N° 219. = 31 mai—8 juin 1792. = **DÉCRET** *qui règle la situation des grenadiers royaux, régimens provinciaux et bataillons de garnison, supprimés par la loi du 4 mars 1791.* (B., XXII, 203.)

N° 220. = 31 mai — 8 juin 1792. = **DÉCRET** *relatif à la vente des poudres et salpêtres de la régie, et à l'importation libre du salpêtre.* (B., XXII, 204.)

N° 221. = 31 mai—8 juin 1792. = **DÉCRET** *sur les déclarations à faire par les bâtimens de mer qui entrent dans le Rhône pour se rendre à la foire de Beaucaire.* (B., XXII, 206.)

N° 222. = 31 mai (6 avril, 28, 29 et)—14 juin 1792. = **DÉCRET** *relatif à l'organisation de l'artillerie et de l'infanterie de la marine* (1). (B., XXII, 207.)

TITRE Ier. — *Des forces entretenues pour la marine, de leur organisation, solde et masse.*

'Art. 1er. Le corps royal des canonniers-matelots est et demeure supprimé.

2. Il sera habituellement entretenu, pour le service de la marine et de son artillerie, neuf mille cinq cent quarante-sept hommes.

3. Cette force sera divisée en cent quarante-sept officiers, et trois mille six cent quatre-vingt-dix-neuf hommes d'artillerie, deux cent quarante et un officiers, et cinq mille quatre cent soixante hommes d'infanterie, répartis ainsi qu'il suit :

ARTILLERIE.

4. L'artillerie sera composée d'un état-major général, de deux régimens, de trois compagnies d'ouvriers et de quatre compagnies d'apprentis-canonniers des classes.

---

(1) Voyez le décret du 8—14 septembre 1792, qui complète l'organisation de l'artillerie et de l'infanterie de la marine ; la loi du 3 brumaire an 4 (25 octobre 1795), qui réorganise le corps d'artillerie de la marine, et détermine le service auquel il est affecté ; la loi du 12 prairial suivant (31 mai 1797), concernant les rations de fourrages des troupes d'artillerie de la marine ; le réglement du 6 vendémiaire an 9 (28 septembre 1800), pour le canonnage maritime; l'arrêté du 2 frimaire suivant (23 novembre 1800), concernant la formation des masses pour l'habillement et l'équipement des troupes d'artillerie de la marine; celui du 23 germinal même année (13 avril 1801), qui règle le mode d'avancement dans cette arme; celui du même jour, qui règle le mode d'administration et de comptabilité des demi-brigades d'artillerie de la marine; et celui du 15 floréal an 11 (5 mai 1803), qui réorganise la même arme.

Voyez encore l'ordonnance du 1er juillet — 6 septembre 1814, qui contient une nouvelle classification des officiers d'artillerie de la marine ; celle du 1er juillet—21 septembre même année, qui organise cette arme; celle du 21 février—2 avril 1816, portant création et organisation du corps royal d'artillerie de la marine, et celle du 29 février—2 avril 1816, qui règle le mode de licenciement de l'ancienne artillerie, et prescrit la formation du corps royal d'artillerie de marine, d'après les bases de l'ordonnance précédente: voyez aussi le réglement du 19 janvier —28 février 1832, qui prescrit la formation de détachemens d'artillerie de marine, destinés pour les colonies.

Voyez, en outre, les annotations faites dans le cours du présent décret.

Composition de l'état-major-général.

Un inspecteur-général; trois commandans d'artillerie; quatre lieutenans-colonels chefs de construction; trois capitaines directeurs des fonderies et manufactures d'armes; quatre adjudans-majors; quatre gardes principaux; soixante maîtres-canonniers entretenus, dont quatre attachés aux compagnies d'apprentis-canonniers des classes; douze élèves.—Total, quatre-vingt-onze, dont dix-neuf officiers, soixante maîtres-canonniers entretenus et douze élèves.

5. Chaque régiment d'artillerie sera de quatorze cent cinquante-neuf hommes, formant deux bataillons, et chaque bataillon huit compagnies.

Composition de l'état-major d'un régiment d'artillerie.

Un colonel, deux lieutenans-colonels, deux adjudans-majors, un quartier-maître-trésorier, un chirurgien-major, un aumônier, un tambour-major, un caporal tambour, huit musiciens, un maître armurier, un maître tailleur, un maître cordonnier. — Total, vingt et un, dont six officiers, treize sous-officiers.—Pour deux régimens, douze officiers, vingt-six sous-officiers.

Composition d'une compagnie de canonniers-bombardiers.

Un capitaine, un premier lieutenant, un second lieutenant, un sergent-major maître-canonnier, quatre sergens maîtres-canonniers, un caporal-fourrier second maître, huit caporaux seconds maîtres, vingt-quatre aides-canonniers de première classe, vingt-quatre aides-canonniers de seconde classe, vingt-quatre canonniers-apprentis, un tambour. — Total, quatre-vingt-dix, dont trois officiers, quatorze sous-officiers, soixante-treize canonniers ou tambours. — Pour seize compagnies, quarante-huit officiers, deux cent vingt-quatre sous-officiers, onze cent soixante-huit canonniers ou tambours. — Et pour deux régimens, quatre-vingt-seize officiers, quatre cent quarante-huit sous-officiers, deux mille trois cent trente-six canonniers ou tambours.

Composition d'une compagnie d'ouvriers.

Un premier capitaine, un second capitaine, un premier lieutenant, un second lieutenant, un sergent-major, quatre sergens', un caporal-fourrier, quatre caporaux, quatre appointés, douze ouvriers de première classe, seize ouvriers de deuxième classe, trente-deux apprentis, un tambour. — Total, soixante-dix-neuf, dont quatre officiers, dix sous-officiers, soixante-cinq ouvriers ou tambours. — Et pour trois compagnies, douze officiers, trente sous-officiers, cent quatre-vingt-quinze ouvriers ou tambours.

Composition d'une compagnie d'apprentis-canonniers des classes.

Un capitaine, un lieutenant, un maître-canonnier entretenu, quatre maîtres-canonniers des classes, huit seconds maîtres-canonniers des classes, seize aides-canonniers des classes, cent vingt matelots apprentis-canonniers.—Total, cent cinquante et un, dont deux officiers, treize maîtres de canonnage, cent trente-six aides-canonniers ou apprentis-canonniers. — Et pour quatre compagnies, huit officiers, cinquante-deux maîtres ou seconds maîtres de canonnage, cinq cent quarante-quatre aides-canonniers ou apprentis-canonniers.

6. Les appointemens et solde des officiers, sous-officiers et soldats des troupes de l'artillerie de la marine, seront réglés conformément au tableau annexé au présent décret.

7. Les sous-officiers et soldats des compagnies d'ouvriers de l'artillerie de la marine, recevront chaque jour de travail, indépendamment de la solde

fixée par l'article précédent, un supplément ; savoir : — A chaque sergent, dix-huit sous ; à chaque caporal, ouvrier et apprenti, treize sous.

8. Les appointemens et solde des officiers, officiers-mariniers et matelots-canonniers, composant les quatre compagnies d'apprentis-canonniers des classes, seront réglés conformément au tableau annexé au présent décret.

9. Indépendamment de la somme fixée, tant pour les compagnies de canonniers-bombardiers, que pour celles d'ouvriers d'artillerie et apprentis-canonniers des classes, chaque sous-officier et soldat, officier-marinier et apprenti-canonnier des classes, présent ou détaché pour le service, recevra par journée une ration de pain du poids de vingt-quatre onces, évaluée à un sou six deniers.

10. Pour subvenir aux dépenses du recrutement, rengagement, habillement, entretien de l'armement et frais de bureau de l'état-major, dans les régimens d'artillerie et compagnies d'ouvriers, il sera formé une masse sous le titre de *masse générale*, de cinquante et une livres par homme et par an, et payée au complet desdits régimens et desdites compagnies.

11. La masse générale n'appartiendra point individuellement aux hommes ; ils n'auront aucun droit à en demander des comptes partiels. Elle sera administrée par les conseils d'administration des régimens et capitaines d'ouvriers pour ces compagnies ; ils en rendront compte chaque année à l'inspecteur, et celui-ci au ministre.

INFANTERIE.

12. L'infanterie aura un inspecteur-général, et formera quatre régimens.

13. Chaque régiment sera de quatorze cent vingt-cinq hommes, formant deux bataillons.

14. Chaque bataillon sera composé de huit compagnies de fusiliers et une de grenadiers.

Composition de l'état-major d'un régiment d'infanterie.

Un colonel, deux lieutenans-colonels, deux adjudans-majors, un quartier-maître-trésorier, un chirurgien-major, un aumônier, deux adjudans, un tambour-major, un caporal-tambour, huit musiciens, un maître-armurier, un maître-tailleur, un maître-cordonnier. — Total, vingt-trois, dont six officiers et quinze sous-officiers. — Pour quatre régimens, vingt-quatre officiers et soixante sous-officiers, non compris les chirurgiens-majors et aumôniers.

Composition d'une compagnie de grenadiers ou fusiliers.

Un capitaine, un lieutenant, un sous-lieutenant, un sergent-major, quatre sergens, un caporal-fourrier, quatre caporaux, quatre appointés, soixante grenadiers ou fusiliers, un tambour. — Total, soixante-dix-huit, dont trois officiers, dix sous-officiers, soixante-cinq grenadiers, fusiliers ou tambours. — Pour dix-huit compagnies, cinquante-quatre officiers, cent quatre-vingts sous-officiers, onze cent soixante-dix grenadiers ou fusiliers ; et pour quatre régimens, deux cent seize officiers, sept cent vingt sous-officiers, quatre mille six cent quatre-vingts grenadiers ou fusiliers.

15. Les appointemens et solde des officiers, sous-officiers et soldats des régimens d'infanterie de la marine, seront payés conformément au tableau annexé au présent décret.

16. Il sera accordé un supplément de solde à ceux des sous-officiers et soldats d'infanterie de la marine qui auront acquis des mérites à la mer, dans la manœuvre ou le canonnage, lesquels supplémens seront payés conformément au tableau annexé au présent décret.

17. Les sous-officiers et soldats présens aux drapeaux ou détachés pour le service, jouiront, indépendamment de la solde fixée par l'article 15, d'une ration de pain du poids de vingt-quatre onces, évaluée à un sou six deniers.

18. Pour subvenir aux dépenses du recrutement, rengagement, habillement, entretien de l'armement et frais de bureau de l'état-major, il sera formé une masse, sous le titre de *masse générale*, de quarante-huit livres par homme et par an, et payée au complet.

19. La masse générale n'appartiendra pas individuellement aux hommes ; ils n'auront aucun droit à en demander des décomptes partiels : elle sera administrée par les conseils d'administration des régimens, qui en rendront compte chaque année à l'inspecteur et celui-ci au ministre.

20. Il sera entretenu, au-delà du complet, à la demi-solde, sous le nom d'enfans du corps, deux enfans de sous-officiers ou soldats par compagnie, dans les régimens d'artillerie et d'infanterie, quatre dans chaque compagnie d'ouvriers, et huit enfans d'officiers-mariniers de canonnage dans celle d'apprentis-canonniers des classes. — Ils ne seront admis qu'à l'âge de huit ans, par l'inspecteur-général, sur la présentation du conseil d'administration ; parvenus à l'âge de seize ans, ils jouiront de la solde entière s'ils veulent contracter un engagement, ou cesseront, dans le cas contraire, à cette époque, de recevoir celle attribuée aux enfans du corps.

21. Les troupes de la marine seront augmentées en temps de guerre, savoir, les régimens d'artillerie, de douze hommes par compagnie ; ceux d'infanterie, de vingt hommes par compagnie. — Le complet de chaque régiment d'artillerie sera alors de seize cent cinquante et un hommes, et celui des régimens d'infanterie, de dix-sept cent quatre-vingt-cinq.

22. Cette augmentation sera fournie par les vingt-cinq mille auxiliaires affectés au service de la marine, par le décret du 4—12 juin 1791. — Le mode de leur incorporation sera fixé par un décret particulier.

23. Les drapeaux seront portés, dans chaque bataillon, par un sergent au choix du colonel.

24. Les troupes de l'artillerie et d'infanterie de la marine seront susceptibles des récompenses et décorations militaires décrétées pour l'armée. Les services des officiers, sous-officiers et soldats, seront comptés conformément aux lois portées sur l'avancement des gens de mer.

25. Les lois établies pour le nombre, le choix et l'avancement des aides-de-camp des généraux de l'armée, seront communes aux aides-de-camp des inspecteurs de l'artillerie et de l'infanterie de la marine.

26. Les inspecteurs ne pourront à l'avenir proposer pour les places d'aides-de-camp, que des officiers des troupes de leur inspection, dans lesquelles lesdits officiers conserveront exclusivement leur avancement. Pour cette fois seulement, les inspecteurs pourront choisir parmi les sujets ayant précédemment servi comme officiers dans le corps ou dans les troupes de la marine. Ils pourront choisir également parmi les lieutenans de vaisseau des trois classes, et enseignes de vaisseau, lesquels conserveront leur rang et leurs appointemens là où ils excéderaient ceux d'aides-de-camp. Pourront aussi être nommés aides-de-camp, ceux qui ont servi comme officiers dans la garde nationale.

27. Les aumôniers des régimens d'artillerie et d'infanterie de la marine seront compris dans les frais du culte, et fixés par un décret particulier.

28. Les chirurgiens-majors des régimens de l'artillerie et de l'infanterie de la marine, seront payés sur les fonds destinés aux hôpitaux de la marine ; leur traitement sera fixé par les décrets qui seront rendus sur cette partie du service.

29. Les troupes de la marine continueront à prendre rang à la suite des régimens créés en 1690.

30. Les dispositions énoncées dans les articles du décret de l'assemblée nationale constituante, du 28 février 1790, relatives au mode dans lequel les

militaires jouiront des droits politiques, et aux circonstances dans lesquelles ces droits seront accordés à ceux d'entre eux qui ne réuniront pas les conditions exigées par la constitution, seront communes à l'artillerie et à l'infanterie de la marine, en se conformant, pour compter l'ancienneté, aux lois rendues à cet égard sur le service des gens de mer.

TITRE II.—*Mode d'admission et d'avancement dans l'artillerie de la marine.*

Du recrutement des troupes d'artillerie.

Art. 1er. Les troupes de l'artillerie se recruteront par des enrôlemens volontaires, en se conformant à cet égard aux lois et réglemens de police sur le recrutement des troupes de l'artillerie de l'armée.

Des qualités exigées dans les recrues.

2. Il ne sera admis dans les régimens d'artillerie de la marine, que des Français de l'âge de dix-huit à vingt-quatre ans.

Des qualités exigées pour les recrues faites pour les compagnies d'ouvriers d'artillerie.

3. Il ne sera engagé dans les compagnies d'ouvriers d'artillerie, que des jeunes gens ayant une profession utile en raison du service desdites compagnies, et réunissant d'ailleurs les qualités prescrites par les ordonnances pour les recrues des régimens d'artillerie.

De la durée des engagemens.

4. La durée des engagemens des troupes de l'artillerie sera de huit ans.

Des sous-officiers et soldats qui atteindront le terme de leur engagement, étant à la mer.

5. Les sous-officiers et soldats dans le cas d'obtenir leur congé d'ancienneté, étant à la mer, ne pourront le réclamer qu'à la fin de la campagne ; mais il sera tenu compte à ceux qui ne voudront pas contracter un nouvel engagement, du temps qu'ils auront servi au-delà de leur congé, sur le pied d'un huitième du prix de l'engagement pour chaque année.

6. Aucun sous-officier ou soldat de l'artillerie et de l'infanterie de la marine, ne pourra être embarqué contre son gré pour les grandes Indes, si le terme de son engagement n'est pas éloigné de plus d'un an ; pour l'Amérique et les côtes d'Afrique, s'il a encore six mois à servir ; et pour le Levant, si son congé lui est dû avant trois mois.

De la suspension des congés.

7. L'expédition des congés au terme de leur expiration, ne pourra être suspendue, même en temps de guerre, que par un décret du corps législatif, sanctionné par le roi.

Lois générales sur les différens degrés d'avancement parmi les soldats, et sur la nomination au grade de sous-officier.

8. Aucun canonnier-apprenti, aide et second canonnier, ne pourra passer à un grade supérieur, s'il n'en a été jugé susceptible par les commandans des bâtimens sur lesquels il aura navigué.

Des places d'aides-canonniers de seconde classe.

9. Les places d'aides-canonniers de seconde classe vacantes, seront remplacées, dans chaque compagnie, par le plus ancien apprenti-canonnier, ayant au moins douze mois de navigation sur les vaisseaux de l'état, et ayant été jugé susceptible de cet avancement par les commandans des bâtimens sur lesquels il aura été employé.

De la nomination aux places d'aides-canonniers de première classe.

10. Le plus ancien aide-canonnier de seconde classe, dans chaque compa-

gnic, passera de droit à la place d'aide-canonnier de première classe qui viendra à vaquer.

Choix des caporaux seconds maîtres-canonniers.

11. Le choix des caporaux seconds maîtres-canonniers aura lieu sur tout le bataillon, parmi les aides-canonniers qui, en ayant obtenu le mérite à la mer, auront au moins vingt mois de services effectifs en qualité d'aides-canonniers sur les vaisseaux de l'état.

Les places de caporaux seconds maîtres-canonniers seront données à l'ancienneté et au choix.

12. Sur trois places de caporaux seconds maîtres-canonniers vacantes dans un bataillon, deux seront données à l'ancienneté et la troisième au choix.

De la formalité prescrite pour la nomination aux places de caporaux seconds maîtres-canonniers.

13. Les caporaux seconds maîtres-canonniers, dans chaque compagnie, s'assembleront et feront choix de deux sujets dans leurs compagnies respectives. Les sergens-majors et les sergens maîtres-canonniers présenteront celui des deux qu'ils croiront le plus susceptible d'être élu, et la nomination sera faite parmi les sujets ainsi présentés par les sergens-majors et les sergens maîtres-canonniers de chaque compagnie, au scrutin et à la pluralité absolue des suffrages, dans un conseil composé du lieutenant-colonel, de l'adjudant-major, du commandant de chacune des compagnies du bataillon, et présidé par le colonel.

Nomination aux places de caporaux-fourriers seconds maîtres-canonniers.

14. Lorsqu'il vaquera une place de caporal-fourrier second maître-canonnier dans une compagnie de canonniers-bombardiers, le capitaine commandant de la compagnie où la place sera vacante, choisira, parmi les seconds maîtres du bataillon et les aides-canonniers, le sujet qui devra la remplir.

Nomination aux places de sergens maîtres-canonniers.

15. La nomination aux places de sergens maîtres-canonniers sera faite sur tout le bataillon, parmi les caporaux seconds maîtres-canonniers qui en auront obtenu le mérite à la mer, et qui auront été employés, pendant vingt mois au moins, en leur qualité de seconds maîtres-canonniers, sur les vaisseaux de l'état.

Les places de sergens maîtres-canonniers seront données alternativement à l'ancienneté et au choix.

16. Sur quatre places de sergens maîtres-canonniers vacantes, deux seront données à l'ancienneté et deux au choix.

Manière de procéder au choix des sergens maîtres-canonniers.

17. Les sergens-majors et sergens maîtres-canonniers, dans chaque compagnie du bataillon, présenteront trois sujets, parmi lesquels les officiers desdites compagnies feront choix de celui qu'ils jugeront mériter la préférence. Il en sera formé une liste, et la nomination se fera à la pluralité absolue des suffrages, parmi les sujets qui y seront inscrits, dans un conseil présidé par le commandant de l'artillerie, et composé des officiers supérieurs du régiment, du commandant de la compagnie dans laquelle la place sera vacante, du plus ancien capitaine et du premier lieutenant du bataillon. La liste sera brûlée immédiatement après la nomination.

Liste formée pour la nomination aux places de sergens-majors maîtres-canonniers.

18. Lorsqu'il vaquera une place de sergent-major maître-canonnier, les sergens-majors du régiment présenteront chacun, pour la remplir, un sergent maître-canonnier de leur compagnie, et il en sera fait une liste.

Choix fait par le capitaine de trois sujets pour remplir la place vacante.

19. Le capitaine de la compagnie dans laquelle la place de sergent-major maître-canonnier sera vacante, choisira trois sujets parmi ceux présentés par les sergens-majors maîtres-canonniers du régiment.

Nomination à la place de sergent-major.

20. Le commandant du régiment choisira, parmi les trois sujets présentés par le capitaine, celui qui devra remplir la place vacante : la nomination faite, la liste sera annulée.

Forme à suivre dans le cas où les bataillons du même régiment seront séparés.

21. Lorsque les bataillons du même régiment seront séparés, la nomination aux places de sergens-majors maîtres-canonniers vacantes, se fera dans la même forme que ci-dessus, mais par bataillon.

Nomination déposée par le sergent-major maître-canonnier des sujets qu'il croira les plus susceptibles d'être élevés à ce grade.

22. Lorsqu'un sergent-major maître-canonnier recevra l'ordre de s'embarquer, il déposera au bureau de l'état-major deux billets cachetés, numérotés intérieurement et extérieurement de sa main et en toutes lettres. Dans le billet n° 1, sera le nom du sergent maître-canonnier qu'il croira le plus susceptible d'être élevé au grade de sergent-major ; et dans le billet n° 2, le nom de celui qu'il regarde comme le plus digne d'obtenir la seconde place qui pourrait devenir vacante pendant son absence.

Par qui sera ouvert cet écrit en cas de nomination.

23. Le premier billet sera ouvert par l'adjudant-major du bataillon, en présence des sergens-majors maîtres-canonniers du régiment, mais dans le cas seulement où on devra procéder au choix d'un sergent-major ; et il sera rendu cacheté à celui qui l'aura déposé, s'il n'y a point eu de remplacement pendant la durée de sa campagne : il en sera de même relativement au deuxième billet.

Du choix des aides-canonniers artificiers.

24. Il sera fait choix par le commandant du régiment, sur la proposition du capitaine, parmi les aides-canonniers de chaque compagnie, de quatre artificiers, qui jouiront d'un sou de haute-paie en sus de leur grade.

Du choix des canonniers-tonneliers.

25. Il sera également fait choix par le commandant du régiment, et sur la proposition du capitaine, parmi les aides ou apprentis-canonniers, de deux canonniers-tonneliers dans chaque compagnie, et ils recevront un sou de haute-paie par cumulation à celle de leur grade.

De la nomination de second et premier ouvrier et de sous-officier dans les compagnies d'ouvriers d'artillerie.

26. La nomination aux places de second et premier ouvrier, et de sous-officier des compagnies d'ouvriers d'artillerie de la marine, sera faite suivant le mode adopté dans les compagnies d'ouvriers d'artillerie du département de la guerre.

Nomination aux places de maîtres-canonniers entretenus (1).

27. Le choix des maîtres-canonniers entretenus sera fait, dans chaque

---

(1) Voyez le décret spécial du 25—26 octobre 1792, portant que la totalité des places de maîtres-canonniers entretenus sera accordée aux maîtres-canonniers des classes.

département, parmi les premiers maîtres-canonniers à la haute-paie de l'artillerie de la marine et des classes : la manière de procéder à ce choix sera fixée par un règlement particulier.

Nomination aux places de gardes principaux et particuliers d'artillerie.

28. Le choix des gardes principaux et particuliers d'artillerie sera fait parmi les officiers d'artillerie, maîtres-canonniers entretenus, premiers-maîtres-canonniers des troupes et des classes, officiers et sergens des compagnies d'ouvriers.

Nomination des gardiens des batteries.

29. Les gardiens des batteries seront pris parmi les seconds maîtres et aides canonniers des troupes et des classes : le choix en sera fait par l'ordonnateur entre trois sujets qui lui seront présentés par le commandant de l'artillerie.

Du choix des gardes d'artillerie.

30. Il sera procédé au choix des gardes d'artillerie, dans un conseil composé des officiers supérieurs de l'artillerie et des troupes de la marine présens, du capitaine de la compagnie d'ouvriers, du plus ancien officier de chaque grade de l'artillerie et des troupes de la marine. Ce conseil désignera trois sujets, à la pluralité absolue des suffrages ; la liste en sera remise à l'ordonnateur, qui l'enverra au ministre en y joignant son avis, et le roi nommera celui des trois sujets qui devra remplir la place vacante.

Nomination aux emplois d'officiers.

31. La nomination des emplois d'officiers sera , pour cette fois seulement, fixée par un décret d'application ; mais à l'avenir elle aura lieu dans la forme suivante.

Nomination aux places de seconds lieutenans.

32. Il sera pourvu de deux manières aux places de seconds lieutenans : elle seront partagées entre les sujets parvenus par les grades aux places de maîtres-canonniers entretenus, sergens-majors et sergens maîtres-canonniers, et ceux qui arriveront immédiatement au grade d'officier par les examens.

Proportion établie pour la nomination des places de seconds lieutenans, entre les sous-officiers et les élèves d'artillerie.

33. Sur huit places de seconds lieutenans, vacantes dans les régimens d'artillerie, la première sera donnée au plus ancien maître-canonnier entretenu; la seconde au plus ancien sergent-major ou sergent; la troisième et quatrième, aux élèves de l'artillerie : la cinquième sera donnée au choix parmi les maîtres-canonniers entretenus : la sixième, au choix parmi les sergens-majors ou sergens, la septième et la huitième, aux élèves de l'artillerie.

Rang assigné aux maîtres-canonniers entretenus, parvenus au grade de second lieutenant.

34. Les maîtres-canonniers entretenus, parvenus au grade de second lieutenant, prendront rang de la date de leurs brevets de canonniers entretenus.

Manière dont sera déterminée l'ancienneté des maîtres-canonniers et sergens d'artillerie, pour les nominations aux emplois de seconds lieutenans.

35. L'ancienneté des maîtres-canonniers entretenus sera comptée parmi ceux de chaque département; celle des sergens, parmi ceux du régiment dans lequel le remplacement doit avoir lieu. Cette ancienneté sera comptée, pour les maîtres-canonniers entretenus, de l'époque de leur entretien; et pour les sergens, du jour de leur nomination à ce grade.

De la nomination par le choix.

36. Le choix sera fait par les officiers, au scrutin, à la majorité absolue des suffrages, parmi tous les maîtres-canonniers entretenus du département, et les sergens du régiment où la place viendra à vaquer. Tous les officiers présens, ayant vingt-cinq ans accomplis, seront admis à voter.

Nomination aux places de seconds lieutenans des compagnies d'ouvriers d'artillerie.

37. Sur cinq places de seconds lieutenans dans les compagnies d'ouvriers, deux appartiendront aux sous-officiers; les trois autres seront données aux élèves de l'artillerie.

Des emplois de seconds lieutenans d'ouvriers donnés aux sous-officiers.

38. Les places destinées aux sous-officiers des compagnies d'ouvriers, seront alternativement données à l'ancienneté et au choix.

Manière de déterminer l'ancienneté des sergens d'ouvriers.

39. L'ancienneté sera comptée indistinctement parmi tous les sergens des trois compagnies d'ouvriers, à dater de leur nomination à ce grade.

De la nomination au choix des places de seconds lieutenans destinées aux sous-officiers d'ouvriers.

40. Le choix sera fait, dans chaque compagnie, parmi tous les sergens d'ouvriers, au scrutin, à la pluralité absolue des suffrages, par tous les officiers présens, ayant vingt-cinq ans accomplis, l'adjudant-major du parc, le chef des constructions et le commandant de l'artillerie.

Des emplois de seconds lieutenans donnés aux élèves d'artillerie.

41. Les autres places de seconds lieutenans dans les régimens et compagnies d'ouvriers d'artillerie, seront données aux élèves de l'artillerie.

Conditions exigées pour être fait élève d'artillerie (1).

42. Nul ne pourra être élu élève de l'artillerie, qu'il n'ait subi les examens généraux prescrits pour l'admission au service, et ceux particuliers à l'artillerie de la marine.

Par qui seront examinés les élèves de l'artillerie, et leur rang entre eux.

43. Les sujets qui se présenteront pour concourir aux places d'élèves de l'artillerie, seront examinés par l'examinateur de la marine; et ceux qui seront admis parviendront aux places de seconds lieutenans, suivant le rang qu'ils auront obtenu dans leur examen.

Nomination aux places de lieutenans des compagnies d'apprentis-canonniers des classes.

44. Toutes les places de lieutenans, vacantes dans les compagnies d'apprentis-canonniers des classes, seront données aux maîtres-canonniers entretenus des classes, alternativement à l'ancienneté et au choix.

Manière de procéder au choix.

45. Le choix sera fait parmi tous les maîtres-canonniers entretenus des classes du département, par tous les officiers de l'artillerie présens ayant vingt-cinq ans accomplis, au scrutin et à la pluralité absolue des suffrages.

---

(1) Voyez le décret du 31 janvier—1er février 1793, rendu pour l'exécution des dispositions qui suivent, et la loi du 11 nivose an 3 (31 décembre 1794), portant établissement d'écoles de canonnage maritime.

Nomination aux places de premiers lieutenans.

46. Les seconds lieutenans d'artillerie parviendront, à leur tour d'ancienneté dans le régiment ou dans la compagnie d'ouvriers dont ils feront partie, aux emplois de premiers lieutenans.

Nomination aux places d'adjudans-majors d'artillerie.

47. Les adjudans-majors d'artillerie seront pris, dans chaque régiment, parmi les lieutenans, et la nomination s'en fera au choix du colonel.

Du choix des quartiers-maîtres trésoriers.

48. Les quartiers-maîtres trésoriers d'artillerie seront choisis par les conseils d'administration, parmi les officiers et sous-officiers du régiment, à la pluralité des suffrages.

Rang des quartiers-maîtres trésoriers.

49. Les quartiers-maîtres trésoriers, pris parmi les sous-officiers, auront rang de seconds lieutenans; ils conserveront leur rang, s'ils sont pris parmi les officiers.

De l'avancement des quartiers-maîtres trésoriers.

50. Les quartiers-maîtres trésoriers suivront leur avancement dans les différens grades, pour le grade seulement : ils ne pourront jamais être titulaires, mais ils jouiront en gratification et par supplément d'appointemens, de ceux attribués aux différens grades auxquels les portera leur ancienneté.

De la nomination aux places de capitaines en temps de paix.

51. Les lieutenans parviendront en temps de paix, sans aucune exception, à leur tour d'ancienneté, sur toute l'artillerie, aux emplois de capitaines.

La quatrième place de capitaine au choix du roi en temps de guerre.

52. En temps de guerre, la quatrième place de capitaine vacante sera à la nomination du roi; mais son choix ne pourra s'exercer que parmi les lieutenans.

De l'avancement au grade de lieutenant-colonel.

53. On parviendra du grade de capitaine à celui de lieutenant-colonel, par ancienneté et par le choix du roi, ainsi qu'il suit : — Sur deux places de lieutenans-colonels d'artillerie vacantes, la première sera donnée à l'ancienneté, la seconde, au choix du roi, à un capitaine en activité dans ce grade, depuis deux ans au moins. — L'avancement au grade de lieutenant-colonel d'artillerie, soit par ancienneté, soit par le choix du roi, aura lieu parmi tous les capitaines des régimens d'artillerie, des compagnies d'ouvriers, de celles d'apprentis-canonniers des classes, et des directeurs de forges, fonderies et manufactures d'armes.

La destination des lieutenans-colonels sera toujours réglée par le roi.

54. La destination des lieutenans-colonels d'artillerie, soit dans les régimens, soit dans les ports comme chefs de construction d'artillerie, celle des capitaines dans les forges et fonderies, seront toujours réglées par le roi, sans égard à l'ancienneté.

De l'avancement au grade de colonel d'artillerie.

55. On parviendra du grade de lieutenant-colonel à celui de colonel, al-

ternativement, par ancienneté et par le choix du roi ; et cet avancement dura lieu sur tous les lieutenans-colonels employés, soit dans les régimens, soit dans les arsenaux, comme chefs des constructions d'artillerie.

Des places de colonels qui seront données à l'ancienneté et de celles qui seront au choix du roi.

56. Sur deux places de colonels vacantes, la première sera donnée au plus ancien lieutenant-colonel ; la seconde, par le choix du roi, à un lieutenant-colonel en activité dans ce grade depuis deux ans au moins.

Nomination aux places de commandans de l'artillerie.

57. Sur trois places de commandans de l'artillerie, vacantes dans les ports, la première sera donnée à l'ancienneté, et les deux autres, par le choix du roi, à un colonel ayant au moins deux ans d'activité dans ce grade.

Nomination à la place d'inspecteur général d'artillerie.

58. La nomination de l'inspecteur général de l'artillerie sera au choix du roi ; mais ce choix ne pourra s'exercer que parmi les officiers qui auront rempli activement, pendant quatre ans au moins, les fonctions de commandant de l'artillerie dans les ports.

Grade accordé à l'inspecteur général de l'artillerie.

59. L'inspecteur général de l'artillerie aura le grade de maréchal-de-camp : le roi pourra lui conférer celui de lieutenant-général, lorsqu'il aura exercé pendant deux ans les fonctions d'inspecteur. — L'inspecteur devenu lieutenant-général conservera néanmoins son inspection. — L'inspecteur général, ainsi que les commandans et officiers supérieurs de l'artillerie, seront susceptibles d'occuper dans les colonies les places de gouverneurs ou de commandans.

Mode d'admission dans les compagnies d'apprentis-canonniers des classes (1).

De la levée des compagnies d'apprentis-canonniers des classes.

60. Les matelots composant les compagnies d'apprentis-canonniers des classes, seront levés chaque année, aux époques fixées par le ministre de la marine, et de la manière la plus conforme aux intérêts des gens de mer.

De la manière de faire les levées.

61. Ces levées se feront par partie, de manière qu'une compagnie ne soit jamais renouvelée en totalité dans le même instant.

Des conditions d'admission en qualité d'apprenti-canonnier des classes dans lesdites compagnies.

62. Il ne sera compris dans les levées des apprentis-canonniers des classes, que de jeunes matelots de dix-huit à vingt-cinq ans, bien constitués, et classés comme matelots à la basse-paie.

De la préférence accordée dans les levées.

63. Seront choisis de préférence les jeunes gens qui annonceront des dispositions particulières pour le canonnage, et qui sauront lire et écrire.

64. Aucun homme classé ne sera enregistré contre son gré sur la liste des sujets destinés à être apprentis-canonniers des classes ; ceux qui se présen-

---

(1) Voyez le décret du 3 brumaire an 4 (25 octobre 1795), concernant l'instruction des apprentis-canonniers marins ; le réglement du 25 floréal an 5 (14 mai 1797), sur la composition, l'instruction et le service des escouades de ces apprentis-canonniers ; et le titre II du réglement du 6 vendémiaire an 9 (28 septembre 1800), sur la composition et le service de ces escouades.

teront volontairement, recevront trente livres en contractant l'engagement de servir une année, qui leur sera comptée comme une campagne à bord des vaisseaux de l'état.

Conduite payée aux apprentis-canonniers des classes, lors de leur levée et de leur renvoi dans leurs quartiers.

65. Il sera payé une conduite aux apprentis-canonniers des classes, pour se rendre de leur quartier dans le port de leur destination; la même conduite leur sera payée, lors de leur renvoi dans leurs quartiers respectifs. .

Temps de service exigé des apprentis-canonniers des classes dans lesdites compagnies.

66. Les jeunes matelots admis dans les compagnies d'apprentis-canonniers des classes, n'y seront retenus que pendant un an.

De la levée des officiers-mariniers de canonnage attachés aux compagnies d'apprentis-canonniers des classes.

67. Les officiers-mariniers de canonnage attachés aux compagnies d'apprentis-canonniers des classes, seront engagés pour deux ans, et le renouvellement s'en fera chaque année par moitié.

Engagement et conduite payée aux officiers-mariniers de canonnage employés dans les compagnies d'apprentis-canonniers des classes.

68. Il sera payé à chacun des officiers-mariniers engagés dans les compagnies d'apprentis-canonniers des classes, un mois de solde comme prix de l'engagement, et une conduite suivant le tarif, pour se rendre dans les ports.

Facilité accordée aux apprentis-canonniers des classes, de contracter un engagement dans les compagnies de canonniers-bombardiers.

69. Pourront les apprentis-canonniers des classes, mais seulement après avoir fini leur année d'instruction en cette qualité, s'engager, quelle que soit leur taille, dans les compagnies des canonniers-bombardiers, pour deux ou pour quatre ans, et prendront rang dans lesdites compagnies du jour de leur admission dans celles d'apprentis-canonniers des classes. — Il leur sera donné pour leur engagement une somme proportionnelle à celle fixée pour les engagemens de huit ans.

70. Il sera fait un examen général des apprentis-canonniers de chaque compagnie, aux époques qui seront désignées pour le licenciement et le remplacement d'une partie de la compagnie.

71. D'après l'examen qui aura été fait par le commandant d'artillerie, en présence du commandant des armes, ce dernier donnera des certificats de mérite à ceux qu'il en jugera dignes; ils seront alors portés à la paie de vingt et une livres par mois, et susceptibles d'être nommés aides-canonniers, lorsqu'ils auront rempli les conditions prescrites par la loi relative à l'avancement des gens de mer.

72. Il sera remis au bureau des armemens, ainsi qu'à l'ordonnateur, un état nominatif des apprentis qui auront obtenu des certificats, afin qu'il en soit envoyé des extraits dans les différens quartiers auxquels ces apprentis appartiendront.

73. Il pourra être accordé des avancemens aux officiers-mariniers des compagnies d'apprentis-canonniers, par le commandant des armes, sur le compte qui lui sera rendu par le commandant de l'artillerie; ces avancemens seront déterminés conformément à la loi portée sur les services des gens de mer, en comptant seulement pour moitié celui qu'ils auront fait dans les compagnies.

TITRE III.—*Répartitions, fonctions et service de l'artillerie dans les ports, forges, fonderies et manufactures d'armes.*

De l'inspecteur général.

Art. 1er. L'inspecteur général dirigera toutes les parties du service et de l'instruction générale de l'artillerie, et sera particulièrement chargé de l'exécution des lois et réglemens; d'établir la plus exacte uniformité dans toutes les constructions de l'artillerie : à cet effet, il lui sera rendu des comptes habituels par les commandans, directeurs et chefs des constructions de l'artillerie; il fera chaque année l'inspection de l'artillerie des ports, celle des fonderies, manufactures d'armes de la marine, et en rendra compte au ministre, auprès duquel il sera tenu de résider dans l'intervalle de ses inspections.

Des commandans d'artillerie.

2. Les trois commandans de l'artillerie seront employés dans les ports de Brest, Toulon et Rochefort; ils y commanderont en chef, et sous l'autorité du commandant des armes, toutes les troupes d'artillerie, les compagnies d'apprentis-canonniers des classes, les batteries établies pour la défense des ports, rades et goulets, et toutes les dispositions militaires qui y seront relatives. Ils inspecteront et dirigeront les écoles et exercices théoriques et pratiques de l'artillerie; ils auront le droit d'inspection sur toutes les armes, munitions et attirails d'artillerie; ils se concerteront avec l'ordonnateur du port sur tout ce qui peut intéresser leur conservation, l'ordre et l'arrangement établis dans les parcs et magasins d'artillerie; ils rendront des comptes à l'inspecteur général sur toutes les parties du service de l'artillerie.

Des lieutenans-colonels chefs des constructions d'artillerie.

3. Les lieutenans-colonels chefs des constructions d'artillerie seront employés dans les ports de Brest, Toulon, Rochefort et Lorient; ils auront le commandement des compagnies d'ouvriers d'artillerie.—Ils dirigeront les travaux et constructions d'artillerie, conformément à ce qui sera prescrit par l'ordonnateur du port, et seront soumis à cet égard aux mêmes lois et réglemens que les autres chefs des travaux.

De la comptabilité en matières et journées d'ouvriers employés aux travaux de l'artillerie.

4. La comptabilité en matières et journées d'ouvriers employés aux travaux de l'artillerie, fera partie de la comptabilité générale de l'arsenal, et sera soumise au chef de cette partie de l'administration.

De la recette et de la conservation des effets d'artillerie.

5. Les chefs de constructions assisteront à l'examen, recette et vérification des armes, munitions et approvisionnemens d'artillerie; ils en surveilleront l'arrangement et la conservation dans les parcs et magasins; ils remettront tous les mois au commandant de l'artillerie un état de la situation des armes et munitions.

Forme à suivre par les chefs des constructions d'artillerie pour les travailleurs.

6. Ils feront journellement et par écrit la demande au commandant de l'artillerie, du nombre d'hommes qui leur seront nécessaires pour les mouvemens d'artillerie, et le commandant donnera des ordres pour qu'ils leur soient fournis.

Des compagnies d'ouvriers d'artillerie.

7. Les compagnies d'ouvriers d'artillerie seront employées, dans les ports

de Brest, Toulon, Rochefort et Lorient, en raison des besoins du service, sous les ordres des lieutenans-colonels chefs des constructions, aux travaux et constructions d'artillerie.

Des officiers des compagnies d'ouvriers.

8. Les capitaines commandans des compagnies d'ouvriers suppléeront les chefs des constructions d'artillerie; ils les remplaceront, en cas d'absence ou de maladie, dans toute l'étendue de leurs fonctions; ils seront habituellement chargés, sous leur autorité, de la conduite des travaux, d'en mener l'ensemble, d'en distribuer les différentes parties aux ouvriers employés dans les ateliers. — Les seconds capitaines et les lieutenans feront les plans et tracés des ouvrages ordonnés : ils en surveilleront et dirigeront l'exécution dans tous les détails, d'après les ordres du capitaine-commandant.

Des capitaines-directeurs des fonderies et manufactures d'armes.

9. Les capitaines-directeurs des fonderies et manufactures d'armes continueront à être employés; savoir, un à la fonderie d'Indret, un à celle de Ruel et Forgeneuve, le troisième à la manufacture d'armes de Tulle : ils y rempliront les fonctions qui leur sont ou qui leur seront attribuées par les ordonnances et réglemens sur les fonderies et manufactures d'armes.

Des maîtres-canonniers entretenus.

10. Les maîtres-canonniers entretenus auront le même rang que les adjudans des troupes du département de la guerre.— Ils seront employés et répartis dans les ports, à la suite des écoles et des travaux de l'artillerie, sous les ordres des officiers chargés de ces différens détails. Ils seront susceptibles d'être détachés dans les forges, fonderies, manufactures d'armes et autres établissemens de l'artillerie de la marine, pour y prendre les connaissances relatives à la fabrication et à la qualité des armes et munitions de guerre.

Des élèves d'artillerie.

11. Les élèves d'artillerie seront employés à la suite des écoles d'artillerie de Brest et de Toulon; ils y suivront toutes les instructions théoriques et pratiques de l'artillerie. Ils seront détachés successivement, pendant un certain temps, à la suite des constructions, dans les forges, fonderies et manufactures d'armes, et même dans les grands établissemens de l'artillerie de la guerre, pour y prendre toutes les connaissances relatives au service général de l'artillerie.

Fonctions des colonels d'artillerie.

12. Les colonels commanderont supérieurement leurs régimens, sous l'autorité des commandans de l'artillerie; ils seront particulièrement chargés d'y maintenir l'exécution des lois et réglemens ; ils suppléeront le commandant de l'artillerie dans toutes ses fonctions, en cas d'absence ou de maladie.

Fonctions des lieutenans-colonels des régimens d'artillerie.

13. Les lieutenans-colonels commanderont sous l'autorité du colonel; ils seront néanmoins attachés particulièrement, l'un au premier, l'autre au second bataillon, et spécialement chargés de veiller à l'instruction des officiers de celui qui leur sera confié; de les diriger dans leurs études, dans l'application de la théorie à la pratique de l'artillerie, de leur donner enfin toutes les connaissances relatives à ce service.

Fonctions des adjudans-majors.

14. Les adjudans-majors seront personnellement chargés, sous l'autorité

des officiers supérieurs, de la distribution du service; d'établir l'uniformité dans les exercices de détails, et dans l'instruction des recrues; de rassembler les comptes des différentes compagnies; de transmettre les ordres du colonel et du lieutenant-colonel du bataillon auquel ils sont attachés : ils surveilleront d'ailleurs les ordres donnés par le conseil d'administration, relativement à l'entretien et menues dépenses des canonniers-bombardiers.

Fonctions du quartier-maître trésorier.

15. Le quartier-maître trésorier sera chargé de tous les paiemens de la caisse, de la tenue des registres et de tous les détails de la comptabilité, sous les ordres et sous l'inspection du conseil d'administration.

Du conseil d'administration.

16. La composition du conseil d'administration, et la forme de comptabilité actuellement établie dans les troupes de la marine, seront maintenues et suivies dans les régimens d'artillerie.

Fonctions des capitaines de canonniers-bombardiers.

17. Les capitaines de canonniers-bombardiers seront particulièrement chargés de l'instruction de leur compagnie dans les exercices de théorie et de pratique de l'artillerie; ils seront responsables de la tenue et de la discipline de leur troupe; ils donneront surtout la plus grande attention à l'entretien et au bien-être du soldat.

Fonctions du premier lieutenant.

18. Les premiers lieutenans des compagnies d'artillerie commanderont la première section, sous l'autorité du capitaine, et seront spécialement chargés de suivre et de surveiller l'instruction, la conduite des individus qui la composent : ils seront susceptibles d'être employés dans les forges, fonderies, et manufactures d'armes, si les besoins du service l'exigent.

Fonctions du second lieutenant.

19. Les seconds lieutenans auront à remplir les mêmes devoirs et les mêmes fonctions dans la seconde section, au commandement de laquelle ils seront particulièrement attachés. Ils pourront être détachés pour le service ou pour leur instruction, dans les différens établissemens de l'artillerie de la marine.

Fonctions des sous-officiers.

20. Les sergens-majors, sergens maîtres-canonniers, caporaux-fourriers, caporaux seconds maîtres-canonniers, rempliront, dans les compagnies et escouades auxquelles ils seront attachés, les fonctions attribuées jusqu'à ce jour aux sous-officiers des mêmes grades dans les troupes de la marine.

Postes confiés aux troupes de l'artillerie.

21. La garde des magasins à poudre, parcs et casernes de l'artillerie, rondes et gardes des feux, sera confiée aux troupes de l'artillerie; mais elles seront dispensées de tout autre service d'infanterie, excepté dans les cas de nécessité urgente, et sur l'ordre exprès du commandant des armes, qui sera tenu de rendre compte immédiatement au ministre de la marine des dispositions qu'il aura faites à cet égard.

Leur service dans les arsenaux.

22. Elles seront employées dans les ports et arsenaux, concurremment avec les compagnies d'apprentis-canonniers des classes, à tous les travaux et mouvemens d'artillerie, tant dans les arsenaux que sur les batteries, dans

les magasins à poudre et autres établissemens qui en dépendent, à la confection des artifices, mitrailles et gréemens du canon, à l'embarquement, débarquement et emmagasinement des armes, munitions et attirails, et en général à tout ce qui concerne le service de l'artillerie.

23. Il ne sera alloué aucun supplément de solde aux canonniers-bombardiers et apprentis-canonniers des classes, pour l'exécution des travaux d'artillerie énoncés dans l'article précédent, lorsque le nombre des travailleurs journellement employés ne s'élèvera pas au tiers des hommes présens, déduction faite des malades et des hommes de garde : mais il sera fourni des vivres aux détachemens qui seront employés sur les batteries de la côte, et dans les magasins à poudre extérieurs.

Cas dans lequel les soldats travailleurs seront payés.

24. Lorsque le nombre des travailleurs employés égalera ou excédera le tiers des sous-officiers, canonniers-bombardiers ou apprentis-canonniers présens, il sera alloué à chaque maître et second maître-canonnier-bombardier des classes, un supplément de solde de quinze sous, et à chaque canonnier-bombardier et apprenti-canonnier des classes, un de douze sous.

Des détachemens fournis pour les travaux du port, étrangers au service de l'artillerie.

25. Lorsque les besoins du service exigeront qu'il soit employé des détachemens de canonniers-bombardiers et d'apprentis-canonniers des classes, pour les travaux et opérations du port, il leur sera accordé les supplémens stipulés dans l'article précédent.

Exceptions aux articles 23 et 24.

26. Ne sont pas compris dans les dispositions énoncées par les articles 23 et 24, les détachemens de garde aux poudrières extérieures, magasins et batteries de la côte, ou en garnison dans les forts, sur le traitement desquels il sera statué, s'il y a lieu, par le ministre de la marine, d'après la demande du commandant de l'artillerie et de l'ordonnateur du port.

TITRE IV. — *Du service de l'artillerie à la mer et en campagne.*

Art. 1er. Les régimens d'artillerie seront employés, à bord des bâtimens de l'état, au service de l'artillerie, concurremment et par moitié avec les canonniers des classes.

Du rang que prendront entre eux les canonniers-bombardiers des troupes et des classes.

2. Les canonniers-bombardiers des troupes et des classes prendront rang entre eux, et occuperont les différens postes, en raison de leur grade et de leur ancienneté respective dans le canonnage.

De l'armement des galiotes à bombes et brûlots.

3. Les canonniers-bombardiers seront chargés de l'établissement et du service des mortiers sur les galiotes, de la fabrication et de la disposition des artifices à bord des brûlots.

De l'établissement des batteries dans les descentes.

4. En cas de descente, l'artillerie sera chargée de la construction, de l'établissement et de tout ce qui regarde la disposition des batteries, sous les ordres du commandant de l'escadre ou du bâtiment.

Des compagnies d'ouvriers d'artillerie.

5. Les compagnies d'ouvriers d'artillerie pourront être embarquées par

détachemens sur les escadres, pour y faire le service en qualité de canonniers ouvriers d'artillerie, et ces détachemens jouiront de la solde de travail.

Du rang des canonniers-bombardiers dans l'infanterie.

6. Lorsque les canonniers-bombardiers seront employés dans des détachemens d'infanterie, ils y serviront sur le pied de grenadiers, en occuperont les postes, et en rempliront en tout les fonctions.

De la solde accordée à la mer aux maîtres, seconds maîtres et aides-canonniers des régimens d'artillerie.

7. Les maîtres, seconds maîtres et aides-canonniers des régimens d'artillerie de la marine, recevront, lorsqu'ils seront embarqués sur les bâtimens de l'état, un supplément de solde tel, qu'il forme, avec celle dont ils jouissent à terre, le traitement accordé aux différentes classes d'officiers-mariniers de canonnage dont ils auront acquis les mérites à la mer.

Supplément accordé aux canonniers-bombardiers-apprentis qui auront six mois de navigation.

8. Les canonniers-apprentis des troupes de l'artillerie, ayant au moins six mois de navigation sur les bâtimens de l'état, jouiront d'un supplément de cinq livres par mois, lorsqu'ils auront été jugés, par le commandant du bâtiment, susceptibles d'être employés comme canonniers-chargeurs dans les batteries.

Les officiers parvenus par les examens ne pourront être embarqués dans leur grade, s'ils n'ont rempli les fonctions de sous-officiers.

9. Les officiers parvenus par les examens ne pourront être employés dans leur grade à bord des bâtimens de l'état, s'ils n'ont rempli pendant trois mois au moins les différentes fonctions d'aides, de seconds et de maîtres-canonniers.

De l'embarquement des élèves d'artillerie.

10. Les élèves d'artillerie seront en conséquence susceptibles d'être embarqués, lorsque les commandans d'artillerie les jugeront suffisamment instruits dans les manœuvres et la pratique de l'artillerie.

Ils ne pourront être employés dans un grade supérieur de sous-officier, que sur la demande que l'officier ou maître-canonnier en fera au capitaine.

11. Ils ne pourront, même après avoir rempli pendant trois mois, à bord des bâtimens sur lesquels ils seront embarqués, les fonctions d'aide ou de second canonnier, être employés dans le grade supérieur, que sur la demande de l'officier chargé de l'artillerie du vaisseau, et avec l'agrément du capitaine.

Des officiers d'artillerie embarqués sur les bâtimens particuliers.

12. Il sera embarqué un capitaine d'artillerie sur les bâtimens dont les détachemens excéderont une demi-compagnie, et un lieutenant avec les détachemens composés de plus d'une escouade de la section à laquelle ils sont attachés.

Fonctions des officiers d'artillerie embarqués sur les bâtimens particuliers.

13. Les officiers d'artillerie embarqués ne feront pas partie de l'état-major, et seront uniquement chargés du détail de l'artillerie, sous les ordres du commandant du bâtiment.

Des officiers supérieurs et capitaines embarqués à la suite des armées navales.

14. Les officiers supérieurs et capitaines d'artillerie seront susceptibles d'être employés sur les escadres comme majors de l'artillerie de l'armée, et seront, dans ce cas, embarqués sur le vaisseau général.

TITRE V.—*Mode d'admission et d'avancement dans les régimens d'infanterie de la marine.*

Recrutement.

Art. 1er. Les régimens d'infanterie de la marine se recruteront par des enrôlemens volontaires, et se conformeront aux lois et réglemens de police sur le recrutement de l'armée.

Des qualités exigées dans les recrues.

2. Il ne sera admis, dans les régimens d'infanterie de la marine, que des Français de l'âge de dix-huit à trente ans.

De la durée des engagemens.

3. La durée des engagemens, dans les régimens d'infanterie de la marine, sera de huit ans.

Des sous-officiers et soldats qui atteindront le terme de leur engagement à la mer.

4. Les sous-officiers et soldats dont le congé expirera dans le cours d'une campagne, ne pourront le réclamer qu'à l'époque du désarmement du bâtiment sur lequel ils auront été embarqués ; mais il sera tenu compte, à ceux qui ne voudront pas contracter un nouvel engagement, du temps qu'ils auront servi au-delà du terme de leur congé, sur le pied d'un huitième du prix de l'engagement par année.

De la suspension des congés.

5. L'expédition des congés d'ancienneté ne pourra être suspendue, même en temps de guerre, que par un décret du corps législatif, sanctionné par le roi.

Des sous-officiers.

6. Seront compris à l'avenir sous la dénomination de sous-officiers, les sergens-majors, sergens, caporaux-fourriers et caporaux.

Nomination aux places de caporaux.

7. Les caporaux présenteront chacun à leur capitaine celui des soldats qu'ils jugeront le plus capable d'être élevé au grade de caporal ; et nul ne pourra être présenté, qu'il n'ait été ou qu'il ne soit employé à la mer.

Liste formée pour l'élection.

8. Chaque capitaine choisira un sujet parmi ceux qui lui auront été présentés par les caporaux de sa compagnie, et il sera formé dans chaque régiment une liste de dix-huit sujets que les capitaines auront choisis.

Choix du caporal.

9. Lorsqu'il vaquera une place de caporal dans une compagnie, le capitaine choisira trois sujets dans la liste, et le colonel nommera celui des trois qui devra remplir la place vacante.

Du renouvellement de la liste supprimée.

10. La liste sera supprimée lorsqu'elle sera réduite au dessous de moitié, et il en sera fait une nouvelle, en suivant le même mode.

Choix des caporaux-fourriers.

11. Lorsqu'il vaquera une place de caporal-fourrier dans un régiment, le capitaine de la compagnie où la place sera vacante, choisira parmi les caporaux ou les soldats ayant au moins trois ans de service et six mois de mer, celui qui devra la remplir.

De la nomination aux places de sergens.

12. Les sergens et les sergens-majors présenteront chacun à leur capitaine celui des caporaux qu'ils jugeront le plus capable d'être élevé au grade de sergent ; nul ne pourra être présenté qu'il n'ait fait une campagne dans le grade de caporal.

Liste formée pour l'élection.

13. Chaque capitaine choisira un sujet parmi ceux qui lui seront présentés, et il en sera formé une liste dans chaque régiment.

Choix du sergent.

14. Lorsqu'il vaquera une place de sergent dans une compagnie, le capitaine choisira trois sujets dans la liste du régiment, et le colonel nommera celui des trois qui devra remplir la place vacante.

Choix des sergens-majors.

15. Lorsqu'il vaquera une place de sergent-major, les sergens-majors du régiment présenteront chacun, pour la remplir, un sergent de leur compagnie : il en sera formé une liste, dans laquelle le capitaine de la compagnie choisira trois sujets ; le colonel nommera celui des trois qui devra remplir la place vacante ; et, l'élection faite, la liste sera supprimée.

Précaution à prendre par les sergens-majors qui s'embarqueront.

16. Les sergens-majors qui devront s'embarquer, désigneront deux sujets de leur compagnie pour les élections qui pourraient avoir lieu pendant leur absence, dans la forme prescrite pour les régimens d'artillerie.

Nomination aux places d'adjudans.

17. Lorsqu'il vaquera une place d'adjudant, les officiers supérieurs du régiment réunis nommeront, à la pluralité des suffrages, parmi tous les sergens-majors et sergens, celui qui devra la remplir.

De l'avancement des adjudans.

18. Les sergens nommés aux places d'adjudans concourront, du moment de leur nomination, avec les seconds lieutenans (sans cependant être brevetés), pour arriver au grade de lieutenant, et ils resteront adjudans jusqu'à ce que leur ancienneté les y porte.

Appointemens de sous-lieutenant accordés aux adjudans.

19. Lorsqu'un sergent moins ancien qu'un adjudant sera fait sous-lieutenant, l'adjudant jouira en gratification, et par supplément, des appointemens de sous-lieutenant.

De la nomination aux emplois de sous-lieutenans.

20. Sur quatre places de sous-lieutenans vacantes par régiment, il en sera donné deux aux sous-officiers, les deux autres à ceux qui parviendront immédiatement au grade d'officier par les examens.

De la nomination des sous-officiers aux places de sous-lieutenans.

21. Les places de sous-lieutenans destinées aux sous-officiers, seront données alternativement à l'ancienneté et au choix ; l'ancienneté se comptera sur tous les sergens du régiment, de la date de leur nomination à ce grade. Le choix aura lieu parmi tous les sergens du régiment ; il sera fait au scrutin, à la pluralité absolue des suffrages, par tous les officiers présens ayant vingt-cinq ans accomplis.

Des sous-lieutenances accordées au concours.

22. Les sous-lieutenances destinées aux sujets qui parviendront par les examens, seront données au concours aux jeunes gens de dix-huit à vingt-cinq ans, ayant au moins six mois de navigation.

Du concours.

23. Le concours aura lieu dans les ports de Brest, Toulon et Rochefort, dans des examens publics, dont le mode sera déterminé par un décret particulier.

Nomination aux places de lieutenans.

24. Les sous-lieutenans parviendront dans chaque régiment, à leur tour d'ancienneté, aux emplois de lieutenans.

Nomination aux emplois de capitaines.

25. Les lieutenans de tous les régimens d'infanterie de la marine, sans aucune exception, parviendront à leur tour aux emplois de capitaines.

De la nomination aux places de capitaines en temps de guerre.

26. En temps de guerre, la cinquième place de capitaine vacante sera à la nomination du roi; mais son choix ne pourra s'exercer que parmi les lieutenans.

Du choix des quartiers-maîtres trésoriers.

27. Les quartiers-maîtres trésoriers seront choisis dans chaque régiment d'infanterie, par les conseils d'administration, parmi les officiers et sous-officiers du régiment, à la pluralité absolue des suffrages.

Du rang des quartiers-maîtres trésoriers.

28. Les quartiers-maîtres trésoriers pris parmi les sous-officiers auront le rang de sous-lieutenant; ils conserveront leur rang, s'ils sont pris parmi les officiers.

De l'avancement des quartiers-maîtres trésoriers.

29. Les quartiers-maîtres trésoriers suivront leur avancement dans les différens grades, pour le grade seulement, ne pouvant jamais être titulaires, mais jouissant en gratification et par supplément d'appointemens, de ceux attribués aux différens grades où les portera leur ancienneté.

Du choix des adjudans-majors.

30. Les adjudans-majors seront pris, dans chaque régiment d'infanterie, parmi les lieutenans, et la nomination en sera au choix du colonel.

De l'avancement au grade de lieutenant-colonel.

31. On parviendra du grade de capitaine à celui de lieutenant-colonel, par l'ancienneté et par le choix du roi; l'avancement aura lieu sur tous les régimens.

Les deux tiers des places de lieutenans-colonels seront donnés à l'ancienneté.

32. Sur trois places de lieutenans-colonels vacantes, deux seront données aux plus anciens capitaines en activité, et la troisième, par le choix du roi, à un capitaine en activité depuis deux ans au moins.

Avancement au grade de colonel.

33. On parviendra du grade de lieutenant-colonel à celui de colonel, par ancienneté et par le choix du roi, sur tous les régimens.

Nombre des places de colonels données à l'ancienneté.

34. Sur trois places de colonels vacantes, deux seront données aux plus anciens lieutenans-colonels en activité; la troisième, par le choix du roi, à un lieutenant-colonel en activité dans son grade depuis deux ans au moins.

De l'inspecteur général de l'infanterie de la marine.

35. L'inspecteur général des troupes d'infanterie de la marine sera au choix et à la nomination du roi. Il aura le grade de maréchal-de-camp.

Du choix de l'inspecteur général.

36. Le choix de l'inspecteur général des troupes d'infanterie de la marine ne pourra être exercé que parmi les colonels en activité dans ce grade depuis deux ans au moins.

Avancement de l'inspecteur général.

37. L'inspecteur général sera susceptible d'être promu par le roi au grade de lieutenant-général, après deux ans d'activité dans ses fonctions d'inspecteur; il conservera néanmoins son inspection.

Perspective accordée à l'inspecteur et aux officiers supérieurs.

38. L'inspecteur général, les colonels et les officiers supérieurs des régimens d'infanterie de la marine, seront susceptibles d'être nommés aux places de gouverneurs et commandans dans les colonies.

TITRE VI.—*Du service des régimens d'infanterie de la marine dans les ports et à la mer.*

De la garde des ports et arsenaux.

Art. 1er. Les régimens d'infanterie de la marine seront employés, dans les ports et arsenaux, à la police, garde et sûreté des magasins et de tous les bâtimens civils dépendant du département de la marine.

Des détachemens de travailleurs.

2. Ils fourniront des détachemens de travailleurs dans les ports, pour y être employés aux gréemens, armemens, désarmemens et mouvemens des vaisseaux, ainsi qu'aux autres manœuvres et travaux des ports, lorsque les besoins du service l'exigeront.

Supplément de solde accordé aux travailleurs.

3. Les sous-officiers et soldats recevront, lorsqu'ils seront employés aux travaux des ports, gréemens, armemens et désarmemens des vaisseaux, ainsi qu'aux autres manœuvres, un supplément de solde qui sera de quinze sous par chaque sous-officier, et de douze sous par chaque soldat.

Du service à la mer.

Du capitaine d'armes et de la garnison des vaisseaux.

4. Les troupes d'infanterie fourniront les capitaines d'armes à bord des bâtimens de l'état, et elles y feront le service de garnison.

De la formation des détachemens.

5. Les détachemens de garnison à bord des vaisseaux de l'état seront, autant que cela sera possible, formés par compagnie, section de compagnie ou escouade.

Des mérites accordés dans la manœuvre et le canonnage.

6. Les sous-officiers et soldats seront susceptibles d'obtenir des mérites dans la manœuvre ou le canonnage, et en porteront la marque distinctive.

Ils seront employés dans la manœuvre ou le canonnage.

7. Les sous-officiers et soldats qui auront acquis des mérites dans la manœuvre ou le canonnage, seront susceptibles d'être employés sur les bâtimens de l'état, selon le rang attaché à ces mérites.

Supplément accordé aux sous-officiers et soldats employés comme officiers-mariniers.

8. Les sous-officiers et soldats, employés à bord des vaisseaux de l'état comme officiers-mariniers de manœuvre ou de canonnage, recevront un supplément de solde, tel qu'il forme, avec celui dont ils jouissent, le traitement accordé au grade d'officier-marinier des classes dont ils rempliront les fonctions.

Incorporation accordée aux sous-officiers et soldats.

9. Les sous-officiers et soldats qui auront obtenu des mérites dans le canonnage, pourront demander leur incorporation, en raison de leur ancienneté, dans les compagnies de canonniers-bombardiers.

De la subordination des sous-officiers et soldats aux maîtres d'équipage ou de canonnage.

10. Les sous-officiers et soldats employés à bord des vaisseaux dans la manœuvre ou dans le canonnage, y seront immédiatement aux ordres des maîtres d'équipage et maîtres-canonniers, et y prendront leur poste et leur rang, conjointement avec les officiers mariniers des classes, par ancienneté de service entre eux dans la manœuvre ou le canonnage.

Supplément accordé aux sous-officiers et soldats employés comme canonniers-chargeurs.

11. Les sous-officiers et soldats ayant au moins neuf mois de navigation à bord des bâtimens de l'état, et qui seront employés par le commandant du bâtiment comme canonniers-chargeurs dans les batteries, recevront un supplément de solde de cinq livres par mois.

Équipement accordé aux détachemens qui s'embarqueront.

12. Il sera accordé à tous les sous-officiers et soldats, lorsqu'ils s'embarqueront comme garnison sur les vaisseaux de l'état, deux chemises, un paletot, une grande culotte de toile, un hamac et une couverture.

Rapport entre les troupes de la marine et celles du département de la guerre.

13. Les troupes de terre et de mer se prêteront un secours mutuel, et se suppléeront réciproquement, soit à terre, soit à bord des vaisseaux de l'état, toutes les fois que les circonstances et le bien du service l'exigeront.

14. Lorsque l'augmentation du service pendant la guerre exigera que des détachemens des régimens de l'armée soient embarqués comme garnison de vaisseau, les troupes de l'infanterie de la marine seront exclusivement employées à la garde du vaisseau portant le pavillon amiral.

Décret d'application pour l'exécution des décrets rendus sur l'organisation de l'artillerie et de l'infanterie de la marine.

Art. 1er. Il sera, pour cette fois seulement, procédé à l'exécution des décrets sur l'organisation de l'infanterie et de l'artillerie de la marine, ainsi qu'il suit :

Formation des régimens d'artillerie et d'infanterie de la marine.

2. Les sous-officiers et soldats des cinq premières divisions réunies à Brest, fourniront à la composition du premier régiment d'artillerie, du premier et du second régiment d'infanterie ; ceux des sixième et septième divisions em-

ployées à Toulon, fourniront à celle du premier bataillon du second régiment d'artillerie et du troisième régiment d'infanterie. Les sous-officiers et soldats des huitième et neuvième divisions, attachés au port de Rochefort, seront employés à la composition du second bataillon du second régiment d'artillerie, et à celle du quatrième régiment d'infanterie.

Des régimens d'infanterie.

3. Les régimens d'artillerie et d'infanterie seront formés sur le pied de paix, conformément aux décrets de ce jour sur l'organisation des troupes de la marine.

Des régimens d'artillerie.

4. Il ne sera nommé, quant à présent, dans les régimens d'artillerie, que la moitié des places de sergens maîtres-canonniers, de caporaux seconds maîtres, et les deux tiers de celles d'aides-canonniers et de canonniers-apprentis dans chaque compagnie.

Composition des compagnies d'artillerie.

5. Chaque compagnie de canonniers-bombardiers sera, en conséquence, composée, en sous-officiers et soldats, ainsi qu'il suit ; savoir : — Un sergent-major maître-canonnier, deux sergens maîtres-canonniers, un caporal fourrier second maître-canonnier, quatre caporaux seconds maîtres, seize aides-canonniers de première classe, seize aides-canonniers de seconde, seize canonniers-apprentis, un tambour. — Total, cinquante-sept, non compris les officiers.

Du complet des régimens d'artillerie.

6. Au moyen des dispositions énoncées par les articles 4 et 5, chaque régiment d'artillerie ne sera, quant à présent, que de neuf cent trente-un hommes. Le ministre de la marine prendra les mesures les plus convenables, et qui se concilieront plus particulièrement avec le bien du service, pour élever lesdits régimens successivement au complet de paix, d'après les comptes qui lui seront rendus par l'inspecteur général.

De l'incorporation des sous-officiers et soldats dans les compagnies d'artillerie et d'infanterie.

7. Les sous-officiers et soldats seront employés dans les compagnies d'artillerie et d'infanterie, en raison de leur grade et de leur ancienneté de service dans chaque grade ; mais les places de sergens-majors et de sergens maîtres-canonniers, caporaux seconds maîtres et aides-canonniers dans les compagnies d'artillerie, ne pourront être occupées que par les sous-officiers et soldats qui en auront acquis les mérites à la mer.

De l'option accordée aux sous-officiers et soldats.

8. Les sous-officiers et soldats qui réuniront les qualités exigées pour l'un et l'autre services, seront libres d'opter pour celui des deux auxquels ils préféreront d'être attachés.

Des compagnies d'ouvriers.

9. Les trois compagnies d'ouvriers d'artillerie, actuellement employées dans les ports, seront organisées conformément aux décrets de ce jour, sur la composition desdites compagnies : elles seront désormais uniquement affectées au service de la marine.

Des compagnies d'apprentis-canonniers des classes.

10. Les quatre compagnies d'apprentis-canonniers des classes seront for-

mées par des levées successives, et portées, dans l'année 1792, au complet fixé par les décrets de ce jour; les époques des levées seront désignées par le ministre de la marine.

Nomination aux emplois d'officiers d'artillerie.

De l'inspecteur général.

11. L'inspecteur général d'artillerie sera à la nomination et au choix du roi, parmi les officiers d'artillerie des ports qui y auront rempli activement, pendant quatre ans au moins, les fonctions de directeurs des arsenaux et commandans des écoles d'artillerie, qui auront six ans d'ancienneté de colonels ou lieutenans-colonels.

Des officiers supérieurs.

12. Les commandans, les colonels et lieutenans-colonels d'artillerie, seront à la nomination et au choix du roi, parmi les directeurs et sous-directeurs d'artillerie des ports, les majors du corps des canonniers-matelots, et les deux lieutenans-colonels inspecteurs dans les fonderies et manufactures d'armes de la marine.

Nomination aux places de capitaines et lieutenans d'artillerie.

13. Il sera procédé au choix des capitaines et des lieutenans d'artillerie, ainsi qu'il suit.

14. Seront appelés à occuper les emplois de capitaines dans les compagnies de canonniers-bombardiers, de capitaines commandans d'ouvriers, de capitaines-directeurs dans les forges, fonderies et manufactures d'armes : — 1° Les chefs de compagnie ayant au moins huit ans de navigation, ou six de service comme officiers; — 2° Les officiers de vaisseau sortis du corps des maîtres-canonniers entretenus, ayant six ans révolus de navigation en qualité d'officiers-mariniers de canonnage; — 3° Les aides-majors, garçons-majors et sous-lieutenans des divisions, ayant navigué en qualité de canonniers ou servi dans le corps de l'artillerie, et ayant au moins six ans de service comme officiers; — 4° Les officiers des compagnies d'ouvriers, et ceux qui ont été tirés du corps de l'artillerie des colonies, pour être employés en qualité d'inspecteurs dans les forges, fonderies et manufactures d'armes de la marine, et ayant au moins six ans de service comme officiers.

Emplois de capitaines laissés vacans.

15. Dans le cas où les officiers désignés dans l'article précédent, réunissant les qualités exigées pour être élus au grade de capitaine, ne seraient pas en nombre suffisant pour occuper toutes les places, le surplus sera laissé vacant, et ne sera remplacé que conformément au décret sur l'organisation de l'artillerie.

Rang que prendront les officiers entre eux.

16. Les officiers appelés aux compagnies, y seront employés en raison de leur grade et de leur ancienneté, et conformément aux règles du service.

Nomination aux emplois de premiers lieutenans de canonniers-bombardiers.

17. Les places de premiers lieutenans dans les compagnies de canonniers-bombardiers, seront remplies, — 1° Par tous les officiers des différentes classes désignées dans l'article 14, qui auront moins de huit ans de navigation ou de service d'officier; — 2° Par les maîtres-canonniers entretenus, ayant six ans révolus de service en cette qualité.

Places des premiers lieutenans de canonniers-bombardiers laissées vacantes.

18. Les emplois de premiers lieutenans qui ne se trouveraient pas remplis après la promotion des sujets désignés dans l'article 17, seront laissés vacans, et il n'y sera pourvu que conformément au décret sur l'organisation de l'artillerie.

Nomination aux deux tiers des places de seconds lieutenans dans les compagnies de canonniers-bombardiers.

19. Les deux tiers des places de seconds lieutenans dans les compagnies de canonniers-bombardiers, seront donnés à l'ancienneté aux maîtres-canonniers entretenus, ayant au moins quatre ans de service en cette qualité, et aux sergens ayant au moins quatre campagnes de maîtres-canonniers à bord des vaisseaux de l'état, dont une de premier maître chargé.

Nomination au dernier tiers des places de seconds lieutenans de canonniers-bombardiers.

20. Il sera ouvert, pour la nomination au dernier tiers des emplois de seconds lieutenans vacans, un concours auquel seront admis tous les jeunes gens de dix-huit à vingt-quatre ans, fils de citoyens actifs, qui ont prêté le serment civique.

De l'examen des sujets admis au concours pour les places de seconds lieutenans de canonniers-bombardiers.

21. L'examen sera fait dans les ports par l'examinateur de la marine, ou, à son défaut, par les professeurs des écoles de la marine, en présence des officiers de la marine, de l'artillerie, de l'infanterie et des corps administratifs, sur les deux premiers volumes du cours de Bezout. La préférence sera accordée aux sujets qui auront fait preuve d'une meilleure instruction ; dans le cas d'égalité, à ceux qui auront navigué; et s'il se trouvait parité d'instruction et de navigation, la préférence serait donnée à l'âge.

De la nomination aux emplois de seconds capitaines dans les compagnies d'ouvriers d'artillerie.

22. Les emplois de seconds capitaines, vacans dans les compagnies d'ouvriers d'artillerie, seront donnés aux lieutenans en premier dans chaque compagnie, et, à leur défaut, au choix du roi, parmi ceux des lieutenans en troisième qui auront au moins six ans de service comme officiers.

De la nomination aux places de premiers et seconds lieutenans d'ouvriers.

23. Les emplois de premiers lieutenans qui vaqueront, et ceux de seconds lieutenans dans les compagnies d'ouvriers d'artillerie, seront donnés, savoir: —Ceux de premiers lieutenans dans chaque compagnie, au lieutenant en troisième, ou, à son défaut, au sergent-major ;—Ceux de seconds lieutenans, —1° Aux lieutenans en troisième qui ne seront pas faits premiers lieutenans ; —2° Aux sous-officiers desdites compagnies, alternativement à l'ancienneté et au choix, en se conformant, pour l'une et l'autre nomination, aux règles prescrites par les décrets sur l'avancement dans lesdites compagnies.

De la nomination aux emplois de capitaines et lieutenans dans les compagnies d'apprentis-canonniers des classes.

24. Les places de capitaines et de lieutenans dans les compagnies d'apprentis-canonniers des classes, seront données au choix du roi; savoir : — Celles de capitaines, aux sous-lieutenans ayant été maîtres-canonniers entretenus des classes, et réunissant les services exigés par l'article 14 ; —

Celles de lieutenans, aux maîtres-canonniers entretenus sortis des classes, qui auront six ans de service en cette qualité.

25. Les officiers-mariniers de canonnage, *actuellement* employés dans les ports de Brest, Toulon et Rochefort, qui ne seront pas promus à l'entretien, ou compris dans la formation des compagnies d'apprentis-canonniers des classes, seront employés à la suite desdites compagnies, et à la solde dont ils jouissent.

Du concours pour l'admission des élèves d'artillerie.

26. L'époque du concours pour l'admission aux douze places d'élèves de l'artillerie, sera déterminée par un décret particulier qui en fixera toutes les conditions conformément aux décrets de ce jour sur l'organisation de l'artillerie de la marine.

Nomination aux emplois d'officiers dans l'infanterie de la marine.

Nomination de l'inspecteur général de l'infanterie de la marine.

27. L'inspecteur général de l'infanterie de la marine sera à la nomination et au choix du roi, parmi les officiers de la marine ou de l'armée ayant au moins six ans de service, les premiers, comme majors, capitaines de vaisseau ou contre-amiraux ; les seconds, comme lieutenans-colonels ou capitaines. — Le roi pourra également faire un choix parmi les capitaines de vaisseau qui auront trois ans de commandement comme capitaines ou lieutenans de vaisseau.

Nomination aux emplois de colonels.

28. Les colonels des régimens d'infanterie de la marine seront à la nomination et au choix du roi, parmi les capitaines ou majors de vaisseau ayant deux ans d'activité dans ce grade, et parmi les lieutenans-colonels des troupes de ligne, ayant au moins quatre ans d'activité dans ce grade ou dans celui de major. — Deux de ces places pourront être données, l'une au plus ancien major de vaisseau, l'autre au choix du roi dans ce grade, sans avoir égard à la durée de l'activité que l'officier nommé pourrait avoir dans ce grade.

Les officiers de la marine employés dans les troupes opteront.

29. Les officiers de la marine nommés aux emplois d'inspecteurs, ou colonels dans les régimens d'infanterie de la marine, seront obligés d'opter.

Nomination aux places de lieutenans-colonels.

30. Les places de lieutenans-colonels des régimens d'infanterie de la marine, seront données, — 1° Aux majors des divisions qui n'auront pas été compris dans l'organisation des régimens d'artillerie ; — 2° Aux chefs des compagnies et aides-majors des divisions, moitié à l'ancienneté, et moitié au choix du roi.

Nomination aux places de capitaines des compagnies d'infanterie de la marine.

31. Les places de capitaines dans l'infanterie de la marine seront données, — 1° Aux chefs de compagnies, aides et garçons-majors des divisions, qui n'auront pas été faits capitaines d'artillerie ; — 2° Aux sous-lieutenans des divisions, ayant au moins cinq ans d'activité de service dans ce grade.

Emplois de capitaines laissés vacans.

32. Les emplois de capitaines d'infanterie qui ne seront pas remplis par

les dispositions de l'article précédent, resteront vacans, et il n'y sera nommé que conformément au décret sur l'organisation des troupes de la marine.

Nomination aux places de lieutenans d'infanterie de la marine.

33. Les places de lieutenans d'infanterie seront données, — 1° Aux sous-lieutenans des divisions, ayant au moins cinq ans de service comme officiers ; — 2° Aux sergens-majors ou sergens ayant six ans d'activité dans le grade de sergent, et ayant navigué en qualité de capitaines d'armes ou de maîtres-canonniers.

Nomination aux places de sous-lieutenans.

34. Les places de sous-lieutenans d'infanterie seront données, —1° Moitié aux sergens-majors et sergens ; — 2° Moitié au concours, à des jeunes gens de dix-huit à vingt-quatre ans.

Des places de sous-lieutenans destinées aux sous-officiers.

35. Les places destinées aux sous-officiers seront données alternativement à l'ancienneté et au choix.

Qualités exigées pour être admis au concours pour les places de sous-lieutenans.

36. Ne seront admis au concours ouvert pour la moitié des places de sous-lieutenans dans les compagnies d'infanterie, que les jeunes gens de dix-huit à vingt-quatre ans, ayant prêté le serment civique, fils de citoyens actifs enregistrés dans la garde nationale, ou employés sur les vaisseaux de l'état.

Examen et préférence.

37. Le concours aura lieu dans un examen qui sera fait par le professeur des écoles de la marine, sur le premier volume du Cours de *Bezout*, en présence des officiers de la marine, de ceux de l'artillerie et de l'infanterie ; la préférence sera accordée aux sujets qui auront répondu de la manière la plus satisfaisante, et le rang qu'ils prendront entre eux sera établi sur le même principe.

38. Dans le cas d'égalité d'instruction entre deux sujets admis au concours, la préférence sera accordée à l'ancienneté de service dans la garde nationale ou à bord des vaisseaux de l'état ; et s'il existait encore parité à cet égard, elle serait donnée au plus âgé des concurrens. Le temps de navigation sera compté conformément aux lois sur les gens de mer.

Option donnée aux quartiers-maîtres en exercice.

39. Les quartiers-maîtres trésoriers en exercice auront l'option de conserver leur place, ou d'occuper dans les troupes d'infanterie et artillerie, celles auxquelles ils seront portés par leur grade et par leur ancienneté de service.

Nomination des quartiers-maîtres et adjudans-majors.

40. Les places de quartiers-maîtres trésoriers vacantes, et toutes celles d'ajudans-majors dans l'artillerie et l'infanterie de la marine, seront données après la formation des régimens, conformément à ce qui est prescrit par les décrets sur l'organisation de l'artillerie et de l'infanterie de la marine.

Nomination des adjudans dans l'infanterie de la marine.

41. Il ne sera procédé au choix des adjudans dans chaque régiment d'in-

fanterie, qu'après la nomination des officiers, qui les éliront dans la forme prescrite par les décrets sur l'organisation de l'infanterie de la marine.

42. Les maîtres-canonniers entretenus que leur âge ou leurs infirmités empêcheront de continuer leur service au moment de l'organisation de l'artillerie, obtiendront en retraite la totalité de leurs appointemens, et les grades auxquels ils auraient été portés par la nouvelle formation.

43. Dans le cas où quelques officiers, sous-officiers ou soldats se trouveraient, par l'effet de la nouvelle formation, portés à un traitement inférieur à celui dont ils jouissaient, il leur en sera tenu compte par supplément d'appointemens ou de solde.

44. La formation de l'artillerie et de l'infanterie de la marine étant terminée, les emplois de tous grades demeurés vacans, ainsi que ceux qui vaqueront à l'avenir, seront remplacés conformément aux règles établies par les décrets de ce jour sur l'organisation de l'artillerie et de l'infanterie de la marine.

---

31 mai 1792 : *Places à mettre en état de guerre*, voyez 26 du même mois; *Recherche de M. de la Peyrouse*, *Compagnies franches*, voyez 28 mai; *Garde so'dée du roi*, voyez 29 mai.

N° 223. = 1er—8 juin 1792. =DÉCRET *relatif à l'élection des commissaires de police, dans les lieux où ils seront jugés nécessaires* (1). (B., XXII, 251.)

Art. 1er. Les commissaires de police qui seront établis dans les différentes villes du royaume où ils seront jugés nécessaires, conformément au décret du 21—29 septembre 1791, seront élus pour deux ans, et pourront être réélus à chaque nouvelle nomination.

2. Les décrets concernant la forme des élections des municipalités, et qui règlent les qualités nécessaires pour exercer les droits de citoyen actif et pour être éligible, seront suivis pour la nomination des commissaires de police, dont les fonctions sont déclarées incompatibles avec l'exercice de celles d'officier municipal, de notaire et d'avoué.

3. L'élection des commissaires de police se fera au scrutin individuel et à la pluralité absolue des suffrages.

4. Le renouvellement en sera fait tous les deux ans, et aura lieu immédiatement après les élections des membres du corps municipal et du conseil général de la commune : néanmoins le remplacement ou le renouvellement de ceux qui seront nommés avant la première rénovation des municipalités, qui aura lieu à la Saint-Martin de la présente année 1792, ne pourra être fait qu'à la même époque de l'année 1794, et il en sera de même de ceux qui seront nommés postérieurement; leur remplacement ne pourra avoir lieu qu'après deux années révolues, à compter du plus prochain jour de Saint-Martin qui suivra leur nomination.

5. Les élections qui seront faites avant l'époque du renouvellement des municipalités, auront lieu dans une assemblée extraordinaire des citoyens actifs de chaque commune, qui sera convoquée d'après une délibération du conseil général de la commune, qui en indiquera le jour, huitaine avant la tenue.

6. Lorsque les commissaires de police seront en fonctions, ils porteront pour marque distinctive un chaperon aux trois couleurs.

---

(1) Voyez le décret d'institution des commissaires de police, du 21—29 septembre 1791, et es notes qui résument toutes les lois et réglemens qui les concernent.

7. Les commissaires de police ne pourront être révoqués dans le cours de leur exercice; mais ils pourront être destitués pour forfaiture jugée.

8. Au cas de vacance d'un ou de plusieurs commissaires de police dans les villes où il y en aura plusieurs, par mort, démission, ou par une cause quelconque, dans la seconde année de leur élection, le conseil général de la commune pourra commettre un ou plusieurs des citoyens actifs et éligibles de ladite commune, pour en exercer les fonctions jusqu'à l'époque des élections ordinaires; et si la vacance arrive dans la première année, il y sera pourvu dans la forme indiquée dans l'article 5 du présent décret.

9. Les commissaires de police, avant d'entrer en exercice, prêteront, en présence du conseil général de la commune, le serment civique, et celui de bien et fidèlement remplir leurs devoirs. — La ville de Paris ayant reçu un régime particulier quant à ce, par le décret du 21 mai — 27 juin 1790, demeure exceptée du présent décret.

N° 224. = 6 — 8 juin 1792. = DÉCRET *relatif aux contre-seings et aux franchises des lettres* (1). (B., XXII, 261.)

L'assemblée nationale, informée par le ministre des contributions publiques de l'abus qui existe dans l'administration des postes, relativement aux contre-seings et aux franchises des lettres; considérant qu'il est instant de remédier à cet abus, décrète que la franchise et le contre-seing des lettres par la poste sont supprimés, excepté pour l'assemblée nationale, les administrations publiques et les fonctionnaires publics actuellement en activité, et qui en ont joui jusqu'à présent.

---

6 juin 1792 : *Vétérans de la garde nationale*, voyez 9 mai précédent; *Secours à certains collèges, Haute cour nationale, Récusation*, voyez 29 mai.

N° 225. = 8 juin — 20 août 1792. = DÉCRET *relatif aux citoyens composant les ci-devant gardes du roi.* (B., XXII, 267.)

L'assemblée nationale décrète que les citoyens composant la ci-devant garde du roi, qui ont été licenciés par le décret du 29 mai dernier, et qui, ayant rempli les conditions d'éligibilité prescrites par la constitution et par le décret du mois de février dernier, obtiendront un certificat de la municipalité de Paris, et déclareront désirer rentrer dans les différens corps d'où ils avaient été précédemment tirés, y prendront les grades qu'ils y auraient actuellement s'ils ne les eussent pas quittés. — S'il n'y avait point d'emploi vacant dans les grades qu'ils devraient remplir, ils en feront les fonctions, ou en recevront le traitement jusqu'à ce qu'il s'en trouve de vacans; ils seront alors les premiers à les remplir, sans pouvoir cependant prendre rang sur ceux qui auraient été placés avant eux dans le même grade.

---

8 juin 1792 : *Officiers de santé de la marine, Caisse de l'extraordinaire*, voyez 29 mai précédent; *Pensions de la caisse des invalides de la marine*, voyez 30 mai; *Port entre*

---

(1) La suppression des franchises et contre-seings des lettres a été confirmée par la loi du 3 — 20 septembre 1792; par l'art. 64 de la loi du 9 vendémiaire an 6 (30 septembre 1797); par les art. 1er et suiv. de la loi du 27 du même mois (18 octobre 1797); par l'arrêté additionnel du 27 brumaire même année (17 novembre 1797), et par celui du 5 vendémiaire an 7 (26 septembre 1798). Voyez néanmoins les exceptions contenues dans lesdites lois et arrêtés.

Voyez aussi le réglement général du 27 prairial an 8 (16 juin 1800), sur les franchises et contre-seings; l'arrêté additionnel du 15 brumaire an 9 (6 novembre 1800); l'ordonnance du 6 — 20 août 1817, et surtout celle du 14 décembre 1825 — 1er janvier 1826.

Saint-Mâlo et Saint-Servan, *Grenadiers royaux*, etc., *Poudres et salpêtres*, *Bâtimens qui entrent dans le Rhône*, voyez 31 mai; *Commissaires de police*, voyez 1ᵉʳ juin même année; *Contre-seing et franchise des lettres*, voyez 6 juin.

N° 226. = 9 — 14 juin 1792. = **DÉCRET** *concernant la nomination des capi- taines de gendarmerie.* (B., XXII, 271.)

N° 227. = 9 — 14 juin 1792. = **DÉCRET** *relatif aux pensions et secours* (1). (B., XXII, 281.)

Art. 1ᵉʳ. Les personnes qui jouissaient de pensions et gratifications annuelles, assignées sur toutes autres caisses que le trésor public, et qui, aux termes du décret du 27 juin 1790, devaient les toucher jusqu'au 31 décembre 1789, seront payées par le payeur des dépenses diverses de la trésorerie nationale, de ce qui peut leur en rester dû jusqu'à ladite époque.

2. Elles seront payées de même par la trésorerie nationale, de ce qui peut leur rester dû des secours provisoires accordés par le décret du 2 juillet 1791 et autres antérieurs, notamment par l'article 8 du décret du 20 février 1791; et, sur ces secours provisoires accordés par le présent article, il sera fait déduction des sommes qui auraient été payées en vertu du décret du 20 — 25 février 1791, sur le fonds de cent cinquante mille livres.

3. Lesdites personnes ayant droit au paiement ordonné par les articles précédens, seront tenues de fournir à la trésorerie nationale un certificat sur papier libre, des caissiers, régisseurs ou administrateurs des caisses, fonds et administrations sur lesquelles leurs pensions ou gratifications annuelles étaient assignées, lequel constatera le montant des sommes dont elles jouissaient, et l'époque à laquelle le paiement des arrérages antérieurs au 31 décembre 1789, ou celui des secours provisoires accordés par les décrets du 2 juillet 1791 et autres y énoncés, auront cessé d'être faits.

4. Pour effectuer le paiement des pensions, gratifications annuelles ou secours ordonnés par le présent décret, la trésorerie nationale se conformera aux décrets précédemment rendus à cet égard, et notamment aux dispositions relatées dans celui du 27—28 juin 1791, auxquelles le présent décret n'a point dérogé.

N° 228. = 10 juin — 25 juillet 1792. = **DÉCRET** *relatif aux manufactures d'armes, et particulièrement à celle de Maubeuge.* (B., XXII, 285.)

N° 229. = 11 juin—1ᵉʳ juillet 1792. = **DÉCRET** *relatif au remplacement des emplois vacans dans le régiment d'artillerie des colonies.* (B., XXII, 287.)

N° 230. = 12 juin—21 juillet 1792. = **DÉCRET** *concernant l'approvisionnement des armes dans les arsenaux et magasins nationaux, et la prohibition de sortir à l'étranger des armes et munitions de toute espèce.* (B., XXII, 291.)

N° 231. = 12 juin—16 août 1792. = **DÉCRET** *qui fixe le* minimum *des enchères pour la vente des sels et tabacs nationaux.* (B., XXII, 290.)

N° 232. = 13—19 juin 1792. = **DÉCRET** *qui établit une administration sous le* nom de Direction *pour la fabrication des assignats.* (B., XXII, 298.)

---

(1) Voyez ci-après le décret rectificatif du 25—27 juin 1792.

N°. 233.=14—21 juin 1792.== Décret, *relatif à la réexportation des laines étrangères non filées, et à d'autres objets de commerce.* (B., XXII, 302.)

14 juin 1792 : *Organisation de l'artillerie et de l'infanterie de la marine,* voyez 31 mai précédent; *Capitaines de gendarmerie, Pensions et secours,* voyez 9 du même mois de juin.

N°. 234.=15—22 juin 1792. == Décret *relatif aux commissaires civils nommés pour la pacification des colonies.* (B., XXII, 303.)

Art. 1er. Les commissaires civils nommés pour la pacification des colonies, en vertu du décret du 24 mars, sont autorisés à suspendre et à dissoudre non seulement les assemblées coloniales, mais encore les assemblées provinciales, les municipalités, ainsi que tous les corps administratifs ou autres se disant populaires, sous quelque dénomination qu'ils soient établis.

2. Les commissaires civils sont également autorisés à suspendre provisoirement, et sauf le recours à l'assemblée nationale, l'exécution des arrêtés desdites assemblées ou corps qu'ils jugeraient contraires à la souveraineté nationale ou au rétablissement de la paix; et généralement dans tous les conflits des pouvoirs, dans les doutes qui pourraient s'élever sur la nature ou l'étendue de ceux desdits commissaires civils, on sera tenu de déférer provisoirement à leurs réquisitions, sauf le recours à l'assemblée nationale.

3. Pourront les commissaires civils, en attendant l'organisation définitive de l'ordre judiciaire dans les colonies, rétablir et remettre provisoirement en activité les anciens tribunaux, tant de première instance que de dernier ressort, transférer les séances desdits tribunaux dans tels lieux que les circonstances exigeront. En cas d'absence, mort ou démission des ci-devant titulaires, les commissaires civils présenteront au gouverneur général un nombre de sujets ayant les qualités réquises par la loi pour être juges, double de celui des places vacantes, et le gouverneur sera tenu de choisir entre les sujets présentés; et de leur donner des commissions provisoires.

4. Dans le cas où les commissaires éprouveraient quelques difficultés pour débarquer dans la colonie, de la part des troupes de terre ou de mer qui s'y trouveront, ils requerront, par des avisos qu'ils enverront tant à terre qu'à bord des vaisseaux et frégates stationnés, les commandans généraux et particuliers, administrateurs civils, assemblées coloniales et provinciales, municipalités et autres corps administratifs, ainsi que les commandans desdits vaisseaux et frégates, de faire proclamer et reconnaître, dans l'intérieur des colonies et à bord desdits vaisseaux et frégates, le caractère d'autorité, tant desdits commissaires civils que du gouverneur général nouvellement nommé par le roi, sur les copies de leurs commissions, qu'ils enverront d'eux certifiées véritables, et d'obéir aux ordres qui leur seront donnés sur la réquisition desdits commissaires.

5. La désobéissance sera regardée comme crime de haute trahison; et ceux qui s'en rendraient coupables, seront envoyés en France avec les pièces qui constateront le délit, pour être poursuivis et jugés suivant la rigueur des lois.

6. Les commissaires civils porteront, dans l'exercice de leurs fonctions, un ruban tricolor passé en sautoir, auquel sera suspendue une médaille d'or portant d'un côté ces mots : *la nation, la loi et le roi;* de l'autre ceux-ci : *commissaires civils.*

N° 235.= 16—27 juin 1792.= **DÉCRET** *relatif à l'établissement d'un monument sur la place de la Bastille* (1). (B., XXII, 306.)

Art. 1er. Il sera formé, sur l'ancien terrain de la Bastille, une place qui portera le nom de *Place de la liberté*.

2. Il sera élevé, au milieu de cette place, une colonne surmontée de la statue de la Liberté.

3. La première pierre des fondations sera posée, le 14 juillet prochain, par une députation de l'assemblée nationale, dans le lieu sur lequel la colonne sera élevée. Le pouvoir exécutif donnera à cet égard les ordres nécessaires.

4. Les plans, dessins et devis de *Pierre-François Palloy* seront renvoyés au pouvoir exécutif, pour les examiner, les comparer avec tous ceux qui ont été présentés ou qui pourraient l'être, et en rendre compte ensuite à l'assemblée nationale.

5. Il sera ouvert, à cet effet, pendant quatre mois, un concours auquel seront invités les artistes de tous les départemens de l'empire.

6. L'assemblée nationale voulant, conformément à son décret du 11 mars dernier, donner à *Pierre-François Palloy* un témoignage de la reconnaissance publique, lui accorde une portion du terrain qui formait l'emplacement de la Bastille; cette portion sera déterminée par un décret particulier, sur le rapport des comités réunis des domaines et d'instruction publique.

7. L'assemblée nationale se réserve de statuer sur la vente ou l'emploi de tout le reste du terrain, d'après les plans qui seront présentés pour la formation de la place.

8. La démolition des tours de la Bastille sera incessamment achevée.

N° 236.= 17 juin 1792. = **DÉCRET** *portant que tous les citoyens seront tenus de faire en personne le service de la garde nationale.* (B., XXII, 308.)

L'assemblée nationale décrète, comme principe, que tout citoyen sera tenu de faire personnellement son service de garde nationale, sauf les exceptions établies par les lois (2).

N° 237. = 17 — 24 juin 1792. = **DÉCRET** *relatif à l'organisation des deux compagnies de gendarmerie nationale faisant le service des tribunaux et des prisons.* (B., XXII, 307.)

N° 238.= 18— 24 juin 1792. = **DÉCRET** *qui autorise les réquisitions pour le transport des vivres et fourrages de l'armée* (3). (B., XXII, 309.)

N° 239. = 18 juin—6 juillet 1792. = **DÉCRET** *relatif aux droits féodaux* (4).
(B., XXII, 310.)

Art. 1er. L'assemblée nationale, dérogeant aux articles 1er et 2 du titre III

---

(1) Ce monument n'a jamais été élevé; mais, après la révolution de 1830, l'érection d'une colonne a été de nouveau ordonnée sur la place de la Bastille, en l'honneur des citoyens morts pendant les journées de juillet. Voyez l'ordonnance du 6—9 juillet 1831.

(2) Ce principe a été maintenu par l'art. 9 de la loi nouvelle du 22—25 mars 1831.

(3) Voyez le décret du 13—21 mars 1792, et les notes.

(4) Voyez la note qui accompagne la loi du 4, 6, 7, 8 et 11 août — 3 novembre 1789, sur l'abolition de la féodalité, et notamment le décret du 15—28 mars 1790, que celui-ci est destiné à compléter.

du décret du 15 mars 1790, et à toutes lois à ce relatives, décrète que tous les droits casuels, soit censuels, soit féodaux, et tous ceux qui en sont representatifs, connus sous le nom de *quint, requint, treizième, lods et treizains, lods et ventes et issue, milods, rachapts, venteroles, reliefs, relevaison, plaids-acapte, arrière-acapte*, et autres droits casuels, sous quelque dénomination que ce soit, qui se percevaient à cause des mutations qui survenaient dans la propriété ou la possession d'un fonds, sur le vendeur, l'acheteur, les donataires, les héritiers, et tous autres ayans cause du précédent propriétaire ou possesseur, sont et demeurent supprimés sans indemnité, à moins que lesdits droits ne soient justifiés par le titre primitif d'inféodation, d'acensement ou de bail à cens, être le prix et la condition d'une concession du fonds pour lequel ils étaient perçus, auxquels cas lesdits droits continueront d'être perçus et d'être rachetables.

2. Tous les rachats de droits casuels non justifiés, ainsi qu'il est dit par l'article 1er, qui ne sont point encore consommés par le paiement, cesseront d'avoir lieu, soit pour la totalité du prix, s'il est dû, soit pour ce qui en reste dû, encore qu'il y eût eu expertise, offre, accord ou convention; mais ce qui aura été payé ne pourra être répété.

3. Les ventes faites et les mutations survenues jusqu'au jour de la publication du présent décret, ne seront censées avoir donné ouverture auxdits droits casuels, qu'autant que la preuve imposée par l'article 1er aux possesseurs de ces droits, aura été faite, sans néanmoins qu'il puisse y avoir lieu à aucune répétition contre eux pour tout paiement fait conformément aux lois préexistantes, et sans préjudicier aux facultés, actions et indemnités réservées aux fermiers contre les propriétaires desdits droits, conformément à l'article 37 du titre II du décret du 15 mars 1790, pour raison seulement des droits échus depuis le 4 août 1789, dont ils n'auraient pas perçu le paiement.

4. Ceux qui ont acquis de la nation des droits abolis par le présent décret, sans mélange d'autres biens ou de droits conservés, ne pourront exiger d'autre indemnité que le remboursement des sommes payées par eux. Quant aux intérêts de ces sommes dues aux acquéreurs, il en sera fait compte ainsi que des droits par eux perçus et des rachats faits entre leurs mains, devant le directoire du district, contradictoirement avec le procureur-syndic, pour être le tout compensé jusqu'à due concurrence; et l'excédant des intérêts ou des perceptions sera supporté ainsi que de droit, soit par la nation, soit par les acquéreurs.

5. Il sera libre à ceux qui ont acquis de la nation quelques uns des mêmes droits abolis par le présent décret, conjointement avec d'autres biens ou avec des droits conservés, de renoncer à leurs acquisitions; et, dans ce cas, les sommes qu'ils auront payées leur seront aussi remboursées, et la compensation des intérêts sera faite comme il est dit dans l'article précédent; mais ils seront tenus de faire cette renonciation, dans le mois qui suivra le jour de la publication du présent décret, au secrétariat du directoire du district de la situation desdits biens.

6. Ceux qui n'auront pas renoncé à leurs acquisitions dans le délai fixé par l'article précédent, ne pourront plus y être admis: ils ne pourront également prétendre à aucune indemnité ni diminution de prix, à raison de la suppression des droits casuels compris dans les mêmes acquisitions.

7. Tous procès intentés et non décidés par jugement en dernier ressort, avant la publication du présent décret, relativement auxdits droits casuels supprimés sans indemnité par l'article 1er, ne pourront être jugés que pour les frais des procédures faites jusqu'à ce jour.

N° 240. = 19 — 24 juin 1792. = **Décret** *concernant le brûlement des titres de noblesse existant dans les dépôts publics.* (B., XXII, 313.)

Art. 1er. Tous les titres généalogiques qui se trouveront dans un dépôt public, quel qu'il soit, seront brûlés.

2. Les directoires de chaque département seront chargés de l'exécution du présent décret, et chargeront des commissaires de séparer ces papiers inutiles des titres de propriété qui pourraient être confondus avec eux dans quelques uns de ces dépôts.

N° 241. = 19 juin — 1er juillet 1792. = **Décret** *relatif aux ponts et chaussées* (1). (B., XXII, 318.)

N° 242. = 19 juin — 8 juillet 1792. = **Décret** *et* **Instruction** *concernant la vérification, épreuve et réception des armes de guerre.* (B., XXII, 314.)

19 juin 1792 : *Salins et salines, Amnistie pour désertion*, voyez 28 septembre 1791 ; *Fabrication d'assignats*, voyez 13 juin 1792.

N° 243. = 20 — 29 juin 1792. = **Décret** *qui désigne ceux des fonctionnaires publics qui pourront faire, pour le compte de l'état, l'achat du numéraire.* (B., XXII, 323.)

N° 244. = 20 juin — 15 août 1792. = **Décret** *relatif au pilotage* (2). (B., XXII, 326.)

Art. 1er. Aussitôt après la publication du présent décret, les juges des tribunaux de commerce, dans tous les ports, havres et rivières où il y a actuellement des pilotes lamaneurs, ou dans lesquels il paraîtrait convenable d'en établir, se réuniront aux officiers municipaux du lieu ; et, après avoir appelé le chef des classes, deux des principaux armateurs, deux des plus anciens enseignes commandant actuellement des bâtimens de commerce, et un pilote au moins de chaque station, dans les endroits où il y en aura plusieurs, ils examineront, conjointement avec les personnes qu'ils auront appelées, si, dans le port ou la rivière qu'ils habitent, il est avantageux ou non de fixer le nombre des pilotes, et, dans le premier cas, la quantité qu'il devrait y en avoir : si, dans les endroits où il y a plusieurs stations, le nombre de celles actuellement existantes est trop ou trop peu considérable, et si le prix fixé pour le pilotage à raison de leur tirant d'eau ou de leur port en tonneaux, pour leur entrée ou sortie du port ou d'une station à l'autre, est suffisant, ou s'il doit être augmenté. Ils examineront également quels articles, tant généraux que locaux, d'ordre et de police, il serait convenable d'adopter pour assurer le service ; et de tout ce qui sera arrêté à ce sujet, il sera dressé un procès-verbal qui sera envoyé, sans aucun délai, au ministre de la marine, par le tribunal de commerce dans les ports, havres et rivières où il y en aura, et par les municipalités qui rempliront, relativement au présent décret, les fonctions des juges de commerce, dans les endroits où il n'y aura pas de tribunal de commerce.

____

(1) Voyez le décret du 31 décembre 1790 (4 novembre, 14, 16, 28 et) — 19 janvier 1791, ur l'organisation des ponts et chaussées, et les notes.

(2) Voyez le réglement du 12 décembre 1806, et les notes.

2. Le ministre de la marine adressera à l'assemblée nationale tous ces procès-verbaux, avec ses observations sur les différens objets qu'ils contiendront, et ses vues particulières sur les pilotes lamaneurs, pour être pris par l'assemblée tel parti qu'elle jugera convenable.

3. En attendant que l'assemblée nationale ait décrété un réglement sur les pilotes lamaneurs, le nombre desdits pilotes demeurera, dans chaque port, havre et rivière, provisoirement fixé à celui qui a été précédemment réglé; et, quant aux places qui sont vacantes ou qui viendront à vaquer, le pouvoir exécutif ne pourra délivrer les lettres d'admission prescrites par le décret du 30 juillet—10 août 1791, qu'aux plus anciens des aspirans qui auront subi l'examen ordonné par ladite loi, qui auront navigué pendant six ans, et qui seront âgés de trente ans accomplis.

4. Les fonctions des pilotes lamaneurs exigeant un service continuel, et qu'il serait très dangereux d'interrompre, ils seront, comme par le passé, exempts d'être levés et commandés pour le service des vaisseaux de l'état et pour tout autre service personnel.

N° 245. = 21—21 juin 1792. = **DÉCRET** *relatif aux rassemblemens armés sans réquisition légale.* (B., XXII, 328.)

L'assemblée nationale, considérant que tout ce qui à l'appareil de la force sans réquisition légale, doit être écarté des autorités constituées, et qu'il est instant de rappeler ce principe essentiellement lié aux bases de la constitution et de l'ordre social, décrète que désormais, sous aucun prétexte que ce puisse être, aucune réunion de citoyens armés ne pourra être admise à sa barre, défiler dans la salle de ses séances, ni se présenter à aucune autorité constituée, sans réquisition légale.

N° 246. = 21—26 juin 1792. = **DÉCRET** *relatif aux dépenses d'un armement destiné à faire respecter le pavillon français, et à assurer la liberté du commerce national.* (B., XXII, 328.)

N° 247. = 21—27 juin 1792.=**DÉCRET** *relatif à la nomination des contre-amiraux.* (B., XXII, 329.)

21 juin 1792 : *Laines étrangères non filées*, etc., voyez 14 du même mois.

N° 248. = 22 juin 1792. = **PROCLAMATION** *du roi sur les événemens du* 20 *juin.* (L., IX, 399.)

Les Français n'auront pas appris sans douleur qu'une multitude égarée par quelques factieux est venue à main armée dans l'habitation du roi, a traîné du canon jusque dans la salle des gardes, a enfoncé les portes de son appartement à coups de hache; et là, abusant audacieusement du nom de la nation, a tenté d'obtenir par la force la sanction que Sa Majesté a constitutionnellement refusée à deux décrets.—Le roi n'a opposé aux menaces et aux insultes des factieux, que sa conscience et son amour pour le bien public.—Le roi ignore quel sera le terme où ils voudront s'arrêter; mais il a besoin de dire à la nation française que la violence, à quelque excès qu'on veuille la porter, ne lui arrachera jamais un consentement à tout ce qu'il croira contraire à l'intérêt public. Il expose sans regret sa tranquillité, sa sûreté; il sacrifie même sans peine la jouissance des droits qui appartiennent à tous les hommes, et que la loi devrait faire respecter chez lui comme chez tous les citoyens : mais, comme représentant héréditaire de la nation française, il a des devoirs severes a remplir ; et s'il peut faire le sacrifice de son repos, il ne fera pas le sacrifice de ses devoirs.—Si ceux qui veulent renverser la monarchie ont besoin d'un crime de plus, ils peuvent le commettre. Dans l'état de crise où elle se trouve, le roi donnera jusqu'au dernier moment, à toutes les autorités constituées, l'exemple du courage et de la fermeté, qui seuls peuvent sauver l'empire ; en conséquence, il ordonne à tous les corps administratifs et municipalités de veiller à la sûreté des personnes et des propriétés.

N° 249. == 22—29 juin 1792.==DÉCRET *qui détermine les pouvoirs des commissaires civils envoyés dans les colonies, et les mesures à prendre pour mettre les colons à portée de poursuivre le recouvrement de leurs droits et propriétés, et d'obtenir les indemnités qui leur sont dues, à raison des pertes qu'ils ont essuyées.* (B.,XXII, 330.)

Art. 1er. Les sieurs *Lebreton, Pierre Gombault, Jean-Baptiste Echard, Jacques-Martin de la Tour, Mathurin Chevrier, Etienne Clais, François Léonard,* les sieurs *Tanais, Fredin, Berdun* et autres citoyens renvoyés en France sans jugement légal, dénommés dans le procès-verbal de débarquement qui a déterminé le décret du 21 avril 1791, seront libres d'y retourner (*dans les colonies*), et y demeureront sous la sauve-garde de la loi.

2. Les frais de leur passage seront avancés par le trésor public, sur les fonds de la marine, ainsi qu'une somme de deux cents livres pour chacun d'eux, afin de les mettre à portée de gagner la ville d'embarquement, sauf le recours sur la colonie, ainsi qu'il va être dit ci-après. En conséquence, *le ministre de la marine est chargé de prendre pour ce passage le moyen le plus économique.*

3. Ces citoyens pourront se pourvoir par voie civile devant les tribunaux à qui la connaissance en appartient, soit pour se faire réintégrer dans leurs biens, soit pour obtenir le paiement de leurs créances.

4. On ne pourra leur opposer la prescription ; elle ne commencera à courir contre eux que du jour de leur rentrée dans la colonie, à laquelle fin ils seront tenus de se présenter à la munioipalité du lieu de leur débarquement, et d'en prendre certificat.

5. Les sieurs *Joseph Lafargue, Jean Lavaux* et autres citoyens ayant prêté des sommes, soit au parti de Saint-Pierre, soit au parti du Gros-Morne, feront, par-devant les commissaires civils, reconnaître et apurer les créanoes qu'ils réclament.

6. Les sieurs *La Beaume* et *Picard,* officiers au régiment de la Martinique, seront, aux dépens du trésor public, indemnisés des pertes qu'ils ont essuyées, en justifiant de ces mêmes pertes, sauf le recours de la colonie, ainsi qu'il va être dit.

7. Les citoyens qui, pendant le cours de la guerre, auront essuyé des dégâts et les auront légalement fait constater, recevront l'indemnité qui leur est due, par la voie indiquée dans l'article 9.

8. Les jugemens qu'ils auraient pu obtenir contre les administrateurs ou officiers municipaux, comme personnellement garans de leurs pertes, ne pourront être mis à exécution contre ces derniers : toutes les diligences qui en auraient été la suite, sont déclarées nulles : main-levée pleine et entière est accordée, par le présent décret, de tous arrêts ou oppositions faîts en conséquence.

9. Il sera formé par les commissaires civils, des frais de passage mention-

nés en l'article 3, des remboursemens et indemnités indiqués dans les articles 5, 6, 7 et 8, une masse ; et répartition s'en fera sur la colonie, en sous additionnels aux impositions de 1792 et 1793.

10. Les mêmes commissaires civils se feront rendre compte des sommes interceptées, soit par le parti du Gros-Morne, soit par le parti de Saint-Pierre, pour mettre l'assemblée nationale à portée de statuer sur l'emploi qui en a été fait.

11. Ils emploieront les moyens les plus efficaces pour faire rentrer au trésor public l'arriéré des impositions de 1788, 1789, 1790 et 1791.

12. Les commissaires civils seront tenus de rendre compte des sommes qu'ils ont employées à secourir les habitans de la colonie.

13. L'assemblée nationale charge le pouvoir exécutif de faire rentrer au trésor national la somme qui est due au gouvernement par le sieur *Dubuc*, et de l'instruire des précautions qu'il aura prises pour en hâter le recouvrement : les pièces relatives à cette créance lui seront à cet effet renvoyées.

22 juin 1792 : *Pacification des colonies*, voyez 15 du même mois.

N° 250.=23—23 juin 1792. = **Décret** *relatif au maintien de la tranquillité publique.* (B., XXII, 339.)

N° 251.=23—27 juin 1792.=**Décret** *relatif aux officiers de la gendarmerie nationale dont les appointemens ont été réduits par la nouvelle organisation.* (B., XXII, 334.)

N° 252.=23—27 juin 1792.=**Décret** *relatif à l'avancement des adjudans attachés aux deux divisions de gendarmerie nationale créées le 28 août 1791.* (B., XXII, 335.)

N° 253.=23—27 juin 1792.=**Décret** *relatif à la taxe des lettres destinées pour l'armée.* (B., XXII, 335.)

L'assemblée nationale décrète que les lettres adressées aux armées seront taxées conformément au tarif de 1791, jusqu'au dernier bureau de poste de la frontière, sans que la taxe puisse être augmentée pour le transport de la frontière aux armées, lorsqu'elles seront sur territoire étranger.

N° 254.=23—29 juin 1792.=**Décret** *relatif à la solde des gens de guerre qui ont éprouvé un dommage par les paiemens qui leur ont été faits en assignats.* (B., XXII, 336.)

N° 255. = 24 juin (23 et) — 1er juillet 1792. = **Décret** *relatif aux officiers et employés ecclésiastiques et laïques des chapitres supprimés.* (B., XXII, 340.)

Art. 1er. Les officiers ou employés ecclésiastiques ou laïques des chapitres séculiers et réguliers de l'un et de l'autre sexe, qui prouveront, par acte capitulaire ou autre écrit *ayant date certaine, antérieure au* 1er *janvier* 1789, avoir été reçus à vie ou *avec convention de retraite,* pour remplir dans les églises desdits chapitres des fonctions relatives au service divin, sans avoir été pourvus d'aucun titre de bénéfice *en considération desdites fonctions,* auront, pour traitement ou pension de retraite, ce dont ils jouissaient en gages et émolumens ordinaires fixes, ou *la somme fixée pour leur retraite par lesdits actes ou écrits, quelle que soit ladite somme.*

2. Lesdits officiers ou employés ecclésiastiques ou laïques qui ne rapporteront aucune convention à vie ou de retraite, faite avec lesdits chapitres, recevront une pension ou gratification, selon leur âge, le taux et la durée de leur service, ainsi qu'il va être déterminé par les articles suivans.

3. Ceux desdits employés ou officiers ecclésiastiques ou laïques qui, à compter du 1er janvier 1791, auront atteint l'âge de soixante ans, avec vingt années de service dans une ou plusieurs églises, recevront, à titre de pension, la totalité de leurs gages et émolumens ordinaires, sans que ladite pension puisse excéder néanmoins la somme de quatre cents livres. — Jouiront de semblables traitemens ceux qui, étant d'un âge au dessous de soixante ans, auront trente années de service.

4. Il sera accordé, au même titre de pension, à ceux desdits officiers ou employés âgés de soixante ans, qui, n'ayant point vingt années de service, en auront au moins dix, et à ceux qui, étant âgés de cinquante ans, auront au moins quinze années de service, la moitié de leurs gages et émolumens ordinaires; et ladite moitié ne pourra excéder la somme de deux cents livres. — Jouiront de semblable traitement ceux qui, étant d'un âge au dessous de cinquante ans, auront vingt-cinq années de service.

5. Ceux qui, étant âgés de cinquante ans, n'auront point quinze années de service, mais en auront au moins dix, et ceux au dessous de l'âge de cinquante ans, qui auront depuis quinze jusqu'à vingt-cinq années de service, recevront, à titre de pension, le tiers seulement de leurs gages et émolumens ordinaires, sans excéder toutefois le tiers de la somme de quatre cents livres.

6. A l'égard de ceux desdits officiers ou employés qui n'auront point quinze années de service, et ne seront point dans le cas de l'application des articles précédens, relativement à leur âge, ils jouiront d'une simple gratification, d'une somme une fois payée, qui sera fixée à une année de leurs gages et émolumens effectifs ordinaires, depuis cinq années de service jusqu'à dix, et à une année et demie desdits gages et émolumens, depuis dix années de service jusqu'à quinze.

7. Ceux desdits officiers ou employés qui n'auront pas cinq années de service, et ceux dont le service n'était point habituel, mais seulement déterminé à certains jours de l'année, comme de dimanches et de fêtes, autres néanmoins que les organistes, n'auront droit à aucune pension ni gratification.

8. Dans les années de service, ne seront point comprises celles où lesdits officiers ou employés auraient été enfans de chœur dans lesdites églises ou autres.

9. Il sera accordé aux enfans de chœur desdits chapitres supprimés, les mêmes gratifications ou secours que lesdits chapitres étaient dans l'usage de leur donner en sortant.

10. Ceux desdits officiers ou employés qui, dès avant la suppression desdits chapitres, avaient obtenu des pensions de retraite dont ils jouissaient sans activité, continueront d'en jouir, *si elles sont établies par acte capitulaire ou autre écrit ayant date certaine, antérieure au 1er janvier 1789, pour les sommes accordées par lesdits chapitres, attendu le retranchement desdites sommes sur les revenus desdits chapitres, dans la fixation du traitement de leurs membres, suivant le décret du 10 décembre* 1790.

11. Lesdites pensions et gratifications seront liquidées et arrêtées définitivement, d'après les bases ci-dessus déterminées, par les directoires de département, sur l'avis des directoires de district, et seront payées dans la même forme que les traitemens des religieux et ci-devant bénéficiers; et, à cet effet, nouvel état sera envoyé au ministre de l'intérieur, pour procurer les fonds nécessaires dans chaque département, conformément à l'article 4 du décret du 28 septembre dernier.

12. L'assemblée nationale déroge au décret du 20 août dernier, en tout ce qui serait contraire aux présentes dispositions, le surplus dudit décret recevant son entière exécution.

13. Les dispositions des articles 3 et 4 seulement du présent décret seront applicables aux anciens serviteurs, domestiques de l'un et de l'autre sexe, des maisons et établissemens religieux supprimés, qui y étaient encore attachés au moment de leur suppression, et auxquels il n'aurait été assuré d'ailleurs aucun secours par lesdites maisons et établissemens religieux, par acte ayant date certaine, antérieure au 1er janvier 1789, et qui auront rempli dans lesdites maisons le nombre d'années de service prescrit par lesdits articles, sans que les années de service puissent être comptées avant l'âge de dix-huit ans. Ne pourront néanmoins les secours annuels qui leur seront accordés, conformément auxdits articles, excéder la somme de cent cinquante livres pour ceux qui seront dans le cas de l'article 3, et soixante-quinze livres pour ceux qui seront dans le cas de l'article 4.

---

24 juin 1792 : *Gendarmerie pour le service des tribunaux*, voyez 17 du même mois; *Transport des vivres et fourrages de l'armée*, voyez 18 juin; *Brûlement des titres de noblesse*, voyez 19 juin.

N° 256. = 25—27 juin 1792. = **DÉCRET** *qui rectifie celui du 9 juin 1792, concernant le paiement des arrérages des pensions.* (B., XXII, 346.)

Art. 1er. Dans l'article 1er du décret du 9 juin 1792, après ces mots, *les personnes qui jouissaient de pensions, gratifications,* il sera ajouté ceux-ci, *et secours.*

2. Dans l'article 2 du même décret, après ces mots, *par le décret du 2 juillet 1791 et autres antérieurs, notamment par les articles,* il sera ajouté celui-ci, *cinq.*

3. Dans l'article 3 du même décret, après ces mots, *des caissiers, régisseurs, administrateurs,* il sera ajouté ceux-ci, *ou les premiers commis.*

4. Seront exceptées des dispositions contenues aux deux premiers articles du décret du 9 juin 1792, mentionnés ci-dessus, les personnes dont les pensions seraient déjà liquidées définitivement par les précédens décrets de l'assemblée nationale.

N° 257. = 26 juin 1792. = **DÉCRET** *portant qu'il sera élevé dans toutes les communes un autel à la patrie.* (L., IX, 488.)

L'assemblée nationale décrète que, dans toutes les communes de l'empire, il sera élevé un autel à la patrie, sur lequel sera gravée la déclaration des droits, avec l'inscription, *Le citoyen naît, vit et meurt pour la patrie ;* et renvoie le mode d'exécution et le surplus du projet de décret de M. *Gohier* au comité d'instruction publique.

N° 258. = 26—29 juin 1792. = **DÉCRET** *relatif aux moyens de secourir la colonie de Saint-Domingue.* (B., XXII, 349.)

---

26 juin 1792 : *Armemens,* voyez 21 du même mois.

N° 259. = 27 juin — 1er juillet 1792. = **DÉCRET** *relatif aux reconnaissances de liquidation provisoires ou définitives.* (B., XXII, 354.)

Art. 1er. Les propriétaires de créances exigibles, susceptibles de liquidation, qui auront acquis des domaines nationaux antérieurement au 1er août

III.   21

1792., pourront donner en paiement desdits domaines leurs reconnaissances de liquidation provisoires ou définitives ; mais cette faculté ne sera point transmissible : elle n'existera que pour les créanciers directs de l'état. — A l'égard des biens dont l'aliénation est actuellement décrétée, qui seront adjugés postérieurement au 1er août, ils ne pourront être payés qu'en assignats ou en numéraire, et aucune classe de créanciers ne pourra donner en paiement des reconnaissances provisoires ou définitives de liquidation.

2. Les porteurs de reconnaissances provisoires ou définitives de liquidation, délivrées avant la publication du présent décret, pourront donner ces reconnaissances en paiement des biens nationaux acquis antérieurement au 1er août prochain ; mais les receveurs de district ne pourront, à peine d'en demeurer responsables, recevoir aucune reconnaissance d'une date postérieure à la publication du présent décret ; et, à l'exception des assignats ou du numéraire, ils ne pourront recevoir en paiement des biens nationaux que des récépissés du trésorier de la caisse de l'extraordinaire, délivrés conformément aux dispositions de l'article suivant.

3. A l'avenir, les reconnaissances provisoires ou définitives de liquidation ne seront plus directement admissibles en paiement de domaines nationaux ; mais ceux qui auront acquis des domaines antérieurement au 1er août 1792, seront tenus, s'ils veulent donner des reconnaissances en paiement, de les présenter à l'administrateur de la caisse de l'extraordinaire. Cet administrateur vérifiera si le propriétaire est vraiment acquéreur, et quelle est la somme par lui due à raison de ses acquisitions. Après cette vérification, il fera l'emploi de la totalité ou d'une partie des sommes énoncées dans lesdites reconnaissances, en délivrant à l'acquéreur des mandats sur le trésorier de la caisse de l'extraordinaire, dont le récépissé sera pris pour comptant par les receveurs du district où les biens sont situés.

4. Aussitôt qu'il aura été fait emploi de la totalité ou d'une partie des sommes mentionnées dans les reconnaissances provisoires de liquidation, l'administrateur de la caisse de l'extraordinaire adressera au commissaire du roi directeur général de la liquidation, un bordereau des imputations faites à la caisse de l'extraordinaire, au profit de chaque créancier. Le commissaire du roi liquidateur en tiendra compte, pour en être fait distraction lors de l'expédition de la reconnaissance définitive.

5. Les retenues, à titre de dépôt, d'un dixième sur des créances déjà acquittées, faites aux créanciers pour nantissement du non paiement de leurs impositions, contribution mobilière ou contribution patriotique, lors même que lesdites retenues excéderaient la somme de dix mille livres, seront remboursées aux créanciers aussitôt qu'ils justifieront de leur acquittement, et le montant desdits remboursemens ne sera pas imputé sur les sommes destinées à rembourser les reconnaissances de liquidation au dessous de dix mille livres.

6. Aussitôt que, conformément aux dispositions de l'article 2 du décret du 15 mai dernier, les porteurs de reconnaissances définitives de liquidation, excédant en capital la somme de dix mille livres, se présenteront à la caisse de l'extraordinaire, l'administrateur de cette caisse leur délivrera, après qu'ils auront fait les justifications prescrites par les décrets des 24, 27 juin et 29 juillet 1791, un mandat séparé pour le montant des intérêts alors dus et échus, aux termes des précédens décrets : ces mandats seront acquittés par le trésorier de la caisse de l'extraordinaire, et ne le seront pas des fonds destinés au paiement des reconnaissances de liquidation au dessus de dix mille livres.

7. Pour que l'intérêt des reconnaissances de liquidation excédant la somme

)lle dix mille livres, commence à courir du jour de leur présentation à la caisse
de l'extraordinaire, conformément à l'article 2 du décret du 16 mai dernier,
il suffira que les créanciers justifient de leur résidence dans le royaume pendant
le temps prescrit par les précédens décrets.

8. Dans le cas où la somme de six millions au-delà de laquelle le remboursement de la dette liquidée ne peut s'élever chaque mois, serait absorbée
avant la fin du mois, les porteurs de créances qui doivent être remboursées
au moyen de cette somme, seront inscrits sur un registre tenu à cet effet
dans l'ordre de leur présentation, et seront remboursés dans le même ordre
sur les fonds du mois suivant. L'intérêt leur sera bonifié depuis le jour de
leur présentation jusqu'à celui de leur remboursement, qui sera indiqué dans
le bordereau numéroté qu'on délivrera à la caisse de l'extraordinaire.

9. Dans le cas où la somme de six millions ne serait pas épuisée par les
remboursemens faits dans le courant d'un mois, la partie non employée de
cette somme servira à accroître les fonds du mois suivant.

10. Les effets au porteur et contrats provenant d'emprunts à terme, sortis
ou à sortir en remboursement, ainsi que ceux provenant d'emprunts faits
en pays étrangers, et les supplémens nécessaires pour solder la différence
du change, lors même que lesdits objets excéderaient la somme de dix mille
livres, seront payés concurremment avec les créances liquidées au dessous de
dix mille livres sur les six millions affectés tous les mois au remboursement
de la dette exigible.

11. Ne seront pas considérées comme dettes à terme, diverses créances à
terme fixe qui se liquident à la trésorerie nationale, telles que les offices de
la maison du roi et de celle de la reine, supprimés en 1788, non plus que
les remboursemens de rentes sur le clergé, et ceux dus aux ci-devant fermiers-généraux, régisseurs-généraux et administrateurs des domaines.

---

27 juin 1792 : *Écoles vétérinaires*, voyez 23 mai précédent; *Monument à élever sur la place
de la Bastille*, voyez 16 juin même mois; *Nomination des contre-amiraux*, voyez 21 juin;
Appointemens des officiers de gendarmerie, *Avancement des adjudans de cette arme*, *Taxe
des lettres destinées pour l'armée*, voyez 23 juin; *Arrérages des pensions*, voyez 25 juin.

N° 260. = 28 juin—6 juillet 1792. = DÉCRET *qui substitue dans l'article 3 du
décret du* 10 (7 et) *avril* 1792, *le mot* adresser *à celui de* dresser. (B.,
XXII, 357.)

N° 261. = 28 juin—20 septembre 1792. = DÉCRET *relatif aux procès criminels pendans devant les tribunaux de district, à l'époque du* 1er *janvier*
1792, *et au traitement des accusateurs publics près les mêmes tribunaux* (1). (B., XXII, 357.)

Sur la proposition d'un membre, l'assemblée nationale décrète, — 1° Que
le ministre de la justice rendra compte à l'assemblée nationale, le 15 juillet
prochain, du nombre des procès criminels qui étaient pendans devant chaque tribunal de district du royaume, à l'époque du 1er janvier 1792, et du
nombre des procès jugés depuis cette époque; — 2° Que les tribunaux de
district mettront toute l'activité possible dans le jugement des procès criminels; et que, pour accélérer d'autant plus l'achèvement de ces procès, les
tribunaux de district qui n'auront pas jugé tous les procès criminels pendans

---

(1) Voyez, sur l'établissement des accusateurs publics, le décret du 20 janvier — 25 février
1791. Leur traitement a été de nouveau fixé par la loi du 4 brumaire an 4 (26 octobre 1795).
Voyez aussi l'art. 63, tit. V, de la constitution du 22 frimaire an 8 (13 décembre 1799), qui
supprime les accusateurs publics, et les notes.

devant eux, avant l'époque de leurs vacances, ne pourront en prendre cette année, et emploieront ce temps au jugement des procès criminels; — 3° Que le traitement des accusateurs publics près les tribunaux de district cessera, à compter du 1er janvier dernier; et que, pour leur en tenir lieu, ils dresseront un état des vacations qu'ils auront employées à l'instruction des procès criminels, lequel état, après avoir été taxé par les président et commissaire du roi près le tribunal criminel, et visé par le directoire du département, sera acquitté par le receveur du district.

N° 262. = 29 juin — 1er juillet 1792. = DÉCRET *relatif au service des étapes et convois militaires* (1). (B., XXII, 364.)

Art. 1er. La régie des étapes et convois militaires, qui était dans le département du ministre de l'intérieur, sera, à compter du 1er juillet, dans le département du ministre de la guerre.

2. Le ministre de la guerre donnera à la régie des étapes et convois militaires les ordres nécessaires pour le service des troupes marchant par étapes.

3. Le ministre de la guerre est chargé d'autoriser, après les avoir approuvés, les marchés particuliers que la régie des étapes et convois militaires croira nécessaires pour assurer cette partie du service public, ainsi que les augmentations de prix, ou la nature du paiement pour les marchés déjà contractés pour le service de 1792.

4. Le ministre adressera, chaque mois, à l'assemblée nationale une copie certifiée des marchés particuliers qu'il aura autorisés, et un état des augmentations ou des conditions de paiement qu'il aura jugé convenable d'accorder sur la demande de la régie. Ces marchés et ces états, après avoir été vérifiés par les comités militaire et de l'ordinaire des finances, seront déposés aux archives.

5. La régie remettra au ministre de l'intérieur l'état des indemnités qu'il pourrait y avoir lieu d'accorder aux étapiers, pour leur service jusqu'au dernier juin 1792. Ce ministre, après avoir vérifié et approuvé cet état, l'adressera à l'assemblée nationale, qui y statuera, sur le rapport de ses comités militaire et de l'ordinaire des finances.

---

29 juin 1792 : *Troupes coloniales*, voyez 30 mai précédent; *Achat du numéraire*, voyez 20 du même mois de juin; *Commissaires civils dans les colonies*, voyez 22 juin; *Solde des gens de guerre*, voyez 23 juin; *Secours à la colonie de Saint-Domingue*, voyez 26 juin.

N° 263. = 30 juin — 6 juillet 1792. = DÉCRET *relatif au canal de Loing* (2). (B., XXII, 366.)

L'assemblée nationale, après avoir entendu le rapport de son comité de l'extraordinaire des finances, sur la pétition du sieur *Louis-Joseph-Philippe Bourbon*, prince français, propriétaire du canal de Loing; considérant qu'il est nécessaire pour le bien de la chose publique de prendre des précautions pour qu'il ne soit jamais porté aucune atteinte à la sûreté de la navigation de ce canal; mais qu'avant de prononcer définitivement sur l'objet de la pétition, elle doit avoir l'avis des différens corps constitués qui doivent en

---

(1) Voyez, sur les transports militaires, le décret du 13—21 mars 1792, et les notes.
(2) Voyez le réglement du 27 nivose an 5 (16 janvier 1797), pour la perception des droits sur le canal de Loing, et les notes.

connaître, décrète qu'il sera sursis pendant un mois à l'adjudication des deux moulins de Nemours, dont jouissait ledit sieur *Louis-Joseph-Philippe Bourbon*, en vertu de son ci-devant apanage de Nemours, et que, pendant ce délai, ledit sieur *Louis-Joseph-Philippe Bourbon* fera parvenir à l'assemblée nationale, par la voie du pouvoir exécutif, l'avis des corps constitués qui doivent en connaître.

N° 264. = 30 juin—6 juillet 1792. = DÉCRET *qui proroge le délai pour les certificats de résidence à fournir par les pensionnaires sur le trésor royal.* (B., XXII, 367.)

1er juillet 1792 : *Régiment d'artillerie des colonies,* voyez 11 juin précédent; *Ponts et chaussées,* voyez 19 juin; *Officiers, etc., des chapitres supprimés,* voyez 24 juin; *Reconnaissances de liquidation,* voyez 26 juin; *Service des étapes et convois militaires,* voyez 29 juin.

N° 265. = 2 juillet 1792. = DÉCRET *concernant les mesures à prendre relativement aux gardes nationaux des départemens, qui se rendent à Paris.* (B., XXIII, 4.)

N° 266. = 2—6 juillet 1792. = DÉCRET *relatif aux colonies.* (B., XXIII, 2.)

L'assemblée nationale, après avoir entendu son comité des colonies, considérant combien il importe à la tranquillité des Iles-du-Vent de mettre à exécution dans les colonies le décret du 28 mars dernier ; — Considérant que les commissaires civils chargés de le faire exécuter sont sur le point de s'embarquer ; que le retard des vaisseaux qui doivent les porter, des gouverneurs et des troupes qui doivent les accompagner, augmente considérablement les dépenses de cette expédition ; que l'approche de l'équinoxe presse leur départ de France ; — Considérant que les fédérations faites à Sainte-Anne et à la Basse-Terre, les 3 et 17 août dernier, sont irrégulières, capables d'exciter la division parmi les citoyens ; — Considérant que l'arrêté pris par l'assemblée coloniale, le 13 septembre, qui casse les officiers municipaux de la Basse-Terre, et les déclare incapables d'être élus pour aucune place de fonctionnaires publics pendant l'espace de cinq années, est également irrégulier, illégal, et contraire aux droits qui assurent aux citoyens la faculté de se choisir des magistrats ; — Considérant que l'arrêté de la même assemblée coloniale, du 25 octobre, l'arrêt du conseil supérieur concernant *Bernard Caslandet, Joseph Garcy* et *François Serre*, à la date du 24 novembre suivant, sont attentatoires à l'autorité du corps législatif ; que l'arrêté concernant la déportation du sieur *Coby* est une infraction au décret du 24—28 septembre 1791, promulgué dans la colonie le 15 décembre suivant ; — Considérant enfin qu'il faut empêcher cet abus de pouvoir, qui depuis long-temps s'exerce dans les colonies, décrète ce qui suit :

Art. 1er. L'assemblée nationale casse et annule les statuts des fédérations faites à Sainte-Anne et à la Basse-Terre, les 3 et 17 août dernier ; défend à tout citoyen entré dans ces associations irrégulières, de faire en cette qualité aucun acte quelconque, sous peine d'être poursuivi comme perturbateur du repos public.

2. Casse et annule également l'arrêté de l'assemblée coloniale, à la date du 13 septembre, par lequel elle déclare les officiers municipaux de la Basse-Terre incapables de pouvoir être élus à aucune place de fonctionnaires publics pendant cinq ans ; celui du 25 octobre suivant, qui renvoie à la haute-cour nationale les sieurs *Caslandet, Garcy* et *Serre* ; celui du 4 novembre, prononçant la déportation du sieur *Coby*; et l'arrêt du conseil supérieur du 24 du même mois, relatif à l'arrêté du 25 octobre précédent.

3. En conséquence, elle renvoie les parties à se pourvoir par-devant les tribunaux à qui la connaissance en appartient, pour réclamer les dommages et intérêts qu'ils prétendent leur être dus.

4. *Bernard Caslandet, Joseph Garcy, François Serre et Dominique Côby,* sont libres de retourner dans la colonie, pour y vivre sous la protection des lois.

5. Les frais de leur passage seront avancés par le trésor public, sur les fonds destinés à l'administration des colonies ; il leur sera en outre payé à chacun une somme de deux cents livres, pour les mettre a portée de se rendre au lieu de l'embarquement.

6. Les sommes employées par le ministre de la marine pour l'exécution de l'article précédent, seront rejetées sur la colonie de la Guadeloupe, sauf son recours sur les auteurs de la déportation, en sous additionnels aux impositions de 1793 : les commissaires civils sont chargés de veiller à ce qu'elles rentrent au trésor public.

7. Il est défendu à toute assemblée coloniale, tout corps administratif, tout gouverneur, d'ordonner la déportation d'aucune personne sans jugement légal, sous peine de forfaiture, et de tous dommages et intérêts envers la partie déportée.

8. Les commissaires civils se feront rendre compte de l'affaire de l'hôpital de la Basse-Terre, et en instruiront le corps législatif, pour le mettre à portée de prononcer.

9. Le décret du 15 juin dernier, fait pour la colonie de Saint-Domingue, est déclaré commun aux Iles-du-Vent.

N° 267. = 3—8 juillet 1792. = DÉCRET *qui étend aux municipalités et aux tribunaux la défense faite aux corps administratifs d'entretenir des agens auprès du roi et du corps législatif, et excepte provisoirement les colonies.* (B., XXIII, 6.)

L'assemblée nationale, considérant que les députations extraordinaires constituent les municipalités en frais inutiles ; que les députés extraordinaires qui séjournent auprès du corps législatif sont presque tous fonctionnaires publics ; qu'il est instant de les rendre à leurs fonctions, et de prévenir à l'avenir l'abus qui les en éloigne, décrète que le décret du 24 décembre 1790, qui défend aux administrations de département et de district d'entretenir des agens auprès du corps législatif et du roi, sera étendu aux municipalités et aux tribunaux. Les colonies sont exceptées du présent décret, jusqu'à leur organisation définitive.

N° 268. = 3—19 juillet 1792. = DÉCRET *qui prescrit des mesures pour la vérification des comptes de tous les agens du trésor public.* (B., XXIII, 7.)

N° 269. = 5 (4 et) — 8 juillet 1792. = DÉCRET *qui fixe les mesures à prendre quand la patrie est en danger.* (B., XXIII, 21.)

ART. 1er. Lorsque la sûreté intérieure ou la sûreté extérieure de l'état seront menacées, et que l'assemblée nationale aura jugé indispensable de prendre des mesures extraordinaires, elle le déclarera par un acte du corps législatif, conçu en ces termes : *Citoyens, la patrie est en danger.*

2. Aussitôt après la déclaration publiée, les conseils de département et de district se rassembleront, et seront, ainsi que les conseils généraux des communes, en surveillance permanente ; dès ce moment, aucun fonctionnaire public ne pourra s'éloigner ou rester éloigné de son poste.

3. Tous les citoyens en état de porter les armes, et ayant déjà fait le service de gardes nationales, seront aussi en état d'activité permanente.

4. Tous les citoyens seront tenus de déclarer, devant leurs municipalités respectives, le nombre et la nature des armes et munitions dont ils sont pourvus. Le refus de déclaration, ou la fausse déclaration dénoncée et prouvée, seront punis par la voie de la police correctionnelle ; savoir, dans le premier cas, d'un emprisonnement dont le terme ne pourra être moindre de deux mois, ni excéder une année ; et, dans le second cas, d'un emprisonnement dont le terme ne pourra être moindre d'une année, ni excéder deux ans.

5. Le corps législatif fixera le nombre de gardes nationales que chaque département devra fournir.

6. Les directoires de département en feront la répartition par district, et les districts entre les cantons, à proportion du nombre de gardes nationales de chaque canton.

7. Trois jours après la publication de l'arrêté des directoires, les gardes nationales se rassembleront par canton, et, sous la surveillance de la municipalité du chef-lieu, ils choisiront entre eux le nombre d'hommes que le canton devra fournir.

8. Les citoyens qui auront obtenu l'honneur de marcher les premiers au secours de *la patrie en danger*, se rendront trois jours après au chef-lieu de leur district ; ils s'y formeront en compagnies, en présence d'un commissaire de l'administration du district, conformément à la loi du 4 août 1791 ; ils y recevront le logement sur le pied militaire, et se tiendront prêts à marcher à la première réquisition.

9. Les capitaines commanderont alternativement et par semaine les gardes nationales choisies et réunies au chef-lieu de district.

10. Lorsque les nouvelles compagnies de gardes nationales de chaque département seront en nombre suffisant pour former un bataillon, elles se réuniront dans les lieux qui leur seront désignés par le pouvoir exécutif, et les volontaires y nommeront leur état-major.

11. Leur solde sera fixée sur le même pied que celle des autres volontaires nationaux ; elle aura lieu du jour de la réunion au chef-lieu de canton.

12. Les armes nationales seront remises, dans les chefs-lieux de canton, aux gardes nationales choisies, pour la composition des nouveaux bataillons de volontaires. L'assemblée nationale invite tous les citoyens à confier volontairement, et pour le temps du danger, les armes dont ils sont dépositaires, à ceux qu'ils chargeront de les défendre.

13. Aussitôt après la publication du présent décret, les directoires de district se fourniront chacun de mille cartouches à balle, calibre de guerre, qu'ils conserveront en lieu sain et sûr, pour en faire la distribution aux volontaires, lorsqu'ils le jugeront convenable. —Le pouvoir exécutif sera tenu de donner les ordres pour faire parvenir aux départemens les objets nécessaires à la fabrication des cartouches.

14. La solde des volontaires leur sera payée sur les états qui seront délivrés par les directoires de district, ordonnancés par les directoires de département, et les quittances en seront reçues à la trésorerie nationale comme comptant.

15. Les volontaires pourront faire leur service sans être revêtus de l'uniforme national.

16. Tout homme résidant ou voyageant en France, est tenu de porter la cocarde nationale. — Sont exceptés de la présente disposition, les ambassadeurs et agens accrédités des puissances étrangères.

17. Toute personne revêtue d'un signe de rébellion, sera poursuivie de-

vant les tribunaux ordinaires, et, en cas qu'elle soit convaincue de l'avoir pris à dessein, elle sera punie de mort : il est ordonné à tout citoyen de l'arrêter ou de la dénoncer sur-le-champ, à peine d'être réputé complice. Toute cocarde autre que celle aux trois couleurs nationales, est un signe de rébellion.

18. La déclaration du danger de la patrie ne pourra être prononcée dans la même séance où elle aura été proposée ; et, avant tout, le ministère sera entendu sur l'état du royaume.

19. Lorsque le danger de la patrie aura cessé, l'assemblée nationale le déclarera par un acte du corps législatif, conçu en ces termes : — *Citoyens, la patrie n'est plus en danger.*

N° 270. = 5 — 11 juillet 1792. = **DÉCRET** *relatif aux colonies, et particulièrement à celles de l'île de Cayenne et de la Guyane française* (1). (B., XXIII,16.)

Art. 1ᵉʳ. Les dispositions consignées dans les décrets des 28 mars et 15 juin derniers, relatives à la nouvelle organisation des colonies françaises, sont particulièrement applicables à la colonie de la Guyane française ; en conséquence, le commissaire civil envoyé dans cette colonie est chargé de faire procéder sans délai à la réorganisation de l'assemblée coloniale, des municipalités, tribunaux et autres établissemens publics, conformément à ce qui est prescrit par lesdits décrets des 28 mars et 15 juin derniers.

2. Néanmoins, les jugemens rendus par les tribunaux que l'assemblée coloniale aurait substitués aux tribunaux précédemment existans, ainsi que les contrats de mariage, testamens et autres actes de cette nature, faits par les officiers nouvellement créés, ne pourront être attaqués, à raison de l'illégalité des tribunaux et officiers dont ils sont émanés, et seront exécutés selon leur forme et teneur, sauf les voies de droit.

3. Sont aussi confirmés les actes par lesquels l'assemblée coloniale de la Guyane française aurait affranchi, en récompense de leurs services, des

---

(1) Voyez la note qui accompagne la loi du 8—10 mars 1790, sur la constitution, la législation et l'administration des colonies : voyez, en outre, relativement à la Guyane française et à Cayenne, l'ordonnance du gouverneur de cette colonie, du 1ᵉʳ vendémiaire an 14 (23 septembre 1805), portant promulgation du Cod. civ., avec des modifications ; celle du même fonctionnaire, du 25 janvier 1818, portant promulgation du Cod. proc. civ., avec des modifications ; l'ordonnance royale du 22 novembre 1819—6 septembre 1823, qui ordonne la formation d'un comité consultatif à Cayenne ; celle du gouverneur, du 16 janvier 1820, relative à l'administration des successions vacantes ; celle du même fonctionnaire, du 1ᵉʳ octobre suivant, portant promulgation du Cod. comm., avec des modifications ; l'ordonnance royale du 20 juillet —21 août 1828, concernant l'instruction et le jugement des affaires criminelles ; surtout celle du 27 août—12 novembre 1828, sur le gouvernement ; et celle du 21 décembre 1828— 3 avril 1831, concernant l'organisation judiciaire et l'administration de la justice dans la colonie ; l'ordonnance du 31 décembre 1828—28 août 1829, qui établit l'enregistrement à la Guyane française ; et celle du 14 juin—6 octobre 1829, qui organise la conservation des hypothèques dans cette colonie ; celle du 23 août—21 octobre 1830, relative au mode de nomination des députés de la Guyane ; celle du 1ᵉʳ juillet—23 août 1831, relative aux obligations des notaires, greffiers et secrétaires des administrations, pour l'enregistrement de leurs actes, les formalités hypothécaires, et l'usage des actes sous signature privée ; celle du 16 mai —1ᵉʳ juin 1832, qui confie aux receveurs de l'enregistrement de la Guyane l'administration des successions vacantes ; l'ordonnance du 22 septembre—12 octobre 1832, additionnelle à celle du 1ᵉʳ juillet—23 août 1831, sur le service de l'enregistrement et des hypothèques ; l'ordonnance générale sur les colonies, du 24—28 avril 1833, qui remplace le conseil général de la Guyane par un conseil colonial dont les attributions sont déterminées, fixe le nombre des délégués, celui des électeurs, les conditions d'éligibilité, et la circonscription électorale de cette colonie ; celle du 13 mai même année, concernant les élections aux conseils coloniaux ; et celle du 22 août—4 octobre suivant, qui modifie celle du 27 août—12 novembre 1821, sur le gouvernement de la Guyane.

nègres attachés aux établissemens publics, ou appartenant à des habitans, en les remboursant sur les fonds publics.

4. Tous les citoyens qui auraient été exilés ou déportés sans jugement légal, sont libres de retourner dans la colonie, et y demeureront sous la sauvegarde de la loi, sans préjudice de leurs recours contre qui il appartiendra.

5. Il sera avancé aux sieurs *Bertholon* et *Sigoigne*, par le trésor public, sauf son recours sur la colonie, les frais de leur passage, et deux cents livres pour se rendre au port de leur embarquement, et le pouvoir exécutif est chargé de prendre à cet égard la voie la plus économique.

6. Le commissaire civil prendra les renseignemens les plus précis sur l'étendue et la nature des possessions ci-devant cultivées au nom du gouvernement, et se fera rendre compte de l'administration de ces biens, soit avant, soit depuis l'époque où l'assemblée coloniale de la Guyane s'en est emparée.

7. Le commissaire civil se fera représenter les actes des concessions qui auraient été faites par l'assemblée coloniale, et est autorisé à confirmer lesdites concessions, dans le cas où elles auraient été faites conformément aux anciennes ordonnances, et à les annuler dans le cas contraire.

8. D'après l'avis de l'assemblée coloniale, le commissaire civil pourra donner provisoirement aux établissemens nationaux dans la colonie de la Guyane, telle destination, ou en tirer tel parti qu'il croira le plus convenir au bien de la colonie et à l'intérêt de la métropole.

9. Le commissaire civil prendra aussi des renseignemens sur les moyens les plus propres à accélérer la prospérité de la colonie de la Guyane, et à rendre cette possession avantageuse à l'empire français.

N° 271.=5— 12 juillet 1792. = DÉCRET *pour la répartition de deux millions trois cent cinquante mille livres de secours entre les départemens.* (B., XXIII, 19.)

N° 272.=6—20 juillet 1792.=DÉCRET *relatif à l'élection des officiers des états-majors des bataillons et légions de la garde nationale* (1). (B., XXIII, 28.)

---

6 juillet 1792 : *Droits féodaux*, voyez 18 juin précédent; *Erreurs dans le décret du* 10 (7 *et*) *avril* 1792, voyez 28 juin; *Canal de Loing*, *Certificats de résidence*, voyez 30 juin; *Colonies*, voyez 2 du même mois de juillet.

N° 273.=7—13 juillet 1792.=DÉCRET *qui ordonne que les coupes de bois dans les forêts ci-devant domaniales, dont les échanges ne sont pas consommés, seront adjugées publiquement, et que le prix en sera provisoirement versé aux receveurs des districts.* (B., XXIII, 33.)

N° 274.=7—21 juillet 1792. =DÉCRET *qui fixe la couleur de l'uniforme des cinquante-quatre compagnies franches.* (B., XXIII, 31.)

N° 275. = 7 — 21 juillet 1792. = DÉCRET *portant création d'une quatrième légion franche.* (B., XXIII, 31.)

---

8 juillet 1792 : *Vérification des armes*, voyez 19 juin précédent; *Agens auprès du roi, Mesures à prendre quand la patrie est en danger*, voyez 3 du même mois.

---

(1) Voyez la loi du 29 septembre—14 octobre 1791, et les notes qui résument toute la législation de la matière.

N° 276.=9—25 juillet 1792. = DÉCRET *relatif au renouvellement des actions et portions d'action de l'ancienne compagnie des Indes* (1). (B., XXIII, 37.)

Art. 1er. Les commissaires de la trésorerie nationale sont chargés de faire exécuter toutes les opérations nécessaires pour le renouvellement au public des actions et portions d'action de l'ancienne compagnie des Indes, et de nommer à cet effet le nombre de signataires suffisant.

2. Le renouvellement sera fait pour dix années, y compris celle 1792.

3. Les actions et les seize vingt-cinquièmes d'action seront garnis de vingt coupons, payables par semestre à la trésorerie nationale, à compter des six premiers mois 1792 jusques et compris les six derniers mois 1801, conformément aux modèles annexés au présent décret, qui seront imprimés en nombre suffisant, sous la surveillance des commissaires de la trésorerie nationale.

4. Les huitièmes et les vingt-cinquièmes d'action, dont les intérêts ne se paient que par année, et non par semestre, seront garnis de dix coupons pour dix années, y compris l'année 1792 et celle 1801, conformément aux modèles annexés au présent, qui seront imprimés sous la surveillance des commissaires de la trésorerie nationale.

5. Les frais d'impression de ces états et autres frais relatifs au renouvellement, seront acquittés par la trésorerie nationale, après qu'ils auront été arrêtés par un décret, ensuite de l'état qui en sera fourni par lesdits commissaires de la trésorerie nationale.

6. Le tirage qui aurait dû être fait au mois de mars dernier, sous la surveillance de l'ancien bureau de la compagnie des Indes, sera fait sans retard en présence de deux commissaires de la trésorerie nationale.

N° 277.=10 juillet 1792.= DÉCRET *qui charge le pouvoir exécutif de rappeler le tribunal de la haute-cour nationale à l'exécution de l'article 5 du titre II de la loi sur le haut-jury.* (B. , XXIII, 40.)

N° 278. = 10— 16 juillet 1792. = DÉCRET *portant qu'il pourra être nommé quatre suppléans dans chaque tribunal de commerce* (2). (B., XXIII, 41.)

L'assemblée nationale, considérant que plusieurs tribunaux de commerce se trouvent journellement dans l'impossibilité de remplir l'objet de leur établissement par les cas d'absence ou récusation de plusieurs juges, le décret du 16—24 août 1790, relatif à leur formation, ne les ayant pas autorisés

------

(1) Ce décret et ceux analogues sont les conséquences de celui du 14 août —23 octobre 1790, qui a supprimé la compagnie des Indes et ordonné sa liquidation. — Voyez l'art. 5 du décret du 27 décembre —1790— 2 janvier 1791, qui ordonne le remboursement des actions et portions d'action de cette compagnie; les art. 2 et 3 du décret du 20—23 janvier 1791, qui ordonnent l'envoi au trésorier de l'extraordinaire et l'annulation de ces actions; l'art. 11 du tit. IV du décret du 16 août (30 juin, 11 juillet et)—13 novembre 1791, sur la comptabilité, portant réunion du bureau particulier de liquidation de la compagnie des Indes à la direction générale de liquidation de la dette publique, et qui ordonne que les capitaux et coupons d'action de la compagnie seront acquittés de la même manière que la dette publique; le décret du 14—14 septembre 1792, qui ordonne le remboursement de ces actions; celui du 24 août (15, 16, 17 et)—13 septembre 1793, art. 31, qui ordonne l'inscription desdites actions sur le grand-livre de la dette publique; celui du 25 septembre 1793, tit. Ier, art. 5 et suiv., et celoi du 17 vendémiaire an 2 (8 octobre 1793), additionnels au précédent.

Voyez encore le décret du 17 fructidor an 2 (3 septembre 1794), concernant la liquidation de la *nouvelle* compagnie des Indes, et les notes.

(2) Voyez l'art. 617 du Cod. comm., qui maintient ces suppléans, sans en déterminer le nombre; et le décret du 6 octobre 1809, qui les maintient de nouveau, et en fixe le nombre, d'après l'importance du ressort des tribunaux de commerce.

à se nommer des suppléans, décrète que dans toutes les villes du royaume où il y a des tribunaux de commerce, il pourra être nommé quatre suppléans, en se conformant pour leur nomination aux formalités prescrites pour l'élection des juges desdits tribunaux de commerce.

N° 279. = 11 — 12 juillet 1792. = DÉCRET *qui déclare que la patrie est en danger* (1). (B., XXIII, 43.)

Des troupes nombreuses s'avancent vers nos frontières; tous ceux qui ont horreur de la liberté s'arment contre notre constitution.—Citoyens, la patrie est en danger. Que ceux qui vont obtenir l'honneur de marcher les premiers pour défendre ce qu'ils ont de plus cher, se souviennent toujours qu'ils sont Français et libres; que leurs concitoyens maintiennent dans leurs foyers la sûreté des personnes et des propriétés; que les magistrats du peuple veillent attentivement; que tous, dans un courage calme, attribut de la véritable force, attendent pour agir le signal de la loi, et la patrie sera sauvée.

11 juillet 1792 : *Colonies*, voyez 5 du même mois.

N° 280. = 12 juillet 1792. = DÉCRET *sur la décoration que doivent porter les membres du corps législatif.* (B., XXIII, 45.)

L'assemblée nationale décrète que les membres du corps législatif porteront dans le lieu de leurs séances, et quand ils feront partie d'une députation, ou rempliront une commission, un ruban aux trois couleurs et à trois bandes ondées. Ce ruban sera placé en sautoir. Les tables de la loi seront attachées à son extrémité inférieure. Le livre sera de métal doré et ouvert. On lira sur le folio verso les mots : *Droits de l'homme*, et sur le folio recto, le mot : *Constitution.*

N° 281. = 12 — 12 juillet 1792. = DÉCRET *relatif à la fédération* (2). (B., XXIII, 47.)

Art. 1er. L'assemblée nationale se rendra en corps au champ de la fédération, le 14 de ce mois, pour prêter le serment prescrit par l'article 6 de la section V du chapitre Ier de la constitution.

2. Le président prononcera la formule du serment ; les membres de l'assemblée nationale, debout et la main levée, répondront : *Je le jure.*

3. Le roi prêtera ensuite le serment prescrit par l'article 4 de la section Ire du chapitre II de la constitution.

4. Les citoyens prêteront le serment civique ; la formule en sera prononcée par le commandant de la garde nationale parisienne, et tous répéteront : *Je le jure.*

---

(1) Voyez ci-dessus le décret du 5 (4 et) — 8 juillet 1792, qui détermine les mesures à prendre quand la patrie est en danger; et ci-après les proclamations du roi, des 20 et 25 du même mois.

(2) Cette fédération avait été ordonnée par le décret du 9 (8 et) — 10 juin 1790; le décret du 17—19 juin 1790 avait désigné les diverses députations qui devaient s'y rendre; celui du 4—7 juillet suivant avait déterminé la formule du serment; celui du 9—11 du même mois avait prescrit diverses mesures pour cette solennité; le décret du 14 juillet 1790, jour de la fédération, avait reproduit la formule des sermens prêtés par le roi, par le président de l'assemblée constituante, et par M. de Lafayette, au nom des gardes nationales; et enfin celui du 29 septembre—14 octobre 1791, sect. III, art. 20, avait ordonné le renouvellement fédératif, le 14 juillet de chaque année, dans le chef-lieu de chaque district.

Le présent décret a pour objet la célébration de cet anniversaire.

5. Au champ de la fédération, le roi sera placé à la gauche du président et sans intermédiaire ; les députés seront placés immédiatement après, tant a la droite du président qu'à la gauche du roi. — L'assemblée charge le pouvoir exécutif de régler le surplus du cérémonial.

6. Le présent décret sera porté dans le jour à la sanction.

N° 282.═12 — 22 juillet 1792. ═ **DÉCRET** *qui détermine les marques distinctives des administrateurs de district et de département, des procureurs-généraux et des procureurs-syndics* (1). (B. , XXIII, 45.)

12 juillet 1792 : *Secours aux départemens*, voyez 5 du même mois; *Déclaration que la patrie est en danger*, voyez 11 juillet.

13 juillet 1792 : *Echangistes de forêts domaniales*, voyez 7 du même mois.

N° 283. ═ 16 —18 juillet 1792. ═ **DÉCRET** *relatif à l'organisation de la gendarmerie nationale à pied* (2). (B. , XXIII, 54.)

N° 284.═16—19 juillet 1792.═ **DÉCRET** *qui charge le roi de repousser par la force des armes tout ennemi déclaré en état d'hostilité, et de le faire attaquer et poursuivre.* (B. , XXIII , 55.)

L'assemblée nationale, après avoir entendu le rapport de sa commission extraordinaire des douze, et de ses comités diplomatique et militaire réunis, déclare que le roi est chargé de repousser par la force des armes tout ennemi déclaré en état d'hostilités imminentes ou commencées contre la France, et de le faire attaquer et poursuivre partout où il conviendra, d'après les dispositions militaires.

16 juillet 1792 : *Suppléans des juges de commerce*, voyez 10 du même mois.

N° 285. ═ 17 —19 juillet 1792. ═ **DÉCRET** *relatif à la manufacture d'armes de Moulins.* (B. , XXIII , 58.)

N° 286.═ 17— 25 juillet 1792.═ **DÉCRET** *relatif au remboursement des frais occasionés par le déplacement de la force publique.* (B. , XXIII , 57.)

Art. 1er. Il sera mis à la disposition du ministre de l'intérieur, par les commissaires de la trésorerie nationale, la somme de deux cent mille livres pour faire le fonds et avances des frais extraordinaires de déplacement de la force publique, que des troubles intérieurs auront nécessité.

2. Les départemens, districts et communes où des troubles auront pris naissance par le fait de leurs habitans, seront tenus de rembourser au trésor national les avances qui leur seront faites, et d'en imposer le montant par sous additionnels sur les contributions foncière et mobilière, sauf leur recours sur les instigateurs et complices desdits troubles; le ministre de l'intérieur demeurant chargé de surveiller la rentrée desdites avances.

3. Ne seront allouées comme frais extraordinaires d'emploi de la force

---

(1) Voyez les arrêtés des 17 ventose an 8 (8 mars 1800) et 17 floréal suivant (7 mai 1800), qui règlent le costume des préfets et sous-préfets, successeurs de ces administrateurs.

(2) Voyez les notes qui accompagnent le titre du décret du 16 janvier (22, 23, 24 décembre 1790, et)—16 février 1791, sur l'organisation de la gendarmerie; elles résument toute la législation de la matière : voyez surtout la loi générale du 28 germinal an 6 (17 avril 1798), et les notes.

publique, que la solde attribuée aux gardes nationales en activité de ser-vice, et les avances ou fournitures ayant pour objet de compléter la solde des diverses armes, lorsqu'elles sont employées pour un service extraordinaire. Les frais de déplacement ne seront attribués que pour une absence de plus de vingt-quatre heures du lieu de la résidence de la force légalement requise et employée.

4. Les trésoriers ou fournisseurs publics qui, d'après les mandats des administrations, auront fait des avances de fonds, de vivres ou de munitions, pour de semblables déplacemens, en dresseront des états détaillés et appuyés de pièces justificatives. Ces états seront visés par les directoires de district, et envoyés aux directoires de département, qui les feront passer, dûment certifiés, au ministre de l'intérieur.

5. Ce ministre remplira les réclamans de leurs avances dûment constatées, et rendra compte, de trimestre en trimestre, de l'emploi des sommes à sa disposition.

N° 287. = 17—25 juillet 1792. = Décret *relatif au rachat des droits de bana-lité des moulins situés dans la commune de Manosque, et aux moyens de libération de cette commune* (1). (B., XXIII, 62.)

N° 288. = 17 — 28 juillet 1792. = Décret *relatif à la formation de plusieurs compagnies de chasseurs nationaux.* (B., XXIII, 60.)

N° 289. = 18 — 21 juillet 1792. = Décret *qui déclare que les communes qui, lors du recrutement, ajouteront à leur contingent, auront bien mérité de la patrie.* (B., XXIII, 65.)

N° 290. = 18 — 22 juillet 1792. = Décret *qui ordonne le paiement des frais faits pour la vente et estimation des biens nationaux dans l'île de Corse.* (B., XXIII, 66.)

18 juillet 1792 : *Gendarmerie à pied*, voyez 16 du même mois.

N° 291. = 19—25 juillet 1792. = Décret *relatif aux ci-devant palais épis-copaux.* (B., XXIII, 70.)

L'assemblée nationale, après avoir entendu le rapport de son comité de l'extraordinaire des finances, considérant que les ci-devant palais épisco-paux sont, par leur étendue, un logement superflu aux évêques actuels ; que leur somptuosité est peu convenable à la simplicité de leur état, et l'entretien trop disproportionné à leurs revenus ; qu'il est nécessaire de les débarrasser d'une jouissance évidemment onéreuse, et de pourvoir à leur logement d'une manière plus avantageuse ; enfin qu'il est instant de faire vendre tous ces édifices au profit de la nation, pour prévenir des dépéris-semens qui deviendraient inévitables par un plus long retard ; décrète ce qui suit :

Art. 1er. Les ci-devant palais épiscopaux, même ceux qui ont été achetés ou fournis en remplacement jusqu'à ce jour, ainsi que les jardins et édifices en dépendant, seront vendus incessamment au profit de la nation, dans la même forme que les autres biens nationaux.

(1) Voyez les art. 23 et suiv. du tit. II du décret du 15—28 mars 1790, qui suppriment certaines banalités, et les notes ; et les art. 18 et 21 de celui du 3—9 mai suivant, qui détermi-nent le mode de rachat des banalités conservées.

2. Il sera accordé annuellement à chaque évêque le dixième en sus de son traitement, pour lui tenir lieu de logement.

3. Le montant des frais de logement leur sera payé de la même manière que leur traitement, à commencer du 1er octobre prochain.

4. Les directoires de département auront soin de faire diviser les ci-devant palais épiscopaux en plusieurs articles, toutes les fois que cette division pourra en faciliter la vente ; et ils enverront à l'assemblée nationale, dans le délai de quinzaine, par la voie du commissaire administrateur de la caisse de l'extraordinaire, les états estimatifs qu'ils en auront fait faire.

N° 292.= 19 — 25 juillet 1792. = DÉCRET *relatif aux quartiers des classes de la marine, et aux officiers d'administration qui doivent y être établis* (1). (B., XXIII, 70.)

Art. 1er. Le nombre des soixante et un préposés des classes portés dans l'état des employés de l'administration, annexé au décret du 21—28 septembre 1791, est réduit à trente, non compris les dix qui ont été décrétés pour le service des colonies.

2. Le nombre des syndics des marins, fixé par le même décret à deux cent quatre-vingt-dix, sera porté provisoirement à trois cent soixante-douze.

3. L'assemblée nationale décrète les dispositions du réglement présenté par le ministre de la marine, concernant le nombre et la répartition des quartiers des classes et des officiers d'administration qui doivent y être établis, lequel réglement restera annexé au présent décret.

4. Le ministre de la marine est autorisé à faire, dans la répartition des officiers d'administration, des syndics et des préposés des classes, tous les changemens que le bien du service et l'intérêt des gens de mer exigeront, sous la réserve de ne pouvoir augmenter le nombre de ces officiers, sans un décret du corps législatif.

(*Viennent ensuite des tableaux qui présentent les noms des quartiers de chaque arrondissement, avec l'indication du département dans lequel est situé chaque quartier, et enfin le tableau suivant.*)

Récapitulation des tableaux des arrondissemens, quartiers et employés de l'administration.

ARRONDISSEMENS.	NOMBRE des QUARTIERS.	ADMINISTRATION.			
		Sous-chefs.	Commis.	Préposés des classes.	Syndics des marins.
Dunkerque.	4	4	»	3	14
Le Havre	6	6	»	3	25
Cherbourg.	3	3	»	3	30
Brest.	8	7	4	4	42
Lorient.	3	2	1	2	20
Nantes.	9	6	3	3	70
Rochefort.	10	5	5	2	35
Bordeaux.	13	6	8	»	66
Bayonne.	3	3	»	»	14
Toulon.	15	12	3	10	56
	74	54	24	30	372

(1) Voyez le décret du 29 avril (28 et)—15 mai 1791, concernant l'organisation de la marine, et les notes.

N° 293. = 20 juillet 1792. = **PROCLAMATION** *du roi sur les dangers de la patrie* (1). (L., IX, 627.)

Citoyens, la patrie est en danger. L'assemblée nationale l'a déclaré. La loi vient d'assigner à chacun son poste : le roi vous presse de vous y rendre. La mère commune appelle tous ses enfans ; ils ne seront pas sourds à sa voix. Il s'agit de garantir vos propriétés, vos personnes ; il s'agit de sauver ce que vous avez de plus cher, vos mères, vos femmes, vos enfans. Français, il s'agit de votre constitution et de votre liberté. — Ce n'est plus le temps des discussions et des discours, c'est celui des actions éclatantes. L'Europe entière se ligue pour vous combattre ; réunissez-vous pour repousser ses efforts. Des légions ennemies menacent les barrières de l'empire ; c'est là qu'il faut marcher ; c'est le fer qu'il faut opposer au fer ; c'est la subordination et la confiance dans vos chefs, qu'il faut opposer à la discipline et à l'obéissance aveugle qui font la force de leurs armées ; c'est le concert inaltérable de tous les bons citoyens qu'il faut opposer au concert des puissances. Vos ennemis ont l'expérience de la guerre et l'habitude des combats ; vous avez par dessus eux le grand intérêt de votre propre cause à défendre, et la passion de la liberté, qui élève l'homme au dessus de lui-même et le transforme en héros. Mais le temps presse ; hâtez-vous de courir sous vos drapeaux ; volez aux camps et sur les frontières, et souvenez-vous que quand l'état est en péril, tout citoyen est soldat, et que le dévouement le plus généreux n'est plus une vertu, mais un devoir.—Toutes les cités de l'empire montreront sans doute la noble ambition de voir leur nom inscrit dans l'honorable liste de celles qui auront *bien mérité de la patrie.*

Toute la France va se couvrir de bataillons ; elle va faire plus encore, elle va se couvrir de citoyens soumis aux lois, unis entre eux par les liens indissolubles de la concorde, et par leur attachement à une constitution à laquelle ils ont tous fait le serment d'être fidèles.—Administrateurs, magistrats, guerriers, citoyens, voici le moment d'éteindre, dans un sentiment fraternel de réconciliation et de paix, ces dissensions et ces haines qui nous affaiblissent en nous divisant. Voici le moment enfin d'assurer à jamais la liberté en assurant l'empire des lois, sans lequel il n'y a que confusion, désordres, malheurs, et une anarchique tyrannie, plus cruelle mille fois que celle du despotisme. — La loi vous met tous en état de surveillance permanente ; profitez-en pour donner du poids à l'autorité, du ressort au gouvernement ; profitez-en pour rétablir l'ordre et secourir la France, qui ne peut résister si tous les pouvoirs, toutes les volontés, tous les courages ne se réunissent pour la sauver. C'est le roi qui vous appelle ; c'est un roi fier de commander à un peuple libre, qui vous conjure, au nom de la liberté qu'il aime et de l'égalité qu'il est, comme vous, résolu de maintenir, de vous rallier tous sous les drapeaux de la patrie, de l'aider à donner *force à la loi* contre les rebelles du dedans et du dehors, de jurer avec lui de vaincre ou mourir pour les droits de la nation, et de vous ensevelir sous les débris de l'empire, plutôt que de souffrir qu'il y soit porté atteinte, que des étrangers ou des rebelles puissent donner des lois à la France, et que de flétrir par une capitulation honteuse l'honneur du nom français. — Par ces considérations, le roi, partageant la sollicitude de l'assemblée na-

---

(1) Voyez, *supra*, le décret du 11—12 juillet 1792, qui déclare la patrie en danger.

tionale, qui, par son acte du 11 juillet, a déclaré *la patrie en danger*; profondément convaincu que le moment où la liberté publique est menacée, est celui où il importe le plus de rappeler les citoyens et les magistrats à l'exacte observation des lois qui la garantissent, et notamment de celle du 5—8 juillet, qui fixe les *mesures à prendre quand la patrie est en danger*, Sa Majesté s'empresse de retracer aujourd'hui à tous les Français les devoirs que ces différentes lois leur imposent. En conséquence,

Art. 1er. Sa Majesté invite tous les citoyens en état de porter les armes, et particulièrement ceux qui ont déjà eu l'honneur de servir la patrie dans quelque grade que ce soit, à se faire inscrire sur-le-champ pour compléter l'armée de ligne;

2. Invite tous les citoyens réunissant les conditions requises, qui ne se sont pas encore fait enregistrer sur le rôle de la garde nationale, à satisfaire sans délai à cette obligation ;

3. Enjoint à tous les corps administratifs et à toutes les municipalités, de se conformer sur-le-champ aux dispositions de la loi du 8 juillet, relatives à la formation des bataillons de gardes nationales destinés à la défense de l'état;

4. Leur recommande d'instruire tous les citoyens des devoirs particuliers que les circonstances actuelles leur imposent, de ranimer leur zèle, et de les exciter à voler partout où les appelleront les dangers de la patrie;

5. Leur recommande pareillement de ne rien négliger pour hâter leur armement et accélérer leur marche, et de leur fournir à cet effet toutes les facilités qui seront en leur pouvoir;

6. Exhorte tous les citoyens qui obtiendront l'honneur de marcher les premiers au secours de la patrie, à la subordination envers leurs chefs, à l'exactitude dans le service, à un zèle digne de la noble cause qu'ils sont appelés à défendre, et les engage à honorer autant le nom français par leur humanité envers les ennemis désarmés, que par leur courage dans les combats;

7. Exhorte aussi les citoyens qui demeureront à la garde de l'intérieur du royaume, à donner des preuves de leur patriotisme, en faisant personnellement leur service, à maintenir la sûreté des personnes et des propriétés, l'exécution des jugemens, et le respect dû aux autorités constituées ;

8. Rappelle à tous les fonctionnaires publics l'obligation de résidence qui leur est imposée par les lois, et que les périls de l'état rendent plus étroite encore et plus indispensable : enjoint à ses commissaires près les tribunaux, aux procureurs-généraux-syndics près les départemens, et procureurs-syndics près les administrations de district, de tenir la main, chacun en droit soi, à l'exécution rigoureuse de cette loi, et de lui dénoncer les infractions qui pourraient y être faites;

9. Recommande enfin à tous les administrateurs et autres fonctionnaires publics, civils et militaires, de redoubler d'ardeur et d'assiduité dans l'exercice de leurs fonctions; et à tous les citoyens de se souvenir que ce n'est qu'en faisant tous les sacrifices, et en montrant un respect inviolable pour la loi, qu'ils peuvent se montrer dignes de la liberté. — Ordonne que la présente proclamation sera envoyée aux corps administratifs et judiciaires, imprimée, lue, publiée et affichée partout où besoin sera.

N° 294. = 20 (8 et)—21 juillet 1792. = DÉCRET *qui ordonne de poursuivre les libellistes* (1). (B., XXIII, 75.)

L'assemblée nationale, après avoir entendu le rapport de son comité de surveillance, considérant que l'abus qui se fait journellement de la liberté de la presse ne saurait être trop tôt réprimé, décrète que le pouvoir exécutif est expressément chargé de poursuivre le sieur *Parent*, abbé, auteur de différens libelles, ainsi que le sieur *Senneville*, libraire et distributeur desdits libelles, et tous autres journalistes incendiaires et libellistes, et d'informer l'assemblée, de huitaine en huitaine, des mesures qui auront été prises à cet égard.

N° 295. = 20 (17, 19 et)—22 juillet 1792. = DÉCRET *relatif au complément de l'armée de ligne, aux vétérans nationaux et aux gardes nationaux volontaires.* (B., XXIII, 77.)

N° 296. = 20—28 juillet 1792. = DÉCRET *qui accorde des secours provisoires, pour l'année 1792, aux anciens pensionnaires sur le sort desquels il n'a pas encore été statué.* (B., XXIII, 93.)

20 juillet 1792 : *États-majors de la garde nationale*, voyez 6 du même mois.

21 juillet 1792 : *Approvisionnement d'armes*, voyez 12 juin précédent; *Compagnies franches*, voyez 7 du même mois de juillet; *Communes qui ajouteront à leur contingent*, voyez 18 juillet; *Libellistes*, voyez 20 juillet.

N° 297. = 22—25 juillet 1792. = DÉCRET *relatif au type des écus de six et de trois livres* (2). (B., XXIII, 98.)

L'assemblée nationale, considérant qu'il a été fait sur le poinçon des écus de six livres une addition qui n'est pas portée par la loi, et que la conformité des types entre l'écu de six livres et celui de trois livres doit être exactement observée, décrète qu'elle autorise l'addition qui a été faite du bonnet de la liberté au type des écus de six livres, et que la même addition sera appliquée aux écus de trois livres; qu'en conséquence, la commission des monnaies fera, dans les différens hôtels des monnaies, l'envoi des poinçons et matrices préparés pour l'écu de trois livres.

22 juillet 1792 : *Marques distinctives*, voyez 12 du même mois; *Biens nationaux de l'île de Corse*, voyez 18 juillet; *Complément de l'armée de ligne*, voyez 20 juillet.

N° 298. = 23 — 23 juillet 1792. = DÉCRET *concernant la responsabilité solidaire des ministres* (3). (B., XXIII, 106.)

L'assemblée nationale, considérant que le plus sacré de ses devoirs est de

(1) Voyez, sur les lois répressives des abus de la presse, les notes étendues qui accompagnent le préambule du tit. 1er de la constitution du 3—14 septembre 1791, § 5 des notes : elles résument toute la matière.

(2) Il serait sans utilité de mentionner tous les décrets qui ont ordonné des changemens dans l'empreinte des monnaies; il suffit de dire que ces changemens ont eu lieu à chacune des époques où des modifications importantes ont été apportées au système de gouvernement, ou même à chaque changement de règne : ainsi, l'empreinte des monnaies a été différente sous la monarchie absolue de Louis XVI, sous son règne constitutionnel, sous la république, sous le directoire, sous le consulat, sous l'empire, sous la restauration, et depuis la révolution de 1830.

(3) Le principe de la responsabilité des ministres est écrit dans la constitution de 1791;

déployer tous les moyens que la constitution met à sa disposition, pour prévenir et faire promptement cesser le danger de la patrie ; considérant que rien ne peut contribuer plus efficacement à remplir cet objet important, que de donner à la responsabilité des ministres toute la latitude que le salut de l'état exige dans de telles circonstances, — Décrète que, quand le corps législatif a proclamé dans les formes prescrites par le décret du 5 de ce mois que la patrie est en danger, indépendamment des cas où la responsabilité peut être exercée contre les agens du pouvoir exécutif, tous les ministres sont solidairement responsables, soit des actes délibérés au conseil, relatifs à la sûreté intérieure et extérieure de l'état, qui auraient occasioné le danger, soit de la négligence des mesures, qui auraient dû être prises pour le prévenir ou en arrêter les progrès ; — Laquelle responsabilité solidaire aura lieu également contre tous les ministres après la proclamation du danger, et tant qu'elle ne sera pas révoquée.

N° 299. = 23—25 juillet 1792. =Décret *qui pourvoit aux dépenses qu'exigent les augmentations décrétées pour la défense de l'état.* (B., XXIII, 100.)

N° 300. = 23—25 juillet 1792. =Décret *relatif au régime intérieur de la maison de justice près la haute-cour nationale d'Orléans* (1). (B., XXIII, 102.)

Art. 1er. Le réglement fait par le directoire du département du Loiret et les officiers municipaux d'Orléans, concernant le régime intérieur et la sûreté de la maison de justice près la haute-cour nationale, et annexé au présent décret, sera exécuté selon sa forme et teneur.

2. L'officier municipal nommé pour l'exécution de ce réglement, sera renouvelé tous les quinze jours, et il sera tenu de s'y conformer, à peine de destitution.

3. Ce réglement sera affiché dans les corridors et dans les corps-de-garde de la maison de justice près la haute-cour nationale.

4. La municipalité d'Orléans pourra, sous la surveillance du procureur-général-syndic et l'autorité du directoire du département du Loiret, conformément aux articles 2 et 10 du titre XIII de la loi du 29 septembre 1791, ajouter au réglement tels autres articles que les circonstances ou les localités pourront exiger.

Réglement fait par le directoire du département du Loiret et les officiers municipaux de la ville d'Orléans, sur le régime intérieur et la sûreté de la maison de justice près la haute-cour nationale.

TITRE 1er.— Devoirs du concierge et des guichetiers.

Art. 1er. Le concierge et tous ceux qui lui sont subordonnés, se comporteront envers les détenus avec l'humanité et les égards dus à leur position.

2. Si quelqu'un de ces employés manque aux égards qu'ils doivent aux détenus, le concierge les réprimandera, et en portera ses plaintes au commissaire de la municipalité.

(art. 5 et 6 de la sect. IV du chap. II du tit. III); dans celle du 22 frimaire an 8 (13 décembre 1799), art. 72 ; dans la charte de 1814 : dans l'acte additionnel du 22—23 avril 1815, et dans la charte de 1830 : mais aucune loi n'a encore défini les cas de responsabilité.

(1) Voyez le décret du 10—15 mai 1791, qui institue cette haute-cour, et les notes étendues qui l'accompagnent.

3. Le concierge fera tous les jours, à l'heure de la retraite, une visite exacte dans les chambres des détenus, soit pour prévenir les incendies, soit pour s'assurer s'il n'a été fait aucune fracture aux barreaux ou cloisons, et si l'on n'a pas procuré aux détenus quelques armes dangereuses.

4. Il y aura toujours pendant la nuit deux porte-clefs couchés dans les corridors, tant pour la sûreté, que pour être à portée de donner aux détenus les secours dont ils peuvent avoir besoin ; les corridors seront éclairés.

5. Les chambres qui ne sont point occupées seront toujours fermées.

TITRE II. — De la messe.

Pendant la messe, il sera établi à l'entrée du corridor un détachement suffisant, et aucun étranger ne pourra y assister.

TITRE III. — De la promenade.

Art. 1er. Les détenus pourront se promener au moins pendant deux heures, au nombre de douze en même temps, savoir, six dans la cour, et six dans le cloître.

2. Il y aura toujours deux factionnaires dans la cour servant de préau. — Il y aura toujours aussi un corps-de-garde dans l'intérieur du cloître ; la consigne prescrira la conduite que les factionnaires auront à tenir, et la manière dont ils seront posés.

3. Tous les détenus quitteront la promenade et rentreront dans les corridors au moment de la retraite.

TITRE IV. — Des repas.

Art. 1er. Le nombre des tables dépendra de celui des détenus et des circonstances ; il sera déterminé par le concierge, qui en référera au commissaire de la municipalité, sans que le concierge puisse réduire le nombre des détenus qui mangeront ensemble au dessous de six. Les domestiques remporteront à la fin des repas tous les ustensiles servant à la table.

2. Le souper des détenus sera servi à l'heure qui leur conviendra, mais toujours de manière qu'ils rentrent dans leurs chambres à dix heures.

TITRE V. — Introduction des étrangers dans la maison de justice.

Art. 1er. Les ouvriers et fournisseurs ne pourront être introduits dans les chambres des détenus, ni dans les corridors intérieurs, mais seulement dans le guichet ou dans la chambre du conseil.

2. Les barbiers et perruquiers ne pourront être employés dans la maison, s'ils ne sont domiciliés ; ils ne pourront y envoyer leurs garçons.

3. Le concierge ne pourra introduire dans la maison, pour y voir des détenus, que des personnes qui seront munies de permissions par écrit du commissaire de la municipalité, chargé de la surveillance des prisons. Ces permissions contiendront les noms, qualités et signalement des personnes auxquelles elles seront accordées.

4. Ces permissions auront leur effet pendant huit jours, à compter de celui de leur date, excepté celles données aux époux, épouses, pères, mères, enfans, frères, sœurs, oncles, tantes, neveux et nièces, qui auront leur effet pendant un mois. — Les conseils officieux ne pourront avoir l'entrée de la maison que pourvus de permissions du commissaire de la municipalité, qui pourra la donner illimitée.

5. Si quelque étranger se présente avec une permission prescrite, non seulement il ne sera point introduit dans la maison, mais même le concierge

lui retirera cette permission, et la remettra au commissaire de la municipalité.

6. Les permissions seront présentées à la garde, ensuite au concierge. Le commissaire chargé de délivrer les permissions, prendra les mesures nécessaires pour qu'il ne puisse entrer à la fois dans la maison de justice, un nombre d'étrangers capable de compromettre sa sûreté.

7. Le concierge ne pourra refuser de représenter la personne d'un détenu à ceux qui se présenteront munis de la permission de l'officier municipal, qu'en justifiant de l'ordre exprès du président du tribunal, inscrit sur son registre, de la tenir au secret.

8. Les détenus ne pourront recevoir que dans leurs chambres respectives les personnes qui auront obtenu des permissions.

9. Les étrangers qui seront porteurs des permissions de l'officier municipal, ne pourront être introduits dans la maison de justice avant six heures du matin en été, et huit heures en hiver : ils se retireront toujours à l'heure de la retraite, qui sera aussi battue dans l'intérieur.

10. Ceux qui auront obtenu des permissions de voir les détenus, déposeront en entrant, entre les mains du guichetier, les armes ou bâtons dont ils sont porteurs.

11. Chaque détenu ne pourra avoir qu'un domestique; ceux-ci pourront rester jusqu'après le souper de leurs maîtres, de manière cependant qu'ils soient tous sortis à neuf heures du soir; le concierge informera l'officier municipal, afin qu'il puisse donner des ordres en conséquence.

12. Aucun des domestiques des détenus ne pourra coucher dans la maison de justice, sans la permission de l'officier municipal.

13. Les ballots et malles destinés aux détenus seront visités entre les guichets par le concierge, en présence du commandant du poste.

14. Les détenus ne pourront, sous aucun prétexte, entrer dans les cuisines; ceux qui auront quelques ordres à donner aux traiteurs, les feront appeler.

N° 301. = 23 — 25 juillet 1792. = DÉCRET *qui approuve les mesures prises par les généraux de l'armée du Rhin pour la défense des frontières.* (B., XXIII, 105.)

N° 302. = 23—28 juillet 1792. = DÉCRET *qui autorise les administrateurs de district à acheter, sous la surveillance des départemens et aux frais du trésor public, les armes et munitions qu'ils jugeront nécessaires.* (B., XXIII, 107.)

N° 303. = 24—25 juillet 1792. = DÉCRET *qui autorise les généraux d'armée à requérir une portion des grenadiers et chasseurs des gardes nationaux du royaume.* (B., XXIII, 110.)

N° 304. = 24—26 juillet 1792. = DÉCRET *relatif aux capitaines commandant les vaisseaux de l'état.* (B., XXIII, 109.)

L'assemblée nationale, délibérant sur la lettre du ministre de la marine, du 28 juin dernier, convertie en motion par l'un de ses membres, et voulant assurer toujours davantage la subordination des équipages et le bien du service maritime, en donnant à la classe précieuse des maîtres un premier témoignage d'intérêt et de justice, capable d'exciter leur émulation et de récompenser leur expérience, en attendant l'amélioration de leur sort ; — Considérant que, d'après l'usage de la marine française et des autres puissances maritimes, et d'après les principes de la responsabilité, les officiers commandant des vaisseaux ont toujours eu et doivent conserver le choix libre de leurs principaux agens ; — Considérant enfin que la nécessité de mettre bientôt en activité les forces navales dont l'armement a été ordonné et commencé, exige une prompte décision à cet égard, décrète que les ordonnateurs des ports et arsenaux de marine sont autorisés à accorder, comme par le passé, aux capitaines commandans des vaisseaux de l'état, les premiers maîtres qui leur seront désignés par lesdits capitaines, sans s'astreindre à aucun tour de rôle pour la formation des mestrances.

N° 305. = 24 — 28 juillet 1792. = DÉCRET *relatif aux biens et revenus des émigrés* (1). (B., XXIII, 109.)

Art. 1er. Les receveurs de district ne pourront annuler les assignats provenant des revenus des biens des émigrés, et les verseront néanmoins dans la caisse de l'extraordinaire, où ils resteront jusqu'à ce que l'assemblée nationale en ait autrement décrété.

2. Le commissaire du roi administrateur de la caisse de l'extraordinaire, instruira l'assemblée nationale, à la fin de chaque mois, du montant des rentrées du revenu de ces biens.

N° 306. = 25 juillet 1792. = PROCLAMATION *du roi sur la solennité de la publication de l'acte du corps législatif qui déclare la patrie en danger.* (L., IX, 717.)

N° 307. = 25 — 26 juillet 1792. = DÉCRET *qui détermine dans quels cas et comment les places fortes peuvent être rendues à l'ennemi* (2). (B., XXIII, 114.)

Art. 1er. Tout commandant de place forte ou bastionnée, qui la rendra à l'ennemi, avant qu'il y ait brèche accessible et praticable au corps de ladite place, et avant que le corps de place ait soutenu au moins un assaut, si toutefois il y a un retranchement intérieur derrière la brèche, sera puni de mort, à moins qu'il ne manque de munitions ou de vivres.

2. Les places de guerre étant la propriété de tout l'empire, dans aucun cas les habitans ni les corps administratifs ne pourront requérir un commandant de place de la rendre, sous peine d'être traités comme des révoltés et des traîtres à la patrie.

3. Lorsqu'une ville assiégée aura brèche accessible et praticable au corps de la place, et qu'elle aura soutenu au moins un assaut dans le cas prévu par l'article 1er, le commandant de ladite place ne pourra néanmoins la rendre, ni capituler, que du consentement du conseil général de la commune et des corps administratifs réunis, s'il y en a dans la place.

---

(1) Voyez, sur les biens des émigrés, le § 3 des notes qui accompagnent le décret du 9—12 février 1792 : elles résument toute la législation.

(2) Voyez le décret du 26—27 août 1792, qui punit de mort tout citoyen qui, dans une ville assiégée, parle de se rendre; celui du 31 août—5 septembre suivant; art. 1er, qui autorise les commandans des places fortes assiégées à faire démolir la maison de tout citoyen qui parle de se rendre pour éviter le bombardement; celui du 1er brumaire an 2 (22 octobre 1793), qui ordonne la démolition de toute ville qui se rendra sans avoir soutenu l'assaut; l'arrêté du 16 messidor an 7 (4 juillet 1799), qui porte des peines contre ceux qui rendent les places fortes, hors des cas prescrits par la loi; et l'art. 77 du Cod. pén., qui punit ceux qui livrent les places fortes par trahison.

N° 308. = 25—29 juillet 1792. = DÉCRET *qui prescrit des poursuites contre les prévenus d'enrôlement pour les ennemis de l'état.* (B., XXIII, 114.)

25 juillet 1792 : *Manufactures d'armes,* voyez 10 juin précédent ; *Actions de la compagnie des Indes,* voyez 9 du même mois de juillet ; *Commune de Manosque, Remboursement de frais,* voyez 17 juillet ; *Palais épiscopaux, Classes de la marine,* voyez 19 juillet ; *Type des écus de six livres et de trois livres,* voyez 22 juillet ; *Maison de justice d'Orléans, Défense de l'état, Généraux aux frontières,* voyez 23 juillet ; *Grenadiers et chasseurs des gardes nationaux,* voyez 24 juillet.

N° 309. = 26 juillet—1ᵉʳ août 1792. = DÉCRET *relatif à la formation d'une légion franche étrangère.* (B., XXIII, 118.)

26 juillet 1792 : *Capitaines de vaisseau,* voyez 24 du même mois ; *Places fortes,* voyez 25 juillet.

N° 310. = 27 juillet 1792. = DÉCRET *qui ordonne la confiscation et la vente des biens des émigrés* (1). (B., XXIII, 131.)

L'assemblée nationale décrète la confiscation et la vente au profit de la nation de tous les biens mobiliers et immobiliers des émigrés.

N° 311. = 27—29 juillet 1792. = DÉCRET *sur les difficultés qui s'élèvent dans les tribunaux relativement aux agens de change* (2). (B., XXIII, 134.)

L'assemblée nationale, après avoir entendu le rapport de ses comités de législation et de commerce, sur les difficultés qui s'élèvent dans les tribunaux, relativement à l'exercice des anciens réglemens des agens de change, sous prétexte qu'ils n'ont pas été enregistrés aux ci-devant parlemens ; — Considérant qu'il est nécessaire de faire promptement cesser ces difficultés, décrète que le défaut d'enregistrement aux ci-devant parlemens, ne peut être opposé aux réglemens qui, jusqu'au décret de l'assemblée constituante, des 14, 19 et 21 avril 1791, ont réglé les conditions et l'exercice des fonctions des agens de change, et que ces réglemens auront leur plein et entier effet pour tous les engagemens et négociations qui ont eu lieu sur la foi de leur exécution.

N° 312. = 28—29 juillet 1792. = DÉCRET *contenant allocation d'une somme de cinq cent mille livres, pour l'entretien, l'armement et l'équipement des citoyens belges ou liégeois qui se sont réunis ou se réuniront pour combattre sous les drapeaux français.* (B., XXIII, 135.)

N° 313. = 28—29 juillet 1792. = DÉCRET *qui prohibe la délivrance de passeports pour l'étranger, jusqu'à ce que l'assemblée ait déclaré que la patrie n'est plus en danger.* (B., XXIII, 136.)

N° 314. = 28 juillet — 1ᵉʳ août 1792. = DÉCRET *concernant le tarif des droits d'entrée et de sortie du royaume* (3). (B., XXIII, 137.)

---

(1) Voyez le § 3 des notes qui accompagnent le décret du 9—12 février 1792 : il résume toute la législation sur les biens des émigrés.

(2) Voyez la loi du 21 avril (14, 19 et)—8 mai 1791, et surtout celle du 28 ventose an 9 (19 mars 1801), et les notes.

(3) Il serait inutile de rapporter ce tarif qui a varié un grand nombre de fois, jusqu'à

N° 315. = 28 juillet—1er août 1792. = DÉCRET *relatif aux travaux du port de Cherbourg.* (B., XXIII, 142.)

Art. 1er. La trésorerie nationale tiendra à la disposition du ministre de la marine la somme de sept cent quarante-cinq mille livres, pour être employée suivant l'état annexé au présent décret, et qui sera versée partiellement, sur la demande qu'il en fera chaque mois, d'après les besoins du service.

2. Le ministre de la marine rendra compte, tous les deux mois, à l'assemblée nationale, de l'emploi de ces fonds, et du progrès des travaux auxquels ils sont destinés.

3. Outre les deux commis de la marine affectés au port de Cherbourg par le décret du 21 — 28 septembre 1791, il en sera attaché sept aux détails de la comptabilité des travaux de la rade, lesquels seront réputés commis d'administration.

4. 1° Il sera formé une commission chargée spécialement de constater les avantages des travaux exécutés à Cherbourg, et de proposer tous les moyens de perfection, et les constructions nouvelles qu'elle jugera utile au complément de cet établissement, sous ses rapports militaires et commerciaux. — 2° En conséquence, il sera dressé par ladite commission un projet général qui comprendra les détails de tous ces objets, ainsi que l'aperçu de leurs dépenses.

5. Le pouvoir exécutif sera tenu de nommer incessamment cette commission, qui sera composée de deux officiers de la marine, deux officiers du génie, deux ingénieurs des ponts et chaussées, et deux pilotes.

6. Aucun des commissaires ne pourra être choisi parmi les coopérateurs des travaux de Cherbourg.

7. Pourront néanmoins lesdits coopérateurs être appelés dans le conseil de la commission, avec voix consultative, et pour y donner tous les renseignemens que les circonstances exigeront.

8. Le pouvoir exécutif sera également tenu de donner tous les ordres nécessaires pour faire vérifier par un des bâtimens mouillés dans la rade de Cherbourg, le mouillage et la nature du fond de toutes ses parties.

28 juillet 1792 : *Chasseurs nationaux*, voyez 19 du même mois; *Secours aux anciens pensionnaires*, voyez 20 juillet; *Achats d'armes*, voyez 23 juillet; *Biens et revenus des biens des émigrés*, voyez 24 juillet.

29 juillet 1792 : *Enrôlement contre l'état*, voyez 25 du même mois; *Agens de change*, voyez 27 juillet; *Belges et Liégeois, Passe-ports*, voyez 28 juillet.

N° 316. = 30 juillet—1er août 1792. = DÉCRET *pour la formation d'états nominatifs des officiers qui ont abandonné les drapeaux de la nation, et de ceux qui ont enlevé des caisses et effets militaires.* (B., XXIII, 155.)

L'assemblée nationale, considérant que lorsque la patrie est en danger, il importe que tous les traîtres soient connus, décrète que les états nominatifs de tous les officiers qui ont abandonné les drapeaux de la nation, états qui ont été ou doivent être remis à l'assemblée nationale par le ministre de la guerre, seront recueillis par son comité militaire, et imprimés avec désignation particulière de ceux desdits militaires qui ont enlevé des caisses et

l'époque actuelle : voyez, sur la législation des douanes, et les changemens successifs apportés aux tarifs, le décret fondamental du 6—22 août 1791, et les notes.

effets militaires, emporté la gratification pour entrer en campagne, entraîné leurs subalternes dans leur désertion. Lesdits tableaux seront envoyés de suite dans les quatre-vingt-trois départemens, pour être publiés et affichés dans toutes les municipalités du royaume. Le ministre de la justice sera tenu de rendre compte de cet envoi sous huitaine.

N° 317. = 30 juillet — 1er août 1792. = DÉCRET *qui autorise le rachat des cens et redevances dus par les habitans de Meseinthal.* (B., XXIII, 155.)

N° 318. = 30 juillet — 2 août 1792. = DÉCRET *relatif à la contribution foncière* (1). (B., XXIII, 159.)

Art. 1er. La proportion de la contribution foncière avec le revenu net foncier, au dessus de laquelle la cotisation de chaque contribuable ne doit pas s'élever, est fixée pour 1792 au cinquième du revenu net foncier.— En conséquence, tout contribuable qui justifiera avoir été cotisé à une somme plus forte que le cinquième de son revenu net foncier, à raison du principal de la contribution foncière, aura droit à une réduction, en se conformant aux règles prescrites par le décret du 21—28 août 1791 sur les décharges et modérations.

2. Les débiteurs autorisés par le décret du 23 novembre —1er décembre 1790, à faire une retenue sur les rentes ci-devant seigneuriales ou foncières, sur les intérêts ou rentes perpétuelles constituées, soit en argent, soit en denrées, la feront au quart du montant desdites rentes ou prestations pour l'année 1792. — Les débiteurs de rentes ou pensions viagères la feront aussi au quart, mais seulement sur le revenu que le capital, s'il est connu, produirait au denier vingt ; et dans le cas où le capital ne sera pas connu, ils la feront au huitième du montant de la rente ou pension viagère. — Le tout sans préjudice des baux à rentes, ou autres contrats faits sous la condition de la non-retenue des impositions.

3. La retenue sera faite en argent sur les rentes ou prestations en argent, et en nature sur les rentes en denrées et prestations en quotité de fruits.— Elle sera faite au moment où le débiteur acquittera la rente ou prestation. — Et ceux des débiteurs de rentes perpétuelles ou viagères, et de prestations quelconques sujettes à retenue, qui, ayant fait des paiemens avant la publication du présent décret, n'auraient fait la retenue pour 1792 qu'à un taux inférieur à celui déterminé par le précédent article, seront autorisés à se faire restituer jusqu'à concurrence du montant de la retenue fixée par le présent décret.

N° 319. = 30 juillet—3 août 1792. = DÉCRET *relatif aux boursiers du collège de Louis-le-Grand, qui demandent à aller servir aux frontières.* (B., XXIII, 159.)

N° 320. = 31 juillet 1792. = PROCLAMATION *du roi pour le maintien de la tranquillité publique.* (L., IX, 752.)

Le roi n'a pu voir sans une indignation profonde les actes de violence par lesquels la tranquillité publique est depuis plusieurs jours troublée dans la capitale, la liberté individuelle outragée, la sûreté des personnes et des propriétés compromise. Sa Majesté se croirait complice de tant d'excès, si elle souffrait en silence qu'ils pussent être commis impunément sous ses

---

(1) Voyez la loi fondamentale du 3 frimaire an 7 (23 novembre 1798), et les notes.

yeux , et que le sang des Français rejaillit, pour ainsi dire, sur les murs de son palais, sur les portes de l'assemblée nationale. Si des hommes armés ont pu oublier qu'il existe des lois protectrices et gardiennes de la liberté et de la vie des citoyens, Sa Majesté n'oubliera jamais qu'elle n'est investie de la puissance nationale que pour en maintenir l'exécution. Elle a déjà ordonné au ministre de la justice de dénoncer à son commissaire près le tribunal criminel les attentats commis dans la journée d'hier : elle enjoint aujourd'hui au département, à la municipalité, à tous les fonctionnaires publics, civils et militaires, d'employer tous les moyens que la constitution leur donne pour rétablir l'ordre et la paix. Elle invite tous les citoyens à la concorde, au respect pour les autorités constituées, au zèle pour le maintien de la tranquillité ; et, dans le cas où elle serait de nouveau troublée, elle enjoint à tous les amis de la patrie et de la liberté de donner force à la loi.

N° 321. = 31 juillet—3 août 1792. = **DÉCRET** *relatif aux artistes et entrepreneurs qui voudront concourir à la fabrication et fourniture du papier pour les assignats.* (B., XXIII, 175.)

N° 322. = 31 juillet — 3 août 1792. = **DÉCRET** *relatif aux moyens de pourvoir aux besoins de subsistances des différentes places fortes qui pourraient être menacées d'un siége.* (B., XXIII, 177.)

Art. 1er. Outre les sommes accordées aux villes de Metz, Strasbourg et Thionville , par les décrets des 20 et 27 de ce mois, la trésorerie nationale tiendra à la disposition du ministre de l'intérieur jusqu'à la concurrence de trois millions, qui seront exclusivement destinés à subvenir aux besoins des subsistances que pourront éprouver les places fortes menacées de siége.

2. Le ministre de l'intérieur fera passer aux directoires des départemens frontières, sur les demandes qu'ils lui en feront, les fonds qui seront nécessaires , d'après leurs besoins et le nombre des places menacées.

3. Les directoires de département emploieront les fonds qui leur seront destinés, à des approvisionnemens de grains qu'ils feront émmagasiner dans les lieux qui leur seront indiqués par les généraux d'armée, avec lesquels ils se concerteront.

4. Sur la réquisition des généraux d'armée, les directoires de département feront transporter, dans les villes menacées de siége, la quantité de grains proportionnée à leur population et à leurs besoins.

5. Les grains qui seront fournis aux communes seront vendus, et leur produit total versé dans les caisses des receveurs de district, au fur et à mesure de la vente ; en conséquence, il sera tenu par chaque municipalité registre du produit, ainsi que des sommes versées, pour en rendre compte aux directoires de district, qui en instruiront sans délai les directoires de département.

6. La différence entre l'achat des grains et le produit, s'il en existe , sera répartie au marc la livre des contributions foncière et mobilière de l'année 1793, des communes qui auront eu part à la distribution desdits grains, pour rentrer à la trésorerie nationale avec le principal des contributions.

7. Le ministre de l'intérieur aura égard, dans la distribution des fonds qu'il pourra faire aux départemens de la Moselle et du Bas-Rhin, aux sommes déjà décrétées en faveur des villes de Metz, Thionville et Strasbourg.

8. Le ministre de l'intérieur rendra compte tous les mois à l'assemblée nationale, de l'emploi des fonds décrétés, des approvisionnemens auxquels ils sont destinés, ainsi que des rentrées qui seront faites.

N° 323. = 31 juillet—3 août 1792.=DÉCRET *portant création de trois cents millions d'assignats.* (B., XXIII, 178.)

N° 324. = 31 juillet—8 août 1792.= DÉCRET *qui fixe l'indemnité accordée aux fonctionnaires publics et autres citoyens mandés ou appelés à la barre de l'assemblée nationale.* (B., XXIII, 180.)

N° 325. = 1ᵉʳ—2 août 1792. = DÉCRET *relatif aux prisonniers de guerre* (1). (B., XXIII, 182.)

Art. 1ᵉʳ. On suivra, envers tous les étrangers pris les armes à la main, les règles établies par le décret du 4 mai 1792.

2. Dans le cas où les lois ordinaires de la guerre seraient violées par les puissances ennemies, tout noble étranger, tout officier, tout général, quels que soient sa dignité et son titre, qui sera pris les armes à la main contre la nation française, sera traité de la même manière que l'auront été les citoyens français, les officiers ou soldats des bataillons de volontaires, les gardes nationales sédentaires, les officiers ou soldats des troupes de ligne pris les armes à la main.

3. Dans tous les cas, on suivra à l'égard des soldats des troupes ennemies les règles ordinaires de la guerre.

N° 326. = 1ᵉʳ—2 août 1792.= DÉCRET *qui rappelle les principes constitutionnels et les lois fondamentales de l'ordre public qui doivent diriger les corps administratifs, judiciaires et militaires dans leurs délibérations.* (B., XXIII, 185.)

L'assemblée nationale, après avoir entendu le rapport de sa commission extraordinaire et de son comité de l'ordinaire des finances, réunis; — La lecture d'une proclamation arrêtée dans une assemblée extraordinaire des corps administratifs, judiciaires et militaires, réunis à des citoyens de la ville de Marseille, le 23 juillet 1792;—Une délibération de la commune d'Aix, du 26 du même mois, une délibération du conseil du district de la même ville et du même jour, et finalement l'arrêté pris par l'administration du département des Bouches-du-Rhône, le 26 juillet dernier; — Considérant qu'aux termes de l'acte constitutionnel, la force armée est essentiellement obéissante; — Que l'acte constitutionnel et les lois interdisent aux administrations, aux municipalités et aux citoyens de rien entreprendre sur les dispositions ou opérations militaires; — Que les décrets des 4 — 18 juillet, 21 — 23 octobre 1790 et 15 — 27 mars 1791, défendent aux mêmes corps et individus de s'immiscer dans ce qui concerne l'administration, la discipline, la disposition et le mouvement de l'armée de terre', de l'armée navale et de leurs dépendances; — Que l'acte constitutionnel et les lois antérieurement promulguées attribuent au corps législatif le droit exclusif de régler tout ce qui concerne la levée des contributions publiques et leur versement dans les diverses caisses nationales; — Qu'aucun corps, aucun individu, ne peuvent sans prévarication, ni établir des contributions nouvelles, ni détourner aucune partie des deniers publics de la destination à laquelle ils sont affectés; — Considérant que les corps administratifs de la ville de Marseille ont admis à leurs délibérations des citoyens qui n'avaient pas le droit d'y délibérer;—Que les délibérations prises dans cette assemblée extraordinaire sont manifestement contraires aux lois précitées; qu'elles au-

---

(1) Voyez le décret du 4—5 mai 1792, et les notes.

raient pour effet de détruire l'ordre, la marche et l'unité du gouvernement, et de livrer le royaume, si elles subsistaient plus long-temps et si elles avaient des imitateurs, à l'invasion ennemie, par le défaut de combinaison des mesures défensives ; — Que néanmoins ces résolutions ont été adoptées, et qu'elles ont servi de base aux délibérations et arrêtés de la commune et du district de la ville d'Aix et du département des Bouches-du-Rhône ; — Considérant qu'il importe à la sûreté publique d'annuler ces arrêtés illégaux, et de rappeler à l'observation rigoureuse des lois, des administrateurs et des citoyens que le patriotisme a momentanément égarés, décrète ce qui suit : — L'assemblée nationale, usant de la police constitutionnelle qui lui est déférée, annule les délibérations et arrêtés des 23 et 26 juillet dernier ; rappelle les administrateurs, officiers municipaux et citoyens qui y ont participé, à l'exécution littérale de la loi.

N° 327. = 1ᵉʳ — 3 août 1792. = DÉCRET *qui charge les municipalités de faire fabriquer des piques.* (B., XXIII, 183.)

1ᵉʳ août 1792 : *Légion franche étrangère*, voyez 26 juillet précédent ; *Travaux du port de Cherbourg, Droits d'entrée et de sortie*, voyez 28 juillet ; *Officiers déserteurs, Habitans de Méscinthal*, voyez 30 juillet.

N° 328. = 2—2 août 1792. = DÉCRET *relatif aux cocardes nationales.* (B., XXIII, 188.)

L'assemblée nationale, considérant que la diversité des étoffes qui forment les cocardes nationales, a donné lieu à des difficultés qu'il est utile de faire cesser, décrète que les cocardes nationales peuvent être formées de toutes sortes d'étoffes et rubans, pourvu qu'elles soient aux trois couleurs nationales.

N° 329. = 2—3 août 1792. = DÉCRET *qui ordonne à l'économe séquestre des abbayes de Sainte-Périne de Chaillot et de Gis-d'Hivernaux de rendre ses comptes de* 1789 *et* 1790. (B., XXIII, 187.)

N° 330. = 2—3 août 1792. = DÉCRET *relatif au papier destiné à la fabrication des assignats de cinquante sous.* (B., XXIII, 188.)

N° 331. = 2—3 août 1792. = DÉCRET *qui accorde des gratifications, des rentes et des grades aux sous-officiers et soldats des armées ennemies qui abandonneraient leurs drapeaux pour se ranger sous ceux des Français.* (B., XXIII, 189.)

2 août 1792 : *Contribution foncière*, voyez 30 juillet précédent ; *Prisonniers de guerre, Délibérations des corps administratifs de Marseille*, voyez 1ᵉʳ août même mois.

N° 332. = 3—5 août 1792. = DÉCRET *relatif à l'avancement des quartiers-maîtres-trésoriers des régimens de toutes les armes.* (B., XXIII, 197.)

N° 333. = 3—5 août 1792. = DÉCRET *qui accorde le droit de citoyen actif à tout Français qui aura fait la guerre de la liberté, soit dans les volontaires nationaux, soit dans les troupes de ligne.* (B., XXIII, 198.)

Art. 1ᵉʳ. Tout Français qui, soit dans les bataillons de volontaires nationaux, soit dans les régimens de ligne, dans la gendarmerie nationale, dans les légions, les compagnies franches ou dans tout autre corps qui pourrait être formé, aura fait la guerre de la liberté, et sera resté présent aux drapeaux et en activité de service militaire jusqu'à la paix, à commencer de la campagne actuelle, ou tout Français que des blessures reçues au service auront mis hors d'état de le continuer, jouira, s'il a vingt-cinq ans, ou lorsqu'il en aura atteint l'âge, des droits de citoyen actif, comme s'il avait servi pendant seize ans, conformément au décret rendu par l'assemblée nationale constituante.

2. Les gardes nationaux sédentaires qui auront été requis et employés dans les villes de guerre ou dans les camps, sans interruption de service, à dater de même de la présente campagne, jusqu'à la fin de la guerre, ou que des blessures auront empêchés d'achever leur service, jouiront aussi, à l'âge de vingt-cinq ans, des droits mentionnés en l'article précédent.

3. L'admission des défenseurs de la patrie à l'exercice des droits civiques, se fera solennellement dans les communes de la résidence de chacun d'eux, et sera consignée, en présence du conseil général de la commune, sur un registre particulier qui sera préparé à cet effet; l'extrait en forme de la délibération leur sera en même temps délivré.

4. Les titres d'admission seront le congé du soldat, du gendarme, du volontaire ou du garde national sédentaire; le certificat de ceux qui auront été blessés et mis hors d'état de service, et le témoignage, signé des chefs de corps, du civisme et de la bonne conduite de chacun d'eux.

5. L'assemblée nationale déclare qu'elle statuera dans le plus court délai, sur les récompenses, soit en dons ou pensions, à décerner aux soldats qui auront bien mérité de la patrie pendant la durée de la guerre; et dès-à-présent elle en met l'acquittement sous la sauve-garde de la loyauté et de la générosité françaises.

6. L'assemblée nationale charge sa commission extraordinaire et son comité d'instruction publique, réunis, de lui présenter sous huit jours un projet de décret sur les récompenses nationales.

---

3 août 1792 : *Boursiers du collége de Louis-le-Grand*, voyez 3o juillet précédent; *Places fortes, Assignats, Papier d'assignats*, voyez 31 juillet; *Fabrication de piques*, voyez 1ᵉʳ août même mois; *Abbaye de Sainte-Périne, Papiers d'assignats, Soldats ennemis déserteurs*, voyez 2 août.

Nº 334. == 4—7 août 1792. == **DÉCRET** *qui suspend les pensions assignées sur les fonds destinés aux dépenses secrètes du département des affaires étrangères.* (B., XXIII, 201.)

Nº 335. == 4—17 août 1792. == **DÉCRET** *qui ordonne l'évacuation et la vente des maisons occupées par les religieux et religieuses.* (B., XXIII, 200.)

Nº 336. == 5—7 août 1792. == **DÉCRET** *qui ordonne que les individus qui sont à la fois juges de paix, officiers de police, juges de district ou employés dans l'armée, et administrateurs de département ou de district, exerceront de préférence les premières de ces fonctions.* (B., XXIII, 211.)

---

5 août 1792 : *Quartiers-maîtres trésoriers, Citoyen actif*, voyez 3 du même mois. [

Nº 337. == 6—7 août 1792. == **DÉCRET** *relatif à la peine de mort prononcée sur procès criminels instruits autrement que par jurés.* (B., XXIII, 216.)

L'assemblée nationale, considérant que la répression des délits ne peut souffrir aucun retard, décrète que, nonobstant toute disposition contraire portée dans les jugemens, la peine de mort prononcée en dernier ressort, sur procès criminels instruits autrement que par jurés, sera exécutée de la manière prescrite par le décret du 20—25 mars dernier (1).

N° 338. = 6—16 août 1792. = DÉCRET *relatif au mode d'élection aux places d'agrégés en la faculté de droit de Paris* (2). (B., XXIII, 215.)

L'assemblée nationale, après avoir entendu le rapport de son comité de législation sur la pétition du sieur *Légorie*, relative à la question de savoir si l'élection à une place d'agrégé, vacante en la faculté de droit de Paris, entre les contendans admis au concours ouvert le 22 février dernier, et achevé le 24 mars suivant, peut être retardée, sous prétexte de l'absence de deux commissaires du ci-devant parlement ; considérant que l'élection ne peut être retardée sous ce prétexte, puisque les parlemens n'existent plus, passe à l'ordre du jour.

N° 339. = 7—16 août 1792. = DÉCRET *relatif aux pensions et traitemens des religieux et religieuses, aux meubles et effets des maisons qu'ils habitaient, et à l'aliénation de ces maisons* (3). (B., XXIII, 217.)

Art. 1er. A dater du premier trimestre qui suivra celui de la publication du présent décret, la pension des religieuses sera de cinq cents livres pour celles qui seront âgées de quarante ans et au dessous ; de six cents livres au dessus de quarante ans jusqu'à soixante ans ; de sept cents livres au dessus de soixante ans. Néanmoins les religieuses qui, au 1er juillet dernier, se trouvaient jouir d'une pension supérieure, en vertu du décret du 8—14 octobre 1790, la conserveront, avec la faculté de l'accroissement à raison de l'âge, jusqu'au *maximum* de sept cents livres, si leur pension est moindre que le traitement.

2. Demeurent provisoirement exceptées des présentes dispositions, les religieuses actuellement occupées au soin et au soulagement des malades ; et il leur sera, comme par le passé, tenu compte de la totalité de leur revenu : mais la liberté de quitter la vie monastique leur est réservée, en se conformant aux dispositions de l'article 19 du titre II du décret du 8 — 14 octobre 1790.

3. Les religieuses sorties du cloître avant la proclamation du décret du 28 octobre 1789, soit par des ordres arbitraires, soit pour cause de suppression de leur maison, soit par des raisons de santé, justifiées aux directoires des corps administratifs par des pièces authentiques, excepté néanmoins les brefs du pape, et celles qui l'ont abandonné en vertu du même décret, seront traitées en tout comme les religieuses qui ont préféré la vie commune.

4. Les religieuses nées en pays étrangers, qui, avant le 28 octobre 1789, se trouvaient dans une maison conventuelle de France, sans y avoir fait profession, et sur le sort desquelles il a été réservé de statuer par l'article 10 du titre II du décret du 8—14 octobre 1790, auront droit aux pensions ci-dessus désignées, tant qu'elles résideront en France.

5. Le traitement des sœurs converses, données ou affiliées, qui justifieront

---

(1) Voyez ce décret, et les notes.
(2) Voyez la loi du 22 ventose—2 germinal an 12 (13 — 23 mars 1804), concernant l'organisation des écoles de droit, et les notes.
(3) Voyez ci-après le décret du 18—18 août 1792, qui supprime les congrégations religieuses, et les notes où se trouve résumée toute la législation.

de leur affiliation par actes authentiques avant le 28 octobre 1789, sera les deux tiers de celui des religieuses de chœur, et le présent décret est en tout commun entre elles.

6. Les religieux ou religieuses, les ci-devant ecclésiastiques catholiques pensionnés, ainsi que les ministres du culte salariés par la nation, qui se marieront, conserveront leurs pensions et traitemens.

7. Les religieux de l'un et de l'autre sexe qui avaient persisté dans la vie commune, recevront leurs pensions par trimestre et d'avance : ils seront payés par les receveurs de district; savoir, la première fois, par le receveur du district de la situation des maisons de résidence; les autres trimestres, par le receveur du district où les individus auront fixé leur domicile. — Ces paiemens seront effectués sur la quittance des pensionnaires, ou sur celle de leurs fondés de procuration spéciale, à laquelle, dans ce dernier cas, sera annexé un certificat de vie, délivré sans frais par les officiers de la municipalité. Les pensionnaires seront encore tenus de se conformer au décret du 13 décembre 1791, relatif au pensions.

8. Il ne sera rien innové dans la forme du paiement des pensions des religieux et religieuses qui avaient abandonné la vie commune depuis la publication du décret du 28 octobre 1789.

9. Les municipalités, dans la quinzaine de la publication du présent décret, dresseront un état en trois colonnes des religieux et religieuses qui, à cette époque, se trouveront dans les couvens.—La première colonne contiendra les noms et surnoms des individus;—La seconde, l'énonciation précise de leur âge;—La troisième, destinée à présenter les sommes des pensions de chaque religieux ou religieuse au 1er juillet dernier, sera remplie par les directoires de district, dans la seconde quinzaine au plus tard.

10. Une double minute de ces états sera envoyée au directoire du département qui, après avoir dressé le tableau général de son arrondissement, le fera parvenir au comité de l'extraordinaire des finances et au ministre de l'intérieur.

11. Il sera délivré par le secrétaire du district, sur papier libre, et sans frais, à chaque religieux et religieuse, un extrait en forme de l'article de ces états qui le compète, et cet extrait servira pour établir la quotité de la pension à laquelle il a droit, dans le district où il fixera son domicile, à la charge par les religieuses seulement de justifier de leur âge lors du premier paiement, par le rapport de leur extrait de baptême.

12. Les religieuses, en se retirant, pourront disposer du mobilier de leur chambre, des effets qui étaient à leur usage personnel, et de tout ce qui a été accordé par le décret du 8—14 octobre 1790 à celles qui ont quitté la vie commune; toutefois sans qu'aucun de ces effets puisse être enlevé avant d'en avoir prévenu la municipalité du lieu, et obtenu sa permission.

13. Il ne pourra, sous aucun prétexte, être touché à l'argenterie et livres communs, vases et ornemens d'église.—Les municipalités, dans la quinzaine de la publication du présent décret, procéderont, sur la délégation des directoires de district, à la vérification de l'existence des effets inventoriés en exécution des précédens décrets, et elles veilleront à la conservation de ce mobilier national, jusqu'à ce qu'il en ait été disposé.—L'inventaire des livres, tableaux et monumens des arts, sera dressé au comité de l'instruction publique, conformément au décret du 2 janvier dernier.—Le décret du 8—14 octobre 1790 sera exécuté dans tout ce qui n'y est pas dérogé par le présent décret.

14. Aussitôt après la publication du présent décret, les directoires de district, en se conformant aux lois relatives à cet objet, feront convertir en

monnaie toutes les cloches et l'argenterie des maisons religieuses de leur arrondissement, sous l'autorité des départemens.

15. Les bâtimens nationaux et leurs dépendances, occupés par les religieux ou religieuses, seront mis en vente suivant les formes déjà décrétées, sans attendre qu'ils soient libres; mais les acquéreurs ne pourront, dans aucun cas, en prendre jouissance avant le 2 octobre prochain.

N° 340. = 7—16 août 1792. = DÉCRET *relatif à la fabrication et à l'alliage des monnaies de cuivre ou de bronze.* (B., XXIII, 220.)

Art. 1er. L'instruction rédigée par les commissaires de la commission des monnaies, sera envoyée à tous les hôtels des monnaies et ateliers où se fait la conversion du métal des cloches en espèces monnayées.

2. A dater de la publication du présent décret, il ne pourra plus être fabriqué de monnaie de cuivre ou de bronze dans laquelle l'alliage du cuivre excède la proportion du quart du poids des matières employées. On pourra néanmoins continuer d'employer le cuivre du Pérou, dans les proportions ci-devant déterminées.

3. Le ministre des contributions publiques est autorisé à passer des marchés conformément aux articles précédens, et à résilier ceux existans dont les clauses y seraient contraires.

4. Le ministre des contributions publiques est chargé de faire acquitter les dépenses occasionées par les expériences du procédé de *Guillaume-Christian Saver,* sur les états de dépenses certifiés par le comité des assignats et monnaies, jusqu'à concurrence de douze cents livres.

5. L'indemnité de *Guillaume-Christian Saver* est fixée à six mille livres.

---

7 août 1792 : *Suspension de pensions,* voyez 4 du même mois; *Incompatibilité de fonctions,* voyez 5 août; *Peine de mort,* voyez 6 août.

N° 341.=8 août 1792. = DÉCRET *portant qu'il n'y a pas lieu à accusation contre M. Lafayette.* (B., XXIII, 224.)

N° 342.=8—13 août 1792.=DÉCRET *relatif à la formation d'une compagnie franche allobroge.* (B., XXIII, 221.)

N° 343. = 8—15 août 1792. = DÉCRET *relatif à la faculté accordée aux citoyens de choisir les régimens où ils désiraient servir.* (B., XXIII, 223.)

---

8 août 1792 : *Indemnités aux appelés à la barre de l'assemblée,* voyez 31 juillet précédent.

N° 344. = 9— 21 août 1792.= DÉCRET *qui prescrit des formalités pour la délivrance des certificats de résidence* (1). (L., X, 106.)

N° 345. = 9 au 10 août 1792. = DÉCRET *qui mande le maire de Paris à la barre de l'assemblée.* (B., XXIII, 224.)

N° 346. = 9 au 10 — 24 août 1792. = DÉCRET *relatif aux différentes mesures de surveillance et de police pour la sûreté intérieure et extérieure de l'état.* (L., X, 107.)

L'assemblée nationale, s'étant déclarée en séance permanente jusqu'à ce

---

(1) Voyez, *supra,* sur les certificats de résidence, le décret du 17—20 janvier 1792, et les notes.

qu'elle ait pris toutes les mesures législatives ou de surveillance nécessaires pour la sûreté intérieure et extérieure de l'état ; considérant que ces mesures exigent la plus grande célérité, décrète ce qui suit :

Art. 1er. A compter de la publication du présent décret, tous les citoyens, les fédérés, excepté ceux qui se trouvent actuellement à Paris et qui n'y ont point acquis de domicile par la résidence d'une année, ou qui n'y exercent aucune fonction publique, sont tenus d'exhiber, soit devant les juges de paix, soit devant les commissaires de la section qu'ils habitent, des certificats de civisme de leurs municipalités respectives ; faute de quoi, et dans le même délai, il leur sera enjoint de se retirer dans les cantons ou municipalités des lieux où se trouvent leurs principaux domiciles.

2. Ceux qui refuseront de satisfaire ou qui contreviendront aux dispositions portées par l'article précédent, seront arrêtés comme suspects de conspiration contre la patrie, et détenus en conséquence jusqu'à la fin de la guerre.

3. Les municipalités seront autorisées à empêcher la distribution de journaux ou feuilles publiques qui sont notoirement connues pour prêcher l'incivisme et la contre-révolution ; à la charge, dans tous les cas particuliers où elles auront jugé ces prohibitions nécessaires, d'en donner avis incessamment à l'assemblée nationale et au pouvoir exécutif.

4. Il sera nommé quatre commissaires chargés d'extraire des procès-verbaux de l'assemblée, à compter de l'époque de la déclaration de guerre, *toutes les réquisitions* qui ont été faites au pouvoir exécutif pour le renforcement et approvisionnement de nos armées ; *les réponses des ministres* à chaque réquisition ; *les plaintes et dénonciations* qui ont été portées à ce sujet, et les *éclaircissemens donnés*, ou les *promesses faites* successivement par les ministres sur ces dénonciations. Les commissaires seront chargés en outre de tirer de ces divers rapprochemens un résultat de faits qui sera immédiatement après envoyé à un comité, pour servir de base aux délibérations de l'assemblée nationale, tant sur les accusations portées contre les ministres, que sur les mesures à prendre pour le renforcement effectif de l'armée.

5. A compter de ce jour, et pendant le temps que pourra durer la discussion sur la déchéance, les ministres, notamment celui de la guerre et celui de l'intérieur, seront tenus de venir rendre compte chaque jour, et à l'heure de midi, de la situation des affaires dans leurs départemens respectifs. Ces comptes, signés d'eux, seront envoyés sur-le-champ à la commission extraordinaire, qui sera tenue d'en examiner la fidélité, en les rapprochant des dénonciations, mémoires ou pétitions des départemens, districts, municipalités, ou même des simples citoyens ; et, le lendemain, la commission fera son rapport sur le tout à l'assemblée nationale, qui, en cas de négligence ou de délit, délibérera dans l'instant même sur les mesures de répression.

6. L'assemblée nationale, jugeant extrêmement avantageux l'envoi de commissaires à Soissons, et le rapport qui en a été la suite, décrète que ces mêmes commissaires, auxquels il en sera adjoint six, élus de la même manière, c'est-à-dire à haute voix et par appel nominal, se transporteront aux armées du Nord, du Centre et du Rhin, pour y remplir la même commission que celle qu'ils ont remplie à Soissons, et pour en faire leur rapport à l'assemblée.

N° 347.= 10 août 1792.= **Décret** *qui met sous la sauve-garde du peuple de Paris, la sûreté des personnes et des propriétés.* (B., XXIV, 1.)

N° 348. = 10 août 1792. = **Décret** *relatif au maintien de l'ordre dans l'enceinte de la salle de l'assemblée nationale.* (B., XXIV, 1.)

N° 349. = 10 août 1792. = **Décret** *relatif à la formule du serment à prêter par les membres de l'assemblée nationale.* (B., XXIV, 2.)

L'assemblée nationale décrète que ses membres prêteront le serment suivant : — « Au nom de la nation, je jure de maintenir de tout mon pouvoir la liberté et l'égalité, ou de mourir à mon poste. »

N° 350. = 10 août 1792. = **Décret** *relatif à la suspension du chef du pouvoir exécutif* (1). (B., XXIV, 3.)

L'assemblée nationale, considérant que les dangers de la patrie sont parvenus à leur comble; — Que c'est pour le corps législatif le plus saint des devoirs d'employer tous les moyens de la sauver ; — Qu'il est impossible d'en trouver d'efficaces, tant qu'on ne s'occupera pas de tarir la source de ses maux; — Considérant que ces maux dérivent principalement des défiances qu'a inspirées la conduite du chef du pouvoir exécutif, dans une guerre entreprise en son nom contre la constitution et l'indépendance nationale ; — Que ces défiances ont provoqué, des diverses parties de l'empire, un vœu tendant à la révocation de l'autorité déléguée à *Louis XVI;* — Considérant néanmoins que le corps législatif ne doit ni ne veut agrandir la sienne par aucune usurpation ; — Que, dans les circonstances extraordinaires où l'ont placé des événemens imprévus par toutes les lois, il ne peut concilier ce qu'il doit à sa fidélité inébranlable à la constitution, avec la ferme résolution de s'ensevelir sous les ruines du temple de la Liberté plutôt que de la laisser périr, qu'en recourant à la souveraineté du peuple, et prenant en même temps les précautions indispensables pour que ce recours ne soit pas rendu illusoire par des trahisons, décrète ce qui suit :

Art. 1er. Le peuple français est invité à former une convention nationale ; la commission extraordinaire présentera demain un projet pour indiquer le mode et l'époque de cette convention.

2. Le chef du pouvoir exécutif est provisoirement suspendu de ses fonctions, jusqu'à ce que la convention nationale ait prononcé sur les mesures qu'elle croira devoir adopter pour assurer la souveraineté du peuple et le règne de la liberté et de l'égalité.

3. La commission extraordinaire présentera dans le jour un mode d'organiser un nouveau ministère : les ministres actuellement en activité continueront provisoirement l'exercice de leurs fonctions.

4. La commission extraordinaire présentera, également dans le jour, un projet de décret sur la nomination du gouverneur du prince royal.

5. Le paiement de la liste civile demeurera suspendu jusqu'à la décision de la convention nationale. La commission extraordinaire présentera, dans vingt-quatre heures, un projet de décret sur le traitement à accorder au roi pendant la suspension.

6. Les registres de la liste civile seront déposés sur le bureau de l'assemblée

---

(1) Voyez ci-après les nombreux décrets des 10 et 10—11 août 1792, qui développent les conséquences de celui-ci.

nationale, après avoir été cotés et paraphés par deux commissaires de l'assemblée, qui se transporteront à cet effet chez l'intendant de la liste civile.

7. Le roi et sa famille demeureront dans l'enceinte du corps législatif, jusqu'à ce que le calme soit rétabli dans Paris.

8. Le département donnera des ordres pour leur faire préparer dans le jour un logement au Luxembourg, où ils seront mis sous la garde des citoyens et de la loi.

9. Tout fonctionnaire public, tout soldat, sous-officier, officier de quelque grade qu'il soit, et général d'armée, qui, dans ces jours d'alarmes, abandonnera son poste, est déclaré infame et traître à la patrie.

10. Le département et la municipalité de Paris feront proclamer sur-le-champ et solennellement le présent décret.

11. Il sera envoyé par des courriers extraordinaires aux quatre-vingt-trois départemens, qui seront tenus de le faire parvenir dans les vingt-quatre heures aux municipalités de leur ressort, pour y être proclamé avec la même solennité.

———

N° 351. = 10 août 1792. = **Décret** *relatif au remplacement du ministère.* (B., XXIV, 5.)

Art. 1er. Les ministres seront provisoirement nommés par l'assemblée nationale et par une élection individuelle; ils ne pourront pas être pris dans son sein.

2. Ils seront élus dans l'ordre suivant : le ministre de l'intérieur, le ministre de la guerre, le ministre des contributions publiques, le ministre de la justice, le ministre de la marine, le ministre des affaires étrangères.

3. Celui qui sera nommé le premier, aura la signature pour tous les départemens du ministère, tant qu'ils resteront vacans.

4. L'élection se fera de la manière suivante : chaque membre de l'assemblée proposera à haute voix un sujet; il en sera dressé une liste, qui sera lue à l'assemblée, avec le nombre de voix que chaque sujet aura obtenues.

5. Chaque membre de l'assemblée nommera ensuite un des sujets dont le nom se trouvera sur la liste; et néanmoins l'élection par seconde liste ne portera que sur ceux qui n'auront pas obtenu dans la première la majorité absolue des suffrages.

6. Si aucun sujet ne réunit la majorité absolue des votans, l'assemblée prononcera entre les deux qui auront le plus de voix, d'abord par assis et levé, et ensuite par appel nominal, s'il y a du doute.

7. Le secrétaire du conseil sera nommé de la même manière.

8. Le gouverneur du prince royal sera aussi nommé de la même manière.

———

N° 352. = 10 août 1792. = **Décret** *relatif à la suspension du roi.* (B., XXIV, 7.)

L'assemblée nationale décrète, 1° que le roi est suspendu, et que sa famille et lui restent en ôtage; 2° que le ministère actuel n'a pas la confiance de la nation et que l'assemblée va procéder à le remplacer; 3° que la liste civile cesse d'avoir lieu.

———

N° 353. = 10 août 1792. = **Décret** *relatif à la nomination des nouveaux ministres.* (B., XXIV, 11.)

Un secrétaire donne connaissance du résultat du scrutin pour la nomination des ministres. La majorité absolue était de cent quarante-trois voix. —

M. *Danton* en ayant réuni deux cent vingt-deux pour le ministère de la justice, et M. *Monge* cent cinquante-quatre pour la marine, l'un et l'autre ont été proclamés ministres de ces départemens. — Pour les affaires étrangères, M. *Lebrun* a obtenu cent neuf suffrages, M. *Grouvelle* quatre-vingt-onze : il y avait quatre-vingt-quatre voix de perdues; aux termes du décret de ce matin, on est allé aux voix entre les deux candidats. — Un membre a observé que l'un et l'autre de ces sujets étaient également propres à remplir la place de secrétaire du conseil; il a demandé que cette place fût dévolue à celui d'entre eux qui n'obtiendrait pas le ministère. — L'assemblée, après avoir rapporté le décret de ce matin sur la nomination du secrétaire du conseil, et décrété l'urgence, décrète la proposition. — On met aux voix le choix du ministre des affaires étrangères, entre M. *Lebrun* et M. *Grouvelle* : le premier obtient la majorité des suffrages, et il est proclamé ministre des affaires étrangères; M. *Grouvelle* est proclamé secrétaire du conseil.

N° 354. = 10—10 août 1792. = DÉCRET *relatif à la formation de la convention nationale.* (B., XXIV, 8.)

L'assemblée nationale décrète que, pour la formation de la convention nationale prochaine, tout Français âgé de vingt-un ans, domicilié depuis un an, vivant du produit de son travail, sera admis à voter dans les assemblées de commune et dans les assemblées primaires, comme tout autre citoyen actif (1).

N° 355. = 10—10 août 1792. = DÉCRET *qui ordonne l'élection de nouveaux juges de paix à Paris* (2). (B., XXIV, 34.)

L'assemblée nationale, après avoir décrété l'urgence, décrète que :

Art. 1er. Les sections de Paris seront convoquées sans retard pour procéder, suivant les formes ordinaires, à la nomination de nouveaux juges de paix.

2. Pourront être réélus ceux de ces fonctionnaires qui jouissent de l'estime publique.

3. Tous les citoyens âgés de vingt-cinq ans, et domiciliés à Paris au moins depuis un an, seront admis à voter à cette élection.

N° 356. = 10—11 août 1792. = DÉCRETS *relatifs au mode d'impression et de publication des décrets* (3).

PREMIER DÉCRET. (B., XXIV, 6.)

L'assemblée nationale décrète ce qui suit : — 1° Les décrets déjà rendus et qui n'auraient pas été sanctionnés par le roi, ainsi que les décrets à rendre, et qui ne pourraient l'être, attendu le décret de suspension du pouvoir exécutif, de cejourd'hui, porteront néanmoins le nom et auront dans toute l'é-

---

(1) Voyez ci-après le décret du 11—11 août 1792, qui détermine les conditions nécessaires, pour voter dans les assemblées destinées à former la convention; celui du 11—12 août même mois, concernant la formation et la tenue de ces assemblées; celui du 21—21 août même année, modificatif de celui du 11—11 août; celui du 22—23 août suivant, portant fixation du nombre de députés à élire par les colonies, pour la convention; et enfin celui du 19—19 septembre de la même année, qui ordonne la convocation des députés aux Tuileries.

(2) Voyez, sur l'organisation des justices de paix, le mode d'élection et les attributions des juges, les notes qui accompagnent le tit. III du décret du 16—24 août 1790, sur l'organisation judiciaire.

(3) Voyez, sur les changemens nombreux que le mode de promulgation des lois a subis, la note qui accompagne le décret du 2—5 novembre 1790, et, ci-après, le décret du 15—15 août 1792, art. 5 : à compter du 10 août 1792, la seconde date des décrets est celle du sceau, au lieu de celle de la sanction.

tendue du royaume la force de loi, et la formule ordinaire continuera d'y être employée. — 2° Il est enjoint au ministre de la justice d'y apposer le sceau de l'état, sans qu'il soit besoin de sanction du roi, et de signer les minutes et expéditions des lois qui doivent être envoyées aux tribunaux et aux corps administratifs. — Les ministres arrêteront et signeront ensemble les proclamations et autres actes de même nature.

SECOND DÉCRET. (B., XXIV, 7.)

L'assemblée nationale rapporte le décret de ce jour, en ce qu'il ordonne que les décrets seront publiés suivant l'ancienne forme.— L'assemblée décrète qu'à compter de ce jour, tous ses décrets seront imprimés et publiés sans préambule, et suivis du mandement accoutumé, signé par le ministre de la justice au nom de la nation.

N° 357. = 10—11 août 1792. = DÉCRET *relatif à la nomination de* MM. Roland, Clavière *et* Servan *au ministère.* (L., X, 120.)

L'assemblée reprend la nomination des nouveaux ministres.— On décrète en premier lieu qu'elle sera faite selon la forme prescrite par le décret rendu, en cette séance, sur l'organisation du nouveau ministère. — Ce décret est rapporté, sur la motion d'un membre, appuyée de plusieurs autres, en ce qui concerne la nomination aux ministères de l'intérieur, de la guerre et des contributions publiques. — L'assemblée nationale décrète que, pour ces trois départemens, le président proposera successivement les trois ministres qui précédemment ont été déclarés avoir emporté les regrets de la nation, et que l'on opinera par assis et levé : — En conséquence, M. le président propose de nommer M. *Roland* au ministère de l'intérieur. — L'assemblée nationale décrète qu'elle défère le ministère de l'intérieur à M. *Roland*. — M. le président met ensuite aux voix si M. *Servan* sera ministre de la guerre. — L'assemblée nationale décrète que M. *Servan* est ministre de la guerre.— M. le président met enfin aux voix si M. *Clavière* sera ministre des contributions publiques. — L'assemblée nationale décrète que M. *Clavière* exercera le ministère des contributions publiques.

N° 358. = 10—11 août 1792. = DÉCRET *relatif aux ministres de la guerre, de l'intérieur et des contributions publiques.* (B., XXIV, 9.)

L'assemblée nationale, considérant que, dans les circonstances présentes, il importe à l'intérêt général de remettre le pouvoir exécutif entre les mains de citoyens qui ont déjà bien mérité de la nation, et qui réunissent la confiance publique, décrète que, conformément au décret qu'elle a rendu ce matin, elle confie le ministère de l'intérieur à M. *Roland*, le ministère de la guerre à M. *Servan*, et le ministère des contributions publiques à M. *Clavière*.

N° 359. = 10—11 août 1792. = DÉCRET *qui autorise la visite des souterrains du château du Luxembourg.* (B., XXIV, 11.)

N° 360. = 10—12 août 1792. = DÉCRET *par lequel l'assemblée se déclare en permanence, et ordonne la formation d'un camp sous Paris, et l'établissement de canons sur les hauteurs de cette ville.* (B., XXIV, 8.)

N° 361. = 10—12 août 1792. = DÉCRET *qui accorde des secours provisoires aux hôpitaux pour l'année* 1792. (B., XXIV, 12.)

N° 362.= 10—12 août 1792.==Décret *qui ordonne des visites domiciliaires, pour la recherche des armes et des munitions de guerre.* (B., XXIV, 34.)

N° 363.=11 août 1792.=Décret *qui ordonne la formation d'une cour martiale, pour le jugement du procès des officiers suisses.* (B., XXIV, 38.)

N° 364. = 11 août 1792. = Décret *qui supprime la prime pour la traite des noirs.* (B., XXIV, 53.)

L'assemblée nationale, considérant que les primes et encouragemens accordés pour la traite des noirs sont contraires aux principes de la liberté, décrète que la prime d'encouragement accordée par l'arrêt du conseil de 1784, pour la traite des noirs, est et demeure supprimée à l'avenir (1).

N° 365. = 11 août 1792. = Décret *qui règle les indemnités à accorder aux citoyens qui ont perdu, dans le cours de la guerre, tout ou partie de leurs propriétés.* (B., XXIV, 58.)

N° 366.=11 août 1792.=Décret *portant que la garde du roi, tant qu'il sera dans l'enceinte de l'assemblée nationale, sera confiée à la garde nationale et à la géndarmerie.* (B., XXIV, 61.)

N° 367. = 11 août 1792. = Décret *qui fixe la solde des volontaires marseillais à trente sous par jour, à compter de leur arrivée à Paris.* (L., X, 134.)

N° 368. = 11—12 août 1792. = Décret *relatif à la formation des assemblées primaires pour le rassemblement de la convention nationale* (2). (B., XXIV, 53.)

Art. 1er. Les assemblées primaires nommeront le même nombre d'électeurs qu'elles ont nommé dans les dernières élections.

---

(1) Cette mesure a été suivie de lois répressives de la traite, plusieurs fois renouvelées, et de pénalités croissantes, en raison du progrès des lumières et de l'indignation publique, soulevée par cet odieux trafic.

Voyez les décrets des 27—27 juillet et 19 septembre 1793, qui suppriment les primes même échues, pour la traite des noirs; celui du 16 pluviose—21 germinal an 2 (4 février—11 avril 1794), qui abolit la traite des noirs dans les colonies; la loi du 30 floréal an 10 (20 mai 1802), qui l'autorise dans les colonies restituées à la France par le traité d'Amiens, et dans celles situées au-delà du cap de Bonne-Espérance; les traités des 30 mai 1814 et 20 novembre 1815, par lesquels les puissances contractantes se sont engagées à réunir leurs efforts pour l'abolition de la traite; la loi du 29 mars — 1er avril 1815, qui l'abolit de nouveau; l'ordonnance du 8 janvier—1er février 1817, portant des peines contre les individus qui font la traite; la loi du 15—18 avril 1818, sur le même objet; celle du 24 juin —15 juillet même année, qui établit une croisière sur la côte d'Afrique, pour empêcher la traite; l'ordonnance du 22 décembre 1819—27 février 1820, qui nomme une commission chargée de donner son avis sur les actions judiciares à intenter en matière de contravention aux lois prohibitives de la traite; celle du 18—30 janvier 1823, qui porte des peines contre les armateurs et capitaines de navires français, qui emploient leurs bâtimens à la traite des noirs; celle du 13 août—1er septembre même année, qui défend de s'embarquer à tout capitaine impliqué dans une poursuite à raison de ce crime; la loi du 25—26 avril 1827, qui porte de nouvelles peines contre la traite; la loi du 4 mars 1831, sur le même objet; l'ordonnance du 16 novembre 1831—24 février 1832, concernant la répartition des sommes provenant de la vente des navires capturés, pour contravention aux lois sur la traite; et celle du 25 juillet—30 août 1833, qui prescrit la publication des conventions conclues entre la France et l'Angleterre, les 30 novembre 1831 et 22 mars 1833, relativement à la répression du crime de la traite.

(2) Voyez ci-dessus le décret du 10—10 août 1792, relatif à la formation de la convention nationale, et les notes.

2. La distinction des Français en citoyens actifs et non actifs, sera supprimée; et pour y être admis, il suffira d'être Français, âgé de vingt-un ans, domicilié depuis un an, vivant de son revenu ou du produit de son travail, et n'étant pas en état de domesticité. Quant à ceux qui, réunissant les conditions d'activité, étaient appelés par la loi à prêter le serment civique, ils devront, pour être admis, justifier de la prestation de ce serment.

3. Les conditions d'éligibilité exigées pour les électeurs ou pour les représentans, n'étant point applicables à une convention nationale, il suffira, pour être éligible comme député ou comme électeur, d'être âgé de vingt-cinq ans, et de réunir les conditions exigées par l'article précédent.

4. Chaque département nommera le nombre de députés et de suppléans qu'il a nommé pour la législature actuelle.

5. Les élections se feront suivant le même mode que pour les assemblées législatives.

6. Les assemblées primaires sont invitées à revêtir leurs représentans d'une confiance illimitée.

7. Les assemblées primaires se réuniront le dimanche 26 août pour nommer les électeurs.

8. Les électeurs nommés par les assemblées primaires se rassembleront le dimanche 2 septembre, pour procéder à l'élection des députés à la convention nationale.

9. Les assemblées électorales se tiendront dans les lieux indiqués par le tableau qui sera annexé au présent décret.

10. Attendu la nécessité d'accélérer les élections, les présidens, secrétaires et scrutateurs, tant dans les assemblées primaires que dans les assemblées électorales, seront choisis à la pluralité relative, et par un seul scrutin.

11. Le choix des assemblées primaires et des assemblées électorales pourra porter sur tout citoyen réunissant les conditions ci-dessus rappelées, quelles que soient les fonctions publiques qu'il exerce ou qu'il ait ci-devant exercées.

12. Les citoyens prêteront, dans les assemblés primaires, et les électeurs, dans les assemblées électorales, le serment *de maintenir la liberté et l'égalité, ou de mourir en les défendant.*

13. Les députés se rendront à Paris le 20 septembre, et ils se feront inscrire aux archives de l'assemblée nationale. Dès qu'ils seront au nombre de deux cents, l'assemblée nationale indiquera le jour de l'ouverture de leurs séances.

14. L'assemblée nationale, après avoir indiqué aux citoyens français les règles auxquelles elle a cru devoir les inviter à se conformer, considérant que les circonstances et la justice sollicitent également une indemnité en faveur des électeurs, décrète que les électeurs qui seront obligés de s'éloigner de leur domicile, recevront vingt sous par lieue, et trois livres par jour de séjour. — L'administration principale du lieu où se rassembleront les assemblées électorales, est autorisée à délivrer les ordonnances nécessaires pour l'acquittement de l'indemnité due aux électeurs, sauf à faire le remplacement dans les caisses de district, sur le produit des sous additionnels du département. — L'instruction et le décret ci-dessus seront, pour plus prompte expédition, adressés directement, tant aux administrations de district qu'aux administrations de département; il en sera envoyé à chaque administration de district un nombre suffisant d'exemplaires, pour qu'elle le transmette sans délai à chaque municipalité.

(Suit l'état des départemens et chefs-lieux des assemblées électorales, rectifié par décret des 17 et 19 août.)

Nº 369. — 11—12 août 1792. — DÉCRET *qui ordonne au receveur général des parties casuelles de verser à la trésorerie nationale une somme de quatre cent mille livres.* (L., X, 209.)

Nº 370. — 11—16 août 1792. — DÉCRET *qui autorise le sieur Dutertre à établir une fabrique de poudre de guerre.* (B., XXIV, 57.)

Nº 371. — 11 août — 30 septembre 1792. — DÉCRET *qui charge spécialement les municipalités des fonctions de la police de sûreté générale.* (B., XXIV, 61.)

Art. 1er. Les municipalités sont spécialement chargées des fonctions de la police de sûreté générale, pour la recherche des crimes qui compromettent, soit la sûreté extérieure, soit la sûreté intérieure de l'état, et dont l'accusation est réservée à l'assemblée nationale.

2. Tous ceux qui auront connaissance d'un délit de la qualité portée en l'article précédent, seront tenus d'en donner avis sur-le-champ à la municipalité, et de faire à son secrétariat la remise de toutes les pièces et renseignemens qui y seront relatifs.

3. La municipalité fera sans délai toutes les informations nécessaires pour s'assurer du corps du délit, et de la personne des prévenus, s'il y a lieu.

4. Dans le cas où un mandat d'arrêt serait décerné contre un ou plusieurs prévenus, la municipalité fera, dans les vingt-quatre heures, passer au directoire du district une expédition des pièces, procès-verbaux ou interrogatoires qui auront déterminé le mandat, et le récépissé lui en sera délivré sans frais.

5. Dans les vingt-quatre heures suivantes, le directoire du district fera passer le tout au directoire du département, avec les notes et renseignemens qu'il sera en état de fournir; il s'en fera pareillement délivrer sans frais un récépissé.

6. Le directoire du département, dans le même délai de vingt-quatre heures, sera tenu d'adresser à l'assemblée nationale une expédition de toutes les pièces, et y joindra les observations qu'il jugera convenables.

7. Le directeur du jury, le président du tribunal criminel et le tribunal de la haute-cour nationale, pourront également, dans le cas où, pendant l'instruction et le jugement des procédures dont ils seraient saisis, il se trouverait des pièces propres à établir la preuve d'un délit contre la sûreté générale, décerner des mandats d'arrêt contre les prévenus, à la charge d'adresser pareillement dans les vingt-quatre heures, à l'assemblée nationale, une expédition des pièces d'après lesquelles ils auraient décerné lesdits mandats.

8. Tout dépositaire de la force publique, et même tout citoyen actif, pourra conduire devant la municipalité un homme fortement soupçonné d'être coupable d'un délit contre la sûreté générale, sauf sa responsabilité dans le cas où il aurait agi méchamment et par envie de nuire.

9. Les dispositions de la loi du 29 septembre, concernant l'exercice de la police de sûreté et les formes à observer par les juges de paix, seront suivies par les municipalités en tout ce qui n'est pas contraire aux dispositions du présent décret.

10. Dans le cas où on porterait devant un juge de paix la dénonciation d'un crime de la qualité portée au premier article, ou devant la municipalité celle d'un délit de la compétence des tribunaux ordinaires, ils seront tenus d'en prononcer respectivement le renvoi, et de faire remettre à leurs greffes

respectifs les pièces dont la dénonciation pourrait être appuyée ; le tout dans les vingt-quatre heures ; et il leur sera délivré sans frais un récépissé desdites pièces et de la délibération en renvoi.

N° 372.== 11 août —17 octobre 1792.==DÉCRET *portant qu'il sera fait apposition de scellés et dressé des inventaires, lors des faillites, évasion ou abandon pour toute autre cause, des fonctions des receveurs, trésoriers ou payeurs.* (B., XXIV, 56.)

----

11 août 1792 : *Roland, Clavière et Servan, ministres, Publication des décrets, Souterrains du Luxembourg,* voyez 10 du même mois.

N° 373. == 12—12 août 1792. == DÉCRET *portant que l'hôtel du ministère servira d'habitation pour le roi et sa famille* (1). (B., XXIV, 65.)

L'assemblée nationale, considérant qu'il importe de fixer provisoirement l'habitation et le traitement du roi et de sa famille, jusqu'à l'époque où la convention nationale prendra une résolution définitive à cet égard, et croyant que les circonstances actuelles exigent que l'habitation du roi soit le plus près possible du lieu des séances du corps législatif, décrète qu'il y a urgence. — L'assemblée nationale, après avoir décrété l'urgence, décrète ce qui suit :

Art. 1er. L'hôtel du ministre de la justice servira d'habitation pour le roi et pour sa famille.

2. Il sera donné au roi une garde qui, sous les ordres du maire de Paris et du commandant général de la garde nationale, veillera à sa sûreté, et répondra de la personne du roi et de sa famille.

3. Pour éviter tous les événemens qui pourraient porter atteinte à la sûreté du roi et de sa famille, nulle personne ne pourra entrer dans la maison qu'il occupe, sans un bon signé du maire de Paris.

4. Il sera accordé au roi, pour la dépense de sa maison, une somme de cinq cent mille livres, jusqu'au moment de la réunion de la convention nationale.

5. Cette somme lui sera délivrée successivement, en la divisant par huitièmes, par la trésorerie nationale, sur les quittances de la personne qu'il commettra pour cet objet.

6. Tous les meubles et effets nécessaires à l'usage du roi et de sa famille, et au service de sa maison domestique, seront transportés dans le jour à l'hôtel du ministère ; il sera remis un état de ces objets.

7. Le ministre des contributions publiques est chargé de l'administration des domaines et bâtimens dépendans de la liste civile, et est autorisé à ordonner les réparations urgentes et convenables. Les revenus en provenant seront versés à la trésorerie nationale.

N° 374. == 12—12 août 1792. == DÉCRET *qui ordonne la formation d'un corps de cavalerie nationale à Paris.* (B., XXIV, 66.)

N° 375.==12—13. août 1792.==DÉCRET *qui affecte les bâtimens du Louvre au logement des artistes* (2). (L., X, 223.)

L'assemblée nationale décrète que le ministre de l'intérieur fera vider,

----

(1) Voyez ci-après le décret du 13—14 août 1792, qui ordonne la translation de Louis XVI et de sa famille au Temple.

(2) Voyez le décret du 9—12 septembre 1791, en faveur des artistes, et les notes ; et ci-après, le décret interprétatif du 16—16 août 1792.

sous trois jours, les logemens du Louvre qui sont occupés par des particuliers privilégiés qui servaient dans la maison du roi, et qu'il n'y sera logé à l'avenir que les artistes et les fonctionnaires publics qui y logent actuellement.

Nº 376. = 12—13 août 1792. = DÉCRET *qui charge les représentans de la commune de Paris, de la garde et du logement du roi et de sa famille.* (B., XXIV, 67.)

12 août 1792. Camp sous Paris, Secours aux hôpitaux, Visites domiciliaires, voyez 10 du même mois; Convention nationale, Parties casuelles, voyez 11 août.

Nº 377. = 13 août 1792. = DÉCRET *qui résilie le bail emphytéotique du château de Saint-Dizier.* (B., XXIV, 70.)

Nº 378. = 13 août 1792. = DÉCRETS *qui licencient les officiers de la gendarmerie de Paris, en exceptant les sous-officiers.* (B., XXIV, 70 et 82.)

Nº 379. = 13 août 1792. = EXPOSITION *des motifs d'après lesquels l'assemblée nationale a proclamé la convocation d'une convention nationale, et prononcé la suspension du pouvoir exécutif dans les mains du roi.* (B., XXIV, 72.)

Nº 380. = 13—14 août 1792. = DÉCRET *relatif à la translation du roi et de la famille royale au Temple.* (B., XXIV, 84.)

L'assemblée nationale, en exécution de ses précédens décrets, sur la demande du maire de Paris et des commissaires de la commune, décrète que la remise leur sera faite à l'instant, du roi et de la famille royale, pour être transférés au lieu indiqué pour leur domicile. Elle recommande à la loyauté du peuple et à la vigilance de ses magistrats, ce dépôt précieux, et nomme MM. *Fauchet, Bergeras, Brival* et *Jacob Dupont,* commissaires, qu'elle charge d'accompagner le roi et sa famille jusqu'aux limites du lieu de ses séances. Charge le maire de lui rendre compte de cette translation, aussitôt qu'elle sera opérée.

Nº 381. = 13—14 août 1792. = DÉCRET *qui ajourne la ratification du traité de commerce passé entre le roi et la république de Mulhausen.* (B., XXIV, 85.)

Nº 382. = 13—14 août 1792. = DÉCRET *qui ordonne une fabrication de canons.* (B., XXIV, 86.)

Nº 383. = 13—14 août 1792. = DÉCRET *relatif à l'inventaire du mobilier de la couronne et à la recherche des monumens en dépendant (1).* (B., XXIV, 86.)

Art. 1er. Le ministre de l'intérieur est autorisé à tirer des ordonnances sur les fonds attribués annuellement pour les arts et sciences, à l'effet de fournir aux dépenses de la commission nommée pour l'inventaire du mobilier de la couronne.

2. Le ministre de l'intérieur fournira à ladite commission les bâtimens nécessaires dans le Louvre et ses dépendances, pour recevoir le dépôt des tableaux, statues et autres objets dudit mobilier.

____

(1) Voyez ci-après le décret du 16—16 août 1792.

13 août 1792 : *Compagnie allobroge*, voyez 8 du même mois; *Logement des artistes au Louvre, Logement du roi*, voyez 12 août.

N° 384. = 14 août 1792. = **DÉCRET** *relatif au partage des biens et usages communaux* (1). (B., XXIV, 91.)

L'assemblée nationale, sur la motion d'un de ses membres, après avoir décrété l'urgence, décrète 1° que, dès cette année, immédiatement après les récoltes, tous les terrains et usages communaux, autres que les bois, seront partagés entre les citoyens de chaque commune; 2° que ces citoyens jouiront en toute propriété de leurs portions respectives; 3° que les biens connus sous le nom de *sursis* et *vacans*, seront également divisés entre les habitans; 4° que, pour fixer le mode de partage, le comité d'agriculture présentera dans trois jours le projet de décret.

N° 385. = 14—14 août 1792. = **DÉCRET** *qui maintient à leur poste les procureurs-généraux syndics des départemens*. (B., XXIV, 88.)

L'assemblée nationale, considérant que, dans les circonstances actuelles, on ne peut sans inconvénient enlever à leurs fonctions les procureurs-généraux-syndics des départemens, décrète que les procureurs-généraux-syndics des départemens ne pourront remplir les fonctions de haut-jurés pour la haute-cour nationale, tant que la patrie sera en danger.

N° 386. = 14—14 août 1792. = **DÉCRET** *relatif à l'enlèvement et à la destruction des monumens susceptibles de rappeler la féodalité* (2). (B., XXIV, 89.)

Art. 1er. Toutes les statues, bas-reliefs, inscriptions et autres monumens en bronze ou en toute autre matière, élevés dans les places publiques, temples, jardins, parcs et dépendances, maisons nationales, même dans celles qui étaient réservées à la jouissance du roi, seront enlevés à la diligence des représentans des communes, qui veilleront à leur conservation provisoire.

2. Les représentans de la commune de Paris feront, sans délai, convertir en bouches à feu tous les objets énoncés en l'article 1er, existant dans l'enceinte des murs de Paris, sous la surveillance du ministre de l'intérieur, de deux membres de la commission des armes, et de deux membres de la commission des monumens.

3. Les monumens, restes de la féodalité, de quelque nature qu'ils soient, existant encore dans les temples et autres lieux publics, et même à l'extérieur des maisons particulières, seront, sans aucun délai, détruits à la diligence des communes.

4. La commission des monumens est chargée expressément de veiller à la conservation des objets qui peuvent intéresser essentiellement les arts, et d'en présenter la liste au corps législatif, pour être statué ce qu'il appartiendra.

____

(1) Voyez, sur le partage des biens communaux, la loi générale du 10—11 juin 1793, et les notes étendues qui l'accompagnent.

(2) Voyez, sur le même objet, le décret du 14 septembre 1793; et l'ordre du jour du 1er brumaire an 2 (22 octobre 1793): voyez aussi les décrets des 17 juillet 1793, 8—23 pluviose an 2 (27 janvier—11 février 1794), et 11 messidor même année (29 juin 1795), relatifs à l'anéantissement des titres féodaux.

5. La commission des armes présentera incessamment un projet de décret, pour employer d'une manière utile à la défense de chaque commune de la France, la matière des monumens qui se trouveront dans leur enceinte.

N° 387. = 14—14 août 1792. = **Décret** *qui révoque l'édit de Louis XIII pour la procession du* 15 *août.* (B., XXIV, 90.)

N° 388. = 14—14 août 1792. = **Décret** *pour l'aliénation du bail à rente des terres, vignes et prés des émigrés* (1). (B., XXIV, 91.)

L'assemblée nationale, sur la proposition d'un de ses membres, après avoir décrété l'urgence, décrète aussi, dans la vue de multiplier les petits propriétaires, 1° qu'en la présente année, et immédiatement après les récoltes, les terres, vignes et prés appartenant ci-devant aux émigrés, seront divisés par petits lots de deux, trois ou au plus quatre arpens, pour être mis à l'enchère et aliénés à perpétuité par bail à rente en argent, laquelle sera toujours rachetable; 2° que l'assemblée nationale rapporte à cet égard son décret qui ordonne que les biens des émigrés seront vendus incessamment; mais que ce décret subsistera pour le mobilier et pour les châteaux, édifices et bois non susceptibles de division en faveur de l'agriculture; 3° que ceux qui offriront d'acquérir, argent comptant, les terres, vignes et prés, seront néanmoins admis à enchérir sur telle portion qu'ils voudront : le tout suivant le mode qui sera décrété, d'après le projet que présenteront sans retard les comités d'agriculture et des domaines réunis. — L'assemblée nationale ordonne que les deux décrets ci-dessus, concernant le partage des communaux et le bail à rente des terres des émigrés en petits lots de deux, trois ou au plus de quatre arpens, seront sur-le-champ envoyés aux quatre-vingt-trois départemens, pour y être affichés et publiés.

N° 389. = 14—14 août 1792. = **Décret** *relatif à une fabrication de canons.* (B., XXIV, 94.)

N° 390. = 14—15 août 1792. = **Décret** *qui soumet au serment les pensionnaires de l'état.* (B., XXIV, 93.)

N° 391. = 14—15 août 1792. = **Décret** *portant que la poursuite des crimes du* 10 *août, imputés aux officiers et soldats des gardes suisses, complices et adhérens, appartient aux tribunaux ordinaires.* (B., XXIV, 93.)

N° 392. = 14 août 1792—6 juillet 1793. = **Décret** *qui réunit les fonctions du bureau des monnaies à la commission des monnaies* (2). (B., XXIV, 93.)

14 août 1792 : *Translation du roi au Temple, République de Mulhausen, Fabrication de canons, Mobilier de la couronne,* voyez 13 du même mois.

N° 393. = 15—15 août 1792. = **Décret** *relatif aux citoyens détenus pour mois de nourrice* (3). (B., XXIV, 97.)

Art. 1er. Il sera pris sur les fonds qui sont à la disposition du ministre de

____

(1) Voyez, sur les mesures dont les biens de toute nature des émigrés ont été l'objet, le § 3 des notes qui accompagnent le décret du 9—12 février 1792.
(2) Voyez, sur l'organisation des monnaies, le décret du 21—27 mai 1791, et les notes.
(3) Voyez, sur le même objet, le décret du 1er—11 décembre 1791, et la note.

l'intérieur, une somme de cent quarante mille livres, pour être distribuée aux pères de famille détenus ou mis en état de contrainte pour frais de mois de nourrice, avant l'époque du 1er août, de tous les départemens du royaume autres que celui de Paris, et que ceux qui ont déjà eu part au bénéfice du décret du 1er décembre 1791.

2. Le ministre est tenu de rendre compte, tous les deux mois, de l'emploi de la somme énoncée dans l'article 1er.

N° 394.=15—15 août 1792.=Décret *qui accorde une indemnité aux forts de la douane de Paris, à cause de leur suppression.* (B., XXIV, 97.)

N° 395.=15—15 août 1792.=Décret *qui approuve le compte de l'administration de* M. Cahier, *ex-ministre de l'intérieur.* (B., XXIV, 98.)

N° 396. = 15—15 août 1792. = Décret *qui ordonne la prestation du serment des employés du ministère et des administrations publiques.* (B., XXIV, 99.)

N° 397. =15 — 15 août 1792.= Décret *relatif à la formule provisoire des actes de la puissance exécutive* (1). (B., XXIV, 102.)

Art. 1er. Le conseil exécutif provisoire, formé par les six ministres, sera chargé, en vertu du décret du 10 de ce mois, de toutes les fonctions de la puissance exécutive.

2. Il sera chargé de faire sceller les lois du sceau de l'état, et de les faire promulguer.

3. Chaque ministre remplira à tour de rôle, semaine par semaine, les fonctions de président du conseil.

4. Il sera fait deux expéditions originales de chaque loi ; toutes deux signées par le président du conseil, contresignées par le ministre de la justice, et scellées du sceau de l'état. L'une restera déposée aux archives du sceau, et l'autre sera remise aux archives de l'assemblée nationale.

5. La promulgation des lois sera faite dans la forme suivante : les décrets de l'assemblée nationale seront intitulés du nom de loi ; ils ne seront précédés d'aucune formule, et seulement terminés par la formule suivante : —« Au nom de la nation, le conseil exécutif provisoire mande et ordonne « à tous les corps administratifs et tribunaux, que les présentes ils fassent « consigner dans leurs registres, lire, publier et afficher dans leurs départe- « temens et ressorts respectifs, et exécuter comme loi. En foi de quoi, nous « avons signé ces présentes, auxquelles nous avons fait apposer le sceau de « l'état (2). »

6. Le sceau de l'état sera changé : il portera la figure de la Liberté, armée d'une pique surmontée du bonnet de la liberté, et pour légende : *Au nom de la nation française.*

7. Les expéditions exécutoires des jugemens des tribunaux seront suivies de la formule suivante : — « Au nom de la nation, il est ordonné à tous

---

(1) Cette formule a été successivement modifiée par les arrêtés du 15 prairial an 11 (4 juin 1803), et 21 pluviose an 12 (11 février 1804); par l'art. 141 du sén. cons. du 28 floréal an 12 (18 mai 1804); par l'avis du cons. d'état du 4e jour complémentaire an 13 (21 septembre 1805), sur la formule exécutoire des contrats délivrés avant ce sén. cons.; par l'arrêté du gouvernement provisoire, du 7—9 avril 1814; par celui de la commission du gouvernement, du 26—27 juin 1815; par l'ordonnance du 30 août—6 septembre même année; et, en dernier lieu, par celle du 16 août—1er septembre 1830.

(2) Voyez, sur les changemens nombreux qu'a subis le mode de promulgation des lois, le décret du 2—5 novembre 1790, et les notes.

« huissiers sur ce requis, de mettre ledit jugement à exécution ; à tous com-
« mandans et officiers de la force publique, de prêter main forte lorsqu'ils
« en seront légalement requis ; et aux commissaires du pouvoir exécutif
« près les tribunaux, d'y tenir la main. En foi de quoi, le présent jugement
« a été signé par le président du tribunal et par le greffier. » Les jugemens
des tribunaux et les actes des notaires seront précédés de la formule : *Au
nom de la nation.*

8. Les commissaires provisoirement commis par les tribunaux pour remplir les fonctions des commissaires du roi, seront désignés sous le nom de
commissaires du pouvoir exécutif.

9. Les formules usitées jusqu'à ce jour pour les différens actes de la puissance exécutive, et pour les expéditions des jugemens, pourront être provisoirement employées, et les divers actes auxquels elles auront servi, ne
pourront être attaqués, jusqu'à ce que les formules prescrites par le présent
décret aient été faites et imprimées.

10. Jusqu'à ce que le nouveau sceau de l'état ait été gravé, le ministre de
la justice se servira de l'ancien.

11. La formule *au nom de la nation,* et la forme prescrite par les articles précédens, seront suivies par le conseil, par chaque ministre en particulier, et par tous les agens du pouvoir exécutif, pour tous les actes, ordres,
commissions ou brevets qui doivent être expédiés au nom de la puissance
exécutive.

N° 398.=15—15 août 1792.=DÉCRET *relatif au mode de remplacement des
états-majors et officiers de tous les corps de la gendarmerie nationale du
département de Paris, et des compagnies en fonctions près le corps législatif et les tribunaux.* (B., XXIV, 103.)

N° 399.=15—15 août 1792.=DÉCRET *qui consigne les pères, mères, femmes et enfans des émigrés dans leurs municipalités respectives.* (B.,
XXIV, 114.)

N° 400. = 15—15 août 1792. = DÉCRET *qui déclare traîtres à la patrie les
fonctionnaires publics qui retarderaient, suspendraient ou empêcheraient la formation des assemblées primaires et électorales.* (L., X, 325.)

N° 401. = 15—16 août 1792. = DÉCRET *d'accusation contre* Lameth, Bar-
nave, Bertrand, Duportail, Tarbé *et* Duport. (B., XXIV, 115.)

N° 402. = 15—20 août 1792. = DÉCRET *portant que les jugemens intervenus
à l'occasion des délits commis dans la journée du 10 août, ne sont point
susceptibles de pourvoi en cassation.* (B., XXIV, 115.)

N° 403.=15—20 août 1792.=DÉCRET *concernant la répartition entre les départemens d'une somme de quinze cent mille livres, en remises et décharges des contributions.* (B., XXIV, 115.)

N° 404.=15—20 août 1792.=DÉCRET *relatif au compte à rendre du produit
de la vente des bois communaux.* (L., X, 367.)

Nᵒ 405.=15— 23 août 1792.=DÉCRET *qui prescrit la prestation du serment des fonctionnaires publics* (1). (B., XXIV, 98.)

Nᵒ 406.=15—23 août 1792.=DÉCRET *relatif au paiement des officiers des ci-devant maîtrises des eaux et forêts.* (B., XXIV, 100.)

Art. 1ᵉʳ. Les officiers des ci-devant maîtrises des eaux et forêts, qui, en conformité du décret du 7—11 septembre 1790, ont continué leurs fonctions, seront payés de leurs journées, vacations et frais de voyage, pour les années 1791 et suivantes, jusqu'à l'organisation forestière définitive, savoir : pour balivage ou martelage des coupes ordinaires ou extraordinaires, à raison de quatre livres dix sous par arpent, mesure de roi, et d'une livre dix sous par arpent de récolement de la coupe ou vente usée ;—Et à l'égard des forêts de pins et sapins, et des arbres épars, il sera payé aux officiers qui en auront fait la délivrance et le récolement, cinq sous par pied d'arbre.

2. Il ne sera alloué aux arpenteurs que le droit de réarpentage, à raison de quinze sous par arpent, quand même ils auraient procédé à l'assiette des coupes.

3. Les officiers présenteront l'état de leurs opérations, et fourniront l'extrait de leurs procès-verbaux certifiés et signés d'eux au directoire du district de la situation des bois ; d'après lequel état, la taxe sera faite en conformité de l'article 1ᵉʳ, par ledit directoire, et rendue exécutoire par celui du département, sur le receveur du district ;— Quant aux arpenteurs, ils seront payés par ledit receveur, sur le certificat des officiers des maîtrises, visé par le directoire de district, et arrêté par celui de département.

4. Les taxes faites aux officiers des ci-devant maîtrises seront partagées par égale portion entre les maîtres particuliers, procureurs du roi, gardes-marteaux et greffiers.

5. Il sera accordé aux gardes qui auront travaillé aux martelages et récolemens, cinq sous par arpent, qui seront également partagés à raison du nombre des gardes employés auxdites opérations. — Les gages et traitemens des gardes généraux et particuliers continueront de leur être payés comme par le passé, jusqu'à ce que, par un décret du corps législatif, il en soit autrement ordonné.

6. Les frais faits pour la poursuite des délits commis dans les bois nationaux et autres, et qui sont relatifs à la conservation et administration des eaux et forêts, seront remboursés par les receveurs des droits de patentes et d'enregistrement, chacun pour ce qui le concerne, et dans leur arrondissement, sur les mémoires appuyés de pièces justificatives, qui seront présentés par les procureurs du roi des ci-devant maîtrises aux directoires de district. Sur leurs *visa* et avis, les mandats de paiement seront délivrés par le directoire de département.

7. Les greffiers des ci-devant maîtrises d'eaux et forêts seront également remboursés par les receveurs de droits de patentes et d'enregistrement du lieu de l'établissement des maîtrises, de leurs expéditions, droits d'enregistrement, papier et timbre, sur l'état qu'ils en fourniront aux procureurs du roi desdites maîtrises, qui les arrêteront ; et seront lesdits états soumis à la

---

(1) La formule du serment a souvent varié : voyez à ce sujet le décret du 3 — 3 septembre 1792, art. 5 et suiv.; la loi du 25 brumaire an 8 (16 novembre 1799); l'arrêté du 7 nivose an 8 (28 décembre 1799); la loi du 21 du même mois (11 janvier 1800); l'art. 56 du sén. cons. du 28 floréal an 12 (18 mai 1804); le décret du 8—10 avril 1815, et enfin la loi du 31 août—2 septembre 1830, qui constitue le dernier état de choses.

Voyez encore l'art. 196 du Cod. pén. de 1810, qui défend aux fonctionnaires publics d'entrer dans l'exercice de leurs fonctions avant d'avoir prêté serment.

taxe de l'un des juges du tribunal de district, et l'ordonnance de paiement délivrée par celui de département.

8. Les collecteurs d'amendes, les huissiers et greffiers des tribunaux de district, seront payés des frais et avances qu'ils ont faits à la requête des procureurs du roi des maîtrises, relativement à la poursuite des délits commis dans les bois, et pour l'exécution des jugemens de condamnation prononcés par lesdits tribunaux contre les délinquans, sur les états qui seront fournis et arrêtés par les commissaires du roi établis près lesdits tribunaux, et payés par le receveur de district, d'après la taxe du tribunal, sur le visa du directoire et les mandat et arrêté du département.

9. Les officiers des ci-devant maîtrises qui, en conséquence du décret du 15—19 janvier 1791, ont assisté aux ventes et adjudications des bois nationaux, faites devant les directoires de district, seront payés par les receveurs des districts, à raison de six livres par jour d'aller, de retour et d'assistance auxdites ventes, et il en sera délivré ordonnance auxdits officiers par le directoire du département, sur l'avis du district.

10. Les sommes qui pourraient rester dues aux ci-devant officiers ou autres agens de l'administration forestière par les maisons religieuses, pour raison des opérations faites dans leurs bois devenus nationaux, antérieurement à l'année 1791, ne pourront être acquittées par les receveurs des districts sur l'arrêté des départemens, qu'autant qu'elles seront consignées dans les registres desdites maisons, ou dans les inventaires faits par les corps administratifs de leur actif et du passif.

11. Quant aux indemnités qui pourraient être dues aux officiers, gardes généraux et particuliers, ou à tous autres agens de l'administration forestière, pour raison de la modicité des gages, ou pour toutes autres causes jugées légitimes, elles seront fixées et déterminées par le ministre des contributions, sur l'avis des directoires de district et arrêtés des départemens ; et les receveurs desdits districts ne pourront les acquitter que d'après un décret du corps législatif.

---

15 août 1792 : Pilotage, voyez 20 juin précédent; Régimens, voyez 8 août même mois ; Serment des pensionnaires de l'état, Crimes imputés aux Suisses, voyez 14 août.

N° 407. = 16—16 août 1792. = DÉCRET *relatif aux personnes logées au Louvre* (1). (B., XXIV, 122.)

L'assemblée nationale, considérant que, dans le décret qui prescrit à toutes les personnes logées dans le Louvre d'en sortir dans trois jours, elle n'a pas eu l'intention de comprendre les savans, les artistes, les conservateurs ou gardes des dépôts nationaux, dont les uns ont reçu des logemens comme une partie de leur traitement ou une récompense de leurs travaux, et les autres y sont employés à un service public, et qu'il importe de prévenir les effets d'une extension donnée à la loi contre le vœu même de l'assemblée, décrète ce qui suit :

Art. 1er. Les secrétaires des académies, les professeurs, les savans, gens de lettres ou artistes qui, à ce titre, ont obtenu des logemens au Louvre, les conserveront provisoirement, jusqu'à ce que le plan d'organisation de l'instruction publique ait été décrété et mis en activité.

2. Les conservateurs ou gardes des cabinets, collections, bibliothèques et autres dépôts nationaux placés dans le Louvre, et utiles aux sciences et aux

---

(1) Voyez, *supra*, le décret du 12—13 août 1792, et la note.

arts, garderont les logemens dont ils jouissent, provisoirement, et jusqu'à la même époque.

N° 408. = 16—16 août 1792. = DÉCRET *qui suspend toutes les poursuites faites devant les tribunaux pour causes de droits et devant féodaux.* (B., XXIV, 123.)

N° 409. = 16—16 août 1792. = DÉCRET *relatif aux meubles, effets et diamans du garde-meuble, du trésor de Saint-Denis et du château des Tuileries.* (B., XXIV, 124.)

L'assemblée nationale décrète que le ministre de l'intérieur prendra sur-le-champ les mesures nécessaires pour qu'aucun des effets appartenant à la nation, déposés au garde-meuble, ne soient distraits; l'autorise à commettre, sous sa responsabilité, des citoyens pour veiller à la garde et conservation desdits effets, récolement préalablement fait en présence de deux membres de la commission des monumens. — Décrète que les diamans et effets appartenant à la nation, déposés au trésor de Saint-Denis, seront déposés audit garde-meuble, inventaire d'iceux préalablement fait en présence de deux commissaires nommés par la municipalité, et de deux membres de la commission des monumens; — Charge ses commissaires nommés pour faire l'inventaire des meubles et effets du château des Tuileries, de faire déposer à la trésorerie nationale le numéraire qu'ils y trouveront, en en dressant procès-verbal; — Charge son comité des finances de lui faire un rapport pour la vente ou le meilleur emploi à faire des diamans et autres effets appartenant à la nation.

N° 410. = 16—17 août 1792. = DÉCRET *portant que les séances des corps administratifs et municipalités seront publiques.* (L., X, 399.)

N° 411. = 16—18 août 1792. = DÉCRET *relatif à la formation des compagnies de canonniers nationaux.* (B., XXIV, 128.)

N° 412. = 16 (12 et)—21 août 1792. = DÉCRET *relatif à l'organisation définitive des deux nouvelles divisions de gendarmerie nationale* (1). (B., XXIV, 125.)

N° 413. = 16—23 août 1792. = DÉCRET *qui ordonne le paiement des primes et encouragemens accordés au commerce.* (B., XXIV, 119.)

16 août 1792 : *Sels et tabacs nationaux*, voyez 12 juin précédent; *Faculté de droit de Paris*, voyez 6 août même mois; *Religieux*, voyez 7 août; *Poudre de guerre*, voyez 11 août; *Accusation contre Lameth et autres*, voyez 15 du même mois.

N° 414. = 17 août 1792. = DÉCRET *qui ordonne l'exécution des travaux projetés pour la défense de Paris.* (B., XXIV, 185.)

N° 415. = 17—17 août 1792. = DÉCRET *relatif à la formation d'un tribunal criminel pour juger les crimes commis dans la journée du 10 août 1792* (2). (B., XXIV, 129.)

Art. 1er. Il sera procédé à la formation d'un corps électoral pour nommer

____

(1) Voyez les notes qui accompagnent le décret du 16 janvier (22, 23, 24 décembre 1790 et)—16 février 1791 : elles résument la législation de la matière.

(2) Voyez, ci-après, le décret du 19—19 du même mois d'août, qui fixe le mode de procéder

les membres d'un tribunal criminel destiné à juger les crimes commis dans la journée du 10 août courant, et autres crimes y relatifs, circonstances et dépendances.

2. Ce tribunal sera composé de huit juges, huit suppléans, deux accusateurs publics, quatre greffiers, huit commis-greffiers et deux commissaires nationaux nommés par le pouvoir exécutif provisoire. — Le tribunal sera divisé en deux sections, composées chacune de quatre juges, quatre suppléans, un accusateur public, deux greffiers, quatre commis-greffiers et d'un commissaire national. — Les deux juges qui auront été élus les premiers, présideront chacun une section. — Les greffiers de chaque section présenteront quatre commis qui, après avoir été agréés par les juges de chaque section, prêteront serment devant le tribunal.

3. Les fonctions des juges, des accusateurs publics et des commissaires nationaux, ainsi que celles des directeurs du jury dont il sera parlé ci-après, seront les mêmes que celles des juges du tribunal criminel, du directeur du jury, de l'accusateur public et du commissaire du roi dont est question dans le décret du 16—29 septembre 1791 sur les jurés. — Les juges prononceront en dernier ressort, sans qu'il puisse y avoir lieu à recours au tribunal de cassation.

4. Le corps électoral sera composé d'un électeur nommé par chaque section de Paris, à la pluralité relative des suffrages. — Le doyen d'âge sera président du corps électoral; les trois plus âgés après lui seront scrutateurs, et le président et les scrutateurs nommeront le secrétaire.

5. Le procureur de la commune convoquera sur-le-champ, pour la nomination des électeurs, les assemblées des sections de Paris. — Chaque section enverra à l'instant à la commune l'électeur par elle-même nommé, avec expédition du procès-verbal de son élection. — Aussitôt après la réunion à la maison commune de trente-six électeurs, dont les pouvoirs seront vérifiés par le procureur de la commune, l'assemblée électorale se formera et commencera les élections.

6. Le corps électoral nommera sept directeurs du jury. — Quatre directeurs de jury formeront un tribunal qui remplira les fonctions assignées aux tribunaux ordinaires, dans les cas où les directeurs du jury sont obligés d'y référer. — Les quatre premiers directeurs nommés formeront ce tribunal. — Les qualités nécessaires pour être nommé juge, suppléant, directeur du jury, accusateur public et commissaire national, sont d'être âgé de vingt-cinq ans, et d'avoir exercé les fonctions de juge, d'homme de loi ou d'avoué au moins pendant un an, auprès d'un tribunal.

7. Les nominations des juges, des suppléans, des accusateurs publics, se feront à la pluralité absolue des suffrages du corps électoral. — Celles des greffiers se feront à la pluralité relative.

8. Les juges, les suppléans, les directeurs du jury et les accusateurs publics, prêteront, en présence des représentans de la commune, chargés de choisir le lieu de leurs séances et de les installer, le serment d'être fidèles à la nation, de maintenir la liberté, l'égalité et l'exécution des lois, ou de mourir à leur poste. — Les commissaires nationaux et les greffiers prêteront, après l'installation, le même serment entre les mains des juges.

9. Les deux sections du tribunal criminel seront en activité sans intervalle de session, et les délais pour la convocation et la réunion des jurys d'accusation et de jugement, ne pourront jamais excéder vingt-quatre heures.

devant ce tribunal; celui du 22—22 août, qui nomme un commissaire national pour y exercer les fonctions du ministère public; et celui du 29—29 novembre 1792, qui supprime ce tribunal, et renvoie les procédures aux tribunaux ordinaires.

10. Le costume et le traitement des membres composant le tribunal créé par le présent décret, seront les mêmes que ceux attribués aux membres du tribunal criminel du département de Paris.

11. Le présent décret sera proclamé solennellement dans le jour par des représentans de la commune dans les places publiques de la ville de Paris, et publié et affiché dans chaque assemblée de section; le certificat desdites proclamations, lectures et affiches sera envoyé sans délai à l'assemblée nationale par les comités de section et par le procureur de la commune.

N° 416. = 17—17 août 1792. = DÉCRET *relatif à la suppression sans indemnité des droits fixes et casuels ci-devant féodaux* (1). (L., X, 413.)

N° 417. = 17—17 août 1792. = DÉCRET *qui oblige les membres du corps législatif à faire connaître leur domicile au comité de leur section.* (B., XXIV, 131.)

N° 418. = 17—17 août 1792. = DÉCRET *qui ordonne des poursuites à cause de l'arrestation faite à Sedan de trois commissaires de l'assemblée nationale envoyés à l'armée du Centre.* (B., XXIV, 133.)

N° 419. = 17—17 août 1792. = DÉCRET *qui confirme les pouvoirs donnés aux commissaires civils envoyés dans les colonies, et qui détermine la manière d'y faire parvenir les lois et actes de l'assemblée nationale* (2). (B., XXIV, 134.)

Art. 1er. L'assemblée nationale confirme les pouvoirs donnés aux commissaires civils envoyés dans les diverses colonies, enjoint aux autorités constituées, corps civils et militaires, d'exécuter ponctuellement les ordres et les décisions qui pourraient en émaner; elle déclare traître à la patrie tout corps civil ou militaire, tout citoyen qui refusera l'obéissance qui leur est due.

2. Elle ordonne que toutes les lois qui seront rendues, tous les actes par elle faits, toutes les pièces par elle rendues publiques depuis le 10 de ce mois, seront envoyés aux commissaires des diverses colonies par les avisos dont l'armement a été décrété le 15 de ce mois, avec ordre de s'y conformer et de les faire publier.

3. Le pouvoir exécutif présentera, sous vingt-quatre heures, à l'assemblée nationale, un état des dépenses qu'exige cet armement.

N° 420. = 17—17 août 1792. = DÉCRET *relatif à l'évacuation des maisons religieuses, et à l'augmentation du traitement des religieuses desdites maisons* (3). (L., X, 423.)

Art. 1er. Pour le 1er octobre prochain, toutes les maisons encore actuellement occupées par les religieuses ou par des religieux, seront évacuées par lesdits religieux et religieuses, et seront mises en vente à la diligence des corps administratifs.

---

(1) Voyez ci-après le décret du 25—28 août 1792, qui développe les dispositions de celui-ci, et les notes étendues qui l'accompagnent.

(2) Voyez le décret du 15—22 juin 1792, qui institue ces commissaires et qui définit leurs pouvoirs, et celui du 8—9 novembre suivant, portant nomination de nouveaux commissaires: voyez aussi la loi d'organisation des colonies, du 12 nivose an 6 (1er janvier 1798), et les notes.

(3) Voyez ci-après le décret du 18—18 août 1792, qui supprime les congrégations religieuses, et la note.

2. L'assemblée nationale renvoie à ses comités des domaines et de l'extraordinaire des finances, pour lui présenter un projet de décret sur l'augmentation de traitement qui peut être due auxdites religieuses ainsi rentrées dans la société.

3. Sont exceptées de l'article 1er les religieuses consacrées au service des hôpitaux et autres établissemens de charité, à l'égard desquelles il n'est rien innové.

4. L'assemblée nationale déroge au décret du 8—14 octobre 1790, en tout ce qui serait contraire au présent décret.

N° 421. = 17—18 août 1792. = DÉCRET *portant organisation des nouvelles compagnies de gendarmerie nationale à pied.* (B., XXIV, 137.)

N° 422. = 17—19 août 1792. = DÉCRET *relatif aux réglemens à faire, concernant les ports et arsenaux* (1). (B., XXIV, 139.)

Art. 1er. Le pouvoir exécutif prescrira, dans tous les ports et arsenaux de la marine, l'observation provisoire des différentes dispositions des ordonnances de 1689 et 1765, relatives au service des ports et arsenaux.

2. En exécution de l'article précédent, il sera fait des réglemens contenant les dispositions desdites ordonnances et réglemens concernant le service administratif et militaire dans les ports et arsenaux; auxquelles dispositions le pouvoir exécutif ne pourra faire d'autres modifications que celles qu'exigent les lois de l'assemblée nationale, concernant la marine.

3. Le pouvoir exécutif déterminera provisoirement, dans lesdits réglemens le mode et les formes du service de tous les agens de la nouvelle administration, soit dans les ports et arsenaux, soit à la mer.

4. Il en sera de même du mode et des formes du service, tant à la mer que dans les ports, des officiers de la marine militaire, en observant néanmoins que lesdits officiers ne puissent s'immiscer dans les fonctions purement administratives; celles qui leur sont propres devant avoir uniquement pour objet l'instruction des marins, les progrès de l'art et le maintien de l'ordre et de la discipline.

5. Le présent décret sera transcrit en tête des réglemens qui seront faits et promulgués.

6. Aussitôt que lesdits réglemens auront été envoyés dans les ports, il en sera remis des copies en forme à l'assemblée nationale. Le pouvoir exécutif lui fera aussi parvenir, sans délai, les observations et réclamations auxquelles l'exécution desdits réglemens pourra donner lieu.

7. Les réglemens qui seront faits en exécution du présent décret, seront exécutés selon leur forme et teneur, mais seulement jusqu'à ce qu'il en ait été autrement ordonné; l'assemblée nationale se réservant de statuer incessamment sur tout ce qui a rapport au régime administratif et au service militaire des ports et arsenaux.

N° 423. = 17 août—14 septembre 1792. = DÉCRET *qui ordonne l'envoi aux municipalités et aux armées, des adresses, décrets et pièces dont l'impression, depuis le 10 août, a été et sera ordonnée.* (B., XXIV, 132.)

17 août 1792 : *Maisons de religieux,* voyez 4 du même mois; *Corps administratifs,* voyez 16 août.

(1) Voyez le décret du 21 septembre—12 octobre 1791, concernant l'administration des ports, et les notes qui résument la législation.

N° 424.—18—18 août 1792.—DÉCRET *relatif à la suppression des congré-*
gations séculières et des confréries (1). (B., XXIV, 149.)

L'assemblée nationale, considérant qu'un état vraiment libre ne doit
souffrir dans son sein aucune corporation, pas même celles qui, vouées à
l'enseignement public, ont bien mérité de la patrie; et que le moment où
le corps législatif achève d'anéantir les corporations religieuses, est aussi
celui où il doit faire disparaître à jamais tous les costumes qui leur étaient
propres, et dont l'effet nécessaire serait d'en rappeler le souvenir, d'en retracer l'image, ou de faire penser qu'elles subsistent encore, décrète ce qui
suit :

TITRE 1er.—Suppression des congrégations séculières et des confréries.

Art. 1er. Les corporations connues en France sous le nom de congréga-
tions séculières ecclésiastiques, telles que celles des prêtres de l'Oratoire de
Jésus, de la Doctrine chrétienne, de la mission de France ou de Saint-La-
zare, des Eudistes, de Saint-Joseph, de Saint-Sulpice, de Saint-Nicolas du
Chardonnet, du Saint-Esprit, des Missions du clergé, des Mulotins, du
Saint-Sacrement, des Bonies, des Trouillardistes, la congrégation de Pro-

---

(1) Avant ce décret, l'assemblée constituante avait déjà pris diverses mesures concernant
les communautés ou congrégations séculières et régulières; voyez à cet égard l'art. 3 du décret du 5—12 février 1790, qui ne conserve qu'une maison religieuse dans chaque municipalité,
et supprime toutes les autres; celui du 13—19 du même mois, qui abolit les vœux monas-
tiques; celui du 20 février—26 mars même année, qui déclare les religieux sortis de leurs
maisons incapables de succéder et de recevoir, par donation ou testament, autre chose que des
rentes ou pensions viagères; celui du 19—26 mars suivant, additionnel au précédent,
et qui détermine les obligations des religieux vivant en commun; celui du 20—26 du même
mois, qui prescrit l'inventaire, par les municipalités, du mobilier des maisons religieuses;
celui du 20 (14 et)—22 avril suivant, art. 12, qui prescrit de nouvelles dispositions relatives à
cet inventaire; celui du 27—28 mai même année, qui sursoit à toutes poursuites contre les
communautés religieuses, régulières et séculières, et impose à leurs créanciers l'obligation de
remettre leurs titres aux assemblées administratives; l'art. 8 du décret du 18—23 juin 1790,
qui ordonne de nouveau aux communautés régulières et séculières de faire la déclaration de leurs
biens; celui du 10—21 septembre suivant, qui supprime diverses rentes, secours et traitemens payés
aux maisons religieuses; celui du 8—14 octobre même année, qui fixe l'état politique des religieux
et religieuses, art. 1er et suiv.; celui du 19—23 du même mois, qui détermine le mode d'administra-
tration des biens des monastères; celui du 28 octobre (23 et)—5 novembre même année,
qui ajourne la vente des biens des congrégations séculières, et porte plusieurs autres dispositions relatives aux religieux et religieuses; l'art. 7 du tit. II du décret du 18—29 décembre
1790, concernant le mode de liquidation des rentes des communautés supprimées; celui du
11 mars 1791, qui abolit le costume des ordres religieux; celui du 13—20 du même mois,
qui autorise les départemens à choisir et désigner, dans l'étendue de leur territoire, les maisons
dans lesquelles se retireront les ci-devant religieux qui voudront vivre en commun, et sursoit
à la vente de ces maisons; celui du 14 (8, 12 et)—27 avril suivant, concernant la liquidation
des dettes des communautés supprimées; celui du 29 mai—3 juin même année, qui détermine le traitement des membres des congrégations régulières et séculières, qui ont accepté ou
accepteraient des fonctions publiques.
L'assemblée législative avait elle-même déjà rendu divers décrets sur la même matière; voyez
notamment celui du 27 (24 et) décembre 1791—1er janvier 1792, relatif aux intérêts des
capitaux liquidés ou à liquider, appartenant aux communautés ecclésiastiques ou laïques; celui
du 2—4 janvier suivant, qui ordonne la confection du catalogue des bibliothèques de ces communautés; celui du 5—11 avril même année, qui ordonne la liquidation des dettes desdites
communautés, n'excédant pas trois cents livres; l'art. 3 du décret du 17—23 mai 1792, qui défend la reconstitution des rentes de ces communautés; l'art. 3 du décret du 31 juillet—3 août
suivant, qui ordonne la mise en vente des maisons occupées par les religieuses; celui du 7—
16 août, qui fixe le traitement et les pensions des religieux et religieuses; et enfin celui du
17—17 du même mois, qui ordonne l'évacuation des maisons religieuses et augmente le traitement des religieuses de ces maisons.
Le présent décret a été suivi lui-même de plusieurs dispositions destinées à en assurer l'effet

vence, les sociétés de Sorbonne et de Navarre ; les congrégations laïques, telles que celles des frères de l'École chrétienne, des ermites du Mont-Valérien, des ermites de Sénart, des ermites de Saint-Jean-Baptiste, de tous les autres frères ermites isolés ou réunis en congrégation, des frères tailleurs, des frères cordonniers ; les congrégations de filles, telles que celles de la Sagesse, des Écoles chrétiennes, des Vertelottes, de l'Union chrétienne, de la Providence, des filles de la Croix, les sœurs de Saint-Charles, les Millepoises, les filles du Bon-Pasteur, les filles de la Propagation de la foi, celles de Notre-Dame de la Garde, les dames noires, celles de Fourquevaux, et généralement toutes les corporations religieuses et congrégations séculières d'hommes et de femmes, ecclésiastiques ou laïques, même celles uniquement vouées au service des hôpitaux et au soulagement des malades, sous quelque dénomination qu'elles existent en France, soit qu'elles ne comprennent qu'une seule maison, soit qu'elles en comprennent plusieurs, ensemble les familiarités, confréries, les pénitens de toutes couleurs, les pélerins, et toutes autres associations de piété ou de charité, sont éteintes et supprimées à dater du jour de la publication du présent décret.

2. Néanmoins, dans les hôpitaux et maisons de charité, les mêmes personnes continueront comme ci-devant le service des pauvres et le soin des

malades à titre individuel, sous la surveillance des corps municipaux et administratifs, jusqu'à l'organisation définitive que le comité des secours présentera incessamment à l'assemblée nationale. Celles qui discontinueront leur service sans des raisons jugées valables par les directoires de département, sur l'avis des districts, et les observations des municipalités, n'obtiendront que la moitié du traitement qui leur aurait été accordé.

3. Les directoires de département feront, sans délai, d'après l'avis des districts et les observations des municipalités, tous les remplacemens provisoires qui seront nécessaires dans les établissemens dont il s'agit à l'article précédent.

4. Aucune partie de l'enseignement public ne continuera d'être confiée aux maisons de charité dont il s'agit à l'article 2, non plus qu'à aucune des maisons des ci-devant congrégations d'hommes et de filles, séculières ou régulières.

5. D'après l'avis des directoires de département, l'assemblée nationale statuera sur les secours à donner aux maisons de charité des deux sexes, attachées au service des pauvres et des malades, qui, en cessant l'enseignement auraient perdu une partie de leurs moyens de subsistance.

6. Tous les membres des congrégations employés actuellement dans l'enseignement public, en continueront l'exercice à titre individuel, jusqu'à son organisation définitive. Ceux qui discontinueront leurs services sans des raisons jugées valables par les directoires de département, sur l'avis des districts et l'observation des municipalités, n'obtiendront que la moitié du traitement qui leur aurait été accordé.

7. Les directoires de département feront, sans délai, et d'après l'avis des districts et les observations des municipalités, tous les remplacemens provisoires qui seront nécessaires dans toutes les maisons où se fait actuellement l'enseignement public.

8. Les places vacantes dont il s'agit à l'article précédent, seront données de préférence, toutes choses d'ailleurs égales, aux personnes qui auront été arbitrairement destituées, ou qui, après avoir quitté l'enseignement, voudront en reprendre les fonctions.

9. Les costumes ecclésiastiques, religieux et des congrégations séculières, sont abolis et prohibés pour l'un et l'autre sexe : cependant les ministres de tous les cultes pourront conserver le leur pendant l'exercice de leurs fonctions, dans l'arrondissement où ils les exercent.

10. Les contraventions à cette disposition seront punies par voie de police correctionnelle, la première fois de l'amende ; en cas de récidive, comme délits contre la sûreté générale.

TITRE II. — De l'aliénation et de l'administration des biens des congrégations séculières, des collèges, des confréries et autres associations supprimées.

Art. 1er. Les biens formant la dotation des corporations connues en France sous le nom de congrégations séculières ecclésiastiques ou laïques d'hommes ou de femmes, sous quelque dénomination qu'elles existent, soit qu'elles ne comprennent qu'une seule maison, soit qu'elles en comprennent plusieurs, même des ermites qui vivent seuls ; ceux des séminaires-collèges et des collèges, des bourses et des fondations desservies par les congrégations, ou dont elles jouissaient à quelque titre que ce fût, ensemble les biens dépendant des familiarités, confréries, pénitens de toutes couleurs, des pélerins et de toutes autres associations de piété ou de charité, dénommées ou non dénommées dans l'article 1er du titre Ier du présent décret, seront dès-à-présent administrés ; et les immeubles réels vendus dans la même forme et aux mêmes conditions que les autres domaines nationaux, sauf les exceptions et les modifications ci-après énoncées.

2. Demeurent réservés de l'aliénation, jusqu'à ce que le corps législatif ait prononcé sur l'organisation de l'instruction publique, les bâtimens et jardins à l'usage des colléges encore ouverts en 1789, quoique faisant partie des biens propres des congrégations supprimées.

3. Toutes ventes d'immeubles réels des congrégations et associations supprimées, ou appartenant aux séminaires desservis par elles, des séminaires-colléges et colléges, faites jusqu'à-présent dans les formes prescrites pour la vente des biens nationaux, sont validées par le présent décret, à l'exception néanmoins de celles des objets réservés par l'article 2.

4. Dans les départemens où les séminaires institués par le décret du 12 juillet 1790, ne sont pas encore logés, il sera attribué pour cet usage, et suivant les formes prescrites par le décret du 29 août 1791, les maisons des anciens séminaires ou des congrégations supprimées qui seront jugées plus convenables, d'après les avis des directoires des départemens, qui se concerteront à cet effet avec les évêques.

5. Les bourses ou places gratuites qui étaient établies dans plusieurs séminaires réservés par l'article 6 du décret du 22 décembre 1790, seront transportées provisoirement au séminaire diocésain de l'arrondissement établi par le décret du 12 juillet 1790, et les titulaires de ces fondations pourront continuer leurs études dans ces nouveaux séminaires, jusquà l'organisation définitive de l'instruction publique.

6. Les bourses ou places gratuites fondées, soit dans les colléges, soit dans les maisons de congrégations de filles, seront conservées provisoirement aux individus de l'un et de l'autre sexe qui en jouissent ; mais il sera sursis à la nomination de celles de ces places qui se trouveraient vacantes à l'époque du présent décret.

7. Les boursiers qui ont en même temps un traitement public sur bénéfice ou autrement, ne jouiront plus du produit de ces bourses, à dater du présent décret.

TITRE III. — Traitement des membres des congrégations séculières supprimées.

CHAPITRE Ier. — Congrégations ecclésiastiques.

§ Ier. — Congrégations vouées au culte et à la grande instruction.

Art. 1er. Les individus des congrégations séculières ecclésiastiques, vouées en même temps au service du culte et à l'instruction publique, exerçant ces fonctions dans les séminaires et colléges, qui auront été admis dans la congrégation selon les règles et les épreuves requises pour cette admission, recevront pour traitement de retraite ; savoir : — 1° Cent livres une fois payées par année de congrégation, ceux qui auront vécu cinq années et au dessous dans la même congrégation ; — 2° Vingt livres de pension par chaque année de congrégation, ceux qui en auront plus de cinq jusqu'à dix inclusivement ; — 3° Trente livres également de pension par année de congrégation, ceux qui en auront plus de dix ; — Néanmoins, le *maximum* desdites pensions ne pourra, dans aucun cas, excéder douze cents livres.

2. Les pensionnaires ci-dessus, dont le traitement de réforme n'excédera pas six cents livres, n'éprouveront aucune réduction, s'ils obtiennent des places salariées dans l'instruction publique qui sera incessamment organisée; et si ces pensions étaient au dessus de six cents livres, elles seront réduites à cette somme pendant la durée du nouveau traitement.

3. Les années de congrégation pour la fixation des pensions, compteront seulement jusqu'au 1er octobre prochain.

4. Il sera payé une somme de six cents livres à l'assistant italien de la congrégation de Saint-Lazare, à titre de viatique.

5. Il sera encore payé, au même titre, cent livres à chacun des pauvres jeunes séminaristes reçus dans le séminaire du Saint-Esprit de Paris, avant la publication du décret du 12 juillet 1790, et qui, n'ayant pas quitté la maison, s'y trouveront encore à la publication du présent décret, suivant l'état certifié des supérieurs et directeurs.

6. Le traitement de retraite des membres des maisons et sociétés de Sorbonne et de Navarre, qui habitaient réellement ces maisons et jouissaient des revenus qui y étaient affectés, sera fixé d'après les mêmes règles que celui des autres corps enseignans ; néanmoins les pensions seront toujours de trente livres pour chaque année de service, dans quelque classe que les sujets se trouvent placés par la date de leur admission.

7. Ceux des membres desdites maisons et sociétés de Sorbonne et de Navarre qui se trouveront avoir des traitemens ecclésiastiques sur bénéfices, n'auront aucun droit aux pensions ci-dessus établies à raison de la suppression de ces maisons et sociétés ; néanmoins, ils pourront opter pour la pension de congrégationnaire, si elle est supérieure au traitement comme bénéficier.

8. Le chapelain de la maison de Sorbonne sera traité comme bénéficier ecclésiastique, conformément au décret du 24 juillet—24 août 1790.

§ II.—Des congrégations vouées au culte et à l'instruction hors des colléges et séminaires.

Art. 1er. Les membres des congrégations, corporations et associations ecclésiastiques vouées au culte et au service des fondations, soit dans le royaume ou dans l'étranger, mais dont le chef-lieu d'établissement est en France, et qui ne professent pas l'instruction dans les séminaires et colléges proprement dits, auront pour traitement de retraite la totalité du net de leurs revenus propres, partagée ainsi qu'il suit.

2. Ce revenu sera divisé en autant de parties que tous les membres de l'association réunis auront d'années de congrégation ; et chacun d'eux recevra une pension égale à la somme de ces parties de revenu qui correspondra à celle de ses années de service (1). — Néanmoins, le *maximum* de ces pensions ne pourra, dans aucun cas, excéder douze cents livres.

3. Dans les associations où le revenu propre, ainsi divisé, ne donnerait pas un *minimum* de trois cent cinquante livres de pension à ceux qui ont vingt années d'exercice et au dessous, mais au dessus de cinq, cette somme leur sera parfaite par le trésor public ; elle sera augmentée de vingt livres par chaque année excédant les vingt de service.

4. Les membres n'ayant que cinq années de corporation, et au dessous, n'auront droit à aucune pension ; il leur sera accordé, à titre de gratification une fois payée, leur quote-part à raison du nombre d'années de leurs services, déterminée suivant le mode prescrit par l'article 2 du présent paragraphe.

---

(1) EXEMPLE : une maison a 3,000 livres de revenu net et cinq individus. Le premier a 10 ans de service ; le second a 20 ; le troisième a 30 ; le quatrième a 40 ; le cinquième a 50 ; somme des années de service, 150.—Les 3,000 livres de revenu, divisées par 150 années de service, donnent 20 livres de pension pour chacune de ces années à chaque individu.—Ainsi le premier aura pour retraite une pension de 200 livres ; le second, 400 ; le troisième, 600 ; le quatrième, 800 ; le cinquième, 1,000. Somme des revenus, 3,000 livres.

5. Pour fixer le revenu net, on suivra les règles établies pour le traitement du clergé supprimé. Le produit des fondations desservies par les susdites associations ecclésiastiques ne sera point compris dans le revenu à partager entre les individus. L'assemblée réserve de statuer sur l'acquit de ces fondations, dont le revenu sera perçu au profit de la nation.

6. Les individus de ces congrégations ou associations ecclésiastiques, qui n'étaient pas prêtres à l'époque du 12 juillet 1790, n'auront droit à aucun traitement.

7. Les membres des congrégations ou associations où les individus payaient une pension, n'auront aucun traitement de retraite; mais il leur sera accordé une pension de cent livres à titre de dédommagement d'habitation.

8. Les membres des congrégations ou associations séculières ecclésiastiques, envoyés hors de l'Europe par leurs supérieurs avant le 12 juillet 1790, auront droit aux traitemens désignés dans le présent paragraphe et dans le précédent, suivant la congrégation à laquelle ils appartenaient, à la charge par eux de rentrer en France dans le délai de deux années à dater du présent décret, pour ceux employés aux missions d'Alger, des Echelles du Levant et des colonies françaises occidentales; et dans celui de quatre ans, pour les missionnaires employés au-delà du cap de Bonne-Espérance.

9. Les missionnaires employés dans les contrées étrangères, jouiront comme par le passé des revenus affectés aux établissemens qu'ils desservent, jusqu'à ce qu'il ait été définitivement prononcé à cet égard, et en se conformant aux dispositions de l'article précédent. Les comités diplomatique et d'instruction présenteront incessamment leurs vues à ce sujet.

10. Le traitement des individus ci-dessus employés dans les contrées étrangères, sera réglé suivant les principes qui viennent d'être établis pour chacune des classes auxquelles ils appartiennent; mais ce traitement ne commencera à courir que du jour de leur présentation au directoire du district où ils entendent fixer leur résidence : en conséquence, ils ne seront pas soumis, pour leur premier paiement, aux dispositions du décret du 13 décembre 1791, sur le paiement des pensions.

11. Il ne sera statué sur les biens situés dans les colonies françaises, orientales et occidentales, affectés aux membres des congrégations séculières ecclésiastiques et missionnaires de France ou de Saint-Lazare, employés dans ces parties de l'empire, que lors de l'organisation du gouvernement colonial.

CHAPITRE II.—Congrégations laïques.

§ 1er.—Laïques voués à l'éducation.

Art. 1er. Les membres de la congrégation séculière des frères des Ecoles chrétiennes, auront pour traitement de retraite la moitié du traitement fixé pour la première classe, dans le § Ier du chapitre Ier du présent titre; savoir : — 1° Cinquante livres par année une fois payées, ceux qui auront vécu dans la congrégation cinq années consécutives et au dessous; — 2° Dix livres de pension par chaque année de congrégation, ceux qui en auront jusqu'à dix inclusivement; — 3° Enfin quinze livres par chaque année de congrégation, au dessus de dix ans.

2. Le *maximum* de ces pensions sera de neuf cents livres. (1)

§ II.—Congrégations laïques vivant du travail de leurs bras.

Art. 1er. Les membres des congrégations séculières laïques vivant du produit de leur travail, et les ermites vivant en communauté, auront une pension de soixante livres de dédommagement d'habitation.

2. Les individus desdites associations qui auront cinquante ans d'âge et vingt ans de congrégation, recevront, indépendamment des soixante livres ci-dessus, deux cents livres de pension, trois cents livres au-delà de soixante ans, et quatre cents livres au-delà de soixante-dix ans, avec le même temps de congrégation.

3. L'entier mobilier, à la réserve des ornemens de chapelle et vases sacrés, les instrumens de manufacture et les matières premières ou fabriquées qui se trouveront exister à l'époque de la publication du présent décret, appartiendront en propre et par égales portions aux individus de chaque maison.

4. Les membres desdites congrégations et associations délaisseront leurs maisons d'habitation au 1er novembre prochain.

5. Toute vente d'immeubles réels appartenant à la communauté, faite à un des membres de ladite communauté ou association, est déclarée nulle et comme non avenue, ainsi que toute autre aliénation postérieure au 1er janvier dernier.

6. Les ermites non vivant en congrégation et sous une règle commune, ainsi que les associations qui, au 1er janvier dernier, ne possédaient point d'immeubles réels, n'ont droit à aucun traitement de retraite, et sont exceptés du présent décret.

CHAPITRE III. — Des frères.

Art. 1er. Les frères lais, donnés, coadjuteurs ou convers, admis par actes authentiques et suivant les formes légales dans les congrégations séculières enseignantes, ecclésiastiques ou laïques, recevront le même traitement que les pères, suivant les différentes classes où les place la durée de leurs services.

2. Les domestiques engagés à vie par acte authentique, auront la moitié de ce traitement.

3. Les sœurs données, attachées à la congrégation des Joséphites, auront le traitement accordé aux sœurs données des maisons religieuses par le décret du 7 de ce mois.

CHAPITRE IV. — Congrégations de filles.

Art. 1er. Les individus des congrégations de filles auront pour pension de retraite les deux tiers du traitement affecté aux religieuses par le décret du 7 du présent mois.

2. Celles qui, par leur institut, étaient astreintes à payer une dot, et qui justifieront l'avoir acquittée, auront l'entier traitement des religieuses; mais elles ne pourront répéter le remboursement de ladite dot.

TITRE IV. — Traitement des professeurs provisoires.

Art. 1er. Les professeurs provisoires pour l'instruction publique, nommés suivant les formes prescrites par le présent décret, auront pour traitement le revenu net du collége auquel ils seront attachés, l'entretien des bâtimens prélevé, ou le produit à quatre pour cent de la vente des biens desdits colléges qui seront aliénés, lequel revenu sera réparti par les directoires de département, suivant le mode que ces administrations jugeront convenable, d'après l'avis des districts.

2. Ceux desdits professeurs qui se trouveront membres des congrégations séculières ecclésiastiques ou laïques supprimées, et auront exercé dans les colléges ou séminaires pendant l'année 1791, conserveront, outre le traitement des professeurs, celui de retraite, sans éprouver aucune réduction, jusqu'à l'organisation définitive de l'instruction publique.

3. Si, à raison de la suppression sans indemnité, par les decrets anté-rieurs, des droits qui pouvaient faire partie des revenus des colléges, ou pour toute autre cause, leur revenu actuel ne suffisait pas à l'entretien de l'instruction, il y sera incessamment pourvu par le corps législatif, sur la demande des directoires de département, qui prendront l'avis des districts, lesquels consulteront les municipalités. Il sera pourvu de la même manière au traitement des nouyeaux professeurs, dans les colléges dont les biens faisaient partie des revenus propres des congrégations supprimées. — Les directoires de département seront tenus d'adresser au comité des domaines leurs demandes à ce sujet, dans le mois de la publication du présent décret.

TITRE V. — Dispos'tions générales.

Art. 1er. Ceux des membres des congrégations séculières qui étaient obligés au serment civique ou à celui des fonctionnaires ecclésiastiques, par les décrets des 27 novembre — 26 décembre 1790, 22 — 22 mars et 4 — 6 avril 1791, et qui ne justifieront pas avoir rempli cette formalité, n'auront droit à aucun traitement.

2. Aucun des pensionnaires désignés dans le présent décret, à l'exception des femmes, ne pourra recevoir le premier terme de son traitement, s'il ne rapporte au receveur du district l'extrait de sa prestation, devant sa muni-cipalité, du serment *d'être fidèle à la nation, de maintenir la liberté et l'égalité, ou de mourir en les défendant.* Ledit certificat demeurera annexé à la quittance, sous la responsabilité du receveur de district, et il sera dé-livré par les officiers municipaux, sur papier libre et sans frais.

3. Les traitemens fixés par le présent décret ne seront susceptibles d'aucun accroissement avec l'âge des titulaires : ils seront censés avoir commencé au 1er janvier dernier : ils seront payés, savoir : — Les gratifications par moi-tié, la première au 1er octobre, la dernière au 1er janvier suivant ; les pen-sions, d'avance, par trimestre. — Le premier paiement sera fait au 1er octo-bre prochain, et il sera tenu compte des mois écoulés.

4. D'ici à cette époque, pour tout délai, les supérieurs et administrateurs de chaque maison donneront le compte de ce qu'ils peuvent avoir reçu sur les revenus de 1792 ; le reliquat, la dépense légitime déduite, sera versé dans la caisse du district, où, s'il avait été employé en avances, il sera re-tenu sur chaque pensionnaire au sou la livre de son traitement.

5. Les traitemens des membres des congrégations séculières qui, antérieu-rement au présent décret, auraient été fixés par les directoires comme ceux du clergé séculier, conformément au décret du 24 juillet — 24 août 1790, demeurent annulés, et ils seront réformés suivant les règles du présent dé-cret. — Il sera imputé à ces congrégationnaires, sur le premier terme de leur pension, ce qu'ils pourraient avoir reçu de trop ; leur sera parfait ce qui, dans le cas contraire, leur reviendrait de plus.

6. Les municipalités, dans la quinzaine de la publication du présent dé-cret, feront rendre les comptes des prieurs, syndics, trésoriers ou tous au-tres officiers desdites confréries et associations, dans la même forme que pour les comptes des jurandes et communautés d'arts et métiers.

7. Chaque supérieur local fournira au directoire du district de sa situation, avant le 1er septembre prochain, un état signé de lui et certifié par le su-périeur provincial ou son vicaire-général ou visiteur, contenant le nom et l'âge de chaque individu composant la maison qu'il régit, et la date de leur admission dans la congrégation : et il justifiera cet état par la remise au directoire du district des registres et actes de ladite congrégation, lesquels seront dûment paraphés.

8. Chaque individu fournira, dans le même délai, au directoire du district de la maison dans laquelle il réside actuellement, un extrait en forme de ses actes de baptême et d'admission.

9. Les directoires de district dresseront un tableau de toutes ces déclarations, lequel sera envoyé au directoire du département, avant le 15 septembre.

10. Le directoire de chaque département formera le tableau général de tous les membres des congrégations de son arrondissement, de la manière prescrite par l'article 3 ci-dessus, et il enverra ledit tableau à l'assemblée nationale dans le cours du mois de septembre.

11. Les paiemens qui devront être faits au mois d'octobre prochain, seront effectués par le trésorier du district de la maison où les membres ont résidé en dernier lieu, sur leurs quittances ou sur celles de leurs fondés de pouvoir spécial, ou seront tenus, quand ils ne recevront pas eux-mêmes, de joindre à ladite quittance un certificat de vie, qui leur sera délivré sans frais par les officiers de leur municipalité. Ils seront encore tenus de se conformer aux dispositions du décret du 13 décembre 1791, sur les pensions.

12. Les receveurs de district, en faisant le premier paiement de ces pensions, retiendront l'imposition mobilière des six premiers mois 1792, de chacun desdits pensionnaires, conformément aux formes établies par les décrets sur cette contribution.

13. Les membres des congrégations séculières supprimées, qui se trouveraient infirmes, pourront obtenir un secours annuel proportionné à leurs besoins, d'après l'avis des directoires de département de leur résidence, lesquels prendront, à cet effet, l'avis des directoires de district.

14. Continueront d'être acquittées les pensions établies avant le 2 novembre 1789, par délibérations authentiques, et suivant les formes usitées par les congrégations séculières, en faveur de ceux de leurs membres qui ont quitté l'association pour cause d'infirmités ou de maladies incurables.

15. Les membres des congrégations supprimées pourront disposer du mobilier de leurs chambres seulement, et des effets qu'ils prouveront avoir été à leur usage exclusif et personnel, sans toutefois qu'ils puissent enlever lesdits effets qu'après avoir prévenu la municipalité du lieu, et sur la permission qu'elle en aura donnée.

16. Il ne pourra, sous aucun prétexte, être touché aux meubles, argenterie et livres communs, vases et ornemens d'église, desquels objets il sera dressé inventaire par la municipalité, sur la délégation des directoires de district, et procédé au récolement avec les déclarations qui ont dû être faites en exécution du décret du 13 novembre 1789. L'inventaire des livres et tableaux sera adressé au comité de l'instruction publique, conformément au décret du 2 janvier dernier.

17. Aussitôt après la publication du présent décret, les municipalités, sur la délégation des directoires de district, dresseront un inventaire de tout le mobilier des confréries et associations supprimées, et elles veilleront à sa conservation, jusqu'à ce qu'il en soit disposé, sous l'autorité des départemens, comme du mobilier des maisons ci-devant ecclésiastiques.

18. Seront tous les membres des congrégations, pensionnés par les articles ci-dessus, tenus d'indiquer, dans la quittance du paiement qui leur sera fait au mois de juillet prochain, le lieu où ils se proposent de fixer leur résidence, et seront les termes subséquens de leurs pensions acquittés par les receveurs du district où ils résideront.

19. Les individus des congrégations séculières supprimées, seront tenus d'évacuer, avant le 1er octobre prochain, les maisons nationales qu'ils occu-

pent, sauf l'exception portée dans l'article 4 du § II du chapitre II du titre III.

20. Les membres des congrégations séculières, tant ecclésiastiques que laïques, qui n'auront pas rempli leurs fonctions, pendant l'année 1791, dans les maisons auxquelles ils étaient attachés, n'auront aucun droit aux traitemens ci-dessus décrétés, sauf l'exception portée dans les articles 22 et 23 du présent titre.

21. Les individus desdites congrégations nés hors du royaume, n'auront droit au traitement de retraite qu'autant qu'ils justifieront de leur qualité acquise de Français.

22. Tout membre de congrégation ou d'association séculière qui, ayant exercé, pendant l'année 1790, les fonctions auxquelles il était attaché dans lesdites congrégations, aurait été porté, par choix ou par élection, depuis ladite année jusqu'à ce jour, a quelques fonctions publiques ou ecclésiastiques, ne sera point censé avoir quitté la congrégation, et aura droit au traitement de retraite, qui, dans ce cas, sera réduit à moitié pendant toute la durée desdits emplois.

23. Il en sera de même des membres des congrégations supprimées qui à l'avenir accepteraient de pareils emplois : ils ne conserveront pendant la durée desdits emplois que la moitié des pensions qui sont attribuées par le présent décret, sauf l'exception portée titre III, chapitre Ier, § 1er, article 2.

24. Il sera, chaque année, dressé une liste des pensionnés décédés, d'après les avis des municipalités aux districts, de ceux-ci aux départemens, de ces derniers au corps législatif.

25. Tous les membres des congrégations ci-dessus, tant ecclésiastiques que laïques, seront tenus de déclarer s'ils ont pris ou reçu quelques sommes ou partagé quelques effets appartenant à leur maison ou à leur congrégation, et d'en imputer le montant sur le quartier ou les quartiers à échoir de leurs pensions. Ne pourront les receveurs des districts payer aucune pension que sur le vu de ladite déclaration, laquelle sera et demeurera annexée à la quittance de chaque membre de la congrégation ; et seront ceux qui auront fait une fausse déclaration privés pour toujours de leurs pensions.

26. Les créanciers des maisons des congrégations séculières et des confréries et corporations supprimées par le présent décret, seront tenus de présenter leurs titres de créance au commissaire liquidateur, avant le 2 novembre prochain pour tout délai. Ce terme expiré, ils ne seront plus admis au remboursement.

27. Les susdites créances qui n'excéderont pas trois cents livres, jouiront, pour leur remboursement, des avantages accordés par le décret du 5 avril 1792 aux créanciers de pareilles sommes.

28. Quant à ce qui concerne le mobilier dont il n'a pas été disposé par le présent décret, titres, papiers, procès et créances des congrégations séculières ou associations ecclésiastiques ou laïques supprimées par le présent décret, on suivra les dispositions des titres III et IV du décret des 23 et 28 octobre 1790, sur la désignation des biens nationaux, et les autres décrets postérieurs sur l'administration de ces biens.

N° 425. = 18—19 août 1792. = DÉCRET *qui règle le mode de paiement des soldes et masses des troupes.* (B., XXIV, 147.)

N° 426. = 18—21 août 1792. = DÉCRET *qui prescrit des mesures pour pa-*

ralyser l'effet des libelles inciviques et autres écrits tendant à égarer l'opinion publique. (B., XXIV, 148.)

N° 427. = 18 — 30 août 1792. = Décret *qui suspend les fonctions des commissaires du roi près les tribunaux civils et criminels.* (B., XXIV, 146.)

Art. 1er. Les commissaires du roi près les tribunaux civils et criminels, sont et demeureront suspendus de leurs fonctions, à compter du jour de la publication du présent décret.

2. Le conseil général de chaque district nommera, dans le plus bref délai, à la pluralité des suffrages et par la voie du scrutin, un citoyen réunissant les conditions d'éligibilité exigées par la loi, pour exercer provisoirement les fonctions de commissaire du pouvoir exécutif près le tribunal de son arrondissement.

3. Les conseils généraux des départemens nommeront également un citoyen réunissant les conditions d'éligibilité exigées par la loi, pour remplir provisoirement près le tribunal criminel de leur ressort les fonctions de commissaire du pouvoir exécutif.

4. A Paris, la nomination des citoyens destinés à remplir les fonctions de commissaires du pouvoir exécutif près les tribunaux d'arrondissement, sera faite par le conseil général de la commune, et par deux membres de chacun des conseils généraux des districts du Bourg-la-Reine et Saint-Denis. A l'égard du citoyen qui devra remplir ces mêmes fonctions près le tribunal de police correctionnelle établi à Paris, il sera nommé par le seul conseil général de la commune.

5. Les juges du tribunal de cassation, ainsi que ceux des six tribunaux criminels, établis provisoirement à Paris, nommeront, par la voie du scrutin et à la pluralité des suffrages, celui qui devra remplir, dans chacun desdits tribunaux, les fonctions de commissaire du pouvoir exécutif; le substitut qui exerce près le tribunal de cassation, sera remplacé en la même forme et de la même manière.

6. Ne pourront être élus, dans aucun des tribunaux ci-dessus dénommés, les commissaires du roi et substituts qui seront en exercice lors de la publication du présent décret.

7. Les commissaires du pouvoir exécutif et substituts qui seront nommés en vertu du présent décret, recevront le même traitement que celui qui était accordé aux commissaires du roi.

N° 428. = 18 août — 15 septembre 1792. = Décret *relatif aux commis du trésor de la marine.* (B., XXIV, 144.)

Art. 1er. Les places de commis du trésor de la marine seront données à l'avenir, soit aux commis des ports supprimés par l'effet de la nouvelle formation, soit à ceux qui seront en activité de service, au choix du payeur de la marine, approuvé par l'ordonnateur.

2. Les traitemens des commis du trésor continueront à leur être payés de la même manière qu'ils l'ont été jusqu'à présent; mais ceux qui auront au moins dix ans de service effectif, seront susceptibles des traitemens de retraite, à l'instar des autres commis des ports.

N° 429. = 18 août — 15 septembre 1792. = Décret *qui autorise l'émission des billets de la caisse de commerce,* (B., XXIV, 144.)

18 août 1792 : *Canonniers nationaux,* voyez 16 du même mois; *Gendarmes à pied,* voyez 17 août.

N° 430. = 19 — 19 août 1792. = **DÉCRET** *relatif aux demandes en entérinement ou obtention de lettres de relief de laps de temps, formées avant l'installation du tribunal de cassation* (1). (B., XXIV, 141.)

L'assemblée nationale, considérant que la loi du 27 novembre 1790, relative à l'établissement du tribunal de cassation, en abrogeant pour l'avenir les lettres de relief de laps de temps pour se pourvoir en cassation, n'a rien prononcé à l'égard de celles qui ont été précédemment obtenues ; — Qu'aucune loi n'a encore formellement désigné le tribunal qui doit connaître des demandes en révision portées au ci-devant conseil, jusqu'au moment de sa suppression, et de celles qui pourront être formées à l'égard des jugemens criminels antérieurs à la publication du décret du mois d'octobre 1789 ; — Enfin, qu'il importe à l'ordre public que le cours de la justice, pour ces sortes d'affaires, ne soit pas suspendu plus long-temps, décrète ce qui suit :

Art. 1er. Les demandes en entérinement ou obtention de lettres de relief de laps de temps, formées avant l'installation du tribunal de cassation, seront jugées par ce tribunal. Elles seront portées au bureau des requêtes, lequel, en procédant à l'examen des requêtes en cassation, pourra avoir égard aux lettres de relief, si elles sont fondées sur de graves et importantes considérations.

2. Le même tribunal connaîtra aussi des demandes en révision formées au ci-devant conseil jusqu'au moment de sa suppression, et de celles qui, dans le délai de trois mois à compter de la publication du présent décret, pourront être formées par-devant lui pour jugemens criminels en dernier ressort rendus avant la publication du décret des 8 et 9 octobre 1789 ; ces demandes seront portées à la section de cassation, pour y être jugées dans les formes prescrites par le décret du 27 novembre —1er décembre 1790.

3. En ordonnant la révision, le tribunal renverra les parties à se pourvoir par-devant le tribunal de district remplaçant le siége qui avait fait l'instruction, pour y procéder au choix de l'un des sept tribunaux d'appel, conformément aux dispositions du titre V, du décret du 16—24 août 1790, sur l'organisation judiciaire.

4. Le tribunal saisi de la révision se conformera, pour le rapport et le jugement du procès, à ce qui est prescrit par le décret des 8 et 9 octobre 1789, et par l'article 11 du décret du 12—19 octobre 1790, portant fixation du nombre des juges requis pour juger les affaires criminelles.

5. Le jugement qui interviendra sur la révision, ne pourra être attaqué que par la voie de la cassation, ou par l'accusé, ou par dénonciation de la part du ministre de la justice ; mais, en ce dernier cas, la cassation ne pourra préjudicier à l'accusé qui aura été déclaré *acquitté* ou *excusable* par le jury.

6. Les actes de procédures sur les demandes en révision, seront faits et expédiés sur papier libre, et l'enregistrement, dans le cas où il y aura lieu à la formalité, en sera fait sans frais, conformément à l'article 1er du décret du 10—15 avril dernier.

---

(1) Voyez, sur le même objet, les décrets des 10—11 décembre 1792, et 29 — 30 brumaire an 2 (19—20 novembre 1793), qui continuent d'attribuer au tribunal de cassation le pouvoir de statuer sur les demandes en relief de laps de temps; et la loi du 2 brumaire an 4 (24 octobre 1795), art. 15, qui abolit le relief de laps de temps.

7. Tout citoyen qui aura été détenu en vertu d'une lettre de cachet, ou de tout autre ordre arbitraire, et qui n'aura recouvré sa liberté que depuis l'année 1788 inclusivement, pourra, dans les trois mois de la publication du présent décret, se pourvoir au tribunal de cassation contre tous jugemens en dernier ressort, rendus contre lui pendant sa détention, et dans lesquels il n'aura pas été représenté par un curateur ou un fondé de ses pouvoirs; l'assemblée nationale dérogeant, quant à ce, à toute loi qui serait contraire aux dispositions du présent décret (1).

N° 431. = 19—19 août 1792. = **DÉCRET** *relatif aux manufactures d'armes de guerre* (2). (B., XXIV, 162.)

Art. 1er. Les manufactures d'armes de guerre établies à Maubeuge, Charleville, Saint-Etienne, Tulle, Moulins, Klingenthal, seront à l'avenir désignées sous le titre de *manufactures nationales d'armes de guerre*, et ce titre sera inscrit sur la porte de chacune d'elles.

2. Lesdites manufactures, et toutes celles du même genre qui pourraient être établies à l'avenir, seront sous la surveillance du pouvoir exécutif, et sous la direction d'un conseil d'administration, ainsi qu'il sera dit ci-après.

3. Il sera établi, dans chaque manufacture nationale, un conseil d'administration, composé d'un officier d'artillerie, sous le nom d'*inspecteur*, d'un contrôleur et d'un réviseur, nommés par le pouvoir exécutif; d'un inspecteur, de deux contrôleurs et d'un réviseur, nommés, pour deux ans, par le conseil général de la commune dans le territoire de laquelle les ouvriers ou la majeure partie desdits ouvriers résideront, et qui pourra entendre et recevoir leurs observations; le tout aux appointemens qui seront déterminés par l'article 55, révoquant en tant qu'est besoin toute administration actuellement existante.

4. L'entrepreneur sera entendu dans le conseil d'administration; il y aura voix consultative seulement, sinon dans les cas prévus par les articles suivans.

5. Les membres du conseil d'administration se choisiront un président, à la majorité absolue des suffrages, qui sera renouvelé tous les six mois, avec faculté de réélection pour une fois seulement, c'est-à-dire qu'il devra se passer un intervalle de six mois pour être rééligible.— Le président convoquera le conseil quand il le jugera nécessaire ou convenable, ou quand il en sera requis par un membre du conseil, ou par l'entrepreneur, ou par deux maîtres ouvriers reçus et travaillant dans la manufacture. Le pouvoir exécutif rédigera incessamment un réglement général pour toutes les manufactures nationales d'armes, qu'il devra soumettre au corps législatif, et qui prescrira, entre autres dispositions, les fonctions des membres du conseil.

6. Le conseil d'administration veillera, sous sa responsabilité, à ce que le magasin de l'entrepreneur soit toujours suffisamment pourvu de matières

---

(1) Voyez le décret du 11 nivose an 2 (31 décembre 1793), qui porte une disposition semblable.

(2) Voyez le décret du 17 — 19 juillet 1792, qui contient des dispositions sur la manufacture d'armes de Moulins; et le réglement du 8 vendémiaire an 14 (30 septembre 1805), concernant les manufactures impériales d'armes de guerre.

Quant aux prohibitions, portées contre les particuliers, relativement à la fabrication ou à la possession des armes de guerre, voyez l'ordonnance du 24 juillet —2 août 1816, et les notes.

premières et de pièces ouvrées, afin que, dans aucun cas, les fournitures ordonnées par le gouvernement ne puissent éprouver de retard. Le pouvoir exécutif, d'après les observations et renseignemens du conseil d'administration, déterminera, dans un réglement qui sera également soumis au corps législatif, la qualité et la quantité des matières premières et des pièces fabriquées qui devront être constamment dans les magasins de chaque manufacture.

7. Il ne sera employé dans lesdites manufactures nationales, pour la confection des armes et outils de guerre destinés pour l'état, aucune espèce de matières premières qui n'ait été examinée et choisie avec soin par le conseil d'administration, en présence et contradictoirement avec l'entrepreneur.

8. Le pouvoir exécutif prescrira aux membres du conseil d'administration les précautions qu'ils doivent prendre, afin de s'assurer qu'il ne sera mis en œuvre, dans lesdites manufactures, que des matières d'une qualité supérieure.

9. Les armes à feu et outils de guerre à l'usage de l'état, qui seront fabriqués dans lesdites manufactures, continueront (la chambre d'humidité exceptée) à subir provisoirement, jusqu'après la guerre, les épreuves prescrites par les réglemens antérieurs, et ce, pendant deux mois, à compter de la promulgation du présent décret; — Le pouvoir exécutif devant présenter dans le mois les nouveaux réglemens dont il a été parlé dans les articles précédens, et dont il sera fait mention dans les suivans.

10. Afin d'assurer d'une manière définitive et constante la bonté de toutes les armes à feu et outils qui seront fabriqués pour l'état dans les manufactures nationales, le pouvoir exécutif, après avoir pris l'avis du conseil d'administration de chaque manufacture, déterminera, dans le réglement qu'il devra rédiger et soumettre au corps législatif, le mode d'épreuve et de réception que les différentes parties des armes à feu et outils doivent subir avant d'être admises pour le compte de la nation.

11. Les armes blanches et outils de guerre à l'usage de l'état continueront aussi provisoirement, et pendant deux mois, ainsi qu'il a été expliqué à l'article 9.

12. Afin d'assurer d'une manière définitive et constante la bonté de toutes les armes blanches et outils de guerre qui seront fabriqués pour l'état dans les manufactures nationales, le pouvoir exécutif, après avoir pris l'avis du conseil d'administration, déterminera, dans un réglement qu'il fera rédiger, le mode définitif des épreuves et de réception que les différentes parties des armes blanches doivent subir avant d'être reçues au compte de l'empire.

13. Les armes et outils qui seront fabriqués pour l'état dans les différentes manufactures d'armes de guerre, seront parfaitement semblables, dans toutes leurs proportions et configurations, aux modèles qui seront arrêtés ainsi qu'il sera dit ci-après. En conséquence, aucun des membres du conseil d'administration ne pourra, sous aucun prétexte, ordonner ni tolérer qu'il soit fait aucun changement à la qualité des matières premières, ni aux épreuves servant à constater leur bonté, ainsi que celle des armes et outils fabriqués, ni enfin aux proportions et configurations des différentes parties des armes et outils.

14. Il sera fait, pour chaque manufacture, trois modèles de chacune des différentes armes et outils de guerre qu'on y fabriquera. Un de ces modèles restera déposé chez le ministre de la guerre ou de la marine, un chez le président du conseil d'administration, et un chez l'entrepreneur de ladite manufacture.—Quand ces modèles s'exécuteront dans la manufacture même,

ils seront payés aux ouvriers le double du prix ordinaire des fabrications des armes et outils de même espèce. — Chaque maître employé pour l'état auxdites fabrications, sera tenu de faire à ses frais, pour lui servir de guide, une copie de chacune des pièces à la fabrication desquelles il sera destiné.— Cette pièce sera parfaitement conforme au modèle remis à l'entrepreneur, et vérifiée sur celui qui sera déposé entre les mains du président d'administration.

15. Le conseil d'administration de chaque manufacture s'assemblera tous les lundis de chaque semaine. Il pourra s'assembler du 1er au 10 décembre de chaque année, et proposer, s'il le croit avantageux, quelques changemens aux modèles qui seraient adoptés, avec les observations pour l'amélioration de l'administration ; mais le pouvoir exécutif ne pourra les admettre, ni ordonner qu'ils soient faits, qu'après avoir été adoptés par l'assemblée nationale. — Les entrepreneurs des manufactures seront toujours appelés et entendus dans les conseils d'administration qui se tiendront pour cet objet.

16. Le pouvoir exécutif, après s'être conformé aux dispositions de l'article précédent, donnera les ordres nécessaires pour que les changemens adoptés soient respectivement exécutés dans toutes les manufactures nationales.

17. Si les circonstances exigeaient à l'avenir de faire un approvisionnement d'armes et outils de guerre plus considérable que celui qui est ordonné par le décret du 19 juin dernier, ou de faire, après la publication du présent décret, de nouveaux marchés, soit avec des manufactures de commerce établies dans l'empire, soit avec des manufactures étrangères, ou autres soumissionnaires généralement quelconques, le pouvoir exécutif devra en rendre compte et le soumettre au corps législatif ; et, si les marchés sont confirmés, il sera tenu de remettre aux entrepreneurs ou soumissionnaires, des modèles absolument semblables à ceux qui seront alors exécutés dans les manufactures nationales, et il ne pourra, dans aucun cas, recevoir pour le compte de l'état des armes et outils qui ne seraient pas conformes auxdits modèles, soit pour la qualité des matières premières, soit dans leur proportion et configuration.

18. Les traités qui seront faits à l'avenir avec les entrepreneurs des manufactures d'armes, seront pour une époque de trois ans au plus. Le pouvoir exécutif, d'après le conseil d'administration, les soumettra à la ratification de l'assemblée nationale.

19. Les entrepreneurs des manufactures nationales et les ouvriers qui y seront employés, seront payés à la fin de chaque mois. Le pouvoir exécutif déterminera au mois de janvier de chaque année, et même à d'autres époques si des changemens de modèles ou de fabrication l'exigeaient, la somme à payer auxdits ouvriers pour chaque pièce reçue. Les changemens dans le prix de fabrication ne seront jamais ordonnés par le ministre de la guerre, que d'après le compte détaillé qui lui sera rendu par le conseil d'administration, et que d'après l'approbation de l'assemblée nationale.

20. Le rapport relatif à l'augmentation comme à la diminution du prix relativement aux ouvriers, pour la main-d'œuvre et la fabrication, sera rédigé par le conseil d'administration. Il s'assemblera, comme il a été dit par l'article 15, et en présence de quatre commissaires nommés par le conseil général de la commune, qui auront voix délibérative et séance après le président. — L'entrepreneur assistera à l'assemblée, ainsi qu'un nombre déterminé de maîtres de chaque branche, avec voix consultative seulement.— Tous les membres de chaque branche d'administration seront appelés à l'assemblée du conseil d'administration, quand leur nombre ne s'élèvera pas au

dessus de trois ; il n'en sera appelé que la moitié lorsque le nombre des maîtres s'élevera au dessus de quatre, et il n'en sera appelé qu'un tiers quand il s'élevera au dessus de six. Lorsque tous les maîtres ne seront point admis à l'assemblée du conseil, ceux qui devront y avoir entrée seront choisis par tous les maîtres de leur profession. — Les maîtres admis à l'assemblée en signeront les délibérations, ainsi que l'entrepreneur. Le président du conseil d'administration fera avertir la municipalité du lieu, au moins huit jours avant la tenue des assemblées, des lieu, jour et heure qu'elles auront lieu, afin que les commissaires qui doivent être présens à toutes les délibérations relatives à la fixation des prix de fabrication, puissent être nommés et s'y rendre. — Lesdits commissaires signeront les procès verbaux de chaque séance, et pourront faire par écrit, au bas dudit procès-verbal, les observations qu'ils jugeront convenables. — Le prix de fabrication pour chaque pièce d'ouvrage sera déterminé par le conseil d'administration, composé comme ci-dessus, de manière que le maître de force moyenne, par un travail de journée ordinaire, ait, dans le cours d'un mois, pour le prix de son industrie et de son travail, une somme de cinquante à soixante-six livres de produit net, et les compagnons ordinaires et de force moyenne, vingt-cinq à trente-cinq livres aussi de produit net ; l'assemblée nationale remettant à la religion et à la justice du conseil d'administration, de déterminer le produit que devront faire les foreurs ou autres ouvriers âgés de moins de seize ans. — La différence entre le *minimum* et le *maximum* devant résulter de la plus ou moins grande difficulté du travail, tous les ouvriers attachés aux manufactures nationales d'armes de guerre seront, pour l'exécution du présent article, divisés en trois classes ; les différentes professions ou branches du même art seront rangées dans lesdites classes, en raison de la difficulté et de l'importance du travail qu'elles exigeront.

21. Lorsque les entrepreneurs des manufactures nationales, après avoir obtenu l'agrément des conseils d'administration de leurs manufactures respectives, s'engageront à faire les fournitures d'armes de guerre à des corps de troupes de ligne au service de l'état, qui sont dans l'usage de s'armer eux-mêmes, ou à des corps administratifs et municipaux pour les gardes nationales de leurs territoires, les préposés du gouvernement employés auxdites manufactures, ainsi que les autres membres du conseil d'administration, seront tenus de donner à la confection de ces armes les mêmes soins qu'à la fabrication de celles directement commandées par le gouvernement.

22. Les entrepreneurs ne pourront exiger des corps de troupes de ligne au service de l'état, pour la fourniture d'armes complètes, ou pour les assortimens de pièces de remplacement, que le prix fixé pour les fournitures ordonnées par le gouvernement.

23. Les entrepreneurs ne pourront, sous aucun prétexte, entreprendre des fabrications, ni pour les corps de troupes de ligne qui sont dans l'usage de s'armer eux-mêmes, ni pour les gardes nationales, ni à plus forte raison pour le commerce, lorsque lesdites fabrications pourront retarder l'exécution des commandes de l'état, ou diminuer les approvisionnemens des matières premières jugées nécessaires. Ils ne pourront de même employer auxdites fabrications aucun des ouvriers occupés pour le gouvernement, sans en avoir obtenu l'autorisation par écrit du conseil d'administration de la manufacture, qui seul sera responsable de ladite permission.

24. Aucun des membres préposés dans les conseils de manufacture nationale d'armes, ne pourra participer ni avoir d'intérêt dans les marchés que les entrepreneurs feront avec des particuliers pour des armes de commerce ; cependant il ne sera, par lesdits entrepreneurs, vendu aucun canon du ca-

libre de guerre, qu'il n'ait été reçu par lesdits préposés de la même manière que le canon destiné pour l'état, avec cette exception, que les canons ne pourront être rebutés que pour des défauts qui en rendraient l'usage dangereux. — Il sera, d'après les dispositions du présent décret, inséré dans le réglément que le pouvoir exécutif fera pour les manufactures nationales d'armes de guerre, un mode d'épreuve et de réception particulières, relatif aux canons de guerre que les entrepreneurs vendront à des particuliers, et ce réglement sera également soumis au corps législatif.

25. Aucun desdits membres du conseil d'administration ne pourra diriger ni s'immiscer dans la fabrication, ni recevoir pour le commerce de l'entrepreneur, d'autres ouvrages que ceux qui ont été désignés précédemment ou qui le seront ci-après ; et tout membre qui sera convaincu de s'être écarté deux fois de cette défense, sera, en vertu des ordres du ministre de la guerre et sur le vu d'un arrêté du conseil d'administration, destitué de son emploi sans pouvoir prétendre à aucune pension de retraite.

26. Tout maître employé aux fabrications pour l'état, sera tenu de prendre autant de compagnons et d'élèves que le conseil d'administration de la manufacture le jugera utile à l'intérêt du service.

27. L'entrepreneur ne pourra faire travailler aux armes ou outils de guerre de l'état, aucun ouvrier qui n'ait été agréé par le conseil d'administration de la manufacture ; il ne pourra de même enregistrer aucun ouvrier en qualité de maître, de compagnon ou d'élève pour l'état, qu'après que ledit conseil aura jugé le récipiendaire capable de bien remplir l'emploi pour lequel il se proposera.

28. En exécution de l'article précédent, le pouvoir exécutif indiquera, dans le réglement dont il a été parlé pour les manufactures nationales d'armes de guerre, le certificat que doivent produire et les chefs-d'œuvre que doivent faire les candidats.

29. Aucun maître ni compagnon employés à la fabrication des armes ou outils de guerre pour la nation, ne pourront quitter la manufacture, s'ils n'en ont prévenu le président du conseil d'administration un mois d'avance ; il en sera de même des maîtres qui voudront renvoyer des compagnons, et des compagnons qui voudront changer de maître.

30. Les maîtres, compagnons, élèves et employés auxdites manufactures, sont subordonnés aux membres du conseil d'administration, et leur doivent obéissance en tout ce qui concerne l'exécution de leur travail et de leur devoir, sauf auxdits ouvriers à s'adresser à qui de droit, s'ils se croient fondés à réclamer contre lesdits préposés ou les ordres qu'ils en auraient reçus.

31. Les ouvriers ne pourront, sous aucun prétexte, employer pour les fabrications de l'état d'autre matière que celles déposées à cet effet dans les magasins de l'entrepreneur : ils ne pourront de même vendre ou donner celles des matières qui leur auront été fournies par ledit entrepreneur.

32. Les municipalités des lieux où se trouveront établies lesdites manufactures ou parties d'icelles, veilleront rigoureusement à ce qu'aucun des habitans n'achète ni ne recèle aucune pièce d'arme ni aucune des matières premières destinées pour les fabriques : les coupables seront condamnés aux peines ordonnées par la loi contre ceux qui achètent ou recèlent des effets destinés à la défense de l'état.

33. Tout ouvrier qui aura travaillé trente ans pour l'état dans les manufactures nationales d'armes de guerre, et qui aura cinquante ans d'âge, obtiendra une retraite proportionnée au genre de services qu'il aura rendus à l'état, et à la conduite qu'il aura tenue dans lesdites manufactures. — S'il est maître, sa retraite ne pourra être moindre de deux cent cinquante livres,

ni plus forte que trois cents livres. — S'il est compagnon, elle ne pourra être moindre de cinquante livres, ni plus forte que deux cents livres. — Les interruptions de service, autres que pour chômage des manufactures ou absence avec permission du conseil d'administration, ou maladies constatées par certificats authentiques, ne seront point comptées dans les trente années exigées, et les services ne pourront compter qu'à commencer de l'âge de seize ans révolus.

34. Tout ouvrier qui, après avoir obtenu sa pension de retraite, sera jugé par le conseil d'administration de la manufacture à laquelle il sera attaché, être encore capable d'y rendre des services utiles à l'état, obtiendra, par chaque année de travail, une augmentation de pension égale au vingtième de celle qui lui aura été attribuée.

35. Nul ouvrier employé pour l'état dans les manufactures nationales, ne jouira de la retraite qu'il aura obtenue lorsqu'il cessera de travailler, qu'après avoir présenté et fait recevoir à sa place, par le conseil d'administration, un compagnon ou un élève capable de le remplacer, ou s'il ne justifie, ayant été reçu maître, avoir formé deux ou trois apprentis dans son atelier ou dans sa forge, pendant trois ans.

36. Pour constater les années de service des ouvriers employés dans les manufactures nationales, les conseils d'administration leur donneront, au moment où ils sortiront desdites manufactures, un certificat qui fera mention de la durée, de la qualité de leurs services, du degré de leurs talens et de la conduite qu'ils auront tenue.

37. Les ouvriers qui seront reçus dans les manufactures nationales d'armes de guerre susmentionnées, ou dont le corps législatif décrétera l'établissement, pourront, quoiqu'ils ne réunissent pas les conditions prescrites par l'article 33, lorsque l'âge, des infirmités ou le manque de forces les mettront dans l'impossibilité de continuer leurs services, être compris dans la liste des pensions ou gratifications que le pouvoir exécutif fera dresser chaque année, pourvu néanmoins qu'ils aient été admis dans lesdites manufactures pendant la durée des quatre premières années de leur établissement, en qualité de maîtres : les pensions ou des gratifications qui leur seront accordées, seront proportionnées à la durée et au genre de leurs services.

38. Ceux des ouvriers de toutes les manufactures nationales d'armes de guerre, qui, ne réunissant pas les conditions prescrites par l'article 33, éprouveront, dans l'exercice de leur métier ou profession, des accidens graves qui les mettront hors d'état de continuer à travailler, obtiendront du corps législatif, quelle que soit la durée de leur activité dans lesdites manufactures, sur la proposition du pouvoir exécutif et d'après l'avis du conseil d'administration, des gratifications ou pensions proportionnées à leur position et à leurs services.

39. Nul ouvrier admis et employé pour l'état en qualité de maître, compagnon ou élève dans une manufacture d'armes de guerre, ne pourra être renvoyé que dans le cas où ledit ouvrier aura été déclaré coupable d'indocilité ou d'inconduite grave et notable, par un jury composé des membres du conseil d'administration, de deux commissaires de la municipalité, de l'entrepreneur ou de son représentant, et de deux maîtres employés dans ladite manufacture, choisis par les autres maîtres. Le jury sera convoqué par le président du conseil.

40. L'accusé ne sera renvoyé de la manufacture que dans le cas où les deux tiers des membres du jury, composé comme par l'article précédent, le déclareront coupable.

41. Lorsque les ouvriers commettront des fautes qui, sans être assez gra-

ves pour motiver leur renvoi, mériteront cependant d'être réprimées, ils seront, par le conseil d'administration, condamnés aux peines de discipline, dont l'espèce et la durée seront fixées dans le réglement que le pouvoir exécutif devra rédiger et soumettre au corps législatif. — Les peines de discipline ne pourront consister qu'en suspension de travail, les arrêts ou la prison.

42. L'entrepreneur ne pourra faire des avances aux ouvriers que dans le cas où le conseil d'administration jugera indispensable, pour conserver un bon ouvrier, de lui procurer, pour cause de maladie ou autre motif urgent, quelque secours dont il déterminera la nature et la quotité. — L'entrepreneur ne pourra obtenir du gouvernement le remboursement de ces avances, que dans le cas où le conseil d'administration attestera que l'entrepreneur n'a rien négligé pour être payé, et que l'ouvrier est dans l'absolue impossibilité de le rembourser.

43. L'achat des canons et de toutes les autres pièces d'armes ou autres ouvrages qui seront rebutés, se fera de gré à gré entre l'entrepreneur et les ouvriers, d'après un prix qui sera convenu entre les ouvriers et l'entrepreneur, au moment de leur entrée dans la manufacture. Ces prix pourront être changés tous les ans, quand les parties contractantes ou seulement l'une d'elles le désireront.

44. Afin de conserver les intérêts de l'état, ceux des ouvriers, ceux de l'entrepreneur, et prévenir toutes les contestations entre les ouvriers et l'entrepreneur, le pouvoir exécutif fixera tous les détails relatifs au rachat des pièces rebutées, dans le réglement qu'il devra rédiger et soumettre au corps législatif.

45. Le pouvoir exécutif fera distribuer, chaque année, dans toutes les manufactures nationales, d'après le jugement du conseil d'administration ou du comité composé par l'article 39, des gratifications aux maîtres qui auront formé, dans lesdites manufactures, des sujets capables de bien exécuter toutes les pièces de leur profession particulière. — Ces gratifications seront proportionnées à l'importance et au genre de difficulté que présente la confection des différentes parties des fabrications pour l'état. — Ces indemnités seront de soixante livres, de quarante-cinq livres et de trente livres. Les indemnités de soixante livres seront accordées aux ouvriers dont la profession sera placée dans la première classe, celles de quarante-cinq livres à ceux de la seconde, et celles de trente livres à ceux de la troisième. — Le pouvoir exécutif indiquera, dans le réglement qu'il fera publier après l'avoir rédigé et soumis à l'assemblée nationale, la manière dont la distribution de ces récompenses sera faite.

46. Au moment où un élève sera reçu pour l'état au grade de compagnon, il lui sera donné vingt-cinq livres, si la profession à laquelle il est attaché est comprise dans la première classe; vingt livres, si elle est dans la seconde; quinze livres, si elle est dans la troisième. — Quand un compagnon passera au grade de maître pour l'état, il recevra une gratification de quarante-cinq livres, si la profession est de la première classe; trente-cinq livres, si elle est de la seconde; et trente livres, si elle est de la troisième.

47. Dans aucun cas, les gratifications accordées par l'article précédent ne pourront être données en argent ou monnaie que pour un tiers; elles seront converties, pour les deux autres tiers, en outils ou meubles nécessaires ou utiles à ceux qui auront droit à les recevoir.

48. Il sera distribué, dans chaque manufacture nationale d'armes de guerre, des prix aux maîtres dont la conduite aura été sans reproche, et qui auront eu, dans le cours de l'année, la plus grande quantité d'ouvrage de reçu et de

mieux exécuté. Ces prix seront proportionnés aux difficultés que présente la confection des différentes parties des armes de guerre, et au nombre de maîtres de chaque branche de fabrication.

49. Les prix pour les professions de la première classe, seront de soixante-douze livres, de soixante livres pour la seconde, et de quarante-huit livres pour la troisième.

50. Il ne sera distribué qu'un prix dans les parties ou professions qui n'auront que deux à six maîtres ; il en sera distribué deux dans les parties qui auront douze maîtres, et ainsi de six en six maîtres. Les fractions ne donneront lieu à des prix que dans le cas où elles s'élèveraient à plus de la moitié du nombre six déterminé.

51. Si le maître qui aura eu le plus d'ouvrage reçu et le mieux exécuté, n'avait point tenu une conduite irréprochable, et montré l'exactitude dans l'exécution de ses devoirs relatifs au service de l'état, le prix sera accordé au maître qui, après celui-là, aura réuni à une bonne conduite le plus d'ouvrage reçu et le mieux exécuté.

52. Ces prix seront distribués le premier dimanche de janvier, d'après le jugement du conseil du comité, convoqué et composé comme par les articles 39 et 45.— Le maître de chaque profession admis au conseil, ne pourra être présent à la délibération qui sera prise sur la distribution des prix qui devront être accordés à cette profession : il sera remplacé par un maître exerçant un autre métier. — Le pouvoir exécutif indiquera, dans le réglement qu'il aura rédigé et soumis au corps législatif, les formes et les précautions qui pourront écarter l'arbitraire dans ces distributions.

53. Le pouvoir exécutif proposera incessamment à l'assemblée nationale, et comme il a été dit par l'article 9, un réglement général dans lequel tout ce qui est relatif aux manufactures nationales, sera fixé d'une manière claire et positive, afin que chacun des membres du conseil d'administration, les entrepreneurs, leurs préposés et les ouvriers connaissant leurs devoirs, remplissent leurs obligations dans toute leur étendue, et jouissent de la plénitude de leurs droits.

54. Jusqu'au moment où le pouvoir exécutif aura fait publier le réglement dont il est fait mention par le présent décret, les ordonnances et réglemens qui sont actuellement en usage continueront d'être exécutés en tout ce qui n'est pas contraire au présent décret.

55. Il sera mis, chaque année, à la disposition du ministre de la guerre par la trésorerie nationale, douze mille cinq cents livres pour le traitement des membres qui composeront le conseil d'administration de chaque manufacture, et pour celui des secrétaires et gardes-magasins qu'ils se choisiront et pourront révoquer à la majorité des suffrages. Ce traitement sera distribué par douzième le 1er de chaque mois, et sera par année, savoir : — Pour un inspecteur, capitaine en premier d'artillerie, de deux mille huit cents livres ; pour un contrôleur, mille cinq cents livres ; pour un réviseur, mille livres. (Nommés par le pouvoir exécutif.) Pour un inspecteur, deux mille livres ; pour le premier contrôleur, mille cinq cents livres ; pour le deuxième douze cents livres ; pour un réviseur, mille livres. (Nommés par le conseil général de la commune, comme il a été dit article 3.) Le secrétaire et le garde-magasin auront le traitement de sept cent cinquante livres chacun. — Total douze mille cinq cents livres. — Le capitaine d'artillerie seulement jouira d'ailleurs du logement attribué à son grade d'officier de l'armée.—Et tous les membres du conseil d'administration qui, par de longs et utiles services, auront bien mérité de la patrie, auront des droits égaux à la reconnaissance de la nation. Ces services seront vérifiés par le conseil ou

comité composé comme par les articles 39, 45 et 52, dont le procès-verbal sera présenté et soumis par le pouvoir exécutif à la décision de l'assemblée nationale.

56. Les membres du conseil, le secrétaire et le garde-magasin, prêteront le serment civique et celui de l'égalité et de la liberté ; ils ajouteront celui de bien et loyalement s'acquitter des devoirs attachés à leurs fonctions respectives, par-devant la municipalité, qui en dressera procès-verbal et les mettra en exercice.

N° 432. = 19—19 août 1792. = DÉCRET *relatif au mode de procédure devant le tribunal criminel établi pour juger les faits du* 10 *août* 1792 (1). (B., XXIV , 177.)

N° 433. = 19 août— 3 septembre 1792. = DÉCRET *relatif à la légende du sceau de l'état* (2). (L., X, 519.)

Un membre propose de changer la légende du sceau de l'état, ainsi que celles de l'assemblée nationale, des tribunaux, corps administratifs et municipalités. L'assemblée décrète la proposition, et renvoie au pouvoir exécutif pour les moyens d'exécution. — Les commissaires inspecteurs de la salle sont chargés de veiller aux changemens à faire sur les cachets de l'assemblée nationale et des comités.

N° 434. = 19 août— 3 septembre 1792. = DÉCRET *relatif à la vente des immeubles réels affectés aux fabriques des églises* (3). (B., XXIV, 176.)

Art. 1er. Les immeubles réels affectés aux fabriques des églises cathédrales, paroissiales et succursales, à quelque titre et pour quelque destination que ce puisse être, seront vendus dès à présent, dans la même forme et aux mêmes conditions que les autres biens et domaines nationaux.

2. Pour tenir lieu aux fabriques qui administraient lesdits biens, de la jouissance qui leur en avait été laissée provisoirement par les précédens décrets, il leur sera payé sur le trésor public, et par les receveurs des districts, l'intérêt à quatre pour cent sans retenue du produit net de la vente d'iceux.

---

(1) Voyez le décret du 29—29 novembre 1792, qui supprime ce tribunal, et, par conséquent, les règles de procéder qui devaient être suivies devant lui.

(2) Le type et la légende du sceau de l'état ont suivi les changemens du gouvernement : voyez, à cet égard, les décrets des 22—25 septembre 1792, et 28—29 brumaire an 2 (18—19 novembre 1793 ; la loi du 6—16 pluviose an 13 (26 janvier—5 février 1805) ; le décret du 29 ventose suivant (20 mars 1805), etc., etc.

(3) L'assemblée constituante n'avait décrété la dépossession des fabriques que relativement aux immeubles affectés à l'acquit des fondations dont la vente avait été ordonnée par le décret du 10—18 février 1791 : quant aux autres espèces de biens, elle avait seulement, par l'art. 8 de son décret du 18 — 23 juin 1790, ordonné d'en faire la déclaration ; et, par ceux es 15 — 23 octobre, 18—29 décembre 1790, 6 — 15 mai et 21 août—16 octobre 1791, elle avait pris diverses mesures relatives au paiement ou à la liquidation des rentes appartenant aux fabriques.

Les besoins pressans de l'état ont amené la spoliation des fabriques, qui n'ont pas tardé à perdre même les intérêts du prix de leurs biens que le présent décret leur assurait ; voyez, en effet, le décret du 24 août (15, 16, 17 et)—13 septembre 1793, art. 24, qui déclare ces intérêts éteints et supprimés au profit de l'état, qui pourvoira aux frais du culte ; et celui du 13—14 brumaire an 2 (3—4 novembre 1793), qui porte que tout l'actif des fabriques fait partie des propriétés nationales.

Voyez aussi l'arrêté du 7 thermidor an 11 (26 juillet 1803), qui rend aux fabriques leurs biens et rentes non aliénés ; et les avis du cons. d'état des 30 avril 1807 et 9 décembre 1810, interprétatifs de cet arrêté.

Voyez enfin le décret du 30 décembre 1809, relatif à l'administration des fabriques, et les notes qui accompagnent les actes législatifs précités.

3. Les revenus des fabriques, soit échus, soit à échoir, et pareillement ceux des bureaux de charité, confréries et autres établissemens de secours subsistant dans l'étendue des paroisses, seront, à compter du jour de la publication du présent décret, régis et administrés par les officiers municipaux des lieux, sous la surveillance de l'administration des districts et l'autorité de celle des départemens.

4. Les administrateurs desdites fabriques, bureaux de charité, confréries et autres établissemens de secours mentionnés en l'article précédent, seront tenus de rendre, dans le mois, aux municipalités, le compte de leur gestion, et d'en payer le reliquat.

5. Toutes ventes d'immeubles réels affectés aux fabriques, qui auraient été faites jusqu'à présent dans les formes prescrites pour la vente des biens nationaux, sont validées par le présent décret, à charge, comme ci-dessus, de l'intérêt à quatre pour cent du produit net des ventes.

N° 435. = 19 août—4 septembre 1792. = **DÉCRET** *relatif à la levée des scellés apposés sur les greffes des ci-devant chambres des comptes et autres tribunaux qui en faisaient les fonctions.* (B., XXIV, 175.)

Art. 1er. Trois jours après la réception du présent décret, les directoires des départemens dans l'arrondissement desquels il existait des chambres des comptes ou autres tribunaux qui en faisaient les fonctions, nommeront deux commissaires, dont l'un sera nécessairement pris parmi les membres du directoire ou du conseil de département.

2. Ces commissaires, immédiatement après leur nomination, procéderont à la levée des scellés qui ont été apposés sur les greffes desdites chambres des comptes ou autres tribunaux qui en faisaient les fonctions.

3. Ils feront parvenir sans délai au bureau de comptabilité le dernier compte de toute espèce de comptabilité qui se trouvera jugé et définitivement soldé.

4. Ils feront également parvenir au bureau de comptabilité les pièces de tous les comptes non jugés, ou qui n'ont pas été définitivement soldés.

5. S'il existait quelques débets à la charge d'anciens comptables, qui seraient constatés par des jugemens antérieurs aux derniers comptes définitivement soldés, et dont la date ne remonterait pas au-delà de trente ans, il sera fait un bordereau de ces débets, qui sera adressé sans délai au bureau de comptabilité. Les pièces des comptes et jugemens qui constatent ces débets, seront déposés dans les archives des directoires de département, pour y avoir recours au besoin; et il sera adressé un extrait en forme du dispositif de chaque jugement à l'agent du trésor public, qui sera tenu, sous sa responsabilité, de décerner les contraintes nécessaires pour parvenir au recouvrement des débets.

6. Toutes les pièces de comptes définitivement jugés et soldés, ou qui remonteraient à une date antérieure à trente ans, seront rejetées des dépôts et brûlées comme papiers inutiles, afin que les bâtimens nationaux où existent ces dépôts puissent être vendus ou employés à toute autre destination qui aura été décrétée par l'assemblée nationale.

7. Il sera fait, d'après les registres de production, un tableau alphabétique de toutes les natures de comptabilités, ainsi que des noms, qualités et demeures de tous les comptables qui étaient justiciables de chaque chambre des comptes. Ces tableaux seront adressés au bureau de comptabilité.

8. S'il existait encore quelques comptes ou pièces de comptabilité entre les mains des ci-devant officiers des chambres des comptes, il en sera fait un

relevé sur le livre des charges : extrait de ce relevé sera délivré au procureur-général-syndic de chaque département, qui sera tenu, sous sa responsabilité, de justifier des diligences qu'il a dû faire contre les anciens officiers, et des condamnations qui ont dû être prononcées en exécution du décret du 17—29 septembre 1791. Le pouvoir exécutif est spécialement chargé de rendre compte au corps législatif de l'exécution de cet article de la loi.

9. Les commissaires seront tenus de terminer les fonctions qui leur sont confiées par le présent décret, dans le délai d'un mois au plus tard.

10 Si les commissaires trouvaient quelques obstacles à l'exécution de l'article précédent, ils en instruiront le pouvoir exécutif, qui sera tenu de les faire lever.

11. Il sera accordé à ces commissaires une indemnité qui sera fixée par les directoires des départemens, d'après les localités, et dont le *maximum* ne pourra excéder la somme de six livres par jour. Les indemnités seront acquittées par les receveurs de district, sur les mandats ordonnancés par les directoires de département. Ces mandats seront reçus pour comptant à la trésorerie nationale, qui sera tenue d'en faire les avances.

12. Il ne sera point nommé de commissaires par le directoire du département de Paris : le bureau de comptabilité fera par lui-même les fonctions attribuées à ces commissaires, soit dans les dépôts de la chambre des comptes de Paris, soit dans ceux du ci-devant conseil du roi. Les autres dispositions du présent décret seront également exécutées dans ce département.

---

19 août 1792 : *Ports et arsenaux,* voyez 17 du même mois ; *Solde et masses des troupes,* voyez 18 août.

N° 436. = 20 août 1792. = **DÉCRET** *portant que les tribunes de la convention seront publiques.* (B., XXIV, 187.)

N° 437. = 20—20 août 1792. = **DÉCRET** *portant que les invalides ou blessés auxquels les eaux thermales ou minérales peuvent être nécessaires, y seront envoyés aux frais de l'état.* (B., XXIV, 187.)

N° 438. = 20—20 août 1792. = **DÉCRET** *relatif au rachat successif et séparé des droits casuels non supprimés, et des droits fixes; au mode de conversion du champart et autres redevances de même nature en une rente annuelle fixe; à l'extinction de la solidarité, et au mode du rachat des cens, rentes et autres redevances solidaires; à la prescription des redevances fixes à l'avenir, et au paiement de celles arriérées depuis 1789 jusqu'en 1791 inclusivement* (1). (B., XXIV, 192.)

L'assemblée nationale, considérant que l'affranchissement des propriétés, en assurant l'indépendance absolue des citoyens, peut seule leur procurer la jouissance pleine et entière de la liberté que la constitution de l'empire leur a rendue; que cet affranchissement n'est pas moins impérieusement commandé par l'intérêt précieux de l'agriculture, dont une multitude de droits onéreux arrêtent depuis trop longtemps les progrès, et font naître une foule de

---

(1) Voyez, sur le rachat des droits féodaux, le décret du 15—28 mars 1790, tit. III ; ceux des 3—9 mai 1790, 18—23 juin suivant, art. 2; 26 juillet—15 août suivant, art. 4 et suiv.

Voyez aussi la loi du 25—28 août 1792, qui supprime une grande partie des droits féodaux jusque-là conservés, moyennant rachat, et surtout le décret du 17 juillet 1793, qui achève de supprimer tous les droits féodaux quelconques, et les notes.

Enfin voyez le décret du 12—19 novembre 1790, sur le rachat des rentes foncières, et les notes.

contestations et de procès ruineux pour les habitans des campagnes ; — Considérant qu'il est de son devoir de hâter le moment de cet affranchissement général, en facilitant le rachat des droits ci-devant féodaux et autres prestations foncières ; après avoir entendu le rapport de son comité féodal, et trois lectures du projet de décret présenté en conséquence dans ses séances des 12 et 20 juillet dernier et de ce jour 20 août 1792, et après avoir déclaré qu'elle est en état de délibérer définitivement, décrète ce qui suit :

TITRE Ier. — Du rachat successif et séparé des droits casuels non supprimés et des droits fixes, et du mode de conversion du champart en une rente annuelle fixe.

Art. 1er. Tout propriétaire de fiefs, de fonds ci-devant mouvant d'un fief en censive, ou roturièrement, sera admis à racheter séparément, soit les droits casuels qui seront justifiés par la représentation du titre primitif de la concession du fonds, soit les cens et autres redevances annuelles et fixes, de quelque nature qu'ils soient, et sous quelque dénomination qu'ils existent, sans être obligé de faire en même temps le rachat des uns et des autres. — Il pourra aussi racheter séparément et successivement les différens droits casuels justifiés par la représentation du titre primitif, et détaillés dans la seconde et troisième disposition de l'article 2 du titre III du décret du 15 mars 1790.

2. Néanmoins le rachat des droits casuels n'aura lieu que sur le pied de la valeur du sol inculte, et sans y comprendre la valeur des bâtimens, à moins que le titre primitif d'inféodation n'annonce que le sol était cultivé, et que les bâtimens existaient à cette époque ; et, dans ce cas, le rachat ne sera fait que sur le pied de la valeur des bâtimens et du sol à l'époque de l'inféodation.

3. Tout acquéreur pourra immédiatement après son acquisition, sommer le ci-devant seigneur de produire son titre primitif : s'il le produit, l'acquéreur sera tenu de faire le rachat des droits casuels, conformément aux lois précédentes ; s'il ne le produit pas dans les trois mois du jour où la sommation lui en aura été faite, l'acquéreur sera affranchi à perpétuité du paiement et rachat de tous droits de cens, lods et ventes et autres, sous quelque dénomination que ce soit, et le ci-devant seigneur sera irrévocablement déchu de toute justification ultérieure.

4. Tout propriétaire pourra faire la même sommation aux ci-devant seigneurs ; si le titre primitif se trouve en règle, il ne sera tenu de faire le rachat qu'en cas de vente.

5. Les propriétaires des ci-devant fiefs qui auront reçu le rachat en tout ou partie des droits seigneuriaux fixes ou casuels dépendant de leur fief, et qui seront soumis eux-mêmes à des droits casuels envers un autre fief, seront tenus de se conformer exactement, à l'égard du fief dont ils relèvent, à tout ce qui leur est prescrit par les articles 44, 45 et 46 du décret du 3 mai 1790.

6. Tout propriétaire de ci-devant fief, ou de fonds solidaires ou non solidaires, qui voudra s'affranchir des droits casuels, aura la faculté de payer partiellement le capital du rachat desdits droits, ainsi qu'il suit : — Deux dixièmes dans le mois, à compter du jour de la liquidation définitive, dans le cas où elle doit avoir lieu, ou du jour de l'offre qu'il en fera, dans les cas prévus par les articles 37, 38 et 39 du décret du 3 mai 1790 ; — Un dixième dans le second mois ; — Un dixième dans chacun des deux suivans, et les cinq autres dixièmes de six mois en six mois ; de manière que la totalité du paiement soit effectuée dans le cours de deux ans et dix mois, conformément à ce qui a été précédemment décrété à l'égard des droits fixes et casuels pro-

venant des biens nationaux, par le décret du 14 novembre 1790. — Il acquittera en même temps l'intérêt au taux de quatre pour cent sans retenue, cet intérêt diminuant au prorata du remboursement du capital.

7. Le redevable remettra au propriétaire des droits casuels, lors du premier paiement, une obligation devant notaire, portant l'obligation de payer aux termes fixés par le précédent article, avec l'intérêt à quatre pour cent. — Le propriétaire desdits droits pourra, en vertu de cette reconnaissance, huitaine après une sommation de payer faite au redevable aux frais de ce dernier, user envers lui, ses héritiers, acquéreurs ou ayans-cause, de toutes voies de contrainte et exécution autorisées par les lois, sans qu'il ait besoin d'obtenir de jugement préalable, à moins qu'il ne veuille saisir les immeubles du redevable. — Cette obligation ne sera soumise qu'à un droit d'enregistrement de *quinze sous*.

8. Pourront néanmoins les redevables accélérer leur libération par des paiemens plus considérables et plus rapprochés, ou même se libérer entièrement à quelque échéance que ce soit; auxquels cas les intérêts diminueront également à proportion des paiemens, ou s'éteindront avec l'entier remboursement du capital.

9. Les champarts, tasques, terrages, arages, agriers, complans, soëté, dimes féodales dans les lieux où elles existent, et autres redevances de même nature, pourront être rachetés par les redevables, et leurs capitaux remboursés de même que les droits casuels, ainsi et de la manière établie par les articles 3, 4 et 5 ci-dessus. — A compter du jour de l'offre, comme du premier paiement fait en conséquence de la liquidation définitive, le propriétaire desdites redevances ne pourra les exiger ni les lever en nature; l'année lors courante sera payée au prorata du temps écoulé depuis la la récolte précédente, sur le pied de l'intérêt à quatre pour cent sans retenue.

10. Néanmoins, le décret du 14 novembre 1790 continuera d'avoir sa pleine et entière exécution, à l'égard du rachat soit des droits casuels, soit des cens et redevances annuelles et fixes ci-devant seigneuriales, de quelque nature et espèce qu'ils soient, dus aux ci-devant fiefs appartenant à la nation.

11. Tout propriétaire de fonds grevés de rentes foncières perpétuelles, créées irrachetables ou devenues telles par convention ou prescription, et déclarées rachetables par le décret du 18 décembre 1790, qui remboursera la rente avant que le rachat des droits casuels en ait été fait, sera tenu de remplir ce qui est prescrit par l'article 10 du titre IV du même décret.

12. Chaque quittance de rachat, soit des droits fixes, soit des droits casuels, sera sujette au droit d'enregistrement de *quinze sous,* établi par l'article unique du titre VII du décret du 18 décembre 1790; les frais en seront à la charge de celui qui fera le rachat.

13. Tout redevable de champarts, tasques, terrages, agriers, soëté, complans, dimes féodales dans les lieux où elles existent, et autres redevances de même nature, pourra exiger, quand bon lui semblera, la conversion en une rente ou redevance annuelle d'une quotité fixe de grains, payable aux termes ordinaires jusqu'au rachat.

14. A cet effet, le redevable fera notifier au propriétaire de la redevance, ou à son dernier domicile, sa demande de conversion. — Elle contiendra la quotité de la redevance, la nature et l'étendue de chaque pièce de terre qui y est sujette, par arpens, journaux ou autres mesures locales et connues, ainsi que les confins, tenans et aboutissans de chacune desdites pièces de terre.

15. Il sera procédé, par des experts que les parties nommeront ou qui se-

ront nommés d'office par le juge, à une évaluation de ce que le fonds produit habituellement en chaque espèce de grains, dans une année commune. — Ils inséreront à la suite leurs avis motivés sur la quotité fixe et l'espèce de rente en grains qui doit remplacer annuellement la redevance jusqu'au rachat ; cette quotité devra être déterminée dans la proportion du produit de l'année du fonds en grains.

16. En cas de diversité d'avis de la part des experts, le juge nommera un tiers d'office, si les parties n'en choisissent pas un de concert. — Les frais de l'expertise seront à la charge du redevable.

17. L'assemblée nationale déroge à l'article 42 du décret du 3 mai 1790 ; en conséquence, tout propriétaire qui a racheté les droits seigneuriaux casuels et autres dont son fonds était grevé, même postérieurement au délai de deux ans fixé par ledit article 42, ou qui les rachetera par la suite, pourra aliéner le même fonds sans être soumis à aucun droit de mutation, qui demeurera irrévocablement éteint par le rachat antérieur, à quelque époque que l'aliénation se fasse postérieurement.

18. Nul ne pourra à l'avenir faire aucune convention ou stipulation tendant à créer des droits casuels, sous quelque dénomination que ce soit, à peine de nullité desdites conventions.

TITRE II. — De l'extinction de la solidarité, et du rachat des cens, rentes et autres redevances solidaires.

Art. 1er. Toute solidarité pour le paiement des cens, rentes, prestations et redevances, de quelque nature qu'ils soient et sous quelque dénomination qu'ils existent, est abolie sans indemnité, même pour les arrérages échus ; en conséquence, chacun des redevables sera libre de servir sa portion de rente, sans qu'il puisse être contraint à payer celle de ses codébiteurs (1). — Le créancier ou ci-devant seigneur sera tenu d'en faire la recette jusqu'au rachat ou remboursement, qui pourra être fait, dans tous les cas, de la manière prescrite par le présent décret.

2. Les codébiteurs solidaires de cens ou de redevances annuelles fixes, même de rentes foncières perpétuelles irrachetables ou devenues telles par convention ou prescription, pourront racheter à l'avenir divisément, suivant ce qui est décrété par les articles 1er et suivans du titre précédent, leur portion contributive desdites redevances, rentes et droits fixes, en se conformant à ce qui sera prescrit par les articles suivans, sans que, sous prétexte de la solidarité, ils puissent être contraints à rembourser au-delà de leur quote-part (2).

____

(1) Cet article s'applique même aux arrérages des rentes anciennes échus depuis le Cod. civ. En ce cas, la solidarité n'a point été rétablie par l'art. 1221 de ce code. Nîmes, 22 janvier 1812, Sir, XIII, 2, 222. — Il s'étend aux rentes foncières comme aux rentes féodales, à la solidarité conventionnelle de même qu'à la solidarité statutaire. Cass., 6 octobre 1812, Sir., XII, 1, 402 ; Bull. civ., XIV, 266. — Il s'applique aux rentes constituées dues au trésor public. Avis du cons., 24 fructidor an 12, Sir., IV, 2, 634. — A une rente en vin due par les habitans d'une commune. Cass., 29 nivose an 8, Sir., I, 1, 280 ; Bull. civ., II, 120. — Mais il ne s'applique qu'aux rentes et redevances dues par les biens fonds, et non aux rentes personnelles. Cass., 2 février 1813, Sir., XVI, 1, 134. — L'abolition de la solidarité, prononcée par la loi du 20 août 1792, n'est subordonnée à l'accomplissement d'aucune des formalités prescrites par les art. 3 et 4 de cette loi, lesquelles ne sont relatives qu'au cas de rachat des rentes ; ainsi, le créancier d'une rente anciennement constituée par plusieurs débiteurs solidaires, ne peut exiger de chacun des débi-rentiers que le service de sa portion de la rente due ; peu importe qu'à la publication de la loi de 1792, ces débiteurs n'aient pas fait constater la quotité de la redevance à la charge de chacun d'eux. Bourges, 16 juin 1829, Sir., XXIX, 2, 318.

(2) Cet article n'a d'effet qu'après que les débi-rentiers ont fait procéder à la division de

3. Ceux qui possèdent divisément partie d'un fonds grevé solidairement d'un ou plusieurs des droits mentionnés en l'article précédent, seront obligés de vérifier par reconnaissances ou autres actes faits avec les possesseurs desdits droits ou leurs receveurs ou agens, la quotité dont ils sont tenus dans la totalité des droits. — Les quittances données par les possesseurs des droits, leurs receveurs ou agens, et les collecteurs des rôles et rentiers, serviront également à constater la quotité des droits solidaires qu'on voudra racheter, lorsque cette quotité y sera déterminée.

4. Les codébiteurs qui possèdent indivisément un fonds grevé d'un ou plusieurs des susdits droits, seront tenus de faire préalablement constater et vérifier à frais communs, et proportionnellement à la portion qui appartient à chacun dans les fonds grevés, la quotité desdits droits solidaires à laquelle ils sont individuellement soumis, contradictoirement avec le propriétaire desdits droits, ou lui dûment appelé. — Il en sera de même des codébiteurs qui, quoique possédant divisément, ne pourront point vérifier, de la manière prescrite par l'article précédent, la quotité dont ils sont tenus dans la totalité des mêmes droits.

5. Un seul pourra contraindre ses autres codébiteurs à concourir à la vérification exigée par l'article précédent, dans les cas qui y sont prévus. — Cette vérification préalable faite contradictoirement ou sur défaut, ou arrêtée de gré à gré, servira à chacun des autres codébiteurs, lorsqu'ils voudront, par la suite, affranchir leurs propriétés, sans qu'ils soient tenus d'en faire une nouvelle.

6. A l'égard des mêmes droits solidaires dûs à la nation, la vérification de la quotité dont le possesseur du fonds grevé voudra se libérer, sera faite et constatée suivant les règles prescrites par les articles 2, 3 et 4 ci-dessus, contradictoirement avec le préposé de la régie sous l'inspection du directoire du district.

TITRE III. — De la prescription des redevances fixes à l'avenir, et du paiement de celles arriérées depuis 1789 jusqu'en 1791 inclusivement.

Art. 1er. Les arrérages à échoir de cens, redevances, même de rentes foncières ci-devant perpétuelles, se prescriront à l'avenir par cinq ans, à compter du jour de la publication du présent décret, s'ils n'ont été conservés par la reconnaissance du redevable, ou par des poursuites judiciaires (1).

2. Néanmoins la prescription pour les droits corporels et incorporels appartenant à des particuliers, est et demeurera suspendue depuis le 2 novembre 1789 jusqu'au 2 novembre 1794, sans qu'elle puisse être alléguée, pour aucune partie du temps qui se sera écoulé pendant le cours desdites

---

la rente : jusque-là, le créancier de la rente peut les assigner solidairement, c'est-à-dire chacun pour le tout, comme bien-tenant. Cass., 8 décembre 1812, SIR., XIII, 1, 94. — Jugé encore que cet article doit être entendu en ce sens que, par l'effet de la loi, chaque débiteur solidaire d'une rente est devenu simple débiteur pour sa part, et qu'ainsi un seul n'a pu, sans le concours des autres débiteurs, payer et contraindre le créancier à recevoir la totalité des arrérages, à l'effet de prévenir la résolution du contrat de vente. Il a pu seulement payer sa portion et empêcher la résolution en ce qui le touche. Cass., 18 mai 1818, SIR., XIX, 1, 97.

(1) Cet article ne permet pas qu'un débiteur de rente soit condamné à payer plus de cinq ans d'arrérages, à partir de 1792, s'il n'y a eu interruption de prescription. Vainement on alléguerait que l'ancienne loi, autorisant la demande de vingt-neuf ans d'arrérages, ou n'admettant que la prescription de trente ans, il doit être permis de compléter les vingt-neuf ans, en réunissant les arrérages courus avant et les arrérages courus depuis la loi du 20 août 1792. Cass., 25 avril

cinq années, soit pour le fonds desdits droits, soit pour les arrérages, conformément à ce qui a été décrété, à l'égard des mêmes droits appartenant à la nation, par le décret du 1er juillet 1791. Il en sera de même des redevables, à l'égard desquels la prescription est et demeurera suspendue pendant le même temps (1).

3. Les redevables d'arrérages de cens, rentes, champarts et autres redevances annuelles, de quelque nature que ce soit, échus en 1789, 1790 et 1791, auront la faculté de se libérer en trois paiemens égaux, de la manière suivante : — Ils seront tenus de payer, dès cette année, un tiers du montant des susdits arrérages à l'échéance du terme ordinaire; un tiers au même terme de 1793, et le dernier tiers à pareil terme de 1794, sans préjudice de l'année courante et de celles à échoir, qui se paieront aux termes fixés.

4. Toutes les dispositions du présent décret seront également communes à tous les droits fixes ou casuels, de quelque nature que ce soit, appartenant ou qui appartiendront à la nation, ou qui dépendaient des domaines ci-devant dits *de la couronne.*

5. Tous les décrets antérieurs, relatifs au rachat des cens, redevances et autres droits fixes ou casuels, ainsi que des rentes foncières ci-devant perpétuelles, auxquels il n'est point dérogé par le présent décret, continueront d'être exécutés.

N° 439. = 20—21 août 1792. = **DÉCRET** *portant que les généraux, officiers-généraux et officiers suspendus ou destitués, seront tenus de s'éloigner à une distance de vingt lieues des corps où ils étaient employés, et des frontières.* (B., XXIV, 189.)

N° 440.=20—22 août 1792.=**DÉCRET** *relatif aux régimens suisses* (2). (B., XXIV, 190.)

Art. 1er. L'assemblée nationale, fidèle aux principes de la liberté française qui ne lui permettent pas de tenir au service de la France des troupes étrangères sous un régime particulier et différent de celui des troupes françaises, et vu d'ailleurs l'expiration du terme des capitulations, décrète que les ré-

---

1820, SIR., XX, 1, 407; Bull. civ., XXII, 155.—D'ailleurs, cette prescription ne s'applique pas aux arrérages de rente foncière, échus avant la loi du 20 août 1792. Cass., 24 prairial an 8, SIR., 1, 2, 249; Bull. civ., II, 245; et 30 novembre 1807, SIR., VIII, 1, 36; Bull. civ., IX, 345.—Ni aux arrérages de ferme qui, sous l'empire des constitutions sardes, ne se prescrivaient que par trente ans. Cass., 1er août 1808, SIR., X, 1, 150; Bull. civ., X, 210; et 5 septembre 1808, SIR., IX, 1, 127; Bull. civ., X, 250.—Ni aux arrérages de rentes constituées. Cass., 19 avril 1809, SIR., IX, 1, 238. — Ainsi, dans les pays où l'ordonnance de 1510 n'avait pas été publiée, les arrérages des rentes constituées à prix d'argent ne se prescrivaient avant le Cod. civ. que par trente ans. Cass., 3 janvier 1809, SIR., X, 1, 134; Bull. civ., XI, 7.—Ni à une rente constituée jadis à prix d'argent dans la ci-devant Savoie, et possédée aujourd'hui par le domaine. Cass., 23 mars 1808, SIR., VIII, 1, 407; Bull. civ., X, 40. — Ni aux rentes convenancières qui ne sont que les fermages des baux à domaine congéable Décret du 4 août 1806, SIR., VII, 2, 1174.—Mais la prescription s'applique aux rentes constituées dues au trésor public. Avis du cons. du 14 fructidor an 12, SIR., IV, 2, 634. — Et aux rentes constituées dans la ci-devant Savoie, quand elles n'ont rien de domanial. Cass., 9 vendémiaire an 13, SIR., V, 2, 330.

(1) La suspension de prescription prononcée par cet article, est applicable aux rentes constituées comme aux autres droits incorporels susceptibles d'arrérages. Cass., 27 mars 1832. SIR., XXXII, 1, 650.

Voyez l'art. 2277 du Cod. civ. qui a renouvelé la prescription quinquennale des arrérages de rente.

(2) Voyez le décret du 17 — 17 septembre 1792, concernant les indemnités qui peuvent résulter du licenciement des régimens suisses; celui du 29 germinal—1er floréal an 2 (18—

gimens suisses, ou de pays alliés de la Suisse, cessent d'être, comme tels, au service de la France.

2. Le pouvoir exécutif est chargé de témoigner aux cantons helvétiques, au nom de la nation française, sa reconnaissance pour les services rendus à la France par les Suisses dans les armées françaises.

3. Tout officier, sous-officier ou soldat servant actuellement dans les régimens suisses, pourra, s'il le préfère, rester au service de la France; et, dans ce cas, il sera employé dans le grade qu'il occupe maintenant, suivant le mode qui sera incessamment décrété. Jusqu'à leur replacement, ils recevront la paie de leurs grades.

4. Tout officier, sous-officier ou soldat suisse qui voudra rester au service de la nation, sera tenu de faire sa déclaration à la municipalité du lieu de la résidence du régiment ou du poste où il se trouvera, immédiatement après la publication du présent décret, et d'y prêter le serment du 10 août : il sera ensuite accordé à chaque sergent, à titre de gratification et d'engagement, une somme de trois cents livres; à chaque caporal, une de deux cents livres; à chaque soldat, une de cent cinquante livres, dont la moitié sera payée à l'instant même de la prestation du serment, et l'autre moitié après l'incorporation avec les troupes françaises.

5. Le comité militaire présentera, dans la séance de demain, un mode d'incorporation des individus, ou de formation des corps qui pourront recevoir cette incorporation, tel que les sous-officiers et soldats suisses puissent y conserver leurs grades et leurs droits à l'avancement, sans que les corps où ils seraient incorporés perdent rien des mêmes avantages.

6. Les retraites, pensions des officiers et indemnités pour les capitaines propriétaires des compagnies, les pensions pour les sous-officiers et soldats suisses qui voudront se retirer, seront fixées conformément à l'esprit des capitulations et à la générosité qui caractérise la nation française, et qu'elle doit témoigner à de fidèles alliés. Ces retraites, pensions et indemnités, seront payées en argent, comme par le passé, ainsi que celles arrêtées dans les états des Suisses retirés et pensionnés jusqu'à ce jour.

7. Le pouvoir exécutif est chargé de pourvoir à la sûreté de tous les officiers et soldats suisses qui voudront se retirer, et de veiller à ce qu'ils soient traités comme d'anciens alliés; mais ils ne pourront se rendre aux frontières que par détachemens qui n'excéderont pas vingt hommes, et ils seront sans armes. Le prix des armes sera remboursé par le pouvoir exécutif à qui de droit.

8. Le pouvoir exécutif nommera des commissaires pour veiller, dans chaque régiment, à la prompte exécution de la présente loi, qui sera lue à la

---

20 avril 1794), et la loi du 17 messidor même année (5 juillet 1794), relatifs à la fixation et au mode de paiement et de liquidation des pensions auxquelles les soldats suisses ont droit; la loi du 2e jour complémentaire an 2 (18 septembre 1794), art. 3; l'arrêté du 28 prairial an 11 (17 juin 1803), et celui du 10 thermidor suivant (29 juillet 1803), qui fixent le mode d'après lequel les soldes et pensions de retraite seront payées aux Suisses retirés dans leur patrie.

Voyez aussi l'ordonnance du 18 juillet—20 août 1816, qui règle l'organisation de quatre régimens d'infanterie de ligne suisse, à la solde de la France; celle du même jour, qui porte des dispositions semblables à l'égard de deux régimens destinés à faire partie de la garde royale; celle du 10—24 août 1816, relative aux honneurs accordés aux anciens officiers du régiment des gardes suisses; celle du 18—28 du même mois, qui règle les droits et privilèges du colonel général des Suisses; celle du 5—26 novembre même année, qui détermine les conditions d'admission et d'avancement dans les régimens suisses de la garde royale; celle du 17—17 août 1822, art. 11, qui fixe l'époque à compter de laquelle les anciens officiers des gardes suisses ont droit aux arrérages de leurs pensions; et celle du 13—18 mai 1825, relative aux pensions accordées à ceux qui faisaient partie des gardes suisses, au 10 août 1792.

Il n'y a plus de troupes suisses en France, depuis la révolution de juillet 1830.

tête de chaque compagnie par la municipalité du lieu, pour y recevoir, concurremment avec les municipalités des lieux où se trouveront les régimens suisses, les déclarations de ceux qui voudront se retirer ou prendre du service, dresser le tableau des indemnités et pensions de ceux qui voudront se retirer; et quant aux autres, veiller à leur incorporation ou formation en corps, sauf à rendre compte à l'assemblée nationale des difficultés que pourra faire naître la fixation des indemnités et retraites.

9. L'assemblée nationale charge le pouvoir exécutif de faire déclarer aux cantons helvétiques, par l'ambassadeur de France, les intentions de la nation française d'entretenir avec eux toutes les relations d'amitié, de fraternité, de commerce et de bon voisinage, conformément au traité d'alliance du 28 mai 1777.

10. Le pouvoir exécutif est chargé de faire traduire en allemand et en italien le présent décret, et de le faire distribuer immédiatement dans les régimens suisses.

N° 441. = 20 — 25 août 1792. = DÉCRET *qui autorise, pour 1791 et 1792, le paiement de la dépense du bureau du cadastre.* (B., XXIV, 192.)

20 août 1792 : *Délits commis* LE 10 AOUT, *Répartition de fonds, Bois communaux,* voyez 15 du même mois.

N° 442. = 21—21 août 1792. = DÉCRET *relatif à la formation de la convention nationale.* (B., XXIV, 198.)

L'assemblée nationale, considérant qu'il est indispensable de lever promptement les incertitudes qui pourraient s'élever sur les opérations relatives à la convocation de la convention nationale, décrète qu'il y a urgence. — L'assemblée nationale, après avoir déclaré l'urgence, et dérogeant à son décret du 10 de ce mois, décrète, conformément à l'article 2 de son décret du 11, que, pour la formation de la prochaine convention nationale, tout Français âgé de vingt-un ans, domicilié depuis un an, vivant du produit de son travail, sera admis à voter dans les assemblées primaires; mais que, conformément à l'article 3 du décret du 11, l'âge de vingt-cinq ans sera nécessaire, pour être éligible comme électeur et comme député à la convention nationale. — Le présent décret sera envoyé par un courrier extraordinaire.

N° 443. = 21—29 août 1792. = DÉCRET *qui fixe le mode de paiement de la somme de cinq cent mille livres accordée pour l'entretien du roi.* (L., X, 554.)

21 août 1792 : *Gendarmerie nationale,* voyez 16 du même mois; *Libelles inciviques,* voyez 18 août; *Officiers-généraux suspendus,* voyez 20 août.

N° 444. = 22—22 août 1792. = DÉCRET *qui assujétit à l'enregistrement et à l'impôt les effets publics au porteur.* (B., XXIV, 199.)

N° 445. = 22—22 août 1792. = DÉCRET *portant nomination d'un commissaire national près le tribunal criminel établi le 17 août 1792* (1). (B., XXIV, 200.)

---

(1) Voyez le décret du 17—17 du même mois, et les notes.

N° 446. = 22—22 août 1792. = DÉCRET *qui autorise les greffiers des juges de paix de Paris à continuer leurs fonctions.* (L., X, 563.)

N° 447. = 22—22 août 1792. = DÉCRET *qui permet l'importation des armes de guerre en exemption de droits, jusqu'à la paix.* (B., XXIV, 202.)

N° 448. = 22—23 août 1792. = DÉCRET *qui fixe le nombre des députés à nommer par les colonies pour la convention nationale.* (B., XXIV, 201.)

L'assemblée nationale, considérant que les colonies font partie intégrante de l'empire français; que tous les citoyens qui les habitent sont, comme ceux de la métropole, appelés à la formation de la convention nationale; — Considérant que l'invitation qui a été faite aux citoyens français, par son acte du 11 de ce mois, de nommer sans délai des représentans pour former la convention nationale, dans la même proportion que pour la législature actuelle, ne peut s'appliquer aux colonies, dont le mode de représentation n'est pas encore déterminé par la loi, décrète qu'il y a urgence. — L'assemblée nationale, après avoir décrété l'urgence, décrète ce qui suit :

Art. 1er. Les colonies et possessions extérieures de l'empire français sont invitées à concourir à la formation de la convention nationale, de la manière et dans les proportions suivantes.

2. La partie française de l'île Saint-Domingue nommera dix-huit députés à la convention nationale; ce nombre sera réparti, par l'assemblée coloniale, entre les trois provinces de la colonie, dans les proportions des trois bases du territoire, de la population et des contributions.

3. La colonie de la Guadeloupe nommera quatre députés à la convention nationale. — La colonie de la Martinique nommera trois députés. — La colonie de Sainte-Lucie nommera un député. — La colonie de Tabago nommera un député. — La colonie de Cayenne et de la Guyane française nommera un député. — La colonie de l'île Bourbon nommera deux députés. — La colonie de l'île de France nommera deux députés. — Les établissemens français dans l'Inde, savoir, Pondichéry, Chandernagor, Mahé et autres, réunis en une assemblée électorale, nommeront deux députés.

4. Le nombre des suppléans sera la moitié de celui des députés, dans les colonies de Saint-Domingue, la Guadeloupe, la Martinique; et, dans celles qui ne nommeront qu'un député, il sera nommé un suppléant par chaque colonie.

5. Les colonies et possessions françaises au-delà du cap de Bonne-Espérance, pourront nommer un nombre de suppléans égal à celui de leurs députés.

6. Les assemblées primaires et électorales s'organiseront et procéderont aux élections, dans les formes prescrites par l'instruction du 15 juin 1791, qui leur sera à cet effet adressée par le pouvoir exécutif, fors les limitations et interprétations comprises dans l'article suivant.

7. Immédiatement après la publication du présent acte, tous les citoyens libres, de quelque état, condition ou couleur qu'ils soient, domiciliés depuis un an dans la colonie, à l'exception de ceux qui sont en état de domesticité, se réuniront pour procéder à l'élection des députés qui doivent former une convention nationale, soit qu'ils soient convoqués ou non par les fonctionnaires publics déterminés par la loi.

N.° 449. = 22—25 août 1792. = Décret *relatif aux marques distinctives des députés* (1). (L., X, 566.)

' L'assemblée nationale décrète que les membres de l'assemblée ne pourront dorénavant se décorer d'aucune médaille ou autres marques distinctives, hors de l'exercice de leurs fonctions.

N° 450. = 22 août—7 septembre 1792. = Décret *qui applique aux commandans, ordonnateurs et officiers de la marine, le décret du 16 octobre 1790, en ce qui concerne les logemens des fonctionnaires publics dans les bâtimens destinés aux administrations.* (B., XXIV, 200.)

22 août 1792 : *Régimens suisses,* voyez 20 du même mois.

N° 451.=23—23 août 1792. = Décret *qui fixe le salaire des gens de mer et les dépenses de la marine dans les ports.* (B., XXIV, 205.)

N° 452. = 23—23 août 1792. = Décret *relatif aux passe-ports des ambassadeurs et ministres étrangers* (2). (B., XXIV, 208.)

Art. 1er. Les passe-ports des ambassadeurs et ministres étrangers continueront à être expédiés par le ministre des affaires étrangères, et seront visés par la municipalité de Paris.

2. Les passe-ports des personnes de la famille, de la suite et du service des ambassadeurs et ministres étrangers, seront expédiés en la même forme, sur le vu du certificat préalable du comité de la section dans l'étendue de laquelle ils habitent, portant que lesdites personnes sont de la famille, de la suite et du service habituel des ambassadeurs et ministres étrangers, et demeurent dans les maisons desdits ministres.

3. Il est enjoint à la municipalité de Paris de veiller à ce que les passe-ports expédiés par le ministre des affaires étrangères dans la forme prescrite, soient respectés aux barrières, et elle y enverra, en cas de besoin, des commissaires pour protéger le départ des ministres étrangers.

N° 453. = 23—27 août 1792. = Décret *qui prescrit des mesures pour la mise en activité des régimens d'artillerie et d'infanterie de la marine.* (B., XXIV, 208.)

N° 454. = 23—28 août 1792. = Décret *qui ordonne à tous les officiers publics ou dépositaires de déclarer tous les objets qui sont entre leurs mains, appartenant à des Français émigrés* (3). (B., XXIV, 206.)

Art. 1er. Tous les citoyens feront, dans le délai le plus court, devant les officiers de leurs municipalités, la déclaration de toutes les sommes qu'ils sauront être dues à des Français actuellement domiciliés en pays étranger, et des effets, contrats et biens de toute nature qu'ils sauront leur appartenir. Ces déclarations contiendront les indications nécessaires, et seront accompagnées des preuves à l'appui, autant qu'il sera possible.

(1) Voyez l'ordonnance du 12 septembre 1815, qui a fixé le costume des députés sous la restauration : depuis la révolution de juillet, il ne leur en a été attribué aucun.

(2) Voyez le décret additionnel du 27 août—2 septembre suivant.

(3) Voyez le § 3 des notes qui accompagnent le décret du 9 — 12 février 1792 ; elles résument toutes les mesures dont les biens des émigrés ont été l'objet.

2. Il est ordonné à tous les notaires, avoués, greffiers, receveurs des consignations, régisseurs, chefs et directeurs des compagnies d'actionnaires et tous autres officiers publics ou dépositaires, de faire à la municipalité de leur résidence, dans les huit jours qui suivront la publication du présent décret, leurs déclarations des valeurs, espèces, actions, bordereaux et autres effets au porteur, des titres de propriété, contrats de rente, obligations à jour fixe, billets, et généralement de tous les objets qui sont entre leurs mains, appartenant à des Français de l'un et de l'autre sexe, qu'ils ne connaîtront pas pour être actuellement domiciliés dans l'étendue du territoire français, même des objets qu'ils sauront être déposés en d'autres mains ; enfin de ceux que lesdits absens auraient transmis et cédés, autrement que par acte authentique antérieur à la publication du décret du 9—12 février dernier. Ces déclarations seront affirmées par serment ; elle seront exemptes de la formalité du timbre, et il en restera minute au greffe de la municipalité.

3. A défaut de déclarations, et dans le cas de fausses déclarations de la part de ceux dénommés dans l'article précédent, ils seront garans et responsables de la perte qui pourrait s'ensuivre pour la nation, et tenus personnellement de rétablir, au profit du trésor public, le montant des effets au porteur, obligations, et de tous autres objets qui pourraient être délivrés auxdits absens, leurs fondés de pouvoirs, cessionnaires et ayans-cause, en contravention au décret du 30 mars — 8 avril dernier et du présent décret, lequel vaudra opposition, saisie et arrêt entre les mains desdits dépositaires, à compter du jour de sa publication.

4. Les contrevenans seront de plus condamnés en une amende, qui demeurera fixée à la valeur des effets qu'ils n'auront pas déclarés.

5. Les officiers municipaux dénonceront aux procureurs-syndics de district tout ce qui viendra à leur connaissance, relativement aux contraventions ci-dessus énoncées, et lesdits procureurs-syndics seront tenus de poursuivre par-devant les tribunaux de district la condamnation aux peines et amendes portées par les articles précédens.

6. Lesdits officiers municipaux feront remettre, dans la huitaine, un extrait de toutes les déclarations qui leur auront été fournies, au directoire de district, lequel formera en conséquence de nouvelles listes, dans la forme prescrite par l'article 7 du décret du 30 mars—8 avril dernier, et les fera passer au directoire du département pour en être fait l'usage prescrit par l'article 8 dudit décret.

Nº 455. ⹀ 23—28 août 1792. ⹀ DÉCRET *relatif aux citoyens qui étaient attachés à la maison de* Louis XVI (1). (B., XXIV 209.)

Art. 1er. Il sera dressé sans délai, par la municipalité de Versailles, un état nominatif de toutes les personnes qui étaient attachées à la maison de *Louis XVI*, soit en qualité de gens à gages, soit en qualité de pensionnaires pour cause de domesticité, avec brevet sur la liste civile ou sur la cassette.

2. Cet état sera divisé en différentes colonnes, qui indiqueront le nom et la demeure des personnes, le montant de leur traitement, la durée de leurs services, leur âge, leur état, et le nombre de leurs enfans ; il sera visé par le directoire de district, et arrêté par le département, qui le fera passer au ministre de l'intérieur.

---

(1) Voyez ci-après le décret du 27 novembre 1792, et les notes.

3. Le ministre de l'intérieur, aussitôt après la réception de l'état nominatif, le remettra à l'assemblée nationale, qui fixera les secours qui seront accordés provisoirement à chaque individu, jusqu'à ce que la convention nationale ait statué définitivement sur le sort des personnes ci-devant attachées au service de *Louis XVI*.

4. Tous pensionnaires pour cause de domesticité, qui ne seront point en titre d'office dans la maison de *Louis XVI*, et dont le traitement n'excédera pas six cents livres, seront payés dans la proportion déterminée par l'article suivant, en présentant leur brevet de pension, ou leur certificat de service visé de la municipalité.

5. Lesdits domestiques ou pensionnaires pour cause de domesticité, et ayant vingt années de service révolues, recevront annuellement la somme de six cents livres ; ceux qui auront dix années de service seulement, recevront quatre cents livres; enfin ceux dont le service sera au dessous de dix années, recevront seulement deux cents livres, le tout dans la proportion du temps qui s'écoulera jusqu'à ce que la convention nationale ait statué définitivement sur leur sort.

6. Ne seront admis au secours provisoire ci-dessus décrété, que ceux qui prouveront avoir résidé habituellement en France depuis l'époque du 14 juillet 1789, et qui justifieront du paiement de leurs contributions patriotique, foncière et mobilière, ainsi que de leur inscription au registre de la garde nationale.

---

23 août 1792 : *Serment des fonctionnaires*, voyez 15 du même mois ; *Encouragemens au commerce*, voyez 16 août; *Colonies*, voyez 20 août.

N° 456. = 24 août 1792. = **Décret** *portant que tous les effets publics au porteur, émis ou à émettre pour des compagnies particulières, seront soumis à l'impôt du cinquième comme biens fonds* (1). (B., XXIV, 215.)

N° 457. = 24—24 août 1792. = **Décret** *qui autorise le pouvoir exécutif à remplacer les généraux, commandans et officiers de l'armée qui ont quitté leur poste.* (B., XXIV, 213.)

N° 458. = 24—26 août 1792. = **Décret** *qui fixe le mode d'incorporation pour les officiers, sous-officiers et soldats suisses* (2). (B., XXIV, 211.)

N° 459. = 25—25 août 1792. = **Décret** *qui défend d'exercer la contrainte par corps pour dettes de mois de nourrice* (3). (B., XXIV, 218.)

N° 460. = 25—25 août 1792. = **Décret** *relatif à la procédure devant la haute-cour nationale* (4). (B., XXIV, 223.)

Art. 1er. Les accusés devant la haute-cour nationale seront tenus, dans le délai de trois jours après leur interrogatoire, d'indiquer les témoins qu'ils désireront faire entendre.

2. Ils pourront présenter pour cet objet leur requête ensemble ou séparément, mais sans prolongation du délai de trois jours.

---

(1) Voyez le décret du 17—17 septembre 1792, qui porte la même disposition.
(2) Voyez le décret du 20—22 août 1792, qui licencie les régimens suisses, et les notes.
(3) L'abolition de la contrainte par corps, pour mois de nourrice, est restée définitive.
(4) Voyez le décret d'organisation de la haute-cour, du 10—15 mai 1791, et les notes.

3. Faute par eux d'avoir présenté leur requête dans ledit délai, ils ne pourront faire entendre leurs témoins qu'à l'époque désignée pour le débat ; et il ne leur sera accordé aucun nouveau délai.

4. Les témoins pourront être entendus par l'un des grands-juges seulement, qui sera à cet effet commis par le tribunal.

5. Les grands-juges pourront adresser aux tribunaux criminels et aux directeurs de jurés, des commissions rogatoires pour recevoir les déclarations des témoins qui ne seront pas domiciliés dans l'étendue du département où siége la haute-cour nationale.

6. Lorsque la liste des cent soixante-six hauts-jurés sera épuisée, elle sera reprise pour la formation des tableaux subséquens, sans que le haut-juré qui aura été appelé une première fois puisse s'excuser par ce motif ; et néanmoins les tableaux qui se trouveront formés au moment de la publication du présent décret, ne pourront être annulés.

7. Immédiatement après le premier interrogatoire, le tableau général des jurés sera présenté à l'accusé : il sera tenu, dans les vingt-quatre heures suivantes, de désigner les quarante jurés que la loi lui permet de récuser sans en expliquer les motifs.

8. Les noms des hauts-jurés ainsi récusés seront exclus du tirage au sort ; il sera procédé à la formation du tableau dans les vingt-quatre heures suivantes, et l'accusé sera seulement admis à proposer des récusations motivées contre les jurés qui seront inscrits sur ce tableau.

9. L'accusé n'aura qu'un délai de vingt-quatre heures pour proposer ces récusations : ce délai courra du moment où le tableau lui aura été présenté ; et le tribunal sera tenu de prononcer sur l'admissibilité des moyens de récusation, dans les vingt-quatre heures suivantes.

10. Les assemblées électorales qui vont procéder à la nomination des membres de la convention nationale, sont invitées à procéder à l'élection des deux nouveaux hauts-jurés par département.

11. Les membres de la législature actuelle ayant rempli les fonctions de jurés d'accusation, à l'égard des accusés détenus dans les prisons de la haute-cour nationale, sont exclus de la nouvelle élection des hauts-jurés, déterminée par l'article précédent.

12. Jusqu'à ce que la convention nationale ait statué sur la réorganisation du tribunal de la haute-cour nationale, les grands procurateurs de la nation, les grands-juges et les hauts-jurés actuellement en exercice, continueront à remplir leurs fonctions jusqu'à leur remplacement.

13. Le ministre de la justice est chargé d'envoyer à Orléans deux commissaires pour s'assurer de l'état des procédures instruites par la haute-cour nationale, de l'état des prisons, et des précautions prises pour la sûreté des prisonniers ; et il en fera rendre compte sans délai à l'assemblée, pour être par elle, sur ce rapport, statué ce qu'il appartiendra.

N° 461. ⇒ 25 — 28 août 1792. ⇒ **DÉCRET** *relatif aux droits féodaux* (1).
(B., XXIV, 219.)

Art. 1er. Tous les effets qui peuvent avoir été produits par la maxime *nulle terre sans seigneur*, par celle de l'enclave, par les statuts, coutumes et règles, soit générales, soit particulières, qui tiennent à la féodalité, demeurent comme non avenus.

----

(1) Les principes fondamentaux de ce décret sont, d'une part, l'abolition sans indemnité de tous les droits, rentes, redevances et prestations quelconques qui dérivent purement du régime féodal et de la main-morte personnelle ou réelle, sous quelque dénomination que ce soit ;

2. Toute propriété foncière est réputée franche et libre de tous droits, tant féodaux que censuels, si ceux qui les réclament ne prouvent le contraire dans la forme qui sera prescrite ci-après.

3. Tous les actes d'affranchissement de la main-morte réelle ou mixte, et tous autres actes équivalens, sont révoqués et annulés. Toutes redevances, dimes ou prestations quelconques établies par lesdits actes, en représentation de la main-morte, sont supprimées sans indemnité ; tous corps d'héritage cédés pour prix d'affranchissement de la main-morte, soit par les communautés, soit par des particuliers, et qui se trouvent encore entre les mains des ci-devant seigneurs, seront restitués à ceux qui les auront cédés, et les sommes de deniers promises pour la même cause et non encore payées, ne pourront être exigées (1).

4. Les dispositions de l'article 3 ci-dessus auront également lieu dans les ci-devant provinces de Bourbonnais, de Nivernais et de Bretagne, pour tous les actes relatifs aux ci-devant tenures en bordelage, en mote et en quevèze.

5. Tous les droits féodaux ou censuels utiles, toutes les redevances seigneuriales annuelles en argent, grains, volailles, cire, denrées ou fruits de la terre, servis sous la dénomination de cens, censives, surcens, capcasal, rentes seigneuriales et emphytéotiques, champart, tasque, terrage, arrage, agrier, complant, soëté, dimes inféodées, en tant qu'elles tiennent de la nature des redevances féodales ou censuelles, et conservées indéfiniment par l'article 2 du titre III du décret du 15 mars 1790 ; tous ceux des droits conservés par les articles 9, 10, 11, 17, 24 et 27 du titre II du même décret, et connus sous la dénomination de feu, cheminée, feu allumant, feu mort, fouage, moncage, bourgeoisie, congé, chiénage, gîte aux chiens, guet et garde, stage ou estage, chasse sipolerie, entretien des clôtures et fortifications des bourgs et châteaux, pulvérage, banvin, vêt du vin, étanche, cens en commande, gave, gavène ou gaule, poursoin, sauvement ou sauvegarde, avouerie ou vouerie, étalonnage, minage, muyage, ménage, leude, leyde, pugnière, bichenage, levage, petite coutume, sextérage, coponage, copal, coupe, cartelage, stellage, sciage, palette, aunage, étale, étalage, quintalage, poids et mesures, banalités et corvées ; ceux des droits conservés par les articles 6 et 14 du titre Ier du décret du 13 avril 1791, et connus sous les noms de droits de troupeaux à part, de blairie ou de vaine pâture, les droits de quête, de collecte, de vingtain ou de tâche, non mentionnés dans les précédens décrets, et généralement tous les droits seigneuriaux,

---

et, d'autre part, le maintien de tous les droits et redevances qui, sous des dénominations féodales, n'auraient pourtant rien de commun avec la féodalité, soit parce qu'elles seraient dues à des particuliers non seigneurs ni possesseurs de fief, soit parce que, dues à des seigneurs, elles auraient pour cause des concessions de fonds.

Le décret du 17 juillet 1793 a été plus loin ; il a aboli, sans indemnité, même les droits conservés par celui du 25 août 1792 : comme le décret de 1793 est le point extrême de la législation sur la féodalité, et qu'il a servi de texte à presque tous les arrêts sur les rentes féodales, nous renvoyons le lecteur aux annotations étendues et complètes de législation et de jurisprudence qui l'accompagnent ; et nous nous bornerons à rapporter ici les décisions qui, après une vérification scrupuleuse, nous ont paru se rattacher uniquement au décret de 1792.

(1) Une concession est nulle, lorsqu'elle a eu pour cause, avec l'affranchissement de la main-morte, une charge pécuniaire. Cass., 19 pluviose an 6, Sir., I, 1, 129.—Jugé de même qu'une transaction, homologuée en conseil d'état, entre une commune et son ci-devant seigneur, qui n'offre, pour prix de la cession d'une portion considérable de bois dont cette commune était en possession, qu'un abandon de droits féodaux, n'est pas un titre légitime d'acquisition pour le seigneur qui conteste à la commune la propriété de ces bois. Cass., 11 novembre 1807, Sir., VIII, 1, 161.

tant féodaux que censuels, conservés ou déclarés rachetables par les lois antérieures, quelles que soient leur nature et leur dénomination, même ceux qui pourraient avoir été omis dans lesdites lois ou dans le présent décret, ainsi que tous les abonnemens, pensions et prestations quelconques qui les représentent, sont abolis sans indemnité, à moins qu'ils ne soient justifiés avoir pour cause une concession primitive de fonds, laquelle cause ne pourra être établie qu'autant qu'elle se trouvera clairement énoncée dans l'acte primordial d'inféodation, d'accensement ou de bail à cens, qui devra être rapporté (1).

6. Attendu que, par l'article 5 ci-dessus, les dîmes inféodées, en tant qu'elles tiennent de la nature des redevances féodales ou censuelles, sont supprimées sans indemnité, à moins qu'elles ne soient prouvées être le prix d'une concession primitive de fonds, et que, dans ce dernier cas, les redevables doivent les racheter eux-mêmes, aux termes de l'article 14 du décret des 23 et 28 octobre 1790, il n'y a lieu contre la nation à aucune indemnité pour raison de la suppression de toutes autres dîmes inféodées, seigneuriales ou laïcales, qui n'ont jamais pu perdre le caractère primitif d'impôt, non plus que pour raison des rentes qui en étaient représentatives.

7. Les péages, provisoirement exceptés de la suppression par l'article 15 du titre II du décret du 15 mars 1790, sont également abolis sans indemnité, à moins que les ci-devant seigneurs ne prouvent par les titres de leur création primitive, qu'ils sont la représentation ou le dédommagement d'une propriété dont le sacrifice a été fait à la chose publique (2).

(1) Lorsqu'un seigneur féodal, en transportant des rentes seigneuriales, avant la loi du 4 août 1789, s'est réservé le droit de la percevoir lui-même, et n'a contracté d'autres obligations envers l'acquéreur que celle de lui en remettre chaque année le montant, ce n'est pas le cas d'appliquer la maxime d'après laquelle un cens aliéné avant 1789, avec réserve de la directe de la part du seigneur, devient, à l'égard des redevables, une prestation purement foncière, non supprimée par les lois abolitives de la féodalité.—Ici s'applique, au contraire, l'art. 5 de la loi du 25 août 1792. Cass., 5 germinal an 13, Sir., VII, 2, 1178; Bull. civ., VII, 264.— Le droit de terrage dû au roi, dans le ci-devant pays de Hainault, était féodal et domanial; il n'a pas changé de nature dans les mains de l'aliénataire et, par conséquent, il a été aboli par la loi du 25 août 1792, nonobstant l'aliénation. Cass., 30 juillet 1817, Sir., XVIII, 1, 169. —Jugé cependant qu'en Hainault le terrage n'était pas réputé féodal, et qu'en conséquence, il peut être réclamé, encore que la foncièreté ne soit pas justifiée par le titre primordial. Cass., 17 floréal an 12, Sir., IV, 2, 238; Bull. civ., VI, 253.—Jugé encore que les terrages qui, lors de l'abolition du régime féodal, étaient perçus au profit des ci-devant seigneurs, ne sont point atteints par les lois suppressives, dans les pays allodiaux, tels que la coutume d'Auvergne, où avait lieu la maxime *nul seigneur sans titre*, si les débiteurs qui invoquent la loi de 1792, ne prouvent eux-mêmes la féodalité de la redevance. Cass., 23 vendémiaire an 13, Sir., V, 1, 29.—Jugé, enfin, qu'on ne doit pas regarder comme ci-devant seigneurial, et par suite, comme supprimé, un droit de terrage qui, dans une contrée ci-devant régie par le droit écrit, se percevait sur des héritages dont rien ne prouve que la concession eût été primitivement faite à titre féodal ou censuel. Cass., 23 juin 1807, Sir., VIII, 1, 270; Bull. civ., IX, 204.—Les banalités établies *par convention*, au profit d'un particulier *non seigneur*, n'ont pas été abolies par la loi du 25 août 1792. Cass., 7 frimaire an 13, Sir., V, 2, 15; Bull. civ., VII, 55; et 5 février 1816, Sir., XVI, 1, 157.—Mais, lorsqu'une banalité a été établie par un acte dans lequel un prince est devenu seigneur d'une commune, et que, d'ailleurs, il n'est pas prouvé que cette banalité ait été établie entre une communauté d'habitans et des particuliers *non seigneurs*, elle peut être présumée féodale, et, comme telle, abolie par la loi précitée. Cass., 31 mars 1813, Sir., XVI, 1, 9.—La législation actuelle ne permet, sous aucun prétexte, de renouveler en faveur des communes les banalités de leurs usines, même de celles acquises par elles à titre onéreux. En conséquence, le bail qui serait passé à un particulier, pour l'exercice de ce droit, et l'arrêté du préfet qui en aurait approuvé l'adjudication, sont nuls. Arr. du cons., 29 avril 1809, Sir., XVII, 2, 127.—La demande d'une indemnité pour la suppression du privilège d'une banalité, possédé en vertu d'un bail emphytéotique, n'est pas admissible : ceux qui ont acquis de ces droits ne peuvent demander que la résiliation de leur bail. Arr. du cons. des 6 juin et 2 juillet 1807, Sir., XVI, 2, 276.

(2) Cet article n'est pas applicable aux droits d'octroi ou de pontage perçus par les communes. Cass., 26 germinal an 7, Sir., I, 1, 205; Bull. civ., 1, 318.

8. Seront simplement rachetables ceux desdits droits qui se trouveront justifiés dans la forme prescrite par les articles 5 et 7 du présent décret.

9. Les droits exclusifs de bacs et voitures d'eau, provisoirement conservés par l'article 15 du titre II du décret du 15 mars 1790, sont pareillement supprimés, de manière qu'il sera libre à tout citoyen de tenir sur les rivières et canaux des bacs, coches ou voitures d'eau, sous les loyers et rétribution qui seront fixés et tarifés par les directoires de département, sur l'avis des municipalités et des directoires de district (1).

10. Les arrérages des droits supprimés sans indemnité, même ceux qui pourraient être dus en vertu de jugemens, accords ou conventions, ne sont point exigibles; mais ne pourront être répétés ceux desdits droits qui ont été payés conformément aux lois antérieures (2).

11. Les reconnaissances de liquidation des dimes, soit provisoires, soit définitives, qui ne sont pas encore acquittées ou données en paiement de biens nationaux, demeurent comme non avenues (3).

12. Tous les procès intentés et non décidés par jugement en dernier ressort, relativement à tous droits féodaux ou censuels, fixes et casuels, abolis sans indemnité, soit par les lois antérieures, soit par le présent décret, demeurent éteints, et les dépens resteront compensés (4).

13. Les fermiers conserveront les facultés, actions et indemnités qui leur sont réservées par l'article 37 du titre II du décret du 15 mars 1790, et pourront se faire restituer les sommes qu'ils auront payées aux ci-devant seigneurs, pour raison des mêmes droits échus depuis le 4 août 1789, au prorata du montant desdits droits dont ils n'auront pas été payés eux-mêmes par les propriétaires.

14. Les dispositions du décret du 11 mars —10 avril 1791, qui règle le mode par lequel les fermiers et propriétaires s'arrangeront entre eux pour la dîme supprimée, au paiement de laquelle les fermiers étaient soumis, suivant l'usage ou les clauses de leur bail, en sus du prix de la ferme, seront communes et exécutoires entre les fermiers et propriétaires des terres soumises aux divers droits féodaux et censuels, tels que champart, agrier, tasque et autres, supprimés sans indemnité par le présent décret, et dont le paiement était aussi à la charge desdits fermiers en sus du prix du bail.

---

(1) Un particulier ne peut prétendre à la propriété d'un bac établi sur une rivière navigable, s'il n'est pas propriétaire des deux rives, si le passage d'eau est la continuation d'un chemin public, et si ce bac est du nombre de ceux qui ont été supprimés par la loi du 25—28 août 1792. Arr. du cons. du 28 décembre 1825, Sir., XXVI, 2, 349.

(2) Cet article s'applique même au cas où la répétition est exercée par des fermiers de seigneurs. Cass., 16 juin 1812, Sir., XII, 1, 358; Bull. civ., XIV, 183.

(3) Cet article n'a pas dérogé à l'art. 38 du tit. II de la loi du 15—28 mars 1790. — En conséquence, le preneur d'un bail à rente passé par un bénéficier ecclésiastique, est fondé à demander la réduction des charges et redevances stipulées dans ce bail, à raison des rentes féodales et de la dîme qui en faisaient partie et qui ont été supprimées. Arr. du cons. du 18 août 1807, Sir., Jur. du cons., I, 115.

(4) Cet article s'applique aux contestations élevées avant la révolution, pour fait de chassé, entre deux seigneurs de fiefs voisins. Cass., 20 frimaire an 13, Sir., VII, 2, 825.—L'acquéreur qui, sous le régime féodal, a été évincé, par un jugement en dernier ressort, de droits féodaux, dont son vendeur s'était obligé à le faire jouir, peut encore aujourd'hui poursuivre l'action qu'il avait intentée contre son vendeur, avant l'abolition de ces droits : à cet égard, il n'y a nulle distinction à faire entre le cas où le jugement d'éviction aurait été exécuté de fait par la dépossession de l'acquéreur, réellement opérée avant l'abolition des droits, et celui où ce jugement serait demeuré sans exécution. Cass., 13 mai 1806, Sir., VI, 2, 691.—Jugé encore que l'abolition des procès relatifs aux droits féodaux n'embrasse pas les procès intentés par les acquéreurs contre leurs vendeurs, pour cause d'éviction. Cass., 8 ventose an 12, Sir., IV, 1, 171; Bull. civ., VI, 187.

15. Ceux qui ont acquis de la nation des droits supprimés par le présent décret, sans mélange d'autres biens ou de droits conservés, jouiront de l'effet des dispositions prescrites, relativement à l'acquisition des droits casuels nationaux, par l'article 4 du décret du 18 juin dernier.

16. Quant à ceux qui ont acquis de la nation des droits supprimés par le présent décret, conjointement avec d'autres biens ou droits conservés, il leur sera fait déduction, sur le prix de leur acquisition, des sommes principales auxquelles les droits supprimés ont été fixés par les procès-verbaux d'estimation. Les intérêts de ces sommes seront également déduits, à compter du jour des adjudications, si les fermiers n'ont pas perçu les arrérages desdits droits abolis.

17. Ne sont point compris dans le présent décret les rentes, champarts et autres redevances qui ne tiennent point à la féodalité, et qui sont dus par des particuliers à des particuliers non seigneurs ni possesseurs de fief (1).

18. Le droit de rabattement de décret, usité dans le ressort du ci-devant parlement de Toulouse et autres, et tous retraits de la même nature, sont éteints et abolis.

19. Tous procès intentés et non décidés par jugement en dernier ressort, relativement au droit de rabattement de décret et autres retraits, demeurent éteints; et les dépens seront compensés.

20. Il est dérogé aux lois antérieures, en tout ce qu'elles renferment de contraire aux dispositions du présent décret.

Nº 462. = 25—28 août 1792. = **DÉCRET** *relatif aux biens que possèdent les émigrés dans les colonies* (2). (B., XXIV, 227.)

Art. 1ᵉʳ. Les biens que possèdent dans les colonies faisant partie de l'empire, les Français notoirement émigrés, seront saisis et vendus au profit du trésor public, pour le prix en revenant servir à l'indemnité due à la nation.

2. Ces ventes se feront au plus offrant et dernier enchérisseur, ainsi qu'il

---

(1) Une rente n'est pas présumée seigneuriale, parce qu'elle est due à un seigneur : lorsque l'existence de la rente est avérée, et que sa nature est présumée foncière, le débiteur qui excipe de son abolition est obligé de justifier par titre qu'elle a été créée seigneuriale. Cass., 23 vendémiaire an 13, Sir., V, 1, 29.—Une rente due par une commune, si elle ne paraît assise sur tel ou tel héritage, est présumée dette personnelle plutôt que charge foncière ou féodale. Cass., 22 prairial an 9, Sir., 1, 2, 667.—En pays allodial, le champart, possédé par un seigneur, n'était pas présumé seigneurial, encore que ce champart fût la seule redevance que le seigneur perçût sur les héritages qui y étaient assujétis et faisaient partie de son enclave. Cass., arrêt précité du 23 vendémiaire an 13, Sir., V, 1, 29.—En pays de droit écrit, le champart est présumé rente foncière. Cass., 23 juin 1807, Sir., VIII, 1, 270; Bull. civ., IX, 204.— Un droit de champart, tenu en foi et hommage, sous la charge d'un relief aux mutations, est essentiellement féodal. Cass., 19 février 1809, Sir., IX, 1, 347.—Les champarts aliénés avant la révolution n'ont pas conservé dans les mains des acquéreurs un caractère de féodalité qui les soumette à l'abolition prononcée par la loi du 25 août 1792, lorsqu'il est prouvé qu'en aliénant son champart, le seigneur s'est réservé la directe. Cass., 2 janvier 1809, Sir., IX, 1, 341; Bull. civ., XI, 1.—Jugé encore que le droit de champart qui, avant la publication de la loi du 25 août 1792, a été arroturé, avec réserve expresse de la directe, par le ci-devant seigneur, n'est pas compris dans l'abolition prononcée par cette loi. Cass., 23 juillet 1811, Sir., XII, 1, 76; Bull. civ., XIII, 185.—Mais il en est autrement du droit de champart qui, avant la révolution, a été aliéné avec la directe. Cass., arrêt précité du 19 février 1809, Sir., IX, 1, 347.

Voyez, au surplus, sur les caractères généraux constitutifs des rentes et redevances féodales ou mélangées de féodalité, et sur les spécialités, les notes qui accompagnent l'art. 1ᵉʳ de la loi du 17 juillet 1793.

(2) Voyez, sur les biens des émigrés, le § 3 des notes qui accompagnent le décret du 9—12 février 1792.

est observé pour les domaines nationaux, sauf les modifications qui vont être présentées dans les articles suivans.

3. Pour faciliter les ventes, les corps administratifs pourront faire procéder à l'adjudication, soit en annuités payables en douze années, soit en rentes amortissables, ainsi qu'il est ordonné par le décret du 14 de ce mois, pour les biens des émigrés situés en France.

4. Pour éviter les injustices qui pourraient résulter du défaut d'ordre dans une pareille saisie, le pouvoir exécutif fera passer dans chacune des colonies la liste des officiers, soit de terre, soit de mer, ou des habitans de l'empire notoirement émigrés.

5. Les personnes qui ont des biens dans les colonies, et qui résident en France, enverront au ministre de la marine, dans le mois qui suivra la proclamation du présent décret, un certificat de la municipalité du lieu qu'elles habitent, visé par le directoire du district, qui constatera qu'elles résident actuellement et habituellement depuis six mois dans le royaume, ou que, depuis ce temps, elles y seront arrivées des colonies.

6. Les personnes qui, habitant une colonie, possèdent des biens dans une autre colonie, seront obligées de prendre certificat de leurs municipalités, dans la quinzaine de la promulgation du présent décret, et d'en justifier, dans le délai de six mois, aux municipalités des autres îles dans le territoire desquelles elles ont des possessions.

7. Aussitôt la promulgation du présent décret dans chacune des colonies, le procureur de chaque commune fera faire, à sa requête, défense à chaque gérant de biens sur lesquels ne résidera point le propriétaire, ou dont ledit propriétaire n'aura pu prouver sa résidence, de se dessaisir en sa faveur d'aucuns deniers. Il le contraindra, par les voies légales, de verser le revenu de l'habitation confiée à ses soins, à la caisse de la colonie située dans l'arrondissement de son quartier, sauf les sommes nécessaires pour continuer la faisance-valoir, qui seront déterminées, sur la demande du régisseur, par les municipalités.

8. Les articles 10, 11 et 14 du décret du 30 mars—8 avril derniers, concernant les fausses déclarations, sont applicables aux colonies; en conséquence, il sera adressé aux commissaires civils dans les colonies, et promulgué aux fins de son exécution.

9. Tous les propriétaires de droits ou de biens indivis avec un émigré pourront, s'ils sont eux-mêmes résidans en France ou dans les colonies, présenter leurs titres aux corps administratifs; et, sur l'avis du chef de l'administration civile, obtenir la portion qui leur appartient dans les biens indivis qui continueront d'être administrés.

10. Les femmes et les enfans des émigrés habitant l'empire pourront se présenter pour réclamer leurs droits; et il sera procédé à leur liquidation, contradictoirement avec le procureur-de-chaque commune, ou syndic municipal, près le tribunal dans l'arrondissement duquel les biens pourront se trouver, conformément à la loi du 8 avril.

11. Les créanciers porteurs de pièces authentiques, ou représentant des registres en bonne forme, antérieurs au 9 février pour ceux qui habitent la France, et à la promulgation du présent pour ceux qui habitent les colonies; les ouvriers et fournisseurs qui justifieront de leurs travaux et fournitures faites pour les émigrés, avant lesdites époques, seront payés de leurs créances sur les revenus des biens des émigrés échus avant lesdites époques, en affirmant leurs créances sincères et véritables devant la municipalité du lieu où ils se trouveront; et à l'égard des ouvriers et fournisseurs, après vérification et réglement par experts de leurs travaux et fournitures, sans préjudice du

droit que conserveront ces créanciers de faire vendre les biens pour l'acquit de leurs créances, dans la forme ordinaire, pour les meubles, et dans celle prescrite par l'article suivant pour les immeubles.

12. Lorsqu'un créancier résidant en France ou dans une colonie sera fondé, en vertu d'un titre authentique antérieur aux époques déterminées dans l'article précédent, à faire vendre un immeuble appartenant à son débiteur émigré, il pourra, un mois après le commandement fait au domicile connu du débiteur émigré, ou à cri public dans le chef-lieu de la colonie, dénoncé au chef de l'administration, faire procéder à l'estimation et ensuite à la vente ou à l'arrentement des biens de son débiteur, au plus offrant.

13. Les ventes se feront dans les formes et après les proclamations usitées pour affermer dans les colonies les biens des successions vacantes : les droits des créanciers seront conservés par une déclaration d'hypothèque, faite juridiquement au greffe du tribunal devant lequel se fera l'adjudication.

14. Ne sont point sujets aux dispositions du présent décret, les biens des Français établis en pays étranger avant le 1er juillet 1789, ceux dont l'absence est antérieure à ladite époque, ceux qui ont une mission du gouvernement, leurs épouses, pères et mères domiciliés avec eux ; les gens de mer, les négocians et leurs facteurs, notoirement connus pour être dans l'usage de faire, à raison de leur commerce, des voyages chez l'étranger ; les citoyens déportés pendant les troubles qui ont agité ces contrées, et ceux qui, dans les dernières insurrections de Saint-Domingue et de la Martinique, ont été contraints de passer dans les îles voisines ou dans le continent américain.

15. Les commissaires civils, les autorités constituées et la force publique, sont chargés de protéger par toute voie la conservation des biens des émigrés, la mise en possession des fermiers ou acquéreurs, et de leur procurer une jouissance paisible et sans trouble ; ils sont chargés en même temps de protéger les propriétés, et de prendre toutes les précautions possibles pour arrêter les insurrections.

N° 463. — 25—28 août 1792. = DÉCRET *relatif aux fonctionnaires publics des colonies.* (B., XXIV, 230.)

L'assemblée nationale déclare qu'elle n'a entendu apporter, par son décret du 10 de ce mois, aucun changement à la nature des fonctions légalement établies dans les colonies par le pouvoir exécutif, ni suspendre la faculté attribuée aux gouverneurs, d'accorder ou de refuser l'approbation nécessaire aux arrêtés des assemblées coloniales, pour être provisoirement exécutés.

N° 464. = 25—30 août 1792. = DÉCRET *qui établit un agent spécial à la direction et à la surveillance des signaux dans l'île d'Ouessant.* (B., XXIV, 219.)

N° 465. = 25—30 août 1792. = DÉCRET *relatif aux billets de la caisse d'escompte et autres papiers-monnaie.* (B., XXIV, 222.)

L'assemblée nationale décrète que les billets de la caisse d'escompte et les autres papiers-monnaie ne seront point assujétis au droit d'enregistrement, mais seulement les actions de ces différentes compagnies.

N° 466. = 25—30 août 1792. = DÉCRET *portant que les sergens de l'infanterie de ligne et des bataillons de volontaires nationaux seront provisoirement, à l'avenir, armés de leur sabre.* (B., XXIV, 225.)

N° 467. = 25—31 août 1792. = **Décret** *qui règle la fabrication des espèces de bronze.* (B., XXIV, 226.)

N° 468. = 25 août—2 septembre 1792. = **Décret** *portant qu'il n'est plus permis de substituer* (1). (L., X, 623.)

Un membre propose de décréter, 1° la suppression des substitutions; 2° l'égalité des partages dans les successions. — On observe que ce décret ne pourrait s'appliquer aux colonies, qui ont l'initiative sur toutes les lois de leur régime intérieur. — Un membre du comité de législation a demandé qu'on entendît préalablement ce comité sur cette question, sur laquelle il a déjà un travail et des projets préparés. — Après plusieurs rédactions et définitions successivement présentées et écartées, l'on renvoie au comité de législation pour faire un rapport lundi matin, et cependant l'assemblée nationale décrète qu'à compter de ce jour, il n'est plus permis de substituer.

---

25 août 1792 : *Officiers des maîtrises*, voyez 15 du même mois d'août; *Dépenses du cadastre*, voyez 20 août; *Marques distinctives des députés*, voyez 22 août.

N° 469. = 26—26 août 1792. = **Décret** *relatif aux ecclésiastiques qui n'ont pas prêté leur serment, ou qui, après l'avoir prêté, l'ont rétracté et ont persisté dans leur rétractation* (2). (B., XXIV, 238.)

Art. 1er. Tous les ecclésiastiques qui, étant assujétis au serment prescrit par le décret du 27 novembre—26 décembre 1790, et celui du 15—17 avril 1791, ne l'ont pas prêté, ou qui, après l'avoir prêté, l'ont rétracté et ont persisté dans leur rétractation, seront tenus de sortir sous huit jours hors des limites du district et du département de leur résidence, et dans quinzaine, hors du royaume : ces différens délais courront du jour de la publication du présent décret.

2. En conséquence, chacun d'eux se présentera devant le directoire du district ou la municipalité de sa résidence, pour y déclarer le pays étranger dans lequel il entend se retirer, et il lui sera délivré sur-le-champ un passe-port, qui contiendra sa déclaration, son signalement, la route qu'il doit tenir, et le délai dans lequel il doit être sorti du royaume.

3. Passé le délai de quinze jours ci-devant prescrit, les ecclésiastiques non sermentés qui n'auraient pas obéi aux dispositions précédentes, seront déportés à la Guyane française; les directoires de district les feront arrêter et conduire, de brigade en brigade, aux ports de mer les plus voisins qui leur seront indiqués par le conseil exécutif provisoire, et celui-ci donnera, en conséquence, des ordres pour faire équiper et approvisionner les vaisseaux nécessaires au transport desdits ecclésiastiques.

4. Ceux ainsi transférés et ceux qui sortiront volontairement en exécution du présent décret, n'ayant ni pension ni revenu, obtiendront chacun trois livres par journée de dix lieues jusqu'au lieu de leur embarquement ou jusqu'aux frontières du royaume, pour subsister pendant leur route. Ces frais seront supportés par le trésor public, et avancés par les caisses de district.

---

(1) Voyez les décrets des 14—25 octobre et 14—15 novembre 1792, qui développent les principes de celui-ci, et les notes.

(2) Voyez, sur les ecclésiastiques insermentés, le décret du 27 mai 1792, et les notes qui résument toutes les mesures dont ils ont été l'objet.

5. Tout ecclésiastique qui serait resté dans le royaume après avoir fait sa déclaration de sortir et obtenu passe-port, ou qui rentrerait après être sorti, sera condamné à la peine de détention pendant dix ans.

6. Tous autres ecclésiastiques non sermentés, séculiers et réguliers, prêtres, simples clercs, minorés ou frères lais, sans exception ni distinction, quoique n'étant point assujétis au serment par les décrets des 27 novembre —26 décembre 1790 et 15—17 avril 1791, seront soumis à toutes les dispositions précédentes, lorsque, par quelques actes extérieurs, ils auront occasioné des troubles venus à la connaissance des corps administratifs, ou lorsque leur éloignement sera demandé par six citoyens domiciliés dans le même département.

7. Les directoires de district seront tenus de notifier aux ecclésiastiques non sermentés qui se trouveront dans l'un ou l'autre des deux cas prévus par le précédent article, copie collationnée du présent décret, avec sommation d'y obéir et de s'y conformer.

8. Sont exceptés des dispositions précédentes les infirmes, dont les infirmités seront constatées par un officier de santé, qui sera nommé par le conseil général de la commune du lieu de leur résidence, et dont le certificat sera visé par le même conseil général. Sont pareillement exceptés les sexagénaires, dont l'âge sera aussi dûment constaté.

9. Tous les ecclésiastiques du même département qui se trouveront dans le cas des exceptions portées par le précédent article, seront réunis, au chef-lieu du département, dans une maison commune, dont la municipalité aura l'inspection et la police.

10. L'assemblée nationale n'entend, par les dispositions précédentes, soustraire aux peines établies par le Code pénal les ecclésiastiques non sermentés qui les auraient encourues ou pourraient les encourir par la suite.

11. Les directoires de district informeront régulièrement de leurs suites et diligences aux fins du présent décret les directoires de département, qui veilleront à son entière exécution dans toute l'étendue de leur territoire, et seront eux-mêmes tenus d'en informer le pouvoir exécutif provisoire.

12. Les directoires de district seront en outre tenus d'envoyer, tous les quinze jours, au ministre de l'intérieur, par l'intermédiaire des directoires de département, des états nominatifs des ecclésiastiques de leur arrondissement qui seront sortis du royaume ou auront été déportés, et le ministre de l'intérieur sera tenu de communiquer de suite à l'assemblée nationale lesdits états.

N° 470.= 26 — 26 août 1792. = DÉCRET *qui met trente mille gardes nationales en réquisition pour renforcer l'armée de* Luckner. (L., X, 639.)

N° 471. = 26—27 août 1792. = DÉCRET *qui ordonne le rassemblement des brigades de la gendarmerie nationale pour renforcer les armées.* (L., X, 630.)

N° 472. = 26 —27 août 1792. = DÉCRET *qui prononce la peine de mort contre tout citoyen qui, dans une ville assiégée, parlerait de se rendre* (1). (L., X, 633.)

Art. 1er. Tout citoyen qui, dans une ville assiégée, parlera de se rendre, sera puni de mort.

---

(1) Voyez, sur la reddition des places fortes, le décret du 25—26 juillet 1792, et les notes.

2. Le présent décret sera envoyé sur-le-champ par le pouvoir exécutif à tous les commandans et corps administratifs.

3. Ils le feront publier, afficher et proclamer solennellement et au son de trompe.

N° 473.=26—27 août 1792.=**DÉCRET** *relatif aux passe-ports des députés au corps législatif.* (B., XXIV, 242.)

L'assemblée nationale, considérant que le corps législatif a seul le droit de délivrer les passe-ports à ceux de ses membres qu'il a autorisés à s'absenter de son sein ; voulant empêcher qu'aucun député ne puisse se procurer un passe-port auprès des municipalités, et s'absenter sans avoir obtenu de congé, décrète qu'aucun de ses membres ne pourra s'absenter qu'en vertu d'un congé qui lui tiendra lieu de passe-port, dérogeant, à cet égard seulement, à son décret du 1er février dernier sur les passe-ports.

N° 474.=26—31 août 1792.=**DÉCRET** *qui détermine la forme à suivre pour les demandes en décharge ou réduction de la contribution mobilière* (1). (B., XXIV, 230.)

N° 475. = 26 août—6 septembre 1792. = **DÉCRET** *qui confère le titre de citoyen français à plusieurs étrangers.* (B., XXIV, 240.)

---

26 août 1792 : *Militaires suisses,* voyez 24 du même mois.

N° 476. = 27—27 août 1792. = **DÉCRET** *contenant l'instruction donnée aux commissaires de l'assemblée nationale chargés de faire transporter des armes et munitions de l'arsenal de Rochefort à Paris.* (B., XXIV, 241.)

N° 477. = 27—28 août 1792. = **DÉCRET** *qui ordonne l'organisation des troupes coloniales en régimens de ligne.* (B., XXIV, 249.)

N° 478.=27—28 août 1792.=**DÉCRET** *qui autorise les ministres à signer des passe-ports pour envoyer des agens soit à l'intérieur soit à l'extérieur.* (B., XXIV, 261.)

N° 479. = 27—31 août 1792. = **DÉCRET** *qui assujétit à la formalité de l'enregistrement les effets publics au porteur* (2). (B., XXIV, 243.)

L'assemblée nationale, après avoir entendu le rapport de son comité de l'ordinaire des finances et trois lectures du présent décret, considérant qu'il est de toute justice que les citoyens contribuent en proportion de leur fortune aux charges de l'état ; qu'il est du devoir des législateurs d'employer les moyens d'atteindre celles des propriétés mobilières qui, par leur nature, échappent le plus facilement à l'impôt ; empressée de procurer au trésor

---

(1) Nous ne rapportons pas ce décret qui a été expressément abrogé par l'art. 236 de la loi générale du 2 messidor an 7 (20 juin 1799) : nous renvoyons le lecteur à cette loi et aux notes qui l'accompagnent.

(2) Voyez, sur l'obligation de faire enregistrer les effets publics au porteur, les décrets des 22—22 août, 24 août 1792, 17—17 septembre suivant, et 28 novembre—1er décembre même année : les effets commerciaux sont seuls demeurés soumis à l'enregistrement, lorsqu'ils sont produits en justice ; les effets publics sur l'état ne sont, dans aucun cas, soumis à cette formalité.

public toutes les ressources dont elle peut disposer sans blesser l'égalité proportionnelle qui doit exister dans la distribution des contributions publiques, comme aussi de s'assurer la connaissance des propriétés appartenant aux Français émigrés; après avoir décrété qu'elle est en état de délibérer définitivement, décrète ce qui suit :

1 Art. 1er. Les effets publics au porteur, soit ceux sur l'état, tels que les anciennes actions des Indes, les quittances de finance au porteur, les bordereaux ou reconnaissances de l'emprunt par annuité de cent vingt-cinq millions, et de celui de quatre-vingts millions, soit ceux des compagnies et sociétés d'actionnaires, comme les actions de la caisse d'escompte, de la nouvelle compagnie des Indes, celles des assurances contre les incendies, des assurances à vie, des eaux de Paris, et généralement tous effets publics susceptibles d'être négociés, seront sujets à la formalité de l'enregistrement établi par le décret du 5—19 décembre 1790, et les droits en seront payés, savoir : pour les cessions et transports à titre onéreux, sur le pied de quinze sous par cent livres, conformément à la troisième section de la première classe du tarif annexé à ladite loi : et en cas de succession, et pour les legs et dons qui en seront faits, sur le pied et dans la forme réglés par le tarif et la loi de l'enregistrement pour les successions, legs ou donations des immeubles fictifs.

2. Tous propriétaires et porteurs desdits effets seront tenus, dans le délai d'un mois après la publication du présent décret, de les faire viser par les receveurs du droit d'enregistrement, qui ouvriront un registre à cet effet, et feront mention, tant sur ledit registre que sur les effets mêmes, des noms, professions et domiciles des propriétaires. L'enregistrement portera en outre l'énonciation de la nature de l'effet, le montant et le numéro.

3. Le *visa* et l'enregistrement sur ledit registre seront faits sans frais.

4. Aucun desdits effets ne pourra être cédé ni transporté sans un endossement, lequel contiendra la date du transport, le prix convenu, les noms, profession et domicile du cessionnaire; il ne pourra être signé en blanc : le tout à peine d'une amende égale au montant de l'effet, payable solidairement, moitié par le cédant, moitié par le cessionnaire.

5. Chaque endossement ou transport sera fait sur l'effet timbré, conformément à l'article 15 du décret du 7—18 février 1791, et soumis à l'enregistrement dans les vingt jours qui suivront sa date, et avant qu'il soit fait aucun transport subséquent; à ce défaut, le porteur pourra être contraint au paiement du triple droit d'enregistrement.

6. Le porteur de l'effet demeurera garant et responsable, sauf son recours, du paiement des droits et triple d'iceux, pour les mutations antérieures à sa possession, faute par lui d'avoir vérifié si l'effet était en règle avant de le recevoir.

7. Les délais fixés pour le *visa* des effets publics stipulés au porteur, et pour la présentation aux bureaux d'enregistrement des cessions et transports qui en sont faits, seront, pour les personnes qui se trouveront hors de l'étendue du territoire français, savoir : pour ceux qui seront en Europe, de trois mois; pour ceux en Amérique et sur les côtes d'Afrique, d'un an; et pour ceux qui seront au-delà du cap de Bonne-Espérance, de deux années, à la charge par eux de rapporter la preuve légale de leur absence, laquelle demeurera annexée à l'enregistrement.

8. Tous ceux desdits effets qui n'auront pas été visés dans les délais fixés par les articles ci-dessus, sont déclarés de nulle valeur, pour ceux dont le montant est dû par le trésor public; quant aux effets dus par des sociétés d'actionnaires, la confiscation en sera prononcée au profit du trésor public,

d'après les états à remettre par les directeurs desdites compagnies, conformément à l'article 19 ci-après, et la comparaison qui en sera faite au registre du *visa*.

9. Les tuteurs, curateurs, notaires, receveurs des consignations, et tous autres dépositaires desdits effets, seront tenus de les faire viser dans les délais prescrits, à peine de répondre personnellement, envers les propriétaires, de la nullité prononcée à l'article précédent.

10. Pour éviter les fraudes qui pourraient se commettre contre les dispositions du présent décret, toute procuration qui sera donnée à l'effet de recevoir le remboursement des bordereaux, coupons et autres effets stipulés au porteur, contiendra le nom des mandataires, sous les peines portées à l'article 4; le droit d'enregistrement en sera perçu, comme pour les transports, sur le pied réglé à l'article 1er, et le receveur fera mention sur l'effet, tant du droit perçu, que des noms, profession et domicile du mandataire.

11. Si la procuration est donnée à l'effet de céder et transporter lesdits bordereaux et effets, le nom du mandataire sera pareillement exprimé, sous ladite peine; et s'il y a remise des effets, le droit d'enregistrement sera perçu comme pour les transports, sauf à rendre le droit pour ce qui excédera celui des simples procurations, lorsque le mandataire justifiera du compte qu'il aura rendu du prix desdits effets, par acte devant notaire.

12. Toute personne qui se trouverait nantie d'un ou plusieurs effets publics au porteur, et qui n'en serait pas propriétaire direct, soit en conformité de la déclaration qu'elle aura faite pour le *visa*, soit en vertu de l'endossement prescrit par l'article 4, sera condamnée à une amende égale à la valeur desdits effets, indépendamment de leur nullité ou de leur confiscation prononcée au profit du trésor public.

13. Seront exceptés de la disposition du présent article les banquiers, agens et courtiers de change pourvus de patentes, ainsi que les notaires, pour les effets qui se trouveront enregistrés sur le registre journal timbré et paraphé qu'ils seront obligés de tenir, avec énonciation des noms, professions et demeures des propriétaires.

14. Lesdits notaires, banquiers, agens et courtiers de change ne pourront recevoir le dépôt desdits effets, ni les négocier, s'ils n'ont été visés, et si tous les endossemens ne sont préalablement enregistrés, à peine de nullité des transports qui en seraient faits, et d'une amende égale au montant desdits effets au porteur.

15. Il leur est ordonné de porter sur le registre énoncé à l'article 13 toutes les négociations de ces effets, avec mention de leur nature et de leur numéro, des noms, professions et domiciles de l'une et de l'autre des parties, de la date et du prix des cessions, et de communiquer ce registre, lorsqu'ils en seront requis, pour l'année courante et la précédente, à compter de la publication du présent décret, aux préposés de la régie nationale de l'enregistrement, sous peine d'une amende de trois cents livres en cas de refus, et pour chaque omission sur ledit registre.

16. Les payeurs desdits effets seront tenus, à peine d'en répondre personnellement, de n'acquitter, soit les intérêts ou dividendes, soit le tout ou partie du capital, que sur l'acquit du dernier cessionnaire et sur la représentation de l'effet dûment visé, et après que tous les endossemens qui y seront portés auront été enregistrés.

17. Lesdits payeurs seront aussi tenus, lorsqu'ils en seront requis, de communiquer les journaux et registres qu'ils tiendront à l'avenir, pour l'année lors courante et la précédente, aux préposés de l'enregistrement; et, en cas de refus, ils seront condamnés à une amende de trois cents livres.

18. Les receveurs de l'enregistrement qui auront enregistré un transport ou endossement, sans que les précédens aient été enregistrés, ou qui n'auront pas perçu le triple droit pour ceux présentés après le délai, seront personnellement garans des omissions, sauf la peine de destitution en cas de récidive.

19. Dans le mois de la publication du présent décret, les directeurs et administrateurs des compagnies qui ont émis des effets au porteur, seront tenus de remettre aux régisseurs de l'enregistrement un état des actions qu'elles ont émises et qu'elles n'auront pas retirées de la circulation.

20. Ceux desdits effets stipulés au porteur qui sont émis ou le seront à l'avenir par des compagnies et sociétés d'actionnaires, seront soumis à la contribution du quart comme les immeubles réels. Les directeurs et payeurs de ces compagnies feront la retenue dudit quart aux parties prenantes, sur les intérêts, dividendes et bénéfices qui leur reviendront, et seront tenus d'en compter le montant total au trésor public, dans le mois de l'échéance ; ils remettront en même temps aux commissaires de la trésorerie nationale et au ministre des contributions publiques, des états certifiés desdits intérêts et bénéfices, le tout à peine d'une amende de mille livres.

21. Les possesseurs des effets énoncés à l'article précédent sont autorisés à faire, pour la fixation de leur contribution mobilière, la déduction de leur revenu provenant desdits effets, en justifiant de la retenue que le payeur leur aura faite de la contribution du quart, ainsi et de même qu'il en est usé pour la contribution foncière.

22. Ne sont pas compris dans les dispositions du présent décret les simples billets au porteur, faits par des compagnies ou par des particuliers, et pris de gré à gré pour comptant dans le commerce, lesquels continueront d'être assujétis au timbre, et ne sont susceptibles de la formalité de l'enregistrement que dans les cas prévus par la loi pour les actes sous signature privée.

N° 480. = 27 août—2 septembre 1792. = **DÉCRET** *qui règle l'uniforme des officiers composant l'administration civile de la marine.* (B., XXIV, 247.)

N° 481. = 27 août — 2 septembre 1792. = **DÉCRET** *additionnel à celui du 23—23 du même mois, relatif aux passe-ports à accorder aux ambassadeurs et ministres étrangers.* (B., XXIV, 248.)

N° 482. = 27 août—2 septembre 1792. = **DÉCRET** *qui étend aux officiers les avantages accordés aux sous-officiers et soldats étrangers qui embrasseraient la cause de la liberté.* (B., XXIV, 250.)

N° 483. = 27 août—2 septembre 1792. = **DÉCRET** *relatif à la publicité des séances des corps administratifs et municipaux.* (B., XXIV, 250.)

Art. 1er. Les séances des directoires et conseils généraux d'administration, corps municipaux et conseils généraux des communes, seront toujours publiques, excepté dans les cas de l'article 5 ci-après.

2. Les directoires et conseils généraux d'administration, corps municipaux et conseils généraux des communes, seront tenus de fixer et indiquer les jours et heures ordinaires de leurs séances; les séances extraordinaires seront indiquées par affiches.

3. Les délibérations et arrêtés, autres que ceux relatifs aux objets énon-

cés audit article 5 ci-après, qui n'auront pas été pris dans une séance publique, et qui n'en feront pas mention, sont déclarés nuls.

4. Si de la nullité prononcée par l'article ci-dessus, il résulte un préjudice pour l'intérêt public ou pour l'intérêt individuel, il y aura lieu à la responsabilité contre les membres des directoires, administrateurs, officiers municipaux et notables auxquels le défaut de publicité pourra être imputé.

5. Il est laissé à la prudence des corps administratifs, municipaux et conseils généraux, de ne point user de cette publicité pour tous les objets concernant les mesures de police et de sûreté, quand il pourra y avoir du danger à délibérer publiquement sur ces matières.

6. La publicité ne sera pas nécessaire pour tous les objets qui ne donnent lieu à aucune délibération sur le registre.

N° 484. = 27 août—2 septembre 1792.= **DÉCRET** *relatif aux exclusions des assemblées politiques pour cause de domesticité* (1). (B., XXIV, 252.)

L'assemblée nationale, instruite que les exclusions résultant de la domesticité ont déjà occasioné et pourraient occasioner encore des difficultés et des retards dans les assemblées politiques ; considérant que ces exclusions accidentelles ont pour unique cause la dépendance momentanée de ceux qui se trouvent attachés à un service domestique, qu'elles ne peuvent conséquemment excéder les bornes et les effets de cette dépendance présumée ; — Déclare qu'aucun citoyen ne doit être exclu des assemblées politiques pour cause de domesticité, s'il n'est attaché au service habituel des personnes ; invite, en conséquence, les assemblées primaires à ne contester l'admission et le droit de suffrage d'aucun de ceux dont les travaux ordinaires s'appliquent à l'industrie, au commerce et à l'agriculture, si d'ailleurs ils réunissent les conditions exigées par les lois.

N° 485. = 27 août — 7 septembre 1792. = **DÉCRET** *relatif aux échangistes des biens ci-devant domaniaux.* (B., XXIV, 253.)

L'assemblée nationale, considérant, 1° que son décret du 7 du mois dernier, relatif à l'exploitation des coupes ordinaires des bois ci-devant domaniaux, tant en futaie et demi-futaie, qu'en taillis recru sur futaie coupée ou dégradée, compris dans les échanges non consommés, pourrait être susceptible d'une fausse application, à l'égard des échangistes dont les échanges ont été confirmés par des décrets de l'assemblée nationale, et qui, par l'effet de cette confirmation, doivent jouir de la plénitude des droits de propriété, quoique les évaluations déjà faites et vérifiées ne soient pas encore définitivement jugées ; — 2° Qu'il est instant de prévenir toute erreur à ce sujet, décrète que les échangistes des biens ci-devant domaniaux, dont les échanges ont été confirmés par des décrets de l'assemblée nationale, pourront disposer, comme propriétaires incommutables, de toutes coupes ordinaires des bois quelconques qui se trouvent compris dans leurs échanges, en se conformant aux lois forestières actuellement existantes, et sans préjudice de l'exécution de la loi concernant les biens des émigrés.

---

(1) L'art. 3 de la section Ire du décret du 22 décembre 1789 — janvier 1790, sur la constitution des municipalités, a déclaré la qualité de citoyen actif incompatible avec l'état de domesticité ; cette disposition a été reproduite dans la constitution du 3—14 septembre 1791 ; art. 2 de la section II du chapitre Ier ; dans celle du 5 fructidor an 3 (22 août 1795), art. 13, et dans celle du 22 frimaire an 8 (13 décembre 1799), art. 5.

N° 486. = 27 août—7 septembre 1792.= **DÉCRET** *qui abolit la tenure connue dans les départemens du Morbihan, du Finistère et des Côtes-du-Nord, sous les noms de* convenant *et* domaines congéables (1). (B., XXIV, 255.)

L'assemblée nationale, après avoir entendu le rapport de son comité de féodalité, considérant que la tenure connue dans les départemens du Morbihan, du Finistère et des Côtes-du-Nord, sous les noms de *convenant* et *domaines congéables*, participe de la nature des fiefs, et qu'il est instant de faire jouir les domaniers de l'avantage de l'abolition du régime féodal, décrète ce qui suit :

Art. 1er. La tenure convenancière ou à domaine congéable est abolie. Les coutumes locales qui régissent cette tenure, sous le nom d'*usement*, sont abrogées ; en conséquence, les ci-devant domaniers sont et demeurent propriétaires incommutables du fonds, comme des édifices et des superficies de leur tenure.

2. Il ne sera fait à l'avenir aucune concession à pareil titre ; celles qui seront faites ne vaudront que comme simples arrentemens. L'entière propriété des terres ainsi concédées appartiendra aux concessionnaires, avec la faculté perpétuelle de racheter les rentes.

3. Dans les concessions précédemment faites, les droits de congément, baillées, commissions et nouveautés, et le droit de lods et ventes, qui ne seraient point expressément stipulés dans le titre primitif de concession, sont abolis sans indemnité.

4. L'article 2 du décret des 30 mai, 1er, 6 et 7 juin 1791 concernant les baux à convenant et domaines congéables, continuera d'avoir sa pleine et entière exécution : en conséquence, tous droits ou redevances convenancières de même nature et qualité que les droits féodaux supprimés sans indemnité par les décrets du 4 août 1789 et jours suivans, par le décret du 15 mars 1790 et autres subséquens, ainsi que par le décret du 18 juin dernier, et notamment l'obéissance à la ci-devant justice ou juridiction du seigneur, le droit de suite à son moulin, la collecte du rôle de ses rentes et cens, et le droit de déshérence ou échu, demeurent abolis sans indemnité.

5. Tous les arbres fruitiers, tels que pommiers, châtaigniers, noyers et autres de même nature, soit qu'ils existent en rabine, avenue ou bosquet, les bois appelés *courans* et *puinais*, les taillis, même les bois de futaie de toute espèce, étant sur les fossés ou dans les clôtures des terres mises en valeur, sont déclarés appartenir en toute propriété aux ci-devant domaniers.

6. A l'égard des bois de futaie, tels que chênes, ormeaux, hêtres, sapins et autres de même nature qui se trouveront, soit en semis faits par les ci-devant seigneurs, ou existant en rabine ou bosquet, hors des clôtures des

---

(1) Déjà, par décret du 7 juin (30 mai 1er, 6, et)—6 août 1791, l'assemblée constituante avait ordonné l'exécution des baux à convenant ou domaines congéables, moyennant quelques modifications, dont la principale était l'obligation imposée aux propriétaires fonciers, de n'exiger des domaniers aucune redevance ou aucun droit de la nature des droits féodaux supprimés sans indemnité par les décrets des 4 août 1789 et 15—28 mars 1790 ; le législateur, en faisant disparaître ainsi tout ce que les baux à convenant pouvaient avoir de féodal, les réduisait aux proportions de baux à rente ordinaires.—Voyez ce décret et les notes.

Le présent décret va plus loin ; d'une part, il abolit les domaines congéables et rend les domaniers propriétaires de leurs tenures ; et, d'autre part, il leur permet de racheter leurs redevances ; et un autre décret du 29 floréal an 2 (18 mai 1794), a définitivement supprimé ces mêmes redevances, comme comprises dans l'abolition prononcée par le décret du 17 juillet 1793.

Mais ces dispositions n'ont eu qu'une courte existence : les décrets de 1792 et de l'an 2 ont été abrogés par la loi du 9 brumaire an 6 (30 octobre 1797), qui a rendu force et vigueur au décret du 7 juin 1791. Voyez la loi de l'an 6, et les notes.

terres en valeur, il sera procédé, par experts que les parties nommeront, ou qui seront nommés d'office par le juge, à une estimation desdits bois et semis, sur le pied de leur valeur à l'époque de cette estimation, contradictoirement ou par défaut, entre les ci-devant domaniers et ci-devant seigneurs.

7. L'estimation desdits bois et semis sera faite sur la réquisition de l'une des parties ; les ci-devant domaniers seront tenus de payer annuellement aux ci-devant seigneurs l'intérêt au denier vingt du prix total de l'estimation, jusqu'au remboursement de ce prix, qu'ils feront quand bon leur semblera. Cet intérêt, qui courra à compter du jour de l'estimation, est déclaré soumis, au profit des ci-devant domaniers, à la restitution de la quotité de la contribution foncière réglée pour tout autre intérêt et vente quelconque.

8. Les ci-devant domaniers pourront néanmoins abandonner aux ci-devant seigneurs la jouissance et disposition desdits bois et semis, sauf à disposer des fonds après l'exploitation. Il seront tenus de faire cet abandon, ou de déclarer qu'ils entendent faire procéder à une estimation desdits bois et semis dont ils se réservent la disposition et la jouissance, dans le mois, à compter de la publication du présent décret, par un acte fait au greffe du juge de paix du canton dans l'arrondissement duquel se trouveront situés lesdits bois et semis. Les ci-devant seigneurs pourront provoquer devant le juge de paix, après ledit délai d'un mois, cette déclaration de la part des ci-devant domaniers.

9. Les ci-devant domaniers, dans le cas où ils se réserveraient la propriété desdits bois et semis, n'en pourront disposer qu'après l'estimation définitive, qui en aura été faite conformément à l'article ci-dessus. Dans le cas de vente ou disposition desdits bois et semis de la part des ci-devant domaniers, en tout ou partie, ils seront tenus de rembourser, sans délai, aux ci-devant seigneurs, le total du prix de l'estimation.

10. Les ventes de bois faites jusqu'à ce jour par les ci-devant seigneurs, par acte authentique passé, ou dont l'exploitation a été commencée antérieurement à la date du présent décret, auront leur pleine et entière exécution, sans que les ci-devant domaniers puissent exiger aucune indemnité, si ce n'est pour les dégâts et détériorations que l'exploitation aurait causés dans leurs fossés, clôtures et autres édifices ; et néanmoins lesdits domaniers auront la faculté de retenir ces bois, en remboursant le prix du marché au total, si l'exploitation n'est pas commencée, ou en les remboursant au prorata de ce qui reste à exploiter, et ce, par estimation à dire d'experts, aux frais du domanier.

11. Il sera libre aux ci-devant domaniers de racheter leurs redevances ci-devant convenancières ; et soit avant, soit après ce rachat, ils pourront racheter aussi les rentes suzeraines ou chef-rentes dues sur leurs tenues (1).

12. Ils continueront, jusqu'au rachat effectué, de payer annuellement comme par le passé, et aux termes ordinaires, en nature de rentes purement foncières, les redevances annuelles ci-devant convenancières en argent, grains, poules, beurre et autres denrées, ainsi que les corvées abon-

---

(1) Lorsqu'entre frères, détenteurs d'un domaine congéable, il en est un qui a remboursé, en vertu de la loi du 27 août 1792, la totalité de la rente due au bailleur, il ne peut, par cela seul, exercer le droit de congément contre ses co-héritiers, soit parce que la propriété ne résidant que sur le bailleur, lui seul peut exercer le congément, soit parce que le remboursement du frère étant fait au profit commun de tous les co-débiteurs, les rend tous propriétaires. Cass., 21 thermidor an 8, Sir., I, 1, 331 ; Bull. civ., II, 287.

nées ou expressément stipulées et détaillées par les baillées courantes et àctuelles.

13. Les corvées exigibles en vertu des seuls usemens, ou d'une clause de soumission à iceux, demeurent supprimées sans indemnité, conformément au décret des 30 mai, 1er, 6 et 7 juin 1791.

14. Ne sera pareillement sujet au rachat, mais demeure supprimé sans indemnité, le droit établi par le ci-devant usement de Cornouailles, et perçu par les ci-devant seigneurs sur les terres égobuées, sous les noms de champart et terrage, et sous quelque autre dénomination que ce soit, quand même il serait stipulé expressément dans les baillées ; et cependant il sera acquitté sans restitution par les ci-devant domaniers dans le cas où ils feraient des égobues avant le rachat des redevances mentionnées dans l'article 12.

15. Les parties se conformeront au surplus, pour l'exercice de ce rachat, aux règles et formalités prescrites par les décrets rendus pour le rachat des droits ci-devant féodaux, en ce qu'ils ne sont pas contraires au présent décret.

16. Les sommes payées pour commissions de baillées consenties à fin de congément, qui ne sont pas encore exécutées, seront restituées par les ci-devant seigneurs à ceux qui les auront avancées, avec les intérêts, à compter du jour de la demande qui leur en aura été faite.

17. Toutes instances à fin de congément, tous procès intentés et non décidés par jugement en dernier ressort avant ce jour, relativement aux droits déclarés abolis sans indemnité par le présent décret, ne pourront être jugés que pour les arrérages échus antérieurement à ce jour, et tous dépens seront compensés.

18. Il ne pourra être prétendu, sous prétexte de partages consommés, ni par les personnes qui ont ci-devant acquis de particuliers, par vente ou autre titre équivalent à la vente, des droits abolis ou supprimés par le présent décret, aucune indemnité ni restitution de prix.

19. Quant aux ventes de biens nationaux composés en tout ou partie de droits du domaine congéable, les adjudicataires pourront renoncer à leurs adjudications, et se faire restituer le prix qu'ils en auront payé, conformément aux lois précédentes sur la vente des droits ci-devant féodaux. — A l'égard de ceux desdits droits qui sont tenus à ferme de la nation, avec ou sans mélange d'autres biens ou droits, on se conformera aux lois précédentes, relativement aux indemnités qui pourraient être dues aux fermiers.

N° 487. = 27 août—7 septembre 1792. = DÉCRET *relatif aux droits d'entrée sur les sucres bruts et autres denrées coloniales.* (B., XXIV, 258.)

---

27 août 1792 : *Artillerie de la marine,* voyez 23 du même mois d'août; *Peine de mort,* voyez 26 août.

N° 488. = 28—29 août 1792. = DÉCRET *qui ordonne des visites domiciliaires pour constater les munitions, les armes, les chevaux, etc., qui se trouveront chez les citoyens.* (B., XXIV, 262.)

N° 489. = 28 août—14 septembre 1792. = DÉCRET *relatif au rétablissement des communes et des citoyens dans les propriétés et droits dont ils ont été dépouillés par l'effet de la puissance féodale.* (L., X, 712.)

L'assemblée nationale, considérant qu'il est instant de rétablir les communes et les citoyens dans les propriétés et droits dont ils ont été dépouillés par l'effet de la puissance féodale, décrète ce qui suit :

Art. 1ᵉʳ. L'article 4 du titre XXV de l'ordonnance des eaux et forêts de 1669, ainsi que tous édits, déclarations, arrêts du conseil et lettres-patentes qui, depuis cette époque, ont autorisé le triage, partage, distribution partielle ou concession de bois et forêts domaniales et seigneuriales, au préjudice des communautés usagères, soit dans les cas, soit hors des cas permis par ladite ordonnance, et tous les jugemens rendus et actes faits en conséquence, sont révoqués, et demeurent à cet égard comme non avenus (1). — Et pour rentrer en possession des portions de leurs biens communaux dont elles ont été privées par l'effet de ladite ordonnance et desdits édits et déclarations, arrêts, lettres-patentes, jugemens et actes, les communautés seront tenues de se pourvoir, dans l'espace de cinq ans (2), par-devant les tribunaux (3), sans pouvoir prétendre aucune restitution des frais perçus, et sans qu'il puisse y avoir lieu contre elles à aucune action en indemnité pour cause d'impenses (4).

---

(1) Voyez les art. 3o et 3r du tit. II du décret du 15—28 mars 1790, qui abolissent le droit de triage pour l'avenir, et qui révoquent tous édits, déclarations, arrêts du conseil et lettres-patentes, rendus depuis trente ans, qui auraient autorisé le triage, hors des cas prévus par l'ordonnance de 1669; et le décret du 15—26 mai 1790, interprétatif de ces dispositions, qui déclare que le décret de mars 1790, en abolissant le triage, n'a entendu rien préjuger sur la propriété des bois, pâturages, marais vacans, terres vaines et vagues, et attribuer sur ces biens aucun nouveau droit aux communes, lesquelles doivent se pourvoir par les voies de droit, contre les usurpations dont elles auraient à se plaindre.

L'art. 1ᵉʳ de la loi du 28 août—14 septembre 1792 n'annule pas les triages faits avant l'ordonnance de 1669. Cass., 14 brumaire an 13, Sir., V, 1, 113; Bull. civ., VII, 28; 20 avril 1808, Sir., VIII, 1, 319; Bull. civ., X, 94, et 12 juin 1809, Sir., X, 1, 252; Bull. civ., XI, 126. — Ni même ceux faits sous l'empire de cette ordonnance, parce que le triage était l'usage légal et non l'abus de la qualité de seigneur; c'est pourquoi le ci-devant seigneur n'a pu être dépossédé par une action en revendication des biens compris dans le triage, et n'a pu l'être que par une action en révocation de ce triage, intentée dans le délai prescrit. Cass., 27 avril 1829, Sir., XXIX, 1, 373; Bull. civ., XXXI, 99.—Jugé cependant que les ci-devant seigneurs n'ont pas été maintenus, par la loi de 1792, dans les triages qu'ils ont fait prononcer dans l'intervalle de l'ordonnance de 1669 à la loi du 15—28 mars 1790, et que la loi du 10 mars 1793 n'a pas, en ce point, abrogé celle du 28 août 1792. Cass., 9 mars 1809, Sir., IX, 1, 438. — Toutefois l'art. 1ᵉʳ de cette dernière loi ne s'applique pas aux *partages*, faits entre les seigneurs et les communes, de biens qui étaient indivis; les droits de propriété acquis aux seigneurs par ces partages sont inattaquables. Cass., 20 avril 1807, Sir., VII, 2, 1236; Bull. civ., IX, 120. — Un jugement qui, en conformité des art. 1ᵉʳ et 10 de l'ordonnance de 1669, dépouilla jadis une commune de l'usage dans une forêt nationale, ne peut être réputé abus de la puissance féodale, et n'est pas révoqué par la loi de 1792. Cass., 1ᵉʳ frimaire an 10, Sir., II, 1, 142; Bull. civ., IV, 73. — Jugé encore que les droits d'usage dans les forêts domaniales, abolis par l'ordonnance de 1669, tit. XX, art. 1ᵉʳ, n'ont pas été rétablis par la loi du 28 août 1792. Même arrêt.—Un triage, postérieur à 1669, prouve (seul et indépendamment de toute autre preuve de possession) que les biens qui en font l'objet étaient communaux. Cass., 3o juin 1806, Sir., VI, 1, 364.

(2) Cette prescription ne peut être opposée à une commune qui, dans les cinq ans, a été mise en possession des triages, même en vertu d'un jugement irrégulier : la possession de la commune a suffi pour empêcher la prescription. Cass., 4 mai 1819, Sir., XIX, 1, 427; Bull. civ., XXI, 137. — Jugé encore que lorsqu'une commune, au lieu d'exercer en justice la revendication de ses communaux, s'est mise en possession, de sa propre autorité, mais sans violence, cette possession a eu pour effet de suspendre la prescription de cinq ans établie contre l'action en revendication. Cass., 20 août 1822, Sir., XXIII, 1, 367; Bull. civ., XXIV, 234. — Voyez encore l'art. 2229 du Code civil.

(3) Cette disposition a donné aux tribunaux une attribution exclusive pour juger les questions de propriété, entre l'état représentant les émigrés, et les communes qui se prétendent dépouillées de leurs biens par l'effet de la puissance féodale. Arr. du cons. du 3 février 1819, Sir., Jur. du cons., V, 65. — Jugé encore que c'est aux tribunaux et non à la justice administrative à décider, entre deux communes, une question de propriété de terres vaines et vagues. Arr. du cons. du 13 juillet 1813, Sir., Jur. du cons., II, 386.—Voyez encore les notes sur les art. 1ᵉʳ et 2 de la section V de la loi du 10—11 juin 1793, concernant le mode de partage des biens communaux.

(4) Les communes ne peuvent, dans aucun cas, demander la restitution des fruits perçus par

2. Les édits, déclarations, arrêts du conseil, lettres-patentes, et tous les jugemens rendus et actes faits en conséquence, qui, depuis la même année 1669, ont distrait, sous prétexte du droit de tiers-denier, au profit de certains seigneurs des ci-devant provinces de Lorraine, du Barrois, du Clermontois et autres où ce droit pourrait avoir eu lieu, des portions de bois et autres biens dont les communautés jouissent à titre de propriété ou d'usage, sont également révoqués ; et les communautés pourront, dans le temps et par les voies indiquées par l'article précédent, rentrer dans la jouissance desdites portions, sans aucune répétition des fruits perçus, sauf aux ci-devant seigneurs à percevoir le droit de tiers-denier sur le prix des ventes de bois et autres biens dont les communautés ne sont qu'usagères, dans le cas où ce droit se trouvera réservé dans le titre primitif de concession de l'usage, qui devra être représenté.

3. Les dispositions portées par les deux articles précédens n'auront lieu qu'autant que des ci-devant seigneurs se trouveront en possession actuelle desdites portions de bois et autres biens dont les communautés auront été dépossédées ; mais elles ne pourront exercer aucune action en délaissement, si des ci-devant seigneurs ont vendu lesdites portions à des particuliers non seigneurs, par des actes suivis de leur exécution.

4. Si les ci-devant seigneurs n'ont pas reçu le prix desdites portions de biens vendus dans le cas exprimé par l'article précédent, ce prix tournera au profit des communautés, avec les intérêts qui pourraient se trouver dus ; et dans le cas où lesdites portions auraient été aliénées à titre de bail à cens, emphytéose, ou de tout autre bail à rente, les rentes stipulées, ainsi que les arrérages et le prix du rachat, tourneront également au profit des communautés.

5. Conformément à l'article 8 du décret des 19 et 20 septembre 1790, les actions en cantonnement continueront d'avoir lieu dans les cas de droit, et le cantonnement pourra être demandé, tant par les usagers que par les propriétaires (1).

---

les seigneurs. Cass., 22 vendémiaire an 10, Sir., II, 2, 327; Bull. civ., IV, 31.—La loi du 28 août 1792 n'a pas laissé aux tribunaux la faculté indéfinie de fixer l'époque à partir de laquelle les ci-devant seigneurs évincés seraient obligés à la restitution des fruits; les juges doivent, comme dans les cas ordinaires, prendre pour base la bonne ou la mauvaise foi du possesseur. Cass., 25 frimaire an 14, Sir., VI, 2, 767; Bull. civ., VII, 513.

(1) Voyez les art. 8, 9 et 10 du décret du 20 (17, 19 et)—27 septembre 1790, qui portent que l'abolition du triage n'a point préjudicié aux actions en cantonnement de la part des propriétaires, contre les usagers des bois, prés, marais et terrains vains ou vagues; que néanmoins il pourra y avoir révision et réformation des cantonnemens prononcés depuis moins de trente ans par arrêts du conseil, pourvu que l'action en révision soit intentée dans les cinq ans, sans pour cela qu'il soit porté aucune atteinte aux arrêts du conseil, qui n'ont fait qu'homologuer des cantonnemens faits ou consentis dans les formes légales par les parties intéressées. — Voyez encore l'art. 8, sect. IV, du tit. Ier du Code rural du 28 septembre—6 octobre 1791, qui maintient de nouveau le droit de cantonnement, tant pour les particuliers que pour les communautés. —Voyez enfin les art. 63 et 64 du Code forestier de 1827.

Le cantonnement peut être demandé par l'usager d'un bois comme par le propriétaire. Cass., 24 novembre 1818, Sir., XIX, 1, 205; Bull. civ., XX, 279.—Cette disposition s'applique non seulement entre seigneur et tenancier, mais encore au cas où la concession d'usage provient d'un propriétaire non seigneur. Cass., 23 janvier 1830, Sir., XXX, 1, 67.—Jugé encore que l'exercice de l'action en cantonnement de la part des propriétaires n'est pas subordonné à cette condition que, par le cantonnement, les besoins de l'usager seront aussi pleinement satisfaits qu'auparavant : le cantonnement doit être ordonné, alors même que la portion de bois qui sera attribuée à l'usager, par l'effet du partage, serait insuffisante pour ses besoins. Cass., 7 août 1833, Sir., XXXIII, 1, 726. — Jugé encore que la demande en cantonnement comme usager, n'est pas nécessairement comprise dans la demande en cantonnement formée en qualité de propriétaire; qu'ainsi celui qui a réclamé le cantonnement, comme propriétaire, ne peut, au cas où il a été déclaré n'être que simple usager, se plaindre de ce que les juges ont prononcé le rejet

6. Et néanmoins tous les cantonnemens prononcés par édits, déclarations, arrêts du conseil, lettres-patentes et jugemens, ou convenus par transaction et autres actes de ce genre, pourront être révisés, cassés ou réformés par les tribunaux de district. Tous jugemens, accords ou transactions qui, sans prononcer de cantonnement, auraient statué sur des questions de propriété et d'usage entre les ci-devant seigneurs et les communautés, ainsi que tous arrêts du conseil, jugemens, accords ou transactions qui auraient ordonné ou autorisé des arpentemens, agrimensations, bornages ou repassemens de chaînes entre les communautés ou les particuliers et les ci-devant seigneurs, ou qui, à ce sujet, auraient adjugé des revenant-bons à ces derniers, pourront être également révisés, cassés et réformés ; et pour l'effet des dispositions ci-dessus, les communautés seront tenues de se pourvoir, dans le délai de cinq ans, par-devant les tribunaux ordinaires (1).

---

pur et simple de sa demande, s'il n'a pas, dans le cours de l'instance, déclaré vouloir le cantonnement en qualité d'usager. Cass., 21 mars 1833, Sir., XXXIII, 1, 504.

Le cantonnement est aujourd'hui le seul moyen légal offert au propriétaire pour affranchir une portion de ses bois de l'exercice du droit d'usage. L'aménagement que les propriétaires de bois, soumis à des droits d'usage, étaient anciennement autorisés à demander, est une mesure que la nouvelle législation ne permet plus. Bourges, 3 juillet 1828, Sir., XXIX, 2, 245. — Jugé encore que l'existence d'un aménagement antérieur ne fait pas obstacle à une demande en cantonnement. Cass., arrêt précité du 7 août 1833, Sir., XXXIII, 1, 726. — Jugé aussi que, lorsque, par suite d'un aménagement, les droits d'usage sur la totalité d'une forêt ont été réduits à une portion de cette forêt, si le propriétaire demande ultérieurement le cantonnement, cette opération doit porter sur la totalité du bois et non pas seulement sur la portion à laquelle l'usage a été réduit, la demande en cantonnement du propriétaire entraînant la résiliation de l'aménagement. Cass., 20 mai 1828, Sir., XXXIII, 1, 729. — Jugé au contraire que, lorsque la demande en cantonnement a été précédée d'un aménagement par lequel les droits de l'usager ont été concentrés sur une portion de la forêt, c'est sur cette portion uniquement et non sur la totalité de la forêt que doit être effectué le cantonnement. Arrêt précité du 7 août 1833, Sir., XXXIII, 1, 726. — Le cantonnement d'une forêt soumise à un droit d'usage doit s'étendre à toutes les parties indistinctement de la forêt, même aux arbres d'une certaine espèce que le propriétaire se serait réservés lors de la concession du droit d'usage. Cass., 7 août 1833, Sir., XXXIII, 1, 721.

Bien que le Code forestier de 1827 n'admette plus la demande en cantonnement de la part des usagers contre l'état, néanmoins lorsqu'une telle demande a été formée avant le Code, elle doit être jugée, quant au fond du droit, d'après les lois antérieures au Code. Cass., 6 juillet 1829, Sir., XXIX, 1, 398.

(1) Les cantonnemens ordonnés par arrêt du conseil, avant la révolution, entre des seigneurs se prétendant propriétaires et des communautés d'habitans, ne sont pas nuls de plein droit ; seulement, ils sont soumis à la révision des tribunaux actuels, et ils doivent être maintenus, s'ils sont trouvés justes et réguliers. Cass., arrêt précité du 14 brumaire an 13, Sir., V, 1, 113 ; Bull. civ., VII, 28. — On ne peut aujourd'hui casser, comme incompétemment rendu, un arrêt du ci-devant conseil du roi qui, d'après l'usage où était ce conseil de connaître de la matière des cantonnemens, a cantonné les ci-devant seigneurs au préjudice des communes déclarées simples usagères. Cass., 17 nivose an 13, Sir., V, 2, 295. — Jugé encore que la loi du 28 août 1792 n'a pas annulé les cantonnemens faits pour tenir lieu de droits d'usage. Cass., 22 brumaire an 13, Sir., V, 1, 113. — Et de ce que cette loi a autorisé les communes à demander la révision et la réformation des cantonnemens obtenus par elles ou contre elles, il ne s'ensuit pas qu'elles doivent réussir dans leurs demandes, si elles ne justifient de leur entière propriété. Cass., 14 floréal an 10, Sir., II, 2, 546.

La prescription quinquennale n'a pas couru contre les communes qui sont restées en possession de leurs usages, sans exécution des cantonnemens obtenus contre elles. Cass., 30 juin 1825, Sir., XXVI, 1, 411. — La demande en nullité d'une transaction qui ordonne un cantonnement, renferme implicitement la demande en révision de ce cantonnement ; en conséquence, cette demande a suffi pour empêcher la prescription du droit de révision. Cass., 27 brumaire an 14, Sir., VI, 2, 696.

Aucune loi, soit ancienne, soit nouvelle, n'ayant déterminé à quelle part de pleine propriété se résoudraient, par l'effet du cantonnement, les droits de l'usager et ceux du propriétaire, il s'ensuit que la fixation en est laissée à l'arbitraire des juges, et que leur décision à cet égard ne

7. Les communes sont autorisées à revendiquer la propriété et jouissance des biens-fonds qui, depuis le mois d'août 1669, auront été adjugés, lors du remboursement de leurs bans, aux ci-devant seigneurs, à titre de blanc ou déshérence, ainsi que ceux qui leur auront été cédés pour se rédimer de l'exercice ou effet de ce droit.

8. Les communes qui justifieront avoir anciennement possédé des biens ou droits d'usage quelconques, dont elles auront été dépouillées en totalité ou en partie par des ci-devant seigneurs, pourront se faire réintégrer dans la propriété et possession desdits biens ou droits d'usage, nonobstant tous édits, déclarations, arrêts du conseil, lettres-patentes, jugemens, transactions et possessions contraires, à moins que les ci-devant seigneurs ne représentent un acte authentique qui constate qu'ils ont légitimement acheté lesdits biens (1).

---

peut donner ouverture à cassation. Cass., arrêt précité du 7 août 1833, Sir., XXXIII, 1, 721. — Jugé encore que les tribunaux, en accordant le cantonnement contre une commune usagère, sont pleinement autorisés, d'après les lois nouvelles, à déterminer, selon leur conscience et leurs lumières, quelle quotité de terrain soumis à l'usage doit être accordée à la commune pour lui tenir lieu de son droit sur la totalité : à cet égard, les tribunaux n'ont pas à suivre les règles établies par la législation et la jurisprudence ancienne. Cass., 22 mai 1827, Sir., XXVII, 1, 493. — La portion qui doit être attribuée à une commune usagère dans les bois ou marais où elle obtient le cantonnement, n'est pas nécessairement du tiers; elle doit être proportionnée à ses besoins, combinés avec l'importance des bois ou marais. Amiens, 25 mars 1824, Sir., XXIV, 2, 242. —Elle peut être portée à la moitié, d'après la force et l'étendue des usages, le nombre, les besoins des usagers et la possibilité des forêts. Colmar, 13 juillet 1824, Sir., XXV, 2, 14. — C'est sous l'autorité des tribunaux que doivent être faites les opérations des experts, d'après lesquelles les cantonnemens doivent être déterminés; et les tribunaux seuls sont compétens pour homologuer les procès-verbaux de ces experts. Arr. du cons., 7 février 1809, Sir., VII, 2, 811.— Le décret du 20 juillet 1808, qui prescrit la réunion de certaines conditions, dans les rapports d'experts faits sur les demandes en partage de bois indivis entre l'état et les particuliers, n'est pas nécessairement applicable aux rapports relatifs à des demandes en cantonnement formées par des usagers dans les forêts de l'état; dans ce dernier cas le rapport peut n'être fait que selon le mode ordinaire. Cass, 20 août 1828, Sir., XXIX, 1, 34. — Enfin, dans une affaire commencée avant la promulgation du Cod. proc. civ., les experts, pour un cantonnement, doivent être nommés en conformité de l'ordonnance de 1667. Cass., 4 février 1812, Sir., XII, 1, 196.

(1) Pour qu'une commune soit réintégrée, en vertu de l'art. 8 de la loi du 28 août 1792, il ne suffit pas qu'elle justifie avoir eu jadis des *prétentions* sur les biens qu'elle réclame; il faut qu'elle prouve les avoir *possédés* : en conséquence, la transaction par laquelle une commune, pour mettre fin à un procès existant entre elle et son seigneur, lui a abandonné la propriété d'un bien que le seigneur prétendait avoir toujours possédé, n'est pas en soi une preuve que la commune ait possédé jadis, ou ait été illégalement dépossédée. Cass., 8 messidor an 12, Sir., IV, 2, 435 ; Bull. civ., VI, 337. — Jugé encore que les communes ne peuvent revendiquer contre les ci-devant seigneurs, des terrains depuis long-temps plantés en bois, ou mis de quelque autre manière en état de production, qu'en justifiant qu'elles ont eu anciennement la propriété ou la possession de ces terrains. Cass., 8 décembre 1818, Sir., XIX, 1, 268; Bull. civ., XX, 291.—Il faut, de plus, que la commune justifie avoir anciennement possédé à titre de propriétaire. Cass., 28 mai 1816, Sir., XVII, 1, 57 ; Bull. civ., XVIII, 111. — Surtout d'une manière exclusive : il ne suffirait pas de prouver une possession vacillante et croisée. Cass., 12 mai 1812, Sir., XIII, 1, 337.— Ni une possession à titre d'usagère. Cass., 23 brumaire an 7, Bull. civ., I, 100; et arrêts précités des 14 floréal an 10, Sir., II, 2, 546 ; 14 brumaire an 13, Sir., V, 1, 113; Bull. civ., VII, 28; et 24 novembre 1818, Sir., XIX, 1, 205; Bull. civ., XX, 279.—Jugé encore que la restitution prononcée au profit des communes, par l'art. 8 de la loi du 28 août 1792, ne s'applique qu'au cas où de la possession prouvée résulte au moins une présomption de propriété. Si donc les titres produits par la commune, tout en établissant un fait de possession, établissent aussi qu'il y avait procès relativement à la propriété, et qu'en définitive la commune ne fut reconnue que simple usagère et non propriétaire, il n'y a pas lieu à réintégration en faveur de la commune. Cass., 15 juillet 1828, Sir., XXVIII, 1, 265.—De ce que d'anciens titres désignent par les mots *bois de telle commune*, des bois dont cette commune avait l'usage, et dont il est prouvé par d'autres titres qu'elle n'a jamais eu la propriété, il ne s'ensuit pas que ces bois doivent être rendus à la commune, en exécution de l'art. 8 de la loi du 28 août 1792. Cass., 26 brumaire an 11, Sir., III, 2, 246.— Il en est de même lorsque les communes prouvent qu'elles ont possédé, *animo domini*, les bois qu'elles réclament, mais sans titre légitime de propriété, et pendant un temps insuffisant pour prescrire.

9, Les terres vaines et vagues ou gastes, landes, biens hermes ou vacans, garrigues, dont les communautés ne pourraient pas justifier avoir été an-

---

Cass., 18 brumaire an 11, Sir., VII, 2, 841.— Pour jouir du bénéfice de la loi, les communes doivent justifier de leur ancienne propriété autrement que par tradition populaire, ou par des délibérations de commune. Cass., 20 juin 1808, Sir., IX, 1, 286; Bull. civ., X, 161.—Les arrêts du ci-devant conseil des finances, rendus contradictoirement sur des questions de propriété intéressant les communes, ont l'autorité de la chose jugée; ils n'ont point été annulés par l'art. 8 de la loi du 28 août 1792. Cass., 22 frimaire an 11, Sir., VII, 2, 837; Bull. civ., V, 81.— Un jugement qui, en vertu de cette loi, a réintégré une commune dans un bien qu'elle prétendait avoir anciennement possédé, est susceptible de cassation pour fausse interprétation de titre. Cass., 29 messidor an 9, Sir., I, 2, 509; Bull. civ., III, 277. — *Jugé au contraire* que, lorsque les juges du fond ont décidé que certains titres produits par la commune ne prouvent pas une possession, dans le sens de l'art. 8 de la loi de 1792; qu'ils ne prouvent pas une possession à titre de propriétaire, mais seulement une possession à titre précaire; cette décision, si erronée qu'elle soit, n'est qu'un mal jugé, une fausse interprétation d'actes qui n'entraîne pas cassation, Cass., 9 août 1827, Sir., XXVIII, 1, 32.

Pour qu'une commune soit réintégrée, il faut qu'elle justifie d'une dépossession par l'effet de la puissance féodale. Cass., 28 mai 1816, Sir., XVII, 1, 57; Bull. civ., XVIII, 111.—Il n'y a point présomption de dépossession par l'effet de la puissance féodale, si les possesseurs actuels des biens réclamés n'ont point été seigneurs de la commune réclamante. Cass., 17 vendémiaire an 13, Sir., V, 1, 40; Bull. civ., VII, 8.—Jugé encore que la loi du 28 août 1792, n'est pas applicable lorsque les biens réclamés se trouvent entre les mains d'un souverain qui n'est pas seigneur féodal. Cass., 5 avril 1808, Sir., VIII, 1, 239; Bull. civ., X, 63.—Et, par conséquent, que les jugemens qui, avant la révolution de 1789, ont évincé les communes dont le gouvernement n'était pas seigneur, de propriétés qu'elles avaient usurpées sur le domaine de l'état, ne sont pas révoqués par la loi du 28 août 1792. Cass., 1er frimaire an 10, Sir., II, 1, 142; Bull. civ., IV, 73.— Jugé encore que l'art. 8 de la loi du 28 août 1792 ne reçoit pas son application au cas où les communes réclament des biens dépendant du domaine de la couronne. Cass., 20 juin 1808, Sir., IX, 1, 286; Bull. civ., X, 161.—Jugé enfin que les dispositions de cette loi, qui réintègrent les communes dans la possession des biens dont elles ont été dépouillées par les ci-devant seigneurs, n'ont d'effet que contre les seigneurs mêmes des communes réclamantes. Cass., 3 prairial an 11, Sir., III, 2, 327; Bull. civ., V, 269, et arrêt précité du 20 juin 1808.—En conséquence, qu'elles ne s'appliquent pas à ceux qui avaient des fiefs dans ces communes, sans en être seigneurs. Cass., 26 octobre 1808, Sir., IX, 1, 21; Bull. civ., X, 308.—Ni à une transaction passée avec le seigneur d'une autre commune. Cass., 14 novembre 1825, Sir., XXVII, 1, 49.

Les communes n'ont plus pour elles une présomption de spoliation, si le seigneur produit un titre légitime. Cass., 17 février 1806, Sir., VI, 2, 543; Bull. civ., VIII, 53; et 24 décembre 1817, Sir., XVIII, 1, 174; Bull. civ., XIX, 328.—Il y a *titre légitime*, dans le sens de l'art. 8 de la loi du 28 août 1792, s'il y a vente faite au seigneur par des fondés de pouvoirs de la commune, et si la vente a été ultérieurement approuvée par le souverain. Arrêt précité du 24 décembre 1817.— Une transaction qui dépouillait des communes, n'est pas pour le seigneur un titre légitime d'acquisition, dans le sens de la loi, si, régulière d'ailleurs en la forme, elle n'avait pour cause que des prétentions jugées depuis mal fondées, et l'affranchissement d'un droit de triage et de retrait féodal. Cass., 11 novembre 1807, Sir., VIII, 1, 161.—Il y a titre légitime dans l'acte par lequel les habitans d'une commune ont cédé à un ci-devant seigneur (mais non seigneur de cette même commune), non seulement tous leurs biens communaux, mais encore toutes leurs propriétés particulières, sous la condition que le seigneur acquitterait leurs dettes, et qu'il les prendrait eux-mêmes pour ses colons partiaires. Turin, 9 mars 1811, Sir., XII, 2, 78.—Lorsqu'une commune est réintégrée dans ses biens par une sentence arbitrale, qui déclare, en fait, qu'ils lui ont été enlevés par abus de la puissance féodale, la cour de cassation ne peut examiner si, d'après les faits et les titres, la commune a été réellement dépouillée, et si, par suite, il a été fait une juste application de la loi. Cass., 14 août 1821, Sir., XXII, 1, 106.

La prescription de cinq ans établie par les art. 1er et 6 de la loi du 28 août 1792, pour certaines actions à intenter par les communes contre leurs ci-devant seigneurs, ne s'étend pas à l'action en réintégration que leur accorde l'art. 8, à l'égard des biens fonds ou droits d'usage dont elles auraient été dépouillées par abus de la puissance féodale. Cass., 18 mai 1825, Sir., XXVI, 1, 419.—D'ailleurs, supposant la prescription établie, elle ne serait pas opposable à la commune qui est en possession des droits ou des biens qui sont l'objet de son action. Cass., 16 juillet 1822, Sir., XXII, 1, 355; Bull. civ., XXIV, 203; et 14 juin 1832, Sir., XXXII, 1, 679.—Ni à la commune qui, lors de la loi de 1792, était et est depuis restée en possession. Cass., 21 décembre 1825, Sir., XXVI, 1, 386; et 4 avril 1834, Sir., XXXIV, 1, 362.—Jugé encore que cette prescription n'est pas

ciennement en possession, sont censés leur appartenir, et leur seront adjugés par les tribunaux, si elles forment leur action dans le délai de cinq ans, à moins que les ci-devant seigneurs ne prouvent par titres, ou par possession exclusive, continuée paisiblement et sans trouble pendant quarante ans, qu'ils en ont la propriété (1).

---

opposable à la commune qui, dans le délai de cinq ans, s'est mise en possession des biens usurpés sur elle par l'effet de la puissance féodale, quoique cette mise en possession n'ait eu lieu qu'en vertu d'une sentence arbitrale de réintégration, sentence annulée depuis. Cass., 27 novembre 1827, Sir., XXVIII, 1 164. -Jugé aussi que la prescription n'est pas applicable à la commune qui s'est mise en possession de ses communaux de sa propre autorité, mais sans violence. Arrêt précité du 20 août 1822, Sir., XXIII, 1, 367; Bull. civ., XXIV, 235.—Vainement on opposerait que la possession ayant commencé à titre précaire, par droit d'usage, elle ne peut avoir aucun effet comme possession à titre de propriétaire; la loi du 28 août 1792 a opéré à l'égard des communes interversion de titre. Riom, 24 juin 1825, Sir., XXVI, 2, 122.—Jugé encore que s'il est vrai qu'une commune à qui on oppose la prescription quinquennale, ne soit pas fondée à repousser l'exception de prescription ou de déchéance, en se prévalant du fait de possession continue pendant ces cinq ans, lorsque le litige est relatif à un droit de propriété, et que la possession ne porte que sur des droits d'usage, il n'est pas moins vrai que cette possession à titre d'usager suffit pour faire écarter, relativement au droit d'usage, une autre espèce d'exception, celle qui serait prise du défaut de la production de titres prescrits par les lois des 28 ventose an 11 et 14 ventose an 12. Cass., 26 juin 1826, Sir., XXVII, 1, 95.—La prescription quinquennale n'est pas opposable à une commune qui, dans les cinq ans, a présenté à l'administration départementale un mémoire tendant à obtenir l'autorisation nécessaire pour se faire réintégrer dans sa propriété. Cass., 29 novembre 1825, Sir., XXVI, 1, 103; Bull. civ., XXVII, 341.—Lorsqu'une commune a intenté action dans les cinq ans, peu importe qu'il s'écoule ultérieurement nombre d'années sans décision, ou même sans poursuites; il suffit que l'action ne soit pas réellement éteinte, pour que la déchéance ne soit pas acquise; peu importe encore que l'action ait été repoussée par un jugement, s'il y a eu appel, et enfin que cinq ans se soient écoulés depuis l'appel, si aucune décision n'a rendu l'appel sans effet. Cass., 9 décembre 1828, Sir., XXIX, 1, 286; Bull. civ., XXX, 273.

(1) Voyez l'art. 1er de la sect. IV de la loi du 10 juin 1793, qui confirme en faveur des communes la propriété des terres vaines et vagues, sans les astreindre à former leur action en revendication dans un délai déterminé; et l'art. 8, qui porte que la possession, même quaranténaire, de l'ancien seigneur, ne pourra, en aucun cas, suppléer le titre légitime d'acquisition de ces terrains.

Les terres en état de culture et de production ne sont pas des terres vaines et vagues. Pour fixer la dénomination de terres vaines et vagues, ou de terres cultivées en état de production, il faut faire abstraction de leur nature ancienne, et considérer l'état où elles étaient lors de la publication de la loi du 28 août 1792, et de celle du 10 juin 1793. Cass., 27 avril 1808, Sir., VIII, 1, 409; Bull. civ., X, 105.—Ne sont point vaines et vagues proprement dites, et susceptibles d'être revendiquées comme telles, des terres qui, anciennement incultes, sont aujourd'hui en valeur. Cass, 5 germinal an 5, Sir., VII, 2, 838. — Ni des biens qualifiés de *vacans*, dans des titres très anciens, lorsque depuis long-temps, ils sont en nature de bois ou en nature de terre à labour et de vignes. Cass., 24 mars 1807, Sir., VII, 2, 839; Bull. civ., IX, 93.—Jugé encore que les communes ne peuvent se faire réintégrer dans de prétendus vacans, possédés par leur ci-devant seigneur, s'il n'est déclaré constant que, dans le temps antérieur, les terrains réclamés étaient incultes et ne produisaient pas de fruits. Cass., 12 juillet 1814, Sir., XV, 1, 37; Bull. civ., XVI, 194.—Pour qu'une commune puisse être déclarée propriétaire de terres réputées vaines et vagues, dans le sens des lois des 28 août 1792, et 10 juin 1793, il doit être justifié que le terrain était vain et vague, au 4 août 1789; si la décision laisse du doute sur ce point de fait, cela suffit pour qu'il y ait lieu à cassation. Cass., 12 mai 1812, Sir., XIII, 1, 337.—Jugé encore que les terrains possédés et mis à profit ou en état de culture par les ci-devant seigneurs, avant le 4 août 1789, sont réputés être leur propriété, à l'exclusion des communes, à moins que celles-ci ne prouvent les avoir anciennement possédés : ils ne peuvent être considérés comme terres vaines et vagues. Douai, 21 décembre 1831, Sir., XXXII, 2, 198.—Ne sont pas biens communaux, dans le sens de ces mêmes lois, des terrains vains et vagues que des particuliers possèdent depuis un temps immémorial, soit comme propriétaires, soit même comme usagers. Angers, 21 mai 1825, Sir., XXVI, 2, 120; et 22 avril 1825, Sir., XXVI, 2, 121.—Ne sont pas réputées terres vaines et vagues, des terres en friche, surtout lorsqu'il est prouvé qu'elles ont été laissées à dessein sans culture, et par des motifs d'économie rurale. Cass., 31 mai 1826, Sir., XXVI, 1, 432. — Ni un bois essentiellement productif. Cass., 14 janvier 1811, Sir., XI, 1, 223.—Ni des marais productifs. Cass., 14 vendémiaire an 9, Sir., I, 1, 345.—Ni des marais auxquels il a été fait des travaux pour les mettre en va-

10. Dans les cinq départemens qui composent la ci-devant province de Bretagne, les terres actuellement vaines et vagues non arrentées, afféagées ou acensées jusqu'à ce jour, connues sous le nom de *communes, frost, frostages, franchises, galois, etc.*, appartiendront exclusivement, soit aux communes, soit aux habitans des villages, soit aux ci-devant vassaux qui sont

---

leur. Cass., 10 fructidor an 13, Sir., VI, 1, 51.—Mais un marais ne cesse pas d'avoir le caractère de terrain vain et vague, et, comme tel, d'être présumé propriété communale, par cela seul qu'il existerait sur ce marais quelques arbres percrus ou plantés, dont auraient joui les ci-devant seigneurs. Cass., 29 décembre 1832, Sir., XXXIII, 1, 445.—Ni une île, formée dans le lit d'une rivière navigable, surtout si elle est, et a été de toute ancienneté, en état de rapport. Cass., 1er brumaire an 6, Sir., I, 1, 115.—Enfin, un terrain, bien qu'inculte et servant à l'usage public depuis long-temps, peut être considéré comme n'ayant pas le caractère de terrain vain et vague, et par suite être réputé, sur de simples présomptions, constituer contre la commune une propriété privée. Cass., 31 juillet 1832, Sir., XXXII, 1, 783.

Les communes ont essentiellement droit aux terres vaines et vagues, si le seigneur ne justifie d'un titre de propriété; à cet égard, la possession ne peut suppléer le titre, et les communes ne peuvent transiger sur d'autres bases. Avis du cons. des 28 juin et 17 juillet 1808, Sir., VIII, 2, 249.—La longue possession des ci-devant seigneurs ne suffit pas pour qu'ils puissent se prétendre propriétaires des terres vaines et vagues. Cass., 26 décembre 1810, Sir., XI, 1, 88; Bull. civ., XII, 272.— La loi du 9 ventose an 12 n'a pas abrogé la loi du 10 juin 1793, qui elle-même a abrogé l'art. 9 de celle du 28 août 1792 : il ne suffit donc plus aux seigneurs, pour se faire maintenir dans la propriété des terres vaines et vagues, de prouver une possession de quarante ans ; si cependant le seigneur établissait que ses titres ont été brûlés pendant la révolution, il pourrait être dispensé de l'application rigoureuse de l'art. 8, sect. IV, de la loi du 10 juin 1793, sur l'exhibition du titre d'acquisition; mais il ne serait pas nécessaire d'accueillir de sa part l'offre de prouver une possession de quarante ans, dans le sens de la loi de 1792, il suffirait de l'autoriser à prouver une possession de quarante ans à titre légitime, ou autrement qu'à titre de seigneur : ainsi, le seigneur, n'offrant pas de prouver une possession de quarante ans, à titre légitime, a pu, même au cas de titres brûlés, être déclaré mal fondé dans sa demande en revendication, encore qu'il offrît de prouver une possession de quarante ans, dans le sens de la loi du 28 août 1792. Cass., 21 décembre 1825, Sir., XXVI, 1, 386.— La présomption de propriété, établie par les lois de 1792 et 1793, au profit des communes, relativement aux terres vaines et vagues, sises dans leur territoire, n'est pas opposable aux communes voisines qui ont en leur faveur une longue possession, ou co-possession; en un tel cas, la commune voisine a pu acquérir par prescription. Caen, 9 juin 1825, Sir., XXVI, 2, 160.—Jugé au contraire que la présomption de propriété est opposable aux communes voisines, tellement qu'au cas de contestation entre communes, sur la propriété de terres vaines et vagues, toute preuve est à la charge de la commune hors de laquelle se trouvent situées ces terres. Angers, 11 février 1831, Sir., XXXI, 2, 97.—La preuve testimoniale est nécessairement admissible, lorsqu'il s'agit d'établir qu'une commune a possédé, de temps immémorial, des marais productifs situés dans l'étendue de son territoire. Cass., arrêt précité du 26 décembre 1810, Sir., XI, 1, 88; Bull. civ., XII, 272.— Les lois qui attribuent les terres vaines et vagues aux communes, par préférence aux seigneurs, ne sont pas applicables au cas où, sur la question de propriété, il y avait chose jugée avant la publication de ces lois. Cass., 22 novembre 1812, Sir., XII, 1, 403.—Ni aux terres vaines et vagues, détenues par le domaine et provenant de la main-mise sur les biens ecclésiastiques et autres propriétés devenues nationales : une commune ne peut donc, sans titre, prétendre, contre l'état, à un marais ayant appartenu à une ancienne abbaye. Cass., 1er juin 1824, Sir., XXXII, 1, 312; Bull. civ., XXVI, 208. — Il suffit à l'état, représentant une ancienne corporation ou communauté religieuse, pour être maintenu, à l'exclusion d'une commune, dans la propriété de terres vaines et vagues, de justifier conformément à l'art. 9 de la loi du 28 août 1792, que la corporation aux droits de laquelle il se trouve, avait possédé ces terres, exclusivement et sans trouble pendant quarante ans, à l'époque de la publication de cette loi de 1792; il n'est pas nécessaire que l'état justifie la propriété de la corporation par un titre légitime et authentique, non entaché de féodalité. Cass., 2 décembre 1833, Sir., XXXIV, 1, 138; Bull. civ., XXXV, 199; et 13 février 1833, Sir., XXXIV, 1, 140.

L'art. 9 de la loi du 28 août 1792, qui n'accorde aux communes qu'un délai de cinq ans pour revendiquer les terres vaines et vagues, n'a pas été abrogé par la loi du 10 juin 1793. Cass., 9 décembre 1828, Sir., XXIX, 1, 286; Bull. civ., XXX, 273. — Ainsi, est non recevable l'action en revendication formée par une commune, plus de cinq ans après la loi du 28 août 1792 (si toutefois elle n'avait pas une possession interruptive de la prescription). Cass., 28 janvier 1817, Sir., XVII, 1, 109; Bull. civ., XIX, 27. — Les communes qui s'emparèrent, par voies de fait, des terres vaines et vagues, au lieu de se les faire adjuger dans les cinq ans fixés par cette loi, en-

actuellement en possession du droit de communer, motoyer, couper des landes, bois ou bruyères, pacager ou mener leurs bestiaux dans lesdites terres situées dans l'enclave ou le voisinage des ci-devant fiefs (1).

11. Celles des terres mentionnées dans les deux articles précédens qui ne se trouveraient pas circonscrites dans le territoire particulier d'une commune ou d'une ci-devant seigneurie, sont censées appartenir à la nation, sans préjudice des droits que les communautés ou les particuliers pourraient y avoir acquis, et qu'ils seront tenus de justifier par titres ou par possession de quarante ans (2).

12. Pour statuer sur les demandes en révision, cassation ou réformation de cantonnement, ou sur des questions de propriété, de servitude ou d'usage, s'il y a concours de plusieurs titres, le plus favorable aux communes et aux particuliers sera toujours préféré, sans avoir égard au plus ou moins d'ancienneté de leur date, ni même à l'autorité de la chose jugée en faveur des ci-devant seigneurs.

13. Si les biens mentionnés dans les articles 6, 7 et 8 ci-dessus, ont été vendus par les ci-devant seigneurs; si le prix ne leur en a pas été payé, ou si lesdits biens ont été par eux aliénés à titre de cens, emphytéose, ou à titre de tout autre bail à rente, les droits respectifs des parties intéressées seront réglés conformément aux dispositions des articles 3 et 4 du présent décret.

14. Tous les arbres existant actuellement sur les chemins publics, autres que les grandes routes nationales, et sur les rues des villes, bourgs et villages, sont censés appartenir aux propriétaires riverains, à moins que les communes ne justifient en avoir acquis la propriété par titre ou possession (3).

15. Tous les arbres actuellement existant sur les places des villes, bourgs et villages, ou dans des marais, prés et autres biens dont les communautés ont ou recouvreront la propriété, sont censés appartenir aux communautés, sans préjudice des droits que des particuliers non seigneurs pourraient y avoir acquis par titre ou possession.

---

coururent la déchéance. Cass., 27 avril 1808, Sir., VIII, 1, 409; Bull. civ., X, 105. — Ce délai de cinq ans n'est applicable qu'au cas spécial de litige entre les seigneurs et leurs vassaux, et lorsqu'il s'agit d'appliquer une législation qui présume les communes spoliées; à l'égard de tous autres particuliers prétendus usurpateurs de terres vaines et vagues, l'action des communes n'est restée soumise qu'à la prescription ordinaire de trente ans. Nancy, 3 juillet 1825, Sir., XXIX, 2, 235. — Le prescription de cinq ans ne s'applique pas au cas où la revendication a pour objet un chemin vicinal. Cass., 5 mars 1818, Sir., XIX, 1, 291.

(1) Cet article n'a pas été abrogé par l'art. 1er, sect. IV, de la loi du 10 juin 1793, qui, en règle générale, attribue aux communes les terres vaines et vagues; elles n'ont aucun droit aux terres vaines et vagues, dépendantes d'anciens fiefs situés en Bretagne, et ces terres continuent d'appartenir aux ci-devant vassaux et censitaires. Cass., 25 avril 1827, Sir., XXVII, 1, 394.

(2) Cet article a été abrogé par l'art. 1er, sect. IV, de la loi du 10 juin 1793, qui déclare d'une manière générale que les communes sont propriétaires de tous les terrains vains et vagues. Cass., 4 avril 1834, Sir., XXXIV, 1, 362.

(3) Les arbres plantés sur les bords des chemins vicinaux, sont censés appartenir aux propriétaires riverains, à moins que les communes qui leur en contesteraient la propriété, ne justifient qu'elles l'ont acquise par titre ou par possession. Dans ce cas, comme il s'agit d'une question de propriété, c'est aux tribunaux et non à l'autorité administrative à prononcer. Arr. du cons. du 21 décembre 1808, Sir., XVII, 2, 106.

Sur la propriété des arbres existans sur les chemins ou places des communes, voyez les art. 2 et suiv. du décret du 26 juillet — 15 août 1790; l'ordre du jour du 9—13 février 1793; et la loi du 9—19 ventose an 13 (28 février — 10 mars 1805).

Voyez enfin, sur l'application des dispositions de la loi du 28 août 1792, qui réintègrent les communes dans les biens et droits dont elles ont été dépouillées par l'effet de la puissance féodale, M. HENNION DE PENSEY, *Traité du pouvoir municipal et des biens communaux*, p. 164, 268 et 321; M. LATRUFFE DE MONTMEYLIAN, *Traité des biens communaux*; MERLIN, *Nouv. Rép.*, v° *Communaux*, § 2.

16. Dans les cas mêmes où les arbres mentionnés dans les deux articles précédens, ainsi que ceux qui existent sur les fonds mêmes des riverains, auraient été plantés par les ci-devant seigneurs, les communautés et les riverains ne seront tenus à aucune indemnité ni à aucun remboursement pour frais de plantation ou autres.

17. Dans les lieux où les communes pourraient être dans l'usage de s'approprier les arbres épars sur les fonds des propriétaires particuliers, ces derniers auront la libre disposition desdits arbres.

18. Jusqu'à ce qu'il ait été prononcé relativement aux arbres plantés sur les grandes routes nationales, nul ne pourra s'approprier lesdits arbres et les abattre : leurs fruits seulement, les bois morts, appartiendront aux propriétaires riverains. Il en sera de même des émondages, quand il sera utile d'en faire ; ce qui ne pourra avoir lieu que de l'agrément des corps administratifs, à la charge par lesdits riverains d'entretenir lesdits arbres et de remplacer les morts.

19. Il est dérogé aux lois antérieures en tout ce qu'elles renferment de contraire aux dispositions du présent décret.

N° 490. = 28 août 1792—30 mai 1793. = DÉCRET *portant que les majeurs ne sont plus soumis à la puissance paternelle* (1). (B., XXIV, 260.)

Le rapporteur du comité de législation fait un rapport et lit un projet de décret sur les successions, dont l'assemblée ordonne l'impression et l'ajournement. — Un membre propose des articles additionnels; un autre demande que cette question soit ajournée, et que l'on achève le décret sur l'état civil des citoyens : mais, un troisième ayant proposé de décréter l'abolition de la puissance paternelle, — L'assemblée nationale décrète que les majeurs ne seront plus soumis à la puissance paternelle; elle ne s'étendra que sur les personnes des mineurs.

---

28 août 1792 : *Dépositaires des émigrés, etc., Maison de Louis XVI,* voyez 23 du même mois ; *Droits féodaux, Emigrés dans les colonies, Fonctionnaires des colonies,* voyez 25 août ; *Passe-ports, Troupes coloniales,* voyez 27 août.

N° 491. = 29—29 août 1792. = DÉCRET *relatif aux jugemens de la haute-cour nationale* (2). (L., X, 703.)

L'assemblée nationale, délibérant sur la question proposée par le ministre de la justice, qui est de savoir si les jugemens de la haute-cour nationale peuvent être sujets au recours devant le tribunal de cassation, et après avoir entendu le rapport de son comité de législation; considérant que le but de l'institution de la haute-cour, le mode de son organisation, la nature des fonctions qui lui sont déléguées, la circonstance que ce tribunal est unique dans l'état, ne permettent pas de penser que ses décisions puissent être soumises

---

(1) Cette loi a fait cesser l'usufruit que les lois romaines accordaient aux pères sur les biens de leurs enfans, parce qu'elle a eu effet dès l'instant de sa promulgation, soit en ce qui touche l'état personnel de l'enfant, soit en ce qui touche les droits réels du père ; si le fils est mort avant l'âge de vingt et un ans, ses héritiers peuvent faire prononcer l'extinction de l'usufruit à l'époque où le fils aurait eu ce droit lui-même, s'il eût survécu. Cass., 26 juillet 1810, Sir., X, 1, 348.

Mais cette loi n'a pas fait cesser, au profit du père, la responsabilité qui pesait sur lui, à l'égard de la dot et de l'augment de dot stipulés au profit de sa bru, dans un contrat de mariage auquel il avait été présent, antérieurement à ladite loi. Cass., 2 septembre 1806, Sir., VI, 1, 461.

(2) Voyez la loi de création de cette cour, du 10—15 mai 1791 ; et la note.

au recours devant le tribunal de cassation, recours que la lettre et plus encore l'esprit des lois existantes écartent également : décrète que , par ces motifs, il n'y a pas lieu à délibérer.

N° 492.=29—23 août 1792. = **DÉCRET** *relatif au jugement définitif des attroupemens contre la liberté* (1), *et des crimes d'embauchage.* (L., X, 722.)

L'assemblée nationale, considérant que rien n'est plus pressant que de punir les ennemis de la patrie , décrète que les tribunaux criminels des départemens jugeront définitivement et en dernier ressort, sans recours au tribunal de cassation, tous ceux qui s'attrouperont dans l'intention d'occasioner des troubles et des désordres tendant à renverser la liberté, ou à s'opposer à l'exécution des lois, ainsi que les prévenus du crime d'embauchage ; décrète en outre que le pouvoir exécutif sera tenu de faire passer sans délai, par un courrier extraordinaire, le présent décret au département des Deux-Sèvres.

N° 493. = 29 août—1er septembre 1792. = **DÉCRET** *qui ordonne la suppression de la régie générale des économats, la présentation de ses comptes, la liquidation et le paiement des créanciers.* (B., XXIV, 268.)

N° 494.= 29 août—9 septembre 1792.= **DÉCRET** *qui détermine les avantages accordés par la nation aux officiers , sous-officiers et soldats des armées ennemies qui se rangeraient sous les drapeaux français.* (L., X, 736.)

N° 495. = 29 août—9 octobre 1792. = **DÉCRET** *relatif à la validité des jugemens auxquels ont concouru des gradués et des hommes de loi.* (B., XXIV, 265.)

Art. 1er. Tous jugemens auxquels ont concouru des gradués assermentés ou des hommes de loi, pour l'absence ou l'empêchement des juges des tribunaux, sont déclarés valides.

2. En cas d'absence ou d'empêchement de juges , les tribunaux sont autorisés à appeler des gradués assermentés ou des hommes de loi, pour remplacer et concourir aux jugemens.

29 août 1792 : *Entretien du roi,* voyez 21 du même mois ; *Visites domiciliaires,* voyez 28 août.

N° 496. = 30 août 1792. == **DÉCRET** *relatif aux fonctionnaires publics qui ont leur père ou fils émigré* (2). (B., XXIV, 279.)

L'assemblée nationale décrète que tout fonctionnaire public qui a son père ou son fils émigré, sera destitué. Tout pensionnaire qui a son père ou son fils émigré perdra sa pension.

N° 497. = 30—31 août 1792. = **DÉCRET** *relatif aux conventions faites entre les auteurs dramatiques et les directeurs de spectacles* (3). (B., XXIV, 274.)

Art. 1er. Les pièces imprimées ou gravées, mises en vente avant le décret

____

(1) Voyez la loi du 10 avril 1831 contre les attroupemens.
(2) Voyez le § 5 des notes qui accompagnent le décret du 9 — 12 février 1792 ; il résume toutes les dispositions dont les parens des émigrés ont été l'objet.
(3) Abrogé par le décret du 1er septembre 1793 ; voyez ce décret.
Voyez aussi la loi du 13—19 janvier 1791 et les notes, et surtout la loi du 19—24 juillet 1793, sur la propriété littéraire, et les notes.

du 13 janvier 1791, qui ont été jouées avant cette époque sur les théâtres autres que ceux de Paris, sans convention écrite des auteurs, et cependant sans aucune réclamation légalement constatée de leur part, pourront être jouées sur ces mêmes théâtres sans aucune rétribution pour les auteurs.

2. Les conventions faites avant le décret du 13 janvier 1791, entre les auteurs et les directeurs des spectacles, seront exécutées.

3. Les réglemens et arrêts du conseil qui avaient été faits pour les théâtres de Paris ayant été abrogés par le décret du 13 janvier, et ayant donné lieu, à cette époque, à divers traités entre les théâtres de Paris et les auteurs, ces traités seront suivis dans toute l'étendue de leurs dispositions ; en conséquence, nul autre théâtre de Paris que celui ou ceux auxquels l'auteur ou ses ayans-cause auront permis la représentation de ses pièces, ne pourra les jouer, sous les peines de la loi.

4. Pour prévenir toute réclamation à l'avenir, les auteurs seront tenus, en vendant leurs pièces aux imprimeurs ou aux graveurs, de stipuler formellement la réserve qu'ils entendront faire de leur droit de faire représenter lesdites pièces.

5. Le traité portant ladite réserve sera déposé chez un notaire, et imprimé à la tête de la pièce.

6. En conséquence de cette réserve, aucun spectacle ne pourra jouer lesdites pièces imprimées ou gravées, qu'en vertu d'un consentement écrit et signé par l'auteur.

7. Les spectacles qui contreviendront au précédent article, encourront la peine de la confiscation du produit total des représentations.

8. La réserve faite en vertu de l'article 4 n'aura d'effet que pour dix ans ; au bout de ce temps, toutes pièces imprimées et gravées seront librement jouées par tous les spectacles.

9. L'assemblée nationale n'entend rien préjuger sur les décrets ou réglemens de police qu'elle pourra donner dans le Code de l'instruction publique, sous le rapport de l'influence des théâtres sur les mœurs et les beaux-arts.

10. Elle déroge aux décrets antérieurs, en tout ce qui n'est pas conforme au présent décret.

N° 498. = 30 août—1er septembre 1792. = **DÉCRET** *relatif aux biens des abbayes et communautés étrangères* (1). (B., XXIV, 275.)

Un membre propose de décréter que tous les biens des abbayes et communautés étrangères, ainsi que ceux transmis à des séminaires, ou qui proviennent des bénéfices des ci-devant jésuites, et qui sont situés dans la domination française, soient vendus au profit de l'état, à l'instar des domaines nationaux. On observe que le comité des domaines est prêt à faire un rapport à ce sujet. On demande qu'il soit sur-le-champ décrété comme principe « que les revenus de ces différens biens sont mis en séquestre, et que les « comités diplomatique et des domaines réunis demeurent chargés de pro- « poser demain un mode d'exécution relativement à la propriété desdits « biens. » — Ces propositions, mises aux voix, sont adoptées.

N° 499. = 30 août—3 septembre 1792. = **DÉCRET** *qui autorise les juges de paix de Paris à choisir leurs greffiers.* (B., XXIV, 272.)

---

(1) Voyez le décret du 18—18 août 1792, qui supprime les communautés religieuses, et les notes.

N° 500. = 30 août—3 septembre 1792. = **DÉCRET** *qui pourvoit aux dépenses nécessaires pour l'achèvement du terrier de l'île de Corse.* (B., XXIV, 273.)

N° 501. = 30 août — 3 septembre 1792. = **DÉCRET** *relatif aux fonctionnaires publics qui auront conduit en pays étranger leurs enfans mineurs, ou qui auront favorisé leur émigration.* (B., XXIV, 279.)

L'assemblée nationale décrète que tout fonctionnaire public qui sera convaincu d'avoir conduit en pays étranger ses enfans mineurs, ou favorisé leur émigration d'une manière quelconque, ou d'avoir entretenu une correspondance coupable avec des émigrés, sera destitué de sa place, et déclaré incapable de remplir aucune fonction publique.

N° 502. = 30 août—3 septembre 1792.=**DÉCRET** *sur la suppression des commissaires du roi près les tribunaux.* (L., X, 748.)

Un membre observe que c'est par erreur qu'on a supposé dans la rédaction du décret du 18 de ce mois, concernant le remplacement des commissaires du roi près des tribunaux, que leur suppression avait été prononcée par décret du 14 ; qu'il n'existe sous cette date qu'un arrêté au procès-verbal ; qu'il est indispensable, pour donner le complément à la loi, de faire de la suppression l'objet du premier article, et, par une suite nécessaire, de faire frapper la disposition de l'article 5, qui déclare les commissaires suspendus inéligibles, sur ceux qui seront en exercice le jour de la publication du décret du 18.— Ces changemens sont adoptés.

N° 503. = 30 août — 3 septembre 1792. = **DÉCRET** *qui prononce la confiscation des biens de ceux qui seront convaincus d'avoir excité et fomenté des troubles.* (B., XXIV, 279.)

N° 504. = 30 août — 3 septembre 1792. = **DÉCRET** *qui ordonne le paiement de l'indemnité accordée aux maîtres de poste en remplacement des privilèges, et qui porte de vingt-cinq à trente sous par cheval, la taxe pour les courriers de route* (1). (B., XXIV, 279.)

N° 505. = 30 août— 6 septembre 1792. =**DÉCRET** *relatif à l'acquittement des sommes dues par les acquéreurs de biens nationaux.* (B., XXIV, 275.)

L'assemblée nationale, considérant combien il importe d'assurer dans la caisse de l'extraordinaire la rentrée, aux échéances, de différentes sommes provenant de la vente des domaines nationaux, et de fixer les incertitudes qui auraient pu s'élever sur l'application des principes posés par l'article 8, titre III, du décret du 14 mai 1790, concernant les retards de paiement ;— Considérant que, quel que soit le mode de paiement adopté par les acquéreurs, rien ne peut les dispenser de se présenter aux échéances fixées par les lois pour s'acquitter ; — Que tout retard dans les paiemens serait une perte réelle pour la nation, du moment où cette perte ne se trouverait pas

---

(1) Voyez, sur l'indemnité due aux maîtres de poste, la loi du 15—25 ventose an 13 (6—16 mars 1805), et les notes.

compensée par la perception des intérêts pris sur la somme en retard ; — Considérant que l'article 8 du titre III du décret du 14 mai 1790 n'a été révoqué par aucune loi postérieure, et qu'il doit, par conséquent, avoir son exécution pleine et entière, décrète ce qui suit :

Toute somme due par les acquéreurs de biens nationaux, tant en intérêts qu'en capitaux, qui n'aurait pas été acquittée à l'échéance fixée par la loi, doit intérêt depuis le jour de ladite échéance jusqu'à celui de l'acquittement (1).

N° 506. = 30 août—6 septembre 1792. = **DÉCRET** *portant augmentation du nombre des officiers généraux.* (B., XXIV, 277.)

---

30 août 1792 : *Commissaires du roi,* voyez 18 du même mois ; *Armement des sergens,* voyez 25 août.

N° 507. = 31 août 1792. = **DÉCRET** *portant que cette année les tribunaux ne pourront prendre de vacances.* (B., XXIV, 287.)

N° 508. = 31 août 1792. = **DÉCRET** *relatif aux femmes enceintes condamnées à la peine du carcan.* (B., XXIV, 288.)

L'assemblée nationale, après avoir entendu le rapport de son comité de législation, voulant concilier les sentimens de l'humanité avec ceux de la justice, et conserver aux femmes enceintes les égards, les ménagemens que mérite leur situation, décrète qu'il y a urgence. — L'assemblée nationale, après avoir décrété l'urgence, décrète ce qui suit :

Art. 1er. Les femmes condamnées à la peine du carcan, et qui seront trouvées enceintes au moment de leur condamnation, ne subiront point cette peine, et ne seront point exposées au public ; mais elles garderont prison pendant un mois, à compter du jour de leur jugement, qui sera imprimé, affiché et attaché à un poteau planté à cet effet sur la place publique (2).

2. Le présent article aura son exécution à l'égard des jugemens rendus; en conséquence, les femmes condamnées à la peine du carcan, et qui sont enceintes, garderont prison pendant un mois, qui commencera à courir du jour de leur jugement.

N° 509. = 31—31 août 1792. = **DÉCRET** *qui prescrit au ministre de l'intérieur de se faire rendre compte des effets trouvés aux Tuileries, dans les églises et maisons nationales ou dépendant de la liste civile.* (L., X, 760.)

N° 510. = 31 août—1er septembre 1792. = **DÉCRET** *qui autorise le ministre de la guerre à faire des changemens dans l'armement des troupes.* (L., X, 765.)

N° 511. = 31 août—5 septembre 1792. = **DÉCRET** *relatif à la reddition de la place de Longwi.* (B., XXIV, 290.)

Art. 1er. Les commandans de toute place assiégée et bombardée sont au-

---

(1) Cette disposition est reproduite dans un arrêté des consuls du 7 messidor an 9, rapporté par SIREY, 1, 2, 539.

(2) Le même motif d'humanité avait donné naissance à la loi du 23 germinal an 3 (12 avril 1795), qui défendait de mettre en jugement une femme prévenue de crime capital, avant qu'il eût été vérifié qu'elle n'était pas enceinte; mais ces dispositions ont cessé d'avoir effet, depuis la promulgation du Cod. pén. de 1810, qui ne les a pas renouvelées. La grossesse, aux termes

torisés à faire démolir la maison de tout citoyen qui parlerait de rendre la place pour éviter le bombardement (1).

2. Aussitôt que la ville de Longwi sera rentrée au pouvoir de la nation française, toutes les maisons de cette ville, à l'exception des maisons nationales, seront détruites et rasées.

3. L'assemblée nationale déclare infames et indignes d'exercer jamais les droits de citoyens français tous les habitans de la ville de Longwi à l'époque où cette ville a été livrée.

4. Le pouvoir exécutif est chargé de faire poursuivre devant les tribunaux ordinaires les administrateurs du district de Longwi et les officiers municipaux de cette ville.

5. Le pouvoir exécutif fera passer sans délai, à la cour martiale chargée de juger le commandant et la garnison de Longwi, toutes les pièces saisies sur le sieur *Lavergne*, et adressées à l'assemblée nationale par les administrateurs du district de Bourmont.

N° 512. = 31 août—18 octobre 1792. = **DÉCRET** *qui fixe le mode de remboursement des offices des justices seigneuriales* (2). (B., XXIV, 280.)

Art. 1er. Tous les officiers des ci-devant justices seigneuriales, pourvus à titre onéreux, et dont l'exercice aura cessé par l'installation des nouveaux tribunaux, ou ceux qui sont à leurs droits, seront remboursés par les propriétaires actuels des ci-devant seigneuries, suivant le mode qui sera déterminé ci-après.

2. Les offices aliénés à perpétuité, et acquis à titre d'hérédité, qui, depuis l'édit de 1771, relatif à l'évaluation des offices royaux, ont été évalués par les titulaires dans les parties casuelles des ci-devant seigneurs, seront remboursés sur le pied de l'évaluation.

3. Les offices dont l'évaluation n'a pas été faite par les titulaires depuis 1771, mais qui étaient soumis annuellement, ou lors des mutations, à des droits de centième denier, paulette, survivance ou autres, seront remboursés de la manière suivante.

4. Si les quittances de droit annuel ou de mutation portent que ce droit forme le dixième, le cinquantième ou le centième denier de la finance de l'office, le titulaire aura pour remboursement, dix fois, cinquante ou cent fois le montant du droit annuel ou de mutation. La même règle de proportion sera suivie pour les autres quotités qui seront énoncées dans les quittances ; et celle du droit annuellement payé n'indiquant pas la portion de finance que ce droit représente, il sera censé être le centième denier.

5. Les titulaires dont les offices étaient soumis en même temps à des droits annuels et de mutation, seront remboursés sur le pied du capital le plus fort, calculé d'après l'un ou l'autre de ces droits ; et lorsque ce capital sera infé-

---

de l'art. 27 de ce code, n'est plus qu'un motif de sursis à l'exécution de la condamnation capitale.

(1) Voyez le décret du 25 — 26 juillet 1792, sur la reddition des places de guerre, et les notes.

(2) Voyez le décret du 4, 6, 7, 8 et 11 août — 21 septembre et 3 novembre 1789, art. 4, qui abolit ces justices sans indemnité; celui du 6 — 27 mars 1791, qui ordonne le transport de leurs minutes dans les greffes des tribunaux de district ; celui du 13—20 avril même année, qui abolit tous les droits dépendant des justices seigneuriales; celui du 23 juillet — 12 septembre suivant, qui ordonne le remboursement des finances de ceux qui ont acquis des justices seigneuriales du domaine de l'état; et enfin celui du 29 septembre—6 octobre même année, qui ordonne la remise aux tribunaux de district des minutes des notaires qui existent dans les greffes de ces justices.

rieur au montant du dernier contrat authentique, les ci-devant seigneurs qui, à titre de droit de mutation, de paulette ou autres, auront par eux-mêmes, ou par leurs auteurs, successivement perçu des sommes qui, réunies à la finance primitive, égaleront ou surpasseront le taux du dernier contrat, seront tenus de rembourser, au choix du titulaire, ou la finance primitive, ou le montant du dernier contrat.

6. Les offices non évalués, et non soumis à des droits annuels ou de mutation, seront remboursés sur le pied de la finance originaire et supplément, et, dans le cas où, pour quelques offices, elle ne serait pas connue, sur le pied des offices de même nature et de la même justice dont la finance sera certaine.

7. S'il n'existe aucun office de même nature dans la même justice, les titulaires qui ne pourront justifier du montant de la finance primitive, n'auront droit à aucun remboursement, à la charge toutefois, de la part des ci-devant seigneurs, ou de ceux qui les représentent, d'affirmer qu'ils n'ont pas le titre de la finance primitive, qu'ils ne connaissent pas le montant de cette finance, et qu'ils n'en ont reçu aucune.

8. Les premiers pourvus d'un office acquis à titre perpétuel, et ceux qui en ont levé aux parties casuelles des ci-devant seigneurs, depuis 1771, seront remboursés, sur le pied de la finance effectivement versée dans la caisse des ci-devant seigneurs.

9. Les titulaires pourvus à leur vie ou à celle du ci-devant seigneur, supporteront la déduction d'un trentième, par chaque année de jouissance. Cette déduction ne pourra néanmoins excéder les deux tiers du prix total ; et ceux qui ont joui pendant vingt années ou pendant un plus long terme, recevront également le tiers du prix total. — Les offices seigneuriaux qui ont été laissés à bail, ou par des commissions limitées à un nombre déterminé d'années, seront remboursés sur le pied des sommes délivrées, déduction faite de la partie de ces sommes relative au temps de la jouissance.

10. Ceux qui ont traité pour des survivances d'offices seigneuriaux à vie, dont ils n'étaient pas pourvus à l'époque du 4 août 1789, seront remboursés en entier des sommes qu'ils justifieront avoir délivrées relativement à ces acquisitions.

11. Les officiers de justices seigneuriales dépendant des domaines ci-devant ecclésiastiques, et aujourd'hui nationaux, seront remboursés par la nation, conformément au mode ci-dessus prescrit.

12. Les officiers institués à titre onéreux par provisions du roi pour connaître des cas royaux, et par provisions des seigneurs pour connaître des cas ordinaires, seront remboursés, les premiers par la nation, suivant le mode déterminé par le décret des 2 et 6 septembre 1790, et les seconds par les ci-devant seigneurs, d'après les bases ci-dessus fixées.

13. Le mode de remboursement ci-dessus prescrit sera commun aux procureurs, notaires et tabellions des ci-devant justices seigneuriales ; mais si, d'après ce mode, le taux du remboursement, pour ceux qui ont acquis à perpétuité, est inférieur au prix porté dans le contrat authentique de leur acquisition ou autre titre translatif de propriété, qui n'indiquera l'acquisition d'aucuns rôles, débets ou recouvremens, le surplus du même prix leur sera payé à titre d'indemnité.

14. Si, au contraire, le contrat porte une acquisition de recouvremens, dont le prix se trouve confondu, sans aucune spécification particulière, avec celui du titre et de la clientelle, l'indemnité sera réduite à la moitié de l'excédant du prix total ; et si les recouvremens sont évalués séparément, le montant de cette évaluation sera déduit du prix du contrat : si enfin cette

déduction n'absorbe point l'excédant du même prix, la portion qui en restera, formera le taux de l'indemnité.

15. Les titulaires des offices de greffiers, sergens et huissiers audienciers des justices seigneuriales, pourvus également à perpétuité, qui, d'après le mode ci-dessus, obtiendraient un remboursement inférieur au prix porté dans les titres authentiques d'acquisition, auront en outre, à titre d'indemnité, le sixième du prix porté dans ces titres et autres actes authentiques, lorsqu'ils pourront en justifier.

16. Celles des indemnités mentionnées dans les trois articles précédens, qui seront à la charge de la nation, comme représentant les ci-devant seigneurs ecclésiastiques, ne seront payées qu'aux titulaires qui justifieront par pièces authentiques antérieures au 4 août 1789, que le montant du remboursement auquel ils ont droit, d'après le mode ci-dessus établi, est réellement inférieur au prix stipulé dans leurs titres d'acquisition également authentiques.

17. Tous les officiers ci-devant désignés seront en outre remboursés par ceux qui sont chargés du remboursement principal des droits de mutation et provisions par eux payés aux ci-devant seigneurs, sous quelque dénomination qu'ils aient été perçus. — Les droits de paulette ou de survivance qu'ils auront délivrés par anticipation, leur seront aussi restitués.

18. Les intérêts des sommes qui leur reviendront aux termes du présent décret, courront du jour de l'installation des tribunaux de district dans l'arrondissement desquels les ci-devant justices seigneuriales étaient situées; ils leur seront payés à raison de cinq pour cent, et sous la retenue des impositions, par ceux qui sont tenus du remboursement de ces sommes.

19. Sont exceptés des dispositions de l'article précédent, les notaires et tabellions seigneuriaux, au profit desquels les intérêts des sommes principales ne courront que du jour qu'ils auront été remplacés par des notaires publics.

20. Les dispositions des décrets des 6—12 février et 27 avril—1er mai derniers, qui prononcent la peine de déchéance contre les créanciers de la nation qui n'ont point produit leurs titres avant le 1er juin dernier, ne pourront être opposées aux titulaires qui, d'après le présent décret, auront des droits à exercer sur la nation : mais ils seront tenus, sous la même peine de déchéance, de produire leurs titres au bureau général de liquidation, avant le 1er janvier 1793.

21. Les titulaires qui, en conséquence du présent décret, se trouveront créanciers des ci-devant seigneurs émigrés, exerceront leurs droits conformément à la loi du séquestre, sans qu'on puisse se prévaloir contre eux de ce que ces droits n'ont pas été reconnus avant l'époque du décret du 9 février dernier, par lequel les biens des émigrés ont été mis sous la main de la nation.

22. Les titulaires dont le taux du remboursement aura été fixé sur des actes publics antérieurs au 4 août 1789, auront hypothèque sur les mêmes biens, à compter du jour de ces actes : et la date de l'hypothèque, pour ceux qui n'auront pu produire des actes de cette nature, sera fixée uniformément au 4 août 1789.

---

31 août 1792 : *Monnaie de bronze,* voyez 25 du même mois; *Contribution mobilière,* voyez 26 août; *Effets publics au porteur,* voyez 27 août; *Auteurs dramatiques,* voyez 30 août.

N° 513. = 1er septembre 1792. = DÉCRET *qui enjoint aux corps administra-tifs de livrer, sur les réquisitions du pouvoir exécutif, les armes qui sont dans les arsenaux.* (B., XXIV, 542.)

N° 514. = 1er—6 septembre 1792. = DÉCRET *relatif aux titres de créance in-scrits sur le registre de déchéance.* (B., XXIV, 543.)

L'assemblée nationale décrète que les titres de créance produits jusqu'au 1er septembre et inscrits sur le registre de déchéance tenu à cet effet par le directeur général, seront admis à la liquidation, et qu'il ne pourra plus en être reçu de nouveaux de ceux qui n'en auraient pas encore produit ; à l'effet de quoi ses registres seront clos et arrêtés à compter de ce jour, et extrait du procès-verbal lui sera remis pour qu'il ait à s'y conformer.

1er septembre 1792 : *Abbayes étrangères,* voyez 3o août précédent ; *Armement des troupes,* voyez 31 août.

N° 515. = 2 septembre 1792. = DÉCRET *relatif au pain de munition.*
(B., XXIV, 549.)

Art. 1er. La régie des vivres est dès ce moment supprimée. Le pouvoir exécutif présentera, dans le plus court délai, un mode de remplacement, et veillera à ce que le service de cette partie ne perde rien de son activité dans le passage à un meilleur ordre de choses (1).

2. Le pain de munition ne pourra être fait que de farine blutée, en ôtant au moins quinze livres de son par quintal. — Le mélange des farines sera dans la proportion de trois quarts froment et d'un quart seigle.

N° 516. = 2 septembre 1792. = DÉCRET *qui nomme des commissaires de l'assemblée pour se rendre aux prisons.* (B., XXIV, 565.)

N° 517. = 2 septembre 1792. = DÉCRET *portant révocation du bail emphy-téotique de plusieurs domaines nationaux du département de la Corse.* (B., XXIV, 583.)

N° 518. = 2—2 septembre 1792. = DÉCRET *portant que les personnes qui refuseraient, ou de servir personnellement, ou de remettre leurs armes, sont déclarées infâmes, traîtres à la patrie et dignes de la peine de mort.* (B., XXIV, 592.)

N° 519. = 2—3 septembre 1792. = DÉCRET *relatif à la fabrication des pièces de trois, six, douze et vingt-quatre deniers.* (B., XXIV, 580.)

Art. 1er. La commission générale des monnaies fera, sans délai, travailler à la préparation des nouveaux poinçons pour la fabrication des pièces de trois et de six deniers, en se conformant au type décrété, le 25 août dernier, pour les pièces de trois et de cinq sous.

2. La monnaie de trois et de six deniers pourra être faite avec le même alliage de bronze de cloche et de cuivre que la monnaie des pièces de deux sous et d'un sou.

______

(1) Voyez le décret du 19 août 1793, qui organise l'administration des vivres, et les notes.

3. Les directeurs des monnaies et entrepreneurs de flaons sont autorisés à employer le cuivre jaune dans la fabrication des flaons, dans la proportion de huit parties de bronze de cloche, de trois parties de cuivre rouge pur et d'une partie de cuivre jaune.

4. Les pièces de trois, six, douze et vingt-quatre deniers seront fabriquées à l'avenir, au remède suivant : — Les pièces de deux sous, au remède d'une demi-pièce par marc; — Celles d'un sou, au remède d'une pièce; — Celles de six deniers, au remède de deux pièces; — Et celles de trois deniers, au remède de quatre pièces.

Nº 520. = 2—3 septembre 1792. = DÉCRET *qui prononce la peine de mort contre les agens de l'administration qui refuseraient d'exécuter les mesures prises pour la sûreté de l'état.* (B., XXIV, 593.)

Nº 521. = 2—5 septembre 1792. = DÉCRET *portant que les officiers et cavaliers commissionnaires et surnuméraires de la ci-devant compagnie de la prevôté générale, seront placés dans la gendarmerie attachée au service des tribunaux et des prisons.* (B., XXIV, 558.)

Nº 522. = 2—6 septembre 1792. = DÉCRET *relatif à la vente des biens des émigrés* (1). (B., XXIV, 560.)

Art. 1er. Les biens tant mobiliers qu'immobiliers, séquestrés ou qui doivent l'être, en exécution du décret du 30 mars—8 avril dernier, relatif aux biens des émigrés, sont dès à-présent acquis et confisqués à la nation, pour lui tenir lieu de l'indemnité réservée par l'article 27 dudit décret.

2. Les meubles seront vendus à la criée, à la poursuite et diligence du procureur-syndic du district, après les affiches et publications ordinaires, inventaire préalablement fait en conséquence de l'article 4 du décret du 30 mars—8 avril, et sur récolement des effets inventoriés.

3. Les biens immeubles, réels ou fictifs, seront aliénés, soit par vente au prix comptant, soit à bail a rente rachetable, suivant le mode et la division qui seront ci-après expliqués.

4. Les dettes de chaque émigré seront acquittées, autant néanmoins que les biens confisqués tant meubles qu'immeubles pourront suffire, et non au-delà.

5. Pour fixer, préalablement à toute aliénation, les droits, soit exigibles, soit éventuels, dont les biens pourraient être grevés, la confiscation sera proclamée par trois affiches et publications successives, dans les municipalités de la situation des biens meubles et immeubles.

6. Tout créancier ou ayant-droit, à quelque titre que ce puisse être, pourra faire pendant le délai de deux mois, à compter de la première affiche, sa déclaration et le dépôt de ses titres justificatifs au secrétariat de l'administration du district du dernier domicile connu de l'émigré, lequel sera indiqué par des affiches; ce délai passé, faute de déclaration, il sera déchu (2).

7. Les créances et droits seront liquidés de gré à gré par le directoire du département, d'après le travail et sur l'avis du directoire du district, entre

---

(1) Voyez, sur les mesures dont les biens des émigrés ont été l'objet, le § 3 des notes qui accompagnent le décret du 9—12 février 1792 : il résume la matière.

(2) Celui qui avait un droit de servitude sur un bien d'émigré, n'a pu le conserver qu'en faisant la déclaration prescrite par cet article. Cass., 27 brumaire an 7, SIR., I, 1, 180; Bull. civ., I, 103.

le procureur-général-syndic et les créanciers ou ayans-droit qui se seront conformés au précédent article. En cas de contestations, elles seront réglées par jugement en dernier ressort du tribunal du district et du lieu du dernier domicile connu de l'émigré, sur simples mémoires, respectivement communiqués, et sans frais.

8. Les portions d'immeubles qui, par l'événement de la liquidation, seront reconnues devoir répondre des droits non encore ouverts, tels que les douaires et autres réserves, soit légales, soit contractuelles, demeureront distraites de l'aliénation, et continueront, jusqu'à l'ouverture desdits droits, à être régies et administrées au profit du séquestre national, conformément au décret du 8 avril.

9. Il sera vendu à prix et deniers comptans autant de biens, soit meubles, soit immeubles, qu'il en faudra pour acquitter les dettes de l'émigré. En cas d'insuffisance, les lois sur l'ordre des hypothèques, ou la contribution entre créanciers, seront observées : en cas d'excédant, le surplus franc et libre de toute charge sera aliéné, soit à titre de vente, soit à bail à rente en argent, laquelle rente sera rachetable à perpétuité sur le pied du denier vingt, et exempte de toute retenue.

10. Il sera procédé, soit à la vente, soit au bail à rente, suivant les règles et formes observées pour l'aliénation des domaines nationaux, le jour qu'indiquera la troisième affiche, à l'expiration du délai prescrit par le cinquième article ci-dessus ; sans néanmoins, à l'égard seulement des objets susceptibles d'être arrentés, qu'il soit besoin d'estimation préalable, et sans attendre pour aucun qu'il ait été fait de soumission.

11. Dans la vue de multiplier les propriétaires, les terres, prés et vignes seront, soit pour le bail à rente, soit pour la vente, divisés le plus utilement possible en petits lots. A l'égard des bois ainsi que des ci-devant châteaux, maisons, usines et autres objets non susceptibles de division en faveur de l'agriculture, ils seront vendus ou arrentés ensemble ou divisément, selon qu'il sera jugé par les corps administratifs être plus avantageux.

12. En cas de concurrence d'enchères pour le bail à rente et pour la vente à prix et deniers comptans, à égalité de mises entre la somme portée pour prix de la vente et le capital offert de la rente foncière rachetable, l'enchérisseur à prix et deniers comptans aura la préférence.

13. L'adjudicataire à bail à rente, en retard d'acquitter deux années de la redevance foncière stipulée par l'adjudication, sera exproprié de plein droit sur la simple notification qui lui en sera faite, et sans qu'il soit, sous aucun prétexte, besoin de jugement, sans préjudice aux arrérages lors échus, pour raison desquels le débiteur sera poursuivi et contraint par toutes voies de droit. Le procureur-général-syndic fera en conséquence procéder à un nouveau bail à rente, de la manière ci-dessus prescrite.

14. Le prix des ventes et les capitaux des rentes, lors des rachats, seront versés, à la diligence du procureur-syndic du district de la situation des biens vendus, dans les mains du receveur du même district, qui en fera passer successivement le montant à la caisse de l'extraordinaire. Le trésorier de cette caisse en tiendra un compte séparé de ses autres recettes.

15. Les rentes formant le prix des adjudications seront, comme les fermages et autres revenus des biens séquestrés, versées, à la diligence de la régie des droits d'enregistrement, dans la caisse du séquestre établi par le décret du 30 mars—8 avril.

16. L'adjudicataire, à quelque titre que ce soit, pourra expulser le fermier en l'indemnisant, pourvu toutefois, à l'égard de l'indemnité, que le bail ait une date certaine, antérieure au 9 février dernier.

17. L'indemnité sera du quart du prix du bail pour le temps qui s'en trouvera rester à parcourir, si mieux n'aime toutefois le fermier le dire d'experts : dans ce dernier cas, les frais de l'expertise seront à sa charge.

18. Les femmes ou enfans, pères ou mères des émigrés, reconnus dans le cas de besoin prévu par l'article 18 du décret du 30 mars—8 avril, pourront obtenir, savoir : les pères et mères ainsi que les femmes, en usufruit seulement, et les enfans en toute propriété, une portion des biens confisqués, telle qu'elle sera déterminée par le directoire de département, sur l'avis du district. Ladite portion ne pourra néanmoins excéder le quart, soit du revenu net pour l'usufruit, soit, quant à la propriété, de la valeur estimative des biens, toutes charges déduites.

19. Les personnes désignées au précédent article ne jouiront du bénéfice qu'il leur accorde, qu'après qu'elles auront justifié, dans la forme établie pour les certificats de résidence, qu'elles n'ont cessé, depuis le 3 septembre 1791, de demeurer en France, et qu'en prêtant par elles le serment du 10 août 1792.

20. Les dispositions, tant du présent décret que du décret du 30 mars— 8 avril, s'appliquent aux émigrés en état d'accusation, l'assemblée nationale dérogeant, à cet égard seulement, aux articles du titre IX du Code pénal qui concernent la saisie judiciaire des biens des accusés contumaces; en conséquence, celles qui auraient pu être faites jusqu'à ce jour, sont et demeurent tranférées, en vertu du présent décret, dans les mains du séquestre général des biens des émigrés.

21. Le décret du 30 mars—8 avril continuera d'être exécuté en tout ce à quoi il n'est point dérogé par le présent décret.

N° 523.=2—9 septembre 1792.=DÉCRET *relatif à la fourniture des chevaux, voitures et chariots pour le service des armées.* (B., XXIV, 556.)

N° 524. = 2—9 septembre 1792. = DÉCRET *relatif à l'approvisionnement des ports* (1). (B., XXIV, 586.)

[Approvisionnemens.

Art. 1ᵉʳ. Chaque port de l'état sera, pendant la paix, muni au complet des bois de construction, mâtures, canons, fers, cuivres et autres principales munitions nécessaires pour l'entretien en paix et l'armement en guerre, des vaisseaux qui lui seront affectés, et pour les rechanges et remplacemens qu'exige une année de guerre. — Quant aux marchandises sujettes à dépérissement, et qu'on peut rassembler avec facilité, il n'en sera acheté à l'avance que les quantités indispensables pour le service courant.

2. L'approvisionnement annuel des vivres de chaque port de l'état sera, pendant la paix, fixé aux quantités suffisantes pour les armemens ordinaires de paix. Cet approvisionnement sera remplacé au complet, à mesure des armemens, afin qu'en cas de mouvemens imprévus, on puisse toujours pourvoir aux premiers besoins.

3. En temps de guerre, lors des circonstances qui exigent des préparatifs instans et secrets, le pouvoir exécutif ordonnera à l'avance tous les approvisionnemens de munitions et de vivres qui deviendront nécessaires, pour

---

(1) Voyez le décret du 21 septembre — 12 octobre 1791, sur l'administration des ports, et les notes.

que les mouvemens des ports et des armées soient suivis avec l'activité la plus soutenue.

4. L'ordonnateur de chaque port adressera au ministre, du 1er au 10 juillet de chaque année, un état général ou devis estimatif des achats et des travaux à faire dans son département pendant l'année suivante, pour remplir le service courant, et pour compléter l'approvisionnement de paix : il y joindra le bordereau des sommes nécessaires pour y faire face : et, à mesure qu'il sera ordonné des mouvemens extraordinaires et qu'il en surviendra d'imprévus, l'ordonnateur adressera également les états des matières et des dépenses qu'ils exigeront. — Ces différens tableaux seront sans délai examinés, réglés et approuvés par le ministre, et envoyés dans les ports.

5. A la réception des objets approuvés, les ordonnateurs des ports seront autorisés à faire tous les achats, à passer les adjudications et marchés, et à rassembler toutes les munitions et matières nécessaires pour exécuter à temps le service prescrit. Ils en feront employer toutes les dépenses dans les comptes de leurs départemens respectifs, et demeureront responsables de la prévoyance et de l'économie qui doivent être apportées dans cette partie importante du service de la marine.

Fournitures.

6. La fourniture des vivres de la marine se fera, soit d'après une adjudication publique, soit d'après un traité particulier qui sera le prix commun de la ration ; et les dépenses en seront réglées tous les mois par l'administration des ports, comme celles de toutes les autres fournitures. — Les principales bases des conventions à passer à cet égard, seront incessamment arrêtées.

7. Il sera passé, dans chaque port, des traités particuliers, pour tous les objets fabriqués exprès pour la marine dans les fonderies, forges et manufactures spécialement affectées à son service, ainsi que pour les bois de construction essentiellement nécessaires pour assortir l'approvisionnement des ports, et dont les fortes proportions ne peuvent convenir qu'aux vaisseaux de ligne. Il sera fait une loi particulière pour le martelage des bois de construction.

8. Toutes les autres entreprises de fournitures et d'ouvrages pour le service des ports et des armées, seront soumises à la formalité des adjudications publiques au rabais, et ne pourront être adjugées que dans les ports.

9. A qualité égale, la préférence sera donnée aux matières et denrées de France, quand bien même elles coûteraient dix pour cent de plus. Cette prime pourra même être poussée jusqu'à quinze pour cent, lorsque les objets crus en France y auront encore été fabriqués ou façonnés.

10. L'époque de l'adjudication générale dans chaque port est invariablement fixée au 1er du mois d'octobre de chaque année : elle sera solennellement publiée et affichée, dès le 15 août, dans les principales villes du royaume.

11. A défaut de concurrence, lors des adjudications publiques, pour quelques articles de fournitures, et dans le cas où les offres faites par les négocians assemblés excéderaient les prix courans du commerce (ce qui sera constaté par le procès-verbal), les ordonnateurs seront autorisés à en suspendre l'adjudication, et ils pourront, sur les ordres du ministre, en passer des marchés particuliers : bien entendu qu'il ne pourra être accordé des prix supérieurs aux offres faites lors des adjudications, à moins d'un surhaussement subit authentiquement constaté.

12. Si des circonstances extraordinaires obligent à augmenter les achats'

de maniere que les adjudicataires ne puissent y suffire, d'après la déclaration que ceux-ci en auront faite, le ministre pourra autoriser les ordonnateurs à faire acheter directement, par des préposés, les objets dont on aura un besoin urgent, mais toujours aux meilleures conditions possibles : il sera passé, à cet effet, des marchés particuliers.

13. Quant aux achats des mâtures que l'on tire du Nord, le ministre sera autorisé à les faire faire sur les lieux, par un sous-chef ou aide des travaux, afin de se procurer à choix les pièces nécessaires pour assortir l'approvisionnement des ports.

14. Toutes les fournitures de la marine seront soumises à des conditions générales, qui seront communes à tous les ports. On stipulera, pour les articles qui l'exigeront, les conditions particulières qui leur sont propres, sans toutefois déroger aux conditions générales, à moins de cas indispensables et motivés.

15. Les adjudications, traités et marchés de la marine pour des objets au-dessus de quatre cents livres, seront imprimés aux frais des entrepreneurs; ils seront exécutoires dès leur passation, et les conditions respectives en seront scrupuleusement maintenues.

16. Les formes à suivre pour les adjudications, traités et marchés de la marine, ainsi que les conditions générales qui doivent leur servir de bases, seront déterminées par un réglement particulier.

17. La rédaction en sera confiée au chef d'administration chargé des approvisionnemens.

18. Lesdits marchés seront passés en présence du contrôleur et des chefs et sous-chefs d'administration et des travaux, chargés des détails, que les matières ou les ouvrages concerneront.

19. Ces actes seront signés doubles par les adjudicataires. L'un des deux originaux sera déposé au bureau des approvisionnemens, et l'autre au contrôle.

20. Il en sera adressé des expéditions au ministre, pour le mettre à même de s'assurer si les formes déterminées par la loi ont été ponctuellement suivies. Ces copies seront déposées dans ses bureaux, et serviront à la vérification du compte général de la marine.

21. Lors de l'examen des comptes des ports, les adjudications, traités et marchés passés pendant l'année, seront présentés à la commission de l'inspection.

Travaux et ouvrages exécutés dans les ports.

22. Les travaux et ouvrages qui auront lieu dans l'intérieur des arsenaux, seront, suivant leur nature, exécutés à la journée ou à prix fait, conformément au décret du 7—14 octobre 1790, en observant que le calfatage, le perçage, la garniture et la mâture d'assemblage des vaisseaux, se feront toujours à la journée.

23. Pourront également être exécutés à la journée les mouvemens intérieurs des grands ports, pour carène, lestage, etc., ainsi que les transports et ouvrages pressés qu'exigera l'armement des flottes.

24. La construction et le radoub des vaisseaux et autres bâtimens de l'état, auront lieu en conformité des plans et devis examinés par le conseil d'administration et approuvés par le ministre. Il ne pourra être fait aucun changement dans l'exécution, que sur l'avis du conseil d'administration et d'après une nouvelle approbation du ministre.

25. La même règle sera observée pour les constructions nouvelles et les reconstructions des bâtimens civils de la marine

26. Les ouvrages à exécuter, soit à la journée, soit à prix fait, dans les divers ateliers des arsenaux, tant pour la construction et l'entretien que pour l'armement des vaisseaux, auront lieu d'après des tables de fabrication dont le ministre de la marine sera tenu de faire dresser incessamment un tarif général pour tous les effets, outils et ustensiles de la marine.

27. Ces tables fixeront invariablement les proportions et les formes de chaque objet ; elles détermineront la nature, la qualité et la quantité de matière qu'exige la fabrication, le déchet qu'elle doit communément éprouver et le prix de la main d'œuvre.

28. Pourra le ministre de la marine, sur les demandes qui lui en seront faites par les ordonnateurs, d'après l'avis du conseil d'administration, autoriser tous les essais jugés nécessaires pour profiter des inventions utiles qui pourront être proposées. — Lorsque ces inventions auront été adoptées dans un port, elles seront soumises à l'examen des autres, et ne seront ajoutées au tarif général que lorsqu'elles auront été généralement admises et approuvées par le ministre.

N° 525. = 2—11 septembre 1792. = DÉCRET *qui met en liberté tous les prisonniers pour mois de nourrice* (1). (L., XI, 59.)

---

2 septembre 1792 : *Substitutions*, voyez 25 août précédent ; *Uniforme de la marine, Passeports des ambassadeurs, Officiers étrangers, Domesticité, Séances des corps municipaux*, voyez 27 août.

N° 526. = 3 septembre 1792. = RAPPORT *des événemens qui ont eu lieu dans la journée du 2 septembre et pendant la nuit suivante dans les prisons de Paris.* (B., XXIV, 607.)

N° 527. = 3 — 3 septembre 1792. = DÉCRET *portant que l'or, l'argent et l'argenterie qui se trouveront dans les maisons royales et dans celles des émigrés, seront transportés à la trésorerie nationale.* (B., XXIV, 622.)

N° 528. = 3—3 septembre 1792. = DÉCRET *qui abolit tous procès criminels et jugemens contre les citoyens, depuis le 14 juillet 1789, sous prétexte de violation des lois relatives aux grains et aux biens communaux.* (B., XXIV, 630.)

N° 529. = 3 — 3 septembre 1792. = DÉCRET *qui prescrit des mesures pour la sûreté des personnes et des propriétés.* (B., XXIV, 656.)

N° 530. = 3—4 septembre 1792. = DÉCRET *relatif aux biens concédés, à titre d'engagement, par l'ancien gouvernement* (2). (B., XXIV, 635.)

Art. 1er. Toutes les aliénations de domaines nationaux déclarées révocables par le décret du 22 novembre—1er décembre 1790, sur la législation domaniale, autres par conséquent que celles faites en vertu des décrets de l'assemblée nationale, sont et demeurent révoquées par le présent décret.

2. Il sera incessamment procédé à la réunion des biens compris dans les-

---

(1) Voyez le décret du 25—25 août 1792, qui abolit la contrainte par corps pour mois de nourrice.

(2) Voyez la loi bien plus complète du 14 ventose an 7 (4 mars 1799), et les notes étendues qui l'accompagnent.

dites aliénations : la régie des domaines est chargée de la poursuivre; et, pour cet effet, elle se conformera à ce qui est prescrit ci-après.

3. Les détenteurs desdits biens seront tenus de remettre leurs contrats, quittances de finance et autres titres relatifs à leur remboursement, au commissaire national directeur général de la liquidation, dans les trois mois qui suivront la publication du présent décret.— Ils seront tenus de justifier de cette remise, quinzaine après, en remettant le certificat du commissaire liquidateur au bureau d'enregistrement dans l'arrondissement duquel les biens seront situés ; et *pro duplicata*, lorsque les biens compris dans un acte d'aliénation se trouveront situés dans l'arrondissement de plusieurs bureaux : le receveur en donnera son récépissé. — Cette remise tiendra lieu de consentement à la dépossession.

4. Les détenteurs qui se seront conformés à ce qui est prescrit par l'article précédent, ne pourront être dépossédés sans avoir préalablement reçu, ou été mis en demeure de recevoir les sommes auxquelles leur finance et ses accessoires auront été liquidés : ils percevront, jusqu'à cette époque, les fruits et produits des biens, à la charge de les entretenir en bon état et d'en acquitter les charges et contributions. — Cependant l'état des biens pourra être constaté pendant cette jouissance, en la forme prescrite par l'article ci-après.

5. Les détenteurs qui se croiront dans quelque cas d'exception, et en droit de se faire déclarer propriétaires incommutables, conformément au décret du 22 novembre—1er décembre 1790 sur la législation domaniale, seront tenus de se pourvoir, dans le même délai de trois mois, devant le tribunal du district de la situation des biens, pour statuer ce qu'il appartiendra, contradictoirement avec la régie, en présence du procureur-général-syndic du département, et sur les conclusions du commissaire national. — L'instruction de ces instances aura lieu par simples mémoires respectivement communiqués, sans aucuns frais, autres que ceux du papier timbré et de signification des jugemens interlocutoires et définitifs. — Les jugemens rendus par le premier tribunal de district seront sujets à l'appel.

6. Les délais prescrits par les articles 3 et 5 sont prorogés d'une année pour les détenteurs absens du royaume pour aucune des causes légitimes déterminées par les lois; — Et à deux années, pour les détenteurs résidant au-delà du cap de Bonne-Espérance.

7. Les détenteurs qui ne se seront pas conformés à ce qui est prescrit par l'article 3 du présent décret, ou qui ne se seront pas pourvus devant les tribunaux, seront dépossédés à l'instant de l'expiration des délais fixés par les articles 3, 5 et 6 ci-dessus. — Ils seront tenus de rendre compte des fruits, depuis le jour de la publication du présent décret. — La même restitution de fruits sera ordonnée contre ceux dont la maintenue sera rejetée.

8. La régie prendra possession des biens, par un procès-verbal dressé sans frais par le juge de paix du canton de la situation des biens. — La régie en fera remettre copie, dans les huit jours qui suivront, au directoire du district dans le territoire duquel les biens seront situés; elle sera pareillement tenue de lui donner connaissance du consentement ou de l'opposition des détenteurs à leur dépossession. — Dans le même délai de huitaine, la régie fera publier le procès-verbal de sa prise de possession, dans toutes les municipalités sur le territoire desquelles lesdits biens ou partie se trouveront situés. — Dès cette époque, les fermiers seront tenus de verser entre les mains des receveurs particuliers d'enregistrement, le prix de leurs baux; et les intendans ou régisseurs, le produit des biens qui leur sont confiés et qui écherront à compter de la prise de possession.

9. Dans les quinze jours qui suivront la prise de possession ou le consentement donné par les détenteurs, conformément à l'article 3 du présent décret, la régie fera vérifier et constater l'état des biens, contradictoirement avec le détenteur. — Le rapport des experts contiendra, en autant d'articles séparés, l'état 1° des fonds d'héritages; 2° des bâtimens; 3° des droits incorporels; 4° des biens de toute autre nature. — Les experts constateront et estimeront les dégradations et diminutions, ou les augmentations et les améliorations faites dans lesdits biens par les détenteurs.

10. Pour l'exécution de l'article précédent, la régie fera notifier aux détenteurs, à leur domicile pour ceux résidant en France, et au domicile de la personne chargée de la perception des revenus pour ceux résidant hors du royaume, la personne qu'elle aura choisie pour son expert, avec sommation d'en nommer un de leur part, dans le délai de huitaine. Ce délai sera augmenté d'un jour par dix lieues, pour ceux qui sont domiciliés au-delà de cette distance du tribunal ci-après indiqué. Faute par les détenteurs de nommer leur expert dans le délai ci-dessus, il sera nommé d'office par le tribunal du district sur le territoire duquel le chef-lieu ou la majeure partie desdits biens sera située. — Dans le cas où les deux experts se trouveraient partagés dans leurs avis, chacun d'eux fera dans le procès-verbal ses observations sur les articles susceptibles de difficultés, et le tribunal nommera un troisième expert pour les départager. — Tous les experts prêteront serment de procéder en leur ame et conscience aux visites et estimations dont ils seront chargés, et ils déposeront leurs procès-verbaux au greffe du tribunal, pour en être délivré des expéditions aux parties qui les requerront, et à leurs frais.

11. Les détenteurs des biens seront tenus de remettre aux experts, lorsqu'ils feront la visite des lieux, des copies sur papier libre, collationnées par un officier public, des titres de leurs engagemens, des procès-verbaux qui ont dû précéder l'entrée en jouissance en vertu desdits titres, et en général de tous les actes et renseignemens qui pourront en constater la consistance, la valeur et le produit, et faire connaître le montant des charges dont ils sont chargés. — Et faute par eux de faire ladite remise, ils seront condamnés en trois cents livres d'amende et à la restitution des frais, à compter du jour indiqué pour la visite. — Ces condamnations seront poursuivies devant le tribunal du district dans le territoire duquel le principal manoir des biens se trouvera situé, et à la requête des régisseurs des domaines nationaux, qui seront responsables de leur négligence à cet égard.

12. Seront observées en tout ce qui peut être relatif à l'exécution du présent décret, les dispositions de celui du 22 juin—10 juillet 1791, concernant le remboursement des droits supprimés sans indemnité.

13. S'il s'élève des contestations sur la consistance des biens, elles seront portées par les parties réclamantes devant les tribunaux de district de la situation des biens, pour y être jugées en la forme déterminée par l'article 5 du présent décret.

14. Les détenteurs qui auront poursuivi la liquidation de leur remboursement, dans les trois mois prescrits par l'article 3 du présent décret, recevront les intérêts de leur capital, à compter du jour que les fruits auront cessé de leur appartenir. — Quant aux détenteurs qui ne poursuivront leur remboursement qu'après ce délai, et ceux dont les demandes en maintenue auraient été rejetées par les tribunaux, les intérêts ne pourront leur être alloués qu'à compter du jour de la remise de leurs titres au commissaire national directeur général de la liquidation.—Les intérêts qui seront alloués à tous les détenteurs, sont fixés à quatre pour cent de leurs capitaux, sans retenue.

15. Nul détenteur ne pourra recevoir son remboursement qu'en rapportant, 1° l'attestation donnée par le directeur de la régie des biens nationaux, de l'existence en bon état des biens dont il est détenteur, et de la remise des titres et papiers terriers relatifs auxdits biens; 2° les quittances des contributions et des redevances dues pour les deux dernières années de sa jouissance. L'attestation du préposé de la régie et les quittances des contributions seront visées par le directoire du district de la situation des biens.

16. Pourront cependant les détenteurs qui se trouveront débiteurs, à raison des dégradations ou des réparations à leur charge, ou des redevances par eux dues, offrir de précompter sur leur remboursement le montant de ce qu'ils auront à payer. Ils seront tenus, à cet effet, d'en rapporter le bordereau, visé et vérifié dans la forme prescrite par l'article précédent; ils seront tenus pareillement de précompter sur leurs remboursemens, et de restituer même, en cas d'insuffisance, le montant des sommes qu'ils auront pu recevoir à raison des sous-aliénations ou sous-acensemens consentis par eux ou leurs auteurs.

17. Si les détenteurs se pourvoient en maintenue, postérieurement à la prise de possession de la régie, ils ne pourront plus obtenir que la restitution des biens tels qu'ils seront au jour de la demande, et celle des fruits à compter de la même époque.

18. Les biens dont la régie aura pris possession, seront administrés et vendus avec les formalités prescrites pour l'administration et l'aliénation des biens nationaux. — Ne seront cependant vendus aucuns des biens dont la vente a été ajournée ou exceptée par les lois précédentes.

19. Si les biens déclarés aliénables étaient mis en vente avant que les détenteurs eussent consenti ou contesté en justice leur dépossession, la première offre des soumissionnaires, ou la direction du montant de l'estimation et la première affiche, leur seront notifiées dans la forme prescrite par l'article 3; et faute par eux de s'être pourvus avant l'adjudication définitive, et d'avoir donné connaissance de leurs diligences au directoire du district pardevant lequel la vente devra être faite, ils ne pourront plus obtenir que la restitution des sommes reçues par la nation, avec les intérêts échus depuis le jour de la demande, et la faculté d'exercer leurs droits pour recevoir le paiement de ce qui sera dû par les adjudicataires ou leurs ayans-cause, dans les termes fixés par l'acte de leur adjudication.

20. Pour accélérer la liquidation des sommes dues aux détenteurs de biens engagés, il sera établi un bureau particulier auprès du commissaire national directeur général de la liquidation; et les rapports sur ces objets seront soumis à l'assemblée nationale par son comité des domaines.

21. Les baux à ferme ou à loyer, soit particuliers, soit généraux, des biens engagés, faits par les détenteurs, qui auront une date certaine, antérieure à la publication du présent décret, seront exécutés selon leur forme et teneur, sans que les acquéreurs puissent expulser les fermiers, même les sous-fermiers.

22. Dans le cas où les baux généraux comprendraient plusieurs corps de ferme, ou des biens épars dans plusieurs paroisses, que les fermiers-généraux feront valoir par eux-mêmes ou par des colons partiaires, il sera fait, par experts, une ventilation, afin de déterminer la somme pour laquelle chaque corps de ferme, ou les biens épars situés dans chaque paroisse, sont entrés dans le prix total du bail. — L'estimation desdits biens sera faite d'après le produit déterminé par le procès-verbal d'évaluation; chaque corps de ferme sera mis en vente séparément, et l'adjudicataire recevra du fermier le loyer de son objet, suivant qu'il aura été fixé par la ventilation.

23. Dans le cas où les fermiers-généraux auraient passé des sous-baux authentiques avant la publication du présent décret, ou suivis de prise de possession avant le 1er janvier dernier, les prix des sous-baux seront la base de l'estimation desdits biens. — Les adjudicataires jouiront du prix entier des sous-baux généraux, à la charge par eux de laisser annuellement le dixième de leur produit au fermier principal, pour lui tenir lieu de toute indemnité.

24. Dans les cas où, parmi les biens compris dans les baux généraux, il s'en trouverait une partie qui fût occupée ou exploitée par leurs preneurs ou des colons partiaires, il sera procédé, par des experts que nommeront lesdits preneurs et les procureurs-syndics des districts de la situation des biens, à l'estimation des fermages qui devront être payés pour raison de cette partie.

25. Si, dans les baux, soit généraux, soit particuliers, il se trouvait compris des biens ou des droits dont la vente a été ajournée ou exceptée, il sera pareillement procédé par experts à l'estimation des fermages qui devront être payés annuellement pour raison des objets susceptibles d'être vendus.

26. A compter de la publication du présent décret, les détenteurs des biens engagés ne pourront passer aucun bail desdits biens; il sera procédé à l'adjudication desdits baux par-devant le directoire du district de la situation des biens, à la requête des détenteurs auxquels la jouissance des fruits est conservée par le présent décret, et en présence du receveur des droits d'enregistrement, ou lui dûment appelé.

27. L'assemblée nationale se réserve de confirmer ou de révoquer les sous-aliénations et acensemens faits par les détenteurs engagistes des biens nationaux, en vertu de contrats d'inféodation, baux à cens ou à rentes, autres que ceux des terres situées dans les forêts ou à cent perches d'icelles. — Et cependant, les sous-aliénataires continueront de jouir des objets à eux aliénés, à la charge par eux de payer, entre les mains du receveur du district, les cens et rentes dont ils sont affectés.

28. Demeurent exceptés de la réserve ci-dessus, les sous-aliénations et acensemens faits par les seigneurs engagistes, — Des terres vaines et vagues au dessous de dix arpens, mesure de roi ; — Des terres défrichées en vertu des anciennes ordonnances, sur les lisières des forêts, sur les bords des grandes routes ; — Des fossés et des terrains situés dans les villes et bourgs dont la population est au dessous de dix mille ames, sur lesquels les sous-aliénataires ont fait un établissement quelconque. — Lesdites aliénations et acensemens sont confirmés et demeurent irrévocables, en vertu du présent décret, pourvu qu'ils soient antérieurs au 1er décembre 1790, à la charge par lesdits sous-aliénataires, 1° de remettre, dans les trois mois à compter du jour de la publication du présent décret, une copie sur papier timbré, collationnée par un notaire, au préposé de la régie dans l'arrondissement duquel les biens seront situés; une seconde copie au directoire du district de la situation desdits biens, devant lequel ils affirmeront, sous le sceau du serment, que lesdits actes contiennent exactement toutes les sommes qu'ils ont données pour lesdites acquisitions ; et dans le cas où les sommes qu'ils ont données, soit à titre de pot-de-vin ou deniers d'entrée, ne seraient point portées dans les actes, ils en feront leur déclaration, et y joindront les pièces justificatives qui seront en leur pouvoir ; — 2° A la charge par les sous-aliénataires de faire, dans le même délai de trois mois, leur soumission de rembourser dans six années, et en six paiemens égaux, les droits incorporels, fixes ou casuels, dont lesdits biens par eux acquis peuvent être tenus

envers la nation, dans le cas où la nation justifiera de ses droits par les titres primitifs de concession. — La liquidation desdits remboursemens sera faite dans les formes et suivant les taux prescrits pour le remboursement des droits incorporels et casuels, par le décret du 9—20 mars 1791.

29. Le pouvoir exécutif fera présenter, tous les trois mois, à l'assemblée nationale, le compte des diligences qui auront été faites pour l'exécution du présent décret ; il lui fera remettre en même temps l'état des réunions qui auront été effectuées.

30. Pour parvenir à effectuer l'entière rentrée dans les engagemens, et à découvrir plus sûrement tous ceux qui ont été faits jusqu'à ce jour, l'assemblée nationale charge le sieur *Cheyré*, dépositaire des archives du Louvre, de faire les relevés desdits engagemens, d'après les minutes des contrats, arrêts du conseil, titres et pièces qui sont en sa possession, et d'en former des états qu'il fera passer, savoir, un double au comité des domaines, et un autre à la régie des domaines nationaux.

31. Il sera payé par le trésor public audit sieur *Cheyré* la somme de quatre mille cinq cents livres de gratification, pour raison des renseignemens et états par lui fournis pendant trois années au comité des domaines, et en outre une augmentation de traitement de quinze cents livres par an, à compter de ce jour, jusqu'à la perfection de l'opération dont il est chargé par l'article précédent, indépendamment des frais de commis aux écritures qu'il pourra employer à la formation desdits états, et dont les salaires seront taxés en proportion de leurs travaux. Lesdits commis seront au surplus choisis de concert entre le sieur *Cheyré* et la régie nationale.

N° 531.=3—7 septembre 1792.=**DÉCRET** *qui défend de retenir sur les galères de France aucun étranger, pour les délits commis hors du royaume.* (B., XXIV, 616.)

N° 532. =3—8 septembre 1792. = **DÉCRET** *relatif aux demandes en abolition ou commutation de peines afflictives ou infamantes* (1). (B., XXIV, 619.)

Art. 1er. Les demandes en abolition ou commutation des peines afflictives ou infamantes prononcées contre des personnes qui sont encore vivantes, par des jugemens rendus en dernier ressort, sur des procès instruits selon les formes auxquelles a été substituée la procédure par jurés, seront portées devant les juges des tribunaux criminels des départemens dans le ressort desquels les procès auront été instruits en première instance.

2. Aussitôt que les juges d'un tribunal criminel de département seront saisis d'une demande en abolition ou commutation de peine, ils se feront envoyer l'expédition du procès auquel cette demande sera relative, avec toutes les pièces servant à charge et à décharge ; et ces juges, après avoir tout vu, tout examiné, pris tous les renseignemens qu'ils croiront nécessaires pour éclairer leur religion, décideront en leur ame et conscience si le délit qui a donné lieu à la peine prononcée était excusable ou non.

3. S'ils trouvent que le délit était excusable, ils prononceront la rémission de la peine, quel qu'en soit le genre.

4. S'ils trouvent que le délit n'était pas excusable, ils examineront si la

----

(1) Aujourd'hui, au roi seul appartient le droit de remettre ou de commuer les peines (art. 58 de la charte).

peine prononcée est plus rigoureuse que celle portée au Code pénal actuellement en vigueur contre le même délit ; et , dans ce cas, ils la réduiront à celle qu'aurait subie le coupable , s'il eût pu être jugé selon les dispositions du Code pénal.

5. La peine des fers, de la réclusion, de la gêne et de la détention, ne pouvant dans aucun cas, d'après le Code pénal, être perpétuelle , la perpétuité des galères ou des prisons, autrefois en usage , est, à compter de ce jour, anéantie pour tous ceux qui ont pu y être condamnés. — En conséquence , les condamnés qui auront subi ces sortes de peines pendant un temps égal au plus long terme fixé par le Code pénal pour les fers et la réclusion , seront de suite, sans qu'il soit besoin d'aucun jugement, rappelés des galères et mis en liberté, à moins qu'il ne s'agisse d'une récidive dans le cas prévu par l'article 1er du titre II du Code pénal, dans lequel cas ils seront, aux termes de cet article, transférés pour le reste de leur vie au lieu fixé pour la déportation des malfaiteurs.

6. A l'égard de tous les autres condamnés aux galères ou aux prisons, soit perpétuelles, soit à temps, qui n'auront pas encore subi leur peine pendant le temps fixé par leur jugement, ou pendant un temps égal au plus long terme fixé par le Code pénal, la peine, si elle est des galères , sera commuée en celle des fers, de la réclusion ou de la gêne, selon qu'il est réglé par le Code pénal pour le délit qui aura donné lieu à la condamnation, et la peine de la prison en celle de la détention. — Tout le temps pendant lequel ils auront subi la peine qui leur aura été infligée , leur sera compté, de manière que si ce temps surpasse ou égale celui fixé par le Code pénal , ils seront de suite mis en liberté ; et s'il lui est inférieur, ils ne subiront la peine substituée que pendant un temps nécessaire pour compléter la durée fixée par le Code pénal.

7. Les commissaires nationaux près les tribunaux criminels de département , dans la huitaine qui suivra la prononciation du jugement, en enverront les expéditions au pouvoir exécutif, qui est chargé de les faire exécuter sans délai.

N° 533. = 3—11 septembre 1792. = DÉCRET *qui prononce l'abolition de tous procès criminels et jugemens , depuis le 14 juillet 1789, pour faits relatifs à la liberté de la presse.* (B., XXIV, 660.)

N° 534. = 3—20 septembre 1792. = DÉCRET *relatif au contre-seing et à la franchise des lettres* (1). (B., XXIV, 610.)

Art. 1er. Ne pourront jouir du droit de contre-seing et franchise des lettres par la poste , que l'assemblée nationale , les fonctionnaires publics et les administrations publiques dont l'état est annexé au présent décret.

2. Les administrations publiques comprises dans l'état ci-annexé ne pourront jouir de la franchise qu'en nom collectif.

3. Le contre-seing se fera par une griffe portant dénomination du genre de service pour lequel il se fait. Nul fonctionnaire public ne pourra contresigner de son nom et à la main.

4. Les griffes à l'usage des contre-seings seront fournies par le directoire des postes, aux administrations et fonctionnaires publics qui en auront le droit. Il n'y en aura qu'une pour chaque administration et fonctionnaire public , et l'usage ne pourra en être confié qu'à une seule personne, qui sera

---

(1) Voyez le décret du 6—8 juin 1792 , et la note.

responsable de l'emploi qu'elle en aura fait. Les lettres et paquets ainsi contre-signés seront remis au bureau des postes par des hommes de confiance, qui auront été présentés aux chefs du bureau du départ de l'hôtel des postes.

5. Les lettres et paquets qui seront dans le cas d'être chargés, ne pourront être reçus et expédiés en franchise que sur un certificat signé par les fonctionnaires publics, ou collectivement par les membres des administrations. Ce certificat sera remis, avec les lettres et paquets, aux chefs du bureau du départ, et, dans les départemens, aux directeurs des postes.

6. Le bibliothécaire national, les présidens des chambres de commerce, des administrations des ponts et chaussées, des administrations des eaux et forêts, recevront leurs lettres en franchise sous l'enveloppe du ministre de l'intérieur, et seront autorisés à se servir de son contre-seing.

7. Les procureurs-généraux-syndics des administrations de département contre-signeront seuls, et avec une griffe portant le nom du département, les lettres et paquets concernant le service de l'administration, lesquels seront mis sous deux bandes croisées, d'un pouce de largeur, et ne jouiront de la franchise que dans l'étendue de chaque département.

8. Les mêmes formes des bandes croisées seront observées pour les lettres et paquets adressés aux corps administratifs de département, dans l'étendue de leurs arrondissemens respectifs, et ils ne seront point soumis à la taxe.

9. La correspondance entre les commissaires des guerres, pour les objets relatifs à leurs fonctions, continuera à passer gratuitement par la poste, suivant les articles 7 et 8 du titre IX du décret du 20 septembre—14 octobre 1791, à la charge par eux de renfermer leurs lettres et paquets sous bande.

10. Les officiers de la gendarmerie nationale recevront en franchise les lettres et paquets qu'ils s'adresseront mutuellement pour leur service, sous les mêmes formes et conditions qu'il a été ordonné pour les commissaires des guerres, par les articles 7 et 8 du décret ci-dessus énoncé.

11. Les payeurs généraux des départemens sont autorisés à faire passer leurs lettres et paquets sous le contre-seing des administrateurs des directoires de département, et à recevoir sous leur adresse ceux qui leur sont envoyés.

12. Les généraux et commissaires généraux d'armée recevront en franchise les lettres et paquets qui leur seront adressés, et ils pourront contre-signer pour tout le royaume avec une griffe portant ces mots : *Le général de l'armée du... Le commissaire général de l'armée du...*

13. Les officiers généraux commandant en chef des divisions militaires contre-signeront, dans l'étendue de leur commandement, et recevront en franchise les lettres et paquets relatifs à leur service. Leur griffe portera : *Le commandant de la... division militaire.*

14. Les employés et préposés des postes continueront à jouir de la franchise des lettres simples. Les fermiers des messageries jouiront également de la franchise du port des lettres qu'ils reçoivent par la poste.

15. Le décret du 12 octobre 1790, concernant la franchise et le contre-seing de l'assemblée nationale, continuera à être exécuté en son entier.

16. Les lettres adressées à l'archiviste de l'assemblée seront franches de port ; et celles qui en seront expédiées, seront reçues au bureau des contre-seings de l'assemblée, de la même manière et avec les mêmes formes que celles qui y sont envoyées par les comités. — L'assemblée nationale renvoie à son comité de l'ordinaire des finances, sur ce qui concerne la franchise et le contre-seing des régisseurs de la douane nationale et des domaines, et des commissaires du pouvoir exécutif près la cour de cassation, pour lui présenter un article additionnel au présent décret.

Etat des franchises et contre-seings conservés en conformité du décret du 6 juin 1792.

L'assemblée nationale, la haute-cour nationale, les ministres de la justice, des affaires étrangères, de l'intérieur, de la guerre, de la marine, des contributions, la trésorerie nationale, la caisse de l'extraordinaire, la direction générale de la liquidation, la comptabilité, la commission des monnaies, la commission des assignats, le directoire des postes, les administrations de département dans l'étendue du département, les généraux d'armée, les commandans en chef des divisions militaires, dans l'étendue de leur commandement.

N° 535. = 3—20 septembre 1792. = DÉCRET *qui défend d'émettre et de faire circuler dans le royaume des monnaies dites* Médailles de confiance, *et autres.* (B., XXIV, 615.)

N° 536. = 3— 20 septembre 1792. = DÉCRET *relatif à la liquidation des ci-devant provinces et pays d'états* (1). (B., XXIV, 622.)

Art. 1er. Tous les mandats de paiement délivrés, tant par les corps administratifs que par les commissariats nommés en vertu du décret du 22 décembre 1789, sur les fonds de l'exercice de 1790 et exercices antérieurs, qui auront été acquittés, soit par les ci-devant receveurs et trésoriers généraux, soit par les commis aux recettes générales, soit enfin par les ci-devant receveurs-particuliers des finances, avant la date du présent décret, seront alloués sans difficulté auxdits receveurs et trésoriers dans les comptes des susdits exercices, par les commissaires à la trésorerie nationale et partout où il appartiendra, sauf le recours contre les ordonnateurs qui auront indûment tiré lesdits mandats.

2. A compter du jour de la date du présent décret, il est défendu aux commis des ci-devant recettes générales des finances, aux ci-devant receveurs particuliers des impositions, aux trésoriers receveurs généraux des ci-devant pays d'états, d'acquitter, pour quelque cause et sous quelque prétexte que ce puisse être, aucun mandat délivré sur eux par les corps administratifs ou commissariats, sur le produit d'aucune imposition antérieure à l'exercice de 1791, sauf les dispositions du décret du 26 août dernier, rendu pour la ci-devant province de Provence.

3. Les commissariats qui ont été nommés en vertu du décret du 22 décembre 1789, qui sont sur le point de terminer la liquidation des ci-devant provinces, mettront fin à leur travail dans le plus court délai, dresseront leurs états détaillés, y joindront les pièces justificatives, et feront passer ensuite le tout au ministre des contributions publiques, avec leurs observations : les autres commissaires cesseront toutes fonctions à l'avenir.

4. Attendu le décret du 3 juillet dernier, qui ordonne le versement au trésor public de tous les fonds appartenant aux ci-devant provinces, il est accordé au commissariat de la ci-devant province de l'Ile-de-France, sur les fonds qui étaient à sa disposition, la somme de six mille livres, pour subvenir à ses dépenses journalières, à partir dudit jour 3 juillet jusqu'à l'apu-

---

(1) Voyez, sur le même objet, le décret du 12—17 avril 1791; celui du 21—29 septembre suivant, relatif au mode de paiement des intérêts dûs aux créanciers des pays d'états, à la liquidation et à la rénovation de leurs titres; celui du 27 (24 et) décembre 1791—1er janvier 1792, qui prononce une retenue, au profit du trésor, sur les sommes dues aux pays d'états; celui du 27 avril—1er mai suivant, qui accorde aux créanciers un nouveau délai pour la production de leurs titres; et celui du 9 brumaire an 2 (30 octobre 1793), qui prononce la déchéance contre les créanciers non produisans.

rement définitif des comptes de ladite province; lesdits commissaires rendront compte dudit emploi au directoire du département de Paris.

5. Les procureurs-généraux-syndics de département sont spécialement chargés de poursuivre l'entière exécution du décret du 28 décembre 1789, sanctionné par lettres-patentes du 20 avril suivant, concernant les comptes à rendre aux nouvelles administrations par les anciennes.—Les anciens administrateurs remettront tous les renseignemens qui leur seront demandés; et lesdits procureurs-généraux pourront commettre les procureurs-syndics des districts et procureurs des communes de leur ressort, pour contraindre tous administrateurs, collecteurs, trésoriers des villes et corps municipaux, à rendre et apurer leurs comptes. Les directoires de département rendront compte du tout, chaque mois, au pouvoir exécutif, qui en fera son rapport aussi quinzaine après au corps législatif.

6. Au moyen des dispositions du décret du 3 juillet dernier, l'assemblée déclare à la charge de la nation toutes les dettes des ci-devant provinces, antérieures à l'année 1791, qui ont été autorisées dans les formes ci-devant prescrites et usitées, tant dans les pays d'états que dans ceux d'administrations provinciales, pays d'élection et pays conquis; et il sera pourvu à leur paiement, ainsi qu'il va être ordonné.

7. Les articles 1er, 2, 3, 4, 5, 6, 7, 8, 9, 10, 11, 12, 13, 14 et 15 du titre II du décret du 17—29 septembre dernier, seront exécutés en ce qui concerne le paiement des rentes et le remboursement des capitaux, lesquels seront effectués par la trésorerie nationale. A l'égard des dettes exigibles qui n'auraient pas déjà été liquidées par les commissariats, toutes personnes ayant à répéter, pour l'année 1790 et années antérieures, des traitemens, frais de construction, réparations et toute espèce de salaires ou fournitures, ainsi que toutes autres créances exigibles, adresseront aux directoires des départemens dans lesquels ils auront exécuté quelques travaux, fait quelques avances, prêts ou fournitures, les titres de leurs créances pour être examinés, vérifiés et visés par lesdits directoires.

8. Lesdits commissariats et directoires de département seront tenus d'adresser, tous les quinze jours, au ministre des contributions publiques, un état détaillé de toutes celles desdites créances et dépenses qu'ils auront vérifiées, portant séparément les sommes dues, tant sur les anciennes que sur les nouvelles administrations, jusqu'au 1er janvier 1791. Ces états exprimeront, 1° le nom du créancier; 2° la nature et les causes de la créance; 3° la somme réclamée; 4° celle à laquelle elle aura été reconnue, par le commissariat ou directoire, devoir être fixée; 5° enfin, la date du délibéré pris à cet effet.

9. Les états dans lesquels chaque article devra être numéroté, seront accompagnés de toutes les pièces servant à établir chaque créance, et du délibéré pris par le commissariat ou par le directoire de département, pour la vérification de chacune desdites dépenses; et seront lesdites pièces réunies en autant de liasses particulières, portant un numéro correspondant à l'article de l'état général auquel elles sont relatives.

10. Le ministre des contributions publiques est autorisé à faire acquitter par la trésorerie nationale, à charge de remplacement par la caisse de l'extraordinaire, la moitié seulement des créances comprises auxdits états, qui auront été régulièrement présentés par les directoires de département ou par les commissariats, pourvu que cette moitié n'excède pas dix mille livres.

11. Enfin, les mêmes états qui auront été dressés par les commissariats ou directoires, et par lesquels le ministre des contributions publiques fera

énoncer à chaque article la moitié payée à compte, en exécution de l'article précédent, seront par le ministre renvoyés, avec toutes les pièces y relatives, au commissaire liquidateur-général, pour, sur son rapport présenté par le comité de liquidation, être statué par le corps législatif ce qu'il appartiendra.

N° 537. = 3—20 septembre 1792. = **Décret** *qui déclare nuls les contrats de vente de différentes parties de la forêt de Senonches.* (B., XXIV, 628.)

Art. 1ᵉʳ. Les contrats de vente faits par le roi, au cours des années 1771, 1772, 1773 et 1774, de différentes portions de la forêt de Senonches, aux particuliers y dénommés, sont déclarés feints et simulés, conséquemment nuls et non translatifs de propriété.

2. Les contrats qualifiés d'échange, par lesquels ces particuliers ont postérieurement rétrocédé au roi ces portions de forêt, et reçu en remplacement des domaines nationaux, sont des engagemens purs et simples : les sommes qu'ils justifieront avoir payées pour prix desdites portions de forêt, leur tiendront lieu de finance, et tous décrets relatifs aux domaines engagés, et notamment l'article 26 de celui du 22 novembre — 1ᵉʳ décembre 1790, leur seront appliqués.

N° 538. = 3 — 21 septembre 1792. = **Décret** *relatif à l'entretien des digues et canaux des îles et territoires maritimes* (1). (B., XXIV, 646.)

Art. 1ᵉʳ. Les digues et canaux construits, tant au dehors qu'à l'intérieur de l'île de Noirmoutiers, pour la défense ou pour l'exploitation des propriétés particulières, continueront à être entretenus par les propriétaires et à leurs frais, et sous la surveillance immédiate des municipalités; mais pour l'assiette de la contribution foncière, il sera fait, à raison de cet entretien, sur le produit net de ces propriétés, les frais de culture prélevés, une déduction dont le taux, proposé par la municipalité, sera arrêté par le directoire du district, sauf le recours au département.

2. L'entretien et les réparations ordinaires de la digue de la pointe du Devin et des balises nécessaires à la sûreté de la communication entre l'île et le continent, seront à la charge du département de la Vendée, et payés sur les sous additionnels de ses impositions; mais pour les nouvelles constructions et augmentations qui seront jugées nécessaires à la sûreté de l'île, il sera accordé sur le trésor public, au département de la Vendée, des secours qui seront fixés par le corps législatif, d'après les devis de l'ingénieur en chef du département et l'avis des corps administratifs.

3. A l'avenir, celui qui construira une digue en mer pour cultiver un attérissement, jouira, pour la contribution foncière, des exemptions portées aux articles 2 et 5 du titre III du décret du 23 novembre—1ᵉʳ décembre 1790, pour le desséchement des marais, et ne pourra être augmenté qu'après les vingt-cinq premières années, et toujours néanmoins sous la déduction ordonnée par l'article 1ᵉʳ ci-dessus. — Les règles prescrites par le présent décret sont communes à toutes les îles et à tous les territoires maritimes.

---

(1) Voyez l'ordonnance du 23 décembre 1816—15 janvier 1817, relative à l'entretien des digues de Saint-Vaast et de Réville, et celle du 15 juillet 1818—8 mai 1819, concernant les travaux d'entretien des digues et dunes dans le département du Pas-de-Calais. Voyez aussi la loi de finances du 25—26 mars 1817, art. 124, et toutes celles subséquentes, qui maintiennent les taxes imposées pour la conservation des digues.

Voyez enfin la loi du 14—24 floréal an 11 (4; 14 mai 1803), qui prescrit des règles pour l'entretien des digues et ouvrages d'art qui correspondent aux canaux et rivières non navigables.

3 septembre 1792 : *Sceau de l'état, Fabriques des églises,* voyez 19 août précédent; *Greffiers des juges de paix, Terrier de l'île de Corse, Fonctionnaires, Commissaires du roi, Auteurs de troubles, Maîtres de poste,* voyez 30 août; *Monnaies, Peine de mort,* voyez 2 septembre même mois.

N° 539. = 4—4 septembre 1792. = **DÉCRET** *qui met des fonds à la disposition du ministre de l'intérieur pour achats de grains.* (B. , XXIV, 663.)

N° 540. = 4 — 5 septembre 1792. = **DÉCRET** *qui autorise le ministre de la guerre à faire toutes les avances nécessaires pour la levée des différens corps de troupes.* (B., XXIV, 664.)

N° 541.= 4—14 septembre 1792. = **DÉCRET** *qui ordonne aux anciens administrateurs des domaines de rendre un compte solidaire de leur gestion.* (B., XXIV, 661.)

N° 542. = 4 — 14 septembre 1792. = **DÉCRET** *relatif aux postes aux chevaux, qui supprime certains privilèges des maîtres de poste, et ordonne la création d'établissemens de poste nouveaux.* (B., XXIV, 665.)

N° 543. = 4 — 14 septembre 1792. = **DÉCRET** *concernant l'administration du mobilier dépendant des domaines nationaux, la destination des effets mobiliers des églises supprimées, et les moyens de pourvoir aux frais du culte catholique.* (B., XXIV, 666.)

TITRE Ier.—De l'administration relative au mobilier dépendant des biens nationaux (1).

Art. 1er. Tous les inventaires et états relatifs au mobilier dépendant des domaines nationaux , formés en exécution du décret des 23 et 28 octobre—5 novembre 1790, adressés au comité d'aliénation de l'assemblée nationale constituante par les corps administratifs, et dont le dépôt a été fait aux archives nationales , seront incessamment remis par l'archiviste au commissaire administrateur de la caisse de l'extraordinaire.

2. Le commissaire administrateur de la caisse de l'extraordinaire est autorisé à requérir, des corps administratifs, l'envoi de tous les états, inventaires et récolemens qui n'auront pas été fournis, ou qui se seraient égarés; et les corps administratifs seront tenus de déférer à sa demande, et en outre de lui transmettre sans délai tous les éclaircissemens, détails et renseignemens qu'il jugera lui être nécessaires sur tous les objets qui ont dû être compris dans lesdits inventaires ou états.

3. Lorsque le commissaire administrateur de la caisse de l'extraordinaire aura réuni tous les inventaires dressés dans chaque département, il formera un état ou relevé des objets compris auxdits inventaires , en les divisant en quatre classes. La première contiendra les meubles, effets et ustensiles dont la vente a été ordonnée par la loi du 5 novembre 1790; dans la seconde seront compris les ornemens et effets des églises supprimées ; la troisième présentera l'état de l'argenterie, des cloches, vases et ustensiles de métal des communautés et paroisses supprimées ; la quatrième enfin sera composée des manuscrits, chartes, sceaux, livres imprimés, monumens de l'antiquité

---

(1) Voyez, sur les domaines nationaux, les notes étendues qui accompagnent le décret du 9 juillet (25, 26, 29 juin et)—25 juillet 1790.

et du moyen âge, statues, tableaux, dessins et autres objets relatifs aux beaux-arts, aux arts mécaniques, à l'histoire naturelle, aux mœurs et usages des différens peuples.

4. Immédiatement après que lesdits états ou relevés auront été formés, le commissaire administrateur de la caisse de l'extraordinaire les communiquera au ministre de l'intérieur, à l'effet par celui-ci d'annoter les objets qui doivent être conservés, et ceux dont il devra surveiller la destination.

5. Les états sur lesquels le ministre de l'intérieur fera prendre par extrait un relevé des objets dont il doit suivre le destination, seront par lui renvoyés au commissaire administrateur de la caisse de l'extraordinaire, afin qu'il puisse faire passer aux corps administratifs les ordres nécessaires pour procéder à la vente et au recouvrement du produit des objets dont le ministre de l'intérieur ne devra pas disposer.

6. Les directoires des départemens adresseront à l'administrateur de la caisse de l'extraordinaire un état de toutes les cloches, vases et ustensiles de métal des églises supprimées, qu'ils auront fait transporter aux hôtels des monnaies ; et ces états énonceront la nature, le nombre et le poids de chacune des pièces séparément, et le poids total de toutes les pièces envoyées.

7. Il sera fourni à l'administrateur de la caisse de l'extraordinaire, par le ministre des contributions publiques, un état général, tant de l'argenterie que des cloches, vases et ustensiles de métal provenant des domaines nationaux, envoyés par les corps administratifs aux hôtels des monnaies depuis le principe jusqu'au 1er décembre 1792, et ensuite de mois en mois ; chacun de ces états contiendra aussi le résultat par nature d'espèces provenant de la fabrication.

8. La trésorerie nationale tiendra compte, en assignats, à la caisse de l'extraordinaire, du montant des sommes en espèces provenant de la fonte des cloches, des vases et ustensiles de métal, comme il est prescrit par la loi du 27 mars 1791, pour le montant des espèces provenant de l'argenterie portée aux hôtels des monnaies.

TITRE II.—De la destination des ornemens et autres effets mobiliers des églises (1).

Art. 1er. Les ornemens tissus d'or et d'argent fin, les galons et broderies détachés des étoffes où ils se trouveraient appliqués, des églises cathédrales et des chapitres convertis en églises paroissiales, et qui ont été mis sous le scellé en exécution du décret des 23 et 28 octobre—5 novembre 1790 ; ceux des églises, des congrégations et associations religieuses supprimées, seront incessamment adressés, avec les précautions nécessaires pour leur conservation, par les directoires des districts, au directeur de la monnaie le plus voisin du département, avec un état détaillé, certifié par eux, des objets envoyés, et l'indication des églises et communautés auxquelles ils appartenaient, et le directeur de la monnaie leur en fera passer un reçu par le procureur-général-syndic.

2. Les directoires de district donneront avis à l'administrateur de la caisse de l'extraordinaire, et lui enverront un double de l'état détaillé de ces ornemens par eux envoyés au directeur de la monnaie.

3. Demeureront exceptées de ces envois toutes espèces d'ornemens des églises paroissiales et succursales supprimées, qui, en exécution de l'article 7 du décret du 6—15 mai 1791, sont passés ou doivent passer, avec les autres

---

(1) Voyez le tit. III du décret du 28 octobre (23 et) — 5 novembre 1790, et le décret du 6—15 mai 1791, et les notes.

effets mobiliers, aux églises paroissiales ou succursales conservées ou établies auxquelles elles se trouvent réunies, et de même ceux des confréries établies dans lesdites églises, lesquelles passeront également aux paroisses conservées ou établies par la nouvelle circonscription.

4. Au fur et à mesure que les envois des ornemens d'or et d'argent fin seront reçus à l'hôtel de la monnaie, le directeur en donnera connaissance au directoire du département, qui nommera deux commissaires pris dans l'administration, et deux orfèvres, pour assister à la vérification des objets compris dans les états.

5. Ces ornemens seront brûlés, en présence des commissaires du directoire du département et du directeur de la monnaie, par les deux orfèvres experts; les cendres en provenant seront converties en lingots; et, au surplus, il en sera usé à l'égard de ces lingots, pour en constater le titre, ainsi qu'il est prescrit par le décret du 3—27 mars et 30 mai—3 juin 1791, pour les lingots provenant de la fonte de l'argenterie des églises supprimées.

6. Toutes les opérations prescrites pour le brûlement des étoffes tissues d'or et d'argent, seront constatées par des procès-verbaux en bonne forme, de chacun desquels il sera envoyé une expédition au ministre des contributions publiques.

7. Les lingots provenant de la fonte seront convertis en espèces, dont le versement sera fait à la trésorerie nationale, qui en tiendra compte en assignats à la caisse de l'extraordinaire, en conformité de l'article 9 du décret du 3—27 mars.

8. Les frais de transport des ornemens et paremens aux hôtels des monnaies, ceux du brûlé et autres frais nécessaires, seront payés par les directeurs des monnaies, auxquels il en sera tenu compte sur les quittances des parties prenantes et autres pièces justificatives de ce paiement, visées par les commissaires de département qui auront surveillé les opérations.

9. Si, par l'effet de la nouvelle circonscription des paroisses, il s'en trouve dans la même municipalité de trop inégalement pourvues d'effets mobiliers nécessaires au culte, les officiers municipaux convoqueront le conseil général de la commune, à l'effet de prendre une délibération explicative des besoins des paroisses les moins bien partagées. Cette délibération sera, par le directoire du district, adressée au directoire du département, avec son avis, et par celui-ci au ministre de l'intérieur, avec des observations qui lui indiqueront plus particulièrement, pour y pourvoir, les effets provenant des paroisses supprimées dans la même municipalité, qui auraient passé aux autres paroisses en quantité superflue, et, à défaut, ceux des communautés religieuses du même arrondissement.

10. Le ministre de l'intérieur disposera du surplus des ornemens, linges et autres effets mobiliers servant au culte des églises, des congrégations et associations religieuses supprimées, en faveur des églises paroissiales et succursales, tant des villes que des campagnes, suivant les besoins de chacune, et d'après les observations des municipalités, vérifiées par les directoires des districts, et sur l'avis des directoires des départemens.

11. Les frais de garde aux dépôts étant relatifs aux domaines nationaux, seront acquittés ainsi qu'il est prescrit par le décret des 23 et 28 octobre — 5 novembre 1790.

TITRE III. — Des frais du culte (1).

Art. 1er. Les fonds sur lesquels sera acquittée, pour 1790, la dépense re-

---

(1) Voyez le décret du 20 (14 et) — 22 avril 1790, art. 5, qui, sur le montant des dépenses

ative au culte, mise à la charge de la nation par l'article 33 du titre II du décret des 23 et 28 octobre—5 novembre 1790, seront fournis par la caisse de l'extraordinaire ; mais le paiement ne sera effectué que sur les ordonnances du commissaire ordonnateur de ladite caisse, d'après les états détaillés de ces dépenses, visés et approuvés par le ministre de l'intérieur.

2. Les frais du culte catholique, auxquels étaient tenus de pourvoir les décimateurs, tant laïques qu'ecclésiastiques, à défaut ou en cas d'insuffisance du revenu des fabriques, seront aussi acquittés, pour les années 1791 et 1792, des fonds de la caisse de l'extraordinaire, et de la manière prescrite par l'article 33 du titre II du décret des 23 et 28 octobre — 5 novembre 1790 et l'article ci-dessus. Mais toutes dépenses qui passeraient une juste proportion, seront modérées par le ministre de l'intérieur ; et celles qui auraient pour objet les chapelles des évêques, seront absolument rejetées de ces états.

3. A compter du 1er janvier 1793, les citoyens, dans chaque municipalité ou paroisse, aviseront eux-mêmes aux moyens de pourvoir à toutes les dépenses du culte auquel ils sont attachés, autres néanmoins que le traitement des ministres du culte catholique.

N° 544. = 4—14 septembre 1792. = DÉCRET *qui ordonne un rapport sur les biens des chapelles érigées en titre de bénéfice, et desservies dans des maisons particulières.* (B., XXIV, 675.)

N° 545. = 4 — 14 septembre 1792. = DÉCRET *relatif à l'augmentation du traitement des chirurgiens-majors des régimens, officiers de santé, aumôniers et employés d'administration des hôpitaux ambulans.* (B., XXIV, 675.)

N° 546. = 4—15 septembre 1792. = DÉCRET *qui met l'abbé Sicard sous la sauve-garde de la loi.* (B., XXIV, 678.)

4 septembre 1792 : *Scellés sur les greffes,* voyez 19 août précédent ; *Biens concédés à titre d'engagement,* voyez 3 septembre même mois.

N° 547. = 5—6 septembre 1792. = DÉCRET *relatif à la construction et à la formation des camps et retranchemens sous les murs de Paris.* (B., XXIV, 687.)

N° 548. = 5—6 septembre 1792. = DÉCRET *qui prohibe l'exportation des matières d'or et d'argent.* (B., XXIV, 708.)

N° 549. = 5 — 6 septembre 1792. = DÉCRET *qui retire provisoirement aux préposés à la police extérieure du commerce les fusils et baïonnettes.* (L., XI, 178.)

N° 550. = 5—7 septembre 1792. = DÉCRET *relatif à l'administration des objets de comptabilité dont les chambres de commerce étaient chargées* (1). (B., XXIV, 696.)

Art. 1er. Les droits que percevaient les chambres de commerce sont pro-

publiques, affecté une somme pour subvenir aux frais du culte.—Aujourd'hui, le traitement seul du clergé est pris sur le trésor : les frais du culte sont supportés par les fabriques, au moyen des dons et libéralités des fidèles.

(1) Voyez le décret du 27 septembre—16 octobre 1791, qui supprime les chambres de commerce, et l'arrêté du 3 nivose an 11 (24 décembre 1802), qui les rétablit, et les notes.

visoirement conservés ; le paiement devra en être fait jusqu'à ce qu'il en ait été autrement ordonné; et les percepteurs sont autorisés à poursuivre, par les voies de droit, les débiteurs arriérés.

2. Les directoires de département confieront aux districts, aux municipalités ou à tels autres préposés qu'ils jugeront convenable d'établir, la perception de ces droits.

3. Leur produit sera employé, comme il l'était par les chambres de commerce, à acquitter les dépenses à leur charge, les intérêts de leurs dettes ; et les directoires de département sont également chargés de pourvoir à l'exécution de cet article.

4. Les administrateurs des chambres de commerce remettront leur compte de liquidation et leur état de situation aux directoires de département, qui les feront passer au ministre, et le ministre en donnera connaissance à l'assemblée nationale.

5. Dans la ville de Marseille, les marchandises sujettes à acquitter les droits de la chambre devant être déchargées au lazaret, parce qu'elles viennent de la Turquie, les conservateurs de la santé sont chargés, par le présent décret, de la perception de ce droit, et de celui de dix sous par mille-rolle sur les huiles importées d'Italie, sans préjudice des droits de tarif pour celles qui entreront dans le royaume.

6. Les conservateurs de la santé verseront tous les mois le produit de leur recette dans la caisse du receveur de district.

7. Ce receveur paiera les salaires, pensions, retraites, intérêts des créances, et autres objets de dépenses que la chambre était autorisée à payer, et dont les administrateurs supprimés lui remettront un état signé d'eux et du secrétaire.

8. Les négocians qui composaient la chambre lors de la suppression, nommeront entre eux quatre commissaires liquidateurs, qui veilleront à la conservation des fonds libres destinés au paiement des créanciers, et qui feront dresser les comptes de liquidation, l'état des capitaux et des dettes, pour mettre l'assemblée nationale à même de pourvoir, par un nouveau décret, à l'aliénation des capitaux et à l'entier paiement des créanciers.

9. Cette commission sera présidée par un officier municipal, au choix de la municipalité, et bornera ses fonctions aux seuls objets de liquidation, sous l'inspection du département.

10. La municipalité gardera le dépôt des archives de la chambre, et le bureau municipal suppléera les fonctions dans tout ce qui n'aura pas été prévu par le présent décret.

N° 551. = 5 — 7 septembre 1792. = DÉCRET *qui réduit les droits d'entrée sur les tabacs.* (B., XXIV, 698.)

N° 552. = 5—14 septembre 1792. = DÉCRET *relatif au complément du Code monétaire* (1). (B., XXIV, 688.)

TITRE Ier.

Art. 1er. Le nombre des membres de la commission des monnaies, qui, par la loi du 27 mai 1791, avait été porté à huit, sera réduit à six, le cas de vacance par mort ou démission arrivant.

---

(1) Voyez les notes qui accompagnent le Code monétaire du 21 (19 et)—27 mai 1791 : elles résument toute la législation de la matière.

2. La place de secrétaire de la commission est et demeure supprimée, à dater du jour du présent décret, et est réunie à celle du garde des dépôts, qui fournira caution en immeubles de la somme de soixante mille livres.

3. Le traitement annuel des membres de la commission des monnaies demeure fixé à cinq mille livres, et ils seront logés à l'hôtel des monnaies.

4. Le traitement du secrétaire-général garde des dépôts demeurera fixé à cinq mille livres ; et il lui est en outre accordé pareille somme de cinq mille livres pour les frais de bureau, à charge de payer les appointemens de deux commis aux écritures, qui prêteront serment, et pourront être révoqués à volonté.

5. Le secrétaire-général garde des dépôts sera logé à l'hôtel des monnaies.

6. Il sera attaché au secrétariat de la commission un garçon de bureau aux gages de sept cent vingt-cinq livres.

7. Le secrétaire et le garde des dépôts seront payés jusqu'à l'époque de la réunion des deux places, chacun à raison de quatre mille livres par an, en outre les frais de bureau.

8. Au secrétaire supprimé, il sera payé, à titre d'indemnité de la perte de sa place, une somme de deux mille livres.

9. L'inspecteur-général des essais jouira d'un traitement fixe de la somme de trois mille livres.

10. Le traitement de l'essayeur-général demeure fixé à trois mille six cents livres.

11. Le traitement du graveur-général sera de deux mille livres.

12. L'inspecteur-général des essais, l'essayeur-général et le graveur-général seront logés à l'hôtel des monnaies.

13. Le graveur-général remettra, conformément à la loi du 27 mai, au dépôt de la commission, les poinçons qu'il fournira pour le service des monnaies, et il lui en sera délivré un récépissé par le secrétaire garde des dépôts, qui les adressera de suite au commissaire de l'hôtel de la monnaie pour laquelle ils seront destinés.

14. Le commissaire de l'hôtel qui aura reçu les poinçons, en fera faire l'épreuve en sa présence par le graveur particulier, et en dressera procès-verbal qu'il adressera à la commission.

15. Si le procès-verbal constate que le poinçon a bien supporté l'épreuve et est bon à faire des carrés, le membre de la commission qui aura été chargé de l'inspection, mettra son *visa*, contenant la date du procès-verbal d'épreuve, sur le récépissé délivré au graveur-général, par le secrétaire garde des dépôts, qui sera payé de ses poinçons sur la représentation de ce récépissé ainsi visé.

16. Si le poinçon n'a pu supporter l'épreuve, le commissaire de l'hôtel l'adressera, avec son procès-verbal, au dépôt de la commission ; le secrétaire garde des dépôts le remettra au graveur-général, et fera mention du rejet du poinçon, sur le récépissé que ce dernier sera tenu de représenter.

17. Il sera payé au graveur-général cinquante livres pour chaque poinçon, et vingt livres pour chaque matrice qu'il aura fournie, et dont il représentera récépissé du secrétaire-général garde des dépôts, visé comme il est dit en l'article 14.

18. Il sera payé au graveur-général actuel, à titre d'indemnité pour le travail extraordinaire de la fourniture des poinçons des pièces de trente sous, quinze sous et deux sous, pendant l'année actuelle, deux mille quatre cents livres.

TITRE II.

Art. 1er. La caution en immeubles qui, aux termes de l'article 7 du titre II du décret du 21—27 mai 1791, doit être fournie par chaque directeur, demeure fixée ainsi qu'il suit : — Pour les directeurs des monnaies de Paris, Lyon, Marseille, Bayonne et Perpignan, cent mille livres; pour ceux de Bordeaux, Toulouse, Rouen, Lille, Nantes et Pau, quatre-vingt mille livres; pour ceux de Montpellier, Strasbourg, La Rochelle, Limoges, Metz et Orléans, soixante mille livres. — Ces cautions et celle fournie par le secrétaire garde des dépôts, seront vérifiées par la commission, et reçues par le ministre des contributions publiques, sans être sujettes à aucuns frais d'enregistrement; et ne seront les actes assujétis qu'à un simple *visa*.

2. Le traitement des directeurs des monnaies demeure fixé; savoir : — Pour les directeurs de Paris, Lyon, Marseille, Bayonne et Perpignan, à quatre mille livres; pour ceux de Bordeaux, Toulouse, Rouen, Lille, Nantes et Pau, à trois mille deux cents livres; pour ceux de Montpellier, Strasbourg, La Rochelle, Limoges, Metz et Orléans, à deux mille quatre cents livres.

3. Le traitement des fonctionnaires particuliers des monnaies sera : aux commissaires de l'hôtel des monnaies de Paris, trois mille six cents livres; à chacun des adjoints desdits commissaires, deux mille quatre cents livres; à l'essayeur, deux mille quatre cents livres; au graveur, douze cents livres; aux commissaires de l'hôtel de Lyon, Marseille, Bayonne et Perpignan, trois mille livres; aux adjoints desdits commissaires, deux mille livres; aux essayeurs, deux mille livres; aux graveurs, mille livres; aux commissaires de l'hôtel des monnaies de Bordeaux, Toulouse, Rouen, Lille, Nantes et Pau, deux mille sept cents livres; aux adjoints desdits commissaires, dix-huit cents livres; aux essayeurs, dix-huit cents livres; aux graveurs, neuf cents livres; aux commissaires de l'hôtel des monnaies de Montpellier, Strasbourg, La Rochelle, Limoges, Metz et Orléans, deux mille quatre cents livres; aux adjoints desdits commissaires, seize cents livres; aux essayeurs, seize cents livres; aux graveurs, huit cents livres.

4. Le prix des carrés de toutes grandeurs sera payé aux graveurs particuliers à raison de vingt livres par paire.

5. Les droits de fabrication accordés aux directeurs, demeurent fixés, pour le marc d'or, pièces de quarante-huit livres, à huit sous six deniers; pièces de vingt-quatre livres, à neuf sous; — Pour le marc d'argent, pièces de six livres, à sept sous six deniers; pièces de trois livres, à huit sous; pièces de trente sous, à neuf sous; pièces de quinze sous, à dix sous; — Pour les pièces de cuivre et métal de cloche, de deux sous, à trois sous six deniers; d'un sou, à trois sous neuf deniers; de six deniers, à quatre sous; de trois deniers, à quatre sous trois deniers.

6. Il sera alloué au directeur, pour les déchets, une once et demie par cent marcs d'or au titre de vingt-deux karats; quatre onces et demie par cent marcs d'argent au titre de onze deniers, et six marcs par cent marcs de cuivre, ou de métal de cloche allié de cuivre.

7. Lorsque le pouvoir exécutif fournira aux hôtels des monnaies le cuivre ou le métal de cloche allié de cuivre, nécessaire à la fabrication des espèces, en flaons prêts à être monnayés, il sera seulement attribué aux directeurs, à titre de frais de régie, un droit d'un denier par marc.

8. Les commissaires de l'hôtel de chaque monnaie pourront, si la quantité de pièces à délivrer l'exige, se faire aider par des personnes qu'ils choi-

siront, à la charge de demeurer seuls personnellement responsables du poids des pièces et de la beauté des empreintes ; dans ce cas , ils adresseront à la commission, à la fin du mois, un état du nombre des personnes employées et des pièces fabriquées , et il leur sera accordé, s'il y a lieu, une indemnité proportionnée.

9. Les essayeurs devant être à l'avenir payés en argent, conformément à l'article 7 du chapitre VI du titre III du décret du 21—27 mai 1791 , des essais qu'ils feront pour le compte du commerce, le prix demeurera fixé pour les essais d'or, de doré et or tenant argent , à trois livres; et pour les essais d'argent, à seize sous, quel que soit le titre des matières essayées.

TITRE III.

Art. 1er. Les fonctionnaires généraux des monnaies, établis par le décret du 21—27 mai, ne pourront s'absenter de Paris sans un congé de la commission des monnaies, dont il sera fait mention sur les registres d'icelle, et duquel il sera délivré expédition au fonctionnaire qui l'aura démandée.

2. Les directeurs et autres fonctionnaires particuliers de chaque hôtel des monnaies, ne pourront s'absenter sans un congé par écrit de la commission générale des monnaies , obtenu sur l'avis du commissaire de l'hôtel , et visé par lui ; et, dans le cas où le commissaire de l'hôtel demanderait un congé, il sera tenu de le faire viser par son adjoint.

TITRE IV.

Art. 1er. Il sera attribué aux compagnies des monnayeurs conservés par le décret du 21—27 mai, pour droits de fabrication, par marc : — Sur l'or, pièces de quarante-huit livres, un sou; pièces de vingt-quatre livres, un sou six deniers; — Argent, pièces de six livres, sept deniers ; pièces de trois livres, dix deniers; pièces de une livre dix sous, un sou six deniers; pièces de quinze sous, deux sous ; pour celles au dessous de quinze sous, deux sous six deniers. — Cuivre ou métal de cloche allié de cuivre, pièce de deux sous, six deniers ; d'un sou, neuf deniers; de six deniers, un sou ; de trois deniers, un sou six deniers.

2. Dans le cas où le nombre des monnayeurs se trouverait insuffisant dans quelques hôtels des monnaies, et jusqu'à ce qu'il ait été statué définitivement sur l'existence des monnayeurs provisoirement conservés , les enfans et parens des monnayeurs qui , conformément aux anciens réglemens, auraient eu droit de se faire recevoir ajusteurs ou monnayeurs, pourront être admis parmi les monnayeurs par un arrêté de la commission.

3. Les droits attribués aux monnayeurs ne commenceront à avoir lieu qu'à compter du 1er octobre prochain ; jusqu'à cette époque , ils seront payés, pour le monnayage des espèces d'or et d'argent, conformément aux prix fixés par l'édit de novembre 1785 : pour les pièces de trente sous, à raison d'un sou cinq deniers par marc ; pour celles de quinze sous, à raison de deux sous ; pour celles de cuivre ou de métal de cloche allié de cuivre , à raison de dix deniers par marc. Les monnayeurs de Paris continueront jusqu'à la même époque , à être payés du monnayage des espèces de cuivre ou de métal de cloche allié de cuivre , sur le pied d'un sou par marc.

4. Le pouvoir exécutif pourra néanmoins faire employer, dans les hôtels des monnaies, pour le monnayage des espèces , toute autre machine que le balancier ; et, dans ce cas, il sera autorisé à les faire monnayer par telles personnes et à telles conditions qu'il jugera convenables, pourvu néanmoins que les frais de monnayage soient inférieurs au prix qui en serait payé aux monnayeurs, conformément à l'article 1er.

5 septembre 1792 : *Ville de Longwi*, voyez 11 août précédent; *Compagnie de la prevôté*, voyez 2 septembre même mois.

N° 553. ⇌ 6 septembre 1792. = DÉCRET *qui autorise le ministre de la justice à faire imprimer la suite des lois.* (L., XI, 204.)

N° 554. = 6—8 septembre 1792. = DÉCRET *relatif à l'administration des biens qui composaient une partie de la liste civile* (1). (L., XI, 201.)

L'assemblée nationale, considérant combien il importe d'établir l'ordre dans l'administration des biens qui composaient une partie des revenus de la liste civile, décrète qu'il y a urgence.—L'assemblée nationale, sur le rapport de ses comités de l'extraordinaire et de l'ordinaire des finances, après avoir décrété l'urgence, décrète ce qui suit :

Art. 1er. Tous les biens qui faisaient partie des revenus de la liste civile, seront régis provisoirement, et jusqu'à ce que la convention nationale en ait autrement ordonné, par l'administration générale des biens nationaux ; ladite régie aura lieu sous la surveillance du ministre des contributions publiques, suivant les formes usitées jusqu'à ce jour pour les biens ci-devant connus sous la dénomination de *domaine de la couronne.*

2. Les fonds trouvés dans la caisse de la liste civile, et versés depuis à la trésorerie nationale, ensemble tous les revenus échus au 10 août dernier, appartiennent aux créanciers de ladite liste, et jusqu'à concurrence de leurs créances ; et les deniers en provenant seront partagés d'après les formes légales et usitées pour ces sortes de distributions.

3. Seront cependant payés par préférence, et par ordre de dates, sur le *visa* du ministre des contributions publiques, tous entrepreneurs, constructeurs de bâtimens et fournisseurs compris aux états de distribution, et porteurs d'ordonnances antérieures au 10 août 1792.

4. Sur les revenus échus et à échoir depuis l'époque du 10 août dernier, il sera pris des fonds pour subvenir aux dépenses nécessaires à l'exploitation des terres et manufactures, ainsi qu'à l'entretien des bâtimens et autres établissemens dépendant de la liste civile. En cas d'insuffisance de la recette, il en sera rendu compte à l'assemblée nationale, qui décrétera, s'il y a lieu, les fonds indispensables pour y satisfaire.

N° 555. ⇌ 6—17 septembre 1792. = DÉCRET *qui ordonne la confection d'un canal de jonction du Rhône au Rhin.* (B., XXIV, 718.)

Art. 1er. Il sera établi une navigation intérieure pour faire communiquer le Rhône au Rhin, par les rivières de la Saône, du Doubs, de l'Haleine et de l'Ill, et par un canal artificiel intermédiaire, avec une branche de jonction de l'Ill à Huningue.

2. Le pouvoir exécutif est chargé de négocier avec les gouvernemens de Montbéliard et Mulhausen, la faculté de faire lever les plans, dresser les devis, prendre les nivellemens et toute autre mesure préparatoire de cette navigation dans l'étendue de leur territoire, et de se concerter avec ces deux puissances sur le mode et les conditions du transit.

3. Le pouvoir exécutif fera lever des plans et dresser les devis pour opé-

______

(1) Voyez, sur l'administration des biens dépendant de la liste civile, de Louis XVI, le décret du 27 novembre 1792, et les notes qui l'accompagnent ; et, sur la constitution de cette liste civile, celui du 26 mai — 1er juin 1791, et les notes.

rer cette navigation sans quitter le territoire français, et mettre ultérieurement l'assemblée nationale à même de statuer sur la préférence à donner à l'un ou à l'autre de ces deux plans.

4. Ces plans seront dressés de manière à faire concourir, autant qu'il sera possible, cette navigation à la défense des frontières.

5. L'assemblée nationale, reconnaissante du zèle et du désintéressement que les sieurs *Lachiche*, maréchal-de-camp, ancien officier du génie militaire, et *Bertrand*, inspecteur-général des ponts-et-chaussées, ont montré constamment dans la suite des travaux relatifs à ce projet, déclare qu'elle est satisfaite de leur zèle et de leurs talens, et que leurs noms seront inscrits au procès-verbal de ses séances, comme citoyens bien méritant de la patrie.

6. L'assemblée nationale décrète qu'il sera remis par le trésor public, entre les mains du pouvoir exécutif, une somme de vingt cinq mille livres, pour fournir à la dépense de la levée des plans, devis et nivellemens dont il vient d'être parlé; elle se réserve de statuer ultérieurement sur le mode de l'exécution, et sur quels fonds seront prises les sommes nécessaires pour y parvenir.

Nº 556. = 6 — 17 septembre 1792. = **Décret** *qui supprime la rente viagère d'un million sur la tête de* Louis XVI, *et sur celle de* Louis-Stanislas-Xavier, *son frère.* (B., XXIV, 722.)

Art. 1er. La rente d'un million constituée par contrat des 30 avril et 23 juillet 1784, au profit de *Louis XVI*, sur sa tête et celle de *Louis-Stanislas-Xavier*, son frère, sera rayée des registres et états des payeurs des rentes : les titres qui l'établissaient sont déclarés nuls et comme non avenus; et il est fait défenses à tous payeurs, trésoriers, agens ou manutenteurs des deniers du trésor national, de continuer le paiement de ladite rente, soit à *Louis XVI*, soit à *Louis-Stanislas-Xavier*, prince français, soit enfin à toutes autres personnes se prétendant les fondés de pouvoirs, cessionnaires ou ayans-cause des rentiers, sous peine par lesdits payeurs, trésoriers, agens ou manutenteurs de deniers publics et nationaux, d'être poursuivis comme prévaricateurs et concussionnaires.

2. Il sera fait, à la diligence de l'agent du trésor national, mention du présent décret, tant en marge des minutes des contrats des 30 avril et 23 juillet 1784, que de l'article des registres et états des payeurs des rentes qui concerne la rente dont il s'agit ; et sera ledit agent du trésor national obligé de justifier à l'assemblée nationale de l'exécution du présent article, dans la huitaine de la publication du décret.

---

6 septembre 1792 : *Titre de citoyen français*, voyez 26 août précédent; *Acquéreurs de biens nationaux, Officiers-généraux*, voyez 30 août; *Titres de créance*, voyez 1er septembre même mois; *Biens des émigrés*, voyez 2 septembre; *Camp sous Paris, Exportation des matières d'or, Armes*, voyez 5 septembre.

Nº 557. = 7 — 7 septembre 1792. = **Décret** *relatif à l'élection du commissaire national, et de son substitut auprès du tribunal de cassation* (1). (B., XXIV, 734.)

L'assemblée nationale, après avoir décrété l'urgence, décrète que les juges du tribunal de cassation auront la faculté de réélire aux places de com-

---

(1) Voyez, sur le ministère public près la cour de cassation, l'art. 23 du décret d'institution du tribunal de cassation, du 27 novembre—1er décembre 1790, et les notes.

La loi du 27 ventose an 8 (18 mars 1800), art. 67, a rendu au chef du gouvernement la nomination des membres du ministère public près ce tribunal.

missaire national et de substitut du commissaire national, établis auprès de ce tribunal, les personnes qui en ont jusqu'ici exercé les fonctions, dérogeant, quant à ce, aux dispositions des lois antérieures.

N° 558.=7—7 septembre 1792. = DÉCRET *relatif aux conditions d'éligibilité exigées pour les commissaires du pouvoir exécutif près les tribunaux* (1). (B., XXIV, 743.)

L'assemblée nationale, considérant qu'il importe d'aplanir les difficultés qui peuvent s'opposer aux choix des commissaires du pouvoir exécutif près les tribunaux, sur la proposition du ministre de la justice, décrète que ceux qui, à l'âge de vingt-cinq ans accomplis (2), réuniront les autres conditions d'éligibilité exigées par les lois précédentes, pourront être nommés commissaires du pouvoir exécutif ou nationaux près les tribunaux, dérogeant, quant à ce, aux lois antérieures.

N° 559. = 7—7 septembre 1792. ⇒ DÉCRET *concernant les attributions des corps électoraux.* (L., XI, 210.)

Sur la demande faite par plusieurs corps électoraux, s'ils peuvent procéder au renouvellement des administrateurs, des juges et des autres fonctionnaires publics, — L'assemblée nationale passe à l'ordre du jour, attendu que les électeurs doivent exercer tous les pouvoirs qui leur ont été délégués par les assemblées primaires, et ne peuvent ni ne doivent en exercer d'autres.

N° 560. = 7 — 7 septembre 1792. = DÉCRET *qui ordonne que le directeur général de la liquidation, les commissaires de la trésorerie et le commissaire général près la caisse de l'extraordinaire, rendront les comptes de la gestion dont ils sont chargés.* (L., XI, 212.).

N° 561. = 7 — 14 septembre 1792. = DÉCRET *qui défend aux ecclésiastiques salariés par l'état de recevoir un casuel* (3). (B., XXIV, 733.)

L'assemblée nationale décrète que les ecclésiastiques salariés par l'état, qui recevront un casuel sous quelque dénomination que ce soit, seront condamnés par les tribunaux de district à perdre leur place et leur traitement.

N° 562. = 7 — 14 septembre 1792. = DÉCRET *relatif au transit de diverses marchandises de l'étranger à l'étranger, par les départemens des Haut et Bas-Rhin, de la Meuse et de la Moselle.* (B., XXIV, 743.)

7 septembre 1792 : *Logement des fonctionnaires publics,* voyez 22 août précédent ; *Echangistes, Domaines congéables, Denrées coloniales,* voyez 27 août; *Galères,* voyez 3 septembre même mois ; *Comptabilité des chambres de commerce, Droit sur les tabacs,* voyez 5 septembre.

N° 563. = 8—8 eptembre 1792. = DÉCRET *concernant le compte à rendre à la convention nationale de la situation de toutes les opérations relatives à la fabrication des assignats.* (B., XXIV, 751.)

____

(1) Voyez, sur les commissaires du roi (ou ministère public) près les tribunaux, le tit. VIII du décret du 16—24 août 1790, sur l'organisation judiciaire, et les notes.

(2) L'art. 4 du tit. 1er de la loi du 27 ventose an 8 (18 mars 1800) a porté cet âge à trente ans; mais la loi du 16 ventose an 11, et l'art. 64 du décret du 20 avril 1810, ont fixé à vingt-cinq ans l'âge nécessaire pour être procureur du roi, et à vingt-deux ans celui après lequel on peut être nommé substitut de ce magistrat.

(3) Ce casuel a été rétabli par les art. 68 et 69 de la loi organique du concordat, du 18 germinal an 10 (8 avril 1802).

N° 564. = 18—8 septembre 1792. = **DÉCRET** *relatif au rétablissement de la libre circulation des personnes et des choses dans l'intérieur.* (B., XXIV, 766.)

N° 565. = 8—8 septembre 1792. = **DÉCRET** *qui ordonne l'anéantissement des pétitions dites des* huit mille *et des* vingt mille. (L., XI, 241.)

N° 566. = 8 — 12 septembre 1792. = **DÉCRET** *relatif au pain des troupes.* (B. , XXIV, 768.)

Le ministre de la guerre annonce que des différens essais qui lui ont été présentés pour l'amélioration du pain des troupes, celui qui a le mieux rendu, est le pain de pur froment, avec extraction de quinze livres de son par quintal; il le trouve préférable au pain dans lequel il y a du seigle; il propose de l'adopter. — La proposition convertie en motion, l'assemblée rapporte son décret du 2 de ce mois; décrète que le pain sera de pur froment, et ordonne le renvoi de la lettre du ministre à son comité militaire.

N° 567. = 8—13 septembre 1792. = **DÉCRET** *qui supprime les six tribunaux criminels établis à Paris en mars* 1791. (B., XXIV, 770.)

Art. 1er. Les six tribunaux criminels créés à Paris par le décret du 13—14 mars 1791, sont et demeurent dissous; les juges qui composent lesdits tribunaux se rendront à leur poste.

2. Les procès criminels restant dans lesdits tribunaux, et qui seraient dans le cas d'être poursuivis, seront reportés aux différens tribunaux d'arrondissement de Paris, auxquels ils appartiennent, pour y être jugés conformément aux lois subsistantes, suivant les derniers erremens et sans nouvelle assignation.

3. Les scellés seront apposés par la municipalité de Paris sur les greffes desdits six tribunaux, ainsi que sur les lieux de dépôt qui étaient destinés à leur usage.

4. Il sera incessamment procédé, par des commissaires qui seront nommés à cet effet par la municipalité de Paris, en présence des greffiers des tribunaux, à l'inventaire de tous les titres, papiers et effets existant dans lesdits greffes et lieux de dépôt.

N° 568. = 8—14 septembre 1792. = **DÉCRET** *contenant des mesures pour le complément de l'organisation des régimens d'infanterie et d'artillerie de la marine* (1). (B., XXIV, 753.)

N° 569. = 8 — 14 septembre 1792. = **DÉCRET** *qui fixe le traitement du commissaire du roi, du greffier et de son commis, et des huissiers auprès du tribunal de police correctionnelle de Paris.* (B., XXIV, 769.)

8 septembre 1792 : *Commutation de peines,* voyez 3 du même mois; *Biens de la liste civile,* voyez 6 septembre.

____

(1) Voyez, sur l'infanterie et l'artillerie de la marine, le décret d'organisation du 31 mai (6 avril, 28, 29 et)—14 juin 1792, et les notes.

N° 570. = 9 septembre 1792. = **Décret** *relatif aux pères et mères qui ont des enfans absens* (1). (B., XXIV, 786.)

L'assemblée nationale décrète que dans quinze jours à compter de la publication du présent décret, les pères et mères seront tenus de justifier devant leurs municipalités de la résidence actuelle en France de leurs enfans qui ont disparu, ou de leur mort, ou de leur emploi enfin, en pays étranger, pour le compte de la nation ; à défaut, ledit délai de quinze jours expiré, les municipalités enverront aux directoires de district un état nominatif des enfans absens de chez leurs père et mère, qui, dans ce cas, seront réputés émigrés, et leurs père et mère assujétis à fournir, à leurs frais, un soldat à la patrie pour chaque enfant, dont la résidence ne sera pas constatée dans le royaume, sauf la répétition de la dépense qu'ils auront faite à cet égard, sur les biens propres à leurs enfans.

N° 571. = 9--9 septembre 1792. = **Décret** *relatif à l'armement des citoyens qui partent pour les frontières.* (L., XI, 258.)

N° 572. = 9—9 septembre 1792. = **Décret** *qui éteint et abolit tous les procès relatifs aux droits féodaux* (2). (B., XXIV, 773.)

L'assemblée nationale, considérant qu'il importe d'extirper sans délai jusqu'aux dernières racines de la féodalité, et de mettre fin à tous les procès qui pourraient la rappeler ou en être la suite directement ou indirectement, décrète que tous les procès pendans devant les tribunaux, et qui ont été occasionés par des discussions qui se sont élevées entre des notaires ou autres officiers publics, et des feudistes, commissaires à terrier et autres, employés spécialement par les ci-devant seigneurs de fiefs, pour la reconnaissance ou recouvrement de leurs prétendus droits, demeurent à jamais éteints et anéantis, ainsi que les jugemens qui peuvent avoir été rendus sur ces procès, et qui n'ont point encore reçu leur exécution, chaque partie restant tenue de payer les frais qu'elle aurait faits. Décrète en outre que le pouvoir exécutif sera tenu de faire passer sans délai le présent décret à tous les corps administratifs et tribunaux des départemens.

N° 573. = 9—11 septembre 1792. = **Décret** *qui accorde une indemnité aux sous-officiers de la gendarmerie faisant partie de la ci-devant maréchaussée.* (B., XXIV, 793.)

N° 574. = 9—14 septembre 1792. = **Décret** *relatif au protocole des actes des notaires.* (B., XXIV, 772.)

Sur la motion d'un membre, l'assemblée nationale décrète qu'à l'avenir les actes des notaires, au lieu de porter ces mots, *sous le scel du roi,* porteront ceux-ci, *sous le scel de la nation.*

N° 575. = 9—14 septembre 1792. = **Décret** *relatif au mode de paiement des arrérages dus aux propriétaires de taxations et augmentations de gages.* (B., XXIV, 775.)

Art. 1er. Toutes taxations et augmentations de gages créées héréditaires,

(1) Voyez le § 5 des notes qui accompagnent le décret du 9 — 12 février 1792 : elles résument toutes les mesures dont les parens des émigrés ont été l'objet.

(2) Voyez la loi du 17 juillet 1793, et les notes.

actuellement possédées par toutes autres personnes que par les titulaires des offices auxquels elles avaient été attribuées, et dont le produit est au denier vingt et au dessous, ou qui ont été réduites à ce taux par l'article 11 de l'édit du mois d'août 1784, appartiendront à la dette publique constituée, et ne seront pas susceptibles de remboursement. A l'égard de celles qui ont été de tout temps possédées par les titulaires d'offices, payées sur les mêmes états et assujéties aux mêmes formes que les anciens gages, elles seront remboursées avec le prix desdits offices, lors de la liquidation qui en sera faite, pourvu toutefois qu'elles aient été formellement exceptées des évaluations, conformément à l'article 2 du décret du 5—13 mai 1791.

2. Les propriétaires des taxations et augmentations dénommées en l'article précédent, et non susceptibles de remboursement, seront tenus d'en rapporter les quittances de finance déchargées du contrôle et les autres titres, ensemble les pièces servant à établir leur propriété individuelle, entre les mains du directeur général de la liquidation, lequel, en échange de la quittance à fin de reconstitution qu'ils donneront par-devant les notaires résidant à Paris, du capital desdites taxations et augmentations de gages, et des arrérages échus à compter du 1er janvier 1791, leur délivrera une reconnaissance définitive de liquidation en parchemin, portant intérêts à compter du même jour, et dont le capital ne pourra, dans aucun cas, être plus fort que le denier vingt du capital de la rente, conformément à l'article 11 de l'édit du mois d'août 1784, laquelle reconnaissance tiendra lieu auxdits propriétaires d'anciens titres, et leur vaudra contrat ou titre nouvel, en sorte qu'ils puissent en disposer par voie de reconstitution ou autrement, comme de toute rente due par l'état, en se conformant d'ailleurs aux formalités prescrites pour semblables dispositions.

3. Les arrérages attachés à ces reconnaissances définitives, seront payés sur le même taux auquel ils l'étaient précédemment, par le payeur des rentes de l'hôtel de ville, et de la même manière que ceux des autres rentes sur l'état.

4. Il ne pourra cependant être délivré des reconnaissances définitives sur des parties de taxations et augmentations de gages possédées par des non pourvus d'offices antérieurement au 30 septembre 1775, qui, ayant négligé d'obtenir des titres nouvels, auraient encouru la déchéance prononcée par l'article 8 de la déclaration du 30 juillet de la même année.

N° 576. = 9—14 septembre 1792.=**DÉCRET** *qui supprime les canonniers gardes-côtes* (1). (B., XXIV, 784.)

N° 577.= 9—14 septembre 1792. = **DÉCRET** *pour la poursuite des prévenus d'avoir trempé dans la conspiration du 10 août 1792.* (B., XXIV, 791.)

N° 578. = 9 — 14 septembre 1792. = **DÉCRET** *qui ordonne de porter aux hôtels des monnaies l'argenterie des églises et des maisons dépendant de la liste civile.* (B., XXIV, 793.)

N° 579. = 9—14 septembre 1792. = **DÉCRET** *portant des mesures pour la garde des forts, lignes, châteaux et places des côtes et frontières maritimes.* (B., XXIV, 794.)

---

(1) Voyez l'arrêté du 8 prairial an 11 (28 mai 1803), qui les rétablit et les organise.

N° 580. = 9 — 15 septembre 1792. = **DÉCRET** *qui autorise les volontaires nationaux à reprendre leur poste dans leurs corps respectifs à la fin de la guerre.* (L., XI, 287.)

N° 581. = 9—15 septembre 1792. = **DÉCRET** *portant que les administrateurs des eaux de Paris rendront leurs comptes.* (B., XXIV, 781.)

9 septembre 1792 : *Jugemens des gradués,* voyez 29 août précédent; *Chariots des armées, Approvisionnement des ports,* voyez 2 septembre même mois.

N° 582. = 10 — 10 septembre 1792. = **DÉCRET** *qui porte la peine de six années de fers contre ceux qui garderont le silence sur les dépôts militaires qui leur ont été confiés.* (B., XXIV, 812.)

N° 583. = 10—10 septembre 1792. = **DÉCRET** *qui prononce la suppression des préfets apostoliques dans les colonies.* (B., XXIV, 816.)

N° 584. = 10—12 septembre 1792. = **DÉCRET** *qui ordonne la confection de l'inventaire des meubles, effets et ustensiles en or et en argent, employés au service du culte, et l'envoi de ces objets aux hôtels des monnaies.* (B., XXIV, 816.)

N° 585. = 10 — 14 septembre 1792. = **DÉCRET** *relatif aux hypothèques des biens acquis par le roi au nom de la nation* (1). (B., XXIV, 810.)

Art. 1er. A compter du jour de la publication du présent décret, l'usage des formalités établies par l'édit du mois de juillet 1693, pour purger les hypothèques des biens acquis par le roi au nom de la nation, est abrogé.

2. Les acquisitions faites jusqu'à ce jour, dont les hypothèques n'auraient pas encore été purgées, et celles qui pourront être faites à l'avenir par le pouvoir exécutif, au nom de la nation, seront soumises à la formalité des lettres de ratification, suivant les règles établies par l'édit du mois de juin 1771.

3. Ces lettres seront prises à la diligence des commissaires nationaux près les tribunaux de district ou d'arrondissement dans le ressort desquels seront situés les biens vendus ou aliénés.

4. Elles seront affranchies de tous droits dûs d'après l'édit de 1771, lesquels ne seront portés que pour mémoire sur les registres des receveurs chargés de leur perception, et elles seront scellées sur la simple représentation du *visa* des percepteurs, qui tiendra lieu de la quittance des droits.

5. Les procédures commencées dans les ci-devant parlemens et autres tribunaux, suivant l'édit de 1693, qui n'auraient pas été terminées par arrêt définitif, et dans lesquelles le prix des acquisitions n'aurait pas été consigné, sont et demeurent supprimées; il sera pris sur les contrats desdites acquisitions, des lettres de ratification, conformément aux articles 2 et 3 du présent décret.

---

(1) Aujourd'hui, l'état est encore soumis au droit commun, en ce qui concerne la purge des hypothèques grevant les immeubles qu'il acquiert; en cela, il est considéré comme personne privée, et le Code civil, ni aucune autre loi postérieure, n'ont rétabli le privilège supprimé par le présent décret.

6. Les créanciers qui, dans le cas de l'article précédent, auraient formé des oppositions au greffe des ci-devant parlemens, suivant l'édit de 1693, seront tenus de les renouveler, suivant les formes prescrites par l'édit de 1771, à peine de déchéance de leurs hypothèques.

7. Pour donner un temps suffisant à ceux qui peuvent prétendre des priviléges ou hypothèques sur les immeubles acquis par la nation, de faire leurs oppositions, il ne sera scellé à cet égard aucune lettre de ratification, que trois mois après la publication du présent décret.

N° 586. = 10—14 septembre 1792. = DÉCRET *qui détermine les fonctions des commissaires envoyés dans les manufactures d'armes* (1). (B., XXIV, 821.)

N° 587. = 10—14 septembre 1792. = DÉCRET *concernant les établissemens des sourds-muets et des aveugles-nés* (2). (B., XXIV, 822.)

Art. 1ᵉʳ. Les pensions gratuites accordées, pour l'année 1791, à vingt-quatre élèves de l'établissement des sourds-muets, par l'article 4 du décret du 21—29 juillet 1791, et à trente élèves de l'établissement des aveugles-nés, par l'article 2 du décret du 28 septembre—12 octobre de la même année, continueront à être payées par la trésorerie nationale, jusqu'au moment de la nouvelle organisation de l'instruction publique.

2. Le pouvoir exécutif emploiera tous les moyens qui sont à sa disposition pour faire jouir, dans le plus bref délai, l'établissement des aveugles-nés, des sommes qui lui sont attribuées par le décret du 28 septembre dernier, en prélevant, s'il y a lieu, la part que peuvent réclamer ceux des trente élèves qui n'ont pas été nourris dans l'établissement, ou qui ont des droits à exercer sur lesdites sommes, à quelque titre que ce soit.

3. Le pouvoir exécutif fixera sans délai, d'après la loi et les principes de l'équité, l'époque où doit commencer le traitement de chacun des maîtres qui ont été ou sont encore en activité dans l'établissement des aveugles-nés.

4. Il prendra les informations les plus positives pour s'assurer du degré d'utilité de chacune des places de maîtres qui restent à remplir dans ledit établissement, et il en rendra compte à l'assemblée nationale, pour y être statué par elle.

N° 588. = 11 — 13 septembre 1792. = DÉCRET *qui fixe les pensions des officiers licenciés de la gendarmerie nationale du département de Paris.* (B., XXIV, 839.)

N° 589. = 11—15 septembre 1792. = DÉCRET *relatif à une nouvelle organisation des commissaires des guerres* (3). (B., XXIV, 832.)

Art. 1ᵉʳ. Il n'y aura plus que des commissaires ordonnateurs, des commissaires ordinaires et des aides-commissaires; en conséquence, le titre de commissaire auditeur demeure supprimé.

2. Le ministre de la guerre est autorisé à employer les aides-commis-

---

(1) Voyez, *supra*, le décret du 19 — 19 août 1792, qui règle la police des manufactures d'armes, et les notes.

(2) Voyez le décret du 21—29 juillet 1791, et les notes.

(3) Voyez le décret d'organisation des commissaires des guerres, du 20 septembre—14 octobre 1791, et les notes qui résument toute la législation de la matière.

saircs qui ont atteint l'âge de vingt-un ans, et les citoyens au-delà de quarante-cinq ans qui auront été jugés capables de remplir les places qui viendront à vaquer.

3. Le ministre pourra destituer ceux des commissaires ordonnateurs, auditeurs ou ordinaires qui, par incivisme, incapacité ou mauvaise administration, se sont rendus inhabiles à exercer des fonctions où la confiance la plus entière est absolument indispensable.

4. Le ministre de la guerre est autorisé à choisir, sans distinction de grade et de rang, ceux des commissaires des guerres, ordonnateurs, commissaires ordinaires, auditeurs ou aides qui seront jugés susceptibles d'être employés soit dans les armées, soit dans les divisions.

5. Le ministre de la guerre est autorisé à augmenter le nombre des commissaires des guerres, autant qu'il le jugera nécessaire pour le prompt et bon service des armées.

6. Le comité présentera incessamment un nouveau plan sur l'organisation de la cour martiale et les jugemens militaires.

———

N° 590. == 11—19 septembre 1792. == DÉCRET *qui autorise la destruction des étangs marécageux.* (B., XXIV, 823.)

———

N° 591. == 11—19 septembre 1792. == DÉCRET *qui ordonne une répartition de fonds pour récompenser les travaux et les découvertes utiles à l'agriculture.* (B., XXIV, 824.)

———

N° 592. == 11—19 septembre 1792. == DÉCRET *relatif aux acquéreurs de biens nationaux auxquels il était dû des dîmes inféodées.* (B., XXIV, 835.)

Art. 1er. Les acquéreurs de biens nationaux qui n'ont point donné, en paiement du prix de leur acquisition, le montant des liquidations provisoires ou définitives qui leur ont été délivrées, à raison des dîmes inféodées par eux prétendues, ainsi que ceux qui auront justifié ou justifieront, dans les délais et les formes prescrits par les décrets, qu'il leur était dû des dîmes de cette nature, auront la faculté de renoncer à leurs acquisitions.

2. Ils seront tenus de faire cette renonciation, dans le délai de deux mois à compter de ce jour, au secrétariat de chaque directoire du district de la situation des biens vendus, sous peine d'en demeurer déchus sans retour, et d'être poursuivis pour l'exécution de leurs adjudications, comme tout autre acquéreur.

3. Les sommes que les renonçans auront payées, leur seront remboursées par le trésorier de la caisse de l'extraordinaire, au moyen d'une ordonnance de l'administrateur de ladite caisse, sur la représentation de l'acte de renonciation, certifié par le directoire du district et visé par celui du département : l'intérêt desdites sommes demeurera compensé avec les jouissances perçues.

4. Les biens ainsi rentrés dans les mains de la nation, seront remis en vente dans les formes prescrites par les décrets.

———

N° 593. == 11 — 19 septembre 1792. == DÉCRET *qui prescrit aux administrations de district la confection de la liste de tous les citoyens absens dont les biens n'ont point été compris dans la loi du séquestre.* (B., XXIV, 842.)

———

11 septembre 1792 : *Mois de nourrice,* voyez 2 du même mois ; *Procès de la presse,* voyez 3 septembre ; *Gendarmerie,* voyez 9 septembre.

N° 594. = 12—12 septembre 1792. = DÉCRET *qui prescrit, pour 1792, la rentrée des fonds qui doivent servir aux établissemens d'instruction publique et aux hôpitaux.* (B., XXIV, 843.)

N° 595.=12—12 septembre 1792.=DÉCRET *qui ordonne la confection d'un état des rentes et pensions des émigrés qui n'auront point été payées, à défaut de certificats de résidence.* (B., XXIV, 845.)

N° 596. = 12—12 septembre 1792. = DÉCRET *relatif aux pères et mères dont les fils sont absens* (1). (B., XXIV, 848.)

Art. 1er. Tous les pères et mères dont les fils sont absens, sont tenus de justifier, dans le délai de trois semaines, à leur municipalités respectives, de l'existence en France de leurs fils disparus, ou de leur mort, ou de leur emploi en pays étrangers pour le service de la nation.

2. Les pères et mères qui ont des enfans émigrés, sont tenus de fournir l'habillement, armement et solde de deux hommes par chaque enfant émigré, et d'en verser la valeur dans la caisse du receveur du district de la situation de leur domicile.—Ce versement sera fait dans la quinzaine de la publication du présent décret. Le montant de la solde, à raison de quinze sous par jour par chaque homme, sera versé d'avance pour chaque année, tant que durera la guerre.

3. Pour l'exécution de l'article 2, les officiers municipaux de chaque commune feront, à peine de destitution, passer à l'administration de district le tableau de tous ceux desdits pères et mères qui n'auront pas fait la preuve ordonnée.

N° 597. = 12—17 septembre 1792. = DÉCRET *pour la suppression du droit exclusif de louer des parapluies dans les marchés publics de Paris.* (B., XXIV, 844.)

12 septembre 1792 : *Pain des troupes,* voyez 8 du même mois ; *Meubles au service du culte,* voyez 10 septembre.

N° 598. = 13—13 septembre 1792. = DÉCRET *relatif à la liquidation définitive et au remboursement des créances exigibles de trois cents livres et au dessous, dues par des corps ou communautés.* (B., XXIV, 867.)

Art. 1er. Les directoires de département, autorisés par les articles 1er et 2 du décret du 5—11 avril dernier, à liquider définitivement les créances ci-dessus mentionnées, à en délivrer des reconnaissances de liquidation et à les faire payer par les receveurs de district, adresseront à l'administration, avant de délivrer leur reconnaissance de liquidation aux parties prenantes, un état détaillé de ces mêmes reconnaissances, pour, par l'administrateur, en faire verser le montant aux receveurs de district chargés de les acquitter.

2. Il sera fait autant d'états séparés qu'il y aura de receveurs de district

____

(1) Voyez le § 5 des notes qui accompagnent le décret du 9—12 février 1792 : il résume toute la législation relative aux parens des émigrés.

chargés de ce paiement. Chaque état présentera le numéro d'enregistrement, la date et la somme de chaque reconnaissance, le nom de la partie et l'énoncé succinct de la créance.

3. Les receveurs de district feront passer, le 1er de chaque mois, au trésorier de la caisse de l'extraordinaire, les reconnaissances qu'ils auront acquittées : ils y joindront un état de ces mêmes reconnaissances, dressé dans la même forme que celui mentionné ci-dessus, lequel état aura été visé par le directoire du département. — Ils adresseront un semblable état à l'administrateur de la caisse de l'extraordinaire.

4. Conformément à l'article 3 dudit décret, les directoires de département continueront d'adresser au directeur de la liquidation générale les titres et pièces des créances par eux liquidées, avec un état sommaire de ces créances. Il n'est dérogé à cet article qu'en ce qui concerne l'obligation qu'il prescrivait au directeur de la liquidation, d'en faire opérer le remboursement.

5. Le directeur de la liquidation générale, aussitôt après la notification qui lui aura été faite du présent décret, remettra à l'administrateur de la caisse de l'extraordinaire les états ou bordereaux qui auraient pu lui être adressés jusqu'à ce jour par les directoires de département, de leurs reconnaissances de liquidation déjà acquittées ou à acquitter, pour les fonds en être faits ou remplacés aux receveurs de district par le trésorier de la caisse de l'extraordinaire, sur les ordonnances de l'administrateur.

6. Les propriétaires des créances mentionnées au présent décret, qui, aux termes de l'article 2 du décret plus haut cité, devaient joindre à la quittance qu'ils ont à donner aux directoires de département, un certificat constatant qu'il n'y a pas sur eux d'opposition, seront à l'avenir dispensés de fournir ce certificat.

N° 599. = 13—14 septembre 1792. = DÉCRET *qui détermine la nouvelle formation des troupes indiennes.* (B., XXIV, 860.)

N° 600. = 13—14 septembre 1792. = DÉCRET *relatif au paiement du premier terme du prix des adjudications des biens nationaux.* (B., XXIV, 861.)

Ceux des acquéreurs mentionnés en l'article 1er du décret du 11 de ce mois, qui désireraient conserver leurs acquisitions, jouiront du délai d'un an pour le paiement du premier terme du prix de leurs adjudications, en payant l'intérêt prescrit par les décrets. Ils seront tenus, à cet effet, de le déclarer à chaque directoire de district de la situation des biens vendus, dans le délai de deux mois à compter de ce jour. Les directoires de district enverront une expédition de chaque déclaration, tant au receveur du district qu'au commissaire près de la caisse de l'extraordinaire.

N° 601. = 13—14 septembre 1792. = DÉCRET *relatif à la vente des rentes constituées en argent, appartenant à la nation.* (B., XXIV, 877.)

Art. 1er. Toutes les rentes constituées en argent, appartenant à la nation, et dont la perception et la régie ont été confiées à la régie nationale, seront mises en vente sans délai, dans la forme des biens nationaux.

2. Les débiteurs desdites rentes seront admis, comme toute autre personne, à faire leurs soumissions pour la vente; et aux enchères et adjudications, à prix égal, ils auront la préférence pour l'adjudication sur les autres enchérisseurs.

3. Aucune desdites rentes ne pourra être divisée pour être mise en vente ; et les soumissions porteront sur la totalité du capital.

4. Les soumissions nécessaires pour autoriser les affiches, enchères et adjudications, ne pourront être inférieures aux taux ci-après déterminés ; — Pour les rentes à cinq pour cent, elles seront de quinze fois le revenu net ; pour celles à quatre et demi pour cent, de quinze fois plus une demie le revenu net ; pour celles à quatre pour cent, de seize fois le revenu net ; pour celles à trois et demi pour cent, de dix-huit fois le revenu net ; pour celles à deux et demi pour cent, de vingt fois le revenu net ; pour celles à deux pour cent, de vingt-deux fois le revenu net.

5. Les adjudicataires seront tenus de payer le montant de leur adjudication, dans l'année, avec l'intérêt au prorata du capital par eux acquis ; et en cas d'inexécution, il y aura lieu à la folle enchère et autres poursuites prescrites pour le paiement des autres biens nationaux.

6. Immédiatement après le paiement du montant total de l'adjudication, l'adjudicataire recevra du directoire de district la grosse de la vente, y compris toute autre pièce et renseignemens nécessaires : le secrétariat du district tiendra registre de cette remise.

7. Il sera remis aux préposés à la perception des droits de timbre et d'enregistrement, des extraits des procès-verbaux d'adjudications, dans la huitaine d'icelles, par le secrétaire du district.

8. Du jour de cette remise, le préposé cessera la perception, et ne pourra recouvrer sur le débiteur de la rente adjugée, que le prorata des intérêts, échus jusqu'au jour de l'adjudication, et les termes arriérés.

9. Les receveurs de district compteront à la caisse de l'extraordinaire du montant des adjudications, dans la forme prescrite pour les autres biens nationaux.

10. L'assemblée nationale déroge aux lois précédentes, en tout ce qui serait contraire au présent décret.

N° 602. = 13—18 septembre 1792. = DÉCRET *relatif au séquestre des biens des émigrés* (1). (B., XXIV, 876.)

Art. 1er. Le décret du 30 mars—8 avril dernier relatif au séquestre des biens des émigrés, s'applique, sauf les exceptions y portées, à tous Français sortis du royaume, soit à l'époque de la publication du décret du 9 février précédent, soit depuis, ou qui viendraient par la suite à émigrer.

2. En conséquence, tous ceux qui, à raison de leur résidence dans le royaume depuis six mois, à l'époque ci-dessus, auraient envoyé au directoire de la situation de leurs biens le certificat exigé d'eux par l'article 9 du décret du 30 mars—8 avril, seront tenus, dans le mois de la publication du présent décret, de réitérer dans la même forme la justification de leur résidence actuelle et habituelle ; faute de quoi et le délai passé, les lois concernant le séquestre et l'aliénation des biens des émigrés seront exécutées à leur égard.

3. Les personnes qui ont des biens hors le département où elles font leur résidence actuelle, seront en outre tenues, sous les mêmes peines, de répéter de deux mois en deux mois, à compter du 1er octobre prochain, l'envoi de pareils certificats au directoire du département de la situation de leurs biens.

------

(1) Voyez le décret du 9—12 février 1792, qui séquestre les biens des émigrés, et les notes.

13 septembre 1792 : *Tribunaux criminels de Paris*, voyez 8 du même mois; *Gendarmerie de Paris*, voyez 11 septembre.

N° 603. = 14—14 septembre 1792. = DÉCRET *portant résiliation des baux de biens nationaux passés au profit des émigrés et des prêtres déportés* (1). (B., XXIV, 884.)

Art. 1er. Tous les baux de biens nationaux passés au profit des émigrés et des prêtres dont la déportation a été décrétée le 26 août dernier, demeurent annulés et résiliés à compter de la publication du présent décret.

2. Les acquéreurs de ces biens affermés en jouiront aussitôt, et ceux qui n'ont pas encore été vendus rentreront sous l'administration et la surveillance des corps administratifs.

N° 604. = 14—14 septembre 1792. = DÉCRET *qui ordonne l'ouverture du remboursement des actions et portions d'action de l'ancienne compagnie des Indes* (2). (B., XXIV, 886.)

N° 605. = 14 — 15 septembre 1792. = DÉCRET *qui autorise* Louis-Philippe-Joseph, *prince français, à continuer les aliénations qu'il a été autorisé à faire par lettres-patentes du mois d'août* 1784. (B., XXIV, 887.)

L'assemblée nationale, après avoir entendu le rapport de son comité des domaines, sur la pétition de *Louis-Philippe-Joseph*, prince français ;—Considérant que, par lettres-patentes du 13 août 1784, confirmées par le décret du 21 décembre 1790—6 avril 1791, *Louis-Philippe-Joseph*, prince français, a obtenu la permission d'aliéner à perpétuité trois mille cinq cents toises de terrain dépendant du Palais-Royal, avec les bâtimens qu'il avait fait construire sur ledit terrain, moyennant un cens de vingt sous par toise, emportant lods et ventes aux mutations, suivant la coutume de Paris ; — Considérant que l'abolition du régime féodal exclut pour l'avenir les aliénations à titre d'acensement ; que, d'après ce principe, le corps législatif ne doit plus autoriser, dans les actes translatifs de propriété, la stipulation d'aucun droit ou profit de mutation, ni d'aucune clause qui présente l'aspect des anciennes conditions et charges féodales ; — Considérant que, dans ces circonstances, il est nécessaire de statuer sur le mode d'exécution des lettres-patentes de 1784, quant aux objets restant à aliéner, et de déterminer les conditions que le prince imposera aux acquéreurs, tant pour tenir lieu de la rente censuelle, que pour compenser les profits casuels qui ne pourront plus être réservés, décrète ce qui suit :

Art. 1er. *Louis-Philippe-Joseph*, prince français, pourra continuer les aliénations qu'il a été autorisé de faire par les lettres-patentes du mois d'août 1784, et le décret du 21 décembre 1790—6 avril 1791, sous le titre de ventes pures et simples, en imposant aux acquéreurs l'obligation d'une rente foncière et apanagère de sept livres dix-neuf sous par toise de terrain, exempte de toute retenue et imposition prévue ou imprévue, rachetable au denier vingt.

2. Lorsque les acquéreurs voudront s'affranchir desdites rentes, ils seront tenus d'en verser le capital sur le prix fixé par l'article 1er du présent dé-

____

(1) Voyez le décret du 9—12 février 1792, qui séquestre les biens des émigrés, et les notes.
(2) Voyez le décret du 9—25 juillet 1792, et la note.

cret, entre les mains des commissaires du roi, régisseurs des domaines nationaux, conformément aux lois rendues sur les rachats et amortissement des rentes dues à la nation.

3. En cas d'amortissement, la nation demeurera chargée des rentes envers le prince et ses descendans ; et elle les acquittera sur le même pied que les acquéreurs auraient été tenus de le faire, tant que l'effet du décret du 21 décembre 1790—6 avril 1791 subsistera.

4. Les conditions portées par les précédens articles seront énoncées dans tous les contrats passés en exécution du présent décret, afin que les droits hypothécaires de la nation demeurent expressément conservés.

5. Le prince sera tenu de remettre aux archives nationales une expédition en forme de chaque contrat, au plus tard dans le mois de sa date.

6. Il déposera également aux archives, dans trois mois, à compter de la publication du présent décret, des expéditions en bonne forme de tous les contrats d'aliénation qui ont été faits jusqu'à ce jour, en vertu des lettres-patentes de 1784, et du décret du 21 décembre 1790—6 avril 1791.

7. Seront au surplus les lettres-patentes de 1784 exécutées selon leur forme et teneur, en tout ce qui n'est pas contraire au présent décret.

N° 606.=14—15 septembre 1792.= DÉCRET *qui prescrit aux commissaires envoyés dans les départemens, de se renfermer dans les bornes de leurs pouvoirs.* (B., XXIV, 889.)

N° 607.=14—15 septembre 1792. = DÉCRET *portant que les municipalités ne pourront donner d'ordres, ni envoyer de commissaires, ni exercer aucune fonction municipale, que dans leur territoire.* (B., XXIV, 890.)

Art. 1er. Les municipalités ne pourront donner d'ordres, ni envoyer de commissaires, ni exercer aucune fonction municipale, que dans leur territoire. Il est défendu à tous corps administratifs ou militaires, et à tous citoyens, d'obéir à aucune réquisition qui leur serait faite par les commissaires d'une municipalité hors l'étendue de son territoire.

2. Si, après la publication du présent décret, de prétendus commissaires faisaient de pareilles réquisitions, ils seront arrêtés, et leur procès leur sera fait comme coupables d'offense et de rébellion à la loi.

3. Le présent décret sera envoyé sur-le-champ aux armées et aux départemens.

N° 608.=14—15 septembre 1792.=DÉCRET *qui désigne le château des Tuileries pour le lieu des séances de la convention nationale.* (L., XI, 357.)

N° 609.=14—18 septembre 1792.=DÉCRET *qui réunit au domaine national les domaines cédés au nom du roi aux sieurs* de Rohan. (B., XXIV, 903.)

Art. 1er. L'assemblée nationale révoque les traité, vente et échange passés le 3 octobre 1786, entre les commissaires du roi, d'une part, *Charles de Rohan*, ci-devant prince de Soubise, comme fondé de la procuration de *Jules-Hercule de Rohan et de Guéménée*, et *Henri-Louis-Marie de Rohan Guéménée*, et tout ce qui a précédé et suivi : décrète en conséquence que tous les domaines cédés au nom du roi sont réunis au domaine national, pour être administrés par les préposés à la régie des domaines nationaux, à compter de la publication du présent décret.

2. L'agent du trésor national se pourvoira par les voies de droit en restitution des sommes payées en conséquence du contrat ci-dessus, tant en ca-

pital qu'en rentes viagères, sous déduction néanmoins des fermages et autres revenus perçus au profit de la nation, et provenant des biens vendus par M. *de Guémenée.*

3. L'agent du trésor national se pourvoira également en remise des titres et pièces relatifs aux terres et ci-devant seigneuries de Trévoux, et autres ci-devant seigneuries formant l'ancienne principauté de Dombes, lesquels biens seront dès à-présent mis en vente, suivant les formes décrétées pour la vente des biens nationaux.

4. Les terres du Châtel, Carmant et autres, vendues ou cédées par le sieur *Guémenée*, par ledit acte du 3 octobre 1786, demeurent en nantissement entre les mains de la nation, jusqu'à parfait remboursement des sommes payées, soit audit sieur *Guémenée*, soit à ses créanciers, tant en capital qu'en rentes viagères.

5. La terre de Lorient n'ayant pas cessé d'appartenir au domaine national, y est définitivement réunie, pour être administrée comme tous les autres biens nationaux : les biens en dépendant seront vendus suivant les formes décrétées pour la vente des biens nationaux.

6. Tous paiemens de rentes constituées ou viagères, faits jusqu'à ce jour par la trésorerie nationale, en vertu dudit acte du 3 octobre 1786, soit au sieur *Guémenée*, soit à ses créanciers, cesseront à compter du jour de la publication du présent décret.

———

14 septembre 1792 : *Puissance féodale,* voyez 28 août précédent; *Administrateurs des domaines, Maîtres de poste, Mobilier des églises, etc.,* voyez 4 septembre même mois; *Code monétaire,* voyez 5 septembre; *Casuel des ecclésiastiques, Transit,* voyez 7 septembre; *Artillerie et infanterie de marine, Tribunal de police correctionnelle,* voyez 8 septembre; *Actes des notaires, Taxations, Canonniers gardes-côtes, Conspiration du 10 août, Argenterie des églises, Forts et châteaux,* voyez 9 septembre; *Hypothèques, Manufactures d'armes, Sourds-muets,* voyez 10 septembre; *Troupes indiennes, Biens nationaux, Rentes,* voyez 13 du même mois.

———

N° 610.=15—15 septembre 1792.=**DÉCRET** *qui permet l'exportation des ouvrages d'orfévrerie et de joaillerie, sauf quelques exceptions.* (B., XXIV, 922.)

Art. 1er. Toute exportation à l'étranger des matières d'or ou d'argent monnayées ou non, des vaisselles d'or ou d'argent, et des vases d'or ou d'argent servant au culte, est défendue (1).

2. Sont exceptés de cette prohibition les autres ouvrages d'orfévrerie et ceux de joaillerie neufs, et poinçonnés de la marque actuellement existante, la bijouterie neuve ornée en or ou en argent, et les tissus neufs mêlés d'or ou d'argent.

3. Ceux qui tenteront d'exporter les matières énoncées en l'article 1er, seront soumis aux peines portées par l'article 5 du décret du 6—22 août 1791, relatif à l'exécution du tarif des droits d'entrée et de sortie du royaume.

———

N° 611.=15—16 septembre 1792.=**DÉCRET** *relatif aux citoyens qui seraient revêtus d'une décoration qu'ils n'ont pas le droit de porter* (2), *et aux commissaires des municipalités chargés de faire des visites domiciliaires.* (B., XXIV, 925.)

Art. 1er. Il est expressément défendu à tout citoyen de se revêtir d'une dé-

———

(1) Cette disposition et le décret du 5 du même mois ont été abrogés par l'arrêté du 17 prairial an 10 (6 juin 1802), qui permet l'exportation des matières d'or et d'argent.

(2) Voyez l'art. 259 du Code pénal de 1810, qui punit d'un emprisonnement de six mois à deux ans *le port illégal d'un costume ou d'une décoration.*

coration décrétée pour les juges, les administrateurs, les magistrats du peuple et tous autres officiers publics, à moins qu'il n'ait le caractère requis par la loi pour pouvoir la porter.

2. Tout citoyen qui sera trouvé revêtu d'une décoration qu'il ne sera point autorisé par la loi à porter, sera puni de deux années de fers.

3. Si le citoyen trouvé revêtu d'une décoration qu'il n'a pas le droit de porter, est convaincu d'avoir fait des actes d'autorité que l'officier public a seul le droit de faire, il sera puni de mort.

4. Tous commissaires de municipalités ou de comités de sections, chargés de faire des visites, perquisitions ou actes d'autorité publique dans les maisons, seront munis de deux expéditions de l'acte qui constitue leur pouvoir spécial, et tenus d'en remettre une au citoyen chez lequel ils feront lesdites visites et perquisitions.

5. Lorsque les visites, perquisitions, ou actes d'autorité se feront, en exécution d'une loi particulière, d'une délibération légale, dans toute l'étendue d'une commune, les commissaires seront tenus d'exhiber leurs pouvoirs et de les faire connaître aux citoyens qui les demanderont.

N° 612. == 15—18 septembre 1792. == DÉCRET *relatif au mode de liquidation et remboursement des indemnités dues pour les jurandes et maîtrises* (1). (B., XXIV, 906.)

N° 613. == 15—18 septembre 1792. == DÉCRET *relatif au mode de paiement des rentes dues à des particuliers par les corps, communautés, et établissemens supprimés, et par les ci-devant pays d'états* (2). (B., XXIV, 907.)

Art. 1er. Les créanciers des rentes dues par les corps, communautés et établissemens supprimés, et par les ci-devant pays d'états, pour leur compte particulier, qui n'ont pu obtenir jusqu'à ce jour la reconnaissance de ces rentes au nom de l'état, seront payés en deux termes des arrérages échus et à échoir jusqu'au 1er janvier 1793.

2. Ils se feront délivrer par le directeur général de la liquidation, ou sous sa responsabilité, par l'un de ses chefs de bureau qu'il commettra, un certificat du dépôt de leurs titres, de l'avis des corps administratifs, s'ils étaient créanciers des corps et communautés supprimés, et de l'état des trésoriers et receveurs, visé par les départemens, s'ils étaient créanciers des pays d'états.

3. Ces certificats seront présentés aux différens payeurs de l'état chargés de ces parties, qui acquitteront le premier terme échu, et en feront mention sur le certificat qu'ils remettront au créancier.

4. Les payeurs tiendront un registre particulier de cette classe de créanciers qui n'auront pas encore obtenu la reconnaissance de leurs rentes, et des paiemens qu'ils leur feront.

5. Les payeurs ne pourront acquitter les six derniers mois de 1792, sans avoir vérifié, à la fin de l'année, l'état des créanciers qui auront été liquidés postérieurement au présent décret, lesquels seront rayés du registre particulier, et seront payés comme les autres créanciers de l'état dont les rentes auront été reconnues et constatées légitimes.

6. Ceux des créanciers qui voudront être payés dans leurs districts, feront remettre aux mains des payeurs, lors de la présentation du certificat du directeur de la liquidation, leurs quittances visées par les municipalités et les

____

(1) Voyez le décret du 2—17 mars 1791, qui supprime les maîtrises et jurandes, et les notes.
(2) Voyez les notes qui accompagnent le décret du 18 — 18 août 1792, portant suppression des communautés religieuses.

directoires de district; et les payeurs leur remettront en échange un certificat des quittances fournies, et, au bas, une rescription du montant de la somme sur le trésor du district.

N° 614. = 15 — 20 septembre 1792. = DÉCRET *relatif aux phares, amers, tonnes et balises* (1). (B., XXIV, 918.)

Art. 1er. Le ministre de la marine sera chargé de la surveillance des phares, amers, tonnes et balises.

2. Sur le compte qui lui sera rendu des réparations ou réédifications à faire à ces établissemens, et après que l'état et devis dressés par l'ingénieur du district lui en auront été présentés, s'il juge que la dépense soit utile, le ministre de la marine requerra le ministre de l'intérieur de donner les ordres nécessaires pour son exécution.

3. Le ministre de la marine aura soin de prévenir tous les ans le ministre de l'intérieur de l'étendue de la dépense de ces objets, afin que le ministre de l'intérieur puisse en former un chapitre dans le compte des dépenses de son département, qu'il doit présenter à l'assemblée nationale, pour que les fonds qui doivent être mis à sa disposition soient décrétés.

4. Comme il y a plusieurs objets de ce genre dont la dépense n'avait point été prévue, qui sont de peu d'importance, et qu'il est urgent d'y pourvoir, les commissaires de la trésorerie nationale sont autorisés à tenir provisoirement à la disposition du ministre de l'intérieur, et sous sa responsabilité, les fonds nécessaires pour acquitter les dépenses qu'il aura ordonnées, relativement aux phares, amers, tonnes ou balises, et dont il donnera l'état, lesquels fonds seront pris sur ceux destinés aux travaux des ports.

5. Les corps administratifs seront spécialement chargés de veiller à la conservation de ces établissemens, à l'exécution des travaux qui y seront faits, de pourvoir à tout ce qui peut être relatif à leur service et à leur entretien, et d'en arrêter et certifier les comptes de dépense.

6. Dans le cas où les balises sujettes à être abattues par les coups de mer, seraient détruites, les municipalités les plus voisines seront tenues de les faire réparer et rétablir, et d'en rendre compte sur-le-champ au ministre de l'intérieur.

7. Il est enjoint aux pilotes lamaneurs, sous peine de trois jours de prison, de prévenir les officiers municipaux du canton, ou ceux de l'endroit où ils aborderont, de la destruction des balises lorsqu'ils en auront connaissance, afin qu'on puisse y pourvoir.

8. Les trésoriers de district verseront, tous les trois mois, dans la caisse de la trésorerie nationale, les fonds que leur auront remis, tous les mois, les trésoriers préposés par les tribunaux de commerce, provenant des droits de navigation, d'amirauté, des feux et autres de ce genre.

9. Les administrateurs des directoires de département feront constater ce qui peut rester dû sur les travaux de construction ou entretien des phares, amers, tonnes et balises, en distinguant l'état de ces dépenses par exercice; et ils en feront l'envoi au ministre de l'intérieur, qui en rendra compte à l'assemblée nationale, pour être statué ce qu'il appartiendra.

N° 615.=15—20 septembre 1792.=DÉCRET *qui ordonne l'impression, l'envoi et l'affiche du bulletin imprimé par ordre de l'assemblée nationale, et la poursuite des personnes convaincues d'avoir arraché les affiches.* (B., XXIV, 921.)

---

(1) Voyez, sur le même objet, l'art. 2 du décret du 2—3 pluviose an 2 (21—22 janvier 1794).

15 septembre 1792 : *Trésor de la marine*, *Billets de la caisse de commerce*, voyez 18 août précédent; *Abbé Sicard*, voyez 4 septembre même mois; *Volontaires nationaux*, *Eaux de Paris*, voyez 9 septembre; *Commissaires des guerres*, voyez 11 septembre; *Louis-Philippe-Joseph, prince français*, *Commissaires dans les départemens*, *Municipalités*, *Château des Tuileries*, voyez 14 septembre.

N° 616. = 16—16 septembre 1792. = DÉCRET *qui réduit à vingt-cinq ans l'âge de trente ans exigé pour être juge de paix.* (B., XXIV, 948.)

N° 617. = 16—17 septembre 1792. = DÉCRET *qui ordonne un versement de fonds pour les travaux de 1792 et les frais d'administration de l'école des ponts et chaussées.* (B., XXIV, 932.)

N° 618. = 16—17 septembre 1792. = DÉCRET *qui détermine l'uniforme des officiers généraux de la marine.* (B., XXIV, 934.)

N° 619. = 16—17 septembre 1792. = DÉCRET *relatif au rang des enseignes entretenus ou non entretenus.* (B., XXIV, 935.)

Art. 1er. Tous les enseignes entretenus ou non entretenus, de service sur le même vaisseau ou dans le même port, jouiront des mêmes prérogatives et exerceront la même autorité.

2. Les enseignes entretenus prendront toujours rang avant les enseignes non entretenus, et entre eux, suivant leur position sur la liste.—Les enseignes non entretenus prendront rang entre eux suivant la date de leur brevet; et si la date est la même, le plus âgé aura le pas sur le plus jeune.

3. L'assemblée nationale déroge, à cet égard, à la disposition de l'article 32 du décret du 29 avril—15 mai 1791.

N° 620. = 16—17 septembre 1792. = DÉCRET *qui fixe les dépenses ordinaires de l'administration du port Montmarin.* (B., XXIV, 936.)

N° 621. = 16—17 septembre 1792. = DÉCRET *qui défend aux commissaires du pouvoir exécutif et aux corps administratifs de disposer des grains et farines des magasins nationaux.* (B., XXIV, 952.)

N° 622. = 16 septembre—15 novembre 1792. = DÉCRETS *relatifs au triage et à la conservation des statues, vases et autres monumens des arts qui se trouvent dans les maisons ci-devant royales et autres édifices nationaux.* (B., XXIV, 944 et 945.)

PREMIER DÉCRET.

Art. 1er. Il sera procédé, sans délai, par la commission des monumens, au triage des statues, vases et autres monumens placés dans les maisons ci-devant dites *royales* et édifices nationaux, qui méritent d'être conservés pour l'instruction et pour la gloire des arts.

2. Du moment où ce triage aura été fait, les administrateurs feront enlever les plombs, cuivres et bronzes jugés inutiles, les feront transporter dans les ateliers nationaux, et enverront au ministre de l'intérieur les procès-verbaux et inventaires de leurs opérations.

III.   41

3. En attendant que les monumens qu'il importe de conserver aient pu être transportés dans les dépôts qui leur seront préparés, les administrations sont chargées de veiller spécialement à ce qu'il ne leur soit apporté aucun dommage par les citoyens peu instruits, ou par des hommes mal intentionnés.

4. Le présent décret sera affiché aux maisons ci-devant dites *royales*, et autres lieux renfermant des monumens utiles aux beaux-arts.

DEUXIÈME DÉCRET.

L'assemblée nationale, considérant qu'il importe de conserver aux beaux-arts et à l'instruction publique les chefs-d'œuvre épars sur la surface de l'empire, décrète ce qui suit :

Art. 1er. La commission nommée en vertu du décret du 11 août, l'an 4e de la liberté, pour la recherche des tableaux, statues et objets précieux dépendant du mobilier de la couronne, est et demeure réunie à la commission des monumens, nommée en vertu des décrets de l'assemblée nationale.

2. Les dépositaires et gardes des tableaux, dessins, statues, qui ont été nommés par la commission du 11 août, en vertu du décret dudit jour, seront logés au Louvre, et soumis au régime qui sera déterminé par le ministre de l'intérieur, d'après l'avis de la commission.

3. Le ministre de l'intérieur est autorisé à prendre toutes les mesures et faire les dépenses nécessaires sur le fonds destiné annuellement aux arts et aux sciences, pour seconder les travaux de ladite commission, en ce qui concerne la recherche et la conservation des tableaux, statues et autres monumens relatifs aux beaux-arts, renfermés dans les églises et maisons nationales, et dans celles des émigrés; lesquels objets seront recueillis, pour la répartition en être faite entre le muséum de Paris et ceux qui pourraient être établis dans les autres départemens.

4. L'inventaire raisonné desdits objets sera imprimé : et il en sera fait tous les ans un récolement par des préposés du pouvoir exécutif, sous la surveillance des commissaires de l'assemblée nationale.

---

16 septembre 1792 : *Fausses décorations et visites domiciliaires,* voyez 15 du même mois.

N° 623. = 17—17 septembre 1792. = DÉCRET *relatif à l'enregistrement des effets au porteur* (1). (B., XXIV, 955.)

Art. 1er. Les payeurs des coupons d'intérêts des emprunts publics, pourront ne pas tenir les journaux et registres mentionnés en l'article 17 du décret du 27 août 1792; mais alors ils seront tenus de communiquer les coupons d'intérêts par eux acquittés dans l'année lors courante et la précédente, aux préposés de l'enregistrement, à leur réquisition.

2. Les préposés à l'enregistrement seront tenus de porter sur chacun des coupons à échoir, les noms du propriétaire dénommé dans chaque mention d'enregistrement faite sur l'effet public, représentant le capital, à toutes réquisitions qui leur seront faites par le porteur de l'effet, et avant que lesdits coupons soient acquittés, en justifiant par le porteur que l'effet capital a été visé et enregistré sous son nom; en conséquence, il suffira aux payeurs des-

---

(1) Voyez le décret du 22—22 août 1792, qui assujétit les effets au porteur à la formalité de l'enregistrement; ceux des 24, et 27 —31 du même mois, sur le même objet; et celui du 28 novembre—1er décembre même année, qui détermine le mode de cet enregistrement.

dits coupons, pour satisfaire à l'article 16 dudit décret, de les payer sur la simple représentation des coupons et sur l'acquit du dernier propriétaire y dénommé. Quant aux coupons échus antérieurement au 1er juillet dernier, ils seront payés comme par le passé, n'étant pas compris dans les dispositions de ladite loi.

3. Les actions de l'ancienne compagnie des Indes, qui, aux termes du décret du 9—25 juillet dernier, doivent être renouvelées, ne seront échangées qu'en justifiant par les propriétaires que leurs actions ont été visées et enregistrées dans les délais fixés pour les autres effets publics; et les actions données en échange, portant le même numéro que les anciennes, seront enregistrées gratuitement dans le délai d'un mois après le renouvellement effectué.

4. Chaque endossement ou transport des bulletins de l'édit de décembre 1785, non sortis par le tirage, sera soumis à l'enregistrement et à un droit de quinze sous fixe pour chaque bulletin.

5. Ne sont pas compris dans la disposition du décret du 27 août 1792, les récépissés de liquidation pour reconstitution, délivrés nominativement au propriétaire par les liquidateurs de la trésorerie nationale.

6. Les quittances de finance de l'édit de décembre 1785, sorties en remboursement, continueront d'être admises à la conversion viagère accordée par l'édit de création, avec toutes les stipulations de jouissance et de survivance, comme par le passé, pourvu néanmoins qu'un des ayans-droit à la rente viagère soit déclaré propriétaire par la dernière mention de l'enregistrement. Quant aux contrats constitués du même édit sortis en remboursement, ils pourront être convertis en viager comme par le passé.

7. Les conversions de quittances de finance au porteur en contrats, permises par les édits de décembre 1782, décembre 1784 et décembre 1785, et par le décret du 27 août 1789, concernant l'emprunt national, auront lieu sur la remise de l'effet au porteur dûment visé, et après que tous les endossemens qui y seront portés auront été enregistrés; sauf au propriétaire à faire imputer et déduire le droit d'enregistrement par lui payé pour le dernier transport, sur le droit d'enregistrement auquel serait assujéti le contrat de constitution passé à son profit.

8. Les capitaux des effets au porteur compris dans le décret du 27 août 1792, qui les assujétit à la formalité de l'enregistrement, devenant par l'effet même de cette loi de véritables créances en nom, les propriétaires ou cessionnaires de ceux de ces effets qui seront sortis par le tirage, seront tenus, pour en recevoir le remboursement, de faire les justifications exigées par les décrets des 24 juin, 29 juillet et autres subséquens. Cette disposition n'aura pas lieu pour les coupons d'intérêts.

9. Les cessionnaires ne seront tenus, dans tous les cas, que de leurs justifications personnelles, et non de celles de leurs cédans.

10. Le délai accordé par l'article 2 du décret du 27 août dernier, pour le *visa* des effets publics stipulés au porteur, est prorogé jusqu'au 31 octobre prochain; en conséquence, la nullité prononcée par l'article 8 du même décret n'aura lieu qu'après l'expiration de ce nouveau délai.

11. La régie nationale de l'enregistrement établira et nommera, sous l'approbation du ministre des contributions publiques, dans chacune des villes de Londres, Amsterdam, Gènes et Genève, un préposé assermenté, lequel procédera à l'enregistrement et au *visa* sans frais des effets au porteur qui lui seront présentés, dans la forme prescrite par le décret du 27 août.

12. Le bureau de l'enregistrement et du *visa* sera placé dans l'hôtel de l'envoyé ou chargé d'affaires de France, autant qu'il sera possible, et son

établissement sera annoncé dans les papiers publics, avec mention qu'il ne subsistera que pendant trois mois.

13. Ce terme expiré, le registre sera clos par l'envoyé ou chargé des affaires de France, et rapporté par le préposé, qui en fera le dépôt à l'hôtel de la régie à Paris.

14. Les frais de voyage et le traitement de ces préposés seront alloués en dépense à la régie, comme frais extraordinaires, d'après la fixation qui en sera faite par le ministre des contributions publiques.

N° 624. = 17 — 17 septembre 1792. = DÉCRET *qui abolit tous procès et jugemens pour la provocation au duel* (1). (B., XXIV, 959.)

L'assemblée nationale, considérant que, depuis les premiers momens de la révolution, l'opposition momentanée des opinions a déterminé des citoyens à des provocations qu'ils n'eussent point faites s'ils eussent eu le temps de réfléchir et de ne consulter que leurs sentimens réels; qu'il en est résulté

----

(1) Sous l'ancienne législation, le duel avait été l'objet de prohibitions extrêmement sévères.— On peut consulter notamment l'édit du mois d'août 1669, la déclaration du 14 novembre de la même année, et celle du 28 octobre 1711. Un tribunal de maréchaux, juge du point d'honneur, était établi ; il devait connaître de toutes les querelles, soit pour engager les parties à s'en rapporter à des arbitres dans certains cas, sauf recours au parlement, soit pour condamner l'offenseur à des peines graduées selon la gravité de l'injure : ces peines étaient l'amende, l'emprisonnement, et même le bannissement. Le duel était puni de mort, et le procès était fait à la mémoire de celui qui avait succombé : les seconds étaient passibles de la même peine, et ceux qui avaient porté le cartel, ou conduit les combattans au lieu du combat, devaient subir la peine du fouet et des galères. La rigueur de la législation atteignait même les spectateurs bénévoles qui encouraient la confiscation du quart de leurs biens, ou la privation de toutes leurs charges et dignités. Enfin, aucune prescription n'était admise en faveur des duellistes.

Cette législation subsistait encore, lorsque la révolution éclata. Des procédures étaient commencées contre des duellistes : le Code pénal du 25 septembre—6 octobre 1791, ainsi que les lois concernant la procédure criminelle ayant gardé le silence sur le duel, fallait-il en conclure que les anciennes lois subsistaient, ou bien plutôt qu'elles étaient abrogées implicitement, faute de confirmation expresse ? — L'assemblée législative n'a point résolu formellement cette question, car le décret du 17 septembre n'est que de circonstance.

Mais, par un décret du 29 messidor an 2 (17 juillet 1794), la convention nationale, en passant à l'ordre du jour sur la question de savoir si la provocation au duel, de la part de l'inférieur militaire envers son supérieur, était punissable (question qu'elle résout par la négative, attendu le silence du Code pénal), renvoya à sa commission de recensement et de rédaction complète des lois, *pour examiner et proposer les moyens d'empêcher les duels, et la peine à infliger à ceux qui s'en rendraient coupables, ou qui les provoqueraient.*— L'ancienne législation n'existait donc plus.

Ce renvoi n'a pas eu de suite, et nos lois pénales ne contiennent aucune disposition contre les duels.

Mais elles punissent l'homicide volontaire. De là est née la question de savoir si l'homicide par suite d'un duel pouvait être considéré comme tel. — Cette question a été résolue négativement par cinq arrêts de la cour de cassation des 5 avril 1818, Sir., XIX, 1, 143; 4 décembre 1824, Sir., XXV, 1, 6 et 7; Bull. crim., XXIX, 552 et 557 ; 11 mai 1827, Sir., XXVIII, 1, 47; Bull. crim., XXXII, 410; et 8 août 1828, Sir., XXVIII, 1, 398; Bull. crim., XXXIII, 707.

Toutefois, l'homicide par suite de duel n'est excusable que lorsque le combat a eu lieu à chances égales et avec loyauté : si l'un des combattans a donné traîtreusement la mort à son adversaire, la jurisprudence que nous venons d'exposer ne le protège plus; et c'est en ce sens que la cour de cassation a jugé, le 21 septembre 1821, que le duel peut, suivant les circonstances, être qualifié assassinat. Sir., XXII, 1, 173.

Dans tous les cas, celui qui tue son adversaire en duel, même après un combat loyal, doit des dommages-intérêts à la famille du mort : vainement il dirait que, dans le duel, il y a légitime défense de soi-même. Cass., 29 juin 1827, Sir., XXVII, 1, 463; Bull. crim., XXXII, 538.

Voyez MERLIN, *Nouveau Répertoire* et *Questions de droit*, v° *Duel*.

des instructions criminelles qui ont enlevé à la société des hommes qui pourraient lui être utiles, et que l'indulgence nationale a le droit d'y rappeler, décrète qu'il y a urgence. — L'assemblée nationale, après avoir décrété l'urgence, décrète ce qui suit:

Art. 1er. Tous procès et jugemens contre des citoyens, depuis le 14 juillet 1789, sous prétexte de provocation au duel, sont éteints et abolis.

2. Le pouvoir exécutif provisoire donnera les ordres nécessaires pour que les citoyens détenus en conséquence desdits procès et jugemens soient mis sans délai en liberté.

N° 625. = 17—17 septembre 1792. = DÉCRET *pour le paiement des dépenses relatives aux opérations qu'exige l'établissement de l'uniformité des poids et mesures.* (B., XXIV, 960.)

N° 626. = 17—17 septembre 1792. = DÉCRET *qui punit de mort les contraventions à la loi qui défend les cocardes autres que celles aux trois couleurs nationales.* (L., XI, 410.)

N° 627. = 17—17 septembre 1792. = DÉCRET *relatif à la fixation et au paiement de quelques parties de dépense de la trésorerie nationale.* (B., XXIV, 961.)

N° 628. = 17—17 septembre 1792. = DÉCRET *relatif à l'organisation de la marine* (1). (B., XXIV, 963.)

TITRE 1er. — Retraites.

Art. 1er. Le pouvoir exécutif dressera et fera passer à l'assemblée nationale, sous le plus bref délai possible, un état de tous les capitaines et majors de vaisseau qui, ayant demandé leur retraite avant le 15 septembre 1791, ou dans les quatre mois qui ont suivi l'époque de leur retour de la mer, ou qui n'ayant pas été compris dans la nouvelle formation faite en vertu des décrets des 29 avril et 1er—15 mai 1791, sont, dans le cas d'être provisoirement traités suivant les dispositions de l'article 21 du décret du 1er—15 mai.

2. Le sort des lieutenans de vaisseau et officiers d'autres grades, qui se trouveront dans les cas ci-dessus spécifiés pour les capitaines et majors, sera définitivement réglé suivant les dispositions des lois générales sur les pensions, et il leur en sera donné connaissance.

3. Les officiers compris sur la liste de nouvelle formation publiée au mois de janvier 1792, qui ont demandé leur retraite avant le 15 mars, jour de la revue générale, et qui, par leur âge ou la durée de leurs services, ne sont pas dans le cas de prétendre à des pensions, seront informés par le ministre de la marine qu'ils peuvent se regarder comme retirés.

4. Ceux qui pourraient avoir droit à des pensions, seront divisés en deux classes. — Dans la première, seront compris les officiers qui n'ont motivé la demande de leur retraite que sur leur mauvaise santé, et ils seront tenus d'en faire preuve par des certificats dont l'exactitude sera attestée par la municipalité du lieu de leur domicile. Ces officiers seront traités comme ceux qui font l'objet de l'article 1er. — La seconde classe sera composée des officiers qui, à des allégations de mauvaise santé, ont joint d'autres motifs,

---

(1) Voyez, sur l'organisation de la marine, le décret du 29 avril (28 et)—15 mai 1791, et les notes qui résument toute la législation.

quels qu'ils soient, pour ne pas continuer à servir la patrie : le ministre les préviendra qu'ils sont déchus de l'honneur de la défendre, et n'ont aucune marque de satisfaction à espérer.

5. Les officiers qui, ayant satisfait au décret du 6—12 février 1792, ont depuis demandé leur retraite, et qui, par leur âge et la durée de leurs services, ne sont pas dans le cas de prétendre à une pension, auront une simple permission de se retirer. Ceux qui seraient susceptibles d'obtenir une pension, recevront l'application du décret du 23—27 mai 1792, relatif à la suspension des pensions de retraite pour les militaires.

6. Dans tous les cas, les services des officiers susceptibles d'une pension de retraite, ne seront calculés que jusqu'au jour où ils l'ont demandée, ou celui auquel ils ont cessé d'être employés activement.

7. Tous les officiers compris sur la liste de nouvelle formation, qui ne se sont pas présentés à la revue du 15 mars 1792 ; qui, n'étant pas à cet époque absens pour le service par congé ou dans les colonies françaises, n'ont pas satisfait au décret du 6—12 février précédent, ou ceux qui, absens pour le service par congé, ou dans les colonies françaises, ne s'y conformeraient pas un mois après la publication de la présente loi ou un mois après leur retour en France, sont censés avoir abandonné leur état, et avoir renoncé, ainsi que tous démissionnaires, à toute récompense de leurs précédens services. — Le ministre arrêtera et adressera dans les ports la liste des uns et des autres.

8. L'assemblée se réserve de statuer sur la position des officiers qui auraient été dans l'impossibilité physique de satisfaire au décret du 6—12 février 1792, et qui en auraient témoigné le désir aussitôt qu'il a été en leur pouvoir.

9. Tout officier civil ou militaire de la marine sera tenu, sous peine de perdre son emploi, de remettre à son supérieur immédiat, pour être adressée au ministre de la marine, la preuve de sa prestation du serment d'être fidèle à la nation, de maintenir de tout son pouvoir la liberté et l'égalité, et de mourir à son poste en les défendant, cette formule étant substituée à celle de l'ancien serment civique dont il est fait mention dans l'article 3 du décret du 6—12 février 1792.

TITRE II. — Remplacement et nomination aux emplois vacans.

Art. 1er. Le pouvoir exécutif ne sera tenu de faire ces remplacemens dans tous les grades, qu'au fur et à mesure du besoin, de manière que son choix ne porte que sur des sujets dignes de la confiance de la nation.

Officiers généraux.

2. Le pouvoir exécutif est autorisé à laisser vacantes, tant qu'il ne jugera pas que le besoin du service exige qu'elles soient remplies, — Une place d'amiral ; — Trois de vice-amiral ; — Six de contre-amiral. — Le mode d'avancement et de nomination à ces grades sera maintenu tel qu'il est réglé par les précédentes lois.

Capitaines de vaisseau.

3. Le pouvoir exécutif est aussi autorisé à ne porter le nombre des capitaines de vaisseau qu'à cent quarante, tant qu'il ne jugera pas qu'il soit nécessaire de le compléter à cent quatre-vingts. Cette réduction portera sur la troisième classe d'appointemens.

4. Les trois années de navigation dans le grade de lieutenant, exigées par l'article 36 du décret du 29 avril—15 mai 1791, pour être susceptible d'être nommé capitaine de vaisseau au choix du pouvoir exécutif, seront

réduites à trente mois pendant la durée de la guerre actuelle. — Il ne sera rien changé d'ailleurs au mode d'avancement et de nomination au grade de capitaine.

Lieutenans de vaisseau.

5. Le nombre des lieutenans de vaisseau restera fixé à huit cents, divisés en trois classes d'appointemens, suivant ce qui est réglé par le décret du 27 mai—1er juin 1791.

6. La moitié des places de lieutenans vacantes ou qui viendront à vaquer, sera dévolue de droit aux enseignes entretenus, par rang d'ancienneté sur la liste, et sans égard à l'âge, qui réuniront six ans de service à la mer sur les vaisseaux de l'état, en qualité d'officiers entretenus ou auxiliaires, ou de premiers maîtres : la moitié de ce temps, ou une moindre durée, pouvant être remplie par le temps de commandement de navires du commerce. — Les enseignes entretenus qui ne prouveront pas avoir satisfait à ces conditions, seront passés dans les remplacemens jusqu'à ce qu'ils soient dans les termes du présent article.

7. La seconde moitié des places de lieutenans de vaisseau sera donnée au choix du pouvoir exécutif, aux enseignes entretenus ou non entretenus, aux anciens sous-lieutenans de vaisseau et sous-lieutenans de port, aux officiers auxiliaires qui auront été employés en cette qualité sur les vaisseaux de l'état en temps de guerre, et de préférence à ceux qui se seront distingués par des actions d'éclat; enfin aux premiers maîtres les plus distingués qui auront satisfait aux conditions imposées par l'article précédent aux enseignes entretenus, ce qui devra être prouvé par des états authentiques, et de l'exactitude desquels les administrateurs qui les auront signés seront responsables.

8. Tous les officiers et autres navigateurs qui, par les précédentes lois sur la marine, étaient appelés à concourir, suivant la durée de leurs services, pour compléter le grade de lieutenant de vaisseau et remplir les cent premières places d'enseignes entretenus, et qui n'auraient pas obtenu, sur les listes arrêtées aux mois de janvier et de juillet 1792 ou sur celles qui seront arrêtées par la suite, le grade ou le rang auquel leurs services, calculés jusqu'au 1er juillet 1791, leur donnaient droit, l'obtiendront à quelque époque que leurs titres puissent être constatés. Les places qui seront ainsi remplies, seront imputées sur celles laissées au choix du pouvoir exécutif; et il ne pourra être fait à ce sujet aucune répétition d'appointemens du nouveau grade, qui ne commenceront à courir que du jour où il sera accordé, bien qu'il soit fait mention sur le brevet de la date à laquelle il aurait dû être expédié à celui qui l'obtiendra, ce qui servira à fixer son rang.

9. Les lieutenans de vaisseau et enseignes entretenus, dont la liste a été publiée au mois de janvier dernier, et qui ont rempli toutes les formalités prescrites par les lois pour jouir de leurs appointemens, en seront payés jusqu'au 1er du présent mois de septembre, quelle que doive être leur position ultérieure.

10. Ceux des officiers de ces deux grades qui, dans le travail arrêté au mois de juillet 1792, conformément aux lois rendues sur la marine, se trouvent reportés dans un grade inférieur, ou même n'avoir plus de grade, ne jouiront de leurs appointemens que jusqu'au 1er du présent mois, et ceux qui sont sur les vaisseaux de l'état, jusqu'au jour de leur désarmement.

11. Les lieutenans et enseignes entretenus qui n'étaient pas sur la liste publiée au mois de janvier, et qui se trouvent sur celle arrêtée au mois de juillet dernier, jouiront des appointemens de leurs grades à compter du 1er

août 1792, en remplissant d'ailleurs toutes les conditions imposées aux anciens lieutenans et enseignes.

Enseignes entretenus.

12. Le nombre des enseignes entretenus restera fixé à deux cents. Le quart des places qui, après le complètement du grade de lieutenant de vaisseau, se trouveront vacantes, sera, suivant l'esprit de l'article 16 du décret du 1er—15 mai 1791, accordé aux anciens sous-lieutenans de vaisseau et sous-lieutenans de port qui ne seront nommés ni lieutenans ni enseignes entretenus par l'effet des dispositions précédentes, en suivant l'ordre de leur ancienneté sur la liste.—Le dixième de ces places sera, conformément à l'article 28 du décret du 29 avril—15 mai, accordé aux maîtres pilotes d'équipage et canonniers entretenus, moitié à l'ancienneté d'entretien, moitié au choix du pouvoir exécutif, sans égard à l'âge.—Le surplus des places pour les porter à cent soixante, sera, pour cette fois-ci seulement, rempli au choix du pouvoir exécutif, fait parmi les officiers auxiliaires, les volontaires et navigateurs de toute classe, ayant au moins vingt ans et pas plus de quarante, qui réuniront quatre ans de service à la mer sur les vaisseaux de l'état en qualité d'officiers, de pilotes, d'élèves ou de volontaires, deux années de ce temps pouvant être remplacées par un temps égal de commandement de bâtiment de commerce. Quarante places seront réservées pour les prochains concours.

Aspirans entretenus.

13. Il sera statué, par une loi particulière, sur tout ce qui a rapport aux aspirans de la marine.

Officiers retirés.

14. Le pouvoir exécutif est autorisé à juger si les officiers de marine retirés et qui demandent leur réadmission, en sont susceptibles par leur âge et la nature de leurs anciens services.

15. Aucun officier retiré ne pourra être réadmis que dans le grade qu'il avait étant en activité de service : le pouvoir exécutif fixera le rang qu'il devra y occuper ; et les places ainsi remplies seront imputées sur celles laissées au choix.

16. Tous les officiers, soit auxiliaires ou d'infanterie ou artillerie de marine, sous-officiers et officiers mariniers qui ont obtenu des grades ou des avancemens à la mer de la part de leurs généraux ou capitaines-commandans, jouiront dès aujourd'hui des émolumens attachés auxdits grades, et reprendront leur rang d'ancienneté dans le grade auquel ils ont été promus, et à compter de l'époque de leur avancement ou date de leurs brevets ou commissions, et seront nommés même au grade supérieur, si leurs cadets y ont été déjà promus, en reprenant également leur rang d'ancienneté.

Brevets.

17. Le ministre de la marine fera expédier des brevets à tous les officiers de son département qui ont droit d'en réclamer depuis le 1er janvier 1792. Le protocole de ces brevets sera, pour chaque grade, dans la nouvelle forme adoptée pour les grades correspondans de l'armée de ligne ; il y sera fait mention de la date à laquelle ils auraient dû d'abord être expédiés, et ils auront le même effet qu'auraient pu avoir les anciens brevets.

18. Toutes les lois rendues sur la marine, auxquelles les dispositions précédentes n'apportent aucun changement nécessaire, continueront d'avoir leur pleine et entière exécution.

19. Le présent décret ne pourra souffrir aucune espèce de restriction ni suspension dans son exécution, qu'au cas seulement où il existerait des jugemens rendus par les conseils de guerre contre les individus qui réclameraient, ou bien que leur âge ou leurs infirmités les missent hors d'état de servir utilement, ce que pourra juger le pouvoir exécutif, conformément à l'article 14 du présent décret.

N° 629. — 17 — 17 septembre 1792. — DÉCRET *relatif au mode d'admission des aspirans entretenus de la marine* (1). (B., XXIV, 973.)

Art. 1ᵉʳ. Les titres d'élève et de volontaire de la marine demeurent supprimés; les fonctions dont ces navigateurs étaient ci-devant chargés à bord des vaisseaux de l'état, seront remplies par des aspirans de la marine.

2. Il sera destiné sur les vaisseaux de l'état armés tant en paix qu'en guerre, le nombre d'aspirans ci-après fixé; savoir: — Sur les vaisseaux de cent canons et au dessus, neuf; sur les vaisseaux de soixante-quatorze à cent canons, sept; sur les frégates de trente-deux canons et au dessus, quatre; sur les corvettes, flûtes, gabarres et autres bâtimens portant des canons du calibre de quatre livres, deux.

3. Ne seront admis à servir comme aspirans de la marine sur les vaisseaux de l'état, que les sujets qui, au jugement de l'examinateur, auront répondu d'une manière satisfaisante sur les objets spécifiés par l'article 6 du titre II du décret du 30 juillet—10 août 1791, relatif aux écoles de la marine.

4. Le procès-verbal de l'examen devra être adressé par la municipalité de la ville où il aura lieu, au ministre de la marine, avec l'extrait baptistère des sujets qui auront été jugés suffisamment instruits. Le ministre de la marine fera expédier à chacun des certificats, en vertu desquels ils seront employés en qualité d'aspirans de la marine sur les vaisseaux de l'état.

5. Sont exceptés des dispositions des articles 3 et 4, 1° les aspirans actuellement entretenus, auxquels il sera expédié des certificats, sans qu'ils aient aucune nouvelle formalité à remplir; 2° ceux des anciens élèves et volontaires de la marine qui, n'ayant pas encore complété trois ans de navigation sur les vaisseaux de l'état, demanderont des certificats d'aspirans; le ministre de la marine leur en expédiera, sans qu'ils soient assujétis à subir un nouvel examen.

6. Le nombre des aspirans de la marine sera illimité; ils n'auront aucun grade militaire, le seul objet de leur institution étant de procurer aux jeunes gens qui se destinent au service de mer, les moyens de s'instruire et d'acquérir le temps de navigation nécessaire pour devenir officiers. — Ils pourront, pendant le temps seulement qu'ils seront employés pour le service de l'état, porter pour uniforme un habit, veste et culotte de drap ou d'autre étoffe bleu national; et, pour toute distinction, des boutons timbrés d'une ancre surmontée du bonnet de la liberté; le chapeau rond.

---

(1) Voyez, sur le mode d'admission des aspirans de marine, les concours, nomination, grade, etc., les art. 15 et suiv. de la loi d'organisation de la marine, du 29 avril (28 et) — 15 mai 1791, et le tit. II du décret du 30 juillet (21 et) — 10 août même année, sur les écoles de la marine.

Voyez aussi l'art. 6 du décret du 27 mai (26 et) — 1ᵉʳ juin 1791, qui fixe leur traitement; le décret du 20 juin—15 août 1792, art. 3, qui détermine le mode de leur admission aux fonctions de pilotes lamaneurs; celui du 3 brumaire an 4 (25 octobre 1795), art. 1ᵉʳ et suiv., qui établit deux classes d'aspirans de marine, et fixe les conditions d'admission; la loi du 11 prairial an 5 (30 mai 1797), art. 7, qui fixe leur solde; l'arrêté du 29 thermidor an 8 (17 août 1800), art. 41 et suiv., qui détermine les conditions de leur nomination au grade d'enseigne; et le réglement du 2 — 28 février 1816, art. 1ᵉʳ, 3 et 6, qui les appelle à former les compagnies d'élèves de la marine, et détermine les conditions de leur admission.

7. Les aspirans seront divisés en trois classes : — La troisième, de ceux qui n'auront pas encore un an de navigation en cette qualité sur les vaisseaux de l'état ; ils recevront quinze livres de solde par mois. — La deuxième, de ceux qui, ayant plus d'un an de navigation, n'en auront pas encore deux ; ils recevront trente livres de solde par mois. — Le première, de ceux qui auront plus de deux ans de navigation comme aspirans sur les vaisseaux de l'état ; ils recevront quarante-cinq livres de solde par mois.

8. Les aspirans ne seront soldés que pendant qu'ils seront employés sur les vaisseaux de l'état, c'est-à-dire depuis que le journalier sera établi à bord, jusqu'à la revue du désarmement. Ils ne recevront pas de conduite pour venir dans le port ni pour retourner chez eux ; mais pour leur tenir lieu de toute indemnité à cet égard, et leur faciliter les moyens de pourvoir à leur équipement, il leur sera payé, à titre de gratification, un mois de leur solde à l'armement, et quinze jours au désarmement.

9. Chaque aspirant sera porteur d'un livret qui lui sera adressé par le ministre de la marine, en même temps que son certificat. Sur ce livret, la durée et l'espèce de ses campagnes seront constatées par la signature du commandant du bâtiment, et celle de l'officier civil chargé en chef du bureau des armemens ou des classes dans le port où le désarmement aura eu lieu. Si l'aspirant se débarque avant la fin de la campagne, le sous-chef d'administration chargé du détail à bord, signera sur le livret qui servira à faire connaître dans quelle classe l'aspirant doit être compris. — Les campagnes que les élèves et volontaires de la marine auront faites en ces qualités, seront réputées campagnes d'aspirans, et l'extrait sommaire constatant leur durée sera consigné sur le livret par le major-général du port et l'officier civil chargé du bureau des armemens.

10. Lorsqu'un aspirant, étant à la mer aura acquis le temps de navigation nécessaire pour passer d'une classe à l'autre, le capitaine du bâtiment et l'officier civil chargé du détail à bord le constateront sur son livret ; le capitaine l'annoncera publiquement sur le gaillard d'arrière, et l'aspirant jouira dès ce jour des avantages et de la solde attribués à la classe dans laquelle il sera passé.

11. Il ne sera embarqué en qualité d'aspirans, sur les vaisseaux de l'état, aucun sujet au dessous de quinze ans, ni au dessus de vingt-cinq ; et, pour prévenir toute fraude à cet égard, les noms, surnoms et jours de naissance des aspirans, seront inscrits en tête de leur livret.

12. Les aspirans qui voudront être employés sur les vaisseaux de l'état, se feront inscrire sur un registre qui sera tenu à cet effet au bureau du major-général de chacun des ports de Brest, Lorient, Toulon et Rochefort ; il y sera fait mention du lieu de leur résidence, et de la présentation qui aura dû être faite de leur certificat d'aspirant et de leur livret.

13. Les aspirans seront toujours les maîtres de choisir le port qui sera le plus à leur convenance ; mais nul ne pourra se faire inscrire dans deux ports à la fois, ni pendant qu'il est encore à la mer. La peine pour ceux qui seraient convaincus d'avoir fait des tentatives contraires aux dispositions du présent article, sera de ne pouvoir être embarqués pendant un an en qualité d'aspirans.

14. Chaque fois que, dans un des quatre grands ports, il sera armé un bâtiment de l'état susceptible de recevoir des aspirans de la marine, quelle que soit sa destination, le major-général formera la liste des aspirans qui devront être embarqués ; et, pour cet effet, il suivra invariablement sur le registre d'inscriptions divisé en trois classes, l'ordre ci-après : — Le premier aspirant de la première classe ; — Le premier de la seconde ; — Le

premier de la troisième ; ensuite le second de la première classe, le second de la seconde, le second de la troisième ; en observant, pour le premier avénement qui suivra, de reprendre cet ordre de tableau au point où il était resté, de sorte que les trois classes concourent également et successivement.

15. La liste ainsi formée sans égard à aucune considération particulière, sera approuvée par le commandant des armes ; le major-général fera aussitôt parvenir des avis aux aspirans désignés, en fixant l'époque à laquelle ils devront être rendus dans le port.

16. Lorsque des bâtimens de l'état susceptibles de recevoir des aspirans de la marine, seront armés dans d'autres ports que ceux ci-dessus mentionnés, l'ordonnateur de ce port demandera au commandant des armes du département de la marine le moins éloigné, le nombre d'aspirans réglé pour la force du bâtiment. Le major-général, sur l'ordre qu'il en recevra du commandant des armes, procédera comme si l'armement se faisait dans un grand port ; il fera ensuite passer à l'ordonnateur qui aura demandé des aspirans, la liste de ceux désignés pour armer.

17. Si, par maladie ou par quelque autre motif que ce soit, un aspirant ne suit pas la destination qui lui sera donnée, ou s'il ne se présente pas vingt-quatre heures après l'époque qui lui aura été fixée, il perdra son tour d'embarquement ; et, s'il veut s'inscrire de nouveau, il ne pourra être placé que le dernier de la liste des aspirans de sa classe.

18. Les aspirans qui seront employés en même temps sur divers bâtimens, pourront permuter avec l'approbation de leurs capitaines respectifs, qui seront tenus d'en prévenir le major-général, si les vaisseaux sont dans le port ou en rade.

19. Toutes les lois relatives à la marine, et particulièrement aux écoles gratuites et aux aspirans entretenus, auxquelles les articles ci-dessus ne dérogent pas, continueront d'avoir leur pleine et entière exécution.

N° 630. = 17—17 septembre 1792. = DÉCRET *qui accorde des congés aux capitaines et lieutenans de vaisseau dont la santé aura été altérée en mer.* (B., XXIV, 978.)

N° 631. = 17— 17 septembre 1792. = DÉCRET *concernant les négociations relatives aux indemnités qui peuvent résulter du licenciement et du dés- armement des régimens suisses* (1). (B., XXIV, 982.)

N° 632. = 17—17 septembre 1792. = DÉCRET *relatif aux ecclésiastiques non assermentés qui se retireraient dans les pays en guerre avec la France* (2). (B., XXIV, 992.)

Art. 1er. À compter du jour de la publication du présent décret, les ecclésiastiques qui sortiront du territoire français en exécution de l'article 1er du décret du 26 août dernier, ne pourront se rendre dans aucun pays actuellement en guerre avec la France.

2. Les corps administratifs et municipalités auxquels se présenteraient des ecclésiastiques munis de passe-ports pour les pays ennemis, sont autorisés à les arrêter, et tenus de donner de nouveaux passe-ports.

---

(1) Voyez la note qui accompagne le décret du 20—22 août 1792, portant licenciement de ces régimens.

(2) Voyez le décret du 26 — 26 août 1792, qui prononce contre les ecclésiastiques inscrmentés, la peine de la déportation, et les notes.

3. Dans le cas où ces ecclésiastiques refuseraient de changer le lieu de leur retraite, ils seront traités conformément aux dispositions portées en l'article 3 du décret du 26 août dernier.

4. Le pouvoir exécutif est spécialement chargé de donner sur-le-champ les ordres nécessaires à l'exécution du présent décret.

N° 633. = 17.—18 septembre 1792. = DÉCRET *relatif à la liquidation des greffes et autres offices domaniaux* (1). (B., XXIV, 984.)

Art. 1er. A compter de ce jour, la loi du 28 juin 1791, sur la liquidation des greffes et autres offices domaniaux, cessera d'avoir lieu, et la liquidation desdits offices se fera conformément aux règles suivantes.

2. Lesdits offices seront remboursés sur le pied du prix porté dans le dernier contrat d'acquisition qui aura une date certaine ou authentique, antérieure au 4 août 1789, et postérieure au 1er janvier 1750.

3. Les possesseurs de ces offices, qui ne représenteront pas un contrat ayant une date certaine ou authentique, antérieure au 4 août 1789, et postérieure au 1er janvier 1750, seront remboursés sur le pied du prix des baux authentiques au denier vingt, lorsque les baux seront représentés ; et, à défaut de baux authentiques, sur le pied de l'évaluation qui sera faite du produit d'une année commune, calculée d'après le produit des vingt dernières années.

4. Le capital sera fixé au denier vingt du produit de l'année commune ; il en sera retranché un sixième, auquel les frais d'exercice sont évalués.

5. Le produit annuel, à l'égard des greffes, sera constaté par un extrait certifié des registres de perception des sous pour livre qui se perçoivent sur les émolumens des greffes. Les dépositaires des registres de la régie des domaines seront tenus de délivrer aux parties intéressées des extraits qui constateront la quotité et le produit des sous pour livre perçus chaque année.

6. Dans les lieux où la perception des sous pour livre n'aurait pas été établie, comme à l'égard des autres offices domaniaux dont les émolumens ne donnaient pas ouverture à ce droit, l'évaluation sera faite d'après les actes justificatifs du produit annuel, déduction faite des frais d'exercice évalués au sixième.

7. Les frais du sceau des lettres de ratification prises par les possesseurs actuels, et les lettres de commission prises par eux ou leurs commis ou préposés en exercice, lors de la suppression des tribunaux auprès desquels les offices étaient exercés, le droit de marc d'or par eux payé, seront liquidés et remboursés : aucuns autres frais ni droits de mutation n'entreront en liquidation.

8. Les possesseurs des greffes et autres offices domaniaux qui se présenteront à la liquidation, seront tenus de produire 1° l'acte de leur réception ou prestation de serment pour l'exercice desdits offices ; ou, s'ils les faisaient exercer par commission, l'acte de réception ou prestation de serment de leurs commis ou préposés ; 2° un certificat du directoire du district du lieu où les offices étaient exercés, portant que ces offices étaient réellement exer-

------

(1) Les offices domaniaux ont été supprimés par le décret du 28 — 29 novembre 1789.— Voyez le décret du 16 (9 et) — 28 juin 1791, qui détermine le mode de liquidation et de remboursement de ces offices ; et celui du 22 août — 2 septembre 1793, qui prescrit aux anciens propriétaires les productions qu'ils doivent faire, pour obtenir leur liquidation définitive.

Voyez aussi l'arrêté du 9 germinal an 9 (30 mars 1801), portant qu'il n'y a pas lieu à liquider les offices domaniaux supprimés sans indemnité.

cés par ceux qui se présenteront, ou par leurs préposés, à l'époque de la suppression des tribunaux.

9. Les possesseurs de ces offices seront remboursés du principal avec les intérêts, à compter du 1er octobre 1790.

Nº 634. = 17—21 septembre 1792. = DÉCRET *relatif à la révocation des engagemens des domaines nationaux* (1). (B., XXIV, 998.)

Art. 1er. Dans les ci-devant provinces réunies à la France, et où il existe des dépôts de titres d'aliénations, de propriétés domaniales, tels que les greffes des ci-devant parlemens, chambres des comptes, chambres du domaine, bureaux des finances et autres, les directoires des départemens commettront un ou plusieurs agens pour recueillir et inventorier lesdits titres d'aliénation.

2. Si les scellés sont encore existans sur ces dépôts, lesdits directoires sont autorisés à les faire lever. Ils pourvoiront à la sûreté des registres et papiers que ces dépôts renferment, et enverront aux archives nationales ceux qui seront reconnus être relatifs à quelques aliénations de propriétés nationales, avec l'inventaire d'iceux.

3. Les commis ou agens qui seront employés, seront taxés de leurs salaires par les directoires de département, et payés sur leurs ordonnances par les receveurs de district, sur les fonds qui seront mis à leur disposition pour cet objet.

4. Le sieur *Cheyré*, commis par l'article 30 du décret du 3 de ce mois, relatif à la révocation des engagemens des domaines nationaux, pour faire la recherche et le dépouillement des titres existant au dépôt du Louvre, fera aussi la même opération au dépôt des Petits-Pères.

5. Le ministre de l'intérieur est chargé de pourvoir à l'établissement des bureaux dudit sieur *Cheyré*, dans les appartemens du Louvre les plus à portée du dépôt confié à ses soins et à sa garde.

---

17 septembre 1792 : *Canal du Rhône au Rhin, Rente sur la tête de Louis XVI,* voyez 6 du même mois; *Parapluies,* voyez 12 septembre ; *École des ponts et chaussées, Officiers-généraux de la marine, Enseignes, Port Montmarin, Grains et farines,* voyez 16 septembre.

Nº 635. = 18—18 septembre 1792. = DÉCRET *qui prescrit des mesures pour l'instruction sur le vol fait avec effraction au garde-meuble des effets nationaux.* (L., XI, 447.)

Nº 636. = 18—18 septembre 1792. = DÉCRET *portant fixation des traitemens des divers administrateurs ou régisseurs nationaux pour l'année 1792.* (B., XXIV, 1007.)

Nº 637. = 18—18 septembre 1792. = DÉCRET *relatif à la fabrication des pièces de deux sous et de quatre sous.* (B., XXIV, 1008.)

Nº 638. = 18—21 septembre 1792. = DÉCRET *qui détermine le rang et les émolumens des officiers et sous-officiers de marine qui ont obtenu de nouveaux grades pendant la dernière guerre.* (B., XXIV, 1003.)

---

(1) Voyez la loi du 14 ventose an 7 (4 mars 1799), et les notes étendues qui l'accompagnent.

18 septembre 1792 : *Biens des émigrés*, voyez 13 du même mois ; *Sieurs de Rohan*, voyez 14 septembre ; *Jurandes et maîtrises, Rentes dues par les pays d'états*, voyez 15 septembre ; *Offices domaniaux*, voyez 17 septembre.

N° 639. = 19—19 septembre 1792.=DÉCRET *qui supprime toutes les caisses particulières attachées au département de la guerre.* (B., XXIV, 1010.)

N° 640. = 19—19 septembre 1792. = DÉCRET *relatif à la vente des biens de l'ordre de Malte* (1). (B., XXIV, 1013.)

Art. 1er. Les biens dont l'ordre de Malte jouit en France, seront dès à-présent administrés, et les immeubles réels vendus, dans la même forme et aux mêmes conditions que les autres domaines nationaux.

2. Les usufruitiers actuels desdits biens, tels que les prieurs, baillis, commandeurs, servans, diacos et pensionnaires, seront payés sur le trésor public, leur vie durant, à titre de pension, du revenu net des bénéfices de Malte ou pensions sur lesdits bénéfices dont ils jouissaient, sur le pied des baux à ferme en forme authentique, antérieurs au 1er janvier 1792, à la déduction des dîmes, droits féodaux supprimés sans indemnité, des pensions dont ils peuvent être grevés, et du tiers du restant desdits revenus.

3. Il sera retenu un dixième de moins à ceux qui ne jouissent que de pensions sur les commanderies.

4. Tous ceux auxquels il est accordé des pensions à raison des biens de Malte, qui jouiraient en même temps d'un traitement à cause d'un service en France, conserveront, avec la totalité de la pension, la moitié du traitement, s'il est inférieur à la pension ; ou la moitié de celle-ci avec l'entier traitement, si ce dernier est supérieur.—A l'expiration du traitement avec le service, ils reprendront la totalité de la pension.

5. Les Français qui, reçus à Malte jusqu'à ce jour, avaient l'expectative sur les bénéfices de cet ordre situés dans le royaume, recevront, à titre de pension, dix pour cent des avances qu'ils ont faites pour leur réception, lesquelles avances seront liquidées sur les titres authentiques, par le commissaire directeur de la liquidation, et dans les trois mois de la publication du présent décret.

6. La décoration de Malte est prohibée en France à tous les pensionnaires, à raison des biens de cet ordre : les contraventions à cette disposition seront punies de la perte de la pension.

---

(1) Déjà l'assemblée constituante avait pris, au sujet des biens de l'ordre de Malte, diverses mesures dont nous mentionnerons les principales.

Par son décret du 20—22 avril 1790, art. 8, elle avait suspendu provisoirement la main-mise nationale sur ces biens ; par celui du 18 — 23 juin 1790, art. 8, elle avait ordonné à chacun des membres de l'ordre de déclarer les biens qu'il possédait en France ; par ceux des 3 — 31 juillet 1790, art. 3, 18—29 décembre suivant, art. 9 du tit. II, et 23 décembre 1790—5 janvier 1791, art. 4, elle avait réglé le mode de rachat des rentes et droits dépendant des biens de l'ordre de Malte ; et, enfin, par son décret du 9 —19 janvier 1791, elle avait suspendu le remboursement et ordonné le paiement des intérêts des créances appartenant à l'ordre de Malte et devenues dettes de l'état.

Voyez le décret du 22 — 22 octobre 1792, qui règle le mode d'exécution du présent ; celui du 12—12 novembre suivant, qui excepte de la vente les effets mobiliers des commanderies, prieurés, etc., de l'ordre de Malte, et des meubles personnels des commandeurs, baillis, prieurs et autres bénéficiers ; celui du 11—13 janvier 1793, qui détermine le mode d'acquittement des fermiers, rentiers et débiteurs des biens de l'ordre de Malte ; celui du 5—8 mai suivant, concernant le mode de liquidation de ses créanciers ; celui du 15—18 juin même année, qui accorde aux titulaires la jouissance des biens que l'ordre de Malte possédait en France, et celui du 12—13 juillet 1793, rectificatif du précédent.

7. Les pensions ci-dessus courront du premier trimestre qui suivra la publication du présent décret ; elles seront payées de trois mois en trois mois par le receveur du district où les pensionnaires fixeront leur domicile, et par le receveur du district de Marseille , pour ceux qui établiront leur résidence à Malte. Cependant le premier terme sera acquitté par le receveur du district où se trouve situé le chef-lieu du bénéfice, ou de celui du plus grand produit, en cas de pluralité.

8. Le réglement des pensions sera fait par les directoires, conformément aux règles établies dans le décret du 11 août 1790, par les articles 4, 5, 6, 7, 9, 11, 12, 17, 18, 20, 21, 29, 30, 37, 38 et 39, sur le traitement du clergé ; lesquels articles sont déclarés communs au présent décret.

9. La nation se charge d'acquitter les pensions antoniennes ; elles le seront dans la même forme que les pensions ecclésiastiques établies par le décret du 12 juillet—24 août 1790.

10. Le pouvoir exécutif est chargé de régler avec l'ordre de Malte , sous l'autorité du corps législatif, la somme annuelle pour laquelle la France contribuera à l'entretien du port et de l'hôpital de Malte, et pour le secours que les vaisseaux de cet ordre donneront au commerce maritime français dans la Méditerranée.

11. La langue bavaroise de Malte sera traitée, pour ses possessions en France, comme les princes d'Allemagne possessionnés.

12. Quant aux propriétés que les langues françaises ont dans les états voisins, ou que les langues étrangères ont réciproquement en France , le pouvoir exécutif est chargé de négocier un arrangement, tant avec l'ordre de Malte qu'avec les puissances respectives.

13. Le pouvoir exécutif prendra les mesures les plus promptes et les plus actives pour la conservation des titres, papiers et documens relatifs aux propriétés dont l'ordre de Malte jouissait en France.

14. Il est accordé sept cent vingt livres de pension , à titre de retraite, au sieur *Luchet*, huissier de l'ordre au grand prieuré de France.

N°. 641. = 19—19 septembre 1792. = DÉCRET *qui détermine le mode d'échange des prisonniers de guerre* (1). (B., XXIV, 1024.)

N°. 642. = 19—19 septembre 1792. = DÉCRET *qui prescrit des mesures de sûreté et de tranquillité publiques pour la ville de Paris, à l'occasion de la réunion de la convention nationale.* (B., XXIV, 1025.)

N° 643. = 19—19 septembre 1792. = DÉCRET *qui prescrit la libre circulation des personnes et des choses dans l'intérieur.* (B., XXIV, 1037.)

N° 644. = 19—19 septembre 1792. = DÉCRET *pour la convocation des députés à la convention nationale.* (B., XXIV, 1038.)

L'assemblée nationale décrète que l'archiviste convoquera les députés à la convention nationale pour demain 20 septembre, à quatre heures après midi, dans la salle de l'édifice national des Tuileries, qui leur est destinée (seconde pièce des grands appartemens au haut du grand escalier des Tuileries).—Le maire de Paris donnera les ordres nécessaires pour faire fournir une garde aux députés à la convention nationale. — Le présent décret sera affiché cette nuit.

---

(1) Voyez le décret du 25—25 mai 1793, sur le même sujet.

N° 645.= 19 — 21 septembre 1792. = **DÉCRET** *relatif au service des infirmeries invalides et des hôpitaux militaires* (1). (B., XXIV, 1032.)

Art. 1er. Les veuves et orphelines des défenseurs de la patrie, tués à la guerre, seront de préférence employées pour le service des infirmeries invalides et des hospices militaires.

2. Le conseil d'administration de l'hôtel national des militaires invalides procédera sans délai à l'organisation du service des infirmeries dudit hôtel, en se conformant à l'article 1er du présent décret.

N° 646. = 19—21 septembre 1792. = **DÉCRET** *qui fixe le traitement des citoyens qui ont servi l'état sur les vaisseaux de la ci-devant compagnie des Indes, en qualité de soldats, caporaux, etc.* (B., XXIV, 1033.)

N° 647. =19 — 21 septembre 1792.=**DÉCRET** *qui ordonne la formation d'un établissement de courriers.* (B., XXIV, 1039.)

N° 648.=19—21 septembre 1792. = **DÉCRET** *qui ordonne le transport dans le dépôt du Louvre, des tableaux et autres monumens des beaux-arts qui sont dans les maisons ci-devant royales, et autres édifices nationaux.* (B., XXIV, 1040.)

N° 649. = 19—30 septembre 1792. = **DÉCRET** *relatif au taux et au mode de paiement des pensions de retraite des officiers et agens de l'ordre de Saint-Lazare et de Notre-Dame-du-Mont-Carmel* (2). (B. XXIV, 1016.)

Art. 1er. L'intendant et le garde des archives, l'agent des affaires, le régisseur des biens, les huissiers et le héraut d'armes de l'ordre de Saint-Lazare et du Mont-Carmel, recevront pour retraite, à titre de pension, la moitié des émolumens dont ils justifieront par titres authentiques avoir joui dans ledit ordre.

2. Le *maximum* de ces pensions ne pourra excéder mille livres.

3. Les susdites pensions seront censées avoir commencé à courir du 1er janvier dernier ; en conséquence, les officiers ci-dessus tiendront compte de ce qu'ils peuvent avoir reçu de leurs émolumens depuis cette époque, lesquelles sommes seront imputées sur le premier paiement de leur pension.

4. Ces nouveaux pensionnaires, et ceux établis par le décret du 17 mars, seront soumis en tout aux dispositions du décret du 3—22 août 1790, sur les pensions ; à celles du décret du 13—17 décembre 1791 ; et, en conséquence, ne pourront être portées sur deux états dans la liste des pensions.

19 septembre 1792 : *Etangs marécageux, Récompenses à l'agriculture, Dîmes inféodées, Citoyens absens,* voyez 11 du même mois.

---

(1) Voyez le décret du 27 avril (21 et)—5 mai 1792, relatif au service des hôpitaux militaires, et les notes.

(2) Voyez le décret du 17—28 mars 1792, qui nationalise les biens de cet ordre, et celui du 5—8 mai 1793, qui détermine le mode de liquidation de ses créances.

N° 650. = 20—21 septembre 1792. = DÉCRET *relatif au mode de restitution des biens des religionnaires fugitifs* (1). (B., XXIV, 1055.)

Art. 1er. Il sera incessamment fait un tableau général de tous les biens saisis sur les religionnaires fugitifs et autres, pour cause d'absence, depuis la révocation de l'édit de Nantes, tant de ceux compris dans le bail général, que de ceux dont le gouvernement a disposé, avec l'énonciation de leur situation et indication des propriétaires anciens, lequel tableau sera imprimé et affiché dans chaque tribunal de district, qui enregistrera ceux qui sont dans son ressort.

2. Le délai de trois ans accordé aux religionnaires fugitifs, à leurs successeurs ou représentans, par le décret du 9—15 décembre 1790, pour se pourvoir en main-levée desdits biens, ne commencera à courir que de ce jour.

3. Le temps écoulé depuis le 15 décembre 1790 jusqu'à ce jour, ne comptera pas pour acquérir la prescription de trente ans, en faveur des héritiers ou successeurs de ceux à qui les biens des religionnaires fugitifs avaient été donnés ou concédés à titre gratuit. Au surplus, il n'est en rien dérogé au décret du 9—15 décembre et autres antérieurs.

N° 651. = 20 — 21 septembre 1792. = DÉCRET *qui permet de choisir les commissaires des monnaies parmi ceux qui ont été commissaires du roi.* (B., XXIV, 1055.)

N° 652. = 20—22 septembre 1792. = DÉCRET *relatif à l'attribution du tribunal criminel établi à Paris par la loi du 17 août 1792* (2). (B., XXIV, 1081.)

L'assemblée nationale déclare que, dans l'attribution qui accorde au tribunal criminel établi à Paris par le décret du 17 août 1792, la connaissance provisoire des délits commis dans l'étendue du département de Paris, elle n'a pas entendu comprendre les affaires existant au tribunal criminel dudit département à l'époque du décret, en vertu d'actes d'accusation admis par les jurés d'accusation établis près les tribunaux civils : comme aussi ne sont point compris dans cette attribution les crimes de faux, péculat, concussion, et autres sur lesquels il ne peut être statué que par des jurés spéciaux.

N° 653. = 20—25 septembre 1792. = DÉCRET *qui détermine le mode de constater l'état civil des citoyens* (3). (B., XXIV, 1059.)

TITRE 1er. — Des officiers publics par qui seront tenus les registres des naissances, mariages et décès.

Art. 1er. Les municipalités recevront et conserveront à l'avenir les actes destinés à constater les naissances, mariages et décès.

(1) Voyez le décret du 16—18 juillet 1790, qui ordonne la restitution de ces biens, et les notes.

(2) Voyez le décret du 19—29 novembre 1792, qui supprime ce tribunal.

(3) Cette loi, en retirant au clergé le droit de recevoir et de conserver les actes de l'état civil, et en subordonnant les cérémonies religieuses aux formalités civiles, a changé un état de choses qui subsistait depuis des siècles, pour introduire dans le mode de constatation de l'état civil des citoyens une régularité et une authenticité qui ont produit les plus heureux résultats. La résistance du clergé, privé par cette mesure d'un moyen puissant d'influence, a dû fléchir sous

2. Les conseils généraux des communes nommeront parmi leurs membres, suivant l'étendue et la population des lieux, une ou plusieurs personnes qui seront chargées de ces fonctions (1).

3. Les nominations seront faites par la voie du scrutin, et à la pluralité absolue des suffrages; elles seront publiées et affichées.

4. En cas d'absence ou empêchement légitime de l'officier public chargé

---

la volonté de l'assemblée législative et des assemblées qui lui ont succédé; et le Code civil a mis le dernier sceau à un système qui est devenu ainsi l'une de nos lois fondamentales.

Voyez le décret additionnel du 19—24 décembre 1792; la proclamation du conseil exécutif du 22 janvier 1793, qui défend aux prêtres de s'immiscer dorénavant dans les actes ayant pour but la constatation de l'état civil des citoyens, et de porter atteinte au décret du 20 septembre 1792; la loi du 2 floréal an 3 (21 avril 1795), qui détermine le mode de suppléer aux registres de l'état civil perdus ou détruits pendant la révolution; celle du 7 vendémiaire an 4 (29 septembre 1795), sect. IV du tit. IV, qui défend à tous juges, administrateurs et fonctionnaires publics, d'avoir égard aux attestations que les ministres du culte donneraient relativement à l'état civil des citoyens, et de mentionner, dans les actes de l'état civil, les cérémonies religieuses; le décret du 19 vendémiaire an 4 (11 octobre 1795), art. 12 du tit. II, qui attribue les fonctions d'officier de l'état civil aux agens municipaux, adjoints et délégués de la municipalité; la loi du 28 pluviose an 8 (17 février 1800), art. 13, qui attribue les mêmes fonctions aux maires et adjoints; celle du 19 floréal an 8 (9 mai 1800), qui détermine les modèles des actes de l'état civil; l'arrêté du 25 vendémiaire an 9 (17 octobre 1800), qui prescrit la formation de tables décennales des registres de l'état civil, et le décret du 20 juillet 1807, art. 1er et suiv., qui prescrit des règles pour la rédaction de ces tables; l'avis du cons. d'état du 13 nivose an 10 (3 janvier 1802), qui prescrit les formalités à suivre pour la rectification des registres de l'état civil, celui du 4 mars 1808, concernant le mode de transcription des jugemens ordonnant des rectifications, et la délivrance des actes rectifiés, et celui du 30 du même mois, qui détermine les cas dans lesquels la rectification par les tribunaux n'est pas nécessaire; la loi du 18 germinal an 10 (8 avril 1802), art. 55, portant que les registres tenus par les ministres du culte ne peuvent suppléer à ceux ordonnés par la loi, pour constater l'état civil des citoyens; la loi du 18 floréal suivant (8 mai 1802), qui attribue aux adjoints des maires la tenue des registres de l'état civil, en cas de difficulté ou d'impossibilité de communications entre le chef-lieu d'une commune et les villages qui en dépendent; l'avis du cons. d'état du 4 brumaire an 11 (26 octobre 1802), qui attribue aux agens commerciaux de France à l'étranger la constatation de l'état civil des Français qui y résident; et celui du 12 du même mois (3 novembre 1802), qui détermine les formalités à suivre pour inscrire les actes de l'état civil, non portés sur les registres dans les délais légaux.

Voyez enfin le Code civil, liv. 1er, tit. II, qui contient un système complet sur le mode de constatation de l'état civil des Français; la loi du 11 — 21 germinal an 11 (1er—11 avril 1803), sur les prénoms qui pourront être admis sur les registres de l'état civil; le sén. cons. organique du 28 floréal an 12 (18 mai 1804), art. 13, concernant les formalités des actes de l'état civil de la famille impériale; le décret du 22 juillet 1806, concernant les actes de l'état civil des Français professant le culte luthérien, enregistrés avant le décret du 20 septembre 1792, par des chapelains étrangers, à ce autorisés; l'avis du cons. d'état des 6 juin et 2 juillet 1807, sur l'authenticité qui doit être attribuée aux extraits des registres de l'état civil, délivrés sous le certificat et la signature des secrétaires de mairie; le décret du 20 juillet 1808, sur l'état civil des Juifs; les art. 192 et suiv. du Code pénal de 1810, qui punissent les délits commis par les officiers de l'état civil, dans la tenue des registres; l'ordonnance du 23 mars — 13 mai 1816, concernant le mode de constatation des actes de l'état civil de la famille royale; celle du 18—28 août 1819, concernant les nouveaux registres que les officiers de l'état civil doivent se procurer, lorsque les tribunaux ont demandé l'apport des registres courans, etc.; celle du 3—9 mars 1822, art. 19, qui détermine le mode de constatation de l'état civil dans les lazarets et autres lieux réservés; celle du 26 novembre—8 décembre 1823, concernant la vérification des registres de l'état civil par les procureurs du roi; et enfin la décision du garde des sceaux, de mai 1828, sur la question de savoir par qui doivent être reçus les actes de l'état civil d'une commune, en cas d'empêchement du maire et de son adjoint.

Voyez encore les lois particulières citées dans les notes qui vont suivre.

(1) Sous l'empire de cette disposition, les agens nationaux des communes n'avaient pas qualité pour recevoir les actes de l'état civil, notamment un acte de mariage. Cass., 2 décembre 1807, Sir., VIII, 1, 140. — Néanmoins un acte de mariage pouvait être réputé valable, encore bien que l'époux, agent municipal, y procédât lui-même, si cet acte avait eu lieu en présence de quatre témoins, et s'il était revêtu de la signature de l'adjoint, quoique la présence de l'adjoint

de recevoir les actes de naissance, mariage et décès, il sera remplacé par le maire, ou par un officier municipal, ou par un autre membre du conseil général, à l'ordre de la liste.

TITRE II. — De la tenue et dépôt des registres.

Art. 1er. Il y aura, dans chaque municipalité, trois registres pour constater, l'un les naissances, l'autre les mariages, le troisième les décès.

2. Les trois registres seront doubles, sur papier timbré, fournis aux frais de chaque district, et envoyés aux municipalités par les directoires, dans les quinze premiers jours du mois de décembre de chaque année ; ils seront cotés par premier et dernier, et paraphés sur chaque feuillet, le tout sans frais, par le président de l'administration du district, ou, à son défaut, par un des membres du directoire, suivant l'ordre de la liste.

3. Les actes de naissance, mariage et décès, seront écrits sur les registres doubles, de suite et sans aucun blanc. Les renvois et ratures seront approuvés et signés de la même manière que le corps de l'acte : rien n'y sera écrit par abréviation, ni aucune date mise en chiffres.

4. Toute contravention aux dispositions de l'article précédent, sera punie de dix livres d'amende pour la première fois, de vingt livres d'amende en cas de récidive, et même des peines portées par le Code pénal en cas d'altération ou de faux.

5. Il est expressément défendu d'écrire et de signer, en aucun cas, les actes sur feuilles volantes, à peine de cent livres d'amende, de destitution, et de privation, pendant dix ans, de la qualité et des droits de citoyen actif.

6. Les actes contenus dans ces registres, et les extraits qui en seront délivrés, feront foi et preuve en justice, des naissances, mariages et décès.

7. Les actes qui seront inscrits dans les registres, ne seront point sujets au droit d'enregistrement.

8. Dans les quinze premiers jours du mois de janvier de chaque année, il sera fait, à la fin de chaque registre, une table par ordre alphabétique des actes qui y seront contenus.

9. Dans le mois suivant, les municipalités seront tenues d'envoyer au directoire de leur district, l'un des registres doubles.

10. Les directoires de district vérifieront si les actes ont été dressés et les registres tenus dans les formes prescrites.

11. Dans les quinze premiers jours du mois de mars, les procureurs-syndics seront tenus d'envoyer ces registres aux directoires de département, avec les observations des directoires de district.

12. Ces registres seront déposés et conservés aux archives des directoires de département.

13. Les autres registres doubles seront déposés et conservés aux archives des municipalités.

14. Les procureurs-généraux-syndics des départemens seront chargés des dénonciations et poursuites, en cas de contravention au présent décret.

15. Tous les dix ans, les tables annuelles faites à la fin de chaque re-

---

au mariage ne fût pas constatée. Bordeaux, 20 mars 1830, Sir., XXX, 2, 208. — Sous l'empire de cette même loi, les agens diplomatiques français ont eu qualité pour marier les Français en pays étranger, conformément aux lois françaises ou locales. Rouen, 24 février 1818, Sir., XVIII, 2, 139.—Jugé en sens contraire. Cass., 10 août 1819, Sir., XIX, 1, 452; Bull. civ., XXI, 213. — Voyez l'avis précité du cons. d'état du 4 brumaire an 11. — Les certificats délivrés par les agens de l'armée de Condé ne sont point des actes authentiques, et un extrait mortuaire émané d'eux ne prouve pas le décès d'un individu. Paris, 18 germinal an 13, Sir., V, 2, 678.

gistre seront refondues dans une seule ; néanmoins, pour déterminer une époque fixe et uniforme, la première de ces tables générales sera faite en 1800 (1).

16. Cette table décennale sera mise sur un registre séparé, tenu double, timbré, coté et paraphé.

17. L'un des doubles de ces registres sera envoyé, dans les quinze premiers jours du mois de mai de la onzième année, aux directoires de district, et transmis dans le mois suivant par le procureur-syndic au directoire du département, pour être placé dans le même dépôt.

18. Toutes personnes sont autorisées à se faire délivrer des extraits des actes de naissance, mariage et décès, soit sur les registres conservés aux archives des municipalités, soit sur ceux déposés aux archives des départemens. Les extraits devront être sur papier timbré ; ils ne seront pas sujets au droit d'enregistrement (2).

19. Il ne sera payé que six sous pour chaque extrait des actes de naissance, décès et publication de mariage, et douze sous pour chaque extrait des actes de mariage, non compris le timbre.

20. Les extraits demandés sur les registres courans, seront délivrés par celui qui sera chargé de les tenir. Après le dépôt, les extraits seront expédiés par les secrétaires-greffiers des municipalités ou des départemens.

21. Les registres courans seront tenus par celui qui sera chargé de recevoir les actes : il en répondra.

22. Dans les villes dont l'étendue et la population exigent qu'il y ait plus d'un officier public chargé de constater les naissances, mariages et décès, il sera fourni trois registres doubles à chacun d'eux ; ils seront tenus de se conformer aux règles ci-dessus prescrites.

TITRE III. — Naissances (3).

Art. 1er. Les actes de naissance seront dressés dans les vingt-quatre heures de la déclaration qui sera faite par les personnes ci-après désignées, assistées de deux témoins de l'un ou de l'autre sexe, parens ou non parens, âgés de vingt-un ans.

2. En quelque lieu que la femme mariée accouche, si son mari est présent et en état d'agir, il sera tenu de faire la déclaration.

3. Lorsque le mari sera absent ou ne pourra agir, ou que la mère ne sera pas mariée, le chirurgien ou la sage-femme qui auront fait l'accouchement, seront obligés de déclarer la naissance.

4. Quand une femme accouchera, soit dans une maison publique, soit dans la maison d'autrui, la personne qui commandera dans cette maison ou qui en aura la direction, sera tenue de déclarer la naissance.

5. En cas de contravention aux précédens articles, la peine contre les

---

(1) Voyez l'arrêté du 25 vendémiaire an 9 (17 octobre 1800) et le décret du 20 juillet 1807 précités.

(2) Lorsque les officiers de l'état civil sont appelés à délivrer une expédition authentique des actes de naissance portés sur leurs registres, et antérieurs à la loi du 20 septembre 1792, ils ne doivent pas supprimer la mention du baptême qui a été administré à l'enfant. Circulaire du grand-juge, 21 avril 1806, SIR., VII, 2, 942.

(3) Voyez les art. 1er de la sect. 1re, et 1er et suiv. de la sect. II du décret additionnel du 19 — 24 décembre 1792 ; celui du 19—29 floréal an 2, portant que l'enfant dont une femme mariée accouche, ne peut être déclaré appartenir à un autre qu'au mari ; les art. 55 et suiv. du Code civil, relatifs aux formalités des actes de naissance ; et le décret du 3 juillet 1806, qui fixe le mode de rédaction de l'acte par lequel l'officier de l'état civil constate qu'un enfant lui a été présenté sans vie.

personnes chargées de faire la déclaration sera de deux mois de prison; cette peine sera poursuivie par le procureur de la commune devant le tribunal de police correctionnelle, sauf les poursuites criminelles en cas de suppression, enlèvement ou défaut de représentation de l'enfant.

6. L'enfant sera porté à la maison commune, ou autre lieu public servant aux séances de la commune; il sera présenté à l'officier public. En cas de péril imminent, l'officier public sera tenu, sur la réquisition qui lui en sera faite, de se transporter dans la maison où sera le nouveau-né.

7. La déclaration contiendra le jour, l'heure et le lieu de la naissance, la désignation du sexe de l'enfant, le prénom qui lui sera donné, les prénoms et noms de ses père et mère, leur profession, leur domicile, les prénoms, noms, profession et domicile des témoins.

8. Il sera de suite dressé acte de cette déclaration sur le registre double à ce destiné; cet acte sera signé par le père ou autres personnes qui auront fait la déclaration, par les témoins et par l'officier public; si aucun des déclarans et témoins ne peut ou ne sait signer, il en sera fait mention.

9. En cas d'exposition d'enfant, le juge de paix ou l'officier de police qui en aura été instruit, sera tenu de se rendre sur le lieu de l'exposition, de dresser procès-verbal de l'état de l'enfant, de son âge apparent, des marques extérieures, vêtemens et autres indices qui peuvent éclairer sur sa naissance; il recevra aussi les déclarations de ceux qui auraient quelques connaissances relatives à l'exposition de l'enfant.

10. Le juge de paix ou l'officier de police sera tenu de remettre, dans les vingt-quatre heures, à l'officier public, une expédition de ce procès-verbal, qui sera transcrit sur le registre double des actes de naissance.

11. L'officier public donnera un nom à l'enfant, et il sera pourvu à sa nourriture et à son entretien, suivant les lois qui seront portées à cet effet.

12. Il est défendu aux officiers publics d'insérer par leur propre fait, dans la rédaction des actes, et sur les registres, aucune clause, note, ou énonciation autres que celles contenues aux déclarations qui leur seront faites, à peine de destitution, qui sera prononcée par voie d'administration, par les directoires de département, sur la dénonciation soit des parties, soit des procureurs des communes ou procureurs-syndics, et sur la réquisition des procureurs-généraux-syndics.

13. Si, antérieurement à la publication de la présente loi, quelques personnes avaient négligé de faire constater la naissance de leurs enfans dans les formes usitées, elles seront tenues, dans la huitaine qui suivra ladite publication, d'en faire la déclaration, conformément aux dispositions ci-dessus.

TITRE IV. — Mariages (1).

Section 1re. — Qualités et conditions requises pour pouvoir contracter mariage.

Art. 1er. L'âge requis pour le mariage est quinze ans révolus pour les hommes, et treize ans révolus pour les filles.

---

(1) Voyez l'art. 7 du tit. II de la constitution du 3—14 septembre 1791, qui attribue au mariage le caractère d'un contrat purement civil; le décret du 8 — 9 mars 1793, qui autorise les militaires à contracter mariage sans l'agrément de leurs chefs; celui du 7 septembre 1793, qui autorise les mineurs, orphelins de père et de mère, à contracter mariage sur l'avis d'un conseil de famille, et l'art. 160 du Code civil, qui reproduit cette disposition; celui du 14 du même mois, qui détermine les formalités à suivre pour contracter mariage, quand on ne peut présenter d'acte de naissance; celui du 25 vendémiaire an 2 (16 octobre 1793), portant que le mariage ne

2. Toute personne sera majeure à vingt-un ans accomplis (1).

3. Les mineurs ne pourront être mariés sans le consentement de leur père ou mère, ou parens, ou voisins, ainsi qu'il va être dit (2).

4. Le consentement du père sera suffisant.

5. Si le père est mort ou interdit, le consentement de la mère suffira également.

6. Dans le cas où la mère serait décédée ou en interdiction, le consentement des cinq plus proches parens paternels ou maternels, sera nécessaire.

7. Lorsque les mineurs n'auront point de parens, ou n'en auront pas au nombre de cinq dans le district, on y suppléera par des voisins pris dans le lieu où les mineurs seront domiciliés.

8. Les parens et les voisins assemblés dans la maison commune du lieu du domicile du mineur, délibéreront à cet égard, devant le maire ou autre officier municipal à l'ordre de la liste, en présence du procureur de la commune.

9. Le consentement sera donné ou refusé, d'après la majorité des suffrages.

10. Toute personne engagée dans les liens du mariage ne peut en contracter un second, que le premier n'ait été dissous conformément aux lois (3).

11. Le mariage est prohibé entre les parens naturels et légitimes en ligne directe, entre les alliés dans cette ligne, et entre le frère et la sœur.

---

peut être célébré avant le troisième jour qui suit la publication ; la loi du 13 fructidor an 6 (30 août 1798), art. 3, qui fixe les jours auxquels doit se faire la célébration des mariages, désigne les locaux où cette célébration doit avoir lieu, l'officier de l'état civil qui en est chargé, et le mode de constatation des mariages ; et l'arrêté modificatif du 7 thermidor an 8 (26 juillet 1800); la loi du 26 prairial an 7 (14 juin 1799), concernant les formalités de la célébration des mariages dans les îles maritimes françaises ; celle du 18 germinal an 10 (8 avril 1802), art. 54, portant que les ministres des cultes ne peuvent donner la bénédiction nuptiale qu'à ceux qui justifient avoir contracté mariage devant l'officier de l'état civil ; l'arrêté du 1er prairial an 10 (21 mai 1802), qui porte une disposition semblable à l'égard des rabbins juifs; et les art. 199 et 200 du Code pénal de 1810, qui punissent les contraventions à ces dispositions; l'arrêté du 13 floréal an 10 (3 mai 1802), qui fixe au dimanche les publications de mariage, et qui rapporte l'art. 1er de celui du 7 thermidor an 8, qui les fixait au décadi ; la loi du 18 floréal an 10 (8 mai 1802), art. 2, qui détermine le mode de publication des mariages dans les parties des communes dont les communications avec le chef-lieu sont difficiles, dangereuses ou temporairement impossibles ; l'avis du cons. d'état du 18 germinal an 11 (8 avril 1803), en faveur de la validité des mariages contractés devant un officier civil, malgré le défaut de déclaration devant l'officier de l'état civil du domicile des époux ; les art. 63 et suiv., et 144 et suiv. du Code civil, concernant les formalités du mariage, et la capacité requise pour pouvoir le contracter ; l'arrêté du 20 prairial an 11 (9 juin 1803), concernant le mode de délivrance des dispenses de publications de bans; l'avis du cons. d'état du 4 thermidor an 13 (9 juin 1805), sur les formalités relatives au mariage; celui du 4e jour complémentaire même année (21 septembre 1805), relatif aux formalités à observer pour la célébration du mariage des militaires résidant sur le territoire de l'empire ; la déclaration du 7 mai 1808, concernant le mariage du grand-oncle avec la petite-nièce ; le décret du 16 juin suivant, concernant le mariage des militaires en activité de service, et le décret additionnel du 28 août même année ; celui du 3 du même mois d'août, concernant le mariage des officiers de marine; l'avis du cons. d'état du 21 décembre 1808, qui détermine les formalités exigées pour le mariage des officiers réformés ; et, enfin, la loi du 16—17 avril 1832, modificative de l'art. 164 du Code civil, sur les dispenses de mariage entre beaux-frères et belles-sœurs.

(1) Voyez la loi interprétative du 31 janvier 1793.

(2) Sous l'empire de cette disposition, on a jugé qu'une *promesse* de mariage pouvait être stipulée par un majeur de vingt-un ans, sans le consentement de ses père et mère, et que sa promesse pouvait être stipulée par un tiers, au nom du futur époux. Nîmes, 6 août 1806, Sir., VI, 2, 476.

(3) Voyez l'art. 33, sect. 1re du tit. II, 2e partie, du Code pénal du 25 septembre —6 octobre 1791, et l'art. 340 du Code pénal de 1810, qui punissent la bigamie; voyez aussi les notes sur l'art. 33 précité.

12. Ceux qui sont incapables de consentement, ne peuvent se marier (1).

13. Les mariages faits contre la disposition des articles précédens, seront nuls et de nul effet (2).

SECTION II. — Publications.

Art. 1er. Les personnes majeures qui voudront se marier, seront tenues de faire publier leurs promesses réciproques dans le lieu du domicile actuel de chacune des parties. Les promesses des personnes mineures seront publiées dans celui de leurs pères et mères; et si ceux-ci sont morts ou interdits, dans celui où sera tenue l'assemblée de famille requise pour le mariage des mineurs (3).

2. Le domicile, relativement au mariage, est fixé par une habitation de six mois dans le même lieu (4).

3. Le mariage sera précédé d'une publication faite le dimanche, à l'heure de midi, devant la porte extérieure et principale de la maison commune, par l'officier public : le mariage ne pourra être contracté que huit jours après cette publication.

4. Il sera dressé acte de cette publication sur un registre particulier à ce destiné; ce registre ne sera pas tenu double, et sera déposé, lorsqu'il sera fini, aux archives de la municipalité.

5. L'acte de publication contiendra les prénoms, noms, profession et domicile des futurs époux, ceux de leurs pères et mères, et les jour et heure de la publication ; il sera signé par l'officier public.

6. Un extrait de l'acte de publication sera affiché à la porte de la maison commune, dans un tableau à ce destiné.

7. Dans les villes dont la population excède dix mille ames, un pareil tableau sera en outre placé sur la principale porte du chef-lieu des sections sur lesquelles les futurs époux habiteront.

SECTION III. — Oppositions.

Art. 1er. Les personnes dont le consentement est requis pour les mariages des mineurs, pourront seules s'y opposer.

---

(1) Voyez les notes qui accompagnent l'art. 1er de la loi du 28 mars—5 avril 1793, relative à la mort civile des émigrés.

(2) Cette loi a abrogé l'art. 5 de la déclaration de 1639. — En conséquence, un mariage secret n'en produit pas moins tous les effets civils, si d'ailleurs il a été contracté avec toutes les solennités prescrites par les anciennes ordonnances. Cass., 16 pluviose an 13, Sir., V, 1, 81. — Sous l'empire de cette disposition, l'époux a pu demander la nullité du mariage, encore que le mariage ait été suivi de cohabitation et de ratification. Cass., 2 décembre 1807, Sir., VIII, 1, 140. — Mais on ne pouvait quereller les actes de l'état civil, et par conséquent un acte de mariage, après cinq ans à compter du décès de celui auquel il se rapportait. Paris, 23 août 1806, Sir., VII, 2, 942. — Jugé en sens contraire. Cass., 14 vendémiaire an 10, Sir., II, 1, 65. — En tout cas, les collatéraux étaient non recevables à attaquer le mariage de leur parent décédé, sous prétexte d'omission des formalités dans l'acte de célébration. Liége, 4 ventose an 10, Sir., III, 2, 458.—Mais ils pouvaient l'attaquer pour cause de nullité d'ordre public, par exemple, de celle résultant de l'interdiction d'un des époux. Cass., 28 décembre 1831, Sir., XXXII, 1, 358.

(3) Il n'était pas nécessaire, à peine de nullité, sous l'empire de cette disposition, qu'un mariage entre mineurs fût précédé de publications dans le lieu de la célébration. Cass., 28 floréal an 12, Sir., III, 2, 528. — Jugé encore qu'un mariage contracté par un Français à l'étranger, sous l'empire de cette disposition, n'est pas nul à défaut de publication en France; et que le Français n'a pas eu besoin, pour contracter le mariage, de l'autorisation de son gouvernement. Cass., 16 juin 1829, Sir., XXIX, 1, 261.

(4) Sous l'empire de cette disposition, le mariage contracté sans publication de bans, avec le concours seulement de deux témoins, dans un lieu où les époux n'avaient pas six mois de domicile, n'était pas nul. Cass., 12 prairial an 11, Sir., III, 1, 321 ; Bull. civ., V, 281.

2. Seront également reçues à former opposition aux mariages, soit des majeurs, soit des mineurs, les personnes déjà engagées par mariage avec l'une des parties.

3. Dans le cas de démence des majeurs, lorsqu'il n'y aura point encore d'interdiction prononcée, l'opposition de deux parens sera admise.

4. L'acte d'opposition en contiendra les motifs, et sera signé par la partie opposante, ou par son fondé de procuration spéciale, sur l'original et sur la copie. Il sera donné copie des procurations en tête de celle de l'opposition.

5. L'acte d'opposition sera signifié au domicile des parties, et à l'officier public, qui mettra son *visa* sur l'original.

6. Il sera fait une mention sommaire des oppositions par l'officier public, sur les registres des publications.

7. La validité de l'opposition sera jugée en première instance par le juge de paix du domicile de celui contre lequel l'opposition aura été formée (1); il y sera statué dans trois jours. L'appel sera porté au tribunal du district, sans que les parties soient obligées de se présenter au bureau de conciliation : le tribunal prononcera sommairement et dans la huitaine. Les délais, soit par-devant le juge de paix, soit par-devant le tribunal d'appel, ne pourront être prorogés.

8. Une expédition des jugemens de main-levée sera remise à l'officier public, qui en fera mention en marge de celle des oppositions sur le registre des publications.

9. Toutes oppositions formées hors les cas, les formes, et par toutes personnes autres que celles ci-dessus désignées, seront regardées comme non avenues, et l'officier public pourra passer outre à l'acte de mariage; mais dans les cas et les formes ci-dessus spécifiés, il ne pourra passer outre au préjudice des oppositions, à peine de destitution, de trois cents livres d'amende, et de tous dommages et intérêts.

SECTION IV. — Des formes intrinsèques de l'acte de mariage.

Art. 1er. L'acte de mariage sera reçu dans la maison commune du lieu du domicile de l'une des parties (2).

2. Le jour où les parties voudront contracter leur mariage, sera par elles désigné, et l'heure indiquée par l'officier public chargé d'en recevoir la déclaration.

3. Les parties se rendront dans la salle publique de la maison commune, avec quatre témoins majeurs, parens on non parens, sachant signer, s'il peut s'en trouver aisément dans le lieu qui sachent signer (3).

---

(1) Le juge de paix ne peut prononcer sur la nullité d'un divorce, encore bien que la question de nullité se présente incidemment à une opposition à un mariage : cette question de nullité est exclusivement du ressort des tribunaux d'arrondissement, qui ne peuvent y statuer qu'à la charge de l'appel. Cass., 25 vendémiaire an 13, Sir., V, 1, 31; Bull. civ., VII, 11.

(2) Un mariage n'est pas nul pour avoir été célébré hors de la maison commune. Paris, 4 ventose an 12, Sir., IV, 2, 725. — Par exemple, s'il a été célébré dans la maison particulière de l'un des époux. Cass., 13 fructidor an 10, Sir., II, 1, 376. — On a jugé de même sous l'empire du Code civil. Cass., 22 juillet 1807, Sir., VII, 1, 320; Toulouse, 26 mars 1824, Sir., XXIV, 2, 223; et Riom, 10 juillet 1829, Sir., XXIX, 2, 320.

(3) Il n'est pas nécessaire que le mariage soit célébré devant quatre témoins. Liége, arrêt précité du 4 ventose an 10, Sir., III, 2, 458. — Ni que les témoins soient du sexe masculin, et que l'acte de mariage contienne la mention de leur domicile et de leur profession. Cass., 28 floréal an 11, Sir., III, 2, 528.

Sous l'empire de la loi du 20 septembre 1792, une célébration légale de mariage a pu résulter de la déclaration faite devant un officier de l'état civil, par deux individus homme et femme, qu'ils se sont déjà volontairement mariés (en vertu d'un simple acte sous signature privée), ensuite de laquelle déclaration cet officier prononce, au nom de la loi, que les conjoints sont réellement et légalement unis par mariage. Paris, 27 mars 1824, Sir., XXV, 2, 193.

4. Il sera fait lecture en leur présence, par l'officier public, des pièces relatives à l'état des parties et aux formalités du mariage, telles que les actes de naissance, les consentemens des pères et mères, l'avis de la famille, les publications, oppositions et jugemens de main-levée.

5. Après cette lecture, le mariage sera contracté par la déclaration que fera chacune des parties à haute voix, en ces termes : — *Je déclare prendre (le nom) en mariage.*

6. Aussitôt après cette déclaration faite par les parties, l'officier public, en leur présence et en celle des mêmes témoins, prononcera au nom de la loi qu'elles sont unies en mariage.

7. L'acte de mariage sera de suite dressé par l'officier public ; il contiendra, 1° les prénoms, noms, âge, lieu de naissance, profession et domicile des époux ; 2° les prénoms, noms, profession et domicile des pères et mères ; 3° les prénoms, noms, âge, profession, domicile des témoins, et leur déclaration s'ils sont parens ou alliés des parties ; 4° la mention des publications dans les divers domiciles, des oppositions qui auraient été faites, et des jugemens de main-levée ; 5° la mention du consentement des pères et mères, ou de la famille, dans le cas où il y a lieu ; 6° la mention des déclarations des parties, et de la prononciation de l'officier public.

8. Cet acte sera signé par les parties, par leurs pères, mères et parens présens, par les quatre témoins, et par l'officier public ; en cas qu'aucun d'eux ne sût ou ne pût signer, il en sera fait mention.

9. Si, antérieurement à la publication de la présente loi, quelques personnes s'étaient mariées devant des officiers civils, elles seront tenues de venir, dans la huitaine, déclarer leur mariage devant l'officier public de la municipalité de leur domicile, lequel en dressera acte sur les registres, aux formes ci-dessus prescrites.

SECTION V.—Du divorce, dans ses rapports avec les fonctions de l'officier public chargé de constater l'état civil des citoyens (1).

Art. 1er. Aux termes de la constitution, le mariage est dissoluble par le divorce.

2. La dissolution du mariage par le divorce sera prononcée par l'officier public chargé de recevoir les actes de naissance, mariage et décès, dans la forme qui suit.

3. Lorsque deux époux demanderont conjointement le divorce, ils se présenteront, accompagnés de quatre témoins majeurs, devant l'officier public, en la maison commune, aux jour et heure qu'il aura indiqués : ils justifieront qu'ils ont observé les délais exigés par la loi sur le mode du divorce ; ils représenteront l'acte de non-conciliation qui aura dû leur être délivré par leurs parens assemblés ; et, sur leur réquisition, l'officier public prononcera que leur mariage est dissous.

4. Il sera dressé acte du tout sur le registre des mariages : cet acte sera signé des parties, des témoins et de l'officier public, où il sera fait mention de ceux qui n'auront pu ou su signer.

5. Si le divorce est demandé par l'un des conjoints seulement, il sera tenu de faire signifier à son conjoint un acte aux fins de le voir prononcer : cet acte contiendra réquisition de se trouver en la maison commune de la municipalité dans l'étendue de laquelle le mari a son domicile, et devant l'officier public chargé des actes de naissance, mariage et décès, dans le délai

____

(1) Voyez, sur le divorce, la loi du 20—25 septembre 1792, et les notes étendues qui l'accompagnent.

qui aura été fixé par cet officier. Ce délai ne pourra être moindre de trois jours, et, en outre, d'un jour par dix lieues, en cas d'absence du conjoint appelé.

6. A l'expiration du délai, le conjoint demandeur se présentera, accompagné de quatre témoins majeurs, devant l'officier public; il représentera les différens actes ou jugemens qui doivent justifier qu'il a observé les formalités et les délais exigés par la loi sur le mode du divorce, et qu'il est fondé à le demander. Il représentera aussi l'acte de réquisition qu'il aura dû faire signifier à son conjoint, aux termes de l'article précédent; et, sur sa réquisition, l'officier public prononcera, en présence ou en absence du conjoint dûment appelé, que le mariage est dissous.

7. Il sera dressé acte du tout sur le registre des mariages, en la forme réglée par l'article 4 ci-dessus.

8. S'il s'élève des contestations de la part du conjoint contre lequel le divorce sera demandé, sur aucun des actes ou jugemens représentés par le conjoint demandeur, l'officier public n'en pourra prendre connaissance; il renverra les parties à se pourvoir (1).

9. L'officier public qui aura prononcé le divorce, et en aura fait dresser acte sur les registres des mariages, sans qu'il lui ait été justifié des délais, des actes et des jugemens exigés par la loi sur le divorce, sera destitué de son état, condamné à cent livres d'amende et aux dommages-intérêts des parties.

TITRE V. — Décès (2).

Art. 1er. La déclaration du décès sera faite par les deux plus proches parens ou voisins de la personne décédée, à l'officier public, dans les vingt-quatre heures.

2. L'officier public se transportera au lieu où la personne sera décédée; et, après s'être assuré du décès, il en dressera l'acte sur les registres doubles. Cet acte contiendra les prénoms, nom, âge, profession et domicile du décédé; s'il était marié ou veuf; dans ces deux cas, les prénoms et nom de l'époux; les prénoms, noms, âge, profession et domicile des déclarans; et au cas qu'ils soient parens, leur degré de parenté.

3. Le même acte contiendra de plus, autant qu'on pourra le savoir, les prénoms, noms, âge, profession et domicile des père et mère du décédé, et le lieu de sa naissance (3).

4. Cet acte sera signé par les déclarans et l'officier public; mention sera faite de ceux qui ne sauraient ou ne pourraient signer.

5. En cas de décès dans les hôpitaux, maisons publiques ou dans des maisons d'autrui, les supérieurs, directeurs, administrateurs et maîtres de ces maisons, seront tenus d'en donner avis, dans les vingt-quatre heures, à l'officier public, qui dressera l'acte de décès sur les déclarations qui lui auront été faites, et sur les renseignemens qu'il aura pu prendre concernant les prénoms, nom, âge, lieu de naissance, profession et domicile du décédé.

---

(1) Voyez le décret interprétatif du 28 nivose — 3 pluviose an 2 (17—22 janvier 1794), qui renvoie ces contestations devant les tribunaux de district.

(2) Voyez le décret additionnel du 19—24 décembre 1792, art. 1er de la sect. 1re, et art. 1er et suiv. de la sect. II; la loi du 19 floréal an 8 (9 mai 1800), qui contient des modèles d'actes de décès; le Code civil, art. 77 et suiv., relatifs au mode de déclaration et de constatation des décès; l'avis du cons. d'état du 17 germinal an 13 (7 avril 1805), qui détermine quelles sont les preuves admissibles pour constater le décès des militaires, et les notes.

(3) L'énonciation, dans un acte de décès, des noms et prénoms des père et mère du décédé, n'était pas substantielle sous l'empire de cette disposition. Cass., 28 juillet 1808, Sir., XII, 1, 176.

6. Si, dans le cas du précédent article, l'officier public a pu connaître le domicile de la personne décédée, il sera tenu d'envoyer un extrait de l'acte du décès à l'officier public du lieu de ce domicile, qui le transcrira sur ses registres.

7. Les corps de ceux qui auront été trouvés morts avec des signes ou indices de mort violente, ou autres circonstances qui donnent lieu de le soupçonner, ne pourront être inhumés qu'après que l'officier de police aura dressé procès-verbal, aux termes de l'article 2 du titre III de la loi sur la police de sûreté.

8. L'officier de police, après avoir dressé le procès-verbal de l'état du cadavre et des circonstances y relatives, sera tenu d'en donner sur-le-champ avis à l'officier public, et de lui en remettre un extrait contenant des renseignemens sur les prénoms, nom, âge, lieu de naissance, profession et domicile du décédé.

9. L'officier public dressera l'acte de décès, sur les renseignemens qui lui auront été donnés par l'officier de police.

TITRE VI. — Dispositions générales.

Art. 1er. Dans la huitaine à compter de la publication du présent décret, le maire ou un officier municipal, suivant l'ordre de la liste, sera tenu, sur la réquisition du procureur de la commune, de se transporter, avec le secrétaire-greffier, aux églises paroissiales, presbytères, et aux dépôts des registres de tous les cultes ; ils y dresseront un inventaire de tous les registres existant entre les mains des curés et autres dépositaires. Les registres courans seront clos et arrêtés par le maire ou officier municipal.

2. Tous les registres, tant anciens que nouveaux, seront portés et déposés dans la maison commune.

3. Les actes de naissance, mariage et décès continueront d'être inscrits sur les registres courans, jusqu'au 1er janvier 1793.

4. Dans deux mois à compter de la publication du présent décret, il sera dressé un inventaire de tous les registres de baptêmes, mariages et sépultures existant dans les greffes des tribunaux. Dans le mois suivant, les registres et une expédition de l'inventaire, délivrée sur papier libre et sans frais, seront, à la diligence des procureurs-généraux-syndics, transportés et déposés aux archives des départemens.

5. Aussitôt que les registres courans auront été clos, arrêtés et portés à la maison commune, les municipalités seules recevront les actes de naissance, mariage et décès, et conserveront les registres. Défenses sont faites à toutes personnes de s'immiscer dans la tenue de ces registres, et dans la réception de ces actes.

6. Les corps administratifs sont spécialement chargés par la loi de surveiller les municipalités dans l'exercice des nouvelles fonctions qui leur sont attribuées.

7. Toutes les lois contraires aux dispositions de celle-ci, sont et demeurent abrogées.

8. L'assemblée nationale, après avoir déterminé le mode de constater désormais l'état civil des citoyens, déclare qu'elle n'entend ni innover ni nuire à la liberté qu'ils ont tous de consacrer les naissances, mariages et décès par les cérémonies du culte auquel ils sont attachés, et par l'intervention des ministres de ce culte.

N° 654.=20—25 septembre 1792.= **Décret** *qui supprime l'effet des brevets d'invention accordés pour des établissemens de finance, et portant qu'il n'en sera plus délivré.* (B., XXIV, 1077.)

N° 655. = 20—25 septembre 1792.=**Décret** *qui autorise l'envoi des procès-verbaux, lois et autres pièces à délivrer aux membres non élus à la convention, et la franchise provisoire des lettres des députés.* (B., XXIV, 1079.)

N° 656. = 20—25 septembre 1792. = **Décret** *qui détermine les causes, le mode et les effets du divorce* (1). (B., XXIV, 1081.)

L'assemblée nationale, considérant combien il importe de faire jouir les Français de la faculté du divorce, qui résulte de la liberté individuelle dont un engagement indissoluble serait la perte; considérant que déjà plusieurs époux n'ont pas attendu, pour jouir des avantages de la disposition constitutionnelle suivant laquelle le mariage n'est qu'un contrat civil, que la loi eût réglé le mode et les effets du divorce, décrète ce qui suit :

§ 1er. — Causes du divorce.

Art. 1er. Le mariage se dissout par le divorce (2).

2. Le divorce a lieu par le consentement mutuel des époux (3).

3. L'un des époux peut faire prononcer le divorce, sur la simple allégation d'incompatibilité d'humeur ou de caractère (4).

4. Chacun des époux peut également faire prononcer le divorce sur des motifs déterminés (5), savoir, 1° sur la démence, la folie ou la fureur de l'un des époux; 2° sur la condamnation de l'un d'eux à des peines afflictives ou infamantes; 3° sur les crimes, sévices ou injures graves de l'un envers

---

(1) Voyez le décret du 4—9 floréal an 2 (23—28 avril 1794), qui contient des dispositions additionnelles à celui du 20 septembre; celui du 15 thermidor an 3 (2 août 1795), qui suspend l'exécution des deux décrets précités; la loi du 26 germinal — 6 floréal an 11 (16—26 avril 1803), qui maintient les divorces prononcés avant la promulgation du Code civil, et ordonne que les demandes en divorce alors pendantes, seront instruites et auront leurs effets, conformément aux lois antérieures; le tit. VI du livre 1er du Code civil, qui détermine les causes et les effets du divorce, et qui règle la procédure à suivre pour le faire prononcer; et la loi du 8—10 mai 1816, qui abolit le divorce et qui détermine les effets des demandes et instances en divorce, existant au moment de sa promulgation. — Voyez aussi les lois spéciales citées dans les notes qui vont suivre.

La chambre des députés a successivement adopté dans les sessions de 1831 et de 1832, deux projets de loi ayant pour objet le rétablissement du divorce. — Le premier a été rejeté par la chambre des pairs, et le second n'a pu y être discuté.

(2) Cette loi n'a pu être invoquée par une étrangère, même résidant en France, mais mariée en pays étranger, sous l'empire des lois canoniques prohibant le divorce. Paris, 11 août 1817, Sir., XVIII, 2, 30. — Mais elle a pu l'être par une Française ayant épousé, antérieurement au 20 septembre 1792, un étranger domicilié en France, et le divorce a pu être prononcé, sur la demande de la femme, pendant que le mari était retiré dans son pays natal. Cass., 22 mars 1806, Sir., VI, 1, 225.

(3) Confirmé, avec modifications, par les art. 233, 275 et suiv. du Code civil.

(4) Le Code civil n'a pas reproduit cette disposition qui caractérise la désorganisation morale de l'époque.

(5) Des sept causes de divorce qui suivent, démence, folie ou fureur, condamnation de l'un des époux à une peine afflictive ou infamante, sévices ou injures graves, déréglement de mœurs, abandon d'époux, absence, émigration, le Code civil n'a conservé textuellement que la seconde et la troisième; et il a remplacé le déréglement de mœurs, fait nécessairement vague et d'ailleurs mal défini, par l'adultère d'un des époux.

Sous l'empire de la loi du 20 septembre 1792, on a jugé que les tribunaux pouvaient motiver un divorce à-la-fois sur des faits *antérieurs* et sur des faits postérieurs à cette loi. Cass., 12 février 1806, Sir., VI, 2, 769.

l'autre (1) ; 4° sur le déréglement de mœurs notoire (2) ; 5° sur l'abandon de la femme par le mari ou du mari par la femme, pendant deux ans au moins (3) ; 6° sur l'absence de l'un d'eux, sans nouvelles, au moins pendant cinq ans (4) ; 7° sur l'émigration dans les cas prévus par les lois, notamment par le décret du 8 avril 1792 (5).

5. Les époux maintenant séparés de corps par jugement exécuté ou en dernier ressort, auront mutuellement la faculté de faire prononcer leur divorce.

6. Toutes demandes et instances en séparation de corps non jugées, sont éteintes et abolies ; chacune des parties paiera les frais. Les jugemens de séparation non exécutés, ou attaqués par appel ou par la voie de la cassation, demeurent comme non avenus ; le tout sauf aux époux à recourir à la voie du divorce, aux termes de la présente loi.

7. À l'avenir aucune séparation de corps ne pourra être prononcée ; les époux ne pourront être désunis que par le divorce (6).

§ II. — Modes du divorce.

Mode du divorce par consentement mutuel.

Art. 1ᵉʳ. Le mari et la femme qui demanderont conjointement le divorce, seront tenus de convoquer une assemblée de six au moins des plus proches parens, ou d'amis à défaut de parens ; trois des parens ou amis seront choisis par le mari, les trois autres seront choisis par la femme (7).

---

(1) Chacun des époux peut demander le divorce pour sévices et mauvais traitemens de son conjoint, encore qu'il ait provoqué ces sévices et mauvais traitemens par des injures verbales. Poitiers, 10 ventose an 11, Sir., III, 2, 486. — La plainte en subornation de témoins, dirigée par la femme contre son mari par suite de la demande en divorce formée contre elle, peut n'être pas regardée comme une injure grave, mais comme un moyen de défense. Cass., 19 messidor an 13, Sir., VII, 2, 1020.—En tout cas, la décision des juges d'appel, sur ce qui constitue les sévices ou injures graves, ne peut offrir de moyen de cassation. Cass., arrêt précité du 12 février 1806, Sir., VI, 2, 769.

(2) Ce déréglement notoire de mœurs doit s'entendre d'un déréglement qui a duré pendant le mariage ; la loi ne s'applique pas à celui qui aurait seulement précédé l'union conjugale. Liége, 19 prairial an 9, Sir., VII, 2, 908. — L'inconduite du mari le rend non recevable à demander le divorce pour déréglement de mœurs de sa femme. Cass., 7 nivose an 7, Sir., I, 1, 188 ; Bull. civ., I, 177.

(3) Lorsqu'un mari quitte sa résidence ordinaire et va habiter dans une autre ville, sans se concerter avec sa femme, et sans lui faire passer aucun secours pendant plus de trois ans, on peut considérer cette conduite comme un *abandon* motivant le divorce. Bordeaux, 28 floréal an 9, Sir., 1, 2, 702.—La femme qui ne suit pas son mari dans le nouveau domicile que ce dernier s'est choisi, n'est pas pour cela censée abandonner son mari, dans le sens de la loi de 1792. Cass., 11 fructidor an 12, Sir., IV, 2, 689.

(4) Le mari qui, pendant cinq ans, a été absent sans nouvelles, donne lieu à la prononciation du divorce contre lui : peu importerait que le mari eût donné de ses nouvelles avant que le divorce fût prononcé. Cass., arrêt précité du 4 fructidor an 9, Sir., IV, 2, 689.

(5) Sous l'empire de la loi du 24 vendémiaire an 3, qui permettait d'établir le fait d'émigration par acte de notoriété, le divorce pour cause d'émigration a pu être prononcé sans vérification judiciaire du fait d'émigration. Cass., 5 thermidor an 12, Sir., V, 1, 46. — Les émigrés ou absens rentrés ne peuvent remettre en question les causes du divorce obtenu contre eux pendant leur émigration ou leur absence, lorsque les formalités exigées par la loi ont été remplies. Cass., 30 pluviose an 13, Sir., V, 1, 108 ; Bull. civ., VII, 201.

(6) La séparation de corps a été rétablie par les art. 306 et suiv. du Code civil.

(7) Les parens doivent être appelés préférablement aux amis pour la formation de l'assemblée de famille. Paris, 22 frimaire an 12, Sir., VII, 2, 904. — Jugé encore que, pour que les assemblées de famille puissent être composées d'amis, il suffit qu'il n'y ait aucun parent dans le canton où se tient l'assemblée : tout arrêt qui décide le contraire est sujet à cassation. Cass., 13 frimaire an 14, Sir., VII, 2, 779 ; Bull. civ., VII, 497. — Les parens ou amis qui composent l'assemblée de famille peuvent se faire représenter par des fondés de pouvoirs, mais il faut que ces fondés de pouvoirs soient agréés par l'époux intéressé. Cass., 1ᵉʳ ventose an 13, Sir., V, 2, 228 ; Bull. civ., VII, 205 ; et 24 juillet 1806, Sir., VII, 1, 532 ; Bull. civ., VIII, 281.

2. L'assemblée sera convoquée à jour fixe et lieu convenu avec les parens ou amis; il y aura au moins un mois d'intervalle entre le jour de la convocation et celui de l'assemblée. L'acte de convocation sera signifié par un huissier, aux parens ou amis convoqués.

3. Si, au jour de la convocation, un ou plusieurs des parens ou amis convoqués ne peuvent se trouver à l'assemblée, les époux les feront remplacer par d'autres parens ou amis.

4. Les deux époux se présenteront en personne à l'assemblée; ils y exposeront qu'ils demandent le divorce. Les parens ou amis assemblés leur feront les observations et représentations qu'ils jugeront convenables. Si les époux persistent dans leur dessein, il sera dressé, par un officier municipal requis à cet effet, un acte contenant simplement que les parens ou amis ont entendu les époux en assemblée dûment convoquée, et qu'ils n'ont pu les concilier. La minute de cet acte, signée des membres de l'assemblée, des deux époux et de l'officier municipal, avec mention de ceux qui n'auront su ou pu signer, sera déposée au greffe de la municipalité; il en sera délivré expédition aux époux, gratuitement et sans droit d'enregistrement.

5. Un mois au moins et six mois au plus après la date de l'acte énoncé dans l'article précédent, les époux pourront se présenter devant l'officier public chargé de recevoir les actes de mariage dans la municipalité où le mari a son domicile; et, sur leur demande, cet officier public sera tenu de prononcer leur divorce sans entrer en connaissance de cause. Les parties et l'officier public se conformeront aux formes prescrites à ce sujet dans la loi sur les actes de naissance, mariage et décès (1).

6. Après le délai de six mois mentionné dans le précédent article, les époux ne pourront être admis au divorce par consentement mutuel, qu'en observant de nouveau les mêmes formalités et les mêmes délais (2).

7. En cas de minorité des époux ou de l'un d'eux, ou s'ils ont des enfans nés de leur mariage, les délais ci-dessus indiqués, d'un mois pour la convocation de l'assemblée de famille, et d'un mois au moins après l'acte de non-conciliation pour faire prononcer le divorce, seront doubles; mais le délai fatal de six mois après l'acte de non-conciliation, pour faire prononcer le divorce, restera le même.

Mode du divorce sur la demande d'un des conjoints, pour simple cause d'incompatibilité.

8. Dans le cas où le divorce sera demandé par l'un des époux contre l'autre, pour cause d'incompatibilité d'humeur ou de caractère, sans autre indication de motifs, il convoquera une première assemblée de parens, ou d'amis à défaut de parens, laquelle ne pourra avoir lieu qu'un mois après la convocation (3).

9. La convocation sera faite devant l'un des officiers municipaux du domicile du mari, en la maison commune du lieu, aux jour et heure indiqués par cet officier. L'acte en sera signifié à l'époux défendeur, avec déclaration des noms et demeure des parens ou amis au nombre de trois au moins, que l'époux demandeur entend faire trouver à l'assemblée, et invitation à

---

(1) Voyez ci-dessus la sect. V du tit. IV du décret du 20—25 septembre 1792, sur l'état civil, et les art. 2 et suiv. du décret additionnel du 19 — 24 décembre même année, sur le mode de prononciation et de constatation du divorce, par l'officier de l'état civil.

(2) Voyez les notes sur l'art. 14 ci-après.

(3) Ce délai d'un mois court, non du jour où les parens et amis ont été convoqués, mais du jour où l'acte de convocation de l'assemblée de famille a été notifié à l'époux défendeur. Cass. 25 octobre 1808, Sir., IX, 1, 24; Bull. civ., X, 305.

l'époux défendeur de comparaître à l'assemblée, et d'y faire trouver de sa part également trois au moins de ses parens ou amis (1).

10. L'époux demandeur en divorce sera tenu de se présenter en personne à l'assemblée ; il entendra, ainsi que l'époux défendeur s'il comparaît, les représentations des parens ou amis à l'effet de les concilier. Si la conciliation n'a pas lieu, l'assemblée se prorogera à deux mois, et les époux y demeureront ajournés. L'officier municipal sera tenu de se retirer pendant ces explications et les débats de famille ; en cas de non-conciliation, il sera rappelé dans l'assemblée pour en dresser l'acte, ainsi que de la prorogation, dans la forme prescrite par l'article 4 ci-dessus. Expédition de cet acte sera délivrée à l'époux demandeur, qui sera tenu de le faire signifier à l'époux défendeur, si celui-ci n'a pas comparu à l'assemblée (2).

11. A l'expiration des deux mois, l'époux demandeur sera tenu de comparaître de nouveau en personne. Si les représentations qui lui seront faites, ainsi qu'à son époux s'il comparaît, ne peuvent encore les concilier, l'assemblée se prorogera à trois mois, et les époux y demeureront ajournés : il en sera dressé acte, et la signification en sera faite, s'il y a lieu, comme au cas de l'article précédent.

12. Si, à la troisième séance de l'assemblée, à laquelle le provoquant sera également tenu de comparaître en personne, il ne peut être concilié, et persiste définitivement dans sa demande, acte en sera dressé; il lui en sera délivré expédition, qu'il fera signifier à l'époux défendeur.

13. Si, aux première, seconde ou troisième assemblées, les parens ou amis indiqués par le demandeur en divorce ne peuvent s'y trouver, il pourra les faire remplacer par d'autres à son choix. L'époux défendeur pourra aussi faire remplacer à son choix les parens ou amis qu'il aura fait présenter aux premières assemblées ; et enfin l'officier municipal lui-même, chargé de la rédaction des actes de ces assemblées, pourra, en cas d'empêchement, être remplacé par un de ses collègues.

14. Huitaine au moins, ou au plus dans les six mois, après la date du dernier acte de non-conciliation, l'époux provoquant pourra se présenter pour faire prononcer le divorce, devant l'officier public chargé de recevoir les actes de naissance, mariage et décès. Après les six mois, il ne pourra y être admis qu'en observant de nouveau les mêmes formalités et les mêmes délais (3).

____

(1) La demande en divorce pour cause d'incompatibilité d'humeur et de caractère, peut contenir l'exposé des faits justificatifs de l'allégation. Cass., 17 vendémiaire an 14, Sir., VI, 2, 892. — Il n'est pas nécessaire, à peine de nullité, que le jour et l'heure des assemblées préliminaires au divorce pour incompatibilité d'humeur, soient indiquées par une cédule de l'officier public, signifiée à l'époux défendeur. Cass., 3 floréal an 13, Sir., VII, 2, 904.—Voyez encore sur le mode de poursuite d'introduction de l'instance en divorce, l'ordre du jour du 24 floréal — 2 prairial an 2 (13—21 mai 1794), et la loi du 24 vendémiaire an 3 (15 octobre 1794).

(2) Le divorce obtenu pour cause d'incompatibilité d'humeur n'est pas nul, par cela seul que les procès-verbaux des assemblées de famille qui doivent précéder la prononciation du divorce, ne contiennent pas la mention expresse que les parens ou amis ont tenté de concilier les époux, et que, pendant l'explication de ces derniers, l'officier public s'est retiré. Cass., 29 fructidor an 10, Sir., II, 2, 425; et 5 prairial an 12, Sir., IV, 2, 172.

(3) Cette prescription de six mois n'est pas opposable à l'époux qui n'a pu faire prononcer son divorce, par le fait et la résistance de l'autre époux. Cass., 12 mai 1808, Sir., VIII, 1, 278.— Ni lorsque de nouvelles tentatives de conciliation, survenues pendant l'instance en divorce, ont empêché qu'il ne fût prononcé dans le délai fixé. Cass., 10 fructidor an 12, Sir., VII, 2, 1116.

Voyez la loi du 1er jour complémentaire an 5 (17 septembre 1797), qui porte que l'officier public ne pourra prononcer le divorce, que six mois après le dernier des actes de conciliation prescrits par les art. 8, 10 et 11 de la loi du 20 septembre 1792. Cette disposition nouvelle modifiait nécessairement celle de l'art. 14, qui voulait que le divorce fût prononcé *dans* les six

Mode du divorce sur la demande d'un des époux, pour cause déterminée.

15. En cas de divorce demandé par l'un des époux pour l'un des sept motifs déterminés, indiqués dans l'article 4 du § Ier ci-dessus, ou pour cause de séparation de corps, aux termes de l'article 5, il n'y aura lieu à aucun délai d'épreuve (1).

16. Si les motifs déterminés sont établis par des jugemens, comme dans les cas de séparation de corps ou de condamnation à des peines afflictives ou infamantes, l'époux qui demandera le divorce, pourra se pourvoir directement pour le faire prononcer devant l'officier public chargé de recevoir les actes de mariage dans la municipalité du domicile du mari. L'officier public ne pourra entrer en aucune connaissance de cause. S'il s'élève devant lui des contestations sur la nature ou la validité des jugemens représentés, il renverra les parties devant le tribunal de district, qui statuera en dernier ressort, et prononcera si ces jugemens suffisent pour autoriser le divorce.

17. Dans le cas de divorce pour absence de cinq ans sans nouvelles, l'époux qui le demandera pourra également se pourvoir directement devant l'officier public de son domicile, lequel prononcera le divorce sur la présentation qui lui sera faite d'un acte de notoriété, constatant cette longue absence (2).

18. A l'égard du divorce fondé sur les autres motifs déterminés, indiqués dans l'article 4 du § Ier ci-dessus, le demandeur sera tenu de se pourvoir devant les arbitres de famille, en la forme prescrite dans le Code de l'ordre judiciaire pour les contestations entre mari et femme.

19. Si, d'après la vérification des faits, les arbitres jugent la demande fondée, ils renverront le demandeur en divorce devant l'officier du domicile du mari, pour faire prononcer le divorce.

20. L'appel du jugement arbitral en suspendra l'exécution; cet appel sera instruit sommairement et jugé dans le mois.

§ III. — Effets du divorce par rapport aux époux.

Art. 1er. Les effets du divorce par rapport à la personne des époux, sont de rendre au mari et à la femme leur entière indépendance, avec la faculté de contracter un nouveau mariage.

2. Les époux divorcés peuvent se remarier ensemble. Ils ne pourront contracter avec d'autres un nouveau mariage qu'un an après le divorce, lorsqu'il a été prononcé sur consentement mutuel, ou pour simple cause d'incompatibilité d'humeur et de caractère (3).

---

mois. — En effet, il a été jugé que l'époux demandeur n'était pas déchu pour n'avoir pas fait prononcer le divorce dans les six mois, sous l'empire de la loi de l'an 5. Cass., arrêt précité du 3 floréal an 13, Sir., VII, 2, 904. — Et que, par conséquent, il n'était pas nécessaire que cet époux fit des poursuites dans les six mois, à partir de la dernière assemblée de famille. Cass., 24 thermidor an 13, Sir., V, 1, 188; Bull. civ., VII, 411; et 17 vendémiaire an 14, Sir., VI, 2, 892.

(1) La femme n'a pas besoin d'être autorisée à ester en jugement dans les procédures relatives à son divorce : et dans les assignations qu'elle fait donner à son mari pour le divorce, son domicile est suffisamment indiqué, si elle énonce sa résidence. Paris, 6 germinal an 10, Sir., II, 2, 285.

(2) Voyez l'art. 1er du décret du 4—9 floréal an 2 (23—28 avril 1794), qui ordonne que le divorce soit prononcé, sans aucun délai d'épreuve, sur la demande de l'un des époux, lorsqu'il y a séparation de fait depuis plus de six mois.

(3) L'époux qui a ignoré le divorce, peut attaquer le mariage contracté par son conjoint, avant l'expiration de l'année fixée par cet article. Cass., 18 prairial an 12, Sir., IV, 2, 165. Voyez l'art. 3 du décret du 8—14 nivose an 2 (28 décembre 1793 — 3 janvier 1794), qui permet au mari de se remarier immédiatement après le divorce, et à la femme, après dix mois seulement; et l'art. 7 du décret du 4—9 floréal suivant, qui permet de nouveau à la femme de se remarier après dix mois seulement, et plus tôt, si elle accouche avant ce terme.

3. Dans le cas où le divorce a été prononcé pour cause déterminée, la femme ne peut également contracter un nouveau mariage avec un autre que son premier mari, qu'un an après le divorce, si ce n'est qu'il soit fondé sur l'absence du mari depuis cinq ans sans nouvelles.

4. De quelque manière que le divorce ait lieu, les époux divorcés seront réglés, par rapport à la communauté de biens ou à la société d'acquêts qui a existé entre eux, soit par la loi, soit par la convention, comme si l'un d'eux était décédé (1).

5. Il sera fait exception à l'article précédent, pour le cas où le divorce aura été obtenu par le mari contre la femme, pour l'un des motifs déterminés, énoncés dans l'article 4 du § 1er ci-dessus, autre que la démence, la folie ou la fureur; la femme, en ce cas, sera privée de tous droits et bénéfices dans la communauté de biens ou société d'acquêts; mais elle reprendra les biens qui sont entrés de son côté.

6. A l'égard des droits matrimoniaux emportant gain de survie, tels que douaire, augment de dot ou agencement, droit de viduité, droit de part dans les biens meubles ou immeubles du prédécédé, ils seront, dans tous les cas de divorce, éteints et sans effet. Il en sera de même des dons ou avantages pour cause de mariage, que les époux ont pu se faire réciproquement, ou l'un à l'autre, ou qui ont pu être faites à l'un d'eux par les père, mère, ou autres parens de l'autre. Les dons mutuels faits depuis le mariage et avant le divorce, resteront aussi comme non avenus et sans effet : le tout sauf les indemnités ou pensions énoncées dans les articles qui suivent (2).

7. Dans le cas de divorce pour l'un des motifs déterminés, énoncés dans l'article 4, § 1er ci-dessus, celui qui aura obtenu le divorce sera indemnisé de la perte des effets du mariage dissous, et de ses gains de survie, dons et avantages, par une pension viagère sur les biens de l'autre époux, laquelle sera réglée par des arbitres de famille, et courra du jour de la prononciation du divorce.

8. Il sera également alloué par des arbitres de famille, dans tous les cas de divorce, une pension alimentaire à l'époux divorcé qui se trouvera dans le besoin, autant néanmoins que les biens de l'autre époux pourront la supporter, déduction faite de ses propres besoins (3).

---

(1) Voyez le décret du 22 vendémiaire an 2 (13 octobre 1793), qui autorise le conjoint, demandeur en divorce, à faire apposer les scellés sur les effets mobiliers de la communauté, et les notes. — Une femme, divorcée par consentement mutuel, ne peut pas revenir contre l'acte dans lequel les parties ont réglé, antérieurement au divorce, les effets de ce divorce, quant aux biens, encore que la femme ait signé ce réglement sans autorisation de contracter. Bruxelles, 9 brumaire an 10, Sir., IV, 2, 396.

(2) Cet article ne s'applique pas aux époux divorcés par suite d'un jugement antérieur de séparation de corps. Cass., 23 germinal an 10, Sir., II, 1, 249.

(3) Cet article est applicable au cas de divorce obtenu pour cause d'émigration : le mari amnistié a pu réclamer ultérieurement des alimens. Cass., 28 février 1809, Sir., IX, 1, 152. — Pour que l'époux divorcé, à qui la loi du 20 septembre 1792 accorde des alimens en cas d'indigence, obtienne une pension alimentaire de l'autre époux, il faut que le besoin soit constaté au moment de la prononciation du divorce; il ne suffit pas que, par des causes postérieures à cette prononciation, l'indigence de l'époux réclamant soit survenue. Cass., 8 janvier 1806, Sir., VI, 2, 768.— *Jugé encore* que la femme divorcée ne peut demander de pension alimentaire lorsque ses ressources ne sont diminuées que depuis la dissolution du mariage, et que ce qui lui reste peut lui suffire. Paris, 4 vendémiaire an 14, Sir., VI, 2, 109. — *Jugé aussi* que la pension alimentaire n'est pas susceptible d'augmentation si les besoins d'un des époux deviennent plus grands, ou si la fortune de l'autre époux s'accroît. Besançon, 20 brumaire an 14, Sir., VI, 2, 55. — *Jugé en sens contraire* Paris, 7 floréal an 12, Sir., IV, 2, 132 — Il n'y a pas de délai fixé pour la demande des alimens de la part d'un époux à son conjoint divorcé : il suffit que l'indigence ne soit pas survenue depuis le divorce. Cass., 18 juillet 1809, Sir., IX, 1, 402. — Sous l'empire de la

9. Les pensions d'indemnité ou alimentaires énoncées dans les articles précédens, seront éteintes si l'époux divorcé qui en jouit contracte un nouveau mariage.

10. En cas de divorce pour cause de séparation de corps, les droits et intérêts des époux divorcés resteront réglés comme ils l'ont été par les jugemens de séparation, et selon les lois existant lors de ces jugemens, ou par les actes et transactions passés entre les parties.

11. Tout acte de divorce sera sujet aux mêmes formalités d'enregistrement et publication, que l'étaient les jugemens de séparation ; et le divorce ne produira, à l'égard des créanciers des époux, que les mêmes effets que produisaient ces séparations de corps ou de biens (1).

§ IV. — Effets du divorce par rapport aux enfans.

Art. 1er. Dans les cas du divorce par consentement mutuel, ou sur la demande de l'un des époux, pour simple cause d'incompatibilité d'humeur ou de caractère, sans autre indication de motifs, les enfans nés du mariage dissous seront confiés, savoir, les filles à la mère, les garçons âgés de moins de sept ans également à la mère : au dessus de cet âge, ils seront remis et confiés au père ; et néanmoins le père et la mère pourront faire à ce sujet tel autre arrangement que bon leur semblera.

2. Dans tous les cas de divorce pour cause déterminée, il sera réglé, en assemblée de famille, auquel des époux les enfans seront confiés.

3. En cas de divorce pour cause de séparation de corps, les enfans reste-

---

loi de 1792, la femme pouvait demander des alimens pendant l'instance en divorce. Cass., 5 nivose an 12, Sir., IV, 2, 50. — On a jugé de même sous l'empire du Code civil. Paris, 19 frimaire an 14, Sir., VI, 2, 110; Angers, 18 juillet 1808, Sir., IX, 2, 117 ; et plusieurs autres arrêts.—Voyez, au surplus, les art. 1er et 2 de la loi du 8—14 nivose an 2 (28 décembre 1793 —3 janvier 1794), qui a autorisé les tribunaux de famille à connaître des contestations relatives aux droits des époux dans leur communauté, et à leurs gains de survie.

(1) Un divorce entre époux commerçans, fait sous l'empire de cette disposition, peut être déclaré sans effet à l'égard des créanciers, s'il a eu lieu sans publicité, par simulation, et en fraude de leurs droits : peu importe que la fraude soit antérieure aux créances, si elle s'est perpétuée ; peu importe également les délais courus. Cass., 5 janvier 1830, Sir., XXX, 1, 105. — Jugé encore que le divorce qui n'a pas été exécuté par le paiement des droits et reprises de la femme, et qui, en outre, dans les pays où s'observait l'ordonnance de 1627, n'a été enregistré ni publié, n'a pu être opposé aux tiers, en ce qui touche les biens des conjoints divorcés : il a pu, en ce sens, être querellé pour simulation. Cass., 1er messidor an 11, Sir., III, 1, 331.

Sous l'empire de la loi de 1792, on a pu, même après la mort de l'époux qui a obtenu le divorce pour incompatibilité d'humeur, demander la nullité de l'acte qui l'a prononcé; et ce droit peut être exercé pendant trente ans. Cass., 14 vendémiaire an 10, Sir., II, 1, 65.—Idem, bien qu'il se soit écoulé plus de cinq ans depuis le décès de l'époux. Même arrêt.—Jugé en sens contraire. Paris, 23 août 1806, Sir., VII, 2, 942. — Sous l'empire de la même loi, une femme divorcée ne peut, après le décès de son ci-devant époux, quereller le divorce de nullité, si elle a eu, du vivant de cet époux, une connaissance suffisante de la prononciation du divorce. Poitiers, 19 thermidor an 10, Sir., II, 2, 214. — Mais elle peut, après la mort de son mari, attaquer de nullité le divorce qui a été prononcé contre elle, pour cause d'absence pendant cinq ans. Paris, 9 fructidor an 13, Sir., V, 2, 108. — Mais si l'époux demandeur en nullité a déjà reconnu la validité du divorce, sa demande doit être rejetée. Cass., 24 pluviose an 13, Sir., V, 1, 111. — Les héritiers d'un époux divorcé ne peuvent, de leur chef, attaquer le divorce obtenu par leur auteur. Poitiers, arrêt précité du 19 thermidor an 10. — Les émigrés ou absens, de retour en France, ne peuvent attaquer devant les tribunaux le divorce que l'autre époux a fait prononcer pour cause d'absence pendant cinq ans sans nouvelles. Cass., 22 mars 1806, Sir., VI, 1, 225 ; Paris, 23 août 1806, Sir., VII, 2, 903; et avis du cons., du 18 prairial an 12, Sir., IV, 2, 155. — Sous l'empire de la loi de 1792, les tribunaux étaient compétens pour connaître, en première instance, de la demande en nullité d'un divorce prononcé par l'officier de l'état civil. Cass., arrêt précité du 14 vendémiaire an 10, Sir., II, 1, 65.

ront à ceux auxquels ils ont été confiés par jugement ou transaction, ou qui les ont à leur garde et confiance depuis plus d'un an. S'il n'y a ni jugement ou transaction, ni possession annale, il sera réglé, en assemblée de famille, auquel du père ou de la mère séparés les enfans seront confiés.

4. Si le mari ou la femme divorcés contractent un nouveau mariage, il sera également réglé, en assemblée de famille, si les enfans qui leur étaient confiés leur seront retirés, et à qui ils seront remis (1).

5. Soit que les enfans, garçons ou filles, soient confiés au père seul, ou à la mère seule, soit à l'un et à l'autre, soit à des tierces personnes, le père et la mère ne seront pas moins obligés de contribuer aux frais de leurs éducation et entretien; ils y contribueront en proportion des facultés et revenus réels et industriels de chacun d'eux.

6. La dissolution du mariage par divorce ne privera, dans aucun cas, les enfans nés de ce mariage, des avantages qui leur étaient assurés par les lois ou par les conventions matrimoniales; mais le droit n'en sera ouvert à leur profit que comme il le serait si leurs père et mère n'avaient pas fait divorce.

7. Les enfans conserveront leur droit de successibilité à leur père et à leur mère divorcés. S'il survient à ces derniers d'autres enfans de mariages subséquens, les enfans des différens lits succéderont en concurrence, et par égales portions.

8. Les époux divorcés ayant enfans, ne pourront, en se remariant, faire de plus grands avantages, pour cause de mariage, que ne le peuvent, selon les lois, les époux veufs qui se remarient ayant enfans.

9. Les contestations relatives au droit des époux d'avoir un ou plusieurs de leurs enfans à leur charge et confiance, celles relatives à l'éducation, aux droits et intérêts de ces enfans, seront portées devant des arbitres de famille, et les jugemens rendus en cette matière seront, en cas d'appel, exécutés par provision.

---

20 septembre 1792 : *Procès criminels*, voyez 28 juin 1792; *Franchise des lettres*, *Médailles de confiance*, *Pays d'états*, *Forêt de Senonches*, voyez 3 septembre même mois; *Phares, etc.*, *Bulletins de l'assemblée*, voyez 15 septembre.

---

(1) Les parens, convoqués en assemblée de famille pour décider auquel des deux époux divorcés les enfans seront remis, peuvent se faire représenter par des fondés de pouvoirs. Cass., 6 thermidor an 13, Sir. VII, 2, 906. — Si les époux divorcés contractent un second mariage, la famille peut être assemblée pour régler le sort des enfans, encore qu'il se soit écoulé plusieurs années depuis le divorce et le second mariage: celui des époux auquel les enfans sont restés dans cet intervalle, ne peut se prévaloir de sa possession pour les conserver. Même arrêt.—L'acte par lequel deux époux déterminent, avant le divorce par consentement mutuel, à qui seront confiés leurs enfans, après le divorce, peut recevoir, dans la suite, les modifications qu'exige l'intérêt des enfans. Bruxelles, 3 pluviose an 10, Sir., IV, 2, 485.

FIN DU TOME TROISIÈME.

TABLE DES MATIÈRES.

(Les caractères italiques indiquent les dates de sanction, de promulgation ou de publication.)

1791.

1792.

III.

FIN DE LA TABLE DU TROISIÈME VOLUME.

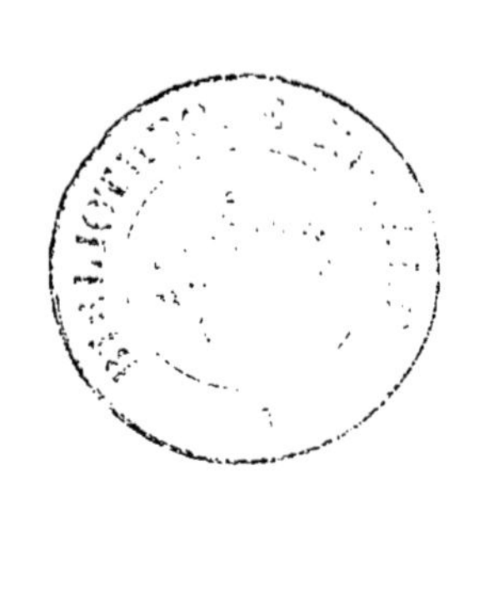